Elementi Di Teoria Della Nave: Ad Uso Della. Scuole Di Costruzione Navale...

Settimio Manasse

ELEMENTI

DI

TEORIA DELLA NAVE

AD USO

DELLE SCUOLE DI COSTRUZIONE NAVALE

DELL' INGEGNERE

SETTIMIO MANASSE

già ufficiale del Genio navale

Prof. nella Regia Scuola di costruzione navale

di Livorno.

LIVORNO

RAFFAELLO GIUSTI

LIBRAJO-EDITORE

—

1885.

Stab. Tipo-Lit. di Gius. Meucci. — Livorno

PREFAZIONE

Il parere favorevole manifestato più volte da uomini benemeriti della pubblica istruzione sulla opportunità che gl'insegnanti delle scuole secondarie adottino libri di testo scritti nella nostra lingua, e l'esperienza da me fatta per più anni nella Scuola di costruzioni navali in Livorno, mi hanno indotto a pubblicare queste lezioni elementari di *Teoria della nave*, coll'intento che possano servire come libro di testo per le nostre Scuole secondarie di costruzione navale. Tale dichiarazione circa lo scopo del presente libro valga a giustificare la forma elementare e prolissa con la quale le questioni sono trattate.

Avuto riguardo alle applicazioni che delle parti svolte si possono fare, ho seguito il rigore matematico fin dove ho potuto; là dove però, e nelle definizioni, e nello svolgimento, il rigore scientifico mi avrebbe condotto a concetti troppo elevati o complicati, ho taciuto alcune condizioni, ne ho semplificate altre, sicuro che dal lato della applicazione non ne sarebbe derivato grave danno.

Avendo io per altro varcato in qualche punto i limiti che il programma governativo stabilisce per questa materia nelle citate Scuole, forse alcuno giudicherà, che il mio lavoro sia per riuscire alquanto superiore ai bisogni dell'insegnamento secondario, mentre poi, tanto per la materia, quanto

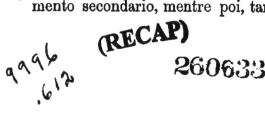

per il modo col quale questa è svolta, dovrà dirsi insufficiente e troppo elementare per coloro che sono forniti di vasto corredo di dottrine matematiche e meccaniche. Confido tuttavia che questo apparente difetto cesserà di sembrar tale, ove si consideri che qualche volta ad un libro destinato agli allievi delle Scuole secondarie ricorrono anche studiosi più provetti per trovarvi riepilogate ed esposte in forma didattica nozioni che essi posseggono, e che appunto a questa specie di lettori (ove anche di tali ne abbia il mio lavoro) sono destinate quelle parti del libro che contengono sviluppi di maggiore ampiezza e richiami a elevate teoriche di matematica e di meccanica.

Quanto poi ai difetti di altra specie, che certo non mancheranno in questo mio corso, (come inesattezze, ommissioni, ecc.) e che per avventura altri potrà notare, spero saranno giudicati benignamente, e senza soverchia analisi da chi rifletta che trattati dell'indole del presente non furono mai pubblicati in Italia, almeno per quanto è a mia notizia; e che quelli di Architettura Navale scritti in Inglese ed in Francese, fonti a cui ho massimamente attinto, in special modo l'ottimo Manuale del White, pubblicato in italiano or sono due mesi dall'ingegnere della R. Marina, signor Martorelli, furono composti con fini ed intendimenti diversi da quelli che io mi sono prefisso.

INDICE

—

INTRODUZIONE

PARTE PRIMA

PARTE SECONDA

PARTE TERZA

INTRODUZIONE

Il programma che abbiamo preso a guida di queste lezioni e che verrà tracciato in seguito, richiede lo svolgimento di alcune nozioni che, sebbene non siano speciali al nostro soggetto ed abbiano il loro posto in altri trattati, tuttavia hanno per noi tale importanza da meritare un particolare cenno.

CAPITOLO I.

PRESSIONI E SPINTA DEI LIQUIDI.

Nei liquidi chiamasi *pressione* l'azione che viene esercitata tra le loro parti contigue per effetto di cause esterne che agiscono su di essi. *Pressione in un punto* intendesi il valore numerico per cui bisogna moltiplicare l'area di una superficie immensamente piccola che passa per quel punto per averne la pressione ad essa trasmessa. Se la pressione non varierà da un punto all'altro di una superficie di grandezza finita, l'azione totale su di questa esercitata dal liquido sarà data dal prodotto dell'intera sua area per il valore numerico che dà la pressione in un suo punto qualunque.

L'esperienza ha mostrato un fatto importantissimo nei fluidi che sono in equilibrio e dal quale noi prenderemo le mosse.

Questo fatto, spiegato completamente dai fisici colle ipotesi da loro ammesse sulle relazioni che passano tra le molecole dei liquidi, consiste in ciò: che l'azione esercitata in una porzione qualunque della superficie di una massa liquida in equilibrio dall'esterno all'interno normalmente in ogni suo punto si trasmette a tutte le parti della massa con pari intensità ed in direzione normale nel punto stesso alla superficie su cui agisce.

Il modo pel quale il fatto citato vien posto in chiaro è il seguente:

Si riempie di liquido un vaso di una forma qualunque. Nella superficie di questo vaso sono praticate delle aperture di aree a, a', a'', ... nelle quali si adattano degli stantuffi mantenuti in guisa da non muoversi sotto l'azione delle forze che allora vi agiscono. Si applica quindi sopra uno di questi stantuffi una forza normale capace di produrre la pressione costante p in ogni punto della sua superficie, tendente a spingerlo in dentro. Si vede allora che gli altri stantuffi non sono respinti in fuori, se vi si applichino rispettivamente le forze pa'', pa'''....

Si consideri ora una massa liquida in equilibrio e s'immagini divisa in tanti strati orizzontali. È chiaro che, se si ammetta non si eserciti nessuna forza sulla sua superficie superiore, la pressione agente sulla base di ciascuno strato sarà dovuta solo al peso degli strati che vi sovrastano. La pressione esercitata nei diversi punti di una di queste basi sarà dovunque la stessa, perchè dappertutto dipende dal peso delle colonne liquide sovrastanti, tutte di eguale altezza; quindi per essa può essere preso il rapporto tra il peso di liquido che gravita su di una porzione di qualunque grandezza di quella base, e l'area di questa porzione stessa. In generale si prende il peso della colonna liquida che gravita sull'unità di superficie.

Nell'interno della massa liquida in equilibrio s'immagini una superficie piana comunque inclinata all'orizzonte; allora la pressione corrispondente al suo centro di gravità determinata pure nel modo testè indicato, ed altresì secondo il richiamato principio della trasmissione delle pressioni, non si potrà però assumerla se non per la porzione immensamente piccola ed elementare della superficie considerata che è intorno a quel centro; la direzione di tale pressione sarà normale alla superficie elementare su cui si esercita.

Si supponga ora che nell'interno della massa liquida considerata vi sia un solido qualunque; è chiaro che questo risentirà in tutt'i punti della sua superficie, ed in direzione normale alle faccette immensamente piccole da cui essa può intendersi sostituita, le stesse pressioni che sarebbero state trasmesse alle molecole di liquido di cui il solido occupa il posto. Ma le dette faccette potendo essere diversamente inclinate all'orizzonte, le direzioni delle pressioni su di queste esercitate possono trovarsi in piani differenti, e prolungate possono non incontrarsi. Per rintracciare quindi la loro risultante totale si dovrà decomporne ciascuna col mezzo del parallelepipedo delle forze in tre componenti parallele a tre direzioni fisse, le quali d'ordinario sono assunte perpendicolari tra loro, due orizzontali ed una verticale, e quindi comporle nuovamente.

Per determinare le risultanti di queste componenti è d'uopo premettere il seguente:

LEMMA. — L'area della proiezione di una superficie piana qualunque è sempre eguale all'area della stessa superficie moltiplicata per il coseno dell'angolo che il piano in cui è contenuta fa con quello di proiezione.

Questo Lemma viene dimostrato nei trattati di Geometria.

1ª PROPOSIZIONE. — Nei corpi immersi nei liquidi omogenei, soggetti solo all'azione della gravità ed in quiete, le componenti orizzontali delle pressioni si distruggono vicendevolmente e le componenti verticali danno una risultante (verticale anch'essa) eguale al peso del liquido spostato, la cui direzione passa per il centro di gravità della massa di questo liquido.

Si consideri un corpo totalmente immerso in un liquido e s'immagini attraversato da una serie grandissima di piani verticali paralleli tra loro ed immensamente vicini, non che da una serie di piani orizzontali pure immensamente vicini. Evidentemente questi piani colle loro respettive intersezioni determinano sulla superficie del corpo immerso tanti quadrilateri curvilinei e con superficie curva, i quali però, atteso la loro immensa piccolezza, potranno essere supposti piani ed a forma di parallelogrammi. Se ne consideri uno e s'indichi con *s* la sua area. Da tutt'i punti del suo contorno s'immagini condotto un fascio di rette in direzione orizzontale, un altro fascio di rette, pure orizzontali, normali alle precedenti, e finalmente un fascio di rette verticali. Ciascuno di questi fasci sia prolungato a traverso il solido fino a che ne esca dalla parte opposta a quella da cui si è partito. Si avranno così tre tronchi di parallelepipedi.

Si supponga ora che la pressione nel centro di gravità della superficie immensamente piccola *s* sia *p*; la pressione su questa stessa superficie esercitata sarà data da *ps*, la quale avrà direzione ad essa normale; si rappresentino con α, β, γ gli angoli che questa direzione fa con tre assi ortogonali che passano per un suo punto e sono paralleli alle direzioni degli spigoli dei tre tronchi di parallelepipedi di sopra considerati. Si decomponga la pressione *ps* in tre componenti secondo questi tre assi; i valori di esse si otterranno moltiplicando la risultante *ps* per i coseni degli angoli che essa forma con gli stessi assi; quindi saranno date respettivamente da *pscosα*, *pscosβ*, *pscosγ*. Ora l'angolo α è formato dalla retta rappresentante la pressione *ps*, la quale è normale alla superficie *s*, e dall'asse condotto nella direzione di uno dei parallelepipedi orizzontali, il quale è normale alla sezione retta dello stesso parallelepipedo; in conseguenza l'angolo α è uguale a quello che la superficie *s* fa con questa sezione retta. Se ne deduce, per il Lemma enunciato, che il prodotto *scosα* rappresenta l'area della proiezione della superficie di area *s* sulla sezione retta del parallelepipedo, la quale proiezione evidentemente è la stessa sezione retta. Analogamente si deduce che *scosβ*, *scosγ* sono le aree delle sezioni rette degli altri due parallelepipedi.

Si può dunque stabilire che le tre componenti, secondo tre direzioni ortogonali, della pressione esercitata sopra una piccolissima superficie che passa per un certo punto sono eguali respettivamente alla pressione in questo punto moltiplicata per le sezioni rette dei tre parallelepipedi ortogonali tra loro, costruiti sulla superficie stessa e condotti in quelle direzioni.

S'immagini ora decomposta anche la pressione esercitata nel primo tronco di parallelepipedo orizzontale sulla faccia opposta alla *s*, secondo tre direzioni parallele agli assi già scelti. La componente secondo l'asse il quale ha la direzione del suddetto tronco sarà data dal prodotto della pressione nel centro di gravità della faccia che si considera per l'area della sezione retta del parallelepipedo; e siccome l'una ha per valore *p*; poichè le due basi del tronco di parallelepipedo trovansi alla medesima profondità dalla superficie libera del liquido e l'altra, nello stesso parallelepipedo, ha un solo valore, così ricavasi che una delle componenti orizzontali della pressione esercitata sulla superficie *s* ne trova un altra orizzontale eguale, che, agendo però in senso contrario, la distrugge completamente. È facile dimostrare che ciò avviene egualmente per la seconda componente orizzontale della pressione *ps*.

Si consideri finalmente la faccia opposta alla *s* nel tronco di parallelepipedo verticale; la pressione esercitata in un suo punto qualunque non sarà più p, ma altra minore di valore p', poichè essa superficie trovasi a minore profondità della s dalla superficie libera del liquido; quindi la sua componente verticale sarà data dal prodotto di p' per la sezione retta del tronco di parallelepipedo verticale; che se l'area di questa sezione sia rappresentata da ab, la componente verticale della pressione esercitata sulla faccia superiore ed agente dall'alto al basso sarà data da $p'.ab$, mentre quella esercitata sulla faccia inferiore dal basso all'alto sarà data da $p.ab$. Ne segue quindi che il tronco di parallelepipedo verticale è animato da una forza agente dal basso all'alto e di valore eguale a $(p - p') ab$. Rammentando ora che nel caso da noi considerato le pressioni p e p' non sono altro che i pesi delle due colonne di liquido le quali hanno per base l'unità di superficie e per altezze respettive le distanze dei centri di gravità delle piccole superficie su cui esse si esercitano, dalla superficie libera del liquido, ne segue che $p - p'$ non è altro che il peso di una colonna di liquido che ha per base l'unità di superficie e per altezza la distanza verticale tra i centri di gravità delle basi del tronco di parallelepipedo verticale considerato, che si estende interamente a traverso il corpo immerso. Il prodotto $(p - p') ab$ si dimostra essere il peso di questo stesso tronco di parallelepipedo formato però di liquido.

Se si fosse tenuto conto della pressione atmosferica il risultato non sarebbe stato dissimile, poichè nella differenza fatta di p e p' la pressione atmosferica non ne avrebbe alterato il valore.

Estendendo i ragionamenti fatti a tutte le faccette immensamente piccole che nel loro insieme si possono intendere sostituire la superficie limitatrice del corpo immerso, se ne deduce che questo non è spinto da nessuna parte orizzontalmente e solo risente azioni che tendono a schiacciare le sue pareti, mentre è animato da tante forze verticali dirette dal basso all'alto, la cui risultante, verticale anche essa, è diretta nello stesso modo ed è eguale alla somma dei pesi degli strati verticali in cui il solido si può immaginare diviso, formati però di liquido; in altri termini è uguale al peso di una massa di liquido di forma eguale a quella del corpo immerso. A questa risultante, la quale passa per il centro di gravità della massa liquida discacciata, come risulta chiaramente dal modo di composizione delle sue componenti, è stato dato il nome di *spinta*.

Si può giungere a dimostrare la esistenza della spinta, ed a determinarne il valore, con un ragionamento indipendente dalla decomposizione delle pressioni e fondato su considerazioni meno dirette, ma più semplici. S'immagini una massa liquida in equilibrio, e colla mente se ne consideri una porzione di forma qualunque, che si supporrà per un momento solidificata senza cambiare nè di volume, nè di densità, nè quindi di peso. Con ciò non si altereranno le condizioni delle pressioni, poichè la massa liquida è per ipotesi in equilibrio. La supposta massa solidificata, essendo anch'essa in equilibrio in mezzo al liquido che la circonda, e non obbedendo così all'azione della gravità, deve risentire da parte del fluido una reazione capace di distruggere quell'azione. Tale reazione sarà dunque eguale al peso della massa solidificata e potrà intendersi applicata al suo centro di gravità; la sua direzione sarà verticale.

Se ora alla detta massa s'immagini sostituito un solido della stessa figura e delle medesime dimensioni è evidente che l'azione del fluido sovra di esso non sarà diversa da quella di prima, per cui questa azione sopra un corpo qualunque immerso sarà ancora eguale al peso del fluido da esso rimosso.

1º Corollario. — L'intensità della spinta è data dal prodotto del volume di liquido rimosso per il suo peso specifico; poichè essa equivale al peso della massa di liquido discacciata.

Se si rappresentino con V il volume di quest'ultima, con ω il suo peso specifico e con P' la spinta si avrà:

$$P' = \omega\, V.$$

Per l'acqua di mare ω varia da 1,025 a 1,026.

2º Corollario. — Può dirsi in alcuni casi che un corpo posto in un liquido perde una parte del suo peso eguale a quello del liquido discacciato.

Infatti l'azione della gravità sul corpo immerso è contrariata da quella della forza verticale eguale al peso del liquido discacciato ed agente in direzione contraria; quindi, se, come noi qui supponiamo, il peso del corpo e la spinta del liquido si esercitino lungo la stessa verticale, la loro risultante sarà eguale alla loro differenza.

Si rappresenti con P il peso del corpo, se sarà $P > P'$, il corpo perderà per la spinta del liquido una parte di peso data da P', e di-scenderà al fondo per effetto della forza $P - P'$. Se sarà $P = P'$, la spinta distruggerà completamente il peso del corpo e questo non prenderà alcun moto di traslazione verticale, in qualunque punto del liquido sia posto. Se sarà $P < P'$, il corpo sarà spinto all'insù con una forza $P' - P$ e giunto alla superficie libera ne uscirà in parte, sino a che la porzione immersa sposti un volume di liquido il cui peso equivalga al peso totale del corpo. Egli è chiaro che in quest'ultimo caso sarebbe più esatto il dire che la spinta perde una parte della sua intensità.

Nell'enunciato del secondo corollario consiste il celebre *Principio di Archimede*, così chiamato, perchè scoperto da questo insigne geometra siracusano.

Il principio di Archimede viene comunemente mostrato nei gabinetti di Fisica mediante la bilancia idrostatica. Consiste questa in una bilancia ordinaria, la quale ha un bacino munito alla faccia inferiore di un uncino ed ha il giogo disposto in modo da potere essere sollevato ad arbitrio per mezzo di un'asta dentata movibile con un meccanismo.

Spinto in alto il giogo, si sospende all'uncino un cilindro cavo ed inferiormente a questo un cilindro massiccio, il volume del quale è esattamente eguale alla capacità del primo; indi si collocano nell'altro bacino alcuni pesi a fine di stabilire l'equilibrio della bilancia. Si abbassa poscia il giogo, sino a che il cilindro massiccio s'immerga interamente nell'acqua contenuta in un vaso posto al disotto; si vede allora che la bilancia trabocca dalla parte dei pesi, e che riempiendo d'acqua il cilindro vuoto si ristabilisce l'equilibrio. Rilevasi da ciò come il cilindro pieno nello immergersi nell'acqua perda una porzione del suo peso eguale a quello dell'acqua introdotta nel cilindro cavo per ristabilire l'equilibrio. E siccome il vuoto di questo è eguale al volume del cilindro pieno, ne segue che la parte di peso da questo perduto è eguale al peso di un volume d'acqua eguale al suo.

Il Sire ha sostituito altra prova alla precedente, colla quale si può esperimentare con corpi di forma qualunque ed anche con galleggianti.

CAPITOLO II.

Oltre le nozioni di fisica testè richiamate ci è d'uopo premettere i metodi di valutazione approssimata delle aree delle superficie e dei volumi dei solidi, a cui si ricorre quando le une e gli altri non siano tra quelli per i quali le matematiche danno regole esatte di valutazione.

Parleremo dei metodi più comunemente usati, cioè quello dei trapezi, o di Bezout, e l'altro di Simpson, detto anche di Stirling, tralasciando di parlare di altri metodi, come quelli di Poncelet e di Woolley, che sono poco adoperati in marina. Tralasceremo altresì di parlare dell'uso dei planimetri e dei metodi della grafostatica, sia perchè l'uso utile che dei primi può farsi in marina è ristretto a pochi casi, che avremo occasione di citare sul finire di queste lezioni, sia perchè usciremmo dai limiti che ci siamo imposti.

Comincieremo dalla valutazione delle aree. Supporremo ciascuna superficie piana limitata da una curva, da una retta (che diremo il *suo asse*) e da due altre rette a questa perpendicolari.

1ª PROPOSIZIONE. — Sia dato a valutare l'area della superficie piana rappresentata dalla figura. Si divida l'asse in n parti eguali

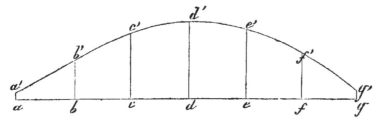

ad α, come ab, bc, cd, . . .; dai punti di divisione s'innalzino le perpendicolari all'asse, come l'aa', bb', cc'. . . . e si rappresentino con y, y_1, y_2, y_3, . . . y_n le loro lunghezze, che diremo *ordinate*. Ammesso che gli archi della curva compresi tra le successive perpendicolari all'asse si confondano con le relative corde, l'area cercata sarà data da:

$$\alpha \left\{ \frac{y}{2} + y_1 + y_2 + y_3 + \ldots + \frac{y_n}{2} \right\}.$$

Infatti colla ipotesi ammessa, le superficie parziali $abb'a'$, $bcc'b'$, $cdd'c'$.... nelle quali viene decomposta la superficie totale si possono considerare come trapezi, l'area dei quali si sa essere data dalla semisomma dei lati paralleli moltiplicata per la loro distanza. Si avrà quindi per le aree dei diversi trapezi, cominciando dal primo:

$$\alpha \cdot \frac{y + y_1}{2}; \quad \alpha \cdot \frac{y_1 + y_2}{2}; \quad \alpha \cdot \frac{y_2 + y_3}{2}; \quad \alpha \cdot \frac{y_3 + y_4}{2};$$

$$\alpha \cdot \frac{y_4 + y_5}{2}; \quad \ldots \ldots \quad \alpha \cdot \frac{y_{n-1} + y_n}{2}.$$

Facendone la somma e raccogliendo il fattore comune α si avrà per l'area totale:

$$\alpha \left\{ \frac{y}{2} + y_1 + y_2 + y_3 + \ldots \ldots + \frac{y_n}{2} \right\}. \quad \text{C. S. D. D.}$$

Rilevasi da questa formula che col metodo dei trapezi si ottiene approssimativamente l'area di una figura piana del genere di quelle di sopra specificate, unendo alla semisomma delle ordinate estreme la somma delle ordinate intermedie equidistanti e moltiplicando il totale per la distanza tra le successive perpendicolari all'asse.

Se la curva terminasse nelle due estremità sull'asse, allora evidentemente mancherebbe nella espressione di sopra trovata, la semisomma delle ordinate estreme.

Se la superficie fosse limitata da due curve e da due rette parallele le deduzioni fatte sussisterebbero sempre, se non che le lunghezze y, y_1, y_2, y_3, ... y_n sarebbero quelle delle perpendicolari tirate ad una retta condotta a traverso la superficie normalmente alle due rette che la limitano su due lati.

Se la superficie stessa fosse simmetrica rispetto ad un asse, la sua area si otterrebbe raddoppiando quella di una delle due superficie in cui viene decomposta dall'asse di simmetria.

La formula della 1ª Proposizione verrà da noi rappresentata con l'espressione $\alpha \cdot \Sigma y$, intendendo per Σ un simbolo il quale indica una somma di termini tutti della stessa forma di quello scritto sotto il simbolo stesso, ad eccezione del primo e dell'ultimo che sono divisi per due.

Intendiamo di adoperare in seguito lo stesso simbolo in casi simili, attribuendogli sempre lo stesso significato.

La ipotesi fatta nella 1ᵃ Proposizione, cioè di archi confondentesi colle loro corde, tanto più si approssima al vero quanto più vicine sono tra loro le perpendicolari all'asse, quindi tanto più approssimata al vero sarà l'area dedotta colla formula trovata quanto più piccola sarà la distanza α.

Per uno stesso valore di quest'ultima distanza, e nel caso in cui il numero delle divisioni dell'asse sia pari, si ottiene per l'area delle superficie considerate maggiore approssimazione dalla formula di Simpson, la quale si ricava colla seguente:

2ᵃ PROPOSIZIONE. — Se l'asse ag della figura sia diviso in n parti eguali ad α (essendo n pari) si avrà maggiore approssimazione per l'area della superficie sostituendo alla formula dei trapezi la seguente:

$$\frac{1}{3}\alpha(1y + 4y_1 + 2y_2 + 4y_3 + \ldots + 4y_{n-1} + 1y_n).$$

Si consideri la superficie racchiusa tra due ordinate di posto dispari p. e. la $cc'd'e'ec$; è chiaro che se si divida la retta ce in tre

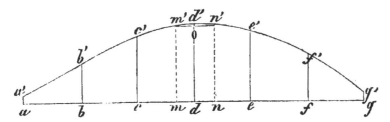

parti eguali nei punti m ed n, e da questi s'innalzino le perpendicolari mm', nn' si avrà una maggiore approssimazione, se ai due trapezi assunti col metodo sopra esposto si sostituiscano i tre trapezi $cc'mm'$, $mm'n'n$, $nn'e'e$. La somma delle aree di questi ultimi è data da:

$$cm \cdot \frac{cc' + mm'}{2} + mn \cdot \frac{mm' + nn'}{2} + ne \cdot \frac{nn' + ee'}{2}.$$

Ma $cm = mn = ne = \dfrac{2\alpha}{3}$, quindi sostituendo si avrà:

$$\frac{2\alpha}{3} \cdot \frac{cc' + mm'}{2} + \frac{2\alpha}{3} \cdot \frac{mm' + nn'}{2} + \frac{2\alpha}{3} \cdot \frac{nn' + ee'}{2}$$

Raccogliendo il fattore comune $\frac{\alpha}{3}$ si avrà:

$$\frac{\alpha}{3}(cc' + 2mm' + 2nn' + ee'). \quad (1)$$

S'immagini tirata effettivamente la corda $m'n'$ la quale incontra in o la ordinata dd'. La do, essendo parallela alle due basi del trapezio $mm'nn'$ e condotta per il punto di mezzo di uno degli altri due lati, sarà eguale alla semisomma delle due basi, quindi si avrà:

$$do = \frac{mm' + nn'}{2}.$$

Sostituendo questo valore nella (1) si avrà:

$$\frac{\alpha}{3}(cc' + 4do + ee') \quad (2)$$

Questa espressione dell'area della superficie $cc'd'e'e$, mentre è più prossima al vero dell'altra data da:

$$\alpha\left\{\frac{cc'}{2} + dd' + \frac{ee'}{2}\right\}$$

e che si otterrebbe colla decomposizione in due soli trapezi, è tuttavia in eccesso se la curva $c'e'$ è tutta concava rispetto all'asse, mentre è in difetto se la stessa curva è tutta convessa come in $e'fg'$.

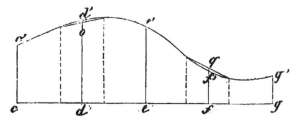

Si avrà un compenso all'errore commesso sostituendo nel primo caso a do la dd', che ne è maggiore, e nel secondo caso a fg la ff' che ne è minore. Si otterrà così invece della (2):

$$\frac{\alpha}{3}(cc' + 4dd' + ee'),$$

la quale espressione, sostituendo alle cc', dd', ee' le lettere che ne rappresentano le lunghezze, si cambia nell'altra:

$$\frac{\alpha}{3}(y_2 + 4y_3 + y_4).$$

Ripetendo lo stesso ragionamento per le superficie $aa'b'c'c$, $ee'f'g'g$ e così per le altre, si avranno per le loro aree:

$$\frac{\alpha}{3}(y + 4y_1 + y_2); \quad \frac{\alpha}{3}(y_4 + 4y_5 + y_6); \ldots$$

$$\ldots \frac{\alpha}{3}(y_{n-2} + 4y_{n-1} + y_n).$$

Sommando tutte queste aree parziali si avrà per la totale:

$$\frac{\alpha}{3}(y + 4y_1 + y_2 + y_2 + 4y_3 + y_4 + y_4 + 4y_5 + y_6 +$$

$$+ \ldots + y_{n-2} + 4y_{n-1} + y_n) =$$

$$= \frac{\alpha}{3}(1y + 4y_1 + 2y_2 + 4y_3 + \ldots + 4y_{n-1} + 1y_n)$$

C. S. D. D.

Si noti che allorquando una, o tutte e due le ordinate estreme sono nulle non si debbono ommettere in quest'ultima formula, poichè altrimenti i fattori 1, 4, 2, 4, ... 1 verrebbero spostati e varierebbe così il loro ordine.

Dalla stessa formula rilevasi che per ottenere col metodo di Simpson l'area di una data superficie piana, bisogna dividerne l'asse in un numero pari di parti eguali ed innalzarvi le perpendicolari per i punti di divisione; indi quadruplicare le ordinate di posto pari, raddoppiare quelle di posto dispari, eccettuate le due estreme; poscia sommare queste coi prodotti testè indicati, e finalmente moltiplicare il totale per un terzo dell'intervallo tra le successive perpendicolari all'asse.

Qualora la curva che limita la superficie da valutarsi presenti in qualche parte maggiore curvatura che nelle altre, sarà opportuno aumentare in quella parte le divisioni dell'asse per rendere più ravvicinate le perpendicolari condottevi. Tali suddivisioni, se si applichi il metodo di Simpson, dovranno però estendersi ad un numero di divisioni primitive che sia multiplo di due. Qualora inoltre l'area totale voglia esprimersi sotto la forma di un prodotto che abbia per fattore o l'intervallo primitivo delle ordinate, nel metodo di Bezout, o un terzo dello stesso intervallo, nel metodo di Simpson, dovranno essere cambiati convenientemente i fattori dei termini della somma rappresentante l'altro fattore dell'area. Non è difficile dedurre quali in ogni caso debbano essere questi fattori modificati.

Il metodo di Bezout, chè potrebbe essere chiamato ancora *metodo delle medie semplice*, consiste evidentemente nel determinare il valore di una grandezza geometrica, decomposta in più parti di cui si conoscono i valori dei loro limiti, assumendo per ciascuna di esse la media dei valori che avrebbe supponendo costante per tutta la sua estensione le quantità del genere e della direzione di quella dei limiti ora detti, ed una volta eguali al valore di uno dei limiti ed una volta eguali all'altro. La differenza tra queste medie ed i valori effettivi delle parti che esse rappresentano, quando trattasi di quantità che variano con una certa continuità, è tanto minore quanto minore è la differenza dei due limiti, ossia quanto meno discosti essi sono.

Il metodo di Simpson, che potrebbe chiamarsi delle *medie con correzioni*, conduce a maggiore approssimazione inquantochè i limiti delle diverse parti vengono implicitamente presi più vicini, e si produce in qualche modo un compenso all'errore in più od in meno che si commette.

3ª Proposizione. — L'area di una superficie piana terminata da una curva e da due rette convergenti, sotto un angolo che è misurato da un arco di lunghezza $m\sigma$ nella circonferenza di raggio l'unità, è data con certa approssimazione da : $\frac{\sigma}{2} \cdot \Sigma r^2$, oppure con maggiore approssimazione ancora (se m sia pari) da :

$$\frac{1}{3} \cdot \frac{\sigma}{r} (1r^2 + 4r'^2 + 2r''^2 + 4r'''^2 + \ldots + 1r^{(m)2})$$

intendendo per r, r', r'', … $r^{(m)}$ le lunghezze delle $m + 1$ rette convergenti SV, Sa, Sb, Sc …. che si hanno supponendo diviso

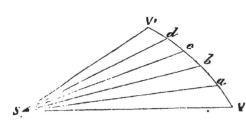

l'arco di lunghezza $m\sigma$ in m parti piccolissime eguali a σ, e congiunti i punti di divisione con il vertice della superficie prolungando le congiungenti sino all'incontro della curva.

Le due formule indicate si ricavano applicando i due metodi delle medie testè spiegati.

Infatti col primo metodo trattasi di fare le medie di settori, ciascuno dei quali, avendo per ipotesi raggi eguali, è circolare. Ora l'area di questa specie di settori essendo data dal prodotto della lunghezza dell'arco per la metà del raggio quella cercata della superficie VSV_1, ossia la somma delle suddette medie, sarà data da:

$$\frac{1}{2}\left\{\sigma.\frac{r^2}{2}+\sigma.\frac{r'^2}{2}\right\}+\frac{1}{2}\left\{\sigma.\frac{r'^2}{2}+\sigma.\frac{r''^2}{2}\right\}+\frac{1}{2}\left\{\sigma.\frac{r''^2}{2}+\right.$$

$$\left.\sigma.\frac{r'''^2}{2}\right\}+\ldots+\frac{1}{2}\left\{\sigma.\frac{r^{(m-1)^2}}{2}+\sigma.\frac{r^{(m)^2}}{2}\right\}=\frac{\sigma}{2}\Sigma r^2.$$

Col secondo metodo trattasi di prendere un terzo dell'intervallo che ha servito per fare le medie precedenti, di moltiplicare per i fattori 1, 4, 2, 4.... 4, 1 le quantità di cui si sono prese le medie stesse e di fare la somma di ciò che si ottiene; si avrà così:

$$\frac{1}{3}\sigma.\frac{1r^2}{2}+\frac{1}{3}\sigma.\frac{4r'^2}{2}+\frac{1}{3}\sigma.\frac{2r''^2}{2}+\frac{1}{3}\sigma.\frac{4r'''^2}{2}+$$

$$+\frac{1}{3}\sigma.\frac{2r''''^2}{2}+\ldots+\frac{1}{3}\sigma.\frac{1r^{(m)^2}}{2}=$$

$$\frac{1}{3}\cdot\frac{\sigma}{2}\left(1r^2+4r'^2+2r''^2+4r'''^2+\ldots+1r^{(m)^2}\right).$$

Evidentemente le due formule dimostrate sono tanto più prossime al vero quanto più piccolo è l'arco misurato da σ.

Passiamo ora alla determinazione dei volumi.

S'immagini decomposto il solido in molte parti col mezzo di piani condotti ad eguali intervalli in una direzione tale che i due estremi coincidano con i limiti del corpo. Si suppongano riportati su di una stessa retta successivamente i suddetti intervalli in numero ed in grandezza eguali a quelli delle sezioni del solido. S'immagini che dai punti di divisione siano innalzate le perpendicolari a quella retta, che diremo *asse*, e che su ciascuna di esse sia riportato, con conveniente scala, un numero di unità lineari eguale a quello delle unità superficiali contenute nelle corrispondenti sezioni del solido, e finalmente si suppongano riuniti con una linea gli estremi così ottenuti delle perpendicolari all'asse. La superficie racchiusa tra quest'ultimo e la suddetta linea sarà da noi chiamata *diagramma del volume* del solido.

4ª Proposizione. — Il volume di un solido qualunque è dato dal numero di unità superficiali contenute nel suo diagramma del volume.

Si sa che i volumi sono equivalenti al prodotto di tre dimensioni; ora l'area del diagramma del volume, essendo data dal prodotto di due dimensioni, come tutte le aree, è uguale effettivamente al prodotto di tre dimensioni, poichè una di quelle è alla sua volta dipendente da altre due; deducesi dunque la possibilità che la detta area dia un numero di unità di volume. Che questo numero poi sia la misura del volume del solido risulta da ciò, che il contorno del diagramma del volume rappresenta la legge secondo cui si succedono le sezioni piane fatte nel solido stesso in ordine alla loro grandezza ed alla loro posizione. E difatti esso sarà tanto più lontano dall'asse quanto maggiori saranno le aree delle sezioni; le porzioni di superficie del diagramma del volume saranno maggiori nei punti in cui le corrispondenti porzioni di volume del solido saranno maggiori.

Una conferma dell'enunciata Proposizione si ha ricorrendo al diagramma per alcuni solidi, di cui la Geometria dà con rigore i volumi.

Per un prisma od un cilindro, per i quali le sezioni parallele alle basi sono tutte eguali, si avrà un rettangolo di cui un lato sarà eguale all'intervallo totale tra le due basi del prisma o del cilindro, e l'altro lato conterrà un numero di unità lineari eguale a quello delle unità di superficie contenute in ciascuna delle sezioni costanti del solido. L'area del rettangolo così costruito dà per il volume del prisma o del cilindro il prodotto della base per l'altezza, come lo dà la Geometria.

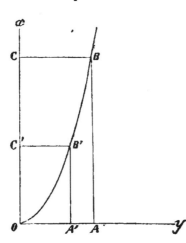

Per una piramide, od un cono, in cui le sezioni parallele alla base sono proporzionali ai quadrati delle loro distanze dal vertice, si ha una curva *OB′B* della forma rappresentata dalla figura, a cui i geometri hanno dato il nome di *parabola*, e nella quale una coordinata di ciascun punto è proporzionale al quadrato dell'altra. In questo diagramma *OA* rappresenta l'altezza a cui sono normali le sezioni, ed *AB* rappresenta l'area di una di queste sezioni. Ora la Geometria insegna che l'area

OBC è $\frac{2}{3}$ del rettangolo $OC \times CB$; quindi l'area del segmento *OBA*

è $\frac{1}{3}$ del rettangolo $OA \times AB$, ossia $\frac{1}{3}$ del prodotto dell'altezza per l'area della base della piramide, o del cono; la qual cosa è conforme ai risultati della Geometria.

Per un tronco di cono il volume sarebbe dato dall'area $A'B'AB$ della figura precedente, della quale la lunghezza OA' la rappresenteremo con l, la OA con L, la perpendicolare $A'B'$ con πr^2, e l'altra AB con πR^2, essendo r ed R i raggi delle due basi. Si avrebbe quindi per essa:

$$\frac{\pi}{3}\left(R^2 L - r^2 l\right) \quad (1).$$

In un cono però i raggi delle sezioni parallele sono proporzionali alle loro distanze dal vertice, si ha dunque:

$$R : r :: L : l \quad (2), \quad \text{da cui:} \quad l = \frac{rL}{R}.$$

Sostituendo nella (1) si avrà:

$$\frac{\pi}{3}\left\{R^2 L - r^2 \cdot \frac{rL}{R}\right\} = \frac{\pi}{3}\left\{\frac{L}{R} \cdot R^3 - \frac{L}{R} r^3\right\} =$$

$$= \frac{\pi}{3} \cdot \frac{L}{R}\right\}(R^3 - r^3);$$

ma la (2) dà:

$$\frac{L}{R} = \frac{L - l}{R - r},$$

quindi la precedente espressione si cambia nella seguente:

$$\frac{\pi}{3} \cdot \frac{L - l}{R - r}(R^3 - r^3) = \frac{\pi}{3} \cdot (L - l) \cdot \frac{R^3 - r^3}{R - r} =$$

$$= \frac{\pi}{3} \cdot (L - l)(R^2 + Rr + r^2).$$

Ora la $L - l$ essendo l'altezza del tronco di cono, l'ultima formula dà per il volume di questo lo stesso valore dato dalla Geometria.

Per una sfera i raggi delle diverse sezioni essendo medî proporzionali fra i segmenti x e $D - x$ in cui esse dividono il diametro D, le aree delle sezioni stesse sono date da:

$$\pi x\,(D - x) = \pi Dx - \pi x^2 = \pi Dx - \pi x^2 - \frac{\pi D^2}{4} + \frac{\pi D^2}{4} =$$

$$= \frac{\pi D^2}{4} - \pi\left(x - \frac{D}{2}\right)^2.$$

Si prendano ora due rette Ox ed Oy perpendicolari tra loro; sulla prima, che riterremo come l'asse della sfera rispetto al quale si son con-

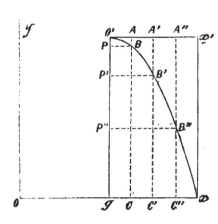

dotte le sezioni normali, si prenda a partire dal suo estremo O una lunghezza Ox eguale al diametro della sfera, e poscia una lunghezza Og eguale al suo raggio; la rimanente porzione gx si supponga decomposta nello stesso numero di parti eguali in cui è stato diviso il raggio dalle sezioni normali di mezza sfera. Le distanze dei punti di divisione, contate dall'origine O, essendo state rappresentate con x, misurate invece dal punto g saranno $x - \dfrac{D}{2}$.

Sulle perpendicolari da innalzarsi dai punti di divisione s'immaginino riportate le lunghezze:

$$CA - AB,\ \ C'A' - A'B',\ \ C''A'' - A''B'' \ldots$$

eguali rispettivamente in misura alle espressioni:

$$\frac{\pi D^2}{4} - \pi\left(x' - \frac{D}{2}\right);\ \ \frac{\pi D^2}{4} - \pi\left(x'' - \frac{D}{2}\right)^2;$$

$$\frac{\pi D^2}{4} - \pi\left(x''' - \frac{D}{2}\right)^2 \ldots;$$

si otterranno così dei punti B, B', B'', B''', $\ldots$ i quali disteranno dalla $O'x'$, parallela ad Ox, di AB, $A'B'$, $A''B''\ldots$ eguali rispettiva-

mente a: $\ \pi\left(x' - \dfrac{D}{2}\right)^2,\ \ \pi\left(x'' - \dfrac{D}{2}\right)^2,\ \ \pi\left(x''' - \dfrac{D}{2}\right)^2, \ldots$

Questi punti si troveranno su di una parabola. Ed infatti essendo $O'P = AB$, $O'P' = A'B'$, si ha:

$$O'P : O'P' :: \pi\left(x' - \frac{D}{2}\right)^2 : \pi\left(x'' - \frac{D}{2}\right)^2 ::$$

$$:: \left(x' - \frac{D}{2}\right)^2 : \left(x'' - \frac{D}{2}\right)^2;$$

ma $x' - \frac{D}{2} = PB$, $x'' - \frac{D}{2} = P'B'$, quindi sostituendo si avrà:

$$O'P : O'P' :: PB^2 : P'B'^2.$$

La stessa proporzione ricavandosi per gli altri punti, se ne deduce la proprietà della parabola.

Per ciò che già conosciamo l'area del segmento parabolico $O'BB'xg$ è dato da $\frac{2}{3}O'g \cdot gx$; ma $O'g = \frac{\pi D^2}{4}$, $gx = \frac{D}{2}$; quindi la detta area è misurata da $\frac{2}{3} \cdot \frac{\pi D^2}{4} \cdot \frac{D}{2} = \frac{1}{12} \cdot \pi D^3$; la quale, raddoppiata, fornisce per il volume della sfera $\frac{1}{6}\pi D^3$, valore eguale a quello dato dalla Geometria.

Estendendo l'applicazione del diagramma del volume ad altri solidi si avrebbero nuove conferme della Proposizione enunciata.

Corollario. — Un solido terminato da due piani paralleli, nel quale le sezioni piane, a questi ultimi parallele, equidistanti della quantità α, fatte da un estremo all'altro normalmente ad un asse che lo traversa abbiano per aree C, C_1, C_2, C_3, ... C_n, ha per valore approssimato del suo volume V:

$$V = \alpha \Sigma C,$$

oppure con maggiore approssimazione, se n sia pari:

$$V = \frac{1}{3}\alpha(1C + 4C_1 + 2C_2 + 4C_3 + \dots + 4C_{n-1} + 1C_n).$$

Questi risultati si ottengono applicando per la valutazione dell'area del diagramma del volume di quel solido o la formula di Bezout, o quella di Simpson.

SCOLIO. — Nel fare uso dell'una o dell'altra di queste due formule, viene evidentemente ad estendersi alla valutazione dei volumi il metodo delle medie semplice e quello con correzioni.

CAPITOLO III.

DETERMINAZIONE APPROSSIMATA DELLA POSIZIONE DEL CENTRO DI GRAVITÀ E DEI MOMENTI DELLE SUPERFICIE E DEI SOLIDI.

Le superficie ed i solidi che prenderemo a considerare sono quelli di cui la Meccanica non ha determinato con esattezza la posizione del centro di gravità. Però, come in quella, intenderemo per centro di gravità di una superficie il punto nel quale, se essa potesse essere uniformemente pesante, dovrebbe essere sostenuta per essere mantenuta in equilibrio, e per i solidi considereremo corpi di uniforme densità.

LEMMA. — Decomposta in parti una superficie piana, il prodotto della sua area per la distanza del suo centro di gravità da una data retta è eguale alla somma algebrica dei prodotti delle aree delle superficie parziali nelle quali è stata decomposta per le distanze dei respettivi centri di gravità dalla stessa retta.

Nella ipotesi fatta, cioè di superficie pesanti i loro momenti sono dati dal prodotto del loro peso per la distanza dei respettivi centri di gravità dell'asse dei momenti; ed i pesi sono dati dal prodotto delle aree per il peso costante che gravita su ciascuna unità di superficie. Quindi applicando il teorema dei momenti, il risultato che se ne ottiene si riduce a quello enunciato nel Lemma, quando si faccia sparire il peso costante, che è fattore comune di tutt'i termini dell'equazione.

Il Lemma enunciato si estende anche ai solidi omogenei, per i quali ai momenti vengono sostituiti i prodotti dei volumi per le respettive distanze dei centri di gravità dall'asse dei momenti.

A questi prodotti, come agli analoghi delle aree, si dà per estensione il nome di *momenti*.

1ª PROPOSIZIONE. — Data una superficie nelle condizioni di quella considerata nella 1ª Proposizione del Capitolo precedente e fatte le medesime ipotesi, il momento della superficie stessa rispetto alla retta che passa per una delle perpendicolari estreme è dato da:

$$\alpha^2 \left\{ \frac{1}{3} \cdot \frac{y}{2} + 1y_1 + 2y_2 + 3y_3 + \ldots + \left(n - \frac{1}{3}\right) \frac{y_n}{2} \right\},$$

e la distanza del suo centro di gravità dalla medesima perpendicolare (la quale distanza rappresenteremo con X) è data da:

$$X = \alpha \frac{\frac{1}{3} \cdot \frac{y}{2} + 1y_1 + 2y_2 + 3y_3 + \ldots + \left(n - \frac{1}{3}\right) \frac{y_n}{2}}{\frac{y}{2} + y_1 + y_2 + y_3 + \ldots + \frac{y_n}{2}}$$

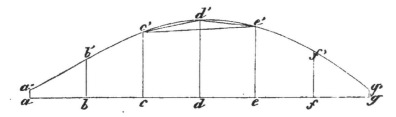

Sia la perpendicolare che passa per aa' quella a cui si riferiscono i momenti, e si considerino i diversi trapezi in cui la superficie per l'ipotesi fatta è decomposta dalle ordinate bb', cc', dd', ...

Si avrà per l'area del primo trapezio $\alpha \frac{(y + y_1)}{2}$, e per la distanza del suo centro di gravità dal lato aa' (secondo quanto si sa dalla Meccanica) $\frac{\alpha}{3} \cdot \frac{y + 2y_1}{y + y_1}$, quindi il suo momento sarà:

$$\frac{\alpha^2}{6} \cdot (y + 2y_1).$$

Il secondo trapezio ha per area $\frac{\alpha}{2} (y_1 + y_2)$, e per distanza del suo centro di gravità dal lato bb': $\frac{\alpha}{3} \cdot \frac{y_1 + 2y_2}{y_1 + y_2}$; ma la distanza del centro stesso riportata alla perpendicolare che passa per aa' è eguale a:

$$\alpha + \frac{\alpha}{3} \cdot \frac{y_1 + 2y_2}{y_1 + y_2} = \frac{\alpha}{3} \cdot \frac{(3y_1 + 3y_2 + y_1 + 2y_2)}{y_1 + y_2} =$$

$$= \frac{\alpha}{3} \cdot \frac{(4y_1 + 5y_2)}{y_1 + y_2};$$

quindi il momento del secondo trapezio è dato da:

$$\frac{\alpha^2}{6} \cdot (4y_1 + 5y_2).$$

Il terzo trapezio ha per area $\frac{\alpha}{2}(y_2 + y_3)$, per distanza del suo centro di gravità dalla perpendicolare aa':

$$2\alpha + \frac{\alpha}{3} \cdot \frac{y_2 + 2y_3}{y_2 + y_3} = \frac{\alpha}{3} \cdot \frac{(6y_2 + 6y_3 + y_2 + 2y_3)}{y_2 + y_3} =$$
$$= \frac{\alpha}{3} \cdot \frac{(7y_2 + 8y_3)}{y_2 + y_3},$$

e per momento: $\quad \frac{\alpha^2}{6} \cdot (7y_2 + 8y_3).$

Così proseguendo trovasi che l'ultimo trapezio ha per momento:

$$\frac{\alpha^2}{6} \left\{ (3n - 2)y_{n-1} + (3n - 1)y_n \right\}.$$

Facendo la somma dei momenti trovati e raccogliendo il fattore comune $\frac{\alpha^2}{6}$, si ha per il momento totale:

$$\frac{\alpha^2}{6} \left\{ y + 2y_1 + 4y_1 + 5y_2 + 7y_2 + 8y_3 + \ldots. + \right.$$
$$\left. + (3n - 2)y_{n-1} + (3n - 1)y_n \right\} =$$
$$\frac{\alpha^2}{6} \left\{ y + 6y_1 + 12y_2 + 18y_3 + \ldots. + (3n - 1)y_n \right\}.$$

E portando il divisore 6 nella parentesi si ha:

$$\alpha^2 \left\{ \frac{1}{3} \cdot \frac{y}{2} + 1y_1 + 2y_2 + 3y_3 \ldots + \left(n - \frac{1}{3} \right) \frac{y_n}{2} \right\}. \quad \text{C. S. D. D.}$$

Dividendo quest'ultima espressione per l'area della superficie data, cioè per $\alpha \Sigma y$, si ha:

$$X = \alpha \frac{\frac{1}{3}\frac{y}{2} + 1y_1 + 2y_2 + 3y_3 + \ldots. + \left(n - \frac{1}{3} \right)\frac{y_n}{2}}{\frac{y}{2} + y_1 + y_2 + y_3 + \ldots. + \frac{y_n}{2}}.$$

Si noti che se nella dimostrazione precedente si considera una coppia di trapezi, come $cc'de'e$, e si tira la retta $c'e'$, il centro di gravità del triangolo $c'd'e'$ disterà da uno dei lati paralleli del doppio trapezio della quantità α, poichè si troverà sulla dd' che è la mediana della base $c'e'$.

Se si abbia una superficie limitata da due rette e da due curve le quali siano simmetriche rispetto ad un asse condotto normalmente alle prime, ed y, y_1 y_2, y_3 .... y_n rappresentino allora le lunghezze delle perpendicolari all'asse da questo contate, la formula d'X trovata colla precedente Proposizione non solo determina la posizione del centro di gravità della superficie nella direzione dell'asse, ma ne assegna completamente la posizione.

Infatti i centri di gravità delle due porzioni simmetriche della superficie essendo ad eguali distanze dalla perpendicolare estrema, trovansi su di una stessa retta parallela a quest'ultima, sulla quale pure si troverà il centro di gravità dell'intera superficie. Ma tale centro, come si sa, deve inoltre trovarsi sull'asse di simmetria, quindi la sua posizione è completamente determinata dall'incontro di quest'ultimo asse colla retta di sopra indicata.

Se la superficie avrà le due ordinate estreme eguali, allora la distanza del suo centro di gravità dalla perpendicolare a cui si riferiscono i momenti può venire determinata dalla formula:

$$X = \alpha \, \frac{0 \, \frac{y}{2} + 1 y_1 + 2 y_2 + 3 y_3 + \ldots + (n-1) y_{n-1} + \frac{n y_n}{2}}{\frac{y}{2} + y_1 + y_2 + y_3 + \ldots + \frac{y_n}{2}}.$$

Infatti le differenze esistenti tra questa e quella dedotta dalla 1ª Proposizione non ne alterano il valore, poichè, essendo per ipotesi

$$\frac{y}{2} = \frac{y_n}{2}, \text{ si ha ancora che } \frac{1}{3} \cdot \frac{y}{2} + \left(n - \frac{1}{3}\right) \frac{y_n}{2} = 0 \, \frac{y}{2} + n \, \frac{y_n}{2}.$$

Se la superficie avesse una, o tutte e due le ordinate estreme nulle si dovrebbe lasciare inalterato l'ordine dei fattori delle altre ordinate, come se quelle non mancassero.

Rilevasi da quanto è stato dimostrato che, per determinare la distanza del centro di gravità di una superficie piana, del genere di quelle considerate, da una delle sue perpendicolari estreme, servendosi del metodo della 1ª Proposizione, che è chiamato *metodo di Bezout*, debbonsi moltiplicare per i fattori

$$\frac{1}{3}, 1, 2, 3, 4, \ldots \left(n - \frac{1}{3}\right)$$

rispettivamente i termini che entrano nella formula data dal metodo dello stesso autore per la valutazione dell'area della detta superficie; dividere la somma dei prodotti che si ottengono per la somma di quei termini, e moltiplicare il quoziente per la distanza tra le successive perpendicolari all'asse.

2ª Proposizione. — Se l'asse della superficie sia diviso in un numero n pari di parti uguali, la distanza del centro di gravità della superficie stessa dalla retta che passa per una delle perpendicolari estreme è data con maggiore approssimazione da :

$$X = \alpha \frac{0.1y + 1.4y_1 + 2.2y_2 + 3.4y_3 + 4.2y_4 + \ldots + n.1y_n}{1y + 4y_1 + 2y_2 + 4y_3 + \ldots + 1y_n}.$$

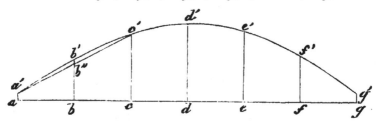

Si consideri della superficie data, suddivisa già in trapezi, una porzione $aa'b'c'c$ corrispondente a due divisioni dell'asse, e si decomponga in due parti col mezzo della corda $a'c'$. Si avrà per l'area della prima parte $aa'c'c$: $\frac{y + y_2}{2} \cdot 2\,\alpha$, per la distanza del suo centro di gravità dalla perpendicolare che passa per aa' : $\frac{2\,\alpha}{3} \cdot \frac{y + 2y_2}{y + y_2}$ e perciò per il suo momento :

$$\frac{2\,\alpha^2}{3}(y + 2y_2).$$

L'area della seconda parte $a'b'c'a'$, considerata come la differenza tra l'area della superficie $aa'b'c'c$, valutata col metodo di Simpson, e quella del trapezio $aa'c'c$, sarà data dall'espressione:

$$\frac{\alpha}{3}(1y + 4y_1 + 1y_2) - 2\alpha \cdot \frac{y + y_2}{2} =$$

$$= \frac{\alpha}{3}(1y + 4y_1 + 1y_2 - 3y - 3y_2) = \frac{2\alpha}{3}(2y_1 - y - y_2).$$

Ritenendo per la distanza del centro di gravità di questa superficie dalla retta a cui si riferiscono i momenti, quella stessa dei triangoli $a'b'b''$, $b'e'b''$, ossia del triangolo $a'b'c'$, che abbiamo veduto essere α, si avrà per il suo momento: $\frac{2\alpha^2}{3}(2y_1 - y - y_2)$, il quale aggiunto al momento già trovato, dà per quello dell'intera superficie $aa'b'c'$:

$$\frac{2\alpha^2}{3}(y + 2y_2 + 2y_1 - y - y_2) = \frac{2\alpha^2}{3}(2y_1 + y_2).$$

Questa espressione è più approssimata al vero dell'altra:

$$\alpha^2 \left\{ \frac{1}{3} \cdot \frac{y}{2} + 1y_1 + \left(2 - \frac{1}{3}\right) \frac{y^2}{2} \right\},$$

che si sarebbe ottenuta col metodo dei trapezi, inquantochè avendo seguito per la valutazione della superficie il metodo di Simpson, si è raggiunta da questo lato una maggiore approssimazione.

Operando in modo analogo si otterrebbe per il momento della superficie $cc'd'e'e$ rispetto alla cc' prolungata.

$$\frac{2\alpha^2}{3} \cdot (2y_2 + y_4).$$

Ma per riportare il momento della stessa superficie alla perpendicolare che passa per aa' bisognerà aggiungere a quest'ultima espressione il prodotto dell'area di $cc'd'e'e$ per la distanza 2α esistente tra la cc' e la aa'; si avrà così:

$$\frac{2\alpha^2}{3} \cdot (2y_2 + y_4) + \frac{\alpha}{3} \cdot (1y_2 + 4y_3 + 1y_4) \cdot 2\alpha =$$

$$= \frac{2\alpha^2}{3} \cdot (y_2 + 6y_3 + 2y_4).$$

Procedendo in modo simile si otterrebbe per il momento della superficie *ee'f'g'g* rispetto alla perpendicolare che contiene l'*aa'*:

$$\frac{2\alpha^2}{3} \cdot (2y_5 + y_6) + \frac{\alpha}{3}(1y_4 + 4y_5 + 1y_6) \cdot 4\alpha =$$

$$= \frac{2\alpha^2}{3} \cdot (2y_4 + 10y_5 + 3y_6).$$

Così continuando si avrebbe per il momento dell'ultima porzione di superficie:

$$\frac{2\alpha^2}{3} \cdot (2y_{n-1} + y_n) + \frac{\alpha}{3} \cdot (1y_{n-2} + 4y_{n-1} + 1y_n)(n-2)\alpha =$$

$$= \frac{2\alpha^2}{3} \cdot \left\{ \left(\frac{n}{2} - 1\right)y_{n-2} + (2n-2)y_{n-1} + \frac{n}{2} \cdot y_n \right\}.$$

Facendo la somma di tutt'i momenti si ha:

$$\frac{2\alpha^2}{3} \left\{ 0y + 2y_1 + y_2 + y_2 + 6y_3 + 2y_4 + 2y_4 + 10y_5 + 3y_6 + \ldots \right.$$

$$\ldots + (2n-2)y_{n-1} + \frac{n}{2} \cdot y_n \left. \right\} =$$

$$= \frac{2\alpha^2}{3} \left\{ 0y + 2y_1 + 2y_2 + 6y_3 + 4y_4 + 10y_5 + \ldots \right.$$

$$(2n-2)y_{n-1} + \frac{n}{2} \cdot y_n \left. \right\} =$$

$$= \frac{\alpha^2}{3}(0y + 4y_1 + 4y_2 + 12y_3 + 8y_4 + 20y_5 + \ldots$$

$$\ldots + (4n-4)y_{n-1} + ny_n) =$$

$$= \frac{\alpha^2}{3}(0 \cdot 4y + 1 \cdot 4y_1 + 2 \cdot 2y_2 + 3 \cdot 4y_3 + 4 \cdot 2y_4 + 5 \cdot 4y_5 + \ldots$$

$$\ldots + (n-1)4y_{n-1} + n \cdot 1y_n).$$

Dividendo questa somma per l'area della superficie totale valutata col metodo di Simpson, si ottiene la formula che si doveva dimostrare.

È facile intendere come essa possa servire nel caso iu cui la superficie sia simmetrica rispetto ad un asse, ed in qual modo debba essere conservata quando le due ordinate estreme siano nulle.

E rilevasi altresì facilmente che per determinare la distanza del centro di gravità di una superficie piana del genere di quelle sin qui considerate da una retta condotta per una delle sue perpendicolari estreme, servendosi del metodo di questa Proposizione, che è chiamato *metodo di Simpson*, devesi operare nel seguente modo:

1º moltiplicare i prodotti eseguiti delle ordinate equidistanti della stessa superficie e dei fattori corrispondenti 1, 4, 2, 4, . . . 4, 1 per i numeri naturali 0, 1, 2, 3, . . . *n*;

2º dividere la somma dei prodotti che si ottengono per quella dei precedenti prodotti;

3º moltiplicare il quoziente per la distanza tra le successive perpendicolari all'asse.

3ª Proposizione. — Il momento della superficie considerata nelle due precedenti Proposizioni preso rispetto al suo asse è dato da: $\frac{\alpha}{2} \Sigma y^2$, oppure con maggiore approssimazione, se *n* sia pari, da:

$$\frac{1}{3} \cdot \frac{\alpha}{2} \left(1y^2 + 4y_1^2 + 2y_2^2 + 4y_3^2 + \ldots + 1y_n^2 \right).$$

Si estenda infatti dapprima il metodo di Bezout alla ricerca dei momenti, avvertendo che i momenti di cui debbonsi prendere le medie sono quelli di rettangoli rispetto ad una delle loro basi, i quali sono dati dalle aree dei rettangoli stessi moltiplicate per la metà delle loro altezze; si avrà per il momento cercato:

$$\frac{1}{2} \left(\alpha y \cdot \frac{y}{2} + \alpha y_1 \cdot \frac{y_1}{2} \right) + \frac{1}{2} \left(\alpha y_1 \cdot \frac{y_1}{2} + \alpha y_2 \cdot \frac{y_2}{2} \right) +$$
$$+ \frac{1}{2} \left(\alpha y_2 \cdot \frac{y_2}{2} + \alpha y_3 \cdot \frac{y_3}{2} \right) + \ldots + \frac{1}{2} \left(\alpha y_{n-1} \cdot \frac{y_{n-1}}{2} + \right.$$
$$\left. + \alpha y_n \cdot \frac{y_n}{2} \right) = \frac{\alpha}{2} \Sigma y^2.$$

Arrecando a questa espressione le modificazioni richieste dal metodo di Simpson (consistenti, come si sa, nel prendere un terzo dell'intervallo tra le grandezze che han servito per le medie e nel moltiplicare le medie stesse per i fattori 1, 4, 2, 4, ... 4, 1) si ottiene la seconda espressione della Proposizione.

Il caso che ora ci proponiamo di esaminare, non è di quelli sin quì considerati; merita però speciale menzione, inquantochè si avrà in seguito occasione di farne applicazione.

4ª PROPOSIZIONE. — Il momento di un settore qualunque rispetto ad una retta perpendicolare ad uno dei suoi lati, condotta per il vertice del settore e nel suo piano, è dato da:

$$\frac{1}{3}\,\sigma\left\{\frac{1}{2}\,r^3\cos 0\sigma + r'^3\cos 1\sigma + r''^3\cos 2\sigma + \ldots + \frac{1}{2}\,r^{(m)3}\cos m\sigma\right\},$$

oppure con maggiore approssimazione, se m sia pari, da:

$$\frac{1}{9}\,\sigma\left\{1\,r^3\cos 0\sigma + 4r'^3\cos 1\sigma + 2r''^3\cos 2\sigma + \ldots + 1\,r^{(m)3}\cos m\sigma\right\},$$

avendo gli r ed il σ lo stesso significato che nella 3ª Proposizione del Cap. 2°, ed essendo σ piccolissimo.

Siano Sa, Sb, Sc .... le rette che suddividono l'arco di raggio uno misurato da $m\sigma$ in m parti eguali di lunghezze σ, e decompongono così il settore dato in altri m settori.

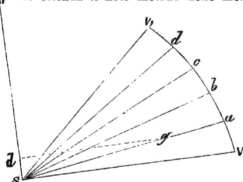

Si estenda il noto metodo delle medie alla ricerca dei momenti di questi settori elementari rispetto alla retta *SM*. Si assuma perciò ciascuno di essi momenti eguale alla media di quelli di due settori circolari. Si supponga che il primo di questi abbia il raggio eguale al primo lato del triangolo mistilineo effettivo che si considera, e che il suo centro di gravità invece che trovarsi sulla bisettrice dell'angolo stia sul primo lato; si supponga inoltre che il secondo settore circolare abbia il raggio eguale al secondo lato del triangolo mistilineo corrispondente e che il suo centro di gravità si trovi su questo lato. I compensi che con tali supposizioni si ottengono, evidentemente avvicineranno tanto più al vero quanto più piccolo sarà σ.

Il centro di gravità di un settore circolare dista dal suo vertice di una quantità data da $\frac{2}{3}$ del raggio moltiplicato per il rapporto tra le lunghezze della corda e dell'arco che limita il settore stesso. Ora per l'ipotesi già fatta di σ piccolissimo, quest'ultimo rapporto si potrà assumere eguale ad uno, e ritenere perciò che i centri di gravità dei diversi settori circolari, nelle posizioni per loro supposte, distino dai corrispondenti vertici di $\frac{2}{3}$ del relativo raggio.

Tali distanze però, per essere cambiate in quelle che si cercano relativamente alla retta *SM*, debbono essere moltiplicate per i coseni degli angoli fatti dai raggi su cui i centri di gravità stessi si suppone si trovino con il lato del settore dato al quale la *SM* è perpendicolare. Ciò chiaramente risulta dalla figura, nella quale, essendo *g* uno dei supposti centri di gravità, si ha $gd = Sg \times \cos gSV$.

I $\frac{2}{3}$ dei raggi, secondo la successiva posizione di questi, dovranno quindi essere moltiplicati rispettivamente per $\cos 0\sigma$, $\cos 1\sigma$, $\cos 2\sigma$, $\cos 3\sigma$, ... $\cos m\sigma$. D'altra parte tenuto conto del valore dell'area del settore circolare, ed ammesso inoltre che il primo raggio *r* sia quello a cui è perpendicolare la retta *SM*, si avrà che la somma delle medie dei momenti corrispondenti ai diversi settori *VSa, aSb, bSc,...* rispetto alla stessa retta sarà data da:

$$\frac{1}{2}\left\{\frac{r^2\sigma}{2}\cdot\frac{2}{3}r\cos 0\sigma + \frac{r'^2\sigma}{2}\cdot\frac{2}{3}r'\cos 1\sigma\right\} +$$

$$+ \frac{1}{2}\left\{\frac{r'^2\sigma}{2}\cdot\frac{2}{3}r'\cos 1\sigma + \frac{r''^2\sigma}{2}\cdot\frac{2}{3}r''\cos 2\sigma\right\} +$$

$$+ \frac{1}{2}\left\{\frac{r''^2\sigma}{2}\cdot\frac{2}{3}r''\cos 2\sigma + \frac{r'''^2\sigma}{2}\cdot\frac{2}{3}r'''\cos 3\sigma\right\} +$$

$$+ \ldots\ldots\ldots\ldots\ldots\ldots\ldots\ldots +$$

$$+ \frac{1}{2}\left\{\frac{r^{(m-1)2}\cdot\sigma}{2}\cdot\frac{2}{3}r^{(m-1)}\cos(m-1)\sigma + \frac{r^{(m)2}\cdot\sigma}{2}\cdot\frac{2}{3}r^{(m)}\cdot\cos m\sigma\right\} =$$

$$= \frac{1}{3}\sigma\left\{\frac{1}{2}r^3\cos 0\sigma + r'^3\cos 1\sigma + r''^3\cos 2\sigma + r'''^3\cos 3\sigma + \ldots\right.$$

$$\left. + \frac{1}{2}r^{(m)3}\cdot\cos m\sigma\right\}.$$

L'ultima espressione cambiasi nell'altra più approssimata, dovuta al metodo di Simpson, solo col prendere la terza parte dell'intervallo tra le quantità di cui si sono prese le medie, e nel moltiplicare queste stesse quantità pei soliti fattori 1, 4, 2, 4, ... 1. Si ha così:

$$\frac{1}{9}\,\sigma\,\Big\{1r^3\cos 0\sigma + 4r'^3\cos 1\sigma + 2r''^3\cos 2\sigma +$$

$$+ 4r'''^3\cos 3\sigma + \ldots + 1r^{(m)3}\cos m\sigma\Big\}.$$

Se il momento del settore avesse da prendersi rispetto ad una delle rette convergenti che lo limitano, e precisamente quella che ha per lunghezza r, le due espressioni del momento medesimo sarebbero:

$$\frac{1}{3}\,\sigma\,\Big\{\frac{1}{2}\,r^3\,sen\,0\sigma + r'^3\,sen\,1\sigma + r''^3\,sen\,2\sigma + \ldots$$

$$+ \frac{1}{2}\,r^{(m)3}\,sen\,m\sigma\Big\};$$

$$\frac{1}{9}\,\sigma\,\Big\{1r^3\,sen\,0\sigma + 4r'^3\,sen\,1\sigma + 2r''^3\,sen\,2\sigma + \ldots$$

$$+ 1r^{(m)3}\,sen\,m\sigma\Big\}.$$

Tutto ciò risulta chiaro considerando che dal triangolo gSd rilevasi che $Sd = Sg\,.\,sen\,gSV$.

5ª PROPOSIZIONE. — La distanza del centro di gravità del diagramma del volume di un solido omogeneo da una retta normale al suo asse in una estremità è eguale alla distanza del centro di gravità dello stesso solido dal piano estremo corrispondente alla detta estremità.

Infatti la posizione del centro di gravità di un corpo, considerata in una data direzione, dipende dalla grandezza, dal numero e dal modo di succedersi delle sue parti in quella direzione. Ma nel diagramma del volume la distribuzione delle sue parti nella direzione del suo asse è quella stessa delle corrispondenti parti del solido nella medesima direzione; si comprende quindi la possibilità di ciò che è stato enunciato nella Proposizione. A dimostrare tale verità stanno poi i seguenti fatti.

Il diagramma del volume di un prisma, o di un cilindro in generale, è, come sappiamo, un rettangolo, del quale il centro di gravità nella direzione della sua lunghezza (che è quella dell'altezza del cilindro) è nel suo mezzo; posizione corrispondente a quella assegnata per il cilindro dalla Meccanica.

Sappiamo che il diagramma del volume di una piramide, o di un cono, è un segmento parabolico colla convessità rivolta all'asse corrispondente alla retta rispetto alla quale si sono immaginate le sezioni normali nel solido. Ora dalla Meccanica rilevasi che la posizione del centro di gravità di questo segmento nella direzione del suo asse trovasi ai tre quarti di questo partendo dalla sua origine, la quale è appunto analoga a quella del centro di gravità del cono.

Consegue dalla Proposizione già dimostrata che per determinare in un corpo simmetrico rispetto ad un piano l'ascissa e l'ordinata del suo centro di gravità (le quali bastano a determinarne la posizione, poichè si sa che esso centro si trova sul piano di simmetria) si dovranno fare nel corpo due serie di sezioni, normali respettivamente alle due rette secondo cui sono còntate quell'ascissa e quella ordinata.

CorollARIO. — Un solido omogeneo nel quale le sezioni piane equidistanti della quantità α, fatte da un estremo all'altro normalmente ad una retta che lo traversa, abbiano per aree $C, C_1, C_2, \ldots C_n$, ha per valore approssimato della distanza del suo centro di gravità dalla sua prima sezione l'espressione:

$$\alpha \frac{\frac{1}{3}\frac{C}{2} + 1C_1 + 2C_2 + 3C_3 + 4C_4 + \ldots + \left(n - \frac{1}{3}\right)\frac{C_n}{2}}{\frac{C}{2} + C_1 + C_2 + C_3 + C_4 + \ldots + \frac{C_n}{2}},$$

oppure con maggiore approssimazione (quando n sia pari) l'altra espressione:

$$\alpha \frac{0 \cdot 1C + 1 \cdot 4C_1 + 2 \cdot 2C_2 + 3 \cdot 4C_3 + \ldots + n \cdot 1C_n}{1C + 4C_1 + 2C_2 + 4C_3 + \ldots + 1C_n}.$$

Queste due formule deduconsi dal costruire il diagramma del volume col mezzo delle aree $C, C_1, C_2 \ldots C_n$ e dall'applicare, per la ricerca della distanza del suo centro di gravità dalla perpendicolare che passa per l'ordinata estrema, o il metodo di Bezout, o quello di Simpson.

6ª Proposizione. — Dato un solido omogeneo a forma di unghia, limitato da due piani convergenti *EBCF*, *ABCD*, da una superficie curva *AEFD* (la quale, o si arresti a due piani *CDF*, *ABE* perpendicolari alla intersezione dei due primi, come in figura, oppure termini alla detta intersezione rimanendo tangente ai piani *CDF* e *ABE*), il suo momento rispetto ad un piano *BCGH* perpendicolare ad uno dei due convergenti ed obbligato a passare per la loro intersezione è dato da: $\alpha \Sigma M$, od anche con maggiore approssimazione, allorquando *n* sia pari, dalla espressione:

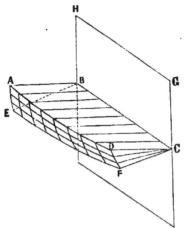

$$\frac{1}{3}\alpha \left\{ M' + 4M_1' + 2M_2' + 4M_3' + \ldots + 1M_n' \right\}.$$

In queste formule s'intendono tanto per *M*, M_1, M_2, M_3, ... M_n, quanto per *M'*, M_1', M_2', M_3', ... M_n' i momenti delle $n+1$ sezioni prodotte nell'unghia da $n-1$ piani paralleli agli estremi *CDF*, *ABE* equidistanti tra loro della quantità α, rispetto al piano dei momenti; se non che i primi sono valutati secondo la prima espressione della 4ª Proposizione di questo Capitolo, gli altri sono valutati colla seconda espressione della stessa Proposizione.

Considerando gli *n* strati nei quali è suddivisa l'unghia dai piani paralleli ai due *CDF*, *ABE*, ed applicando il metodo delle medie nel prenderne i momenti, sostituendo cioè a ciascuno di essi strati due altri cilindrici aventi ognuno le due basi eguali tra loro e rispettivamente eguali all'una ed all'altra delle basi effettive dello strato, si avrà che il momento totale sarà dato da:

$$\alpha \frac{M + M_1}{2} + \alpha \frac{M_1 + M_2}{2} + \alpha \frac{M_2 + M_3}{2} + \ldots + \alpha . \frac{M_{n-1} + M_n}{2} = \alpha \Sigma M.$$

Facendo le solite modificazioni richieste dal metodo di Simpson, il momento totale sarà dato con maggiore approssimazione da:

$$\frac{1}{3}\alpha \left\{ 1M' + 4M_1' + 2M_2' + \ldots + 1M_n' \right\}.$$

È facile rilevare che il momento della stessa unghia rispetto ad uno dei piani convergenti è dato da:

$$\alpha \, \Sigma \, m,$$

oppure con maggiore approssimazione da:

$$\frac{1}{3} \, \alpha \left\{ 1 m' + 4 m_1' + 2 m_2' + \ldots + 1 m_n' \right\},$$

intendendo tanto per gli m quanto per gli m' espressioni analoghe respettivamente alle due riportate alla fine della dimostrazione della Proposizione citata poc'anzi.

7ª PROPOSIZIONE. — Se l'angolo dei due piani convergenti sia così piccolo da non richiedere la sua suddivisione in parti eguali, mentre d'altro lato sia più facile avere i dati relativi a sezioni equidistanti parallele alla intersezione dei due piani convergenti e normali nel medesimo tempo a quello di questi due piani a cui si riferiscono i momenti, e se inoltre l'ultima delle suddette sezioni sia essa stessa il termine dell'unghia, oppure gli sia tangente per tutta la sua estensione, il momento dell'unghia medesima rispetto al piano dei momenti è dato da:

$$\frac{1}{6} \, \alpha^3 \, tang^2 \, \theta \left\{ \frac{1}{2} (z + 2z') \, 0^2 + (z_1 + 2z_1) \, 1^2 + (z_2 + 2z_2') \, 2^2 + \right.$$
$$+ (z_3 + 2z_3') \, 3^2 + (z_4 + 2z_4') \, 4^2 + \ldots$$
$$\left. \ldots + \frac{1}{2} (z_{n'} + 2z_{n'}) \, n'^2 \right\}.$$

In questa espressione α rappresenta la distanza tra le sezioni fatte nell'unghia, la quale viene divisa in n' strati, θ è l'angolo d'inclinazione dei due piani convergenti, $z_1, z_2, z_3, \ldots z_{n'}$ sono le lunghezze delle traccie prodotte sul primo di questi due piani, cioè quello a cui si riferiscono i momenti, dalle sezioni fatte nell'unghia, e $z_1', z_2', z_3', z_4', \ldots z_{n'}$ le lunghezze delle traccie sul secondo piano.

Per la piccolezza ammessa nell'angolo d'inclinazione θ la forma delle sezioni prodotte nell'unghia dai piani equidistanti si può supporre trapezoidale. Si applichi il metodo delle medie nel prendere i momenti degli n' strati che da questi ultimi si ottengono, supponendo cioè sostituito ciascuno di essi da due prismi, l'uno di basi eguali alla prima delle basi effettive dello strato, l'altro di basi eguali alla seconda delle stesse basi effettive. Il momento di ciascuno di tali prismi sarà dato dal prodotto del suo volume per la distanza del centro di gravità della sua base dal piano dei momenti; ma quest'ultima avendo per ipotesi la forma di un trapezio, e d'altra parte le altezze dei successivi diversi trapezî essendo, come ci è dato rilevare con facilità dalla figura (che rappresenta una sezione fatta nell'unghia), $0\alpha\ tang\,\theta$, $1\alpha\ tang\,\theta$, $2\alpha\ tang\,\theta$, $3\alpha\ tang\,\theta$, $4\alpha\ tang\,\theta$, ... $n'\alpha\ tang\,\theta$, se ne deduce che i momenti dei citati prismi sono :

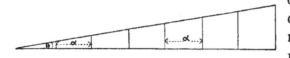

$$\alpha.\frac{z+z'}{2}\cdot 0\alpha\ tang\,\theta\cdot\frac{1}{3}\,0\alpha\ tang\,\theta\cdot\frac{z+2z'}{z+z'}=$$

$$=\frac{1}{6}\,\alpha^3\ tang\,\theta\,(z+2z')\,0^2\ ;$$

$$\alpha.\frac{z_1+z_1{}'}{2}\cdot 1\alpha\ tang\,\theta\cdot\frac{1}{3}\,1\alpha\ tang\,\theta\cdot\frac{z_1+2z_1{}'}{z_1+z_1{}'}=$$

$$=\frac{1}{6}\,\alpha^3\ tang^2\,\theta\,(z_1+2z_1{}')\,1^2\ ;$$

$$\alpha.\frac{z_2+z_2{}'}{2}\cdot 2\alpha\ tang\,\theta\cdot\frac{1}{3}\,2\alpha\ tang\,\theta\cdot\frac{z_2+2z_2{}'}{z_2+z_2{}'}=$$

$$=\frac{1}{6}\,\alpha^3\ tang\,\theta\,(z_2+2z_2{}')\,2^2\ ;$$

$$\alpha.\frac{z_3+z_3{}'}{2}\cdot 3\alpha\ tang\,\theta\cdot\frac{1}{3}\,3\alpha\ tang\,\theta\cdot\frac{z_3+2z_3{}'}{z_3+z_3}=$$

$$=\frac{1}{6}\,\alpha^3\ tang\,\theta\,(z_3+2z_3{}')\,3^2\ ;$$

$$\alpha.\frac{z_4+z_4{}'}{2}\cdot 4\alpha\ tang\,\theta\cdot\frac{1}{3}\,4\alpha\ tang\,\theta\cdot\frac{z_4+2z_4{}'}{z_4+z_4{}'}=$$

$$=\frac{1}{6}\,\alpha^3\ tang\,\theta\,(z_4+2z_4{}')\,4^2\ ;$$

$$\cdot\cdot\cdot\cdot\cdot\cdot\cdot\cdot\cdot\cdot\cdot\cdot\cdot\cdot\cdot\cdot\cdot\cdot\cdot\cdot$$

$$\alpha.\frac{z_{n'}+z'_{n'}}{2}\cdot n'\alpha\ tang\,\theta\cdot\frac{1}{3}\,n'\alpha\ tang\,\theta\cdot\frac{z_{n'}+2z'_{n'}}{z_{n'}+z'_{n'}}=$$

$$=\frac{1}{6}\,\alpha^3\ tang\,\theta\,(z_{n'}+2z'_{n'})\,n'^2\ .$$

Prendendo le medie nel modo di sopra detto, facendone la somma e raccogliendo i fattori comuni, si ottiene per il cercato momento dell'unghia:

$$\frac{1}{6}\, a^3\, tang^2\, \theta \left\{ \frac{1}{2}(z + 2z')\, 0^2 + (z_1 + 2z_1')\, 1^2 + (z_2 + 2z_2')2^2 + \right.$$
$$\left. + (z_3 + 2z_3')\, 3^2 + \ldots + \frac{1}{2}(z_{n'} + 2z_{n'}')n'^2 \right\} \quad \text{C. S. D. D.}$$

Apportando a questa espressione le modificazioni richieste dal metodo di Simpson, se si potesse farlo per essere n pari, si otterrebbe con maggiore approssimazione:

$$\frac{1}{18}\, a^3\, tang^2\, \theta \left\{ 1\,(z + 2z')\, 0^2 + 4(z_1 + 2z_1')1^2 + 2(z_2 + 2z_2')2^2 + \right.$$
$$\left. + 4(z_3 + 2z_3')\, 3^2 + 2(z_4 + 2z_4')\, 4^2 + \ldots + 1\,(z_{n'} + 2z_{n'}')n'^2 \right\}.$$

Evidentemente se l'altezza della sezione estrema sia rappresentata da $\frac{d}{2}$ e si faccia $n' = \frac{n}{2}$ sarà:

$$\frac{d}{2} = \frac{n}{2}\, a\, tang\, \theta,$$

da cui ricavasi:
$$tang\, \theta = \frac{d}{na}.$$

Sostituendo questo valore nelle due espressioni trovate, deduconsi le seguenti:

$$\frac{1}{6}\, a.\, \frac{d^2}{n^2} \left\{ \frac{1}{2}(z + 2z').\, 0 + (z_1 + 2z_1').\, 1^2 + (z_2 + 2z_2')\, 2^2 + \right.$$
$$\left. + (z_3 + 2z_3')\, 3^2 + (z_4 + 2z_4')\, 4^2 + \ldots + \frac{1}{2}(z_{n'} + 2z_{n'}')\, n'^2 \right\};$$

$$\frac{1}{18}\, a.\, \frac{d^2}{n^2} \left\{ 1\,.(z + 2z')\, 0 + 4(z_1 + 2z_1)1^2 + 2(z_2 + 2z_2')2^2 + \right.$$
$$\left. + 4(z_3 + 2z_3')\, 3^2 + 2(z_4 + 2z_4')\, 4^2 + \ldots + 1\,(z_{n'} + 2z_{n'}')n'^2 \right\}.$$

Le Proposizioni sin qui dimostrate ci permettono di stabilire la seguente:

8ª Proposizione. — Date due unghie del genere di quella testè considerata, determinate dalla intersezione di due piani convergenti secanti un medesimo solido, se la inclinazione di questi sia piccolissima, le unghie stesse saranno equivalenti quando la retta d'intersezione dei due piani convergenti passi per il centro di gravità di uno di essi.

Si supponga che la suddetta retta d'intersezione sia divisa in un numero n immensamente grande di parti eguali di lunghezza γ. Per i suoi punti di divisione s'immaginino condotti dei piani normali al tempo stesso ad essa e ad uno dei due piani convergenti. Le lunghezze delle traccie su quest'ultimo prodotte dai suddetti piani normali a dritta ed a sinistra della retta d'intersezione si rappresentino respettivamente con $x, x_1, x_2, x_3 \ldots x_n$, e con $x', x_1', x_2', x_3', \ldots x_n'$; s'indichi con θ il piccolo angolo d'inclinazione dei due piani convergenti. Per la immensa piccolezza supposta per θ le sezioni prodotte nelle due unghie potranno essere considerate come triangoli equilateri. Le loro aree per la prima unghia saranno date da:

$$x \cdot \frac{x \, sen \, \theta}{2}, \quad x_1 \cdot \frac{x_1 \, sen \, \theta}{2}, \quad x_2 \cdot \frac{x_2 \, sen \, \theta}{2}, \ldots x_n \cdot \frac{x_n \, sen \, \theta}{2},$$

essendochè $x \, sen \, \theta, \, x_1 \, sen \, \theta, \, x_2 \, sen \, \theta, \ldots x_n \, sen \, \theta$, sono le loro altezze; le aree delle sezioni della seconda unghia saranno date da:

$$x' \cdot \frac{x' \, sen \, \theta}{2}, \quad x_1' \cdot \frac{x_1' \, sen \, \theta}{2}, \quad x_2' \cdot \frac{x_2' \, sen \, \theta}{2}, \ldots x_n' \cdot \frac{x_n' \, sen \, \theta}{2}.$$

Applicando il metodo di Bezout si avrà per i volumi delle due unghie:

$$\frac{\gamma \, sen \, \theta}{2} \Sigma x^2 \quad \text{e} \quad \frac{\gamma \, sen \, \theta}{2} \Sigma x'^2,$$

i quali, per la loro supposta equivalenza, conducono alla seguente equazione:

$$\frac{\gamma \, sen \, \theta}{2} \Sigma x^2 = \frac{\gamma \, sen \, \theta}{2} \Sigma x'^2,$$

da cui deducesi l'altra:

$$\frac{\gamma}{2} \Sigma x^2 = \frac{\gamma}{2} \Sigma x'^2. \quad (1)$$

Si prendano ora i momenti, rispetto alla intersezione dei due piani convergenti, delle due parti in cui il primo di questi piani è decomposto dalla detta retta d'intersezione. Secondo la 3ª Proposizione di questo Capitolo si avrà per l'uno e per l'altro respettivamente:

$$\frac{\Upsilon}{2} \Sigma x^2, \quad \frac{\Upsilon}{2} \Sigma x'^2.$$

Ora queste due espressioni per la (1) sono eguali tra loro; ma quando i momenti delle porzioni di una stessa superficie rispetto ad una retta in essa situata hanno eguali valori, questa retta passa per il centro di gravità della superficie; quindi è chiaro che per la equazione (1) rimane dimostrato l'enunciato della Proposizione.

FINE DELL'INTRODUZIONE.

SCOPO DELLA TEORIA DELLA NAVE

Una nave per riuscire quale essa deve essere, cioè galleggiante e atta a navigare, è necessario soddisfaccia alle condizioni seguenti:

1ª Portare il carico che le è destinato senza immergersi al di là di un certo limite.

2ª Trovarsi in tale stato nell'acqua calma da raddrizzarsi quando sia deviata dalla posizione dritta e non prendere inclinazioni grandi o rovesciarsi, se vi agiscono cause che tendono a produrre questo effetto.

3ª Trasportarsi da un posto all'altro combattendo e vincendo, colla minore quantità possibile di forza motrice, la resistenza che l'acqua e l'aria oppongono al suo progredire.

4ª Trarre partito, se è a vela, da tutte le direzioni del vento per ricavarne la forza impellente, anche quando quelle sieno del tutto contrarie alla direzione del cammino che essa deve percorrere.

5ª Eseguire, nel modo più conveniente, le rotazioni che sono rese necessarie dalla mèta che deve raggiungere, dagl'incontri e dai pericoli che deve evitare, o da altra ragione qualunque.

6ª Non rovesciarsi, nè inclinarsi troppo, se si trovi in mare agitato, ed eseguire le oscillazioni, quando sia obbligata a farne, in modo che riescano meno pericolosi e dannosi ad essa ed a ciò che contiene.

Tutte queste condizioni, tranne le due prime per le quali la nave riesce galleggiante, la rendono atta a navigare, e costituiscono nel loro insieme ciò che chiamansi le sue *qualità nautiche*.

Tralasciamo di parlare di altre condizioni alle quali tutte le navi debbono pure soddisfare, cioè la solidità necessaria perchè tra le loro parti non avvenga la sconnessione che tendono a produrvi gli sforzi cui sono soggette, non che la perfetta impenetrabilità all'acqua, poichè esse formano oggetto della *Costruzione navale*.

È evidente che nessuna delle condizioni enumerate, appunto perchè necessarie, dovrà mancare in una nave qualunque; ma però, come vedremo, non tutte potranno essere raggiunte in egual modo nella stessa nave, talchè per ognuna bisognerà prestabilire la graduale importanza di quelle condizioni secondo la sua specie e la sua destinazione.

L'insegnamento che nelle nostre Scuole di costruzione navale viene dato sotto il titolo di *Teoria della Nave* ha per iscopo di mostrare come le dette condizioni possono essere raggiunte, all'oggetto di porre in grado il costruttore navale di compilare i disegni geometrici della specie di navi che dalle vigenti leggi è autorizzato a costruire, di eseguirne i relativi calcoli numerici affine di assicurarsi che i bastimenti da lui disegnati rispondano al programma per essi prestabilito, di sapere apprezzare infine gli effetti che si producono, allorchè si apportano modificazioni negli elementi principali di una nave.

Se non che questi fini a cui è rivolta la *Teoria della Nave* non sono sempre raggiunti con considerazioni teoriche, come il suo titolo un poco forse troppo elevato e generico potrebbe far credere. Non è infatti con esse solamente che si possono fissare le norme da seguirsi perchè la nave adempia alle condizioni per essa stabilite. È alla esperienza che spesso devesi ricorrere per non arrestarsi a mezzo nella via intrapresa colla teoria. Le considerazioni teoriche prendono in esame e coordinano gli elementi che esercitano azione sopra di una qualità nautica, l'esperienza poi ne dà la misura; la teoria propriamente detta fornisce (ci si permetta il modo di dire) la *qualità* dei detti elementi, l'esperienza ne dà la *quantità*; come del resto avviene per molte applicazioni della Meccanica razionale, una delle quali è la *Teoria della Nave.*

Noi ci proponiamo di sviluppare il programma che dai regolamenti governativi è stato prescritto per la detta materia d'insegnamento, prendendo in esame ciascuna delle sei condizioni sopra specificate. Le considerazioni che così avremo occasione di svolgere ci permetteranno di dare le nozioni richieste per la formazione dei progetti di bastimenti a vela mercantili, e di fare seguire un cenno di ciò che riguarda il difficile compito della formazione dei progetti per bastimenti a vapore.

La materia da trattarsi verrà così divisa in tre parti: nella prima si considereranno le due prime delle condizioni enumerate; nella seconda si esamineranno le rimanenti condizioni; nella terza parte infine si tratterà della formazione dei progetti di bastimenti a vela ed a vapore.

PARTE PRIMA

CAPITOLO I.

DISLOCAMENTO. — SCALA DI SOLIDITÀ.

Nelle navi chiamasi *dislocamento* o *spostamento* il peso dell'acqua, nella quale galleggiano, rimossa dalla loro carena; il quale peso, come sappiamo, è la misura della spinta del liquido.

Per assicurarsi adunque se un dato bastimento, la cui carena è stata definita, sì nelle dimensioni che nelle forme, col mezzo di un piano di costruzione, potrà portare il carico che gli è assegnato senza immergersi od emergere oltre il galleggiamento stabilito, si dovrà determinare il suo dislocamento, e perciò ricavare il valore del volume della sua carena e moltiplicarlo per il peso specifico dell'acqua. Il bastimento non cambierà d'immersione, se questo dislocamento eguaglierà la somma P dei pesi del bastimento costituiti dall'insieme dei pesi dello scafo, degli attrezzi, del carico e di quanto in esso è contenuto. In ogni caso con una ricerca di simil genere si verrà a giudicare dell'attitudine del bastimento a galleggiare, la quale potremo chiamare la sua *galleggiabilità*.

La valutazione del volume della carena potrebbe essere fatta rigorosamente, se la sua forma fosse quella di solidi di cui le Matematiche trattano; ma ciò non essendo ordinariamente, ci conviene ricorrere ai metodi di approssimazione indicati nell' Introduzione per simili casi.

Immagineremo per ora la carena limitata da un galleggiamento parallelo alla chiglia e dal piano orizzontale che passa per i canti inferiori della battura della chiglia, terminata da ruota di prora e dritto poppa a forma di parallelepipedi verticali e delineata fuori fasciame. La supporremo inoltre divisa in m strati da piani orizzontali, o *linee d'acqua*, equidistanti tra di loro della quantità β. Supporremo in pari tempo la stessa carena divisa in n strati da $n - 1$ piani verticali trasversali, o *ordinate*, equidistanti tra loro della quantità α, compresi tra i due piani verticali che passano per i canti esterni delle batture della ruota di prora e del dritto di poppa; i quali piani supponiamo limitino la carena nel senso della lunghezza.

Evidentemente le intersezioni dei piani di una serie con quelle dell'altra produrranno su ciascuna linea d'acqua $n + 1$ perpendicolari equidistanti di α, e su ciascuna ordinata $m + 1$ perpendicolari equidistanti di β.

Se quindi si stabilisce per convenzione di adottare la lettera y per rappresentare le semi-lunghezze di tali perpendicolari, distinguendole con apici progressivi della lettera y quando appartengono ad una stessa ordinata e sono relative a linee d'acqua successive, e con indici progressivi nella medesima lettera allorchè si riferiscono ad una stessa linea d'acqua e corrispondono ad ordinate successive, assumendo inoltre l'iniziale O con indici progressivi per indicare le aree delle successive mezze ordinate, e l'iniziale L con apici progressivi per rappresentare le aree delle successive mezze linee d'acqua, applicando il metodo dei trapezi si avrà per le une:

$$O = \beta \left\{ \frac{y}{2} + y' + y'' + y''' + y'''' + \ldots + \frac{y^{(m)}}{2} \right\} = \beta \Sigma y;$$

$$O_1 = \beta \Sigma y_1; \quad O_2 = \beta \Sigma y_2; \quad O_3 = \beta \Sigma y_3 \ldots O_n = \beta \Sigma y_n,$$

e per le altre:

$$L = \alpha \left\{ \frac{y}{2} + y_1 + y_2 + y_3 + y_4 + \ldots + \frac{y_n}{2} \right\} = \alpha \Sigma y;$$

$$L' = \alpha \Sigma y'; \quad L'' = \alpha \Sigma y''; \quad L''' = \alpha \Sigma y''' \ldots L^{(m)} = \alpha \Sigma y^{(m)}.$$

In queste espressioni, giova notarlo, il numero m tra parentesi sta ad indicare non un esponente, ma bensì un apice; ed inoltre le semi-larghezze che si trovano in ciascuno dei valori di L hanno tutte costante l'apice, che è distintivo della linea d'acqua a cui appartengono, ed hanno variabile l'indice; mentre, le semi-larghezze che entrano in ognuno dei valori di O hanno costante l'indice, che è distintivo dell'ordinata a cui sono relative, e variabili gli apici.

Se alla valutazione delle dette aree si applicasse il metodo di Simpson, si avrebbe per quelle della metà delle ordinate:

$$O = \frac{1}{3}\beta\left(1y + 4y' + 2y'' + 4y''' + 2y'''' + \ldots + 1y^{(m)}\right),$$

$$O_1 = \frac{1}{3}\beta\left(1y_1 + 4y_1' + 2y_1'' + 4y_1''' + 2y_1'''' + \ldots + 1y_1^{(m)}\right),$$

ed analogamente per le altre.

Per le aree della metà delle linee d'acqua si avrebbe:

$$L = \frac{1}{3}\alpha\left(1y + 4y_1 + 2y_2 + 4y_3 + 2y_4 + \ldots + 1y_n\right),$$

$$L' = \frac{1}{3}\alpha\left(1y' + 4y_1' + 2y_2' + 4y_3' + 2y_4' + \ldots + 1y'_n\right),$$

ed in modo analogo per le altre.

1ª Proposizione. — Un valore approssimato del volume della carena considerata è dato da $V = 2\alpha\,\Sigma O$ (1), o da $V = 2\beta\,\Sigma L$ (2).

Queste due formule risultano, giusta il Corollario della 4ª Proposizione del 2º Capitolo dell'Introduzione, dall'applicazione del metodo di Bezout, alla valutazione del diagramma del volume della carena, tenuto solo conto della diversità delle sezioni che nell'uno e nell'altro caso servono alla sua costruzione.

Evidentemente sostituendo nella formula (1) di questa Proposizione le espressioni trovate precedentemente col metodo dei trapezi per $O, O_1, O_2, O_3, O_4, \ldots O_n$ e raccogliendo il loro fattore comune β, si ha pel volume della carena, valutato con il metodo dei trapezi, la formula:

$$V = 2\alpha\beta \left\{ \begin{aligned}
&\frac{y}{4} + \frac{y'}{2} + \frac{y''}{2} + \frac{y'''}{2} + \frac{y''''}{2} + \ldots + \frac{y^{(m)}}{4} + \\
&+ \frac{y_1}{2} + y_1' + y_1'' + y_1''' + y_1'''' + \ldots + \frac{y_1^{(m)}}{2} + \\
&+ \frac{y_2}{2} + y_2' + y_2'' + y_2''' + y_2'''' + \ldots + \frac{y_2^{(m)}}{2} + \\
&+ \frac{y_3}{2} + y_3' + y_3'' + y_3''' + y_3'''' + \ldots + \frac{y_3^{(m)}}{2} + \\
&+ \frac{y_4}{2} + y_4' + y_4'' + y_4''' + y_4'''' + \ldots + \frac{y_4^{(m)}}{2} + \\
&+ \ldots\ldots\ldots\ldots\ldots\ldots\ldots\ldots\ldots\ldots + \\
&+ \frac{y_n}{4} + \frac{y_n'}{2} + \frac{y_n''}{2} + \frac{y_n'''}{2} + \frac{y_n''''}{2} + \ldots + \frac{y_n^{(m)}}{4}
\end{aligned} \right\} \quad (3)$$

Se per il volume si fosse presa la formula (2) della stessa Proposizione, sostituendovi le espressioni già trovate col metodo dei trapezi per L, L', L'', L''', L'''', ... $L^{(m)}$, si sarebbe ottenuta una formula analoga alla (3), se non che i numeri in questa collocati per colonne verticali sarebbero stati invece disposti per file orizzontali.

2ª Proposizione. — Il volume della carena si ottiene con maggiore approssimazione sostituendo alle prime formule dedotte col metodo dei trapezi, le due seguenti, dovute a Simpson, cioè:

$$V = \frac{2}{3}\,\alpha\,(1O + 4O_1 + 2O_2 + 4O_3 + \dots + 4O_{n-1} + 1O_n), \quad (1)$$

$$V = \frac{2}{3}\,\beta\,(1L + 4L' + 2L'' + 4L''' + \dots + 4L^{(m-1)} + 1L^{(m)}). \quad (2)$$

La prima si ha quando la lunghezza della carena sia divisa in un numero n pari di parti eguali; la seconda si ottiene allorchè la profondità della stessa carena sia divisa in un numero m pari di parti eguali. Ambedue risultano dall'applicazione della seconda formula del Corollario alla 4ª Proposizione del 2° Capitolo dell'Introduzione.

Deducesi facilmente che, col sostituire nella formula (1) di questa Proposizione le espressioni ricavate collo stesso metodo di Simpson per O, O_1, O_2, O_3, ... O_n, si ha per il volume della carena la formula seguente:

$$V = \frac{2}{9}\,\alpha\beta \left\{
\begin{aligned}
&1\,(1y + 4y' + 2y'' + 4y''' + 2y'''' + \dots \\
&\qquad \dots + 1y^{(m)}) + \\
&+ 4\,(1y_1 + 4y_1' + 2y_1'' + 4y_1''' + 2y_1'''' + \dots \\
&\qquad \dots + 1y_1^{(m)}) + \\
&+ 2\,(1y_2 + 4y_2' + 2y_2'' + 4y_2''' + 2y_2'''' + \dots \\
&\qquad \dots + 1y_2^{(m)}) + \\
&+ 4\,(1y_3 + 4y_3' + 2y_3'' + 4y_3''' + 2y_3'''' + \dots \\
&\qquad \dots + 1y_3^{(m)}) + \\
&+ 2\,(1y_4 + 4y_4' + 2y_4'' + 4y_4''' + 2y_4'''' + \dots \\
&\qquad \dots + 1y_4^{(m)}) + \\
&+ \dots\dots\dots\dots\dots\dots\dots\dots\dots\dots\dots + \\
&+ 1\,(1y_n + 4y_n' + 2y_n'' + 4y_n''' + 2y_n'''' + \dots \\
&\qquad \dots + 1y_n^{(m)}) +
\end{aligned}
\right\} \quad (3)$$

Quadro dei Calcoli. — La formula (3) della 1ª Proposizione mostra come per ottenere il volume della carena col metodo di Bezout sia conveniente disporsi un quadro nel quale in modo adattato siano riportate le semi-larghezze orizzontali equidistanti di tutte le ordinate che s'immaginano ottenute tagliando la carena con piani verticali trasversali equidistanti. Così difatti si procede tutte le volte che si vuol determinare il volume della carena; ed il quadro che si adopera tanto per quest'oggetto, quanto per altri che vedremo in seguito, chiamasi *Quadro dei Calcoli*.

Esso è rappresentato dal Quadro N.° 1 riportato alla fine di questa Prima Parte. La sua porzione relativa al volume della carena termina con la colonna e con la riga orizzontale intitolate *Somme*.

Disposte nel modo indicato da questo quadro tutte le semi-larghezze della carena, e fattene le somme parziali, così per file orizzontali, come per colonne verticali, il totale delle prime, contenute nella colonna intitolata *Somme*, dovrà essere eguale al totale delle seconde, e moltiplicato per $2\alpha\beta$ darà il volume della carena.

Non isfuggirà che le lettere s, s_1, s_2, s_3, . . . s_n rappresentano la somma delle semi-largezze corrispondenti a ciascuna delle diverse ordinate e le lettere S, S', S'', S''', . . . $S^{(m)}$ le somme delle semi-larghezze corrispondenti ad ognuna delle diverse linee d'acqua, mentre il totale delle une e delle altre è rappresentato da Σ.

Ordinariamente sia per facilitare le somme per colonne verticali, sia per determinare separatamente i volumi delle due porzioni della carena a prora ed a poppa, nelle quali essa è decomposta dall'ordinata maestra, il Quadro dei calcoli vien diviso nel senso dell'altezza in due parti; l'una che comincia alla perpendicolare di prora e termina all'ordinata maestra; l'altra, la quale principia da quest'ultima e termina alla perpendicolare di poppa. In tal caso le semi-larghezze corrispondenti all'ordinata maestra vengono divise per due, ma sono ripetute due volte; l'una alla fine dalla prima porzione del Quadro, l'altra al principio della seconda porzione; inoltre le somme per colonne verticali sono decomposte in due parti.

Il modo di composizione della formula (3) della 2ª Proposizione e la utilità di avere un mezzo di verifica nelle diverse operazioni numeriche da eseguirsi inducono a servirsi, per l'applicazione del metodo di Simpson alla valutazione del volume della carena, di uno speciale quadro disposto nel modo che è rappresentato dal Quadro N. 2 riportato alla fine di questa Prima Parte, nel quale la porzione che si riferisce al volume della carena termina alla prima colonna di *Prodotti*.

In questo Quadro i numeri posti al disotto delle semi larghezze delle linee d'acqua, scritti con caratteri differenti, non sono altro che i prodotti delle stesse semi-larghezze per i fattori che sono a capo delle corrispondenti colonne. I numeri scritti nelle colonne *prodotti* sono i prodotti delle semi-larghezze per i fattori di Simpson riportati nell'ordine dovuto nella seconda colonna, contando dalla sinistra del Quadro. Evidentemente le somme Σ, Σ', Σ'', Σ''', ... $\Sigma^{(m)}$ sono quantità proporzionali alle aree delle mezze linee d'acqua, poichè equivalgono a queste aree divise per $\frac{1}{3}\alpha$, e le somme S, S_1, S_2, S_3 ... S_n sono quantità proporzionali alle aree delle mezze ordinate, essendo eguali a queste aree divise per $\frac{1}{3}\beta$.

La somma di $1S$, $4S_1$, $2S_2$, $4S_3$, ... $1S_n$ deve eguagliare la somma di 1Σ, $4\Sigma'$, $2\Sigma''$, $4\Sigma''$, ... $1\Sigma^{(m)}$; l'una, o l'altra, moltiplicata per $\frac{2}{9}\alpha\beta$ dà il volume della carena.

Le ricerche fatte per la valutazione del volume della carena debbono essere completate, ρ modificate, per tener conto delle seguenti circostanze che si presentano, o possono presentarsi :

    1ª dell'esistenza dei volumi della chiglia, del dritto di poppa e della ruota di prora all'esterno delle relative batture;

    2ª dell'avere il piede della ruota di prora forma curvilinea, e dell'essere inclinato alla verticale il dritto di poppa;

    3ª dell'essere il piano di costruzione del bastimento delineato fuori ossatura;

    4ª finalmente dell'essere la chiglia inclinata all'orizzonte, ossia al galleggiamento effettivo.

Per tener conto della prima circostanza si dovranno aggiungere al volume determinato con l'uno o con l'altro dei Quadri dei calcoli quelli delle parti della chiglia, della ruota di prora e del dritto di poppa sporgenti dalle relative batture, considerando il loro insieme come un parallelepipedo di lunghezza eguale al loro sviluppo, misurato nel mezzo della loro altezza, e di sezione eguale a quelle della chiglia, della ruota di prora e del dritto di poppa stessi.

La seconda circostanza consiste nel non terminare tutte le linee d'acqua in una estremità, o in ambedue, sopra una medesima perdicolare all'asse. Si possono seguire tre metodi per tenerne calcolo. Il primo metodo consiste nel valutare per ciascuna mezza linea di acqua le aree dei trapezi estremi di altezze differenti da tutti gli altri in cui la superficie è decomposta, e nell'aggiungere questi trapezi alle aree ottenute col mezzo delle somme per colonne verticali del Quadro; al quale si danno come estreme le ordinate che sono le ultime ad essere intersecate da tutte le linee d'acqua del disegno.

Basta a tal uopo che per esempio nel Quadro dei calcoli del N.° 1 al disotto delle somme di ciascuna colonna, e su di una fila orizzontale da intitolarsi *aree parziali delle linee d'acqua*, si ponga il prodotto della somma delle semi-larghezze in essa colonna contenute per la distanza tra le ordinate, il quale prodotto non è altro che la porzione di area della mezza linea d'acqua per il tratto a cui sono relative le semi-larghezze contenute nella colonna sovrastante; a questo prodotto debbonsi aggiungere le metà delle aree dei trapezi di prora e di poppa, avvertendo di porre la quarta parte per quelli che corrispondono alle linee d'acqua estreme del Quadro e di scriverle tutte su due orizzontali successive intitolate: *Trapezi di prora, Trapezi di poppa*; poscia deve farsi la somma delle *aree parziali* e di quelle dei corrispondenti *trapezi* scrivendone i risultati in una orizzontale distinta col titolo: *aree risultanti delle linee d'acqua*. Finalmente deve essere eseguito il totale delle aree contenute su quest'ultima orizzontale e moltiplicato per 2β.

Col secondo metodo si modifica la forma delle linee d'acqua nelle loro estremità affine di conservare ai quadri dei calcoli uniformità alla disposizione ordinaria, facendole terminare a ciascuna estremità sulla corrispondente perpendicolare estrema distante dalla ordinata vicina della quantità α; si prende per la semi-larghezza di questa perpendicolare, o quella della ruota di prora e del dritto di poppa, oppure zero, modificando però convenientemente il valore delle semi-larghezze dell'ordinata che precede, non convenendo di lasciarla inalterata e dedurne per la semi-larghezza della ruota di prora o del dritto di poppa valori diversi da quelli testè indicati, poichè si verrebbero ad ottenere valori negativi.

Supposto che la linea d'acqua termini tra la penultima ed ultima ordinata, come in figura, e che l'altezza del trapezio *abcd* sia γ, evidentemente l'area della mezza linea d'acqua sarà data da:

$$\alpha \cdot \left\{ \frac{y}{2} + y_1 + y_2 + y_3 + \dots + \frac{y_{n-1}}{2} \right\} + \frac{y_{n-1} + y_n}{2} \cdot \gamma.$$

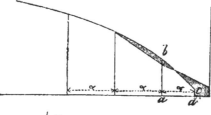

Il valore modificato y'_{n-1} che si dovrà sostituire in luogo di y_{n-1} affinchè l'espresssione dell'area della superficie abbia la forma ordinaria dovuta al metodo dei trapezi, cioè:

$$\alpha \left\{ \frac{y}{2} + y_1 + y_2 + y_3 + y_4 + \dots + y'_{n-1} + \frac{y_n}{2} \right\},$$

dovrà essere tale che si abbia:

$$\alpha \cdot \frac{y_{n-1}}{2} + \gamma \frac{y_{n-1}}{2} + \gamma \frac{y_n}{2} = \alpha y'_{n-1} + \alpha \frac{y_n}{2},$$

ossia: $\alpha \, y'_{n-1} = \left(\dfrac{\gamma + \alpha}{2} \right) y_{n-1} + \left(\dfrac{\gamma - \alpha}{2} \right) \cdot y_n,$

da cui si ricava:

$$y'_{n-1} = \frac{\gamma + \alpha}{2\alpha} y_{n-1} + \frac{\gamma - \alpha}{2\alpha} y_n.$$

Sarà questo valore che si dovrà sostituire in luogo d'y'_{n-1} nel Quadro dei calcoli, se pure non si crederà di fare più brevemente, modificando ad occhio il contorno delle linee d'acqua in modo che siano adeguati i compensi tra le porzioni di superficie tolte e quelle aggiunte.

Seguendo il terzo metodo, che consiste nel valutare a parte le porzioni estreme della carena, si dovrebbe immaginare costruito per ciascuna estremità il diagramma del volume col mezzo degli $m + 1$ trapezi con cui terminano le diverse linee d'acqua, calcolare le aree dei diagrammi ed aggiungerne finalmente i valori al volume della carena già valutata ed arrestata alle *ordinate estreme*, cioè le ultime ad essere intersecate da tutte le linee d'acqua.

La terza circostanza dipende da ciò, che mentre nel Quadro dei calcoli debbono entrare le semi-larghezze dell'ossatura del bastimento foderata del fasciame, il piano di costruzione, per ragioni note richieste dalla costruzione del bastimento stesso, è invece delineato fuori ossatura.

Fa d'uopo dunque procurarsi i contorni delle sezioni fatte sul fasciame o dai piani delle ordinate, o da quelli delle linee d'acqua, per poterne rilevare direttamente le vere semi-larghezze della carena che debbono entrare nel Quadro.

Si ricorre perciò ad una costruzione grafica fatta sulla proiezione orizzontale esistente nel piano di costruzione. Per intendere tale costruzione si consideri una linea d'acqua Q compresa tra altre due

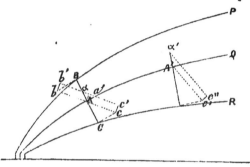

P e R, e per un suo punto A qualunque s'immagini un piano normale al contorno della linea d'acqua Q, il quale produrrà sulla superficie di carena fuori ossatura una sezione che si proietterà nel piano orizzontale secondo la sua traccia, ossia secondo una retta perpendicolare al contorno della linea d'acqua Q nel punto A; la proiezione della parte di quella sezione compresa tra le linee d'acqua P ed R sarà data da BC. Per avere ora la intersezione che lo stesso piano normale fa sulla superficie della carena fuori fasciame, s'immagini che esso sia ribaltato sul piano orizzontale, facendolo ruotare intorno alla sua traccia BC. In questo movimento i punti proiettati in B e C sulle linee d'acqua P e R, descrivendo degli archi di cerchio i cui piani sono normali all'asse di rotazione, si ribaltano sulle perpendicolari Bb, Cc condotte a BC a distanze eguali all'intervallo che separa le linee d'acqua successive; e siccome il punto A trovasi sull'asse di rotazione, così la linea bAc che passa per i tre punti b, A, c è il ribaltamento sul piano orizzontale dell'intersezione cercata del piano normale colla carena fuori dell'ossatura. Ammettendo che il piano verticale normale alla linea d'acqua Q nel punto A lo sia ancora nei punti B e C, la qual cosa si potrà ammettere senza grande errore, ne segue che la intersezione da esso fatta sulla superficie fuori fasciame disterà in ogni punto da quella prodotta fuori ossatura della corrispondente grossezza del fasciame; quindi innalzando dai punti b e c estremi di questa curva e dal punto intermedio A delle normali eguali alle grossezze che il fasciame ha in corrispondenza delle linee d'acqua R, P, Q si ottiene il ribaltamento $c'a'b'$ della intersezione dello stesso piano colla carena fuori fasciame.

Se ora s'immagini ricondotto nella sua posizione effettiva il piano normale già ribaltato, si comprende facilmente che il punto a della intersezione fuori fasciame che trovasi sull'asse di rotazione non si dipartirà da questo, quindi esso rappresenta ancora la proiezione sul piano orizzontale del punto d'intersezione, (in corrispondenza della linea d'acqua Q) della superficie della carena fuori fasciame col piano normale; esso è dunque un punto del contorno fuori fasciame sulla linea d'acqua Q.

In esecuzione la curva cAb si confonde sensibilmente con una retta, per la quale bastano due soli punti; quindi la costruzione può semplificarsi nel seguente modo : da un punto A' della linea d'acqua di cui si tratta p. e. la Q elevare una normale $A'C'$ al suo contorno curvilineo, dal suo punto d'incontro C' colla linea d'acqua seguente condurre $C'c'$ perpendicolare ad $A'C'$, prendere $C'c'$, eguale alla distanza delle linee d'acqua, tirare la retta $c'A'$, condurre finalmente una parallela a questa retta ad una distanza uguale alla grossezza del fasciame; la sua intersezione a' con $A'C'$ apparterrà alla curva che si cerca.

Facendo passare un tratto continuo per tutt'i punti, tali quali a, a', a'', ... si ottiene il contorno della linea d'acqua fuori fasciame, di cui le intersezioni colle traccie delle ordinate servono a rilevare le semi-larghezze fuori fasciame.

Talvolta i costruttori per brevità, o per avere una prima approssimazione nella valutazione del dislocamento, calcolano il volume della carena fuori ossatura, e lo aumentano di una sua frazione per tener conto del volume del fasciame, la quale, quando questo sia di quercia, varia da $\frac{1}{16}$ a $\frac{1}{18}$ per fregate e grandi bastimenti mercantili, da $\frac{1}{15}$ a $\frac{1}{17}$ per brigantini, da $\frac{1}{14}$ a $\frac{1}{16}$ per golette e da $\frac{1}{14}$ a $\frac{1}{15}$ per bastimenti minori; riportandosi per l'uno e l'altro volume a quelli corrispondenti all'immersione in pieno carico. Le dette frazioni si aumentano di una loro quinta parte quando il fasciame è di pino, e si riducono per i bastimenti di ferro ordinari da $\frac{1}{90}$ a $\frac{1}{130}$, quando il fasciame esterno è a paro, oppure da $\frac{1}{60}$ a $\frac{1}{90}$ quando il fasciame è a doppia sovrapposizione. Queste ultime frazioni relative ai fasciami di ferro si riducono da $\frac{1}{4}$ ad $\frac{1}{5}$ del loro valore, quando al ferro si sostituisca l'acciaio.

Il procedimento testè indicato, non è da seguirsi che per una prima approssimazione, poichè ordinariamente insieme alla valutazione del dislocamento si debbono eseguire altri calcoli per la determinazione di elementi utili, come vedremo in seguito, pei quali sono necessarie le semi-larghezze fuori del fasciame. Nè si può seguire il metodo proposto da alcuni autori di considerare il volume fuori del fasciame simile a quello fuori dell'ossatura, ipotesi che permette di determinare la misura del primo volume, quando sieno cognite quella del secondo e la grossezza media del fasciame, dappoichè non esiste la condizione di similitudine pei due citati volumi.

Il volume del fasciame, qualora si voglia per una prima approssimazione nel calcolo del volume della carena, si potrà anche ottenere con dei metodi che servono a valutare la superficie laterale della carena, poichè basterà solo fare il prodotto di questa superficie per la grossezza media del fasciame. Ciò ci porge occasione di esporre i metodi di approssimazione adottati per ottenere, se non la forma della superficie della carena sviluppata, ciò che ordinariamente non è possibile, almeno la valutazione di una superficie equivalente, la quale valutazione in molti casi può essere richiesta.

SUPERFICIE DELLA CARENA. — *1° Metodo.* — Consiste questo metodo nel prendere le lunghezze secondo i loro contorni di tutte le forme, presso a poco equidistanti, che vi sono dalla battura della chiglia fino al galleggiamento incluso, e calcolare la media di tali lunghezze dividendone la somma per il numero di esse linee; fare lo stesso per tutte le mezze ordinate equidistanti misurando le lunghezze dei loro contorni dal galleggiamento alla battura; il prodotto di tali medie si assume come misura approssimata della superficie laterale della carena.

Con questo metodo si ammette che le porzioni di zone nelle quali

4

la superficie della carena è divisa dai contorni delle successive forme e delle successive ordinate siano immensamente piccole, tali da potere essere considerate come rettangoli; si ammette del pari che i piani delle ordinate dividano il contorno di ciascuna forma in parti eguali, come d'altro lato il contorno di ciascuna ordinata si suppone diviso in parti eguali dalle forme successive. Perchè però queste ultime ipotesi fossero più corrispondenti al vero, la posizione delle forme e la posizione e la direzione dei piani delle ordinate dovrebbero essere regolate convenientemente; lo stesso deve dirsi in generale per le serie dei piani secanti, qualsisia la natura della superficie curva da valutarsi.

Se si trattasse p. e. di un quarto di sfera, di cui supporremo che i due cerchi che la limitano siano uno orizzontale e l'altro verticale,

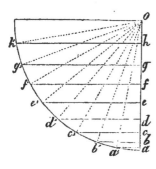

si dovrebbero condurre dei piani paralleli al semicerchio orizzontale per i punti delle divisioni di eguale grandezza fatte sul contorno del quarto di un suo meridiano verticale, i quali produrrebbero delle sezioni limitate da mezze circonferenze tutte diseguali; inoltre si dovrebbero condurre degli altri piani passanti per l'asse della sfera e per i punti delle divisioni eguali fatte sul contorno del suddetto semi-cerchio orizzontale, dai quali si avrebbero sul quarto di sfera sezioni tutte eguali al quarto di meridiano.

Si rappresenti ora con a la lunghezza di ciascuna delle piccole porzioni corrispondenti sulla circonferenza di raggio uno a quelle in cui si dovrebbe immaginare diviso il quadrante $aa'b'c'\dots$, le quali supporremo essere n di numero; e per r s'intenda il raggio della sfera. I raggi di tutte le semi-circonferenze parallele diseguali di sopra indicate, sarebbero nel caso nostro, come risulta dalla figura, aa', bb', cc', dd', $\dots$ per i quali si avrebbe $aa' = r \, sen \, 1a$, $bb' = r \, sen \, 2a$, $cc' = r \, sen \, 3a$, $dd' = r \, sen \, 4a, \dots$; quindi le semi-circonferenze corrispondenti verrebbero misurate da $\pi r \, sen \, 1a$, $\pi r \, sen \, 2a$, $\pi r \, sen \, 3a$, $\pi r \, sen \, 4a, \dots \pi r \, sen \, na$; la loro media sarebbe:

$$\frac{\pi r \, sen \, 1a + \pi r \, sen \, 2a + \pi r \, sen \, 3a + \dots + \pi r \, sen \, na}{n} =$$

$$= \frac{\pi r}{n} \left\{ sen \, 1a + sen \, 2a + sen \, 3a + \dots + sen \, na \right\} .$$

Dalla Trigonometria noi sappiamo che la somma dei seni di archi che costituiscono una progressione aritmetica di ragione a, che ha per primo termine il medesimo a e per ultimo l'arco na, è equivalente a:

$$\frac{sen \dfrac{na}{2} \cdot sen \dfrac{na+a}{2}}{sen \dfrac{a}{2}};$$

sostituendo nella precedente formula si avrebbe:

$$\frac{\pi r}{n} \cdot \frac{sen \dfrac{na}{2} \cdot sen \dfrac{na+a}{2}}{sen \dfrac{a}{2}};$$

moltiplicando e dividendo per $\dfrac{a}{2}$ si dedurrebbe:

$$\frac{\pi r}{n \cdot \dfrac{a}{2}} \cdot \frac{\dfrac{a}{2}}{sen \dfrac{a}{2}} \cdot sen \frac{na}{2} \cdot sen \frac{na+a}{2} =$$

$$= \frac{2\pi r}{na} \cdot \frac{\dfrac{a}{2}}{sen \dfrac{a}{2}} \cdot sen \frac{na}{2} \cdot sen \frac{na+a}{2}.$$

Trascurando a rispetto ad na, sostituendo l'unità al rapporto $\dfrac{a}{2} : sen \dfrac{a}{2}$ e $\dfrac{\pi}{2}$ in luogo di na, si avrebbe:

$$\frac{2\pi r}{\dfrac{\pi}{2}} \cdot sen \frac{\pi}{4} \cdot sen \frac{\pi}{4} = 4r \cdot sen^2 \frac{\pi}{4}.$$

Il $sen^2 \dfrac{\pi}{4}$ essendo $\dfrac{1}{2}$, sostituendo si avrebbe per la media delle semi circonferenze parallele e diseguali il valore $2r$. La media delle quarte parti delle circonferenze dei meridiani, tutte eguali tra loro, essendo data da $\dfrac{\pi r}{2}$, ne consegue che la superficie della quarta parte della sfera sarebbe data da $2r \cdot \frac{\pi r}{2}$, e quindi la superficie dell'intera sfera sarebbe $4\pi r^2$, come viene data dalla Geometria.

Il metodo di valutazione della superficie di carena testè indicato può essere applicato con vantaggio nelle navi di ferro, nelle quali le grossezze del fasciame esterno essendo relativamente piccole non conviene fare la costruzione geometrica di sopra mostrata per avere le linee d'acqua fuori del fasciame; solo si dovrà tener conto, nel determinare la grossezza media del fasciame, dei corsi che sono aderenti all'ossatura e degli altri che a questi sono sovrapposti.

2° *Metodo*. — Alcuni autori in seguito di calcoli e prove fatte hanno stabilito delle formule empiriche per la valutazione della superficie della carena, la quale superficie rappresenteremo con S'. Una di queste formule è la seguente: $S' = 0{,}61 L (l + 2i)$ (1), dove gli elementi da cui si fa dipendere la superficie S' sono la lunghezza L del galleggiamento, la larghezza massima fuori fasciame l e l'immersione i del bastimento, i quali elementi contribuiscono sulla grandezza della superficie S'.

Altre formule introdotte più di recente sono le seguenti :

$$S' = \left(0{,}87 + 1{,}16 \, \frac{V}{L\,l\,p} \right) L\,(p + 0{,}41\,l)$$

per i bastimenti di legno (essendo V il volume della carena e p la profondità della stessa fino al canto inferiore della battura della chiglia) ed :

$$S' = \left(0{,}87 + 1{,}16 \, \frac{V}{L\,l\,p} \right) L\,(p + 0{,}422\,l)$$

per i bastimenti di ferro; essendo stato rilevato che l'errore massimo commesso nei bastimenti ai quali si sono applicate le suddette formule è giunto ad $\frac{1}{47}$ di S'. Con queste ultime formule la superficie della carena è considerata dal galleggiamento al canto inferiore della battura della chiglia, e dalla faccia poppiera del dritto di poppa (quello del propulsatore nei bastimenti ad elice) alla faccia prodiera della ruota di prora.

Finalmente per tener conto dell'ultima delle quattro circostanze enumerate, cioè della differenza d'immersione, devesi notare che questa può ottenersi nel disegno in tre modi; il primo consiste nel porre orizzontale il galleggiamento vero e le linee d'acqua, disponendo la chiglia a queste inclinata; il secondo modo consiste nel delineare un galleggiamento medio e le linee d'acqua in direzione orizzontale parallele alla chiglia e poscia il galleggiamento vero inclinato a quello medio; col terzo modo finalmente si dispone la chiglia orizzontale ed il galleggiamento e le linee d'acqua inclinate.

Al primo modo, col quale si dispongono inoltre le ordinate perpendicolari al galleggiamento, si ricorre quando la differenza d'immersione è molto pronunciata, poichè allora le linee scelte sul piano di costruzione, come le più adatte alla navigazione saranno quelle con cui il bastimento navigherà, quando acquisterà la differenza d'immersione assunta. Il secondo modo di delineamento del piano di costruzione, col quale è conservata alle ordinate la direzione perpendicolare alla chiglia, è adottato, quando la differenza d'immersione è piccola.

Nel primo caso, rappresentato dalla figura, conviene decomporre il calcolo del volume della carena in due parti; l'una relativa alla porzione di carena, come l'*ABDC*, compresa tra il galleggiamento e la linea d'ac-

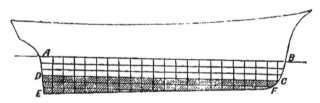

qua che è l'ultima ad intersecare tutte le ordinate; l'altra corrispondente alla rimanente porzione compresa tra la linea d'acqua testè indicata ed il piano inferiore della battura della chiglia, come è la *DCFE* in figura.

Il primo calcolo può farsi con uno dei due Quadri riportati alla fine di questa Prima Parte. Quanto al secondo calcolo serve la seguente:

3ª Proposizione. — Ammesso che siano rettilinei i contorni delle ordinate compresi tra la prima linea d'acqua *DC* ed il piano inferiore della battura della chiglia alla prima inclinato, e che le porzioni della ruota di prora e del dritto di poppa tra l'una e l'altro racchiuse siano parallelepipedi verticali, il volume *v* del solido *DCFE* è dato da:

$$v = \alpha \, \Sigma \, (y + y') \, a \quad (1),$$

od anche, con maggiore approssimazione, qualora n sia pari, dalla formula:

$$v = \frac{1}{3\alpha} \Big\{ 1\,(y + y')\,a + 4\,(y_1 + y_1')\,a_1 + 2\,(y_2 + y_2')\,a_2 +$$

$$+ 4\,(y_3 + y_3')\,a_3 + \ldots + 1\,(y_n + y_n')\,n \Big\} \cdot \quad (2)$$

In queste formule la lettera α e le diverse y ed y' conservano il significato assegnato loro in questo Capitolo; le lettere a, a_1, a_2, a_3, a_4, ... a_n rappresentano le altezze dei diversi trapezi corrispondenti alle ordinate del piano, le quali altezze possono rilevarsi direttamente dal disegno, oppure valutarsi con un calcolo di proporzione per mezzo della distanza tra quelle esistenti e del noto valore di α, quando siano note le altezze dei due trapezi estremi.

Le due formule enunciate non sono altro che l' applicazione di quelle del Corollario della pag. 18, nelle quali ai C si sono sostituite le aree dei trapezi, le quali hanno i seguenti valori:

$$\frac{1}{2}\,(2y + 2y')\,a\,; \ \frac{1}{2}\,(2y_1 + 2y_1')\,a_1\,; \ \frac{1}{2}\,(2y_2 + 2y_2')\,a_2\,;$$

$$\frac{1}{2}\,(2y_3 + 2y_3')\,a_3\,; \ \ldots \frac{1}{2}\,(2y_n + 2y_n')\,a_n\,.$$

È facile rilevare dalle formule (1) e (2) come debba essere disposto il Quadro dei calcoli per avere con facilità il valore di v. Quello che si riferisce alla formula (1) è rappresentato dal Quadro N.º 3 che è alla fine di questa Prima Parte, di cui la porzione relativa al calcolo del volume termina con la colonna *Aree dei trapezi*. Evidentemente la somma di queste aree moltiplicata per α dà il volume v.

Per primi calcoli di approssimazione del volume della carena, quando si volesse fare a meno del nuovo Quadro dei calcoli testè indicato, basterebbe servirsi solo di quello relativo alla prima porzione della carena, operando analogamente a quanto è stato indicato nel caso in cui le linee d'acqua non terminano tutte su di una medesima perpendicolare all'asse. Basterebbe cioè dopo la colonna verticale del Quadro del metodo di Bezout, che contiene le somme delle semi-larghezze delle diverse ordinate, oppure dopo quella del Quadro del metodo di Simpson nella quale sono segnate le aree delle ordinate divise per $\frac{1}{3}\beta$, aggiungere una colonna intitolata *Aree parziali delle ordinate*, alla quale dovrebbe far seguito una colonna intitolata *Trapezi*, e finalmente un'altra distinta col nome di *Aree totali delle ordinate*. Evidentemente per le aree dei trapezi si dovrebbero prendere quelle delle metà dei trapezi effettivi, meno che quelle corrispondenti alle due ordinate estreme, le quali dovrebbero essere la quarta parte dei trapezi effettivi, qualora si volesse adottare il Quadro relativo al metodo di Bezout.

La somma delle *Aree totali delle ordinate*, ricavata da quest'ultimo Quadro, moltiplicata per **2α** darebbe il volume totale della carena. Se invece si facesse uso del Quadro del metodo di Simpson, le aree totali delle ordinate dovrebbero essere moltiplicate per i fattori 1, 4, 2, 4, ... 1; la somma dei prodotti che si otterrebbero, moltiplicata per $\frac{2}{3}\alpha$, fornirebbe il volume della carena.

Quando la differenza d'immersione sia rappresentata da un galleggiamento inclinato a quello medio, conviene pure decomporre il calcolo in due parti; l'una relativa alla carena terminata al galleggiamento medio, l'altra corrispondente alle due unghie d'immersione e di demersione dovute alla intersezione di quest'ultimo galleggiamento e di quello inclinato. Fa d'uopo determinare il volume di ambedue per farne la differenza; che dovrà essere aggiunta, o tolta, dal volume corrispondente alla carena limitata dal galleggiamento medio, secondo che sarà maggiore il volume dell'unghia di poppa, o quello dell'unghia di prora.

Per i calcoli inerenti a ciascuna di queste ultime conviene disporsi un Quadro analogo a quello N.° 3 di sopra richiamato, colla differenza che le altezze delle diverse sezioni prodotte nelle unghie, le quali si suppongono egualmente essere dei trapezi, sono date respettivamente da:

$$0\,\frac{d}{n},\ 1\,\frac{d}{n},\ 2\,\frac{d}{n},\ 3\,\frac{d}{n},\ \cdots\ n\,\frac{d}{n},$$

poichè, *d* essendo la differenza d'immersione ed *n* il numero delle divisioni dell'intero asse del galleggiamento prodotte dai piani delle ordinate, le altezze stesse sono date da 0α *tang* θ, 1α *tang* θ, 2α *tang* θ,

$3\alpha\ tang\ \theta$, . . . $\dfrac{n}{2}\ \alpha\ tang\ \theta$, essendo θ l'inclinazione dei due galleg-

giamenti, mentre $tang\ \theta = \dfrac{d}{2} : \dfrac{n\alpha}{2} = \dfrac{d}{n\alpha}$.

In conseguenza nel Quadro dei calcoli, analogo a quello già citato del N.º 3, invece della colonna *Altezza dei trapezi*, si dovrà porre una colonna *Fattori* per il volume nella quale si scriveranno i numeri naturali successivi da 0 ad $\dfrac{n}{2}$, ed in luogo della colonna *Aree dei trapezi* dovrà aversi una colonna di *Prodotti* per il volume nella quale si riporteranno i prodotti delle somme delle semi-larghezze dei trapezi per i fattori testè richiamati. La somma di questi *Prodotti* moltiplicata per $\alpha \cdot \dfrac{d}{n}$ dà il volume di una delle due unghie.

È facile comprendere come si dovrebbe procedere nel calcolo del volume della carena quando la differenza d'immersione fosse rappresentata nel terzo modo già indicato.

Scala di solidità. — In costruzione navale chiamansi *scale* i diagrammi i quali danno il modo secondo cui varia una quantità che dipende da altra.

Tali scale, le quali vengono costruite scegliendo due assi ortogonali, riportando, con convenienti rapporti, sull'uno determinati valori della prima quantità e sull'altro i relativi valori della seconda e riunendo le intersezioni delle perpendicolari innalzate dai corrispondenti punti degli assi, sono vantaggiose in pratica, inquantochè permettono di determinare i valori della prima quantità relativi ad altri della seconda, intermedi a quelli per cui si è fatto il calcolo diretto.

Così supponiamo che la curva ABC rappresenti uno di questi diagrammi, e che le porzioni Ab, Ac, Ad, dell'asse rappresentino i valori della seconda quantità per i quali si siano valutati i corrispondenti della prima, rappresentati in figura dalle rette bb', cc', dd'; è chiaro che se si vorrà conoscere quale sarà il valore di quest'ultima quantità relativo ad un determinato valore dell'altra portato sull'asse, p. e. in *Am*, basterà innalzare dal punto *m* la perpendicolare *mm'* e misurarla.

Una delle scale più in uso è quella chiamata *Scala di solidità*, la quale dà il modo secondo cui varia il dislocamento di una nave col cambiare la sua immersione media. Essa scala è utilissima per determinare il dislocamento di una nave allorquando avvengono dei cambiamenti nel suo carico, od anche per stabilire di quanto questo dovrà, o potrà, essere variato, perchè la nave acquisti una determinata immersione.

La scala di solidità viene costruita valutando i dislocamenti che la nave avrebbe se divenissero successivamente suoi galleggiamenti le diverse linee d'acqua del piano di costruzione, riportando poscia su di un asse orizzontale i numeri di tonnellate che ne risultano servendosi di una conveniente scala, la quale in generale è di un rapporto molto piccolo, segnando sulle perpendicolari innalzate dai punti così ottenuti, le immersioni corrispondenti alle linee d'acqua che rappresentano i relativi galleggiamenti, e finalmente riunendo tutt'i punti in tal modo determinati.

La scala di solidità è delineata o in apposito foglio di carta, o sulla proiezione longitudinale del piano di costruzione, profittando delle immersioni corrispondenti alle diverse linee d'acqua su questo piano esistenti.

Qualora si ricercasse la scala di solidità per un parallelepipedo, si troverebbe una retta inclinata ai due assi; per un prisma triangolare rivolto con una costola orizzontale in basso si avrebbe una curva nella quale le ascisse varierebbero come i quadrati delle ordinate, e per un cono verticale col vertice rivolto in basso le ascisse varierebbero come i cubi delle ordinate. In qualunque caso la curva della scala di solidità si abbasserà con maggiore o minore rapidità rispetto all'asse dei dislocamenti; secondo che maggiori o minori saranno gli accrescimenti che in questi si producono coll'aumentare l'immersione.

I calcoli da farsi per la costruzione della scala di solidità non richiedono altri dati oltre quelli esistenti nel Quadro generale dei calcoli per il dislocamento in pieno carico. Infatti per la determinazione dei volumi della carena corrispondenti alle diverse linee d'acqua, applicando il metodo di Bezout, il solo possibile poichè per quello di Simpson non si ha per tutte le linee d'acqua successive la condizione del numero pari di divisioni della profondità della carena, si ha evidentemente quanto segue:

Volume della carena arrestata alla soprachiglia $= W$

1ª linea d'acqua $= 2\alpha\beta \left\{ \dfrac{S}{2} + \dfrac{S'}{2} \right\} + W'$

2ª linea d'acqua $= 2\alpha\beta \left\{ \dfrac{S}{2} + S' + \dfrac{S''}{2} \right\} + W''$

3ª linea d'acqua $= 2\alpha\beta \left\{ \dfrac{S}{2} + S' + S'' + \dfrac{S'''}{2} \right\} + W'''$

. . . .

linea di gallegg.º $= 2\alpha\beta \left\{ \dfrac{S}{2} + S' + S'' + \ldots + \dfrac{S^{(m)}}{2} \right\} + W^{(m)}.$

(a margine: Volume della carena arrestata alla)

In queste espressioni le lettere α, β ed i diversi S hanno il significato già per loro adottato nella valutazione del volume della carena col metodo di Bezout, le lettere W, W', W'', W''', ... $W^{(m)}$ rappresentano i totali dei volumi della chiglia e delle porzioni della ruota di prora e del dritto di poppa compresi tra la chiglia e la linea d'acqua assunta come galleggiamento. Evidentemente gli altri mezzi adottati nella valutazione del volume della carena in pieno carico per tener conto della forma curvilinea della ruota di prora e dell'inclinazione del dritto di poppa, del volume del fasciame, quando non si abbiano le semi-larghezze fuori del fasciame, debbono essere ancora impiegati per le diverse carene che si assumono per la determinazione della scala di solidità.

Tutti i volumi di sopra riportati, completati nel modo testè accennato, se ne sia il caso, moltiplicati per il peso specifico dell'acqua di mare, daranno i dislocamenti corrispondenti alle diverse carene designate.

Se la carena in pieno carico sia rappresentata nel disegno con differenza d'immersione, le immersioni da riportarsi sulla scala di solidità saranno la media di quelle corrispondenti alla prora ed alla poppa diminuita successivamente di una volta la distanza β tra le linee d'acqua.

In generale prima di procedere al delineamento del diagramma si ha l'abitudine di riportare i risultati dei sopraddetti calcoli in apposito quadro al quale si dà la seguente disposizione:

Designazione della carena ne'diversi stati del carico.	Immersione media dal disotto della controchiglia alle linee d'acqua controsegnate.	Dislocamento corrispondente alle immersioni controsegnate.	Dislocamento per un centimetro d'immersione alle linee di acqua controsegnate.
Chiglia e controchiglia — Dal disotto della controchiglia — alla 1ª linea d'acqua. alla 2ª detta » 3ª » » 4ª » . . . . » mª »	Metri	Tonnellate	Tonnellate

L'uso a cui sono destinate le tre prime colonne del precedente quadro è sufficientemente chiaro. Quanto alla quarta colonna è da notarsi che vi si riportano i quozienti che si ottengono dividendo il volume di ciascuno strato compreso tra due linee d'acqua successive per l'altezza dello strato stesso espressa in centimetri.

Quest'ultima colonna serve in qualche modo a fare l'ufficio della Scala di solidità, poichè dà il mezzo di conoscere il peso da togliersi o da aggiungersi, secondo lo stato del carico, per avere un dato numero di centimetri di minore o di maggiore immersione.

Perchè la scala di solidità avesse meglio determinata la sua forma nella parte bassa, cioè vicino alla chiglia dove i cambiamenti nelle semi-larghezze della carena sono sentitissimi, sarebbe opportuno tracciarvi delle linee d'acqua più ravvicinate che nel resto della carena affine di avere sulla curva punti più prossimi; ma ciò ordinariamente non si fa per la ragione che non si può mai avere occasione di ricorrere utilmente a quella porzione della scala.

Per servirsi della scala di solidità e ricavarne il dislocamento corrispondente ad una data immersione si dovrà tener conto della differenza d'immersione se vi sia, e se questa sia piccola, come molte volte avviene, rilevare dal disegno il galleggiamento determinato dalle immersioni misurate, e dedurne la posizione del centro di gravità;

quindi ritenere per immersione da riportarsi sulla scala di solidità quella corrispondente al detto centro di gravità. Ed infatti per la 8ª Proposizione (vedi pag. 34) allora le due unghie di prora e di poppa essendo equivalenti, il dislocamento reale corrisponde a quello fittizio relativo al galleggiamento, senza differenza d'immersione che passa per l'altezza data dalla immersione, determinata nel modo testè detto.

Nel caso in cui la differenza d'immersione sia molto pronunciata, non si può che assumere l'immersione media come quella da riportarsi sulla scala di solidità, contentandosi però di risultati meno approssimati che nel caso precedente.

CAPITOLO II.

DEL CENTRO DI CARENA. — SCALA DEI CENTRI DI CARENA.

Chiamasi *centro di carena* di un bastimento il centro di gravità della massa d'acqua di grandezza e di forma eguale alla carena medesima, e nel quale sappiamo potersi ammettere applicata la spinta che il bastimento riceve dall'acqua in cui è immerso. Evidentemente questo centro trovasi sempre al disotto del piano di galleggiamento. Il centro di carena, è ben distinto dal centro di gravità del bastimento; infatti questo non è relativo, come quello, ad una massa omogenea continua, ma sì bene alle masse variate, spesso scontinue, dei diversi pezzi che compongono lo scafo, l'armamento ed il carico di tutto il bastimento; la sua posizione dipendendo dalla posizione di questi, può quindi essere tanto sopra, quanto sotto del galleggiamento.

Perchè la spinta su di un galleggiante sia completamente conosciuta, e si sappiano quindi determinare i suoi effetti sul galleggiante stesso relativamente alle altre forze che vi possono essere applicate, essendo già noti tanto il senso secondo il quale agisce, quanto la sua direzione, e sapendosi inoltre valutare la sua intensità, è necessario apprendere a determinare il suo punto di applicazione, ossia il centro di carena.

Se la forma della carena fosse quella di uno dei solidi di cui tratta la Geometria, allora servendosi dei teoremi della Meccanica si conoscerebbe con esattezza la posizione del centro di gravità della massa d'acqua da essa spostata; ma ciò non essendo ordinariamente, come abbiamo avuto occasione di ripetere altrove, bisognerà ricorrere ai metodi di approssimazione indicati nell'Introduzione per determinare quella posizione.

In conformità di quanto fu già accennato a pagina 30, per determinare l'ordinata e l'ascissa del centro di carena di una nave, contate respettivamente dal piano orizzontale che passa per i canti inferiori delle batture della chiglia, e dal piano verticale che passa per la perpendicolare di prora, basta immaginare costruiti due diagrammi dello stesso volume; l'uno col mezzo delle aree delle linee d'acqua della carena, l'altro col mezzo delle porzioni delle aree delle ordinate comprese nella stessa carena.

1ª PROPOSIZIONE. — L'ascissa X e l'ordinata Z del centro di carena di una nave, nella quale il galleggiamento sia parallelo alla chiglia, sono date respettivamente da:

$$X = \alpha \frac{\frac{1}{3} \cdot \frac{O}{2} + 1O_1 + 2O_2 + 3O_3 + 4O_4 + \ldots + \left(n - \frac{1}{3}\right)\frac{O_n}{2}}{\frac{O}{2} + O_1 + O_2 + O_3 + O_4 + \ldots + \frac{O_n}{2}},$$

$$Z = \beta \frac{\frac{1}{3} \cdot \frac{L}{2} + 1L' + 2L'' + 3L''' + 4L'''' + \ldots + \left(m - \frac{1}{3}\right)\frac{L^{(m)}}{2}}{\frac{L}{2} + L' + L'' + L''' + L'''' + \ldots + \frac{L^{(m)}}{2}}.$$

Queste due formule deduconsi, come nel Corollario della pag. 30 applicando il metodo di Bezout alla ricerca della distanza del centro di gravità di ciascuno dei due diagrammi del volume della carena, testè indicati, dalla relativa estrema perpendicolare all'asse. Si noti che il significato delle lettere di queste due formule è eguale a quello che esse hanno nelle formule trovate nel Capitolo precedente per la determinazione del volume della carena; e si noti altresì che si suppone le aree delle linee d'acqua e delle ordinate essere corrispondenti alle relative sezioni prodotte sul bastimento foderato di fasciame, e finalmente che si ammette siano perallelepipedi verticali la ruota di prora ed il dritto di poppa. Osservando ora che si possono sostituire alle aree $O, O_1, O_2, O_3, \ldots O_n$, i prodotti $\beta s, \beta s_1, \beta s_2, \ldots \beta s_n$

ed alle aree L, L', L'', L''', ... $L^{(m)}$ i prodotti αS, $\alpha S'$, $\alpha S''$, $\alpha S'''$, ... $\alpha S^{(m)}$, come rilevasi facilmente da quanto fu detto a pagina 43, si vedrà che alle due formule testè trovate si possono sostituire le seguenti:

$$X = \alpha \, \frac{\frac{1}{3} \cdot \frac{s}{2} + 1 s_1 + 2 s_2 + 3 s_3 + 4 s_4 + \ldots + \left(n - \frac{1}{3}\right) \frac{s_n}{2}}{\frac{s}{2} + s_1 + s_2 + s_3 + s_4 + \ldots + \frac{s_n}{2}},$$

$$Z = \beta \, \frac{\frac{1}{3} \cdot \frac{S}{2} + 1 S' + 2 S'' + 3 S''' + 4 S'''' + \ldots + \left(m - \frac{1}{3}\right) \frac{S^{(m)}}{2}}{\frac{S}{2} + S' + S'' + S''' + S'''' + \ldots + \frac{S^{(m)}}{2}}.$$

Deducesi da queste due formule:

1° che per avere il valore d'X basta che nel Quadro dei calcoli del N.° 1 vi si aggiungano le due colonne intitolate: *Fattori, Prodotti per l'ascissa del centro di carena*, che vedonsi poste di seguito alla colonna *Somme*, con i numeri che vi sono segnati;

2° che per ottenere il valore di Z debbonsi aggiungere in fondo dello stesso Quadro le due file orizzontali da intitolarsi rispettivamente: *Fattori, Prodotti per l'ordinata del centro di carena*, le quali difatti vi si vedono segnate e ci mostrano le quantità che vi debbono essere riportate.

Evidentemente la somma dei numeri contenuti nella colonna verticale *Prodotti*, divisa per il totale Σ, che già si è dovuto calcolare per la determinazione del volume della carena, e moltiplicato per α dà il cercato valore d'X; la somma dei numeri contenuti nella fila orizzontale *Prodotti* divisa per il totale testè indicato e moltiplicata per β fornisce il valore di Z.

Si noti che se col mezzo del quadro dei calcoli di cui trattasi vuol ricavarsi l'ascissa del centro di gravità del galleggiamento contata dal piano trasversale che passa per la perpendicolare di prora, conviene interporre tra le due colonne dei *Fattori* e dei *Prodotti per l'ascissa del centro di carena* un'altra colonna per i *Prodotti per l'ascissa del centro di gravità del galleggiamento*, nella quale si dovranno scrivere i prodotti delle metà delle semi-larghezze del galleggiamento per i fattori noti $\frac{1}{3}$, 1, 2, 3, ... $\left(n - \frac{1}{3}\right)$.

La somma di questi prodotti divisa per il totale delle metà delle semi-larghezze del galleggiamento e moltiplicata per α dà la cercata ascissa del centro di gravità del galleggiamento.

Se il quadro dei calcoli sia diviso in due parti nel senso della altezza, i calcoli relativi al centro di carena si eseguiscono come se il quadro stesso fosse senza interruzione. A tal uopo basta che per l'ascissa si ripeta due volte il fattore corrispondente all'ordinata del piano di costruzione le cui semi-larghezze sono ripetute nel quadro due volte per metà, e quanto all'ordinata basta moltiplicare per i fattori $\frac{1}{3}$, 1, 2, 3 .... $\left(m - \frac{1}{3}\right)$ i totali delle due somme parziali corrispondenti a ciascuna sua colonna.

L'ascissa potrebbe anche essere calcolata in modo diverso, cioè: considerando distintamente le due porzioni della carena corrispondenti alle due parti nelle quali il quadro dei calcoli è stato decomposto e prendendone i momenti rispetto alla ordinata che determina le dette due porzioni. A tal uopo i fattori $\frac{1}{3}$, 1, 2, 3, 4, 5, ... dovrebbero essere posti a cominciare da quest'ultima ordinata andando in alto ed in basso; si dovrebbe poscia fare la differenza delle due somme dei prodotti corrispondenti alle due porzioni del quadro e dividerla per la somma Σ; il quoziente moltiplicato per α darebbe l'ascissa del centro di carena a partire dalla citata ordinata e dalla parte alla quale corrisponde la maggiore somma di prodotti.

2ª Proposizione. — Se le divisioni della lunghezza e della profondità della carena considerata siano in numero pari, l'ascissa X non chè l'ordinata Z del suo centro riferite agli stessi piani, come nella 1ª Proposizione, sono date con maggiore approssimazione respettivamente dalle seguenti formule:

$$X = \alpha \frac{0 \times 10 + 1 \times 40_1 + 2 \times 20_2 + 3 \times 40_3 + \ldots + n.10_n}{10 + 40_1 + 20_2 + 40_3 + \ldots + 10_n}$$

$$Z = \beta \frac{0 \times 1L + 1 \times 4L' + 2 \times 2L'' + 3 \times 4L''' + \ldots m.1L^{(m)}}{1L + 4L' + 2L'' + 4L''' + \ldots + 1L^{(m)}}.$$

Risulta quanto è enunciato in questa Proposizione dall'applicare il metodo di Simpson alla determinazione della distanza del centro di gravità dei due diagrammi del volume della carena, costruiti con

le aree delle ordinate e delle linee d'acqua, dalle corrispondenti perpendicolari estreme.

Notando che le aree delle ordinate, equivalgono ai prodotti $\frac{1}{3}\beta S$,
$\frac{1}{3}\beta S_1$, $\frac{1}{3}\beta S_2$, $\frac{1}{3}\beta S_3$ .... $\frac{1}{3}\beta S_n$, mentre le aree delle linee di
acqua sono date dai prodotti $\frac{1}{3}\alpha\Sigma$, $\frac{1}{3}\alpha\Sigma'$, $\frac{1}{3}\alpha\Sigma''$, $\frac{1}{3}\alpha\Sigma'''$, ...
$\frac{1}{3}\alpha\Sigma^{(m)}$, avendo gli S ed i Σ il significato che hanno nel quadro
N. 2 (vedi pag. 44), si comprende facilmente che alle due formule
testè trovate si possono sostituire le seguenti:

$$X = \alpha\,\frac{0\times 1S + 1\times 4S_1 + 2\times 2S_2 + \ldots + n\times 1S_n}{1S + 4S_1 + 2S_2 + \ldots + 1S_n}$$

$$Z = \beta\,\frac{0\times 1\Sigma + 1\times 4\Sigma' + 2\times 2\Sigma'' + \ldots + m\times 1\Sigma^{(m)}}{1\Sigma + 4\Sigma' + 2\Sigma'' + \ldots + m\,\Sigma^{(m)}}.$$

La prima di queste due formule spiega lo scopo sia delle due colonne intitolate respettivamente *Fattori, Prodotti per l'ascissa del
centro di carena* che sono state aggiunte nel Quadro N.° 2 di seguito
alla colonna *Prodotti*, sia delle quantità che vi sono segnate.

La seconda formula dà ragione delle due file orizzontali aggiunte
in fondo allo stesso Quadro intitolate respettivamente *Fattori, Prodotti per l'ordinata del centro di carena*, non che dei numeri in esse
segnate.

È chiaro che la somma dei numeri contenuti nella colonna *Pro·
dotti per l'ascissa del centro di carena*, divisa per la somma dei numeri contenuti nella precedenta colonna di *Prodotti* e moltiplicato per
α dà l'ascissa X, come la somma dei numeri contenuti nella fila orizzontale intitolata *Prodotti per l'ordinata del centro di carena* divisa
per la somma dei numeri contenuti nella precedente fila orizzontale
di *Prodotti* e moltiplicata per β dà il valore di Z.

Come per la ricerca del volume della carena, così ancora per le
coordinate del suo centro dobbiamo indicare i modi di tener conto delle
circostanze che si presentano sempre, e di quelle che possono presentarsi.

Quanto ai volumi, sporgenti dalle relative batture, della chiglia, della ruota di prora e del dritto di poppa, possono determinarsi facilmente i loro centri di gravità, e ricavare quindi col teorema dei momenti la posizione del centro di gravità della carena completata delle sue appendici sporgenti dalle relative batture.

Quanto alla circostanza per la quale le linee d'acqua non terminano tutte sulle stesse ordinate estreme, se alcuna modificazione non sarà stata fatta nelle semi-larghezze di queste ordinate, si potranno determinare a parte i centri di gravità sia della porzione principale della carena, sia delle porzioni rimanenti che sono al di là delle due ordinate delle estremità innanzi alle quali non si arresta nessuna linea d'acqua del piano; poscia col teorema dei momenti sarà facile trovare il centro dell'intera carena.

Qualora poi si fossero fatte le correzioni di alcune semi-larghezze, in tal caso l'ordinata del centro di carena ricavata dal Quadro dei calcoli non differirebbe dalla vera; accadrebbe il contrario per l'ascissa; ma la differenza essendo in generale poco sensibile potrebbe essere trascurata.

L'opportunità di avere le semi-larghezze delle ordinate della nave fuori fasciame, anzichè fuori ossatura, si fa maggiormente sentire per la determinazione delle coordinate del centro di carena, poichè non sarebbe facile dedurre la posizione del centro di gravità del volume del fasciame, la quale, insieme alla posizione del centro di gravità del volume della carena fuori ossatura, servirebbe a determinare le coordinate del vero centro di carena. Solo nelle navi di ferro potrebbero bastare le semi-larghezze fuori ossatura, poichè, a motivo della piccolezza relativa del fasciame, non si commette grande errore nel supporre che siano tra di loro eguali i momenti dei volumi del fasciame da sopra e da sotto, da una parte e dall'altra del centro di gravità del volume della carena che è limitata dall'esterno dell'ossatura.

Finalmente, per ciò che riguarda l'essere la chiglia inclinata all'orizzonte, va notato che se la differenza d'immersione sia rappresentata nel disegno con la chiglia inclinata al galleggiamento, essendo le ordinate verticali, bisognerà saper determinare le coordinate del centro di gravità del volume dell'unghia *DCFE*, vedi figura della pagina 53, per poter poscia col teorema dei momenti dedurre la posizione del centro di gravità del volume della vera carena. La ricerca di quelle coordinate riposa sulla seguente:

5

3ª Proposizione. — L'ascissa x del centro di gravità dell'unghia misurata dalla perpendicolare di prora e l'ordinata z dello stesso centro contata dal piano che passa per i canti inferiori della battura della chiglia sono date respettivamente da:

$$x = \alpha \left\{ \frac{1}{3} \cdot \frac{1}{2} (y + y') a + 1 (y_1 + y_1') a_1 + 2 (y_2 + y_2') a_2 + \ldots \right.$$

$$\ldots + \left(n - \frac{1}{3} \right) \cdot \frac{1}{2} (y_n + y_n') a_n \right\} : \left\{ \frac{1}{2} (y + y') a + \right.$$

$$+ (y_1 + y_1') a_1 + (y_2 + y_2') a_2 + \ldots + \frac{1}{2} (y_n + y_n') a_n \right\}$$

$$z = \frac{1}{6} \left\{ \frac{1}{2} a^2 (y + 2y') + a_1^2 (y_1 + 2y_1') + a_2^2 (y_2 + 2y_2') + \ldots \right.$$

$$\ldots + \frac{1}{2} a_n^2 (y_n + 2y_n') \right\} : \left\{ \frac{1}{2} (y + y') a + \right.$$

$$+ (y_1 + y_1') a_1 + (y_2 + y_2') a_2 + \ldots + \frac{1}{2} (y_n + y_n') a_n \right\}$$

avendo le lettere di queste due formule significati eguali a quello della 3ª Proposizione del precedente Capitolo pag. 53.

La prima formula deducesi con l'applicazione del metodo di Bezout alla ricerca dell'ascissa del centro di gravità del diagramma del volume costruito col mezzo delle aree dei trapezi con cui terminano nel piede le diverse ordinate, le quali aree, come si sa, sono date da:

$$(y + y') a, \quad (y_1 + y_1') a_1, \quad (y_2 + y_2') a_2, \quad (y_3 + y_3') a_3 \ldots$$

La seconda formula si ottiene con un procedimento analogo del tutto a quello della 7ª Proposizione della pag. 32, colla differenza che i momenti dei diversi strati prismatici rispetto al piano delle batture sono dati da:

$$\frac{1}{3} \alpha \cdot a^2 (y + 2y'), \quad \frac{1}{3} \alpha \cdot a_1^2 (y_1 + 2y_1'), \quad \frac{1}{3} \alpha \cdot a_2^2 (y_2 + 2y_2'),$$

$$\frac{1}{3} \alpha \cdot a_3^2 (y_3 + 2y_3') \ldots \frac{1}{3} \alpha \cdot a_n^2 (y_n + 2y_n').$$

Dalle formule di questa Proposizione riesce manifesto lo scopo delle diverse colonne aggiunte nel Quadro dei calcoli N.º 3 dopo la colonna *Aree dei trapezi*, e riesce altresì manifesto che l'ascissa x è data dal prodotto di α per il quoziente della divisione tra le quantità B ed A del

Quadro, mentre l'ordinata z si ottiene dal prodotto del fattore $\frac{1}{3}$ per il quoziente delle quantità C ed A dello stesso Quadro.

Non è difficile dedurre quali sarebbero le formule delle coordinate x e z quando si adottasse il metodo di approssimazione del Simpson, e quali dovrebbero essere le colonne da aggiungersi nel relativo Quadro dei calcoli.

Nel caso in cui la differenza d'immersione sia rappresentata da un galleggiamento inclinato a quello medio, fa d'uopo determinare la posizione dei centri di gravità delle due unghie d'immersione e di emersione, la quale, insieme a quella del centro della carena arrestata al galleggiamento medio, serve a ricavare le coordinate del centro di gravità della carena effettiva.

Si può in tal caso procedere come in quello precedente, modificando però convenientemente il Quadro dei calcoli, anco per il fatto che le altezze dei diversi trapezi sono respettivamente:

$$0\,\frac{d}{n}\,,\ 1\cdot\frac{d}{n}\,,\ 2\cdot\frac{d}{n}\,,\ \ldots n'\cdot\frac{d}{n}\,,$$

come fu già notato a pag. 55. In luogo delle larghezze della chiglia, si dovranno scrivere le larghezze del galleggiamento inclinato; alle somme delle larghezze della chiglia e delle semi-larghezze della prima linea d'acqua si dovranno sostituire le somme delle larghezze del galleggiamento inclinato e delle semi-larghezze del galleggiamento medio. La colonna dei *Fattori per l'ascissa del centro di gravità* dovrà contenere i numeri 0, 1, 4, 9, ... $n'\left(n' - \frac{1}{3}\right)$; in quella dei *Fattori per l'ordinata del centro di gravità* dovranno essere scritti i numeri 0, 1, 4, 9, ... n'^2.

Evidentemente la somma dei *Prodotti per l'ascissa* moltiplicata per α, divisa per la somma dei *Prodotti per il volume* dà l'ascissa x contata dall'ordinata di mezzo, e la somma dei *Prodotti per l'ordinata*, moltiplicata per $\frac{1}{3}\frac{d}{n}$ e divisa per la somma dei *Prodotti per il volume* dà l'ordinata z.

SCALA DEI CENTRI DI CARENA. — Le ragioni per le quali è utile conoscere la posizione del centro di carena corrispondente al galleggiamento in pieno carico sussistono ancora per i centri di carena relativi ai diversi galleggiamenti, a quello inferiore, che il bastimento può prendere secondo i differenti stati del suo carico; dei quali conviene perciò calcolare le coordinate.

Questi calcoli si fanno nel modo già indicato per la carena in pieno carico, se nonchè i fattori $\frac{1}{3}$, 1, 2, 3, ... $\left(n - \frac{1}{3} \right)$ dovranno moltiplicare le somme delle semi-larghezze per ciascuna ordinata fino alla linea d'acqua che si considera per galleggiamento, le semi-larghezze della quale saranno prima divise per due. Inoltre i fattori successivi pei quali si moltiplicheranno le somme delle semi-larghezze per linee d'acqua dovranno essere posti fino a quella linea d'acqua del quadro che si suppone essere il galleggiamento della carena che si considera, le semi-larghezze della quale dovranno anche esse essere divise per due. Ottenute così l'ascissa e l'ordinata dei centri delle carene corrispondenti ai diversi galleggiamenti, e fatte per esse (se sia il caso di farne) le modificazioni indicate per le coordinate del centro di carena in pieno carico, richieste dalla sporgenza della chiglia, della ruota di prora e del dritto di poppa dalle relative batture, dalla curvatura della seconda, dall'inclinazione di quest'ultimo e dalla differenza d'immersione, si prenderanno due assi ortogonali tra loro, l'uno verticale e l'altro orizzontale. Sul primo con conveniente scala si riporteranno le immersioni delle diverse carene. Parallelamente al secondo asse, e con altra conveniente scala, si riporteranno in corrispondenza di ciascun'immersione l'ordinata e l'ascissa del relativo centro di carena. Si avranno così tanti punti che riuniti daranno il diagramma per le ascisse dei centri di carena e quello per le ordinate. Se si delineano queste scale sul piano longitudinale del disegno del bastimento si possono riportare le ascisse e le ordinate sulle orizzontali successive che rappresentano i galleggiamenti delle diverse carene, a partire da una delle perpendicolari estreme, che supporremo essere quella di poppa.

Il processo, come vedesi, è analogo a quello indicato per la scala di solidità, con la differenza che i calcoli per la determinazione delle coordinate di ogni centro di carena essendo facili, ma laboriosi, non si cominciano che da quella linea d'acqua la quale corrisponde allo stato del bastimento completamente scarico.

Del resto il modo di usare dei due diagrammi è abbastanza semplice, ed è chiaro inoltre come i dati che da essi si rilevano possono servire alla determinazione della posizione dei diversi centri di carena.

È chiaro altresì che se il bastimento, del quale con un certo stato di caricamento si vuol determinare il centro di carena, abbia differenza d'immersione, l'immersione da riportarsi sulla relativa scala potrà essere la media di quelle di prora e di poppa, ma che però la posizione del centro di carena che se ne ricaverà non sarà la vera, e l'errore sarà tanto maggiore quanto più grande sarà la differenza d'immersione.

Per procedere più regolarmente, nel caso in cui questa differenza sia piccola, si dovrà ricavare l'altezza della carena corrispondente al centro di gravità del galleggiamento inclinato, il quale è dato dalle immersioni misurate effettivamente sul bastimento, come già si è detto per la scala di solidità. Sul disegno quindi si dovrà far passare a quell'altezza un piano parallelo alla chiglia, determinare poscia i centri di gravità delle due unghie e finalmente col teorema dei momenti ricavare la posizione del vero centro di carena.

A vero dire quella che dovrebbe chiamarsi *Scala dei centri di carena* sarebbe il diagramma risultante dalle posizioni dei diversi centri di carena, date dall'incontro dell'ascissa e dell'ordinata di ciascuno di essi; ma la curva fatta in tal modo non servirebbe a far conoscere la posizione del centro di gravità di una carena qualunque, data che fosse la sua immersione, poichè col tirare un'orizzontale per il punto convenientemente segnato sull'asse delle immersioni non verrebbesi a determinare sulla curva dei centri di carena il cercato centro, il quale, come è chiaro, dovrebbesi trovare al disotto di quella orizzontale; quindi è che si fa a meno di costruire la curva dei centri di carena per attenersi generalmente all'altro metodo delle scale delle ascisse e delle ordinate.

La scala dei centri di carena non va confusa colla *superficie dei centri di carena*, che è stata introdotta per ridurre alcune questioni della Teoria della Nave a problemi geometrici, e considerare sotto nuovi punti di vista soggetti di grande importanza per essa.

La superficie dei centri di carena è il luogo geometrico di tutti i centri di carena che si ottengono immaginando tagliato un bastimento da un numero infinito di piani inclinati comunque, che ne separano volumi tutti eguali a quello della carena in pieno carico.

L'introduzione della superficie dei centri di carena non è andata disgiunta da quella della *superficie dei piani di galleggiamenti*, la quale è il luogo geometrico delle rette intersezioni di tutti i piani testè detti.

La superficie dei centri di carena e quella dei piani di galleggiamento godono proprietà notevoli che si dimostrano col Calcolo superiore.

————

CAPITOLO III.

STABILITÀ STATICA DEI BASTIMENTI.

In questo Capitolo esporremo ciò che riguarda la seconda delle condizioni enumerate a pag. 37, quella cioè che il bastimento deve trovarsi in tale stato da non rovesciarsi quando, essendo in acqua calma, vi agiscono cause che tendono a produrre questo effetto. Se esso vi si trova in quiete, è animato (come sappiamo) da due forze verticali; l'una, dovuta alla gravità, è eguale al peso del bastimento medesimo, agisce dall'alto in basso ed è applicata al centro di gravità di tutti i pesi di cui esso si compone; l'altra, dovuta alla pressione del liquido, è eguale al peso dell'acqua discacciata dalla carena, agisce dal basso in alto ed è applicata al centro di carena. Queste due forze, le quali hanno la stessa direzione, non generano nè moto di traslazione, nè moto di rotazione, solo quando (come insegna la Meccanica) hanno eguale intensità, ed i loro punti di applicazione sono sulla stessa retta secondo cui esse agiscono; quindi le due condizioni di equilibrio per un galleggiante sono:

1ª Che sia $P = P'$, ammesso che P rappresenti il peso del bastimento e P' il peso della massa liquida discacciata dalla sua carena,

2ª Che il centro di gravità ed il centro di carena stiano sulla medesima verticale.

Però il modo di trovarsi in equilibrio di un corpo qualunque, e quindi anche di un bastimento, avuto riguardo a ciò che ne succede dopo che è tolto da quello stato, conduce alla seguente distinzione:

Equilibrio stabile, Equilibrio instabile o labile, Equilibrio indifferente.

Un corpo dicesi in posizione di equilibrio stabile, quando essendone rimosso di piccolissima quantità, l'azione delle forze che gli erano applicate nella prima posizione tendono a farvelo ritornare; viceversa la posizione chiamasi di equilibrio instabile se le forze applicate al corpo tendono ad allontanarnelo sempre più, quando di poco ne sia deviato. Finalmente il corpo dicesi in equilibrio indifferente, e devesi intendere indifferente al moto, quando l'equilibrio continui ancora nelle nuove posizioni in cui esso può essere portato, deviato che sia di piccola quantità dalla primitiva. Più brevemente dicesi che un corpo è stabile, od instabile, secondo che si trovi in posizione di equilibrio stabile od instabile; e stabilità, od instabilità, dicesi la sua attitudine a ritornare nella primitiva posizione, o ad allontanarsene. Un caso importantissimo da considerarsi rispetto alle specie di equilibrio enumerate è quello che ci presentano i galleggianti, del quale passiamo ora ad occuparci.

In questo caso però il concetto di stabilità deve essere esteso ancora alle grandi deviazioni dalla posizione dritta, a cui spesso i galleggianti sono portati. Inoltre invece di considerare solo la loro attitudine a ritornare o no nella primitiva posizione, indipendentemente dalla causa che ha prodotto le deviazioni, devesi procedere al paragone dell'effetto colla causa, cioè prendere in esame la deviazione relativamente alla coppia che l'ha prodotta, e dire stabile il galleggiante, coerentemente al concetto fondamentale di sopra svolto, se col cessare l'azione di quella coppia esso ritorna nella primitiva posizione; ma però parlare di più o meno stabilità, secondo che minore o maggiore è la deviazione presa relativamente all'azione della causa esterna.

Esamineremo ora la stabilità, tanto per angoli piccoli, quanto per angoli relativamente grandi, sotto il primo punto di vista, cioè indipendentemente dalla causa che ha prodotto l'inclinazione, per procedere in altra parte ad occuparci della stabilità sotto il secondo punto di vista.

Supponiamo che un bastimento in equilibrio nel mare calmo, per l'azione di una forza orizzontale applicata fuori del suo centro di gravità, la quale abbia cessato di agire, sia pervenuto in una nuova posizione differente dalla primitiva, restando invariato il suo dislocamento e cambiando solo la forma della massa d'acqua rimossa, e la posizione del relativo centro di gravità. In tali condizioni questo centro e quello di gravità del bastimento, non trovandosi più sulla stessa verticale, le forze ad essi applicate costituiscono una coppia avente per forze la spinta dell'acqua ed il peso del bastimento, e per braccio di leva la distanza tra le loro direzioni.. A questa coppia si è dato il nome di *coppia di stabilità*, e *momento di stabilità* si è detto il suo momento.

Può darsi che questa coppia agisca in senso contrario a quello della coppia dovuta alla forza disturbatrice; ed allora il bastimento ritornerà verso la primitiva posizione, la oltrepasserà a causa della velocità acquistata, ritornerà indietro per l'azione della coppia di stabilità che sorgerà dall'altra parte, facendo così delle oscillazioni intorno alla posizione primitiva. In tal caso il bastimento si dirà stabile; mentre se accadesse che per la stessa deviazione prodotta dalla forza disturbatrice, la coppia dovuta alla spinta ed al peso cospirasse con quella corrispondente alla forza disturbatrice, allora il bastimento si rovescierebbe, e si direbbe perciò instabile.

1ª PROPOSIZIONE. — La retta che unisce i centri di gravità delle due unghie d'immersione e di emersione è parallela alla retta che congiunge il centro di carena primitivo con quello corrispondente al bastimento deviato dalla sua posizione di equilibrio.

Si consideri il bastimento giunto in una posizione inclinata qualunque, quando dall'una parte si è immersa un'unghia e dall'altra

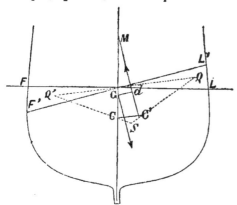

se ne è emersa una dello stesso volume, che indicheremo con *v*, ambedue dovute ai due piani indicati sulla figura dalle traccie *FL*, *F'L'* che rappresentano il galleggiamento della nave prima e dopo della sua deviazione dalla posizione di equilibrio. Rappresentino *Q* e *Q'* i centri di gravità di queste unghie, *C* il centro di carena primitivo, *C'* quello della nuova carena che si ha dopo la deviazione presa dal bastimento. È chiaro che la spinta relativa al volume *V* della nuova carena, applicata in C', si può considerare come la risultante della spinta primitiva dovuta al volume V ed applicata in C, della spinta aggiunta per effetto del volume v dell'unghia d'immersione agente in Q, e finalmente della spinta tolta colla emersione del volume v dell'unghia demersasi, che aveva il suo punto di applicazione in Q'.

Si compongano le due forze applicate in Q' e C, e sia S il punto di applicazione della loro risultante $\omega V - \omega v$, in cui ω rappresenta il peso specifico dell'acqua. Per il Teorema delle forze parallele si avrà: $\omega v : \omega V - \omega v : SC : CQ'$.

Si componga la risultante parziale esercitata in S con la componente ωv che agisce in Q; la risultante V, che se ne deduce, avente il punto di applicazione in C', conduce alla seguente proporzione: $\omega v : \omega V - \omega v :: SC' : C'Q$.

Confrontando questa proporzione con la precedente se ne deduce: $SC : CQ' :: SC' : C'Q$. Unendo i punti Q e Q', ed i punti C e C' in modo da formare il triangolo SQQ' con la trasversale CC', quest'ultima proporzione mostra che la QQ' è parallela alla CC'. C. D. D.

Risulta ora evidente poter avvenire che, dipendentemente dalle forme delle due unghie, le spinte dovute alle due posizioni dritta ed inclinata del bastimento s'incontrino, oppure no. Si consideri perciò un piano che passi per la verticale primitiva ed è perpendicolare all'intersezione dei due galleggiamenti successivi, al quale piano daremo il nome di *piano d'inclinazione*. La retta QQ' può trovarsi su questo piano, o su di uno ad esso parallelo, o finalmente su di un piano qualunque. Nei due primi casi la CC', avendo il suo punto C sul piano d'inclinazione ed essendo parallela alla QQ', si troverà necessariamente su quest'ultimo piano, quindi la verticale primitiva e l'attuale, che passano respettivamente per i due punti C e C', essendo anch'esse sul detto piano, vanno ad incontrarsi in un punto che è stato chiamato *metacentro*, mentre *altezza metacentrica* si è detta la distanza tra questo punto ed il primitivo centro di carena. Nel terzo caso finalmente la CC' dovendo restare parallela alla QQ' non può trovarsi sul piano d'inclinazione, quindi le due spinte che passano per C e C' non s'incontrano. In tal caso dassi il nome di *metacentro* al punto d'incontro della direzione della spinta primitiva colla proiezione della seconda spinta sul piano d'inclinazione.

Fra le altezze metacentriche se ne distinguono due; l'una relativa ad inclinazione nel senso trasversale, quando cioè l'intersezione dei due galleggiamenti è una loro retta longitudinale, ed è chiamata *altezza metacentrica trasversale* o *latitudinale*; l'altra relativa ad inclinazione nel senso longitudinale, quando cioè l'intersezione dei due galleggiamenti è una loro retta trasversale, la quale ha avuto il nome di *altezza metacentrica longitudinale*. Alle altezze metacentriche in generale si aggiunge il qualificativo *iniziale*, quando sono relative ad inclinazioni piccolissime.

2ª PROPOSIZIONE. — Se il bastimento si trovi inclinato per l'azione di una forza qualunque orizzontale che abbia cessato di agire, rimanendo invariata la sua spinta P, il momento della coppia di stabilità è dato dall'espressione:

$$P(\rho \pm a) \cdot sen\ \theta$$

dove ρ rappresenta l'altezza metacentrica, sia che le due spinte s'incontrino oppure no, a è la distanza tra il centro di gravità ed il centro di carena primitivo, e θ indica l'arco che misura l'angolo d'inclinazione.

Supponiamo dapprima che le due spinte s'incontrino. Rappresentino G il centro di gravità del bastimento, (vedi figura della precedente Proposizione) e $C'M$ la direzione della spinta dovuta alla nuova carena, la quale direzione dovendo essere verticale quando la $F'L'$ si dispone secondo l'orizzonte, deve essere una retta perpendicolare alla stessa $F'L'$.

Dalla disposizione delle forze applicate, indicata nella figura, rilevasi che il bastimento inclinato dell'angolo θ è animato dalla coppia il cui momento è $P \times Gd$, la quale si otterrebbe altresì se s'immaginasse trasportata la spinta parallelamente a sè stessa nel centro di gravità del bastimento. In quest'ultimo modo si vedrebbe inoltre che la risultante delle forze applicate è nulla, poichè si è supposto essere la nuova spinta eguale alla primitiva e perciò anche al peso del bastimento.

Ora dal triangolo rettangolo GdM, ottenuto coll'abbassare la perpendicolare Gd sulla $C'M$, si ricava: $Gd = GM\ sen\ \theta$; ma secondochè il centro di gravità si trova al disopra, o al disotto del centro di carena si ha:

$$GM = CM - CG = \rho - a, \quad GM = CM + CG = \rho + a;$$

quindi il momento di stabilità è dato nell'uno e nell'altro caso da:

$$P (\rho - a)\ sen\ \theta, \quad P (\rho + a)\ sen\ \theta.$$

Riunendo queste due formule in una sola si ottiene l'altra:

$$P (\rho \pm a)\ sen\ \theta. \quad (1)$$

È da notarsi che per facilità di locuzione spesso si dà convenzionalmente il nome di *momento di stabilità* al prodotto $P (\rho \pm a)$ e di *braccio di leva della stabilità* alla retta misurata da $\rho \pm a$.

Supponiamo ora che le due spinte non s'incontrino. Se dopo aver proiettato il punto C' sul piano d'inclinazione applichiamo sulla sua proiezione due forze verticali contrarie eguali a P, il sistema non sarà alterato e si avranno quattro forze invece delle due che si esercitano in C' ed in G, le quali costituiranno due coppie, l'una posta nel piano d'inclinazione, l'altra in un piano a questo perpendicolare, ambedue di forza P.

La seconda coppia, come è facile vedere dalla disposizione delle sue forze, tende sempre a rialzare il bastimento; quindi di essa non ci occuperemo. Quanto alla prima coppia, la verticale che passa per la proiezione del punto C' trovandosi in uno stesso piano colla verticale primitiva, l'incontra in un punto che, per la definizione data, dicesi metacentro; quindi immaginando ripetuta la dimostrazione del caso precedente si avrà per il momento della relativa coppia:

$$P (\rho \pm a)\ sen\ \theta. \quad (2)$$

Le formule (1) e (2) dimostrano l'enunciato della Proposizione.

Il risultato così ottenuto, d'accordo colle indicazioni date dalla figura circa la disposizione delle coppie, ci mostra che il bastimento si raddrizzerà sempre se il centro di gravità sarà al disotto del centro di carena, e si raddrizzerà ancora, nel caso in cui il primo centro sia al disopra del secondo (le due spinte s'incontrino oppure no), purchè sia $\rho > a$, ossia purchè il metacentro sia al disopra del centro di gravità.

Ciò rende ragione del nome adottato di metacentro per il punto M.

Ma per giudicare se l'importante condizione testè espressa colla relazione $\rho > a$ sia soddisfatta in ciascun bastimento, bisognerà poter valutare tanto ρ quanto a. Ci occuperemo dapprima di ρ, sia per angoli piccoli che per angoli grandi.

3ª PROPOSIZIONE. — L'altezza metacentrica qualunque per inclinazione in un senso qualsiasi è data da: $\rho = \dfrac{v \cdot \delta}{V \, sen \, \theta}$.

In questa formula δ indica la misura della distanza tra le verticali che passano per i centri di gravità delle due unghie di volume v, oppure la misura della proiezione della stessa distanza sul piano d'inclinazione.

Consideriamo il bastimento inclinato in una posizione qualunque e quando già le unghie d'immersione e di emersione sono divenute eguali, qualunque sia stato del resto l'asse intorno al quale è avvenuto la rotazione, e di qualunque specie siano stati i movimenti di traslazione che hanno potuto accompagnare quello di rotazione.

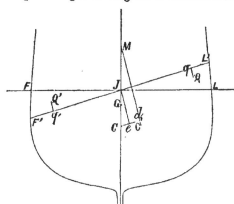

Supponiamo dapprima che le due spinte s'incontrino. Si proiettino i centri di gravità Q e Q' delle due unghie in q e q' sul galleggiamento $F'L'$; si abbassi dal punto C' la CM perpendicolare allo stesso galleggiamento, e dal punto d'intersezione J dei due galleggiamenti la perpendicolare Je alla $F'L'$. Dal centro di carena C si tiri la perpendicolare Cd alla $C'M$. Dal triangolo CdM si ha:

$$Cd = CM \, sen \, \theta = \rho \, sen \, \theta. \qquad (1)$$

Ora considerata la spinta dovuta al volume V, applicata nel punto C', nel modo fatto nella 1ª Proposizione di questo Capitolo, ne risulta che il momento della prima spinta rispetto al piano verticale che passa per il punto J dovrà eguagliare la somma algebrica dei momenti componenti rispetto allo stesso piano; si avrà quindi, prendendo positivi i momenti a dritta di questo piano e negativi quelli a sinistra,

$$V \times ed = v \times qJ - V \times Ce - (- v \times q'J) =$$
$$= v \times qJ - V \times Ce + v \times q'J,$$

e trasportando il $V \times Ce$, si otterrà:

$$V \, (Ce + ed) = v \, (qJ + q'J).$$

Ora dalla figura rilevasi che $Ce + ed = Cd$, e $qJ + q'J = qq'$; quindi si ha: $V \times Cd = v \times qq'$, ossia: $Cd = \dfrac{v \times qq'}{V}$. Paragonando questo valore coll'altro ottenuto per Cd si perviene alla eguaglianza: $\rho \, sen \, \theta = \dfrac{v \times qq'}{V}$, da cui ricavasi: $\rho = \dfrac{v \times qq'}{V \, sen \, \theta}$, dalla quale col sostituire alla retta qq' la sua misura δ, si ha:

$$\rho = \frac{v \cdot \delta}{V \, sen \, \theta} \, . \qquad (2).$$

Supponiamo ora che le due spinte non s'incontrino, ed immaginiamo proiettati sul piano orizzontale nel quale trovasi il galleggiamento dopo la deviazione del bastimento, il centro di carena primitivo C in c, quello C' dopo avvenuta l'inclina-

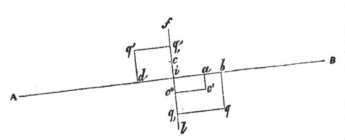

zione in c', i centri Q e Q' delle due unghie respettivamente in q e q'. Rappresenti AB l'intersezione dei due galleggiamenti ed fl la traccia del piano d'inclinazione. Prendendo i momenti di tutte le forze rispetto al piano verticale che passa per AB si avrà:

$$V \times c'a = - V \times ci + v \times qb - (- v \times q'd),$$

ossia:

$$V \times c'a = - V \times ci + v \times qb + v \times q'd,$$

da cui si ottiene:

$$V \cdot (c'a + ci) = v \, (qb + q'd).$$

Ora proiettando sulla traccia fl in c'', in q_i ed in q_i' respettivamente i punti c', q, q', si potrà sostituire alla precedente equazione la seguente:

$$V \times c''c = v \times q_i q_i'.$$

Evidentemente la $c''c$ è la distanza orizzontale tra il centro di carena primitivo e la proiezione della spinta attuale sul piano d'inclinazione. Per questa distanza si ottiene, analogamente al caso precedente, $\rho\, sen\, \theta$, per la qual cosa sostituendo, si avrà: $V \rho\, sen\, \theta = v \times q_1 q_1'$ da cui ricavasi $\rho = \dfrac{v \times q_1 q_1'}{V\, sen\, \theta}$, da cui ponendo in luogo della retta $q_1 q_1'$ la sua misura δ, si ottiene: $\rho = \dfrac{v \delta}{V\, sen\, \theta}$.   (3)

Le formule (2) e (3) dimostrano l'enunciato della Proposizione.

Scolio. — Il momento di stabilità $P(\rho \pm a)\, sen\, \theta$, potendo decomporsi in $P\rho\, sen\, \theta \pm Pa\, sen\, \theta$, si trasforma in quest'altra espressione: $\omega v \delta \pm Pa\, sen\, \theta$, purchè a $\rho\, sen\, \theta$ si sostituisca $\dfrac{v\delta}{V}$, come dalla precedente Proposizione, ed in luogo di P si ponga ωV. Ora il termine $\omega v \delta$ dipende, sia per il volume v che per la distanza δ, dalla grandezza e dalla forma del bagnasciuga, mentre l'altro termine $\pm Pa\, sen\, \theta$ dipende dal peso P e dalla distribuzione dei suoi pesi parziali rispetto al centro di carena. Ne consegue che la stabilità di un bastimento può considerarsi sempre risultante di altre due, cioè la *stabilità di forma* e la *stabilità di peso*. La prima è tanto più grande quanto più ampio è il galleggiamento primitivo; la seconda contribuisce tanto maggiormente alla stabilità dello stesso bastimento quanto più basso è il centro di gravità.

Corollario. — L'altezza metacentrica iniziale è data da: $\rho = \dfrac{v\delta}{V\theta}$.

Infatti l'inclinazione del bastimento corrispondente a tale altezza essendo supposta piccolissima si può sostituire l'arco θ al $sen\, \theta$.

Non bastando conoscere da quali elementi dipenda il ρ, ma importando invece di ricavare il suo valore in ogni caso particolare, è necessario procedere alle seguenti ricerche, cominciando dalle altezze metacentriche iniziali latitudinale e longitudinale.

Lemma — Se le due unghie di emersione e d'immersione saranno piccolissime avranno i loro volumi equivalenti, allorchè l'intersezione dei due galleggiamenti passerà per il centro di gravità del galleggiamento primitivo.

Questa verità fu già dimostrata colla Proposizione della pag. 34

Corollario. — Per le inclinazioni piccolissime nel senso trasversale, se le due unghie sono equivalenti si possono anche considerare eguali di forma.

Infatti la retta d'intersezione dei due galleggiamenti in questo caso dovendo essere una retta longitudinale passante per il centro di gravità dell'uno e dell'altro dei due galleggiamenti, non può essere che il loro asse di simmetria.

Si considerino ora le sezioni prodotte nelle unghie dai piani delle ordinate, e si ammetta per la piccolezza supposta nell'inclinazione θ, che tali sezioni abbiano la forma di settori circolari; è chiaro che i raggi di tutti i settori corrispondenti a dritta ed a sinistra dell'asse di simmetria, ossiano le semi-larghezze del galleggiamento, essendo eguali, saranno eguali puranche le unghie a cui quei settori appartengono.

4ᵃ Proposizione. — L'altezza metacentrica iniziale latitudinale, che rappresenteremo con r, è data da:

$$r = \frac{2}{3} \alpha \frac{\Sigma y^{(m)s}}{V} \cdot \quad (1),$$

oppure con maggiore approssimazione, quando n sia pari, da:

$$r = \frac{2}{9} \alpha \frac{1 y^{(m)s} + 4 y_1^{(m)s} + 2 y_2^{(m)s} + 2 y_3^{(m)s} + \ldots + 1 y_n^{(m)}}{V} (2),$$

dove α, che è supposto piccolissimo, e le diverse $y^{(m)}$ hanno il significato dato loro sin qui.

Il valore di r è dato per il Corollario della pag. 78 da $r = \frac{v\delta}{V\theta}$ e, secondo quanto è stato dimostrato nel Corollario precedente, al momento $v\delta$ si può sostituire il doppio del momento di una delle due unghie eguali rispetto al piano verticale attuale che passa per l'intersezione dei due galleggiamenti. Per trovare il valore di quest'ultimo momento, si conservi l'ipotesi già ammessa, cioè che le sezioni prodotte nell'unghia dai piani delle ordinate si confondono con settori circolari. Ripetendo il ragionamento già fatto nella Proposizione della pag. 27, che consiste nel supporre trovarsi il loro centro di gravità su di uno dei loro lati anziché sulla bisettrice, che è quanto dire supporre che l'arco $\frac{1}{2} \theta$ sia così piccolo da poter assumere il suo coseno eguale all'unità, si avrà che i momenti dei diversi strati in cui è decomposta l'unghia sono dati da:

$$\frac{2}{3}\, y^{(m)s}\, \frac{\theta}{2}\, \alpha \,,\; \frac{2}{3}\, y_1^{(m)s}\, \frac{\theta}{2}\, \alpha \,,\; \frac{2}{3}\, y_2^{(m)s}\, \frac{\theta}{2}\, \alpha \,,\; \cdots\; \frac{2}{3}\, y_n^{(m)s}\, \frac{\theta}{2}\, \alpha \,,$$

quindi la somma delle loro medie sarà data da: $\frac{1}{3}\,\theta\alpha\Sigma y^{(m)s}$ ed il $v\delta$ eguaglierà il prodotto $\frac{2}{3}\,\theta\alpha\Sigma y^{(m)s}$. Sostituendo questo valore nella espressione di r, se ne ricava: $r = \frac{2}{3}\,\dfrac{\alpha\Sigma y^{(m)s}}{V}$.

Facendo le solite modificazioni richieste per il passaggio dal metodo delle medie di Bezout a quello di Simpson, si deduce la seconda espressione di r.

La formula (1) spiega lo scopo della colonna verticale aggiunta nel Quadro dei calcoli preparato per il metodo di Bezout intitolata *Cubi delle semi-larghezze del galleggiamento*.

La somma di tutti i cubi moltiplicata per $\frac{2}{3}\,\alpha$ e divisa per il volume della carena darà l'altezza metacentrica iniziale r.

Similmente dalla formula (2) rilevasi facilmente la ragione per la quale nel Quadro N. 2 disposto secondo il metodo di Simpson vi siano le due colonne verticali intitolate respettivamente *Cubi delle semi-larghezze del galleggiamento* e *Prodotti per l'altezza metacentrica trasversale*. La somma dei *Prodotti* moltiplicata per $\frac{2}{9}\,\alpha$ e divisa per V dà l'altezza metacentrica r.

Che se il bastimento avesse differenza d'immersione, qualunque del resto fosse il modo di rappresentarla nel disegno, sarebbe sempre del galleggiamento effettivo, cioè di quello inclinato alla chiglia, del quale si dovrebbero prendere le semi-larghezze da innalzarsi al cubo.

1° CoROLLARIO. — Se il galleggiamento fosse un rettangolo, come nei pontoni, di lunghezza L e di larghezza l si avrebbe:

$$r = \frac{1}{12}\, Ll^s : V\,.$$

In questo caso, qualunque sia la distanza α, sarà sempre esatto il considerare come cilindri con basi a forma di settori circolari, gli strati nei quali le unghie sono divise dai piani delle ordinate, quindi potremo supporla eguale ad L; fatta questa sostituzione nella formula (1) si ha:

$$r = \frac{2}{3} \cdot \frac{L}{V} \left\{ \frac{1}{2} \cdot \frac{l^3}{8} + \frac{1}{2} \cdot \frac{l^3}{8} \right\} = \frac{1}{12} L l^3 : V.$$

Se si fosse fatta la sostituzione nella formula (2), facendo almeno $\alpha = \frac{L}{2}$, si sarebbe avuto:

$$r = \frac{2}{9} \cdot \frac{L}{2V} \left\{ 1 \frac{l^3}{8} + 4 \frac{l^3}{8} + 1 \frac{l^3}{8} \right\} = \frac{1}{12} L l^3 : V.$$

2° COROLLARIO. — Se il galleggiamento fosse una losanga, di cui le diagonali avessero per lunghezze L ed l, sarebbe:

$$r = \frac{1}{48} L l^3 : V.$$

Dividendo la metà della diagonale L in n' parti eguali e dai suoi punti di divisione innalzandovi delle perpendicolari, è chiaro che le metà di queste tanto a dritta, quanto a sinistra della diagonale trasversale, sarebbero respettivamente:

$$0, \quad \frac{1}{n'} \cdot \frac{l}{2}, \quad \frac{2}{n'} \cdot \frac{l}{2}, \quad \frac{3}{n'} \cdot \frac{l}{2}, \quad \frac{4}{n'} \cdot \frac{l}{2}, \quad \frac{5}{n'} \cdot \frac{l}{2}, \cdots \frac{n'}{n'} \cdot \frac{l}{2}.$$

Sostituendo questi valori nella prima formula di r, raddoppiando ciascun termine e raccogliendo il fattore comune $\frac{2l^3}{8n'^3}$, si avrà:

$$r = \frac{2}{3} \alpha \cdot \frac{2l^3}{8n'^3} \left\{ 1^3 + 2^3 + 3^3 + 4^3 + \cdots + \frac{1}{2} n'^3 \right\} : V$$

$$= \frac{2}{3} \alpha \cdot \frac{2l^3}{8n'^3} \left\{ 1^3 + 2^3 + 3^3 + 4^3 + \cdots + n'^3 - \frac{1}{2} n'^3 \right\} : V.$$

Ora la somma dei cubi dei numeri naturali da 1 fino ad n' è data dà: $\left\{ \frac{1}{2} n' (n' + 1) \right\}^2$. Sostituendo e sviluppando si avrà:

$$r = \frac{2}{3} \alpha \cdot \frac{2l^3}{8n'^3} \left\{ \frac{1}{4} n'^4 + \frac{1}{2} n'^3 + \frac{1}{4} n'^2 - \frac{1}{2} n'^3 \right\} : V$$

$$= \frac{1}{12} \cdot \frac{2\alpha l^3}{n'^3} \cdot \frac{1}{4} \left\{ n'^4 + n'^2 \right\} : V = \left\{ \frac{1}{24} n' \alpha l^3 + \frac{1}{24} \cdot \frac{\alpha l^3}{n'} \right\} : V.$$

Siccome $n'\alpha = \dfrac{L}{2}$, sostituendo si avrà:

$$r = \left\{ \frac{1}{48} Ll^3 + \frac{2}{24} \alpha \frac{l^3}{n'} \right\} : V.$$

Il valore di r, dato dalla formula (1) della Proposizione precedente, è tanto più esatto quanto maggiore è n'; quindi se supporremo questo infinitamente grande, talchè si possa trascurare la frazione $\dfrac{1}{24} \alpha \dfrac{l^3}{n'}$, l'espressione $r = \dfrac{1}{48} Ll^3 : V$ che ne risulta, è più prossima al vero.

Alla stessa conclusione si sarebbe giunti se si fosse assunta la seconda espressione del valore di r, data dalla precedente Proposizione.

L'altezza metacentrica iniziale longitudinale (che rappresenteremo con R) potrebbe ricercarsi con lo stesso procedimento seguito nella precedente Proposizione; siccome però ordinariamente nei piani delle navi non sono condotte le perpendicolari all'asse trasversale del galleggiamento, che dovrebbero servire per quel procedimento, così ricaveremo l'espressione di R col mezzo della seguente:

5ª Proposizione. — L'altezza metacentrica iniziale longitudinale è data da:

$$R = \frac{2\alpha^3}{V} \left\{ 0 \cdot \frac{1}{3} \frac{z}{2} + 1^2 z_1 + 2^2 z_2 + 3^2 z_3 + \ldots + \left(n' - \frac{1}{3}\right) n' \frac{z_{n'}}{2} + \right.$$

$$\left. + 0 \frac{1}{3} \frac{z'}{2} + 1^2 z_1' + 2^2 z_2' + 3^2 z_3' + \ldots + \left(n'' - \frac{1}{3}\right) n'' \frac{z'_{n''}}{2} \right\} (1),$$

oppure con maggiore approssimazione, qualora siano pari le divisioni n' ed n'' dell'asse del galleggiamento a dritta ed a sinistra del suo centro di gravità, è data da:

$$R = \frac{2\alpha^3}{3V} \left\{ 1z \cdot 0^2 + 4z_1 \cdot 1^2 + 2z_2 \cdot 2^2 + 4z_3 \cdot 3^2 + \ldots + 1z_{n'} \cdot n'^2 + \right.$$

$$\left. + 1z' \cdot 0^2 + 4z_1' \cdot 1^2 + 2z_2' \cdot 2^2 + 4z_3' \cdot 3^2 + \ldots + 1z'_{n''} \cdot n''^2 \right\} (2),$$

dove $z, z_1, z_2, \ldots z_{n'}$ rappresentano le semi-larghezze delle ordinate trasversali del galleggiamento primitivo, le quali sono a dritta della sua intersezione col galleggiamento inclinato, mentre $z', z_1', z_2',$

$z_3', \ldots z'_{n''}$, rappresentano le semi-larghezze delle ordinate dello stesso galleggiamento a sinistra della suddetta intersezione.

Nelle formule di questa Proposizione è supposto che la stessa intersezione, la quale per l'ipotesi fatta di angoli di deviazione piccolissimi e di unghie equivalenti passa per il centro di gravità del galleggiamento, corrisponda su di una ordinata del piano.

Nel caso di cui ci occupiamo la retta che misura la distanza tra le verticali che passano per i centri di gravità delle unghie è divisa in due parti diseguali dal piano verticale attuale che passa per la retta di intersezione dei due galleggiamenti; quindi il numeratore del secondo membro della formula generale dell'altezza metacentrica iniziale, adattata a questo caso particolare sotto la forma: $R = \dfrac{v\delta}{V\theta}$ (3), si può intendere decomposto in due prodotti, l'uno di v per la distanza della verticale che passa per il centro di gravità di una delle unghie dal piano verticale testè indicato, l'altro dello stesso v per la distanza della verticale che passa per il centro di gravità dell'altra unghia dal medesimo piano.

Questi due prodotti non sono altro che i momenti del volume delle due unghie rispetto a questo piano. Siccome però restando nella ipotesi fatta per l'altezza metacentrica trasversale, cioè che le sezioni prodotte nell'unghia da piani normali all'intersezione dei due galleggiamenti siano settori circolari, sì viene ad ammettere che le unghie abbiano la forma di solidi di rivoluzione, così è chiaro che ciascuno dei due piani convergenti che passano per la detta intersezione e per il centro di gravità di ciascuna delle unghie divide per metà l'angolo diedro formato dal galleggiamento dritto e da quello inclinato. Ne segue quindi che proiettando ognuno dei detti centri sull'uno e sull'altro di questi piani, le proiezioni, le quali determinano le distanze respettive del centro di gravità della corrispondente unghia dal piano perpendicolare al galleggiamento dritto e da quello normale al galleggiamento inclinato passanti ambedue per la loro intersezione, danno queste distanze eguali tra loro.

A noi basterà quindi cercare la distanza dal primo piano. Si considerino perciò gli strati verticali in cui ciascuna unghia è divisa dai piani delle ordinate del piano di costruzione, e s'immaginino delineati i relativi diagrammi del volume.

Secondo il Corollario della pag. 30 il momento cercato per un'unghia è dato dall'una o dall'altra delle due formule seguenti:

$$\alpha^2 \left\{ \frac{1}{3}\frac{C}{2} + 1C_1 + 2C_2 + 3C_3 + \ldots + \left(n' - \frac{1}{3}\right)\frac{C_{n'}}{2} \right\},$$

$$\frac{1}{3}\alpha^2 \left\{ 0 \cdot 1C + 1 \cdot 4C_1 + 2 \cdot 2C_2 + 3 \cdot 4C_3 + \ldots + n' \cdot 1C_{n'} \right\}.$$

Ora per l'ipotesi ammessa, cioè che i due galleggiamenti dritto ed inclinato siano eguali tra loro, le aree $C, C_1, C_2, \ldots C_{n'}$ sono quelle di rettangoli che hanno due lati paralleli eguali respettivamente a $2z, 2z_1, 2z_2, 2z_3, \ldots 2z_{n'}$, e per corrispondenti altezze $0\alpha \; tang \; \theta$, $1\alpha \; tang \; \theta$, $2\alpha \; tang \; \theta$, $3\alpha \; tang \; \theta, \ldots n'\alpha \; tang \; \theta$, come resulta chiaramente dalla figura della pag. 33; quindi per esse si ha:

$$C = 2z \cdot 0\alpha \; tang \; \theta; \; C_1 = 2z_1 \cdot 1\alpha \; tang \; \theta; \; C_2 = 2z_2 \cdot 2\alpha \; tang \; \theta;$$
$$C_3 = 2z_3 \cdot 3\alpha \; tang \; \theta, \ldots C_{n'} = 2z_{n'} \cdot n'\alpha \; tang \; \theta.$$

Sostituendo quindi nelle due espressioni di sopra riportate, e raccogliendo i fattori comuni si ha:

$$2\alpha^3 \; tang \; \theta \left\{ 0 \cdot \frac{1}{3}\frac{z}{2} + 1^2 \cdot z_1 + 2^2 \cdot z_2 + 3^2 \cdot z_3 + \ldots n'\left(n' - \frac{1}{3}\right)\frac{z_{n'}}{2} \right\}$$

$$\frac{2\alpha^3}{3} \; tang \; \theta \left\{ 0^2 \cdot 1z + 1^2 \cdot 4z_1 + 2^2 \cdot 4z_2 + 3^2 \cdot 4z_3 + \ldots + n'^2 \cdot 1z_{n'} \right\}$$

Per l'altra unghia si otterrebbero espressioni analoghe; quindi sommando quelle corrispondenti ad uno stesso metodo di valutazione, ponendovi θ invece di $tang \; \theta$, a causa della sua piccolezza, e sostituendo il tutto nella espressione (3) se ne deducono, col sopprimere il fattore θ, comune al numeratore ed al denominatore, le formule (1) e (2) dell'enunciato della Proposizione.

Le due colonne poste tanto nel Quadro N. 1 quanto in quello N. 2 che sono alla fine di questa Prima Parte, intitolate respettivamente *Quadrati dei numeri naturali*, *Prodotti per l'altezza metacentrica longitudinale*, e la disposizione data ai numeri in esse contenute sono una conseguenza delle formule (1) e (2). Evidentemente la somma dei numeri contenuti in quest'ulima colonna nel primo quadro, moltiplicata per $2\alpha^3$ e divisa per V dà l'altezza metacentrica R. La somma invece dei *Prodotti per l'altezza metacentrica longitudinale* del secondo quadro, moltiplicata per $\frac{2}{3} \alpha^3$ e divisa per V dà con maggiore approssimazione il valore di R.

Se il bastimento fosse delineato con differenza d'immersione, il galleggiamento del quale si dovrebbero prendere le semi-larghezze sarebbe quello inclinato.

Scolio. — Se il galleggiamento terminasse colle due estremità sull'asse, essendo allora nulle le due semi-larghezze estreme, sparirebbero nella formula di R ottenuta col metodo di Bezout i termini $\left(n' - \frac{1}{3}\right) n' \frac{z_{n'}}{2}$ e $\left(n'' - \frac{1}{3}\right) n'' \frac{z'_{n''}}{2}$, talchè la formula stessa non avrebbe per fattori delle semi-larghezze che i quadrati dei numeri naturali.

E spesso nessuna modificazione si arreca ai quadrati estremi, sebbene il galleggiamento non termini sull'asse, poichè per la piccolezza che ordinariamente hanno le metà delle semi-larghezze $z_{n'}$ e $z'_{n''}$ si commette un errore relativamente insignificante nel trascurare i termini negativi $\frac{1}{3} n' \frac{z_{n'}}{2}$, $\frac{1}{3} n'' \frac{z'_{n''}}{2}$.

· 1° Corollario. — Se il galleggiamento fosse un rettangolo di lunghezza L e di larghezza l si avrebbe:

$$R = \frac{1}{12} L^3 l : V .$$

In questo caso l'ipotesi su cui riposa la determinazione delle ascisse dei centri di gravità dei diagrammi del volume delle due unghie corrispondendo al vero, qualunque sia la distanza α tra le sezioni dell'unghie, supporremo tale distanza eguale a $\frac{L}{2}$ per la formula dovuta al metodo di Bezout, ed eguale ad $\frac{L}{4}$ per l'altra formula dovuta a Simpson. Si avrà nell'un caso:

$$R = \frac{2}{V} \cdot \frac{L^3}{8} \left\{ \left(1 - \frac{1}{3}\right) \cdot \frac{1}{2} \cdot \frac{l}{2} + \left(1 - \frac{1}{3}\right) \cdot \frac{1}{2} \cdot \frac{l}{2} \right\} =$$
$$= \frac{1}{4} \frac{L^3}{V} \left\{ \frac{1}{6} l + \frac{1}{6} l \right\} = \frac{1}{12} \frac{L^3 l}{V} ;$$

nell'altro caso si avrà:

$$R = \frac{2}{3V} \cdot \frac{L^3}{64} \left\{ 4 \cdot \frac{l}{2} \cdot 1^2 + 1 \cdot \frac{l}{2} \cdot 2^2 + 4 \cdot \frac{l}{2} \cdot 1^2 + 1 \cdot \frac{l}{2} \cdot 2^2 \right\} =$$

$$= \frac{1}{96} \frac{L^3}{V} 8l = \frac{1}{12} \frac{L^3 l}{V}.$$

2° **COROLLARIO.** — Se il galleggiamento sia una losanga di cui le diagonali abbiano per lunghezza L ed l sarà:

$$R = \frac{1}{48} L^3 l : V.$$

In questo caso, come nel precedente, i momenti delle due unghie di dritta e di sinistra sono eguali, per cui si ha:

$$R = \frac{4a^3}{V} \left\{ z_1 . 1^2 + z_2 . 2^2 + z_3 . 3^2 + \ldots + \frac{z_{n'}}{2} \left(n - \frac{1}{3} \right) n' \right\}.$$

Ora le semi-larghezze $z_1, z_2, z_3, z_4, \ldots z_{n'}$ sono respettivamente:

$$\frac{n'-1}{n'} \cdot \frac{l}{2}, \quad \frac{n'-2}{n'} \cdot \frac{l}{2}, \quad \frac{n'-3}{n'} \cdot \frac{l}{2} \ldots$$

$$\ldots \frac{3}{n'} \cdot \frac{l}{2}, \quad \frac{2}{n'} \cdot \frac{l}{2}, \quad \frac{1}{n'} \cdot \frac{l}{2}, \quad \frac{0}{n'} \cdot \frac{l}{2},$$

per cui sostituendo si ha:

$$R = \frac{4a^3}{V} \cdot \frac{l}{2n'} \left\{ 1^2 (n'-1) + 2^2 (n'-2) + 3^2 (n'-3) + \right.$$

$$\left. + 4^2 (n'-4) + \ldots + (n'-2)^2 . 2 + (n'-1)^2 . 1 \right\} =$$

$$= \frac{2a^3}{V} \cdot \frac{l}{n'} \left\{ 1^2 . n' + 2^2 . n' + 3^2 . n' + 4^2 . n' + \ldots + (n'-1)^2 . n' \right.$$

$$\left. - 1^3 - 2^3 - 3^3 \ldots - (n'-2)^3 - (n-1)^3 \right\}.$$

Quest'ultimo membro dell'eguaglianza si è ottenuto eseguendo dentro la parentesi le moltiplicazioni indicatevi ed aggiungendovi una modificazione ai termini $(n'-1)^2 . 1$, $(n'-2)^2 . 2, \ldots$ ponendoli sotto la forma:

$$(n'-1)^2 \left\{ n' - (n'-1) \right\}, \quad (n'-2)^2 \left\{ n' - (n'-2) \right\}.$$

L'ultima espressione si può trasformare nel seguente modo:

$$R = \frac{2\alpha^3}{V} \cdot \frac{l}{n'} \left\{ n' (1^2 + 2^2 + 3^2 + 4^2 + \ldots + (n'-1)^2 - \right.$$
$$\left. - (1^3 + 2^3 + 3^3 + 4^3 + \ldots + (n'-1)^3 \right\}.$$

Ora la somma dei quadrati degli $n'-1$ numeri naturali è data da $\frac{1}{6}(n'-1) \cdot n'(2n'-1)$, e quella dei cubi degli stessi numeri (come si sa) da $\left\{ \frac{1}{2}(n'-1) \cdot n' \right\}^2$; quindi sostituendo si avrà:

$$R = \frac{2\alpha^3}{V} \cdot \frac{l}{n'} \left\{ n' \cdot \frac{1}{6}(n'^2 - n')(2n'-1) - \frac{1}{4} n'^2 (n'-1)^2 \right\} =$$
$$= \frac{2\alpha^3}{V} \cdot \frac{l}{n'} \left\{ \frac{2n'^4}{6} - \frac{2n'^3}{6} - \frac{n'^3}{6} + \frac{n'^2}{6} - \frac{n'^2}{4} + \frac{n'^3}{2} - \frac{n'^2}{4} \right\} =$$
$$= \frac{2\alpha^3}{V} \cdot \frac{l}{n'} \left\{ \frac{n'^4}{12} - \frac{n'^2}{12} \right\} = \frac{\alpha^3 l}{6V}(n'^3 - n') = \frac{n'^3 \alpha^3 l}{6V} - \frac{n' \alpha^3 l}{6V};$$

ma essendo $n'\alpha = \frac{L}{2}$, e per conseguenza $n'^3 \alpha^3 = \frac{L^3}{8}$, si ha:

$$R = \left\{ \frac{1}{48} L^3 l - \frac{1}{48} \frac{L^3 l}{n'^2} \right\} : V.$$

Ora perchè questa formula sia esatta bisogna supporre n' immensamente grande, ed allora la frazione $\frac{L^3 l}{48 n'^2 V}$, può trascurarsi, lo che dà:

$$R = \frac{1}{48} L^3 l : V. \qquad \text{C. S. D. D.}$$

6ª PROPOSIZIONE. — Se l'ordinata del galleggiamento dalla quale si parte nel quadro dei calcoli per scrivere successivamente i quadrati 0, 1, 4, 9 . . . . per la determinazione del valore di R non passi per il centro di gravità del galleggiamento primitivo, ma ne disti di una piccola quantità D, il numeratore delle due espressioni di R di sopra riportate dovrà essere diminuito del prodotto dell'area del galleggiamento primitivo per il quadrato di D.

Rappresenti in figura i la traccia sul galleggiamento FL della or-

dinata dalla quale si è partiti nello scrivere i quadrati 1, 4, 9 ...,
ed I la traccia dell'altra ordinata che passa per il centro di gravità

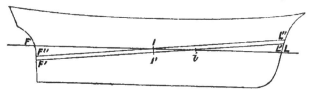

del medesimo gal-
leggiamento; tal-
chè le proiezioni
delle due unghie
equivalenti siano
$L''IL$, FIF'', mentre quelle che si sono assunte considerando i come
l'intersezione dei due galleggiamenti sono $L'iL$, $F'iF$, per le quali
il dislocamento che si considera dopo l'inclinazione del bastimento
differisce da quello primitivo, ossia dal vero, dello strato $F'F''L''L'$.
Tale differenza sarà in difetto o in eccesso secondo che il punto i
si trovi rispetto ad I dalla parte dell'unghia d'immersione o da quella
dell'unghia di emersione. Il detto strato per la vicinanza supposta tra
i punti I ed i su cui riposa il ragionamento, potrà essere considerato cilindrico, e di più, per l'immensa piccolezza che si ammette
nell'angolo θ, le basi di questo cilindro si potranno assumere eguali
di grandezza e di forma al galleggiamento primitivo.

La correzione da farsi al valore dei momenti delle due unghie
$L'iL$, $F'iF$, perchè la loro somma possa essere assunta come numeratore dell'espressione di R, è doppia; l'una deve consistere nel tener
conto del momento dello strato $F'F''L''L'$ rispetto al piano verticale
che passa per I; l'altra nel riportare i momenti delle due unghie diseguali $L'iL$, $F'iF$ allo stesso piano verticale, anzichè a quello che
passa per i. La prima correzione è nulla inquantochè il centro di gravità dello strato cilindrico si discosterà pochissimo dalla normale alle
due basi, la quale passa per il centro di gravità di una di esse. Per
la seconda correzione debbonsi considerare due casi.

Nel primo, cioè quello in cui l'unghia d'immersione sia in difetto
rispetto a quella di emersione, si deve aggiungere il prodotto del volume dell'unghia d'immersione per la distanza $I'i$ e togliere quello
del volume dell'unghia di emersione per la stessa distanza; siccome
questo volume è maggiore di quello, si viene a dover togliere il prodotto della differenza dei volumi delle due unghie, la quale sappiamo
equivalere al volume dello strato $F'F''L''L'$, per la distanza $I'i$ dal
piano verticale che passa per i. Nel secondo caso, cioè quello in cui
l'unghia d'immersione superi quella di emersione, devesi operare in-

versamente, cioè togliere il prodotto dell'unghia di immersione, che è la maggiore, per la distanza $I'i$ ed aggiungere quello dell'altra unghia, e perciò togliere sempre il prodotto del volume dello strato $F'F''L''L'$ per la distanza $I'i$. Ma quel volume è dato dal prodotto dell'area $2L^{(m)}$ del galleggiamento per l'altezza II'; quest'altezza è evidentemente eguale a $D \, sen \, \theta$, e la retta $I'i$ è eguale invece a $D \, cos \, \theta$, come rilevasi dal triangolo IiI'; quindi supponendo che per la piccolezza di θ al $sen \, \theta$ si sostituisca θ ed al $cos \, \theta$ l'unità, la correzione da farsi sarà data da: $2L^{(m)} . \theta . D^2$.

E siccome nell'espressione generale di R vi è il θ nel numeratore, che si è soppresso, perchè fattore comune al numeratore ed al denominatore, nel passare alle due formule della precedente Proposizione, così deducesi che volendo servirsi di queste formule bisogna togliere dall'espressione del loro numeratore, che ottiensi dall'uno o dall'altro dei quadri dei calcoli, la quantità $2L^{(m)} . D^2$. C. S. D. D.

Scolio. — In tutte le dimostrazioni fatte sin qui non abbiamo seguito la nave in tutte le fasi che nel suo movimento subisce per giungere alla posizione ultima alla quale l'abbiamo supposta pervenuta. Abbiamo trascurato la variabilità del suo asse di rotazione e tutto ciò che può avere influenza sulla velocità delle sue parti, poichè non era qui nostro scopo di esaminare gli effetti dinamici dovuti alla deviazione del galleggiante dalla posizione di equilibrio.

Ci siamo limitati a considerare il bastimento pervenuto in una condizione nella quale è pur possibile che si trovi, cioè con un dislocamento eguale al primitivo, ed avendo in quell'istante per asse di rotazione un'orizzontale perpendicolare al piano verticale d'inclinazione.

Però col Calcolo superiore, e mercè il *principio delle forze vive* si dimostra egualmente senza alcuna restrizione, che per avere la stabilità è necessario che sia $\rho > a$. Riterremo quindi questa condizione sotto forma generale come la essenziale alla stabilità.

Dimostrasi altresì col Calcolo superiore che delle altezze metacentriche iniziali corrispondenti a tutt'i possibili piani di inclinazione, la r è la minima, la R è la massima.

Questa verità agevola grandemente l'esame della stabilità per angoli di deviazione piccoli, poichè nel ricercare se sia soddisfatta l'importante condizione di essere $\rho > a$, basterà limitarsi a considerare l'altezza metacentrica trasversale. Ed invero se quella condizione sarà soddisfatta per quest'ultima altezza che è la minima, a più forte ragione lo sarà per ogni altra. È per questa circostanza che del solo valore di r si tiene conto nel considerare le condizioni di stabilità.

Discussione del valore di r. — Le formule trovate per r nella Proposizione della pagina 79 mostrano chiaramente come sulla stabilità di forma, e quindi sulla stabilità totale, abbia influenza benefica la grandezza assoluta del galleggiamento per uno stesso volume di carena; poichè col suo crescere si accresce inevitabilmente uno dei suoi elementi o l'α o le $y^{(m)}$, oppure si accrescono tutti e due insieme.

Però non è indifferente nè il modo di aumentare la stessa grandezza assoluta, nè il modo di distribuire le forme e le dimensioni del galleggiamento, allorchè quella debba rimanere invariata.

A dimostrare quanto è stato testè enunciato ci faremo a considerare i modi diversi secondo i quali si possono ottenere accrescimenti nella grandezza assoluta del galleggiamento, trascurando di esaminare quelli che si ottengono in modo qualunque senza alcuna norma.

1° Si supponga che si aumenti la lunghezza del galleggiamento lasciando invariate le semi-larghezze nei corrispondenti punti di divisione del nuovo asse. Se con α' si rappresenti l'aumento arrecato nelle distanze tra questi punti di divisione, con $L'^{(m)}$ la metà della area del nuovo galleggiamento e con r' la nuova altezza metacentrica trasversale iniziale, si avrà:

$$L'^{(m)} = \alpha\Sigma y^{(m)} + \alpha'\Sigma y^{(m)} = L^{(m)} + \alpha' \cdot \frac{L^{(m)}}{\alpha} = L^{(m)}\left(1 + \frac{\alpha'}{\alpha}\right) \quad (1)$$

$$r' = \frac{2\alpha}{3V}\Sigma y^{(m)3} + \frac{2\alpha'}{3V}\Sigma y^{(m)3} = r + \alpha' \cdot \frac{r}{\alpha} = r\left(1 + \frac{\alpha'}{\alpha}\right). \quad (2)$$

Dalle relazioni (1) e (2) rilevasi che in questo caso l'area del galleggiamento e l'altezza metacentrica crescono nello stesso rapporto, il quale è tanto più grande quanto maggiore è il rapporto della nuova lunghezza del galleggiamento alla primitiva.

2° Si ammetta che tutte le semi-larghezze del galleggiamento si accrescano di una stessa quantità e, restando la medesima la lunghezza del suo asse; si avrà:

$$L'^{(m)} = \alpha\Sigma y^{(m)} + \alpha\Sigma e = L^{(m)} + \alpha . \, ne \qquad (1)$$

$$r' = \frac{2\alpha}{3V}\Sigma y^{(m)3} + \frac{2\alpha}{3V}\cdot 3e\Sigma y^{(m)2} + \frac{2\alpha}{3V}\cdot 3e^2\Sigma y^{(m)} + \frac{2\alpha}{3V}\Sigma e^3 =$$

$$= r + \frac{2\alpha e}{V}\Sigma y^{(m)2} + \frac{2\alpha e^2}{V}\Sigma y^{(m)} + \frac{2\alpha n e^3}{3V}. \qquad (2)$$

Le relazioni (1) e (2) mostrano che, mentre l'accrescimento nell'area del galleggiamento dipende solo dalla lunghezza dell'asse di simmetria e dall'aumento arrecato alle sue semi-larghezze, l'accrescimento nel valore dell'altezza metacentrica dipende dall'una e dall'altra quantità, ed altresì dal volume della carena e dalle semi-larghezze primitive, le quali vi contribuiscono grandemente.

3° Si faccia l'ipotesi che tutte le semi-larghezze del galleggiamento si accrescano di quantità variabili proporzionali ai loro valori, non modificandosi punto la lunghezza del suo asse.

Si rappresenti con ε il rapporto tra le semi-larghezze aumentate e le primitive del galleggiamento, si avrà:

$$L'^{(m)} = \alpha\Sigma \varepsilon y^{(m)} = \varepsilon L^{(m)}; \qquad r' = \frac{2\alpha}{3V}\Sigma \varepsilon^3 y^{(m)3} = \varepsilon^3 r \, .$$

Riesce manifesto da queste due espressioni come in maggiore proporzione dell'area del galleggiamento cresca in questo caso l'altezza metacentrica.

I risultati ottenuti sin qui non sarebbero stati dissimili se si fossero considerate le formule fondate sul metodo di Simpson.

Esaminiamo ora per alcuni casi particolari in qual modo varii la quantità r cambiando le dimensioni del galleggiamento, restando sempre lo stesso il valore della sua area e quello del volume della carena.

4° Si supponga che aumenti la lunghezza dell'asse di simmetria in modo che essa stia alla primitiva nel rapporto di ε ad 1, mentre le semi-larghezze dei punti corrispondenti stiano come 1 ad ε.

Evidentemente l'area del galleggiamento non varierà, mentre il nuovo valore dell'altezza metacentrica sarà dato da:

$$r' = \frac{2}{3}\cdot\frac{\varepsilon\alpha}{V}\Sigma\frac{y^{(m)3}}{\varepsilon^3} = \frac{2}{3}\cdot\frac{\alpha}{\varepsilon^2 V}\Sigma y^{(m)3} = \frac{r}{\varepsilon^2}\, .$$

Rilevasi da ciò che l'altezza metacentrica decresce nel rapporto di 1 a ε².

2° Si faccia una supposizione inversa alla precedente, cioè che la lunghezza dell'asse decresca nel rapporto di 1 ad ε, mentre le semilarghezze nei punti corrispondenti crescano nel rapporto di ε ad 1.

È facile dedurne la relazione $r' = \varepsilon^2 \cdot r$, dalla quale rilevasi che l'altezza metacentrica cresce nel rapporto di ε^2 ad 1.

Merita ora speciale considerazione il caso nel quale variassero in un dato rapporto non solo l'una specie o l'altra delle dimensioni del galleggiamento, ma bensì tutte le dimensioni della nave.

Con tale ipotesi il momento di stabilità varierebbe nel modo determinato dalla seguente:

7ª Proposizione. — In due bastimenti che fossero perfettamente simili, i momenti di stabilità trasversale avrebbero tra loro un rapporto eguale alla quarta potenza del rapporto delle dimensioni omologhe.

Si supponga di avere due bastimenti simili nei quali il rapporto delle dimensioni omologhe sia quello di 1 ad ε. Si avrà:

$$ r' = \frac{2}{3} \cdot \frac{\varepsilon\alpha}{\varepsilon^3 V} \Sigma \varepsilon^3 y^{(m)3} , $$

nella quale espressione si è posto $\varepsilon^3 V$ per denominatore, poichè, come si sa, i volumi dei solidi simili stanno tra loro come i cubi delle dimensioni omologhe. L'ultima equazione conduce facilmente alla seguente: $r' = \varepsilon \cdot r$.

Ora se con a' si rappresenti la distanza tra il centro di gravità ed il centro di carena primitivo in uno dei due bastimenti, mentre con a si rappresenta la distanza tra i due corrispondenti punti nell'altro bastimento, si avrà $a' = \varepsilon a$. Infatti l'altezza del centro di carena al disopra di un dato piano orizzontale varia come la prima potenza del rapporto delle dimensioni omologhe, e così ancora l'altezza del centro di gravità del bastimento dallo stesso piano orizzontale varia nel medesimo rapporto, se si supponga che nella distribuzione dei pesi si segua la proporzionalità delle capacità nelle quali sono contenuti. Sottraendo dal valore di r' quello di a' si avrà:

$$ r' - a' = \varepsilon r - \varepsilon a = \varepsilon (r - a). \qquad (1) $$

Rappresentando con P' e con V' rispettivamente il peso ed il volume di carena di uno dei bastimenti, mentre con P e V s'intendono indicati il peso ed il volume di carena dell'altro bastimento si avrà: $P' = \omega V' = \omega . \varepsilon^3 V = \varepsilon^3 . P$ (2), essendo ω il peso specifico dell'acqua di mare. Moltiplicando membro a membro le equazioni (1) e (2), si ottiene:

$$P' (r' - a') = \varepsilon^3 P . \varepsilon (r - a) = \varepsilon^4 . P (r - a).$$

Questo risultato dimostra l'enunciato della Proposizione.

Nel passare ora a considerare la stabilità delle navi per deviazioni di qualunque ampiezza dalla posizione di equilibrio dobbiamo notare esservi molta ragione di credere che la circostanza posta in evidenza a pagina 89 esista ancora per le grandi inclinazioni nei casi di bastimenti ordinari; quindi ci limiteremo a considerare le inclinazioni nel senso trasversale. In questo caso non si potrà ammettere che l'intersezione dei due galleggiamenti, per la quale si ottiene la equivalenza delle unghie d'immersione e di emersione, passi sempre per il centro di gravità del galleggiamento primitivo; nè si potrà ammettere che le porzioni delle diverse ordinate comprese tra il galleggiamento dritto e l'inclinato siano settori circolari. Il tener conto di queste due ultime circostanze è lo scopo delle ricerche alle quali ora procediamo.

Allorchè le due unghie determinate dal galleggiamento FL corrispondente alla posizione dritta del bastimento e dal piano ZZ' in-

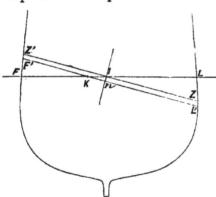

clinato di un angolo eguale alla deviazione del bastimento, e passante per il centro di gravità I del primo galleggiamento, non siano equivalenti, l'eccesso del volume di un'unghia su quello dell'altra, evidentemente è dato dallo strato $F_1 L_1 ZZ'$, se $F_1 L_1$ rappresenta il galleggiamento inclinato che dà le due unghie equivalenti.

Questo strato, atteso la piccolezza ordinaria della sua altezza, si può ritenere essere un cilindro che ha per base il piano inclinato che passa per il centro di gravità del primitivo.

Rilevasi da ciò che l'altezza dello strato che rappresenta la differenza di volume delle due unghie si ottiene dividendo questa differenza per l'area del piano che passa per il centro di gravità del galleggiamento primitivo, ed è a questo inclinato di un angolo eguale alla deviazione del bastimento dalla posizione di equilibrio.

8ª Proposizione. — Delle due unghie diseguali considerate testè il momento risultante non potrà essere preso come il numeratore dell'espressione dell'altezza metacentrica, se non facendovi una correzione; la quale consisterà nell'aggiungere o togliere dal momento stesso quello dello strato che rappresenta la differenza di volume delle due unghie, rispetto al piano verticale che passa per l'asse di simmetria del galleggiamento primitivo.

La dimostrazione può esser fatta come nella Proposizione della pag. 87 riferendo però i momenti anzichè al piano verticale che passa per l'intersezione a cui corrispondono le due unghie equivalenti, a quello condotto per la retta che dà le due unghie diseguali, la quale nella figura della pagina precedente è l'asse di simmetria del galleggiamento primitivo. Quindi la correzione da farsi subire alla somma dei momenti delle due unghie diseguali è solo quella del momento dello strato $F_1 L_1 Z Z'$ rispetto al piano verticale che passa per I. Questo momento dovrà essere tolto, se il centro di gravità dello strato si troverà dalla parte dell'unghia maggiore, e dovrà aggiungersi se lo stesso centro sarà dalla parte dell'unghia minore.

9ª Proposizione. — Il momento dello strato $Z' Z L_1 F_1$ della figura precedente rispetto al piano verticale che passa per I è dato da:

$$h \cdot \frac{\alpha}{2} \left\{ \Sigma l^{(m)2} - \Sigma \lambda^{(m)2} \right\},$$

oppure con maggiore approssimazione, se n sia pari, da:

$$h \cdot \frac{1}{3} \cdot \frac{\alpha}{2} \left\{ 1 l^{(m)2} + 4 l_1^{(m)2} + 2 l_2^{(m)2} + 4 l_3^{(m)2} + \ldots \right.$$

$$\ldots + 1 l_n^{(m)2} - 1 \lambda^{(m)2} - 4 \lambda_1^{(m)2} - 2 \lambda_2^{(m)2} - 4 \lambda_3^{(m)2} \ldots - 1 \lambda_n^{(m)2} \left. \right\}.$$

In queste espressioni h rappresenta l'altezza dello strato, α vi ha il solito significato, $l^{(m)}$, $l_1^{(m)}$, $l_2^{(m)}$, $l_3^{(m)}$, $\ldots$ $l_n^{(m)}$ indicano le lunghezze delle traccie delle ordinate sul piano ZZ' a partire dall'asse che passa per I e da una parte di quest'asse, $\lambda^{(m)}$, $\lambda_1^{(m)}$, $\lambda_2^{(m)}$, $\lambda_3^{(m)}$, $\ldots$ $\lambda_n^{(m)}$, le corrispondenti lunghezze dall'altra parte dello stesso asse.

Sino a che si possa considerare cilindrico lo strato $Z'ZL_1F_1$, la distanza del suo centro di gravità dal piano verticale che passa per I si può ammettere eguale a quella del centro di gravità della sua base, la quale ci sarà data dalla differenza dei momenti delle due porzioni di superficie in cui è decomposto il piano ZZ' rispetto all'asse che passa per I, divisa per l'area di detto piano. Quei momenti secondo la 3ª Proposizione della pagina 26 sono dati respettivamente da:

$$\frac{\alpha}{2} \Sigma l^{(m)^2}, \quad \frac{\alpha}{2} \Sigma \lambda^{(m)^2},$$

perciò il momento cercato ottiensi con l'espressione:

$$\alpha \left\{ \Sigma l^{(m)} + \Sigma \lambda^{(m)} \right\} \cdot h \cdot \frac{\alpha}{2} \cdot \frac{\Sigma l^{(m)^2} - \Sigma \lambda^{(m)^2}}{\alpha \left(\Sigma l^{(m)} + \Sigma \lambda^{(m)} \right)} =$$

$$= h \cdot \frac{\alpha}{2} \left(\Sigma l^{(m)^2} - \Sigma \lambda^{(m)^2} \right).$$

Apportando le modificazioni richieste dal metodo di Simpson, se ne deduce la seconda delle formule enunciate nella Proposizione.

Rilevasi da quanto è stato dimostrato che per arrecare ai momenti delle due unghie la correzione richiesta dallo strato che ne rappresenta la differenza, si dovrà stabilire il quadro per il calcolo in modo che vi siano i quadrati delle larghezze corrispondenti al piano ZZ' da una parte e dall'altra dell'asse che passa per I.

10ª Proposizione. — Il momento risultante delle due unghie determinate dal piano inclinato dell'angolo θ al galleggiamento primitivo, condotto per il suo asse di simmetria, rispetto al piano verticale che passa per questo asse, è dato da:

$$\frac{\alpha\sigma}{3} \left\{ \begin{array}{l} \dfrac{l^3 \cos 0\sigma}{4} + \dfrac{l'^3 \cos 1\sigma}{2} + \dfrac{l''^3 \cos 2\sigma}{2} + \ldots + \dfrac{l.^{(m)^3} \cos m\sigma}{4} + \\[2mm] + \dfrac{l_1^3 \cos 0\sigma}{2} + l_1'^3 \cos 1\sigma + l_1''^3 \cos 2\sigma + \ldots + \dfrac{l_1^{(m)^3} \cos m\sigma}{2} + \\[2mm] + \dfrac{l_2^3 \cos 0\sigma}{2} + l_2'^3 \cos 1\sigma + l_2''^3 \cos 2\sigma + \ldots + \dfrac{l_2^{(m)^3} \cos m\sigma}{2} + \\[2mm] + \dfrac{l_3^3 \cos 0\sigma}{2} + l_3'^3 \cos 1\sigma + l_3''^3 \cos 2\sigma + \ldots + \dfrac{l_3^{(m)^3} \cos m\sigma}{2} + \\[2mm] + \ldots \ldots \ldots \ldots \ldots \ldots \ldots \ldots \ldots \ldots + \\[2mm] + \dfrac{l_n^3 \cos 0\sigma}{4} + \dfrac{l_n'^3 \cos 1\sigma}{2} + \dfrac{l_n''^3 \cos 2\sigma}{2} + \ldots + \dfrac{l_n^{(m)^3} \cos m\sigma}{4} \end{array} \right\} +$$

$$+ \frac{\sigma\alpha}{3} \left\{ \begin{array}{l} \dfrac{\lambda^3 \cos 0\sigma}{4} + \dfrac{\lambda'^3 \cos 1\sigma}{2} + \dfrac{\lambda''^3 \cos 2\sigma}{2} + \cdot\cdot + \dfrac{\lambda^{(m)3} \cos m\sigma}{4} + \\[2mm] + \dfrac{\lambda_1{}^3 \cos 0\sigma}{2} + \lambda_1{}'^3 \cos 1\sigma + \lambda_1{}''^3 \cos 2\sigma + \cdot\cdot + \dfrac{\lambda_1{}^{(m)3} \cos m\sigma}{2} + \\[2mm] + \dfrac{\lambda_2{}^3 \cos 0\sigma}{2} + \lambda_2{}'^3 \cos 1\sigma + \lambda_2{}''^3 \cos 2\sigma + \cdot\cdot + \dfrac{\lambda_2{}^{(m)3} \cos m\sigma}{2} + \\[2mm] + \dfrac{\lambda_3{}^3 \cos 0\sigma}{2} + \lambda_3{}'^3 \cos 1\sigma + \lambda_3{}''^3 \cos 2\sigma + \cdot\cdot + \dfrac{\lambda_3{}^{(m)3} \cos m\sigma}{2} + \\[2mm] + \cdot\cdot\cdot\cdot\cdot\cdot\cdot\cdot\cdot\cdot\cdot\cdot\cdot\cdot\cdot\cdot\cdot + \\[2mm] + \dfrac{\lambda_n{}^3 \cos 0\sigma}{4} + \dfrac{\lambda_n{}'^3 \cos 1\sigma}{2} + \dfrac{\lambda_n{}''^3 \cos 2\sigma}{2} + \cdot\cdot + \dfrac{\lambda_n{}^{(m)3} \cos m\sigma}{4} \end{array} \right\}$$

Lo stesso momento è dato con maggiore approssimazione da:

$$\frac{\alpha\sigma}{27} \left| \begin{array}{l} + 1 \left(l^3 \cos 0\sigma + 4l'^3 \cos 1\sigma + 2l''^3 \cos 2\sigma + \cdot\cdot + l^{(m)3} \cos m\sigma \right) + \\[1mm] + 4 \left(l_1{}^3 \cos 0\sigma + 4l_1{}'^3 \cos 1\sigma + 2l_1{}''^3 \cos 2\sigma + \cdot + l_1{}^{(m)3} \cos m\sigma \right) + \\[1mm] + 2 \left(l_2{}^3 \cos 0\sigma + 4l_2{}'^3 \cos 1\sigma + 2l_2{}''^3 \cos 2\sigma + \cdot + l_2{}^{(m)3} \cos m\sigma \right) + \\[1mm] + 4 \left(l_3{}^3 \cos 0\sigma + 4l_3{}'^3 \cos 1\sigma + 2l_3{}''^3 \cos 2\sigma + \cdot + l_3{}^{(m)3} \cos m\sigma \right) + \\[1mm] + \cdot\cdot\cdot\cdot\cdot\cdot\cdot\cdot\cdot\cdot\cdot\cdot\cdot\cdot\cdot\cdot + \\[1mm] + 1 \left(l_n{}^3 \cos 0\sigma + 4l_n{}'^3 \cos 1\sigma + 2l_n{}''^3 \cos 2\sigma + \cdot + l_n{}^{(m)3} \cos m\sigma \right) + \\[1mm] + 1 \left(\lambda^3 \cos 0\sigma + 4\lambda'^3 \cos 1\sigma + 2\lambda''^3 \cos 2\sigma + \cdot + \lambda^{(m)3} \cos m\sigma \right) + \\[1mm] + 4 \left(\lambda_1{}^3 \cos 0\sigma + 4\lambda_1{}'^3 \cos 1\sigma + 2\lambda_1{}''^3 \cos 2\sigma + \cdot + \lambda_1{}^{(m)3} \cos m\sigma \right) + \\[1mm] + 2 \left(\lambda_2{}^3 \cos 0\sigma + 4\lambda_2{}'^3 \cos 1\sigma + 2\lambda_2{}''^3 \cos 2\sigma + \cdot + \lambda_2{}^{(m)3} \cos m\sigma \right) + \\[1mm] + 4 \left(\lambda_3{}^3 \cos 0\sigma + 4\lambda_3{}'^3 \cos 1\sigma + 2\lambda_3{}''^3 \cos 2\sigma + \cdot + \lambda_3{}^{(m)3} \cos m\sigma \right) + \\[1mm] + \cdot\cdot\cdot\cdot\cdot\cdot\cdot\cdot\cdot\cdot\cdot\cdot\cdot\cdot\cdot\cdot + \\[1mm] + 1 \left(\lambda_n{}^3 \cos 0\sigma + 4\lambda_n{}'^3 \cos 1\sigma + 2\lambda_n{}''^3 \cos 2\sigma + \cdot + \lambda_n{}^{(m)3} \cos m\sigma \right) \end{array} \right|$$

In queste espressioni del momento è supposto che l'angolo d'inclinazione θ sia stato diviso in m parti eguali a σ, e che si siano adottate le lettere l e λ per rappresentare le lunghezze delle intersezioni prodotte dai piani delle ordinate del bastimento sui piani convergenti che limitano e suddividono l'angolo diedro delle unghie; la prima lettera per la lunghezza delle dette intersezioni misurate a dritta dell'asse che passa per I; la seconda per le lunghezze delle intersezioni che sono a sinistra dell'asse stesso. Inoltre nelle due espressioni di cui si tratta è supposto che gl'indici aggiunti alle lettere l e λ servano a distinguere le sezioni trasversali a cui appartengono le misure da esse rappresentate, e gli apici in esse poste indichino invece i piani convergenti ai quali le misure stesse corrispondono.

Ciò premesso risulta chiaro che l'enunciato di questa Proposizione è una immediata conseguenza delle formule: $\alpha \Sigma M$,

$$\frac{1}{3} \alpha \left\{ 1M' + 4M_1' + 2M'_2 + 4M'_3 + \ldots + 1M'_n \right\},$$

trovate colla 6ª Proposizione a pag. 31, sostituendo agli M ed agli M' le espressioni analoghe corrispondenti a quelle trovate con la 4ª Proposizione a pag. 27, purchè si ammettano le stesse ipotesi, che sono tanto più prossime al vero quanto più piccole sono le quantità σ ed α.

È altresì evidente che il volume di una delle due unghie considerate nella precedente Proposizione è dato dall'una, o dall'altra delle seguenti espressioni:

$$\frac{\alpha\sigma}{2} \left\{ \begin{array}{l} \dfrac{l^2}{4} + \dfrac{l'^2}{2} + \dfrac{l''^2}{2} + \dfrac{l'''^2}{2} + \dfrac{l''''^2}{2} + \ldots + \dfrac{l^{(m)2}}{4} + \\[2mm] + \dfrac{l_1^2}{2} + l_1'^2 + l_1''^2 + l_1'''^2 + l_1''''^2 + \ldots + \dfrac{l_1^{(m)2}}{2} + \\[2mm] + \dfrac{l_2^2}{2} + l_2'^2 + l_2''^2 + l_2'''^2 + l_2''''^2 + \ldots + \dfrac{l_2^{(m)2}}{2} + \\[2mm] + \dfrac{l_3^2}{2} + l_3'^2 + l_3''^2 + l_3'''^2 + l_3''''^2 + \ldots + \dfrac{l_3^{(m)2}}{2} + \\[2mm] + \ldots\ldots\ldots\ldots\ldots\ldots\ldots\ldots\ldots\ldots\ldots + \\[2mm] + \dfrac{l_n^2}{4} + \dfrac{l_n'^2}{2} + \dfrac{l_n''^2}{2} + \dfrac{l_n'''^2}{2} + \dfrac{l_n''''^2}{2} + \ldots + \dfrac{l_n^{(m)2}}{4} \end{array} \right\};$$

$$\frac{\alpha\sigma}{18} \left\{ \begin{array}{l} 1\,(1l^2 + 4l'^2 + 2l''^2 + 4l'''^2 + 2l''''^2 + \ldots + 1\,l^{(m)})^2 + \\[2mm] + 4\,(1l_1^2 + 4l_1'^2 + 2l_1''^2 + 4l_1'''^2 + 2l_1''''^2 + \ldots + 1\,l_1^{(m)})^2 + \\[2mm] + 2\,(1l_2^2 + 4l_2'^2 + 2l_2''^2 + 4l_2'''^2 + 2l_2''''^2 + \ldots + 1\,l_2^{(m)})^2 + \\[2mm] + 4\,(1l_3^2 + 4l_3'^2 + 2l_3''^2 + 4l_3'''^2 + 2l_3''''^2 + \ldots + 1\,l_3^{(m)})^2 + \\[2mm] + \ldots\ldots\ldots\ldots\ldots\ldots\ldots\ldots\ldots\ldots\ldots + \\[2mm] + 1\,(1l_n^2 + 4l_n'^2 + 2l_n''^2 + 4l_n'''^2 + 2l_n''''^2 + \ldots + 1\,l_n^{(m)})^2 \end{array} \right.$$

Infatti basta sostituire nelle espressioni generali del volume di un solido qualunque trovate col Corollario della pag. 18, i valori delle aree C, dati in questo caso dalla 3ª Proposizione della pag. 13.

Per il volume dell'altra unghia si avrebbero espressioni analoghe alle precedenti formate con i λ anzichè con gli *l*.

Da quanto abbiamo detto sin qui risulta la specie dei calcoli da eseguirsi per ottenere il valore di ρ relativo ad un'inclinazione qualunque nel senso trasversale superiore a quella di 12 o 15 gradi, per la quale ultima inclinazione nei bastimenti ordinari si può conservare il valore dell'altezza metacentrica iniziale; ne emerge ancora la somma opportunità di disporsi appositi quadri per la esecuzione ordinata e sicura delle diverse operazioni numeriche necessarie. Dovremo quindi presentare tali quadri sotto le forme diverse che debbono avere secondo che si faccia uso delle espressioni relative al metodo di Bezout, oppure di quelle fondate sul metodo di Simpson.

Noi ci limiteremo a mostrare i quadri della seconda specie, perchè sono molto adottati per la maggiore approssimazione a cui conducono. Ci è d'uopo però premettere qualche osservazione circa il modo di rilevare dal piano di costruzione le misure tutte che debbono entrare in detti quadri.

Il numero dei piani longitudinali convergenti da condursi per dividere in parti eguali l'angolo diedro delle due unghie non equivalenti deve essere in relazione coll'ampiezza dell'angolo di deviazione che si considera, e colle forme del bastimento; in generale è sufficiente che l'angolo dei successivi piani convergenti sia di circa 8 gradi, in guisa che se si tratti di angoli di deviazione da 15 a 20 gradi, può bastare nei bastimenti ordinari un solo piano convergente compreso tra i due estremi. Là dove le forme del bastimento cambiano bruscamente, conviene farvi corrispondere uno dei piani inclinati all'orizzonte e scegliere poi un angolo di divisione che sia un esatto sotto-multiplo dell'angolo diedro formato da quel piano con quello del galleggiamento primitivo; quindi è che si ha l'abitudine di farne passare uno per l'orlo, o per il ponte superiore, sulla ordinata maestra. Però per ridurre in certo modo l'errore che si commette nell'adottare per simili parti le formule introdotte, conviene condurre nelle loro vicinanze piani intermediarî a quelli equidistanti tra di loro.

Se vi siano delle rientrate o delle sporgenze nelle murate del bastimento, è d'uopo fare il calcolo per l'altezza metacentrica come se i contorni delle murate fossero continui, ed apportarvi poi correzione coll'aggiungere o togliere dal numeratore della formula per l'altezza metacentrica i momenti delle parti sporgenti o delle parti rientranti.

Bisogna inoltre che sul piano di costruzione le traccie di ciascun piano inclinato al galleggiamento primitivo siano delineate due volte simmetricamente all'asse verticale del piano trasversale, onde poter prendere per ciascuna ordinata e per ogni piano inclinato due larghezze; e ciò per il noto fatto che nel piano trasversale sono segnate solo le metà di tutte le ordinate. Così per avere le larghezze relative all'unghia d'immersione si prenderanno sulle ordinate tanto di prora quanto di poppa, le lunghezze delle traccie dei piani condotti, le quali sono al disopra del galleggiamento primitivo; per l'unghia di emersione si prenderanno invece le lunghezze delle traccie che sono al disotto dello stesso galleggiamento.

Alla fine di questa Prima Parte i Quadri N.° 4 mostrano il tipo di quelli da adottarsi per la valutazione delle altezze metacentriche qualunque. È facile comprendere come, volendoli disporre per l'applicazione del metodo di Bezout, si dovrebbero ommettere le colonne e le file contenenti i fattori di Simpson ed i corrispondenti prodotti, ed è altresì facile comprendere le altre lievi modificazioni che vi si dovrebbero arrecare.

I predetti Quadri richiedono ulteriori schiarimenti.

Ci è d'uopo notare che i due primi di essi debbono intendersi estesi a tutti gli angoli multipli pari di σ sino all'angolo θ, mentre il terzo, il quale dà una traccia delle operazioni diverse da eseguirsi, ha forma completa.

Qualora dai due primi quadri completati si volessero ricavare le altezze metacentriche trasversali corrispondenti ad angoli inferiori a θ, ma sempre multipli pari di σ, non si dovrebbe fare altro che cambiare convenientemente i fattori, sia per i volumi che per i momenti, in dipendenza del numero d'ordine dei diversi piani convergenti i quali, col galleggiamento primitivo, entrerebbero nel relativo calcolo.

Per i valori dell'altezza metacentrica corrispondenti ad angoli multipli dispari di σ si potrebbe adottare il metodo di Bezout servendosi delle colonne dei Quadri contenenti i semplici valori delle prime, delle seconde e delle terze potenze degli l e dei λ, modificandoli convenientemente e tenendo conto dei fattori finali relativi al metodo di Bezout, i quali risultano dalle Proposizioni dimostrate.

Nel calcolare le altezze metacentriche corrispondenti ai diversi angoli d'inclinazione, essendo sempre necessario fare la correzione dello strato che rappresenta la differenza di volume delle due unghie, nei Quadri dei calcoli sono stati riportati per tutti i piani convergenti i prodotti delle relative larghezze e dei loro quadrati per i fattori di Simpson, poichè delle loro somme si deve tener conto nel determinare tale correzione.

Qualora l'altezza di alcuno di questi strati risultasse, a giudizio del calcolatore, troppo grande, allora non si potrebbe considerare cilindrica la forma di esso, e molto meno si potrebbe assumere per la distanza del suo centro di gravità dal piano dei momenti quella del centro di gravità della sua base dallo stesso piano. Per ottenere quindi una maggiore approssimazione, almeno da quest'ultimo lato, conviene procedere nel seguente modo; 1° condurre nel piano trasversale la traccia del galleggiamento parallelo al piano inclinato che passa per l'asse longitudinale del galleggiamento primitivo e determinato col metodo precedentemente indicato; 2° determinare la posizione del centro di gravità di tale galleggiamento in modo analogo a quello fatto per il piano ad esso parallelo condotto per l'asse longitudinale del galleggiamento primitivo; 3° segnare nel piano trasversale la posizione del centro di gravità dell'uno e dell'altro piano, riunendo i punti così ottenuti con una retta; 4° dividere per metà questa retta e misurare la distanza del punto di divisione dal piano dei momenti; 5° finalmente prendere tale distanza come quella del centro di gravità dello strato dallo stesso piano.

Oltre la correzione del momento dello strato eguale alla differenza dei volumi delle due unghie non equivalenti, che ai momenti di queste si fa subire, è necessario spesso di arrecarvi altre modificazioni. Alcune possono essere richieste dalle circostanze indicate a pag. 98, altre dalle sporgenze della ruota di prora e del dritto di poppa dalle perpendicolari estreme, alle quali si arrestano i calcoli eseguiti col mezzo dei Quadri riportati. Di ciascuna di queste sporgenze si dovranno determinare, in quel modo che si crederà migliore, e il volume e la posizione del centro di gravità considerandole come masse omogenee. Lo stesso dicasi per le parti rientranti. Misurate le distanze dei centri di gravità delle une e delle altre dal piano verticale che passa per l'asse di simmetria del galleggiamento primitivo, si do-

vranno fare i loro momenti e modificare in conseguenza quelli delle
due unghie non equivalenti prima di arrecarvi la correzione del momento dello strato, che rappresenta la differenza dei loro volumi. Si
dovrà altresì tener conto delle modificazioni che nell'altezza di questo
strato, nell'area del suo piano-base, che passa per l'asse di simmetria
del galleggiamento primitivo, e nella posizione del suo centro di gravità si debbono arrecare per effetto delle sporgenze della ruota di
prora e del dritto di poppa.

Allorchè tutte le necessarie modificazioni nei momenti delle unghie
non equivalenti siano state eseguite, il risultato finale si dovrà pren-
dere come numeratore della nota formula: $\rho = \dfrac{v.\delta}{V\,sen\,\theta}$, e così si otterrà il valore dell'altezza metacentrica per l'angolo d'inclinazione qualunque che si considera.

La forma complicata sotto la quale si presentano le espressioni delle
altezze metacentriche per inclinazioni qualunque, e le diverse correzioni da arrecare ai resultati dei loro calcoli per avvicinarsi quanto
più si può al vero, non ci permettono di discutere le formule stesse.
Solo siamo in grado di poter stabilire che sui risultati finali esercitano
grande azione non solo la grandezza e la forma del galleggiamento
primitivo, ma ben anche la grandezza e la forma del bagnasciuga.

Ora che abbiamo appreso a valutare ρ in tutt'i casi possibili, per
giudicare se sia sempre soddisfatta l'importantissima condizione ricavata colla Proposizione della pagina 74 cioè di essere $\rho > a$, ci rimane
a vedere come si determini a. Questa quantità potrebbe essere nota
quando si conoscesse la posizione del centro di gravità del bastimento
rispetto allo stesso piano dal quale si conta l'ordinata del centro di
carena, poichè basterebbe fare la differenza di tali distanze. Ma per
determinare quella posizione bisognerebbe immaginare diviso il bastimento in più strati orizzontali, e di ognuno di questi si dovrebbe
conoscere con sufficiente esattezza il peso, non chè la posizione del
centro di gravità per poter poi ricorrere al teorema dei momenti.

Per poco però che si rifletta alla molteplicità delle parti che compongono un bastimento, alle forme diverse che esse hanno, alla ete-
rogeneità dei materiali di cui sono formate, facilmente si comprende
come lungo e difficile sarebbe il seguire quella via, e più di ogni
altra cosa facile sarebbe incorrere in inesattezze. Quindi è che ordi-

nariamente la posizione del centro di gravità di un bastimento, di cui si fa il disegno, si assume approssimativamente rilevandola da bastimenti già costruiti, analoghi per grandezza, per forme e per disposizione di pesi a quello del quale trattasi. Si conta poi su di un processo, del quale si può disporre, per determinare tale posizione con esattezza quando il bastimento sarà costruito e completamente ultimato, avendo cura di riservarsi un qualche mezzo onde poter correggere tale posizione quando sia necessario.

CAPITOLO IV.

ESPERIENZA DI STABILITÀ. — INSUFFICIENZA DI STABILITÀ.
MODO DI RIMEDIARVI.
TRASPORTO ED AGGIUNZIONE DI PESI A BORDO.

Il processo accennato sulla fine del precedente Capitolo consiste: nel disporre perfettamente dritto il bastimento in un bacino o darsena, in giorno di calma di vento e di mare, assicurando i pesi mobili, togliendo l'acqua dalla sentina e lasciando fermo l'equipaggio nel proprio posto; nel fare scorrere poscia un determinato peso, del quale sia stata assegnata la posizione del centro di gravità, dal piano diametrale ad una certa distanza da esso, o da una murata all'altra; finalmente nel rilevare la misura dell'inclinazione presa dal bastimento stesso. Questa misura, la quale richiede molta esattezza di procedimento e deve essere rilevata quando il bastimento è fermo del tutto, può essere ottenuta in tre modi differenti: 1° colla lettura dell'angolo dato da un filo a piombo che scorra su di un arco graduato, all'uopo preparato; 2° col mezzo del seno ricavato da un triangolo rettangolo che abbia per cateto una porzione di asse verticale tracciato su di un puntello del bastimento e per ipotenusa un filo a piombo di nota lunghezza; 3° finalmente, ed in modo eccezionale, col mezzo della tangente dedotta da un triangolo rettangolo che abbia per cateti la semi-larghezza del galleggiamento e la porzione di cui s'immerge il contorno dell'ordinata maestra, sempre che questo sia perpendicolare al galleggiamento primitivo.

Sarà però opportuno rilevare l'inclinazione del bastimento in più punti, almeno in due, e fare la media dei valori ottenuti; e ciò in ciascun esperimento. Sarà altresì utile ripetere l'esperimento più volte, trasportando per esempio prima una metà e quindi il totale del peso appositamente destinato da un lato all'altro del bastimento ed anche in senso inverso, e dei risultati ai quali si perviene, in virtù della seguente Proposizione, prendere la media.

1ª PROPOSIZIONE. — Se si faccia scorrere un peso p del bastimento in senso trasversale, in modo che il centro di gravità percorra una distanza orizzontale d ed il bastimento prenda un'inclinazione θ, la distanza a tra il centro di gravità ed il centro di carena sarà data da:

$$\rho - \frac{pd}{P \, sen \, \theta},$$

dove ρ rappresenta l'altezza metacentrica relativa a quell'inclinazione e P indica il peso del bastimento.

Si supponga che G indichi la posizione primitiva del centro di gravità del bastimento, e G' quella nella quale si cambierà quando il bastimento sarà stato inclinato.

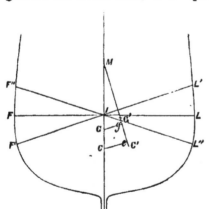

Egli è chiaro che se da G si abbassi la Gg perpendicolare alla retta che passando per G' rappresenta la verticale dopo l'inclinazione, è chiaro diciamo, che la Gg misura la distanza orizzontale alla quale si è trasportato il centro di gravità del bastimento.

Ora indicando con P' la somma di tutt'i pesi che insieme a quello parziale p costituiscono il totale P, con X' la distanza del loro centro di gravità dal piano il quale passando per G è verticale dopo l'inclinazione del bastimento, con h la distanza di p dallo stesso piano, si avrà per i momenti dei pesi prima della inclinazione: $0 = ph + P'.X'$.

Chiamando X la distanza Gg dal detto piano dei momenti si avrà ancora: $PX = p(h+d) + P'X'$. Facendo la differenza delle due espressioni trovate si ha: $PX = pd$, e perciò $X = \dfrac{pd}{P}$.

Rilevasi da ciò che la quantità di cui si sposta il centro di gravità del bastimento per il trasporto di un suo peso parziale, è data dal prodotto di questo peso per la distanza orizzontale a cui esso è portato, diviso per il dislocamento della carena.

E si noti che la distanza orizzontale *d* non è quella di cui ha scorso il peso lungo un piano che dapprima era orizzontale, ma bensì è eguale al prodotto di questa distanza per *cos θ*.

Allorchè il peso *p* è trasportato, il centro di gravità del bastimento non trovandosi più sulla stessa verticale del centro di carena primitivo, cesserà l'equilibrio, il bastimento ruoterà, il centro di carena cambierà di posizione, e la rotazione avrà solo termine quando il centro di gravità ed il centro di carena si troveranno su di una nuova verticale.

Allorchè ciò sarà avvenuto le due rette che rappresentano la verticale primitiva e quella corrispondente al bastimento inclinato, si taglieranno in un punto che secondo le denominazioni adottate, è il metacentro corrispondente all'inclinazione presa dal bastimento. Quindi conducendo in figura per *C* l'orizzontale *Cc*, il triangolo *CcM* darà:

$$Gg : Cc :: GM : CM ; \quad (1)$$

Questa proporzione esprime la condizione che il movimento rotatorio del bastimento abbia cessato. Quanto alla *Cc* chiamando *v* il volume tanto dell'unghia immersa quanto di quella emersasi colla inclinazione, e *δ* la distanza tra le verticali che passano per il centro di gravità dell'una e dell'altra, si avrà, (considerando che trattasi di un trasporto di pesi) $Cc = \dfrac{\omega v . \delta}{\omega V} = \dfrac{v\delta}{V}$.

Ora il punto *M* non essendo che il metacentro, le rette *GM*, *CM* hanno per misura $\rho - a$ e ρ; sostituendo quindi questi valori nella proporzione (1) insieme a quelli trovati per *Gg* e *Cc* si avrà:

$$\frac{pd}{P} : \frac{v\delta}{V} :: \rho - a : \rho ;$$

ma $\dfrac{v\delta}{V}$, come è noto, equivale al prodotto di *ρ* per *sen θ*, quindi dall'ultima proporzione si ricava: $a = \rho - \dfrac{pd}{P \, sen \, \theta}$.   C. S. D. D.

Questa formula va modificata, ove occorra, per tener conto dei pesi estranei al bastimento che si trovano a bordo allorchè si fa l'esperimento, di quelli che mancano al suo completo armamento o di quelli che non sono al loro posto.

Siccome nel paragonare il ρ all'a viene a determinarsi se vi sia stabilità per quegli angoli d'inclinazione di cui si considera l'altezza metacentrica, così l'esperienza della quale ci siamo occupati ha avuto il nome di *Esperienza di stabilità*.

Ai tempi del Borda, sul finire del secolo passato, allorchè i bastimenti della marina da guerra avevano tipi, armamenti e disposizioni determinate ed esperimentate, fu da quell'ingegnere, il primo a ricorrere all'esperienza di stabilità, proposta una regola che porta il suo nome, colla quale si giudicava della stabilità di uno di quei bastimenti senza ricavare separatamente i valori dell'altezza metacentrica trasversale e della quantità *a* per farne il confronto. Tale regola fu da lui formulata nel seguente modo:

« Ponete sulla dritta del bastimento tanti uomini per quanti de-
« cimetri ha la lunghezza del baglio maestro e notate il punto *L'* su
« cui si ferma il livello dell'acqua (vedi figura della pag. 103), fate
« passare gli stessi uomini a sinistra e segnate similmente il punto
« *L''*; se la lunghezza *L'L''* è compresa tra 15 e 25 centimetri la
« stabilità è buona. »

Evidentemente questa regola, la quale ha limiti poco discosti tra loro, non poteva valere che per bastimenti poco differenti nelle forme, nelle dimensioni e nella disposizione dei pesi, quali erano quelli della marina da guerra a vela, per i quali il Borda l'aveva dettata; che anzi per quelli affatto simili conduceva a valore di $\rho - a$ costante. Infatti considerando il triangolo *LIL'* e reputandolo rettangolo in *L*, come d'ordinario avviene, si avrà:

$$tang\ \theta = \frac{1}{2} L'L'' : \frac{1}{2} l = L'L'' : l\ ,$$

dove *l* è la larghezza massima del galleggiamento; quindi l'equazione che si ricava dalla pagina precedente, cioè: $\rho - a = \dfrac{pd}{P\ sen\ \theta}$, si cambia nell'altra: $\rho - a = \dfrac{pdl}{P \times L'L''}$, essendo generalmente il θ

così piccolo da potersi sostituire *tang* θ a *sen* θ. Ora, secondo l'enunciato della regola, le quantità *p* e *d* debbono essere proporzionali ad *l*, quindi il prodotto *pdl* è sempre proporzionale al cubo di *l*. Se inoltre si supponga che i bastimenti siano simili tra loro, anche il *P* è proporzionale al cubo di *l*, e perciò il rapporto $\dfrac{pdl}{P}$ rimane costante, come pure l'altro $\dfrac{p.d.l}{P \times L'L''}$, essendochè *L'L''*, giusto quanto è stato enunciato, è pressochè costante.

Evidentemente questa regola non era più applicabile ai bastimenti costruiti in epoca posteriore al Borda, molto spesso differenti nelle dimensioni e nelle forme da quelli dei suoi tempi, e per lo meno si dovè ricorrere alla determinazione del valore di *a*, per paragonarlo con quello dell'altezza metacentrica iniziale.

Sino a che le forme, le dimensioni e le disposizioni interne dei bastimenti non differivano grandemente da quanto una lunga esperienza aveva tracciato, si contentavano gl'ingegneri di assicurarsi che la condizione di stabilità esistesse per le piccole inclinazioni, ed in quella misura indicata dai risultati di bastimenti già esperimentati e dello stesso tipo di quello del quale si trattava. Ma ai nostri giorni i cambiamenti avvenuti nella marina da guerra, sia nei mezzi di combattimento, sia in quelli di difesa; alcune circostanze speciali relative alla forza motrice e considerazioni di altro genere avendo condotti alla costruzione di bastimenti con forme, dimensioni e disposizioni differenti da quelle sulle quali si era avuto occasione di fare una più o meno lunga esperienza, gl'ingegneri hanno ravvisato opportuno di esaminare le condizioni di stabilità dei bastimenti che essi propongono, sia per le inclinazioni piccole, sia per quelle di qualunque grandezza che possono prendere. Tali ricerche sono fatte unicamente per i bastimenti da guerra e per quelli di altre specie, in ciascuno dei quali la natura e la disposizione dei pesi rimangono pressochè costanti.

Ad ogni modo il paragone tra *p* ed *a* importa che sia esteso (almeno per le piccole inclinazioni) al caso in cui il bastimento sia scarico. La determinazione di *r*, quando sia noto il galleggiamento corrispondente al nuovo dislocamento della nave, è semplice quanto quella di *r* relativo al pieno carico; il nuovo valore di *a* non richiede altra esperienza oltre quella già fatta sul bastimento col pieno carico, poichè è facile determinare col mezzo del teorema dei momenti la nuova posizione del centro di gravità tenendo conto dei pesi tolti e della posizione che essi occupavano, ed è facile altresì ricavare la posizione del nuovo centro di carena; il tutto come avremo occasione di mostrare in seguito in modo più particolareggiato. L'altezza dell'uno e dell'altro centro essendo note, è semplice dedurne il nuovo valore di *a*.

Insufficienza di stabilità e modo di rimediarvi. — Può avvenire che l'esperienza di stabilità faccia conoscere una insufficienza nella stabilità, o meglio un difetto nella differenza che deve esistere tra *p* ed *a*, secondo il tipo del bastimento, la quale verrà stabilita da considerazioni che avremo occasione di svolgere nella seconda Parte di queste lezioni.

A tale insufficienza può apportarsi rimedio nei diversi modi seguenti:

1° Abbassando una parte dei pesi che sono a bordo;

2° Diminuendo i pesi posti in alto;

3° Aumentando la zavorra;

4° Cambiando la densità della zavorra;

5° Aggiungendo un contro fasciame esterno o controbordo;

6° Diminuendo la velatura.

Il primo mezzo consiste nell'abbassare i pesi che non sono tanto bassi quanto potrebbero esserlo. Il vantaggio che se ne ricava, consistente nella diminuzione del valore di *a*, riposa sulla seguente:

2ª PROPOSIZIONE. — Se si abbassi un peso *p*, collocato a bordo, di un'altezza *h* lungo la verticale, il centro di gravità della nave si abbassa della quantità $\frac{ph}{P}$, essendo *P* il peso del bastimento.

La dimostrazione di quanto è enunciato si fa in modo analogo a quello seguito nella Proposizione della pag. 103.

1° COROLLARIO. — Se il peso *p* collocato a bordo venga alzato lungo la verticale di un'altezza *h*, il centro di gravità di tutt'i pesi si eleva della quantità $\frac{ph}{P}$.

Basta cambiare nella dimostrazione precedente *h* in — *h* per convincersi della verità dell'enunciato.

2° Corollario. — Se i pesi p, p', p'' p''', ... si spostino degli spazi respettivi h, h', h'', h''', ... tutti nella stessa direzione, il centro di gravità del bastimento si trasporta nella medesima direzione della quantità: $\dfrac{ph + p'h' + p''h'' + p'''h''' + \ldots}{P}$.

Il secondo mezzo per aumentare la stabilità consiste nel togliere i pesi di quelle parti elevate del bastimento, le quali non sono strettamente necessarie. Per apprezzare il vantaggio che se ne ottiene, supponendo pure che i pesi tolti si trovino sulla verticale che passa per il centro di gravità del galleggiamento primitivo, conviene distinguere due casi.

Il primo è quello nel quale la diminuzione che nel peso del bastimento si arreca sia così piccola da permettere di supporre il galleggiamento nuovo eguale a quello relativo al primitivo stato del bastimento.

Il secondo caso è quello nel quale la diminuzione di peso sia così importante da non permettere questa ipotesi.

Nel primo caso i risultati che si ottengono dalla remozione del peso rilevansi dalla seguente:

3ª Proposizione. — Togliendo da bordo un peso p posto nel piano diametrale e sulla verticale che passa per il centro di gravità del galleggiamento primitivo e al disopra di questo di un'altezza h, il momento di stabilità per un'inclinazione θ si accresce del termine $p\left(h + \dfrac{z}{2}\right) sen\,\theta$; rappresentando z l'altezza dello strato di emersione dovuto all'alleggerimento di peso.

Il bastimento s'immergerà parallelamente al galleggiamento primitivo, poichè per l'ipotesi ammessa il centro di gravità del peso tolto e quello dello strato di emersione trovansi sulla stessa verticale.

Si rappresentino ora con r' ed a' le distanze del nuovo metacentro e del nuovo centro di gravità dal centro di carena corrispondente al bastimento alleggerito, e con v s'indichi il volume dello strato di emersione. Evidentemente si ha per il nuovo momento di stabilità: $(P - p)(r' - a')\,sen\,\theta$ (1), mentre per l'altezza metacentrica si può assumere l'espressione:

$$r' = \frac{2}{3}\,\alpha\Sigma y^{(\mathrm{m})3} : (V - v),$$

conservando cioè la stessa somma dei cubi del galleggiamento primitivo, dappoichè questo per ipotesi è eguale a quello che il bastimento ha dopo la remozione del peso p. Dalla seconda espressione ricavasi $r' = \dfrac{Vr}{V-v}$ col sostituire Vr al numeratore $\dfrac{2}{3}\alpha\Sigma y^{(m)8}$ a cui è eguale, come deducesi facilmente dalla nota espressione di r. Moltiplicando per il peso specifico dell'acqua di mare il numeratore ed il denominatore del secondo membro si ha:

$$r' = \frac{\omega V . r}{\omega V - \omega v} = \frac{P.r}{P-p}.$$

Se si chiamino ora Z e Z' le respettive distanze del primitivo e del nuovo centro di carena dal primitivo galleggiamento, si avrà per il teorema dei momenti:

$$(P-p)\,Z' = PZ - p \cdot \frac{z}{2},$$

da cui ricavasi:

$$Z' = \left(PZ - p\,\frac{z}{2}\right) : (P - p).$$

Similmente, se s'indichino con H ed H' le respettive distanze del primitivo e del nuovo centro di gravità del sistema dallo stesso galleggiamento, si avrà $(P-p)\,H' = PH - p \times - h = PH + ph$, da cui ottiensi: $H' = \dfrac{PH + ph}{P - p}$. La differenza dei valori di Z' e di H', darà il valore di a'; per il quale si avrà:

$$a' = \frac{PZ - p\,\frac{z}{2} - PH - ph}{P - p} = \frac{P(Z-H) - p\left(\frac{z}{2} + h\right)}{P - p} =$$

$$= \frac{Pa - p\left(\frac{z}{2} + h\right)}{P - p}.$$

Evidentemente quest'espressione potrà cambiare di segno se sia: $Pa < p\left(h + \dfrac{z}{2}\right)$, ma allora l'$a'$, ossia la differenza tra $p\left(h + \dfrac{z}{2}\right)$ e Pa, deve aggiungersi ad r' invece che togliersi. Sostituendo nella espressione (1) i valori trovati per r' ed a' si ha per il nuovo momento di stabilità:

$$(P - p) \left\{ \frac{Pr}{P-p} - \frac{Pa - p\left(h + \frac{z}{2}\right)}{(P-p)} \right\} sen\, \theta =$$

$$= P\,(r - a)\, sen\, \theta + p\left(h + \frac{z}{2}\right) sen\, \theta. \quad \text{C. S. D. D.}$$

Da ciò che si è avuto occasione di dimostrare in questa Proposizione rilevasi, secondo quanto fu accennato a pag. 107, quale sia il procedimento da seguirsi per determinare il valore della distanza tra il centro di gravità del bastimento e quello di carena, quando avvenga un cambiamento non rilevante nel peso del sistema.

1° COROLLARIO. — Se il peso tolto fosse così posto che si avesse $h = -\frac{z}{2}$, cioè se esso si trovasse alla stessa altezza del centro di gravità dello strato emersosi, il momento di stabilità non varierebbe.

2° COROLLARIO. — Se il peso tolto si trovasse al disotto del centro di gravità dello strato emersosi, o se fosse h negativo e maggiore di $\frac{z}{2}$, il momento di stabilità diminuirebbe della quantità $p\left(h - \frac{z}{2}\right) sen\, \theta$.

Nel secondo dei due casi di sopra enumerati (pag. 108) importa prima di ogni altra cosa determinare il galleggiamento corrispondente al bastimento alleggerito. In ciò bisogna procedere per tentativi, servendosi della scala di solidità, o meglio della tabella (pag. 59) nella quale è notato il dislocamento per ogni centimetro d'immersione corrispondente alle diverse linee d'acqua. Si supponga che p' rappresenti il dislocamento dato da questa tabella per ogni centimetro d'immersione relativo al galleggiamento primitivo, evidentemente $\frac{p}{p'}$, rappresenta in modo approssimato il numero dei centimetri di emersione. Con questo dato si delinei sul piano di costruzione un nuovo galleggiamento parallelo al primitivo e si calcoli il dislocamento corrispondente ad esso per ogni centimetro d'immersione; si faccia la media, di questo dislocamento e di quello relativo al pieno carico e sia p'' il valore che si ottiene. Col nuovo numero di centimetri di emersione, dato da $\frac{p}{p''}$, si delinei un nuovo galleggiamento, il quale evidentemente si approssimerà più al vero.

Dei due galleggiamenti in tal modo determinati si dovranno ricavare i centri di gravità, che dovranno essere segnati sul piano longitudinale e riuniti tra loro. Infine sarà da misurarsi la distanza tra il punto di mezzo della congiungente ora detta (in cui si potrà intendere applicata la spinta dello strato d'emersione) ed il piano verticale che passa per il centro di gravità del galleggiamento primitivo, nel quale piano si è supposto trovarsi il peso tolto. Il prodotto di quest'ultimo per la misurata distanza condurrà a conoscere il vero galleggiamento inclinato al primitivo. A ciò si perverrà per un procedimento che indicheremo sul finire di questo Capitolo, e del quale si dovrà fare uso ancora nel caso in cui il peso tolto non si trovi sulla verticale che passa per il centro di gravità del galleggiamento primitivo.

La ottenuta determinazione del galleggiamento porge il mezzo di calcolare l'altezza metacentrica iniziale, e, qualora si desideri, anche quella per inclinazione qualsiasi.

Importa poscia di procedere alla determinazione del nuovo centro di gravità del bastimento, la cui posizione deducesi col procedimento seguito nella precedente Proposizione.

La conoscenza del galleggiamento corrispondente al bastimento diminuito di peso pone in grado di determinare anche l'ordinata del nuovo centro di carena; quindi questa e quella già ottenuta del centro di gravità, condurranno alla determinazione del nuovo valore della distanza tra centro di gravità e centro di carena, il qual valore potrà servire per esaminare il vantaggio che per la stabilità si ottiene, tanto per piccole, quanto per grandi inclinazioni.

È facile dedurre come quanto abbiamo detto per il caso di una diminuzione di pesi richiesta da condizioni di stabilità, si estenda anche alle ricerche che si debbono fare per studiare le condizioni di stabilità di un bastimento quando il suo carico, o in parte, o totalmente sia levato da bordo.

Il terzo modo di rimediare all'insufficienza di stabilità consiste nel collocare a bordo la zavorra, od aumentarla. Questa consiste, come si sa, in un determinato peso, posto nella parte inferiore della stiva, risultante da massi di ghisa, da ghiaia, da acqua od altro, il quale peso non forma parte del carico e serve a far raggiungere al bastimento la stabilità sufficiente, che non potrebbesi ottenere interamente nè colla stabilità di forma, nè con quella di peso dovuta unicamente allo scafo, al suo armamento ed al carico. La quantità di essa varia secondo la specie e la quantità del carico, come avviene nei bastimenti mercantili, oppure rimane pressochè costante nei bastimenti che per la loro natura non subiscono variazioni sensibili nella specie e nella quantità del carico, come sono quelli da guerra.

Per dedurre il vantaggio che ottiensi per la stabilità nell'impiegare il detto mezzo, il quale consiste infine nel collocare a bordo un dato peso al disotto del galleggiamento, devesi ripetere quanto è stato esposto per la diminuzione di peso, arrecandovi le lievi modificazioni richieste dalla specialità del caso.

Merita ora particolare menzione per gli effetti della stabilità il caso che ci proponiamo di considerare colla seguente Proposizione, nel quale la zavorra, od anche il carico stesso, siano formati di liquidi o di sostanze le cui parti siano scorrevoli, gli uni e le altre non riempiendo completamente le capacità nelle quali sono contenute.

4ª PROPOSIZIONE. — Se un bastimento contenga nella stiva delle sostanze sciolte di peso specifico ω', le quali si distendano da poppa a prora e da una murata all'altra, e si possa supporre cilindrica la

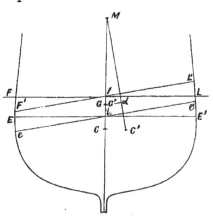

forma della carena per lo strato compreso tra la superficie di livello del mare e la superficie di quelle sostanze, il momento di stabilità per una inclinazione θ diminuisce della quantità $\omega'V\rho\,sen\,\theta$, avendo V e ρ il solito significato.

Rappresentanti FL il galleggiamento corrispondente alla posizione dritta del bastimento. Si supponga che questo s'inclini in modo che $F'L'$ indichi il nuovo galleggiamento. Cambierà ancora la superficie di livello del carico mobile, la quale da EE' passerà in ee' parallela alla superficie di livello del mare.

Ciò evidentemente equivarrà a togliere da una parte del bastimento il peso delle sostanze sciolte contenute nell'unghia Eie, e trasportarlo dall'altra parte. Mentre dunque il centro di carena sarà passato in C', il centro di gravità del bastimento sarà pervenuto in G'. Il braccio di leva della stabilità, quale si sarebbe avuto se il centro di gravità non si fosse spostato, viene così a diminuire di una quantità eguale allo spazio orizzontale percorso da quest'ultimo centro. Tale spazio, se si chiami v il volume di ciascuna delle due unghie Eie, $E'ie'$ e δ la distanza tra le due verticali che passano per i loro centri di gravità, sarà dato da: $\dfrac{\omega'.v\delta}{P}$. Il nuovo momento di stabilità sarà quindi:

$$P(\rho - a)\, sen\,\theta - P \cdot \frac{\omega'v\delta}{P} = P(\rho - a)\, sen\,\theta - \omega'v\delta.$$

Per l'ipotesi fatta circa la forma della carena tra i due piani FL, EE', si potrà sostituire a $v\delta$ il prodotto $V\rho\,sen\,\theta$ (Proposizione della pag. 76); si avrà così per il momento di stabilità:

$$P(\rho - a)\, sen\,\theta - \omega'\,V\rho\,sen\,\theta. \qquad \text{C. S. D. D.}$$

Scolio. — La formula della precedente Proposizione, allorchè siano noti i pesi specifici ω ed ω', servirà ad apprezzare le variazioni che avvengono nel momento di stabilità. Se l'ω' abbia tale rapporto all'ω, che il trasporto del centro di gravità del bastimento, dato da $\dfrac{\omega v'\delta}{P}$, stia a quello del centro di carena, dato da $\dfrac{\omega v\delta}{P}$, nel rapporto di $\rho - a$ a ρ, in modo cioè che il centro di gravità G' venga a trovarsi sulla verticale che passa per il centro di carena C', allora il bastimento passa in una nuova posizione di equilibrio, alla quale si arresta senza quindi ritornare alla primitiva posizione. Si produce così ciò che chiamasi l'*ingavonarsi* del bastimento. Se i suddetti pesi specifici stiano tra loro in un rapporto maggiore di quello di $\rho - a$ a ρ, allora il bastimento si rovescia.

Per attenuare o distruggere gli effetti sin quì descritti si pongono nell'interno del bastimento alcune paratie verticali longitudinali, le quali o si estendono per tutta l'altezza della stiva, oppure si arrestano a quella profondità in cui non hanno più luogo i movimenti della superficie superiore dei liquidi o dei carichi mobili nei limiti delle ordinarie inclinazioni.

In tal caso, i risultati della precedente Proposizione si modificano nel modo che può ricavarsi dalla seguente:

5ª Proposizione. — Se la capacità interna del galleggiante (che supporremo di forma parallelepipeda) sia divisa in 2*n* compartimenti longitudinali, estesi da poppa a prora, col mezzo di paratie longitudinali verticali equidistanti tra loro, e ciascuno di essi contenga liquidi o materie sciolte di peso specifico ω′ ad uno stesso livello, il momento di stabilità, per un' inclinazione θ qualunque, diminuisce della quantità:

$$\frac{\omega'}{(2n)^2} \times V\rho \, sen\, \theta \,.$$

Si consideri la sezione trasversale del galleggiante rappresentata in figura, nella quale *FL* indica il galleggiamento dritto, ed *F′L′* quello

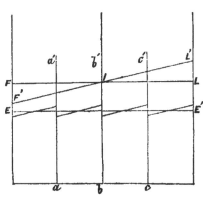

inclinato al primitivo dell'angolo θ; *aa′*, *bb′*, *cc′* vi rappresentano le paratie longitudinali. Egli è manifesto che in tutt'i compartimenti la sostanza contenutavi si dispone di livello; talchè quando il bastimento sarà inclinato vi saranno per ciascuno di essi unghie analoghe a quelle di emersione e d'immersione della carena, le quali daranno dei pesi spostati. Se si chiamino *v′*, *v″*, *v‴*, . . . i volumi di tali unghie e δ′, δ″, δ‴ . . . . le respettive distanze tra le verticali che passano per i centri di gravità di ciascuna coppia di unghie corrispondenti, lo spostamento di tutt'i pesi in direzione parallela alla superficie libera dell'acqua sarà dato, in virtù del 2° Corollario della pag. 108, da:

$$\frac{\omega'.v'\delta' + \omega'.v''\delta'' + \omega'v'''\delta''' + \dots }{P}. \qquad (1)$$

Questa quantità rappresenta di quanto il braccio di leva della stabilità sarà minore di quello che si sarebbe avuto senza lo spostamento del centro di gravità.

Per le ipotesi fatte, i volumi *v′*, *v″*, *v‴*, . . . , del pari che le distanze δ′, δ″, δ‴, sono tutti eguali tra loro, quindi l'espressione (1) equivale a: $2n \dfrac{\omega'v'\delta'}{P}$ (2). Inoltre i detti volumi sono quelli di prismi triangolari della medesima altezza, i quali hanno basi simili a quelle delle unghie d'immersione e di emersione della carena, il rapporto di similitudine dei lati essendo dato da $\frac{1}{2n} : 1$; quindi le loro aree ed i volumi corrispondenti staranno a quelli delle sudddette unghie nel rapporto di $\frac{1}{(2n)^2} : 1$. Le distanze δ', δ'', δ''', ... stanno anch'esse alla distanza δ dei centri di gravità di queste ultime nel rapporto di $\frac{1}{2n} : 1$; ne segue dunque che $v'\delta' : v\delta :: \frac{1}{(2n)^3} : 1$. Sostituendo il valore di $v'\delta'$ nella (2) se ne deduce:

$$2n \cdot \frac{\omega'v\delta}{(2n)^3 . P} = \frac{1}{(2n)^2} \cdot \frac{\omega'v\delta}{P}.$$

Il momento di stabilità sarà dato perciò da:

$$P(\rho - a)\,sen\,\theta - P \cdot \frac{1}{(2n)^2} \cdot \frac{\omega'v\delta}{P} = P(\rho - a)\,sen\,\theta - \frac{1}{(2n)^2} \cdot \omega'v\delta$$

oppure, sostituendo $V\rho\,sen\,\theta$ a $v\delta$, come nella precedente Proposizione, sarà dato da:

$$P(\rho - a)\,sen\,\theta - \frac{1}{(2n)^2}\,\omega'V\rho\,sen\,\theta. \qquad \text{C. S. D. D.}$$

Paragonando questa espressione coll'altra:

$$P(\rho - a)\,sen\,\theta - \omega' \cdot V\rho\,sen\,\theta,$$

della precedente Proposizione, si rileva come, nel caso di carichi formati da particelle scorrevoli, si abbia vantaggio nell'adottare le paratie longitudinali, vantaggio che cresce coll'aumentarne il numero $2n$.

Le ricerche fatte colle due ultime Proposizioni hanno un carattere approssimato per veri e propri bastimenti; esse non posson servire che come una traccia circa lo studio del soggetto; il quale, giova notarlo, ha molta importanza, sia per alcune specie di carichi, sia per i bastimenti che portano zavorra d'acqua, sia per le navi di ferro divise da paratie longitudinali, o fornite di doppio fondo, allorchè vi si produca una via d'acqua.

Le ragioni per le quali le condizioni ammesse nelle due ultime Proposizioni non corrispondono al vero nel più dei casi, consistono in questo: 1° nell'avere supposto che le paratie ed il carico mobile si estendano da prora a poppa, ed inoltre che il carico nel primo caso si estenda da una murata all'altra; 2° nell'avere ammesso che lo strato della carena compreso tra la superficie di livello del mare e quella del liquido interno o del carico mobile abbia forma cilindrica; 3° nell'avere ammesso per il secondo caso che le murate siano parallele al piano diametrale; 4° nell'avere trascurato l'effetto dinamico dovuto alla velocità acquistata durante l'inclinazione dalle particelle mobili del carico; 5° finalmente nell'avere ammesso che tutt'i compartimenti longitudinali, e ciascuno di essi ad un medesimo livello, contenessero le materie sciolte.

Col quarto mezzo per aumentare la stabilità, consistente nel sostituire alla zavorra un'altra sostanza di peso eguale, ma più densa, si ottiene un maggiore spazio libero nella stiva, il quale serve al collocamento di nuovi pesi in basso, oltre all'avere un abbassamento nel centro di gravità del bastimento, il quale rilevasi dalla seguente:

6ª PROPOSIZIONE. — Se uno spazio cilindrico di altezza h riempito da un peso p di zavorra di densità d si riduca ad altro spazio cilindrico della medesima base, di altezza h' riempito da uno stesso peso di zavorra, ma di densità maggiore d', il centro di gravità del bastimento si abbassa della quantità: $\dfrac{p}{P} \cdot \dfrac{h'}{2} \cdot \dfrac{d'-d}{d}$.

Le densità dei corpi per uno stesso peso essendo in ragione inversa dei volumi, e questi nel nostro caso essendo proporzionali alle altezze h ed h', si avrà: $h : h' :: d' : d$, da cui ricavasi: $h = \dfrac{h' \cdot d'}{d}$.

Ora il centro di gravità della prima specie di zavorra e quello della seconda specie, trovandosi alle distanze $\dfrac{h}{2}$ ed $\dfrac{h'}{2}$ dal piano su cui riposano, ne segue che il centro di gravità della zavorra viene ad essere abbassato di $\dfrac{h-h'}{2}$, ossia, colla sostituzione del valore di h, della quantità $\left(\dfrac{h'd'}{d} - h' \right) : 2 = \dfrac{h'}{2} \cdot \dfrac{d'-d}{d}$.

Il peso p essendosi abbassato di questa quantità, il centro di gravità del bastimento scenderà di $\dfrac{p}{P} \cdot \dfrac{h'}{2} \cdot \dfrac{d'-d}{d}$,   C. S. D. D.

Il quinto mezzo per aumentare la stabilità, allorchè essa sia deficiente, consiste nel fissare sul fasciame esterno, e nel bagnasciuga, una cintura di legname diretta ad aumentare le larghezze delle ordinate del galleggiamento corrispondente alla posizione dritta del bastimento, e di quelli relativi alle sue posizioni inclinate.

Si possono seguire a tale riguardo due metodi, consistenti l'uno nel fare costante la dimensione della cintura, o *controbordo*, secondo le ordinate del galleggiamento per tutta la sua lunghezza; l'altro nel farla variabile e proporzionale alla semi-larghezza del galleggiamento alla quale corrisponde.

Nell'uno e nell'altro caso però la grossezza del controbordo secondo le normali al contorno del galleggiamento viene variabile, e d'ordinario diminuisce sulle estremità del bastimento, per il fatto dell'obliquità del contorno del galleggiamento alle sue ordinate.

Ammettendo che la densità del legname del quale è formato il controbordo sia tale che il bastimento non cambi d'immersione per la sua aggiunzione; ed inoltre che il volume della sua parte immersa sia trascurabile rispetto a quello della carena, la soluzione del problema si ottiene col mezzo delle due seguenti Proposizioni.

7ª PROPOSIZIONE. — La dimensione costante *e* del controbordo secondo le ordinate del galleggiamento, affinchè l'altezza metacentrica trasversale iniziale da *r* si cambi in *r'*, è data approssimativamente dall'equazione di secondo grado:

$$3Ce^2 + 3Be + A - \frac{3r'}{2\alpha} \cdot V = 0.$$

In questa equazione C rappresenta la somma delle semi-larghezze del galleggiamento diminuita della semi-somma delle due estreme, B indica la somma dei loro quadrati meno la semi-somma dei quadrati delle due estreme, A rappresenta la somma dei cubi delle stesse semi-larghezze diminuita della semi-somma dei cubi delle due estreme, e finalmente V ed α vi hanno il solito significato.

Ricorrendo infatti alla formula dell'altezza metacentrica trasversale r' trovata nel secondo caso a pag. 94, e facendo uso delle lettere A, B, C col significato testè loro assegnato, si ottiene:

$$r' = \frac{2\alpha}{3V} \left\{ A + 3Be + 3Ce^2 + ne^3 \right\} \cdot$$

Ora siccome *e* è in generale una quantità piccola, il termine ne^3 si può trascurare senza grave errore rispetto agli altri termini di esso molto più grandi, di guisa che si può scrivere in luogo dell'ultima equazione la seguente:

$$\frac{3r'.V}{2\alpha} = 3Ce^2 + 3Be + A,$$

da cui: $$3Ce^2 + 3Be + A - \frac{3r'.V}{2\alpha} = 0,$$

che è l'equazione la quale si doveva trovare. Essa coi metodi noti si risolve facilmente rispetto ad *e*.

Se il peso specifico del legname di cui è formato il controbordo non permettesse l'ipotesi fatta, cioè di nessuna variazione nella immersione del bastimento, si dovrebbe procedere per tentativi. Si dovrebbe cioè ammettere dapprima quella ipotesi, e ricavare il valore di *e* col mezzo della precedente Proposizione; poscia fare il peso del controbordo e del volume di acqua da esso discacciata, e dedurne se il bastimento s'immerga od emergasi; finalmente, coi dati del nuovo galleggiamento e della nuova carena che se ne avrebbe, determinare il valore di *e*. Del quale valore ottenuto, si dovrebbe fare la media con quello dedotto precedentemente.

8ª PROPOSIZIONE. — Affinchè l'altezza metacentrica trasversale iniziale da *r* si cambi in *r'* col variare le semi-larghezze del galleggiamento in modo che abbiano tutte un rapporto costante alle primitive larghezze corrispondenti, la dimensione variabile del controbordo, secondo le ordinate del galleggiamento, è data approssimativamente per ogni ordinata da:

$$y'^{(m)} \left(\sqrt[3]{\frac{r'}{r}} - 1 \right),$$

dove $y'^{(m)}$ rappresenta una semi-larghezza qualunque.

S'indichi con ε il rapporto tra le semi-larghezze del galleggiamento aumentate nella loro direzione della dimensione del controbordo e le semi-larghezze primitive. Si riprenda la formula $r' = \varepsilon^3 r$ trovata nel 3° caso a pag. 91; se ne deduce facilmente:

$$\varepsilon = \sqrt[3]{\frac{r'}{r}}.$$

La semi-larghezza aumentata essendo $\varepsilon y'^{(m)}$, mentre la primitiva era $y'^{(m)}$, ne segue che l'aumento dovuto al controbordo è dato in generale da:

$$\varepsilon y'^{(m)} - y'^{(m)} = y'^{(m)}(\varepsilon - 1) = y'^{(m)}\left(\sqrt[3]{\frac{r'}{r}} - 1\right). \quad \text{C. S. D. D.}$$

La via da seguirsi anche in questo caso, se si dovesse tener conto del fatto che l'aggiunzione del controbordo produce un cambiamento nell'immersione del bastimento, sarebbe quella stessa indicata per il caso precedente.

Nell'uno e nell'altro caso però, se del momento di stabilità anzichè della semplice altezza metacentrica iniziale debba trattarsi, converrà altresì tener conto della variazione che nella posizione del centro di gravità del bastimento arreca l'applicare il controbordo.

L'ultimo tra i mezzi da noi disopra enumerati per rimediare alla insufficienza di stabilità abbiamo detto essere la diminuzione di velatura. Siccome questa, come vedremo nella Seconda Parte di queste lezioni, dà occasione a forze relativamente grandi che fanno inclinare il bastimento, così, a vero dire, il suddetto mezzo non ha per iscopo diretto di aumentare la stabilità, ma bensì di diminuire l'intensità di una forza efficacissima tra quelle che possono far deviare il bastimento dalla posizione di equilibrio. Ad esso si potrà ricorrere specialmente quando la velatura sia alquanto superiore al bisogno. E vuolsi notare che con la diminuzione di quest'ultima si ottiene l'altro effetto dell'abbassamento del centro di gravità della nave, poichè dessa non può eseguirsi se non arrecando riduzioni nelle parti dell'alberatura, e quindi nei pesi posti in alto nel bastimento.

Trasporto ed aggiunzione di pesi. — 9ª PROPOSIZIONE. — Se in un bastimento si trasporti di una quantità d parallelamente al piano diametrale ed al galleggiamento primitivo un peso p esistente a bordo, e tale da produrre una differenza d'immersione non grande, la maggiore immersione di una delle estremità del bastimento sarà data da: $\dfrac{L_1 pd}{P(R \pm a)}$, e la emersione dell'altra sarà data da: $\dfrac{L_2 pd}{P(R \pm a)}$. Le lettere P, R ed a hanno il solito significato; L_1 ed L_2 rappresentano le due porzioni dell'asse del galleggiamento primitivo comprese tra il centro di gravità di questo ultimo, e le estremità cui corrispondono quella maggiore immersione ed emersione.

Per il Corollario della pag. 108 sappiamo che il centro di gravità del sistema, a causa del trasporto del peso parziale p, si rimuove parallelamente al galleggiamento primitivo di una quantità $\frac{pd}{P}$; quindi da G si trasporterà in G'. Il bastimento ruoterà per ciò e si fermerà allorchè il nuovo centro di carena sarà sulla stessa verticale di G'.

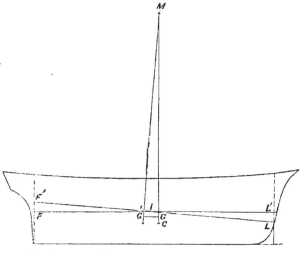

Rappresenti FL il galleggiamento primitivo, $F'L'$ quello che il bastimento acquisterà quando la rotazione sarà cessata; I sia il centro di gravità del primo, per il quale, come sappiamo, deve passare l'intersezione dei due galleggiamenti affinchè le unghie d'immersione e di emersione siano equivalenti. Si considerino ora i triangoli rettangoli FIF', LIL', GMG', i quali sono simili perchè hanno un angolo acuto eguale; essi danno luogo alla proporzione:

$$\frac{FI}{FF'} = \frac{LI}{LL'} = \frac{GM}{GG'} .$$

Rappresentando con δ_1 la maggiore immersione FF' e con δ_2 la emersione LL', ponendo L_1 invece di FI, L_2 in luogo di LI, sostituendo $R \pm a$ alla GM e finalmente $\frac{pd}{P}$ a GG', si ha:

$$L_1 : \delta_1 :: L_2 : \delta_2 :: R \pm a : \frac{pd}{P} .$$

Da questi rapporti eguali si deduce:

$$\delta_1 = \frac{L_1 pd}{P(R \pm a)}, \ \delta_2 = \frac{L_2 pd}{P(R \pm a)} . \qquad \text{C. S. D. D.}$$

Evidentemente la differenza d'immersione (che rappresenteremo con D) essendo equivalente a $\delta_1 + \delta_2$, sarà data da:

$$D = \frac{(L_1 + L_2)\,pd}{P\,(R \pm a)}; \text{ da cui ricavasi: } pd = \frac{P\,(R \pm a)\,.\,D}{L},$$

se con L si rappresenta la lunghezza dell'asse del galleggiamento primitivo.

Se il trasporto del peso p ad una distanza d dalla primitiva posizione conducesse ad una differenza d'immersione molto grande, i risultati della precedente Proposizione non potrebbero servire che come una prima approssimazione, e dovrebbero essere modificati convenientemente.

In pratica, per avere un mezzo di valutare approssimativamente la differenza d'immersione prodotta dal trasporto di un peso dato ad una determinata distanza, si ha l'abitudine di completare la raccolta dei risultati del Quadro dei calcoli con un nuovo elemento chiamato: *Momento per produrre un centimetro di differenza d'immersione*, il quale, come è chiaro, non è altro che il valore di pd della precedente Proposizione, capace di produrre un centimetro di differenza d'immersione. Evidentemente tale valore ricavasi dalla formula:

$$pd = P\,\frac{(R \pm a)}{L}\,D, \text{ ponendovi } D = 0^{\text{m}},01;$$

lo che dà: $\quad pd = \dfrac{0{,}01 \times P\,(R \pm a)}{L} = \dfrac{P\,(R \pm a)}{100L},$

formula comunemente adottata, e nella quale il peso è misurato in tonnellate e le lunghezze sono date in metri.

Nel passare ora a studiare l'influenza esercitata dall'aggiunzione di un peso in un posto qualunque del bastimento, distingueremo due casi: il primo in cui il peso aggiunto non sia molto considerevole; il secondo quando invece lo sia. Nell'uno e nell'altro caso immagineremo dapprima che il peso aggiunto sia posto col suo centro di gravità nel piano trasversale che passa per il centro di gravità del galleggiamento e ad un'altezza corrispondente a quella che dovrà occupare effettivamente; e poscia immagineremo che il peso stesso sia condotto nella sua vera posizione. Per il primo caso vale la seguente:

10ª PROPOSIZIONE. — Se un peso p sia aggiunto nella poppa ad una distanza d, misurata parallelamente al piano diametrale ed al galleggiamento primitivo, dalla sezione trasversale contenente il centro di gravità di quest'ultimo, e T e t siano le primitive immersioni di poppa e di prora, le nuove, che diremo T' e t', saranno date da:

$$T' = T + z + \frac{L_1 pd}{P(R \pm a) \pm p\left(\frac{z}{2} \pm h\right)},$$

$$t' = t + z - \frac{L_2 pd}{P(R \pm a) \pm p\left(\frac{z}{2} \pm h\right)}.$$

In questa espressione z rappresenta una maggiore immersione costante che il bastimento acquista per il collocamento del peso p nella sezione trasversale che passa per il centro di gravità del galleggiamento primitivo, ed h indica la distanza del centro di gravità del peso aggiunto dal galleggiamento primitivo.

L'ipotesi fatta circa la prima posizione nella quale viene posto il peso p insieme all'altra relativa alla grandezza di questo peso, permette di assumere (per le ragioni accennate nella 3ᵃ Proposizione a pag. 108) che il bastimento s'immerga dapprima egualmente a poppa ed a prora.

Rappresentando, come sempre, con $L^{(m)}$ la metà dell'area del galleggiamento, e con ω il peso specifico dell'acqua di mare si avrà:

$$2L^{(m)}z\omega = p, \quad \text{da cui} \quad z = \frac{p}{2L^{(m)}\omega}.$$

Ripetendo il ragionamento fatto alle pag. 108 e 109 è facile dedurne che il nuovo peso del bastimento sarà $P + p$, che l'altezza metacentrica longitudinale iniziale R' sarà data da: $\frac{PR}{P + p}$, e che finalmente la distanza a' tra i due nuovi centri di gravità e di carena avrà per valore:

$$\frac{Pa - p\left(\frac{z}{2} \pm h\right)}{P + p}.$$

In questa espressione il segno $+$ vale quando il peso aggiunto stia, rispetto al galleggiamento primitivo, dalla stessa parte in cui trovasi il centro di gravità primitivo del bastimento; il segno — vale per il caso inverso.

Ora nel trasporto del peso p che immaginasi fatto ad una distanza d per condurlo alla sua vera posizione, si ha per la 9ª Proposizione, che l'immersione di poppa, già diventata eguale a $T + z$, si accresce della quantità: $\dfrac{L_1 pd}{(P + p)(R' \pm a')}$, mentre quella di prora, che ha già acquistato il valore $t + z$, diminuisce di: $\dfrac{L_2 pd}{(P + p)(R' \pm a')}$, avendo L_1 ed L_2 lo stesso significato che nella Proposizione citata.

Sostituendo ad R' ed a' le espressioni trovate, si avrà:

$$T' = T + z + \frac{L_1 pd}{P(R \pm a) \pm p\left(\frac{z}{2} \pm h\right)};$$

$$t' = t + z - \frac{L_2 pd}{P(R \pm a) \pm p\left(\frac{z}{2} \pm h\right)}, \quad \text{C. S. D. D.}$$

Scolio. — Se il peso p fosse situato nella parte di prora, allora si avrebbe:

$$T' = T + z - \frac{L_1 pd}{P(R \pm a) \pm z\left(\frac{z}{2} \pm h\right)};$$

$$t' = t + z + \frac{L_2 pd}{P(R \pm a) \pm p\left(\frac{z}{2} \pm h\right)}.$$

Se il peso p fosse tolto anzichè aggiunto, sarebbe facile, con procedimento analogo al precedente, il determinare il cambiamento che esso produrrebbe nelle due immersioni di prora e di poppa.

Nel secondo caso, quando cioè il peso aggiunto è considerevole, il ricavare l'influenza da esso esercitato sulle immersioni non può essere più affidato ad una semplice Proposizione, dovendosi procedere con tentativi.

Ed infatti, prima di ogni cosa è da osservarsi che nel collocare il peso p nel piano trasversale che passa per il centro di gravità del galleggiamento primitivo, come abbiamo immaginato, il bastimento s'immerge dapprima parallelamente alla superficie di livello dell'acqua, ma poscia col crescere l'immersione variano in modo sensibile la grandezza non che la forma dei galleggiamenti successivi e la posizione dei loro centri di gravità. Ne segue quindi che il bastimento non s'immerge più in modo uniforme in tutta la sua lunghezza, nè la maggiore immersione è eguale al quoziente del volume d'acqua dovuto al peso aggiunto diviso per l'area del galleggiamento primitivo. Esso prende per queste circostanze un nuovo galleggiamento inclinato agli altri.

Per trovare con approssimazione questo galleggiamento inclinato si supporrà dapprima, in modo analogo a quanto fu indicato a pag. 110, che i diversi galleggiamenti siano eguali in grandezza al primitivo, talchè, come nel caso precedente, si avrà: $z = \dfrac{p}{2L^{(m)}.\omega}$ · Si condurrà nel piano di costruzione un galleggiamento parallelo al primitivo, e da questo distante della quantità z; se ne farà lo sviluppo nel piano orizzontale, e se ne determinerà l'area, il cui valore rappresenteremo con $2L'^{(m)}$; questa condurrà ad un nuovo valore dell'altezza dello strato d'immersione, dato da: $z' = \dfrac{p}{2L'^{(m)}.\omega}$ · Di quest'altezza e di quella z, già trovata, si farà la media.

Dell'ultimo galleggiamento a cui si perviene, servendosi di tale media, si determinerà il centro di gravità, il quale supporremo disti della quantità c_1 dal piano trasversale che passa per il centro di gravità del bastimento, mentre la distanza che ha il centro di gravità del galleggiamento primitivo dallo stesso piano supporremo sia data da c. Si uniranno con una linea retta sul piano longitudinale del disegno questi due ultimi punti, la quale linea, divisa in due parti eguali servirà a dare con sufficiente approssimazione il centro di spinta dell'aggiunto spostamento. Chiamando c_2 la distanza di questo punto dal piano trasversale contenente il centro di gravità del bastimento, $p(c_2 - c)$ è il momento che contribuisce a modificare le immersioni, il quale è dovuto alla forma del bastimento tra il nuovo galleggiamento ed il primitivo, essendo tuttora assunto, come sappiamo, che il peso p sia posto momentaneamente nel piano trasversale contenente il centro di gravità del primitivo galleggiamento. Gli effetti di tale momento si valuteranno coi mezzi precedentemente dimostrati.

Si segnerà sul disegno il galleggiamento che dalle nuove immersioni viene assegnato, si ricaverà la posizione del centro di gravità della carena corrispondente, non che quella del centro di gravità del bastimento, e poscia s'immaginerà condotto il peso p nella sua vera posizione, seguendo il procedimento del precedente caso.

Il valore dell'altezza metacentrica longitudinale necessaria per dedurre le nuove immersioni, dovrà essere valutata tenendo conto dell'ultimo galleggiamento ottenuto ed applicando qualche processo speciale, poichè non si potrà fare uso della formula relativa all'altezza metacentrica iniziale.

Evidentemente il procedimento da noi indicato per il caso testè considerato è lungo e laborioso; quindi in pratica starà al calcolatore il giudicare dalle forme del bastimento, dalla grandezza dei valori di p e di d, se il detto procedimento debba essere adottato, semplificato, oppure se valga meglio seguire il metodo del primo caso, che è poi il più comune.

Un esame importante attenente ai soggetti testè trattati, è quello della influenza che l'acqua immessa nell'interno di un bastimento, diviso da paratie stagne trasversali, può avere sulla differenza d'immersione.

Considereremo i tre casi distinti seguenti:

1° allorchè qualche compartimento stagno è riempito completamente di acqua che non è in comunicazione col mare.

2° quando in tutti, o in alcuni compartimenti, solo in parte vi è contenuta l'acqua, mentre essi non sono in comunicazione col mare.

3° quando in alcuni compartimenti, vi affluisce acqua che è in libera comunicazione col mare, potendo arrivare nel loro interno ad un'altezza eguale al livello esterno del mare.

Nel primo caso l'acqua non può cambiare nè di forma, nè di posizione; quindi essa ha sulla differenza d'immersione il medesimo effetto che l'aggiunzione di un corpo solido dello stesso peso e della stessa posizione. L'acqua posta nei depositi o cisterne, o qualunque altro liquido contenuto in barili o depositi pieni, sono esempi del caso di cui ci occupiamo, e così pure la zavorra d'acqua posta in spazi cellulari interamente allagati.

Nel secondo caso l'acqua (nell'alterarsi la sua forma colla inclinazione che essa stessa fa prendere al bastimento) dà occasione ad un cambiamento nella posizione del proprio centro di gravità.

Per ricavare gli effetti prodotti in questo caso sulla differenza d'immersione si dovrà procedere con tentativi, determinando dapprima la posizione del centro di gravità dell'acqua immessa, supponendo che il suo livello superiore sia parallelo al galleggiamento primitivo. Poscia, col mezzo delle Proposizioni precedenti di questo Capitolo, si ricaverà l'influenza che sulla differenza d'immersione esercita questa aggiunzione di peso. Si dovranno quindi condurre parallelamente al nuovo galleggiamento, che così si deduce, i piani superiori di livello del liquido contenuto nei depositi, in modo però che i volumi delle stesse masse liquide rimangano inalterati, e si determinerà la nuova posizione del centro di gravità dell'acqua; finalmente si dedurrà la nuova influenza esercitata sulla differenza d'immersione da quest'ultima circostanza. Si ripeterà il calcolo, correggendolo successivamente, fino a che dal calcolatore sarà reputato opportuno.

Esempi del caso testè considerato si hanno nei depositi d'acqua, negli spazì per la zavorra d'acqua, ed altresì uno simile ne presentano i depositi di grano o di materie sciolte, quando gli uni e gli altri non siano riempìti totalmente.

Il terzo caso finalmente si manifesta quando un'apertura si produce nella carena di un bastimento, la quale, stabilendo una comunicazione coll'esterno, fa entrare l'acqua in uno dei suoi compartimenti. Se questo sia limitato in alto da un ponte orizzontale stagno posto al disotto del livello esterno dell'acqua, allora evidentemente si hanno gli stessi effetti del primo caso. Se tale ponte manchi, o la lacerazione si produca superiormente a questo ponte, in modo che l'acqua possa elevarsi a qualunque altezza nell'interno del bastimento, allora non può procedersi che per tentativi.

Supponiamo che un bastimento di P tonnellate di dislocamento

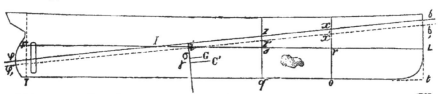

abbia per galleggiamento FL, avendo a poppa l'immersione FT ed a prora l'immersione Lt, ed abbia in G il suo centro di gravità; finalmente supponiamo, chè le forme del bastimento stesso siano tali nella parte posta al disopra ed al disotto del galleggiamento, dentro i limiti in cui possono avvenire le variazioni del livello esterno dell'acqua, da permettere di assumere il galleggiamento inclinato eguale a quello primitivo. Si supponga che una lacerazione od un'apertura si produca nella murata o nel fondo di un suo compartimento stagno, p. e. in quello prodiero proiettato in *sroq*, che supporremo dapprima interamente vuoto.

Le conseguenze di questo fatto possono essere considerate sotto due punti di vista, i quali si prestano ad una concezione ugualmente facile del fenomeno, secondo il modo o la posizione in cui avviene la lacerazione. Nell'uno si ammette che la forma della carena primitiva, e quindi la spinta che essa risentiva non cambi, ma si aumenti invece il peso del bastimento per l'acqua che affluisce nel suo interno; nell'altro (il più comunemente adottato dagl'ingegneri navali) si assume che la carena cambi di forma, quasichè ne fosse asportata la parte compresa tra le paratie che limitano il compartimento danneggiato, e che perciò la spinta da essa dapprima risentita sia diminuita, restando invariato il peso totale del bastimento. Esamineremo il problema sotto il secondo punto di vista, poichè conduce ad un modo di soluzione diverso da quello seguito sin qui per l'aggiunzione di pesi, mentre d'altra parte è facile dimostrare che i risultati sono eguali a quelli che si otterrebbero considerando il problema sotto il primo punto di vista.

È evidente che qualunque sia la superficie la quale separa il compartimento allagato dall'acqua esterna, appartenga essa all'involucro solido che forma la parete del bastimento, sia essa la lama d'acqua che si sostituisce allo stesso involucro nella parte danneggiata, è evidente, diciamo, che la spinta verticale esercitata dall'acqua esterna sulla detta superficie viene distrutta dal peso dell'acqua interna, in totalità, se il compartimento è completamente vuoto, in parte, se questo non è vuoto che parzialmente.

Ammesso dunque che si sia prodotta una diminuzione di spinta, ed in conseguenza anche un cambiamento nella posizione del centro di carena primitivo, è chiaro che il bastimento s'inclinerà e si disporrà secondo un nuovo galleggiamento φb per il quale l'unghia di immersione superi quella d'emersione del volume di acqua entrata nel compartimento allagato, ed il nuovo centro di carena si trovi su di una stessa verticale coll'invariato centro di gravità del sistema.

La prima condizione è soddisfatta, quando l'intersezione *l* dei due galleggiamenti si trovi distante dal centro di gravità del *galleggiamento ridotto*, (cioè di quello primitivo considerato asportatane la porzione compresa tra le due paratie *or, qs*), di una quantità tale che si abbia $vol.\,bIL — vol.\,\varphi IF = vol.\,qzxo$. Togliendo da ambedue i membri il volume *szxr*, la suddetta eguaglianza conduce all'altra:

$$vol.\,bxrL + vol.\,zIs — vol.\,FI\varphi = vol.\,qsro = v_0,$$

intendendo per v_0 il volume d'acqua che entra nel compartimento allagato sino al primitivo piano di galleggiamento, del quale piano l'area la rappresenteremo con A, mentre quella della porzione che ne è compresa tra le due paratie che limitano il detto compartimento la indicheremo con A_1.

S'immagini ora condotto per il centro di gravità *i* del galleggiamento ridotto un piano $\varphi_1 b_1$ parallelo a φb; si avrà che la somma degli strati tra questi due piani compresi e limitati da una parte e dall'altra dalle porzioni *zz′, xx′* delle paratie, oltrechè dalla ruota di prora e dal dritto di poppa, eguaglierà la differenza rappresentata dal primo membro dell'ultima espressione, ossia il volume v_0. I suddetti strati ne costituiscono uno *ridotto*, che per l'ipotesi fatta ammetteremo cilindrico; quindi se con B si rappresenti l'area della sua base e con h denotisi la sua dimensione secondo la verticale primitiva, si avrà: $v_0 = B.h \cos\theta$, essendo θ l'angolo d'inclinazione preso dal bastimento; ma:

$$B = (A — A_1) : \cos\theta,$$

quindi $v_0 = (A — A_1).h$, e perciò $h = \dfrac{v_0}{A — A_1}$ (1).

Per determinare la seconda delle due condizioni di sopra indicate, si supponga che C' sia la nuova posizione del centro di carena; si abbassino le perpendicolari $G\sigma$ e $C'\gamma$ sulla verticale attuale condotta per il centro di gravità *i* del galleggiamento ridotto, e si stabilisca l'eguaglianza tra i valori delle lunghezze di queste perpendicolari, per esprimere la condizione che i due centri G e C' si trovano sulla medesima verticale. A ciò servirà il teorema dei momenti, riferendo quelli del peso e della spinta al piano che passa per la verticale testè indicata. Il momento del peso sarà dato da $P.G\sigma$.

Quanto al momento $P.C'\gamma$ della spinta, si osservi che questa si può considerare risultante dalla primitiva P, diminuita del peso p_1 d'acqua entrata nel compartimento allagato sino in sr, diminuita della spinta dovuta al volume dell'unghia proiettata in $Fi\varphi_1$, il quale rappresenteremo con v, aumentata della spinta dovuta agli strati siz', $rx'b_1L$, i cui volumi indicheremo respettivamente con v_1 e v_3, e finalmente aumentata della spinta dovuta allo strato ridotto, compreso tra i piani φb, $\varphi_1 b_1$, la quale sappiamo equivalere al peso $\omega v_0 = p_1$, essendo ω il peso specifico dell'acqua di mare. Si rappresenti il braccio di leva della primitiva spinta con Cj, essendo C il centro di carena primitivo; quello dell'acqua entrata nel compartimento *sroq* è dato evidentemente da:

$$(d - H\ tang\ \theta)\ cos\ \theta,$$

se con d si rappresenti la distanza tra le direzioni delle verticali primitive, che passano respettivamente per il centro di gravità del galleggiamento ridotto e per quello della massa d'acqua contenuta in detto compartimento, e con H s'indichi la distanza di quest'ultimo centro dal galleggiamento primitivo. Si rappresentino respettivamente con δ, δ_1, δ_3 i bracci di leva dei volumi v, v_1, v_3 rispetto al piano dei momenti, dei quali il primo è negativo; finalmente si noti che il braccio di leva dello strato ridotto, compreso tra i due piani φb, $\varphi_1 b_1$, è dato da: $\frac{h}{2}\ sen\ \theta$, dappoichè h rappresenta la dimensione dello strato stesso misurata nella direzione della normale al galleggiamento primitivo. Ciò posto facendo i momenti si avrà:

$$P.C'\gamma = P.Cj - p_1 (d - H\ tang\ \theta)\ cos\ \theta +$$
$$+ \omega (v\delta + v_1\delta_1 + v_3\delta_3) + p_1 \frac{h}{2}\ sen\ \theta;$$

ma Cj, è facile dedurlo, è eguale a $G\sigma - CG.sen\ \theta = G\sigma - a\ sen\ \theta$; quindi sostituendo e trasformando si ha:

$$P.C'\gamma = P.C\sigma - Pa\ sen\ \theta - p_1 d\ cos\ \theta +$$
$$+ p_1 H\ sen\ \theta + \omega (v\delta + v_1\delta_1 + v_3\delta_3) + p_1 \frac{h}{2}\ sen\ \theta.$$

Eguagliando questo valore al momento $P.G\sigma$ del peso, si ricava:

$$0 = - Pa\ sen\ \theta + p_1\ H\ sen\ \theta - p_1 d\ cos\ \theta +$$
$$+ \omega\ (v\delta + v_1\delta_1 + v_8\delta_8) + p_1\ \frac{h}{2}\ sen\ \theta.$$

Applicando alla valutazione dei prodotti $v\delta$, $v_1\delta_1$, $v_8\delta_8$ il procedimento seguito a pag. 84 per la determinazione del numeratore dell'espressione di R, facilmente deducesi che quei prodotti si ottengono, col metodo di Bezout, moltiplicando per $2\alpha^2$. $tang\ \theta$ la somma dei prodotti delle semi-larghezze del galleggiamento FL, le quali corrispondono a ciascuno dei volumi v, v_1, v_8, per i quadrati dei numeri naturali successivi, avvertendo che a ciascuna semi-larghezza corrisponde il quadrato del numero naturale che denota la sua posizione rispetto alla semi-larghezza dell'ordinata che passa per i. Tali somme, rappresentando con Σ quella relativa al volume v, con Σ_1 l'altra corrispondente al volume v_1, e finalmente con Σ_8 indicando la somma relativa al terzo volume v_8, sostituite nell'ultima equazione si avrà:

$$0 = - Pa\ sen\ \theta + p_1\ H\ sen\ \theta - p_1 d\ cos\ \theta +$$
$$2\alpha^8\ \omega.\ tang\ \theta\ (\Sigma + \Sigma_1 + \Sigma_8) + p_1\ \frac{h}{2}\ sen\ \theta,$$

da cui si ha, sostituendo a $tang\ \theta$ il $sen\ \theta$, per la piccolezza ordinaria di θ

$$p_1 d = - Pa\ tang\ \theta + p_1 H\ tang\ \theta +$$
$$+ 2\alpha^8\ \omega.\ tang\ \theta\ (\Sigma + \Sigma_1 + \Sigma_8) + p_1\ \frac{h}{2}\ tang\ \theta =$$
$$= tang\ \theta \left\{ 2\omega\alpha^8\ (\Sigma + \Sigma_1 + \Sigma_8) - Pa + p_1 \left(H + \frac{h}{2} \right) \right\}.$$

Isolando il $tang\ \theta$ si ottiene:

$$tang\ \theta = \frac{p_1 d}{2\omega\alpha^8\ (\Sigma + \Sigma_1 + \Sigma_8) - \left\{ Pa - p_1 \left(H + \frac{h}{2} \right) \right\}}.$$

Si noti che le somme Σ, Σ_1, Σ_8, sono facilmente ottenibili dall'ordinario Quadro dei calcoli del metodo di Bezout; e si noti altresì che se in questo non vi fosse nessuna ordinata che corrispondesse al centro di gravità i del galleggiamento ridotto, e quest'ultimo punto distasse di una piccola quantità D dall'ordinata dalla quale in quel Quadro cominciano i quadrati dei numeri naturali, si dovrebbe togliere da:

$$2\alpha^3 \, tang \, \theta \, (\Sigma + \Sigma_1 + \Sigma_2)$$

l'espressione $sen \, \theta \, cos \, \theta \, (A - A_1)D^2$ in conformità di quanto fu dimostrato a pag. 88 e 89.

Ora essendo in figura:

$$Lb = Lb_1 + bb_1 = h + Lb_1,$$

ed il triangolo Lib_1 dando la relazione $Lb_1 = Li \cdot tang \, \theta$, si avrà: $Lb = h + L_1 \, tang \, \theta$, se con L_1 si rappresenta la lunghezza Li. Sostituendo in questa espressione il valore trovato per $tang \, \theta$, si ottiene per la maggiore immersione di prora:

$$h + \frac{L_1 p_1 d}{2\omega\alpha^3 \left\{ \Sigma + \Sigma_1 + \Sigma_3 \right\} - \left\{ Pa - p_1 \left(H + \dfrac{h}{2} \right) \right\}} \, .$$

Se con L_2 s'indichi la lunghezza Fi, si ha per l'emersione di poppa:

$$\frac{L_2 p_1 d}{2\omega\alpha^3 \left\{ \Sigma + \Sigma_1 + \Sigma_3 \right\} - \left\{ Pa - p_1 \left(H + \dfrac{h}{2} \right) \right\}} - h \, .$$

È facile dedurre dalle espressioni testè riportate e dalla (4) l'ordine delle operazioni da eseguirsi, perchè nel caso di cui ci occupiamo si possano determinare le differenze che avvengono nelle immersioni di prora e di poppa.

Abbiamo sin quì supposto che il compartimento allagato fosse completamente vuoto; nel caso poi in cui quella parte che è limitata in alto dal galleggiamento primitivo fosse in parte o totalmente piena, converrebbe prima valutare il peso dell'acqua contenuta nella parte vuota della detta porzione (se ve ne fosse), poscia tener conto di quello dell'acqua che entra tra le sostanze depositate nel compartimento stesso. Il primo peso è facile a dedursi; quanto al secondo, fa d'uopo ricorrere al peso specifico delle dette sostanze.

Se sia w il volume in metri cubi da queste ultime occupate, π sia il loro peso all'ingombro, e π' quello della materia di cui sono formate, (ambedue relativi al metro cubo ed espressi in tonnellate), il peso dell'acqua che può entrare nei loro interstizi, misurato con quest'ultima unità, è dato da: $\omega w \dfrac{\pi' - \pi}{\pi'}$.

Infatti in ogni metro cubo del deposito vi è un peso $\pi' - \pi$ minore di quello che vi sarebbe se le sostanze fossero compatte, ossia senza interstizi. Questo peso è una frazione $\dfrac{\pi' - \pi}{\pi'}$ di quello che sarebbe contenuto in ciascun metro cubo se le sostanze fossero compatte, la quale rappresenta altresì il vuoto esistente in ciascuna unità di volume.

In tal modo può ricavarsi il valore del peso che abbiamo rappresentato con p_1, il quale, coll'acquistare valore differente da quello da noi supposto nella soluzione del problema, non modifica in nulla il processo delle dimostrazioni fatte, nè la forma dei risultati a cui siamo pervenuti.

Qualora poi il compartimento allagato fosse ripieno di sostanze anche al disopra del galleggiamento primitivo, caso meno frequente, non potrebbonsi applicare direttamente le formule ultime trovate. Però si potrebbero seguire le dimostrazioni fatte, arrecandovi le modificazioni provenienti dal fatto che la spinta dovuta allo strato dell'unghia d'immersione compreso tra le paratie che limitano il compartimento allagato, non eguaglia più il peso dell'acqua ivi contenuto.

Finalmente, se per la natura della superficie esterna della nave, l'ipotesi fatta circa la forma del bastimento dentro gl'indicati limiti si reputasse allontanare troppo dal vero i risultati ottenuti, bisognerebbe seguire una via molto più lunga e di tentativi, cominciando col servirsi di quell'ipotesi per trovare un primo galleggiamento inclinato, il quale limiterebbe il numero dei tentativi da eseguirsi per avvicinarsi al vero.

Quanto è stato indicato circa il caso dell'introduzione dell'acqua per effetto di una falla in un compartimento trasversale che si estenda da una murata all'altra, potrà servire come traccia dei calcoli da farsi, quando l'acqua entri in un compartimento longitudinale laterale.

CAPITOLO V.

CURVA DEI MOMENTI DI STABILITÀ. — SUE APPLICAZIONI.
STABILITÀ DINAMICA.

Ai nostri giorni, per meglio assicurarsi della stabilità dei bastimenti, si ricorre alcune volte, per ragioni già manifestate, al processo laborioso di determinare il valore del braccio di leva della stabilità, cioè $(\rho - a)\,sen\,\theta$, per angoli successivi di qualunque ampiezza. La determinazione dei valori di ρ vien fatta coi metodi indicati precedentemente da pag. 93 a pag. 104. Il valore di a, analogamente a quanto fu già detto nel Cap. 3° a pag. 102, si presume allorchè di questo si fa il disegno, cercando di avvicinarsi al vero quanto più si può, col ricorrere alla posizione del centro di gravità di bastimenti già costruiti che furono sottoposti all'esperienza di stabilità, tenuto il debito conto della quantità e della posizione dei pesi per cui essi differiscono dal bastimento del quale si fa il piano. Al valore presunto si arreca correzione, se sia necessario, dopo avere eseguita la esperienza di stabilità. I valori che così si ottengono per $(\rho - a)\,sen\,\theta$, anzichè considerarli separatamente, servono alla costruzione di un diagramma, alla quale si procede nel seguente modo.

Si portano su di un asse, e con quella scala che si crede più conveniente, le lunghezze degli archi che nel cerchio di raggio uno misurano gli angoli d'inclinazione θ; s'innalzano le ordinate dai punti così determinati, e vi si riportano con conveniente scala i corrispondenti valori di $(\rho - a)\,sen\,\theta$; finalmente si riuniscono gli estremi delle ordinate con una linea che chiamasi *curva di stabilità*.

Questa curva ha il vantaggio, come tutti i diagrammi di simil genere, di far conoscere il valore del braccio di leva di stabilità, anco per gli angoli compresi tra quelli per i quali si è fatto l'apposito calcolo; essa colla sua forma e colla sua direzione rispetto all'asse delle θ fa conoscere il modo di variare dello stesso braccio di leva; se acquisti, e quando, un massimo od un minimo valore; in una parola, mostra le fasi che la stabilità subisce in dipendenza delle successive inclinazioni.

Analoghi risultati si avrebbero se la curva di stabilità fosse costruita coi valori dei momenti di stabilità corrispondenti alle diverse inclinazioni, anzichè solo coi loro bracci di leva. Le ordinate omologhe delle due curve starebbero tra loro in un rapporto costante.

Però, il diagramma costruito coi valori di $P(\rho - a)\,sen\,\theta$ presenterebbe il vantaggio che, conoscendo il momento di una causa esterna la quale agisca sul bastimento, riportandone il valore colla relativa scala sull'asse delle ordinate, e per il punto ottenuto tirando una parallela all'asse delle θ fino ad incontrare la curva di stabilità, si ricaverebbe l'angolo d'inclinazione al quale il bastimento si adatterebbe per fare equilibrio col suo momento di stabilità a quello della causa esterna. Si considererebbe così l'inclinazione alla quale si arresta il bastimento, rispetto alla causa che l'ha prodotta, come abbiamo detto nel Capitolo 3° a pag. 71 doversi fare, e si sarebbe in grado di giudicare se la detta inclinazione sarebbe pericolosa, non ammissibile per il genere del bastimento di cui si tratta e per la sua destinazione, o se, per lo meno, sarebbe incomoda.

Bene a ragione abbiamo detto da principio che alla costruzione della curva di stabilità si ricorre solo alcune volte. Ed infatti la determinazione del valore di ρ per angoli qualunque essendo laboriosa e richiedendo lunghi calcoli, alla detta costruzione si procede solo nei casi eccezionali di bastimenti, i quali presentano o nelle forme, o nelle dimensioni, o nelle loro disposizioni, specialmente nell'altezza fuori dell'acqua, delle differenze sensibili da quelle adottate per lunga esperienza. Ad esempio citiamo i bastimenti corazzati con bassa opera morta, i bastimenti da diporto *(yachts)* dotati di potente velatura. Per tali bastimenti sarà opportuno altresì costruire la curva di stabilità corrispondente al bastimento alleggerito di una determinata parte del suo carico, ed alcune volte anche quella relativa al bastimento con il carico accresciuto di una nota quantità.

A fine di dare un'idea della diversa forma che possono presentare le curve di stabilità, ne abbiamo riportate in figura alcune rilevate dal Trattato di White, (¹) e corrispondenti a bastimenti da guerra di tipi differenti. Il bastimento che tra questi conservasi stabile per una maggiore ampiezza d'angolo d'inclinazione, è quello la cui curva di stabilità è numerata 1, ed è una corvetta inglese a batteria co-

---

(¹) W. H. WHITE. — *A manual of naval architecture*, Chapter III.

perta ; il bastimento di minore stabilità è un *monitor* americano, il quale ha per curva di stabilità la N. 11.

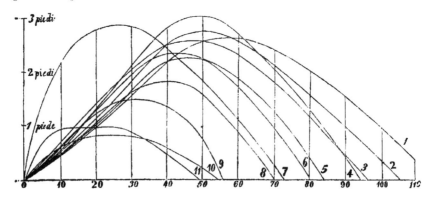

Curve metacentriche. — Per studiare il modo di variare della stabilità delle navi, fu fatto uso un tempo delle curve metacentriche, le quali altro nòn sono che i luoghi geometrici dei punti d'incontro delle direzioni delle successive spinte, secondo le quali il bastimento sarebbe animato, quando fosse fatto inclinare successivamente di angoli piccolissimi. Le distanze dei detti punti d'incontro dai relativi centri di carena non rappresentano le altezze metacentriche corrispondenti alle inclinazioni che i galleggiamenti ai quali si riferiscono fanno col primitivo, le quali altezze sono invece determinate dall'incontro delle direzioni delle successive spinte col piano diametrale. Tuttavia le curve metacentriche hanno utilità in ciò, che la loro forma e la loro direzione essendo dipendenti dalla posizione dei successivi punti d'incontro delle spinte, e questa alla sua volta dipendendo dall'angolo sotto il quale le spinte stesse prolungate incontrano la verticale primitiva, non che dalla loro posizione, la loro forma e la loro direzione, diciamo, sono strettamente legate al modo di variare delle altezze metacentriche corrispondenti ad angoli di qualsiasi ampiezza.

Se tali curve non conducono direttamente alla conoscenza dei valori delle altezze metacentriche qualunque, servono però a far giudicare in quali casi queste altezze crescono successivamente, ed in quale proporzione.

È a tale uso che alcuni autori hanno adottato le curve metacentriche, pervenendo con ciò alla conclusione: essere utile alla stabilità dei bastimenti l'adottare per i loro fianchi, e nel bagnasciuga, la forma di piani, possibilmente con direzione verticale, e mai convergenti in alto.

Alcune volte vengono anche determinate le *curve dei metacentri*, le quali altro non sono che diagrammi destinati a rappresentare le distanze dei metacentri iniziali trasversali di un bastimento dalle relative posizioni del centro di gravità, corrispondentemente ai diversi stati del carico nei quali esso può trovarsi. Tali distanze sono ottenute supponendo che i successivi galleggiamenti, ai quali il bastimento si adatta colla variazione del suo carico, siano le diverse linee d'acqua del piano.

Abbattimento in carena. — Un'applicazione utile della curva di stabilità è la soluzione del problema che si riferisce all'*abbattimento in carena delle navi.*

Lo scopo di questo problema consiste:

1° nel rilevare il momento ed il modo di agire della coppia di stabilità dalla quale è animato un bastimento posto ad una data inclinazione da forze di determinate direzioni, per dedurre la natura e l'intensità degli sforzi da esercitarsi per mantenerlo in quella posizione;

2° nel determinare il momento massimo della coppia di stabilità, per ricavarne le intensità degli sforzi massimi da esercitarsi, qualora tale momento non corrisponda all'ultima inclinazione alla quale il bastimento deve arrestarsi;

3° nel dedurre le dimensioni degli apparecchi (pontoni, argani paranchi, ecc.) destinati ad eseguire l'abbattimento ed a mantenere la nave nella voluta posizione.

Queste ricerche non presentano grandi difficoltà, qualora si conosca il galleggiamento al quale la nave passando per successive inclinazioni deve finire di adattarsi, lasciando fuori dell'acqua la parte della carena che vuol ripararsi o visitarsi, e quando altresì della nave stessa si sia costruita la curva di stabilità.

Infatti quest'ultima farà conoscere quale sia il momento ed il modo di agire della coppia di stabilità che corrisponde al galleggiamento testè indicato, e farà inoltre conoscere l'inclinazione a cui corrisponde il massimo momento di stabilità, ed altresì il valore di questo.

Formulando poscia le condizioni di equilibrio tra il peso, la spinta e le forze estrinseche applicate ai colombieri degli alberi, per la posizione del bastimento a cui corrisponde il massimo effetto delle prime forze, si avrà il mezzo di determinare l'intensità dei massimi sforzi da esercitarsi per superare quella posizione.

Formulando le suddette condizioni per la posizione alla quale il bastimento deve restare, si determineranno la natura e l'intensità dei relativi sforzi da svilupparsi.

Da quanto si è esposto risulta che tutto riposa sulla costruzione della curva di stabilità, e sulla determinazione del galleggiamento corrispondente alla massima inclinazione alla quale il bastimento deve essere portato e mantenuto.

Per quest'ultima ricerca, che è la più laboriosa del problema, conviene procedere per tentativi. Si condurranno convenientemente sul piano trasversale del disegno alcuni piani che passino per l'asse di simmetria del galleggiamento primitivo, i quali facciano angoli diversi con l'orizzonte; si determineranno i veri galleggiamenti ai quali corrispondono dislocamenti eguali a quello primitivo della nave, e se ne sceglierà quello che lascia fuori dell'acqua la parte voluta.

Vuolsi ora notare che nello stabilire le equazioni di condizioni dell'equilibrio, viene a dedursene un cambiamento nell'immersione della nave, per il fatto del trasporto delle forze estrinseche al suo centro di gravità. Viene così ad aversi uno strato d'immersione o di emersione del bastimento, secondo il modo di agire della risultante delle forze estrinseche. Della influenza di questo strato dovrà tenersi conto nello stabilire le equazioni di equilibrio delle coppie. Ciò non sarà difficile se si potrà ammettere cilindrica la forma dello strato stesso, come converrà fare per non complicare di troppo il problema, salvo a tener conto dell'influenza della vera forma, quando i valori delle incognite saranno stati determinati, modificandoli convenientemente.

Ma quel che più importa è l'esaminare se col cambiamento che per 'tale strato si produce nell'immersione della nave, continui a rimanere fuori dell'acqua la parte voluta. Nel caso in cui ciò non avvenisse, bisognerebbe scegliere un altro dei galleggiamenti che determinano carene di volumi eguali a quello della carena primitiva.

Per l'inclinazione corrispondente ad esso galleggiamento, servendosi sempre della curva di stabilità, si dovrebbero ricavare le incognite del problema. Anzi, in previsione della circostanza testé accennata, il calcolatore, nello scegliere il galleggiamento che dovrà servire di base alla soluzione del problema, terrà conto del cambiamento che la sua posizione potrà subire.

Stabilità dinamica dei bastimenti. — Un'altra applicazione utile che può farsi della curva di stabilità, è la determinazione della *stabilità dinamica*, colla quale viene a considerarsi l'effetto con la causa, cioè l'inclinazione massima a cui un bastimento può pervenire per l'azione di una causa esterna.

Chiamasi *stabilità dinamica* per un dato angolo il lavoro meccanico resistente che sviluppa la coppia di stabilità, mentre una causa esterna porta un bastimento a quell'angolo d'inclinazione. Questa denominazione è stata adottata in relazione all'altra di stabilità statica già introdotta.

Nel passare a trovare l'espressione algebrica della stabilità dinamica, faremo le seguenti ipotesi.

1ª che il peso del fluido spostato rimanga costantemente eguale a quello della nave durante il suo movimento ;

2ª che non debba essere rimossa acqua, perchè il moto rotatorio del bastimento possa eseguirsi ;

3ª che tutto ad un tratto si spenga la velocità delle diverse parti del bastimento, come se fossero dotate di perfetta rigidezza.

1ª Proposizione. — La stabilità dinamica per un angolo θ qualsiasi è data dalla espressione:

$$\omega v \Delta \mp Pa\, sen\, ver. \theta,$$

dove il segno — vale quando il centro di gravità del bastimento è al disopra del centro di carena, ed il segno + nel caso contrario.

In questa espressione v rappresenta il volume di ciascuna delle due unghie d'immersione e di emersione, le quali per ipotesi sono equivalenti, Δ indica la distanza verticale tra i centri di gravità di queste unghie, e le altre lettere vi hanno il solito significato.

L'impiego di lavoro meccanico, ovvero di stabilità dinamica che si sviluppa nell'inclinarsi il bastimento dell'angolo θ, sorge dal fatto che col ruotare del bastimento stesso, il suo centro di gravità ed il centro di carena si spostano rispetto alla superficie di livello dell'acqua.

Si supponga che il bastimento nell' inclinarsi dell'angolo θ per l'azione di una causa esterna, si sia adattato al nuovo galleggiamento $F'L'$, e che C' sia il nuovo centro di carena. Evidentemente, la distanza di questo punto dalla superficie dell'acqua potrà non essere eguale a quella a cui si trovava il primitivo centro di carena dalla stessa superficie. Infatti si abbassino le perpendicolari sul galleggiamento $F'L'$, oltrechè dal centro C', dal primitivo centro di carena, rappresentato da C, e dai centri di gravità delle due unghie, denotati con Q e Q'. S'indichino con Y' la misura della prima di queste perpendicolari, con Y quella

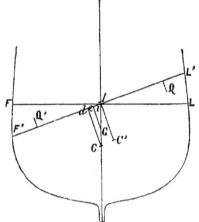

Cd della seconda, e con δ_1 e δ_2 le misure delle altre due perpendicolari. Si consideri la nuova spinta che si esercita in C' come risultante della primitiva applicata in C, di quella dell'unghia d'immersione, applicata in Q, e del peso dell'acqua corrispondente all'unghia di emersione applicato in Q'.

Di queste forze si prendano i momenti rispetto alla superficie di livello $F'L'$; si avrà:

$$V \cdot Y' = V \cdot Y + v \cdot \delta_1 - v \cdot - \delta_2 = V \cdot Y + v (\delta_1 + \delta_2),$$

essendo V il volume della carena.

Sostituendo alla somma delle distanze δ_1 e δ_2 il simbolo Δ già introdotto, si ottiene:

$$V \cdot Y' = V \cdot Y + v \cdot \Delta, \quad \text{da cui ricavasi:} \quad Y' = Y + \frac{v \cdot \Delta}{V}.$$

Siccome il punto C, allorchè era il punto di applicazione della spinta, distava della quantità CI dalla superficie di livello dell'acqua, scorgesi evidentemente come il valore di questa distanza possa essere diverso da Y'. Lo spostamento verticale del centro di carena è dato dunque da:

$$Y' - CI = Y + \frac{v \cdot \Delta}{V} - CI.$$

Ora rilevasi dalla figura che $Y = Ci \cdot \cos \theta$; quindi la quantità di cui si è mosso verticalmente il centro di carena, è data da:

$$Ci \cdot \cos \theta + \frac{v\Delta}{V} - CI,$$

ed il lavoro resistente sviluppato dalla spinta, è dato da:

$$- P \left(Ci . \cos \theta + \frac{v\Delta}{V} - CI \right) = - P . Ci \cos \theta - P \cdot \frac{v\Delta}{V} + P . CI . \quad (1)$$

Si noti che a questo lavoro si è apposto il segno —, per la ragione che se $Ci . \cos \theta + \dfrac{v\Delta}{V}$ sarà maggiore di CI, il movimento del centro di carena, essendo di discesa, avrà luogo in senso contrario a quello secondo cui agisce la spinta dell'acqua.

Quanto al movimento del centro di gravità del bastimento, esso sarà dovuto solo al fatto del cambiare della sezione di galleggiamento che risulta dalla inclinazione della nave, poichè non vi è trasporto di pesi. La distanza del centro di gravità dalla superficie di livello del mare essendo data prima della inclinazione del bastimento da GI, e dopo la inclinazione da Ge, lo spostamento verticale dello stesso centro è dato da: $GI - Ge$. Il lavoro corrispondente a questo movimento è dato da:

$$- P (GI - Ge) \quad (2),$$

nella quale espressione si è apposto il segno —, inquantochè se GI sarà maggiore di Ge, lo spostamento del centro di gravità sarà di ascesa, e quindi contrario al senso nel quale agisce il peso.

La somma algebrica dei lavori dovuti alle forze intrinseche (peso e spinta), ossia la loro risultante, si otterrà addizionando le espressioni (1) e (2); lo che dà:

$$- P . Ci \cos \theta - P \cdot \frac{v\Delta}{V} + P . CI - P . GI + P . Ge .$$

Sostituendo in questa espressione $Gi . \cos \theta$ a Ge, e raccogliendo i fattori comuni si avrà:

$$- P \cos \theta (Ci - Gi) + P (CI - GI) - P \cdot \frac{v\Delta}{V} \cdot \quad (3)$$

Ora, per il caso nel quale il centro di gravità sia al disopra del centro di carena, si ha:

$$Ci - Gi = CG = a; \quad CI - GI = CG = a,$$

quindi, sostituendo nella (3), si ha:

$$- Pa \cos \theta + Pa - P \cdot \frac{v\Delta}{V} = Pa (1 - \cos \theta) - P \cdot \frac{v\Delta}{V} .$$

In luogo di $1 - \cos \theta$ ponendo *sen ver.* θ, ed a P sostituendo ωV, si ricava:

$$Pa . sen \, ver \, \theta - \omega v \Delta . \qquad (4)$$

Nel caso in cui il centro di gravità trovisi al disotto del centro di carena primitivo si ha:

$$Ci - Gi = - CG = - a, \quad CI - GI = - GC = - a,$$

quindi, sostituendo nella (3), si ha:

$$Pa \cos \theta - Pa - P \cdot \frac{v\Delta}{V} = - Pa \, sen \, ver \, \theta - \omega v \Delta . \qquad (5)$$

I lavori meccanici rappresentati dalle espressioni (4) e (5) e sviluppati dalle forze intrinseche, come lavori resistenti, debbono essere cambiati di segno; quindi per la stabilità dinamica si avranno, per i due casi considerati circa la posizione del centro di gravità, le espressioni:

$$- Pa \, sen \, ver \, \theta + \omega v \Delta , \quad + Pa \, sen \, ver \, \theta + \omega v \Delta ,$$

le quali, riunite in una sola, mostrano l'enunciato della Proposizione.

Da quanto è stato dimostrato rilevasi, come è naturale, che per portare un bastimento ad una data inclinazione occorre maggior lavoro motore, allorchè il centro di gravità è al disotto del centro di carena.

Corollario. — La stabilità dinamica per un angolo θ piccolissimo nel senso trasversale è data da:

$$P (r \pm a) \, sen \, \theta . tang \frac{\theta}{2} ,$$

il segno — corrispondendo al caso nel quale il centro di gravità è al disopra del centro di carena, il segno + appartenendo al caso contrario, ed r rappresentando l'altezza metacentrica trasversale iniziale.

Nel caso d'inclinazioni piccolissime, le unghie d'immersione e di emersione possono considerarsi, come sappiamo, quali solidi di rivoluzione; quindi la congiungente i centri Q e Q' della figura divide in due parti eguali l'angolo θ. Si hanno perciò due triangoli rettangoli, in ciascuno dei quali un cateto è eguale a $\dfrac{\Delta}{2}$, e l'altro eguaglia $\dfrac{\delta}{2}$, conservando a δ il significato noto assegnatogli nell'espressione di r. Se ne deduce $\dfrac{\Delta}{2} = \dfrac{\delta}{2} \cdot tang\,\dfrac{\theta}{2}$, ossia $\Delta = \delta \cdot tang\,\dfrac{\theta}{2}$ e perciò:

$$\omega v \Delta = \omega v \delta \cdot tang\,\frac{\theta}{2} = Pr\,sen\,\theta \cdot tang\,\frac{\theta}{2}\,.$$

Sostituendo nella formula della precedente Proposizione, ed in luogo di *sen ver* θ ponendo l'espressione equivalente $2\,sen^2\,\dfrac{\theta}{2}$, si ha per la stabilità dinamica:

$$Pr\,sen\,\theta \cdot tang\,\frac{\theta}{2} \pm 2Pa\,sen^2\,\frac{\theta}{2} = Pr\,sen\,\theta \cdot tang\,\frac{\theta}{2} \pm$$

$$\pm Pa \cdot 2sen\,\frac{\theta}{2} \cdot sen\,\frac{\theta}{2} \cdot \frac{cos\,\dfrac{\theta}{2}}{cos\,\dfrac{\theta}{2}} = Pr\,sen\,\theta\,tang\,\frac{\theta}{2} \pm$$

$$\pm Pa \cdot 2sen\,\frac{\theta}{2}\,cos\,\frac{\theta}{2}\,tang\,\frac{\theta}{2} = Pr\,sen\,\theta\,tang\,\frac{\theta}{2} \pm$$

$$\pm Pa\,sen\,\theta \cdot tang\,\frac{\theta}{2} = P(r \pm a)\,sen\,\theta \cdot tang\,\frac{\theta}{2}\,.\ \text{C. S. D. D.}$$

Lemma. — Il lavoro sviluppato da una coppia qualunqne durante un tempo immensamente piccolo, è eguale al prodotto del momento della coppia per l'arco di rotazione descritto in quel brevissimo tempo dal punto che trovasi alla distanza eguale all' unità dall' asse di rotazione.

Si abbia una coppia di forza P e di braccio di leva AB. L'asse di rotazione di questa coppia, il quale è normale al suo piano e può intendersi, per un teorema di Meccanica, trasportato in un punto qualunque di questo piano, immaginiamolo condotto nell'estremo A. Allora la forza P applicata in questo punto non svilupperà nessun lavoro, perchè il suo punto di applicazione non si sposterà. Svilupperà lavoro solo la forza applicata in *B*, il quale lavoro, per ciò che riguarda il suo valore numerico, sarà dato dal prodotto di *P* per la proiezione dell'arco percorso *BC* sulla direzione della stessa forza. Ora l'arco *BC* è dato dal raggio *AB* moltiplicato per l'arco piccolissimo descritto intorno ad *A* dal punto che ne è ad una distanza eguale all'unità, e che noi rappresenteremo con σ. Si avrà quindi: $BC = AB \times \sigma$.

Siccome poi la forza *P*, normale al braccio di leva *AB* nel punto *B*, è tangente all'arco *BC* nello stesso punto, ne segue che la proiezione di quest'archetto su tale tangente, atteso la immensa piccolezza supposta nel valore di σ, differisce pochissimo dal medesimo arco. Quindi con un errore tanto minore quanto più piccolo sarà l'angolo di rotazione, si potrà stabilire che il lavoro elementare delle due forze applicate in *A* ed in *B*, ossia della coppia di momento $P \times AB$, è dato da: $P \times AB \times \sigma$.   C. S. D. D.

2ª PROPOSIZIONE. — La stabilità dinamica per un angolo θ qualunque è data ancora dalla espressione:

$$P(r \mp a) \, sen \, \sigma \times \sigma + P(r_1 \mp a) \, sen \, 2\sigma \times \sigma + P(r_2 \mp a) \, 3\sigma \times \sigma +$$
$$+ P(r_3 \mp a) \, sen \, 4\sigma \times \sigma + P(r_4 \mp a) \, sen \, 5\sigma \times \sigma + \ldots$$
$$\ldots + \frac{1}{2}(r_{n-1} \mp a) \, sen \, n\sigma \times \sigma$$

essendo $r, r_1, r_2, r_3, r_4 \ldots r_{n-1}$ le altezze metacentriche corrispondenti alle diverse inclinazioni, σ rappresentando angoli piccolissimi i quali in numero *n* immensamente grande costituiscono l'angolo θ, e le altre lettere avendo il solito significato. Il segno — nei termini di questa espressione vale per il caso in cui il centro di gravità sia al disopra del centro di carena, ed il segno + nel caso contrario.

Infatti il massimo angolo di cui il bastimento s'inclina è quello nel quale la somma dei lavori elementari dovuti alla coppia di stabilità eguaglia il lavoro motore. Ora essendochè:

$$(r \mp a) \, sen \, \sigma, (r_1 \mp a) \, sen \, 2\sigma, (r_2 \mp a) \, sen \, 3\sigma, (r_3 \mp a) \, sen \, 4\sigma \ldots$$
$$\ldots (r_{n-1} \mp a) \, sen \, n\sigma.$$

sono i bracci di leva corrispondenti nella coppia di stabilità agli angoli di deviazione σ, 2σ, 3σ, 4σ, … *n*σ, se si supponga che i tempi nei quali si descrive successivamente l'arco σ siano immensamente piccoli, si potrà ammettere che in ciascuno di questi tempi il braccio di leva della stabilità, anziché essere variabile, rimanga costante ed eguale alla media dei valori che esso ha al principio ed alla fine di ciascun tempo. Ne segue quindi, in virtù del Lemma precedente, che la somma dei lavori elementari dovuti alla coppia di stabilità è data da:

$$\frac{1}{2}\left\{0 + P\left(r \mp a\right)sen\,\sigma\right\}\sigma + \frac{1}{2}\left\{P\left(r \mp a\right)sen\,\sigma + \right.$$

$$\left. + P\left(r_1 \mp a\right)sen\,2\sigma\right\}\sigma + \frac{1}{2}\left\{P\left(r_1 \mp a\right)sen\,2\sigma + \right.$$

$$\left. + P\left(r_2 \mp a\right)sen\,3\sigma\right\}\sigma + \frac{1}{2}\left\{P\left(r_2 \mp a\right)sen\,3\sigma + \right.$$

$$\left. + P\left(r_3 \mp a\right)sen\,4\sigma\right\}\sigma + \ldots + \frac{1}{2}\left\{P\left(r_{n-2} \mp a\right)sen\,(n-1)\sigma + \right.$$

$$\left. + P\left(r_{n-1} \mp a\right)sen\,n\sigma\right\}\sigma = P\left(r \mp a\right)sen\,\sigma \times \sigma + $$

$$ + P\left(r_1 \mp a\right)sen\,2\sigma \times \sigma + P\left(r_2 \mp a\right)sen\,3\sigma \times \sigma + $$

$$ + P\left(r_3 \mp a\right)sen\,4\sigma \times \sigma + \ldots + \frac{1}{2}P\left(r_{n-1} \mp a\right)sen\,n\sigma \times \sigma,$$

come si doveva dimostrare.

SCOLIO. — L'espressione trovata per la stabilità dinamica iniziale trasversale col Corollario della 1ª Proposizione, concorda colla espressione $\frac{1}{2}P\left(r \mp a\right)sen\,\theta \times \theta$ che si ricava dalla formula della precedente Proposizione, limitandola al primo angolo elementare σ, che ora diremo θ, ed applicandola al caso d'inclinazione nel senso trasversale. Basta infatti che nell'una e nell'altra si sostituisca θ a *sen* θ e $\frac{\theta}{2}$ a *tang* $\frac{\theta}{2}$.

Le due Proposizioni dimostrate additano due metodi differenti da potersi seguire per valutare la stabilità dinamica per angoli qualsiasi nel senso trasversale.

All'applicazione del primo metodo, che deriva dalla 1ª Proposizione, potrebbero servire i quadri dei calcoli istituiti per la determinazione delle altezze metacentriche corrispondenti ad inclinazioni di qualunque grandezza.

Ed infatti, osservando che la valutazione del termine $\omega v\Delta$, la quale sarebbe poi la più laboriosa, potrebbe ottenersi colle espressioni dei momenti delle unghie riportate a pag. 32, che si fondono su quelle precedentemente ricavate à pag. 29, è facile rilevare come ricorrendo ai Quadri N. 4, che sono alla fine di questa Prima Parte, basterebbe moltiplicarne i prodotti $1S^{(3)}$, $4S'^{(3)}$, $2S''^{(3)}$, $4S'''^{(3)}$, ... $1S^{(m)(3)}$, e gli altri $1\Sigma^{(3)}$, $4\Sigma'^{(3)}$, $2\Sigma''^{(3)}$, $4\Sigma'''^{(3)}$, ... $1\Sigma^{(m)(3)}$, per i seni degli angoli corrispondenti, anziché per i coseni; i risultati andrebbero quindi sommati, ed il loro totale dovrebbe essere moltiplicato per $\frac{1}{3}\alpha \cdot \frac{1}{3}\frac{\sigma}{3}$.

Dovrebbesi quindi procedere alle correzioni richieste dalle sporgenze della murata e dalle sue parti rientranti, se ve ne fossero, dalle appendici della ruota di prora e del dritto di poppa, e finalmente dallo strato equivalente alla differenza dei volumi delle due unghie, che nei citati Quadri si sono assunte, le quali sono limitate dal galleggiamento primitivo e dal piano a questo inclinato dell'angolo θ e che passa per il suo asse di simmetria. Si dovrebbe perciò moltiplicare ciascuno dei volumi delle parti poc'anzi enumerate, per la distanza del suo centro di gravità dal suddetto piano inclinato al galleggiamento primitivo.

L'ultimo risultato a cui così si perverrebbe, moltiplicato per ω e diminuito, o aumentato, del termine *Pa sen ver* θ, darebbe la stabilità dinamica, in chilogrammetri o tonnellate-metri se le unità del sistema metrico fossero adottate.

Sarebbe più utile anziché la stabilità dinamica, valutare lo spazio percorso relativo a questo lavoro meccanico, il quale spazio si otterrebbe dividendo il precedente risultato per *P*.

Coi valori che si avrebbero nell'uno o nell'altro modo, riportati come ordinate sulle perpendicolari innalzate dai punti dell'asse delle ascisse, i quali punti fossero determinati col mezzo dei corrispondenti angoli d'inclinazione, si potrebbero costruire dei diagrammi analoghi alle curve di stabilità statica, che rappresenterebbero la stabilità dinamica, oppure un suo elemento, cioè lo spazio percorso.

All'applicazione del secondo metodo, il quale deriva dalla 2ª Proposizione, servono le curve della stabilità statica costruite, o coi bracci di leva, o coi momenti della stabilità, poiché col valutare l'area racchiusa da una di queste curve, da una ordinata qualunque, e dagli assi delle coordinate, si ha o uno dei due elementi della stabilità di-

namica, cioè lo spazio percorso, o direttamente la stabilità dinamica
relativa all'inclinazione che corrisponde a quell'ordinata.

Infatti, immaginiamo la curva di stabilità statica di un bastimento
costruita coi momenti di stabilità, e supponiamo decomposto l'asse
delle θ in un numero immensamente grande di parti eguali. Dai punti
di divisione s'immaginino innalzate le perpendicolari sino ad incontrare quella curva; evidentemente si avranno dei trapezi che poco
differiranno da rettangoli, le aree dei quali saranno date dai prodotti
dei momenti di stabilità per le porzioni piccolissime ed eguali in cui
è stato diviso l'asse delle θ. Tali aree non sono dunque che i lavori
elementari dovuti alla coppia di stabilità, ed il loro insieme, ossia
l'area della porzione che si considera del diagramma della stabilità
statica, equivarrà alla somma dei lavori corrispondenti agli spazî elementari che entrano nell'angolo θ; la quale, per la seconda Proposizione di questo Capitolo, non è che la stabilità dinamica corrispondente a quest'angolo.

Il metodo testè descritto è più comunemente usato del primo.

Se sugli assi del diagramma della stabilità statica, con le stesse
scale e con la medesima origine, si rappresenti il diagramma dei momenti della causa esterna corrispondente ai diversi valori di θ, si avrà
un'altra linea, la quale, nell'incontrare la curva di stabilità, darà il
punto, o per meglio dire, l'angolo d'inclinazione per cui il momento
di stabilità eguaglia quello della causa esterna.

Quest'angolo non è quello che più interessa di conoscere, poichè
se avvenga che durante il moto dal bastimento acquistato nel pervenire a quell'angolo, e dipendentemente dai valori del momento motore
delle forze estrinseche e di quello di stabilità, il lavoro sviluppato
dal primo superi quello del secondo momento, la nave oltrepasserà
l'angolo, a cui corrisponde la nuova posizione di equilibrio, e giun-
gerà, se ciò sarà possibile, sino ad un nuovo angolo, per il quale il
lavoro totale sviluppato dal momento motore eguagli quello dovuto
alla coppia di stabilità. La nave non si arresterà nemmeno in questa
nuova posizione, poichè si troverà sotto l'azione del momento di stabilità, che avrà dovuto acquistare valore superiore a quello motore;
ritornerà con nuova forza viva verso la nuova posizione di equilibrio
già oltrepassata, e così vi effettuerà intorno un numero maggiore o
minore di oscillazioni, sino a che il lavoro dovuto alle resistenze che

l'acqua e l'aria oppongono a questo movimento annulli la differenza che esisteva tra il lavoro motore e la stabilità dinamica, quando la nave era giunta alla seconda posizione di equilibrio.

È manifesto come bene a ragione si annetta ai nostri giorni grandissima importanza alla suddetta inclinazione massima, poichè potrebbe corrispondere ad una posizione incomoda e pericolosa, e, peggio ancora, potrebbe essere di equilibrio instabile, ancorchè la posizione per la quale si eguagliano il momento motore e quello di stabilità non fosse nè incomoda, nè pericolosa.

L'angolo massimo testè indicato non può essere trovato che con tentativi, determinando sulla curva di stabilità statica quel punto per il quale, condotta una perpendicolare all'asse delle ascisse, si vengono a limitare sui due diagrammi della stabilità e del momento motore esterno, a partire dall'asse delle ordinate condotto per l'origine, due porzioni di superficie di eguale area, alle quali perciò corrispondono due lavori eguali. Al di là di questo punto, se la curva di stabilità esca al difuori di quella del momento motore, la porzione di superficie, racchiusa tra l'una e l'altra curva, rappresenta la riserva di stabilità dinamica che il bastimento possiede per resistere all'aumento di lavoro che può prodursi nell'azione della causa esterna, come avverrebbe per effetto di una raffica, se questa causa fosse il vento.

Evidentemente, se la curva di stabilità fosse costruita solo coi valori dei bracci di leva della stabilità, come d'ordinario si usa più vantaggiosamente per la grandezza della scala delle ordinate che allora si può adottare, la curva stessa potrebbe sempre servire agli scopi testè indicati, purchè alla linea dei momenti motori si sostituisse la linea che si ottiene riportando come ordinate i quozienti dei momenti stessi divisi per il peso del bastimento.

Malgrado la difficoltà di apprezzare il momento delle ordinarie cause esterne, e l'aver trascurato circostanze che hanno influenza sulle cose dimostrate, tuttavia, determinando la stabilità dinamica per più navi, potrà rilevarsi quali tipi richiedono maggior lavoro meccanico per essere portati ad una stessa inclinazione.

ORDINATE	SEMI LARGHEZZE SULLE LINEE D'ACQUA						Somme	Fattori
	Chiglia (metà)	1ª Linea d'acqua	2ª Linea d'acqua	3ª Linea d'acqua	....	Galleggiamento (metà)		
$Pp . A V\left(\frac{1}{2}\right)$	$\frac{y}{4}$	$\frac{y'}{2}$	$\frac{y''}{2}$	$\frac{y'''}{2}$	....	$\frac{y^{(m)}}{4}$	$\frac{s}{2}$	$\frac{1}{3}$
1ª ordin.	$\frac{y_1}{2}$	y_1'	y_1''	y_1'''	....	$\frac{y_1^{(m)}}{2}$	s_1	1
2ª »	$\frac{y_2}{2}$	y_2'	y_2''	y_2'''	....	$\frac{y_2^{(m)}}{2}$	s_2	2
3ª »	$\frac{y_3}{2}$	y_3'	y_3''	y_3'''	....	$\frac{y_3^{(m)}}{2}$	s_3	3
4ª »	$\frac{y_4}{2}$	y_4'	y_4''	y_4'''	....	$\frac{y_4^{(m)}}{2}$	s_4	4
5ª »	$\frac{y_5}{2}$	y_5'	y_5''	y_5'''	....	$\frac{y_5^{(m)}}{2}$	s_5	5
6ª »	$\frac{y_6}{2}$	y_6'	y_6''	y_6'''	....	$\frac{y_6^{(m)}}{2}$	s_6	6
7ª »	$\frac{y_7}{2}$	y_7'	y_7''	y_7'''	....	$\frac{y_7^{(m)}}{2}$	s_7	7
8ª »	$\frac{y_8}{2}$	y_8'	y_8''	y_8'''	....	$\frac{y_8^{(m)}}{2}$	s_8	8
9ª »	$\frac{y_9}{2}$	y_9'	y_9''	y_9'''	....	$\frac{y_9^{(m)}}{2}$	s_9	9
10ª »	$\frac{y_{10}}{2}$	y_{10}'	y_{10}''	y_{10}'''	....	$\frac{y_{10}^{(m)}}{2}$	s_{10}	10
11ª »	$\frac{y_{11}}{2}$	y_{11}'	y_{11}''	y_{11}'''	....	$\frac{y_{11}^{(m)}}{2}$	s_{11}	11
12ª »	$\frac{y_{12}}{2}$	y_{12}'	y_{12}''	y_{12}'''	....	$\frac{y_{12}^{(m)}}{2}$	s_{12}	12
13ª »	$\frac{y_{13}}{2}$	y_{12}'	y_{13}''	y_{13}'''	....	$\frac{y_{13}^{(m)}}{2}$	s_{13}	13
14ª »	$\frac{y_{14}}{2}$	y_{13}'	y_{14}''	y_{14}'''	....	$\frac{y_{14}^{(m)}}{2}$	s_{14}	14
15ª »	$\frac{y_{15}}{2}$	y_{14}'	y_{15}''	y_{15}'''	....	$\frac{y_{15}^{(m)}}{2}$	s_{15}	15
....	......	......	......	......	......	....	......	......
$Pp . A D\left(\frac{1}{2}\right)$	$\frac{y_n}{4}$	$\frac{y_n'}{2}$	$\frac{y_n''}{2}$	$\frac{y_n'''}{2}$	....	$\frac{y_n^{(m)}}{4}$	$\frac{s_n}{2}$	$\left(n-\frac{1}{3}\right.$
Somme	$\frac{S}{2}$	S'	S''	S'''	....	$\frac{S^{(m)}}{2}$	Σ	
Fattori	$\frac{1}{3}$	1	2	3	....	$\left(m-\frac{1}{3}\right)$		
Prodotti per l'ordinata del centro di car.	$\frac{1}{3}\cdot\frac{S}{2}$	$1.S'$	$2.S''$	$3.S'''$	....	$\left(m-\frac{1}{3}\right)\frac{S^{(m)}}{2}$	Σ''	

Prodotti per l'ascissa del centro di carena	ASCISSA DEL CENTRO DI GRAVITÀ DEL GALLEGGIAMENTO			Cubi delle semi-larghezze del galleggia-mento	Quadrati dei numeri naturali	Prodotti per l'altezza metacentrica longitudinale
	Semi-larghezze	Fattori	Prodotti			
$\frac{1}{3} \cdot \frac{s}{2}$	$\frac{y_m}{2}$	$\frac{1}{3}$	$\frac{1}{3} \cdot \frac{y^{(m)}}{2}$	$\frac{y^{(m)3}}{2}$	$100 - \frac{10}{3}$	$\left(100 - \frac{10}{3}\right)\frac{y^{(m)}}{2}$
$1s_1$	$y_1^{(m)}$	1	$1y_1^{(m)}$	$y_1^{(m)3}$	81	$81y_1^{(m)}$
$2s_2$	$y_2^{(m)}$	2	$1y_2^{(m)}$	$y_2^{(m)3}$	64	$64y_2^{(m)}$
$3s_3$	$y_3^{(m)}$	3	$2y_3^{(m)}$	$y_3^{(m)3}$	49	$49y_3^{(m)}$
$4s_4$	$y_4^{(m)}$	4	$4y_4^{(m)}$	$y_4^{(m)3}$	36	$36y_4^{(m)}$
$5s_5$	$y_5^{(m)}$	5	$5y_5^{(m)}$	$y_5^{(m)3}$	25	$25y_5^{(m)}$
$6s_6$	$y_6^{(m)}$	6	$6y_6^{(m)}$	$y_6^{(m)3}$	16	$16y_6^{(m)}$
$7s_7$	$y_7^{(m)}$	7	$7y_7^{(m)}$	$y_7^{(m)3}$	9	$9y_7^{(m)}$
$8s_8$	$y_8^{(m)}$	8	$8y_8^{(m)}$	$y_8^{(m)3}$	4	$4y_8^{(m)}$
$9s_9$	$y_9^{(m)}$	9	$9y_9^{(m)}$	$y_9^{(m)3}$	1	$1y_9^{(m)}$
$10s_{10}$	$y_{10}^{(m)}$	10	$10y_{10}^{(m)}$	$y_{10}^{(m)3}$	0	$0y_{10}^{(m)}$
$11s_{11}$	$y_{11}^{(m)}$	11	$11y_{11}^{(m)}$	$y_{11}^{(m)3}$	1	$1y_{11}^{(m)}$
$12s_{12}$	$y_{12}^{(m)}$	12	$12y_{12}^{(m)}$	$y_{12}^{(m)3}$	4	$4y_{12}^{(m)}$
$13s_{13}$	$y_{13}^{(m)}$	13	$13y_{13}^{(m)}$	$y_{13}^{(m)3}$	9	$9y_{13}^{(m)}$
$14s_{14}$	$y_{14}^{(m)}$	14	$14y_{14}^{(m)}$	$y_{14}^{(m)3}$	16	$16y_{14}^{(m)}$
$15s_{15}$	$y_{15}^{(m)}$	15	$15y_{15}^{(m)}$	$y_{15}^{(m)3}$	25	$25y_{15}^{(m)}$
....	......	......	....	......	....	....
$\left(n - \frac{1}{3}\right) \cdot \frac{s_n}{2}$	$\frac{y_n^{(m)}}{2}$	$\left(n - \frac{1}{3}\right)$	$\left(n - \frac{1}{3}\right)\frac{y_n^{(m)}}{2}$	$\frac{y_n^{(m)3}}{2}$	$n'^2 - \frac{n'}{3}$	$\left(n'^2 - \frac{n'}{3}\right)\frac{y_n^{(m)}}{2}$
Σ'			Σ''''	Σ'''		Σ''''

ORDINATE	FATTORI	FAT-TORI	Chiglia 1 Semi-larghezze	prodotti	1ª Linea d'acqua 4 Semi-larghezze	prodotti	2ª Linea d'acqua 2 Semi-larghezze	prodotti	3ª Linea d'acqua 4 Semi-larghezze	prodotti	4ª Linea d'acqua 2 Semi-larghezze	prodotti	
Pp.AV	1	...	y	$1y$	y'	$1y'$	y''	$1y''$	y'''	$1y'''$	y''''	$1y''''$	...
			$1y$		$4y'$		$2y''$		$4y'''$		$2y''''$		
1ª ordin.	4	...	y_1	$4y_1$	y_1'	$4y_1'$	y_1''	$4y_1''$	y_1'''	$4y_1'''$	y_1''''	$4y_1''''$	...
			$1y_1$		$4y_1'$		$2y_1''$		$4y_1'''$		$2y_1''''$		
2ª »	2	...	y_2	$2y_2$	y_2'	$2y_2'$	y_2''	$2y_2''$	y_2'''	$2y_2'''$	y_2''''	$2y_2''''$	...
			$1y_2$		$4y_2'$		$2y_2''$		$4y_2'''$		$2y_2''''$		
3ª »	4	...	y_3	$4y_3$	y_3'	$4y_3'$	y_3''	$4y_3''$	y_3'''	$4y_3'''$	y_3''''	$4y_3''''$	...
			$1y_3$		$4y_3'$		$2y_3''$		$4y_3'''$		$2y_3''''$		
4ª »	2	...	y_4	$2y_4$	y_4'	$2y_4'$	y_4''	$2y_4''$	y_4'''	$2y_4'''$	y_4''''	$2y_4''''$	...
			$1y_4$		$4y_4'$		$2y_4''$		$4y_4'''$		$2y_4''''$		
5ª »	4	...	y_5	$4y_5$	y_5'	$4y_5'$	y_5''	$4y_5''$	y_5'''	$4y_5'''$	y_5''''	$4y_5''''$	...
			$1y_5$		$4y_5'$		$2y_5''$		$4y_5'''$		$2y_5''''$		
6ª »	2	...	y_6	$2y_6$	y_6'	$2y_6'$	y_6''	$2y_6''$	y_6'''	$2y_6'''$	y_6''''	$2y_6''''$	...
			$1y_6$		$4y_6'$		$2y_6''$		$4y_6'''$		$2y_6''''$		
7ª »	4	...	y_7	$4y_7$	y_7'	$4y_7'$	y_7''	$4y_7''$	y_7'''	$4y_7'''$	y_7''''	$4y_7''''$	...
			$1y_7$		$4y_7'$		$2y_7''$		$4y_7'''$		$2y_7''''$		
8ª »	2	...	y_8	$2y_8$	y_8'	$2y_8'$	y_8''	$2y_8''$	y_8'''	$2y_8'''$	y_8''''	$2y_8''''$	...
			$1y_8$		$4y_8'$		$2y_8''$		$4y_8'''$		$2y_8''''$		
9ª »	4	...	y_9	$4y_9$	y_9'	$4y_9'$	y_9''	$4y_9''$	y_9'''	$4y_9'''$	y_9''''	$4y_9''''$	...
			$1y_9$		$4y_9'$		$2y_9''$		$4y_9'''$		$2y_9''''$		
10ª »	2	...	y_{10}	$2y_{10}$	y_{10}'	$2y_{10}'$	y_{10}''	$2y_{10}''$	y_{10}'''	$2y_{10}'''$	y_{10}''''	$2y_{10}''''$	...
			$1y_{10}$		$4y_{10}'$		$2y_{10}''$		$4y_{10}'''$		$2y_{10}''''$		
....	..	...	......	......	......	......	......	......	......	......	......	......	..
Pp.AD	1	...	y_n	$1y_n$	y_n'	$1y_n'$	y_n''	$1y_n''$	y_n'''	$1y_n'''$	y_n''''	$1y_n''''$	...
			$1y_n$		$4y_n'$		$2y_n''$		$4y_{10}'''$		$2y_n''''$		

(nella colonna dei fattori, indicazione verticale: PRODOTTI)

	Chiglia	1ª Linea	2ª Linea	3ª Linea	4ª Linea	
Somme per il volume	Σ	Σ'	Σ''	Σ'''	Σ''''	...
Fattori » »	1	4	2	4	2	...
Prodotti » »	1Σ	$4\Sigma'$	$2\Sigma''$	$4\Sigma'''$	$2\Sigma''''$	...
Fattori	0	1	2	3	4	...
Prodotti per l'ordinata del centro di carena.	0.1Σ	$1.\Sigma'$	$2.2\Sigma''$	$3.4\Sigma'''$	$4.2\Sigma''''$	...

alleggiamento — larghezze	prodotti	Somme per il volume	Fattori per il volume	PRODOTTI	Fattori per l'ascissa del centro di carena	Prodotti per l'ascissa del centro di carena	Cubi delle semi-larghezze del galleggiamento	Prodotti per l'altezza metacentrica trasversale	Quadrati dei numeri naturali	Prodotti per l'altezza metacentrica longitudinale
$y^{(m)}$	$1y^{(m)}$						$y^{(m)3}$	$1y^{(m)3}$	81	$1y^{(m)} \times 81$
$y^{(m)}$		S	1	$1S$	0	$1S \times 0$				
$y_1^{(m)}$	$4y_1^{(m)}$						$y_1^{(m)3}$	$4y_1^{(m)3}$	64	$4y_1^{(m)} \times 64$
$y_1^{(m)}$		S_1	4	$4S_1$	1	$4S_1 \times 1$				
$y_2^{(m)}$	$2y_2^{(m)}$						$y_2^{(m)3}$	$2y_2^{(m)3}$	49	$2y_2^{(m)} \times 49$
$y_2^{(m)}$		S_2	2	$2S_2$	2	$2S_2 \times 2$				
$y_3^{(m)}$	$4y_3^{(m)}$						$y_3^{(m)3}$	$4y_3^{(m)3}$	36	$4y_3^{(m)} \times 36$
$y_3^{(m)}$		S_3	4	$4S_3$	3	$4S_3 \times 3$				
$y_4^{(m)}$	$2y_4^{(m)}$						$y_4^{(m)3}$	$2y_4^{(m)3}$	25	$2y_4^{(m)} \times 25$
$y_4^{(m)}$		S_4	2	$2S_4$	4	$2S_4 \times 4$				
$y_5^{(m)}$	$4y_5^{(m)}$						$y_5^{(m)3}$	$4y_5^{(m)3}$	16	$4y_5^{(m)} \times 16$
$y_5^{(m)}$		S_5	4	$4S_5$	5	$4S_5 \times 5$				
$y_6^{(m)}$	$2y_6^{(m)}$						$y_6^{(m)3}$	$2y_6^{(m)3}$	9	$2y_6^{(m)} \times 9$
$y_6^{(m)}$		S_6	2	$2S_6$	6	$2S_0 \times 6$				
$y_7^{(m)}$	$4y_7^{(m)}$						$y_7^{(m)3}$	$4y_7^{(m)3}$	4	$4y_7^{(m)} \times 4$
$y_7^{(m)}$		S_7	4	$4S_7$	7	$4S_7 \times 7$				
$y_8^{(m)}$	$2y_8^{(m)}$						$y_8^{(m)3}$	$2y_8^{(m)3}$	1	$2y_8^{(m)} \times 1$
$y_8^{(m)}$		S_8	2	$2S_8$	8	$2S_8 \times 8$				
$y_9^{(m)}$	$4y_9^{(m)}$						$y_9^{(m)3}$	$4y_9^{(m)3}$	0	$4y_9^{(m)} \times 0$
$y_9^{(m)}$		S_9	4	$4S_9$	9	$4S_9 \times 9$				
$y_{10}^{(m)}$	$2y_{10}^{(m)}$						$y_{10}^{(m)3}$	$2y_{10}^{(m)3}$	1	$2y_{10}^{(m)} \times 1$
$y_{10}^{(m)}$		S_{10}	2	$2S_{10}$	10	$2S_{10} \times 10$				
......	......	......	.....	......	......	....	......	......	......	....
$y_n^{(m)}$	$1y_n^{(m)}$						$y_n^{(m)3}$	$1y_n^{(m)3}$	n'^2	$1y_n^{(m)} \times n'^2$
$y_n^{(m)}$		S_n	1	$1S_n$	n	$1S_n \times n$				
.....	$\Sigma^{(m)}$									
.....	1									
.....	$1\Sigma^{(m)}$			Σ_1		Σ_2		Σ_4		Σ_5
.....	m									
......	$m.1\Sigma^{(m)}$	Σ_3								

QUADRO N. 3.

ORDINATE	Semi-larghezze della chiglia	Semi-larghezze della 1ª linea d'acqua	SOMME	Altezze dei trapezi	AREE dei TRAPEZI	FATTORI	ASCISSA DEL CEN. DI GRAVITÀ — PRODOTTI	Larghezze della chiglia	Semi-larghezze della 1ª linea d'acqua	SOMME	FATTORI	ORDINATA DEL CENTRO DI GRAVITÀ — PRODOTTI
$Pp.AV\left(\frac{1}{2}\right)$	$\frac{y}{2}$	$\frac{y'}{2}$	$\frac{y+y'}{2}$	a	$\frac{y+y'}{2}\cdot a$	$\frac{1}{3}$	$\frac{1}{3}\cdot\frac{y+y'}{2}\cdot a$	$\frac{2y}{2}$	$\frac{y'}{2}$	$\frac{2y+y'}{2}$	a^3	$\frac{2y+y'}{2}\,a^3$
1ª ordinata	y_1	y_1'	y_1+y_1'	a_1	$(y_1+y_1')\,a_1$	1	$1\,(y_1+y_1')\,a_1$	$2y_1$	y_1'	$2y_1+y_1'$	a_1^3	$(2y_1+y_1')\,a_1^3$
2ª »	y_2	y_2'	y_2+y_2'	a_2	$(y_2+y_2')\,a_2$	2	$2\,(y_2+y_2')\,a_2$	$2y_2$	y_2'	$2y_2+y_2'$	a_2^3	$(2y_2+y_2')\,a_2^3$
3ª »	y_3	y_3'	y_3+y_3'	a_3	$(y_3+y_3')\,a_3$	3	$3\,(y_3+y_3')\,a_3$	$2y_3$	y_3'	$2y_3+y_3'$	a_3^3	$(2y_3+y_3')\,a_3^3$
4ª »	y_4	y_4'	y_4+y_4'	a_4	$(y_4+y_4')\,a_4$	4	$4\,(y_4+y_4')\,a_4$	$2y_4$	y_4'	$2y_4+y_4'$	a_4^3	$(2y_4+y_4')\,a_4^3$
5ª »	y_5	y_5'	y_5+y_5'	a_5	$(y_5+y_5')\,a_5$	5	$5\,(y_5+y_5')\,a_5$	$2y_5$	y_5'	$2y_5+y_5'$	a_5^3	$(2y_5+y_5')\,a_5^3$
6ª »	y_6	y_6'	y_6+y_6'	a_6	$(y_6+y_6')\,a_6$	6	$6\,(y_6+y_6')\,a_6$	$2y_6$	y_6'	$2y_6+y_6'$	a_6^3	$(2y_6+y_6')\,a_6^3$
7ª »	y_7	y_7'	y_7+y_7'	a_7	$(y_7+y_7')\,a_7$	7	$7\,(y_7+y_7')\,a_7$	$2y_7$	y_7'	$2y_7+y_7'$	a_7^3	$(2y_7+y_7')\,a_7^3$
8ª »	y_8	y_8'	y_8+y_8'	a_8	$(y_8+y_8')\,a_8$	8	$8\,(y_8+y_8')\,a_8$	$2y_8$	y_8'	$2y_8+y_8'$	a_8^3	$(2y_8+y_8')\,a_8^3$
9ª »	y_9	y_9'	y_9+y_9'	a_9	$(y_9+y_9')\,a_9$	9	$9\,(y_9+y_9')\,a_9$	$2y_9$	y_9'	$2y_9+y_9'$	a_9^3	$(2y_9+y_9')\,a_9^3$
10ª »	y_{10}	y_{10}'	$y_{10}+y_{11}'$	a_{10}	$(y_{10}+y_{10}')\,a_{10}$	10	$10\,(y_{10}+y_{10}')\,a_{10}$	$2y_{10}$	y_{10}'	$2y_{10}+y_{10}'$	a_{10}^3	$(2y_{10}+y_{10}')\,a_{10}^3$
....	......	......	....	......	....	......	....	......	......	....	......	....
$Pp.AR\left(\frac{1}{2}\right)$	$\frac{y_n}{2}$	$\frac{y_n'}{2}$	$\frac{y_n+y_n'}{2}$	a_n	$\frac{y_n+y_n'}{2}\cdot a_n$	$n-\frac{1}{3}$	$\left(n-\frac{1}{3}\right)\frac{y_n+y_n'}{2}\,a_n$	$\frac{2y_n}{2}$	$\frac{y_n'}{2}$	$\frac{2y_n+y_n'}{2}$	a_n^3	$\frac{2y_n+y_n'}{2}\cdot a_n^3$
Somme					**A**		**B**					**C**

Seguono retro i Quadri Nº 4.

ORDINATE	FATTORI	GALLEGGIAMENTO PRIMITIVO						PIANO CONVERGENTE DI 1σ GRADI					
		Larghezze			Prodotti per le larghezze			Larghezze			Prodotti per le larghezze		
		alla 1ª potenza	al quadrato	al cubo	alla 1ª potenza	al quadrato	al cubo	alla 1ª potenza	al quadrato	al cubo	alla 1ª potenza	al quadrato	al cubo
$Pp.AV$	1	l	l^2	l^3	$1l$	$1l^2$	$1l^3$	l'	l'^2	l'^2	$1l'$	$1l'^2$	$1l'^3$
1ª ordin.	4	l_1	l_1^2	l_1^3	$4l_1$	$4l_1^2$	$4l_1^3$	l'_1	l'_1^2	l'_1^3	$4l'_1$	$4l'_1^2$	$4l'_1^3$
2ⁿ　　»	2	l_2	l_2^2	l_2^3	$2l_2$	$2l_2^2$	$2l_2^3$	l'_2	l'_2^2	l'_2^2	$2'l_2$	$2'l_2^2$	$2l'_2^3$
3ª　　»	4	l_3	l_3^2	l_3^3	$4l_3$	$4l_3^2$	$4l_3^3$	l'_3	l'_3^2	l'_3^3	$4l'_3$	$4l'_3^2$	$4l'_3^3$
4ª　　»	2	l_4	l_4^2	l_4^3	$2l_4$	$2l_4^2$	$2l_4^3$	l'_4	l'_4^2	l'_4^2	$2l'_4$	$2l'_4^2$	$2l'_4^3$
5ª　　»	4	l_5	l_5^2	l_5^3	$4l_5$	$4l_5^2$	$4l_5^3$	l'_5	l'_5^2	l'_5^2	$4l'_5$	$4l'_5^2$	$4l'_5^3$
6ª　　»	2	l_6	l_6^2	l_6^3	$2l_6$	$2l_6^2$	$2l_6^3$	l'_6	l'_6^2	l'_6^2	$2l'_6$	$2l'_6^2$	$2l'_6^3$
……… …	…	…	…	…	…	…	…………	…	…	…	…	………	………………………
$Pp.AD$	1	l_n	l_n^2	l_n^3	$1l_n$	$1l_n^2$	$1l_n^3$	l'_n	l'_n	l'_n^3	$1l'_n$	$1l'_n^2$	$1l'_n^3$
Somme		S	$S^{(2)}$	$S^{(3)}$				S'	$S'^{(2)}$	$S'^{(3)}$			
Fattori per i volumi			1						4				
Prodotti			$1S^{(2)}$						$4S'^{(2)}$				
Fattori per i momenti					$1\cos m\sigma$						$4\cos(m-1)\sigma$		
Prodotti　»　　　»					$1S^{(3)}\cos m\sigma$						$4S'^{(3)}\cos(m-1)\sigma$		

MMERSIONE

	PIANO CONVERGENTE DI 2σ GRADI					PIANO CONVERGENTE DI 3σ GRADI						
	Larghezze			Prodotti per le larghezze			Larghezze			Prodotti per le larghezze		
1^a potenza	al quadrato	al cubo	alla 1^a potenza	al quadrato	al cubo	alla 1^a potenza	al quadrato	al cubo	alla 1^a potenza	al quadrato	al cubo	...
'	l''^2	l''^3	$1l''$	$1l''^2$	$1l''^3$	l'''	l'''^2	l'''^3	$1l'''$	$1l'''^2$	$1l'''^3$	...
$'_1$	l''^2_1	l''^3_1	$4l''_1$	$4l''^2_1$	$4l''^3_1$	l'''_1	l'''^2_1	l'''^3_1	$4l'''_1$	$4l'''^2_1$	$4l'''^3_1$	...
$'_2$	l''^2_2	l''^3_2	$2l''_2$	$2l''^2_2$	$2l''^3_2$	l'''_2	l'''^2_2	l'''^3_2	$2l'''_2$	$2l'''^2_2$	$2l'''^3_2$	...
$'_3$	l''^2_3	l''^3_3	$4l''_3$	$4l''^2_3$	$4l''^3_3$	l'''_3	l'''^2_3	l'''^3_3	$4l'''_3$	$4l'''^2_3$	$4l'''^3_3$	...
$'_4$	l''^2_4	l''^3_4	$2l''_4$	$2l''^2_4$	$2l''^3_4$	l'''_4	l'''^2_4	l'''^3_4	$2l'''_4$	$2l'''^2_4$	$2l'''^3_4$	...
$'_5$	l''^2_5	l''^3_5	$4l''_5$	$4l''^2_5$	$4l''^3_5$	l'''_5	l'''^2_5	l'''^3_5	$4l'''_5$	$4l'''^2_5$	$4l'''^3_5$	...
$'_6$	l''^2_6	l''^3_6	$2l''_6$	$2l''^2_6$	$2l''^3_6$	l'''_6	l'''^2_6	l'''^3_6	$2l'''_6$	$2l'''^2_6$	$2l'''^3_6$	...
.	.....	.....	.....	.....	....	.....	.....	.....	.....	.....	....	...
$_n$	l''^2_n	l''^3_n	$1l''_n$	$1l''^2_n$	$1l''^3_n$	l'''_n	l'''^2_n	l'''^3_n	$1l'''_n$	$1l'''^2_n$	$1l'''^3_n$	...
			S''	$S''^{(2)}$	$S''^{(3)}$				S'''	$S'''^{(2)}$	$S'''^{(3)}$	
				2						4		
				$2S''^{(2)}$						$4S'''^{(2)}$		
					$2\cos(m-2)\sigma$						$4\cos(m-3)\sigma$	
					$2S''^{(3)}\cos(m-2)\sigma$						$4S'''^{(3)}\cos(m-3)\sigma$	

UNGHIA DI

| ORDINATE | FATTORI | GALLEGGIAMENTO PRIMITIVO | | | | | | PIANO CONVERGENTE DI 1σ GRADI | | | | | |
| | | Larghezze | | | Prodotti per le larghezze | | | Larghezze | | | Prodotti per le larghezze | | |
		alla 1ª potenza	al quadrato	al cubo	alla 1ª potenza	al quadrato	al cubo	alla 1ª potenza	al quadrato	al cubo	alla 1ª potenza	al quadrato	al cubo
$Pp.AV$	1	λ	λ^2	λ^3	1λ	$1\lambda^2$	$1\lambda^3$	λ'	λ'^2	λ'^3	$1\lambda'$	$1\lambda'^2$	$1\lambda'^3$
1ª ordin.	4	λ_1	λ_1^2	λ_1^3	$4\lambda_1$	$4\lambda_1^2$	$4\lambda_1^3$	λ'_1	$\lambda'_1{}^2$	$\lambda'_1{}^3$	$4\lambda'_1$	$4\lambda'_1{}^2$	$4\lambda'_1{}^3$
2ª »	2	λ_2	λ_2^2	λ_2^3	$2\lambda_2$	$2\lambda_2^2$	$2\lambda_2^3$	λ'_2	$\lambda'_2{}^2$	$\lambda'_2{}^3$	$2\lambda'_2$	$2\lambda'_2{}^2$	$2\lambda'_2{}^3$
3ª »	4	λ_3	λ_3^2	λ_3^3	$4\lambda_3$	$4\lambda_3^2$	$4\lambda_3^3$	λ'_3	$\lambda'_3{}^2$	$\lambda'_3{}^3$	$4\lambda'_3$	$4\lambda'_3{}^2$	$4\lambda'_3{}^3$
4ª »	2	λ_4	λ_4^2	λ_4^3	$2\lambda_4$	$2\lambda_4^2$	$2\lambda_4^3$	λ'_4	$\lambda'_4{}^2$	$\lambda'_4{}^3$	$2\lambda'_4$	$4\lambda'_4{}^2$	$2\lambda'_4{}^3$
5ª »	4	λ_5	λ_5^2	λ_5^3	$4\lambda_5$	$4\lambda_5^2$	$4\lambda_5^3$	λ'_5	$\lambda'_5{}^2$	$\lambda'_5{}^3$	$4\lambda'_5$	$2\lambda'_5{}^2$	$4\lambda'_5{}^3$
....	...	...	...	...	...	...	....	...	...	...	...	......	....
$Pp.AD$	1	λ_n	λ_n^2	λ_n^3	$1\lambda_n$	$1\lambda_n^2$	$1\lambda_n^3$	λ'_n	$\lambda'_n{}^2$	$\lambda'_u{}^3$	$1\lambda'_n$	$1\lambda'_n{}^2$	$1\lambda'_n{}^3$

	alla 1ª potenza	al quadrato	al cubo		alla 1ª potenza	al quadrato	al cubo
Somme	Σ	$\Sigma^{(2)}$	$\Sigma^{(3)}$		Σ'	$\Sigma'^{(2)}$	$\Sigma'^{(3)}$
Fattori per i volumi		1				4	
Prodotti		$1\Sigma^{(2)}$				$4\Sigma'^{(2)}$	
Fattori per i momenti			$1\cos m\sigma$				$4\cos(m-1)\sigma$
Prodotti » »			$1\Sigma^{(3)}\cos m\sigma$				$4\Sigma\cos(m-1)\sigma$

MERSIONE

	PIANO CONVERGENTE DI 2_γ GRADI					PIANO CONVERGENTE DI 3_γ GRADI						
	Larghezze			Prodotti per le larghezze			Larghezze			Prodotti per le larghezze			
1ª potenza	al quadrato	al cubo	alla 1ª potenza	al quadrato	al cubo	alla 1ª potenza	al quadrato	al cubo	alla 1ª potenza	al quadrato	al cubo	
λ''	λ''^2	λ''^3	$1\lambda''$	$1\lambda''^2$	$1\lambda''^3$	λ'''	λ'''^2	λ'''^3	$1\lambda'''$	$1\lambda'''^2$	$1\lambda'''^3$	…
λ''_1	λ''^2_1	λ''^3_1	$4\lambda''_1$	$4\lambda''^2_1$	$4\lambda''^3_1$	λ'''_1	λ'''^2_1	λ'''^3_1	$4\lambda'''_1$	$4\lambda'''^2_1$	$4\lambda'''^3_1$	…
λ''_2	λ''^2_2	λ''^3_2	$2\lambda''_2$	$2\lambda''^2_2$	$2\lambda''^3_2$	λ'''_2	λ'''^2_2	λ'''^3_2	$2\lambda'''_2$	$2\lambda'''^2_2$	$2\lambda'''^3_2$	…
λ''_3	λ''^2_3	λ''^3_3	$4\lambda''_3$	$4\lambda''^2_3$	$4\lambda''^3_3$	λ'''_3	λ'''^2_3	λ'''^3_3	$4\lambda'''_3$	$4\lambda'''^2_3$	$4\lambda'''^3_3$	…
λ''_4	λ''^2_4	λ''^3_4	$2\lambda''_4$	$2\lambda''^2_4$	$2\lambda''^3_4$	λ'''_4	λ'''^2_4	λ'''^3_4	$2\lambda'''_4$	$2\lambda'''^2_4$	$2\lambda'''^3_4$	…
λ''_5	λ''^2_5	λ''^3_5	$4\lambda''_5$	$4\lambda''^2_5$	$4\lambda''^3_5$	λ'''_5	λ'''^2_5	λ'''^3_5	$4\lambda'''_5$	$4\lambda'''^2_5$	$4\lambda'''^3_5$	…
……	……	……	……	……	………	……	……	……	……	……	………	…
λ''_n	λ''^2_n	λ''^3_n	$1\lambda''_n$	$1\lambda''^2_n$	$1\lambda''^3_n$	λ'''_n	λ'''^2_n	λ'''^3_n	$1\lambda'''_n$	$1\lambda'''^2_n$	$1\lambda'''^3_n$	…
			Σ''	$\Sigma''^{(2)}$	$\Sigma''^{(3)}$				Σ'''	$\Sigma'''^{(2)}$	$\Sigma'''^{(3)}$	
				2						1		
				$2\Sigma''^{(2)}$						$4\Sigma'''^{(2)}$		
					$2\cos(m-2)\sigma$						$4\cos(m-3)\sigma$	
					$2\Sigma''^{(3)}\cos(m-2)\sigma$						$4\Sigma'''\cos(m-3)\sigma$	

Riassunto dei calcoli relativi all' altezza metacentrica trasversale per l'inclinazione qualunque di θ gradi.

Quantità proporzionale all'unghia d'immersione:

$$U = 1S^{(2)} + 4S'^{(2)} + 2S''^{(2)} + 4S'''^{(2)} + \ldots + 1S^{(m)2}.$$

Quantità proporzionale all'unghia d'emersione:

$$U' = 1\Sigma^{(2)} + 4\Sigma^{(n)} + 2\Sigma''^{(n)} + 4\Sigma'''^{(2)} + \ldots + 1\Sigma^{(m)2}.$$

Differenza tra i volumi delle unghie $\frac{1}{3} \alpha \cdot \frac{1}{3} \frac{\sigma}{2} (U - U')$.

Quantità proporzionale al momento dell'unghia d'immersione:

$$M = 1S^{(3)} \cdot cos \, m\sigma + 4S'^{(3)} \, cos \, (m-1)\sigma + 2S''^{(3)} \, cos \, (m-2)\sigma + \ldots$$
$$\ldots + 1S^{(m)3} \, cos \, 0.$$

Quantità proporzionale al momento dell'unghia d'emersione:

$$M' = 1\Sigma^{(3)} \, cos \, m\sigma + 4\Sigma'^{(3)} \, cos \, (m-1)\sigma + 2\Sigma''^{(3)} \, cos \, (m-2)\sigma + \ldots$$
$$\ldots + 1\Sigma^{(m)3} \, cos \, 0.$$

Momento risultante delle due unghie non equivalenti:

$$\frac{1}{3} \alpha \cdot \frac{1}{3} \frac{\sigma}{3} (M + M').$$

Area del piano convergente di θ gradi passante per l'asse di simmetria del galleggiamento primitivo:

$$\frac{1}{3} \alpha \left\{ S^{(m)} + \Sigma^{(m)} \right\}.$$

Altezza dello strato equivalente alla differenza di volume delle due unghie diseguali:

$$h = \frac{1}{3} \alpha \cdot \frac{1}{3} \frac{\sigma}{2} (U - U') : \frac{1}{3} \alpha \left\{ S^{(m)} + \Sigma^{(m)} \right\} = \frac{1}{3} \cdot \frac{\sigma}{2} (U - U') : \left\{ S^{(m)} + \Sigma^{(m)} \right\}.$$

Momento dello strato di correzione:

$$h \cdot \frac{1}{3} \cdot \frac{\alpha}{2} \left\{ S^{(m)2} - \Sigma^{(m)2} \right\} =$$
$$= \frac{1}{3} \cdot \frac{\sigma}{2} \cdot \frac{1}{3} \cdot \frac{\alpha}{2} (U - U') \left\{ S^{(m)2} - \Sigma^{(m)2} \right\} : \left\{ S^{(m)} + \Sigma^{(n)} \right\}.$$

Momento risultante delle due unghie equivalenti, ossia $V\rho \, sen \, \theta$.

$$\frac{1}{3} \alpha \, \frac{1}{3} \sigma \left\{ \frac{M + M'}{3} - \frac{1}{4} \frac{(U - U')(S^{(m)2} - \Sigma^{(m)2})}{S^{(m)} + \Sigma^{(m)}} \right\}.$$

PARTE SECONDA

Nel cominciare la Seconda Parte delle nostre lezioni, dobbiamo avvertire come in questa più frequenti assai e più evidenti che nella Prima saranno i casi in cui occorre applicare la massima già da noi enunciata a pag. 38, cioè che: *è alla esperienza che devesi ricorrere per non arrestarsi a mezzo nella via intrapresa colla teoria.*

Ed oltre a ciò conviene osservare che neppure la stessa esperienza fornisce sempre dati precisi, esatti, concordi tra loro, tali insomma che possano essere accettati con sicurezza ed applicati senza esitazione; chè anzi, molte questioni rimangono pressochè insolute, ed è quindi aperto il campo all'arbitrio.

Ma se alcuno per questa considerazione sentisse venir meno la propria fiducia nell'utilità dello studio di cui ci occupiamo; se gli sembrasse essere miglior partito non impiegar tempo, nè fatica, nello studio delle materie che formano il soggetto di questo corso, errerebbe grandemente.

Ed invero, mentre sovente accade che i bastimenti, quando è compiuta appieno la loro costruzione, presentino qualità alquanto diverse da quelle che si voleva e si credeva dare ad essi, attenendosi alle norme apprese nello studio della teoria e suggerite dalle esperienze anteriori, d'altro lato poi devesi ritenere come cosa certa e indubitabile che quella diversità riuscirebbe assai più rilevante, ed i risultati risponderebbero assai meno alle previsioni del costruttore, se questi si accingesse all'opera sfornito delle cognizioni che si acquistano mediante lo studio e l'esperienza.

CAPITOLO I.

DELLA RESISTENZA DEI FLUIDI.

Resistenza ai moti di traslazione. — Tra le condizioni enumerate a pag. 37, come quelle a cui deve soddisfare un bastimento affinchè sia atto a navigare, vi ha che esso possa trasportarsi da un luogo all'altro, combattendo e vincendo la resistenza che l'acqua e l'aria oppongono al suo progredire.

Perchè l'azione che dal bastimento deve esercitarsi per raggiungere questo scopo sia adeguata alla resistenza che gli si oppone, fa d'uopo conoscere la natura di questa, e valutarne, quanto meglio si può, l'intensità.

La detta resistenza è dovuta al fatto che per condurre un corpo totalmente immerso in un fluido da un punto all'altro dello spazio, è necessario, dopo aver vinto dapprincipio l'inerzia delle diverse sue parti, separare le molecole del fluido deviandole dalla posizione che occupano, alla quale debbono poscia ritrovarsi, quando si è effettuato il passaggio del corpo; ciò che non può avvenire se non producendo altresì tra le molecole stesse e la superficie del corpo uno strofinamento, che genera attrito. Che se il corpo emergerà dal fluido, e sarà spinto dall'azione di un propulsatore, altri elementi evidentemente contribuiranno sulla resistenza.

Il prendere in considerazione tutte le cause che possono concorrere a formare la resistenza dei fluidi, ha preoccupato somm'ingegni da circa due secoli. Dapprima ne formarono oggetto di loro studi eminenti scienziati, i quali mancando di quella suppellettile di osservazioni dall'esperienza in seguito fornite, furono costretti a creare delle teorie, assumendo in modo differente, secondo il punto di vista nel quale l'autore stesso si collocava, ed il numero degli elementi che contribuiscono sulla resistenza, e la maniera di esercitare la loro azione.

Disgraziatamente queste teorie, non fondate sempre sulle osservazioni, condussero a formule che non furono riscontrate esatte nei risultati della pratica.

Di tali formule esporremo quella che è stata trovata seguendo il metodo del Poncelet, poichè essa è stata adottata per lungo tempo, e, fornendo risultati meno discordi dal vero delle altre, modificata convenientemente, può essere applicata ancora, dentro dati limiti, per apprezzare grossolanamente la resistenza che corpi simili e di forme opportune incontrano nel muoversi a traverso un fluido.

Ed invero, per mera avventura, le ricerche moderne, sebbene attribuiscono la resistenza dei fluidi, come vedremo, a ben altre cause di quella supposta dal Poncelet (il quale non tenne conto che dell'inerzia delle molecole fluide) danno tuttavia alla formula che esprime grossolanamente la misura degli effetti di queste cause, per navi simili e ben delineate, press'a poco la stessa forma di quella che deducesi col dimostrare la Proposizione che segue, attenendosi al metodo del detto autore. Si considera perciò un corpo totalmente immerso in un fluido in quiete, e si ammette che le molecole incontrate spariscano successivamente davanti ad esso, siano indipendenti tra di loro, non abbiano altro contatto con i fianchi del corpo, quasi che vi fosse il vuoto intorno, e che alla sua parte posteriore si mantenga costante la pressione statica che vi si esercitava quando esso era in quiete.

La resistenza che così viene determinata la chiameremo *teorica*.

1ª PROPOSIZIONE. — La resistenza teorica incontrata da un piano, o da un corpo terminato alla parte anteriore da un piano il quale sia maggiore di tutte le sue sezioni normali alla direzione del moto, totalmente immerso, che si muova a traverso un fluido in direzione normale a quel piano, è data in unità di peso da:

$$R = \frac{p}{2g} A v^2.$$

Intendendo adottate le unità del sistema metrico, R rappresenta la resistenza in chilogrammi, p il peso in chilogrammi per ogni metro cubo del fluido, g l'accelerazione dovuta alla gravità espressa in metri, A la superficie del piano anteriore in metri quadrati, e v la velocità del mobile in metri per ogni secondo.

Consideriamo il piano, od il corpo, sottoposto all'azione di una forza costante, e supponiamo che il suo moto, per effetto della resistenza del fluido, sia pervenuto ad uniformità.

Il volume occupato dalle molecole del fluido rimosse in ogni secondo, essendo quello di un prisma di base A e di lunghezza v, è

11

evidentemente dato da Av; quindi il numero delle molecole, o la loro massa, che equivale al quoziente del loro peso per l'accelerazione della gravità, sarà dato da $Avp : g$.

Ora questa massa di fluido posta in movimento, acquista una forza viva $\dfrac{Avp}{g} \cdot v^2$; e la metà di questa, come risulta dalla Dinamica, rappresenta il lavoro meccanico che l'ha prodotta; quindi $\dfrac{Ap}{2g} \cdot v^3$ rappresenta tale lavoro, il quale è speso nel vincere quello che la resistenza dell'acqua sviluppa per opporsi al movimento del corpo.

Un'altra espressione del lavoro assorbito dalla resistenza R in ogni secondo, evidentemente è data da $R \cdot v$; eguagliando quindi le due espressioni dello stesso lavoro si avrà:

$$Rv = \frac{p}{2g} Av^3, \qquad \text{da cui ricavasi:} \qquad R = \frac{p}{2g} Av^2. \quad \text{C. S. D. D.}$$

COROLLARIO. — Per l'acqua distillata, per quella salmastra, per l'acqua di mare e per l'aria alla temperatura di zero gradi ed alla pressione atmosferica, la resistenza teorica del piano, o del corpo, è data respettivamente dalle formule seguenti:

$$R = 50{,}970\ Av^2; \qquad R = 51{,}730\ Av^2; \qquad R = 52{,}290\ Av^2;$$
$$R = 0{,}067\ Av^2.$$

Ciò si ottiene sostituendo 19,618 a $2g$, e successivamente 1000; 1015; 1026; 1,293 a p.

2ª PROPOSIZIONE. — Se la superficie piana sia disposta sotto un angolo φ alla direzione del suo movimento, la resistenza teorica secondo la stessa direzione è data da: $R = \dfrac{p}{2g} \cdot Av^2\ sen^3\ \varphi$.

Ripetendo il ragionamento fatto nella 1ª Proposizione, si vedrà che il volume di fluido rimosso in ogni minuto secondo ha per base A e per altezza $v\ sen\ \varphi$, quindi la sua massa è data da: $\dfrac{Av\ sen\ \varphi}{g} p$.

Perchè poi il piano possa avanzarsi, basta che sposti le molecole del fluido nella direzione della sua normale, imprimendo loro cioè la velocità $v\ sen\ \varphi$, in guisa che il lavoro sottratto al piano in movimento dalla resistenza dell'acqua, è dato da: $\dfrac{Apv^3\ sen^3\ \varphi}{2g}$.

D'altra parte, continuando a rappresentare con R la resistenza nella direzione del movimento del piano, siccome in questa direzione è v lo spazio percorso in ogni minuto secondo, si avrà per il suo lavoro, il prodotto Rv. Eguagliando le due espressioni ottenute si ricava: $R = \dfrac{p}{2g} Av^2 sen^3 \varphi$.   C. S. D. D.

Evidentemente, la resistenza normale al piano sarebbe data da:

$\dfrac{p}{2g} Av^2 sen^2 \varphi$.

3ª PROPOSIZIONE. — Se si abbia un cuneo regolare, le cui faccie siano inclinate egualmente dell'angolo φ alla direzione del movimento, essendo A l'area della sua faccia posteriore, la resistenza teorica secondo la detta direzione, la qual resistenza diremo R_1, è data da:

$$R_1 = \frac{p}{2g} \cdot A\, v^2\, sen^2 \varphi .$$

L'area di ciascuna faccia del cuneo essendo data da $\dfrac{A}{2} : sen\,\varphi$, la resistenza di una faccia è misurata, secondo la precedente Proposizione, da: $\dfrac{p}{2g} \cdot \dfrac{A}{2} \cdot v^2\, sen^2 \varphi$, e quella delle due faccie riunite da:

$$R_1 = \frac{p}{2g} \cdot A\, v^2\, sen^2 \varphi .$$ C. S. D. D.

COROLLARIO. — Il rapporto tra la resistenza teorica secondo il cammino opposta ad un piano che si muove, in direzione ad esso normale, completato alla parte anteriore da due altri piani, ciascuno dei quali fa angolo φ colla direzione del movimento, e quella provata dal semplice primo piano, è dato da: $\dfrac{sen^2 \varphi}{4}$.

Ciò risulta mettendo in rapporto i valori trovati per R_1 ed R respettivamente nella terza e nella prima Proposizione.

Ora è chiaro che per $\varphi = 60^o$ essendo $sen\,\varphi = 0,866$, $R_1 = 0,750\,R$;
   » $\varphi = 45^o$ » $sen\,\varphi = 0,707$, $R_1 = 0,500\,R$;
   » $\varphi = 30^o$ » $sen\,\varphi = 0,500$, $R_1 = 0,250\,R$;
   » $\varphi = 15^o$ » $sen\,\varphi = 0,259$, $R_1 = 0,067\,R$;
quindi scorgesi quanta riduzione risenta la resistenza dall'acutezza del cuneo.

4ª PROPOSIZIONE. — Se il fluido in cui si muove il piano od il corpo terminato alla parte anteriore da un piano, sia animato da una velocità propria v' nella direzione secondo la quale si muove quel piano, o quel corpo, la resistenza teorica è data da:

oppure da:

$$R = \frac{p}{2g} A (v + v')^2,$$

$$R = \frac{p}{2g} A (v - v')^2.$$

La prima espressione vale per il caso che il corpo si muova in senso contrario a quello del fluido; la seconda è relativa al caso in cui il corpo abbia il movimento nello stesso senso del fluido.

Nel primo caso, perchè il corpo in movimento possa spostare le molecole del fluido e trovare passaggio a traverso di esse, deve comunicare loro tale velocità da distruggere la v' da cui sono animate, ed inoltre imprimere ad esse l'altra v; quindi la forza necessaria per vincere la resistenza del fluido, è la stessa di quella che si dovrebbe impiegare se il fluido fosse in quiete, ed il mobile dovesse imprimere alle sue molecole la velocità $v + v'$. Ripetendo un ragionamento analogo a quello della 4ª Proposizione, si avrà per la resistenza: $R = \frac{p}{2g} A (v + v')^2$.

Nel secondo caso, perchè le molecole del fluido siano spostate davanti al mobile, basta imprimere loro la velocità $v - v'$, la quale insieme a quella di cui esse sono dotate dà l'altra v, con cui debbono sparire davanti al corpo. Ripetendo anche qui un ragionamento simile a quello della 4ª Proposizione, si ha per la forza da impiegarsi:

$$R = \frac{p}{2g} A (v - v')^2.$$

È da notarsi che le due velocità $v + v'$, $v - v'$ chiamansi le *velocità relative* del corpo rispetto al fluido, e che importa moltissimo tenerne conto ogni qualvolta il fluido sia in movimento.

5ª PROPOSIZIONE. — Se il piano, od il corpo terminato da un piano alla parte anteriore, sia in quiete, ed il fluido sia in movimento con direzione normale al piano, l'azione dal fluido esercitata su quest'ultimo, la quale prende il nome di *pressione*, è data da:

$$R = \frac{p}{2g} A v^2.$$

Se s'immagini che il piano, od il corpo, in riposo, ed il fluido in moto ricevano un movimento comune di traslazione, di cui la velocità sia precisamente eguale e contraria a quella del fluido, la loro azione vicendevole non cambierà, mentre così il fluido si troverà ridotto al riposo, ed il corpo sarà posto in movimento colla velocità v. Essendo quindi ricondotti al caso della 1ª Proposizione, la misura dell'azione del fluido sul piano, o sul corpo, è data dalla formula di quella Proposizione, cioè: $R = \dfrac{p}{2g} Av^2$.　　　C. S. D. D.

È evidente che alla resistenza incontrata dal piano, o dal corpo terminato da un piano alla faccia anteriore, potendosi sostituire una sola forza, e così dicasi di quella incontrata da un corpo qualunque, ad essa corrisponderà un punto di applicazione. A questo punto si è dato il nome di *centro di resistenza*, quando è il fluido che riceve azione dal corpo, e quello di *centro di pressione*, quando viceversa è il corpo che riceve azione dal fluido.

Nelle condizioni ipotetiche ammesse, l'uno e l'altro centro corrispondono evidentemente al centro di gravità della faccia piana anteriore, o trovansi nel piano normale alla costola del cuneo con cui esso può terminare; il quale piano passa per il centro di gravità delle due faccie del cuneo.

Con considerazioni del genere di quelle fatte sin qui, e servendosi del Calcolo superiore, si potrebbe determinare la resistenza teorica incontrata da corpi muoventisi nei fluidi e dotati di forme geometriche differenti da quelle da noi considerate.

Le formule però precedentemente trovate, per i concetti su cui si fondano, non potevano e non possono evidentemente essere accettate senz'altro per farne applicazione. Lo stesso è a dirsi, come abbiamo già accennato dapprincipio, per le formule dedotte da altri scienziati, i quali, o non presero in considerazione tutti gli elementi che contribuiscono sulla resistenza, o non ne apprezzarono in modo conveniente l'influenza.

Gl'insuccessi di tutte queste teorie, posti in chiaro dalle osservazioni e dai fatti, indussero posteriormente altri scienziati ed ingegneri a fare uso del metodo empirico, attenendosi al partito di adottare formule nelle quali fossero tanti termini quanti erano gli elementi, che, secondo le considerazioni generali teoriche di ciascun autore, concorrevano a formare la resistenza totale, foggiandoli in modo da contenere ciascuno di essi le quantità principali dello elemento che era destinato a rappresentare. Si ricorse poscia alle esperienze già fatte, o se ne eseguirono di nuove, per trovare i valori dei coefficienti e degli esponenti, che per ogni caso particolare dovevano modificare ciascun termine per avvicinarlo al vero.

Il numero delle esperienze accettate, o quelle da farsi in ogni caso particolare, doveva essere eguale al numero dei coefficienti ed esponenti introdotti, i quali erano da considerarsi come le incognite delle equazioni corrispondenti.

Esperienze numerose vennero fatte a tale riguardo in tempi molto differenti, ma con maggior cura, per ciò che riguarda i bastimenti, allorquando l'introduzione dei piroscafi fece sentire il bisogno potente di valutare quanto meglio si poteva la resistenza da essi incontrata.

Le une e le altre esperienze, almeno quelle di una certa importanza, si possono dividere in due grandi classi; l'una che comprende quelle fatte dal 1775 a tutto il 1844; l'altra a cui appartengono le esperienze eseguite dal 1844 sino ai nostri giorni.

Le esperienze della prima classe, fatte da uomini eminenti, furono dirette ai seguenti scopi: 1° a determinare la resistenza incontrata da piani, parallelepipedi, cilindri e sfere totalmente immersi e muoventisi nell'acqua o nell'aria; 2° ad apprezzare l'azione esercitata dalle forme acuminate con cui i corpi possono terminare alle due estremità anteriore e posteriore; 3° a misurare la resistenza incontrata dai corpi galleggianti a fior d'acqua; 4° a valutare la resistenza dei galleggianti emergenti dall'acqua, e specialmente di qualche bastimento da fiume.

Queste esperienze furono eseguite in gabinetti di scienziati, in bacini di acqua di grande estensione, o in fiumi, con modi diversi, le cui descrizioni possono trovarsi nei trattati o nelle memorie particolareggiate relative al soggetto.

Riassumendole brevissimamente, possiamo dire che, avendo convenuto di rappresentare con K un coefficiente empirico, con v la velocità relativa del mobile rapporto al fluido, con A l'area del piano anteriore, o della sezione massima del corpo normale alla direzione del moto, con φ l'angolo acuto che questa direzione fa con quel piano, se essa non sia la normale al piano stesso, le formule empiriche più comunemente usate in questa prima classe di esperienze furono le seguenti:

$$R = KAv^2 \; ; \quad R = KAv^2 \, sen^2 \, \varphi.$$

La prima formula fu adottata per il caso di un corpo terminato a forma qualunque, oppure di un piano muoventesi in direzione ad esso normale; la seconda venne introdotta per il caso di un piano muoventesi in direzione ad esso obliqua.

I valori di K trovati colle esperienze testè citate variarono da chilogrammi 58 circa, a chilogrammi 63, per piani totalmente immersi nell'acqua salmastra con profondità al disotto del livello del liquido variabili da $0^m, 945$ a $2^m, 743$, e da chilogrammi $0, 090$ a chilogrammi $0, 135$ per piani muoventisi nell'aria.

Per parallelepipedi o cilindri e per sfere totalmente immersi nell'acqua salmastra, K variò da chilogrammi 52 circa, a chilogrammi 59 per i primi, e da chilogrammi 18 circa a chilogrammi 24 per le seconde; mentre per sfere muoventesi nell'aria, il coefficiente numerico della resistenza fu di chilogrammi $0, 0375$.

Le esperienze dirette ad apprezzare il grado di approssimazione della formula $KAv^2 \, sen^2 \, \varphi$ per la resistenza normale di un piano che si muova obliquamente mostrarono che la legge da essa espressa era sufficientemente esatta per piani totalmente immersi e per grandi valori di φ, ma che per valori di quest'angolo minori di 15 gradi si era più prossimi al vero sostituendo la prima potenza del seno dell'angolo d'incidenza al suo quadrato.

Non staremo a riportare i risultati ottenuti per corpi terminati con forme acuminate, sia totalmente immersi, che galleggianti a fior d'acqua, od emersi da questa, poichè essendo essi differentissimi secondo le diverse disposizioni date a quelle estremità, male potrebbero essere compresi in un brevissimo riassunto.

La seconda delle due classi di esperienze di sopra distinte si è eseguita specialmente da valenti ingegneri navali e studiosi di scienze riguardanti la marina. Essi hanno esperimentato su veri bastimenti e sopra imbarcazioni, essendo state rivolte le loro ricerche non solo a meglio chiarire gli elementi che contribuiscono sulla resistenza incontrata dai bastimenti, ed a determinare il modo secondo il quale essi variano, ma ben anco a fornire dati per i quali, nel delineare i piani dei bastimenti, si potesse in qualche modo apprezzare la resistenza che essi incontrerebbero.

Tali esperienze sono state eseguite in modo differente, cioè colla trazione ad un punto fisso, col rimorchio, col dinamometro interno e finalmente coll'estinzione del moto del bastimento, nel quale ad un tratto si è fatta cessare l'azione della macchina motrice.

Nel primo modo si è ormeggiato il bastimento col mezzo di una fune ad un punto fisso a terra, interponendo nel cavo di ormeggio un dinamometro; quindi si è portata la pressione del vapore nei cilindri della macchina ad intensità eguali a quelle rilevate per date velocità nello stesso bastimento, quando era libero nei suoi movimenti. E si è ammesso che lo sforzo di trazione esercitato sul punto fisso fosse eguale alla resistenza incontrata dal bastimento per quelle velocità.

Nel secondo modo, il bastimento, di cui si è voluto misurare la resistenza, è stato rimorchiato nella direzione del piano diametrale, o lateralmente a questo, da altro bastimento a vapore. Sul cavo di rimorchio è stato posto un dinamometro atto a segnare in ogni istante la tensione del cavo, e quindi lo sforzo fatto per muovere il bastimento rimorchiato, ossia per vincere la resistenza da esso incontrata.

Nel terzo modo di esperimentare, è stato collocato presso il cuscinetto di spinta sull'albero dell'elica del bastimento, di cui si è voluto misurare la resistenza, un dinamometro capace di ricevere in ogni istante lo sforzo trasmessogli dall'elica, in virtù del quale il bastimento si avanzava.

Finalmente l'ultimo modo di eseguire le esperienze ha consistito nel correre col bastimento a tutta velocità parallelamente ad una base scelta in località senza correnti, ed in giorno di calma di mare, nel fermare ad un tratto la macchina, e nel notare con esattezza i tempi (contati dal momento dell'arresto della macchina) impiegati a percorrere spazi noti determinati da punti esistenti sulla base e rilevati da bordo.

Si sono quindi presi due assi ortogonali; riportando sull'uno, come ascisse, i tempi t_1, t_2, t_3, . . . e sull'altro, come ordinate, i relativi spazi percorsi s_1, s_2, s_3, . . . dal principio dell'esperimento, si è ottenuto una curva rappresentante la legge di variazione degli spazi in funzione dei tempi. Egli è chiaro che considerando due ordinate successive immensamente vicine, corrispondenti cioè ad un tempo piccolissimo, il moto durante questo tempo si può ammettere uniforme; quindi la sua velocità sarà data dallo spazio percorso (misurato dalla differenza tra quelle due ordinate) diviso per il tempo impiegatovi (che è la differenza tra le ascisse corrispondenti). Ma tali differenze costituiscono un triangolo che si può considerare rettilineo, poichè la porzione della curva compresa tra le due ordinate è così piccola da poter ammettere confondersi con la sua corda, o colla tangente condotta ad un suo estremo; di più esso è rettangolo. Perciò il detto quoziente non è altro che il rapporto dei due cateti di questo triangolo rettangolo, il quale rapporto è alla sua volta eguale alla tangente dell'angolo che l'ipotenusa fa col cateto parallelo all'asse delle ascisse, o direttamente con questo. Quindi se dai diversi punti della curva degli spazi si conducono le tangenti, si avrà che quelle trigonometriche degli angoli che esse fanno con l'asse dei tempi rappresentano le velocità corrispondenti ai diversi tempi. Se poscia sulle ordinate relative a questi ultimi si riportano le velocità trovate, e si considerano due ordinate immensamente vicine corrispondenti ad un tempo piccolissimo, in maniera da poter ammettere il moto, per la sua durata, uniformemente ritardato, il grado di ritardamento sarà dato dalla differenza tra le due velocità, ossia tra le due ordinate, divisa per il tempo. È facile vedere, come poc'anzi, che questo quoziente equivale per ogni punto della curva al valore della tangente trigonometrica dell'angolo, che la tangente per esso condotta fa con l'asse dei tempi. Evidentemente il prodotto di questi ritardi per la massa del bastimento dà il valore della resistenza dell'acqua per le velocità v_1, r_2, v_3, . . . Finalmente prendendo un nuovo asse delle ascisse per rappresentare queste ultime, ed un altro asse ad esso normale per riportarvi le resistenze corrispondenti, si ha una curva che dà la legge di variazione delle resistenze in funzione delle velocità.

I risultati ottenuti colla trazione al punto fisso sono poco attendibili, inquantochè differenti sono le condizioni di un bastimento libero, da quelle del bastimento stesso ormeggiato; specialmente per ciò che riguarda l'azione del suo propulsatore.

Nella seconda specie di esperienze, allorchè il bastimento rimorchiato era direttamente a poppa del rimorchiatore, avanzavasi nell'acqua mossa da questo e dal suo propulsatore, a meno che non ne fosse stato a grande distanza; quindi era in condizioni differenti da quelle effettive in cui si sarebbe trovato navigando solo coi propri mezzi. Ad attenuare tale inconveniente si è perciò ricorso posteriormente allo espediente, di porre il bastimento rimorchiato in tal modo rispetto al rimorchiatore, da fargli risentire meno gli effetti del movimento prodotto da quest'ultimo bastimento nell'acqua. Si è altresì tenuto conto che il vero sforzo del rimorchio è minore della tensione effettiva del cavo di rimorchio, poichè questa tensione risulta anche in parte dal peso del cavo stesso.

Malgrado ciò è da notarsi che, nella specie di esperienza di cui ci occupiamo, la resistenza del bastimento rimorchiato non è quella stessa che esso prova quando si muove in virtù del proprio propulsatore, poichè manca l'azione di questo sul moto relativo dei filetti fluidi rapporto alla carena. Inoltre è da osservarsi che con questo mezzo di esperimentare non si può operare che per piccole velocità, a meno che non s'impieghino rimorchiatori di grande potenza, e che spesso deve ricorrersi al timone, il quale altera la resistenza del rimorchiato.

Nella terza specie di esperimenti, si sono incontrate difficoltà per la costruzione del dinamometro interno atto a misurare grandi sforzi, e per la sua istallazione a bordo, e non si è ottenuto sempre la misura esatta della spinta dell'elica, dipendentemente dalla variabilità degli sforzi che questa trasmetteva al dinamometro nei diversi punti del suo giro. Inoltre gli sforzi stessi non rappresentavano esattamente la resistenza incontrata dal bastimento; la quale poteva venire variata dal maggiore o minor vuoto che l'elica produceva nella parte posteriore della nave, e dall'azione dell'acqua da essa proiettata. Quindi è che questo modo di esperimentare non è stato adottato sempre con vantaggio.

Finalmente nell'ultima maniera di esperimentare non è stato raro incorrere in inesattezze nelle osservazioni e nel rilevare gli angoli delle tangenti alle due curve; ed in ogni caso l'influenza del propulsatore si è fatta sentire in modo diverso da quello in cui operava effettivamente quando la macchina era in moto, poichè essa non agiva che come resistenza più o meno pronunciata, secondo la posizione nella quale era rimasta nell'arrestarsi la macchina.

Nelle diverse esperienze della seconda classe che, coi differenti metodi testè indicati, sono state eseguite per determinare la resistenza dei bastimenti, è stata abbandonata la formula $R = KAv^2$, specialmente per le grandi velocità, e non è stata conservata, se non quando gli autori hanno voluto far rilevare all'ingrosso la differenza tra i valori di K trovati per i corpi, di forme diverse dai bastimenti, esperimentati nella prima classe di esperienze, e quelli ottenuti per bastimenti rapidi naviganti nel mare. Tale differenza consiste in ciò che per questi ultimi corpi il K scende a valori bene inferiori a quelli riportati per la prima classe di esperienze, e giunge in alcuni casi sino a chilogrammi tre.

Alla formula testè indicata sono state sostituite le seguenti :

$$R = KA\left(v^2 + 0,145\,v^3\right) + K'S\,\sqrt[3]{v}, \quad \text{dal Dupuy de Lôme;}$$

$$R = Av^2\left(K_1 + K_2\,\frac{lv^2}{A} + K_3\,\frac{S}{Av}\right), \quad \text{dal Bourgois;}$$

$$R = KLCv^2\left(1 + 4a + b\right), \quad \text{dal Rankine;}$$

$$R = KAv^2 + K_1\,Av^4, \quad \text{dal Guède e dal Jay;}$$

nelle quali espressioni la resistenza R è espressa in chilogrammi, la area A della sezione immersa dell'ordinata maestra è data in metri quadrati, e la velocità v in metri.

Nella formula del Dupuy de Lôme, S rappresenta la *superficie sfregante della carena*, ottenuta moltiplicando il contorno medio delle sue sezioni trasversali per la sua lunghezza, K è un coefficiente variabile colle forme, il quale, secondo l'autore, diminuisce in ragione inversa delle radici quadrate dei raggi di curvatura delle sezioni longitudinali della carena, e diminuisce ancora colla media degli angoli che il fasciame fa colla prua. Quest'ultima riduzione, secondo il Dupuy de Lôme, è di circa 15 per cento quando la detta media discende da 45 a 15 gradi. E si noti che per raggio di curvatura di una curva piana in un dato punto intendesi il raggio del cerchio che in questo punto, e per una piccola estensione, è a contatto colla curva stessa

Inoltre in detta formula K' è un coefficiente indipendente dalle forme della carena e dipendente dall'attrito, il quale varia colla levigatezza della superficie immersa: esso può passare da $0,^{chil.}3$, per carene pulite fasciate di rame liscio, a $3^{chil.}$ per carene lorde di incrostazioni e vegetazioni.

Per il vascello *Napoléon* della marina francese, avente il rame ossidato, il Dupuy de Lôme ha trovato:

$$K = 1,96; \quad K' = 0,44.$$

Nella formula del Bourgois K_1 è un coefficiente che dipende dalla forma del corpo e comprende anche l'attrito, risultando perciò di due termini K' e $K_4 \cdot \dfrac{S}{A}$, l'uno dipendente dalle forme della carena, o meglio dall'inerzia dell'acqua, l'altro dall'attrito ; K_2 è il coefficiente relativo al termine che tien conto della resistenza proveniente dal gonfiamento dell'acqua sulla prora e dalla depressione nella poppa, K_3 è il coefficiente che appartiene al termine destinato a tenere a calcolo la coesione del liquido ed l è la larghezza massima del bastimento. Inoltre S rappresenta la *superficie sfregante ridotta*, cioè la somma dei prodotti che si ottengono moltiplicando tutti gli elementi della superficie della carena pel coseno dell'angolo variabile che essi formano colla direzione del movimento.

Il Bourgois ha fornito ancora la formula empirica che per la maggior parte dei casi può servire a valutare la superficie S, la quale poco differisce da quella da noi riportata nella 1ª Parte a pag. 52, cioè: $S = 0,6 \, L \, (l + 2i)$, dove L, l, i rappresentano rispettivamente la lunghezza, la larghezza massima e l'immersione della carena.

Da esperienze eseguite dallo stesso Bourgois e dal Moll su imbarcazioni con carene nette è risultato che: K_1 varia da $2^{chil.}$ a $3,^{chil.}$ compresovi la resistenza dell'aria sull'opera morta; K_2 varia da $0,^{chil.} 120$ a $0,^{chil.} 228$ e K_3 da $0,^{chil.} 050$ a $0,^{chil.} 120$.

Le esperienze fatte dal Bourgois e da altri su bastimenti hanno condotto il primo a stabilire:

1° Che per bastimenti a vela da guerra, foderati di rame in buono stato, di cui la lunghezza era minore di 4 volte la larghezza:

$$R = Av^2 \left\{ 2,20 + 0,16 \cdot \frac{lv^2}{A} + 0,08 \, \frac{S}{AV} \right\};$$

2° Che per bastimenti da guerra a vapore di cui la carena, o di legno foderato di rame, o di ferro, era in buono stato di net-

tezza, e nei quali la lunghezza trovavasi compresa tra 5 e 6 volte
la larghezza:

$$R = Ar^2 \left\{ 2,00 + 0,14 \cdot \frac{lv^2}{A} + 0,08 \frac{S}{Av} \right\};$$

3° Che per vascelli a vapore, foderati di rame in buono stato
con forme più fini di quelle dei bastimenti a vela, e di cui la lunghezza non oltrepassava 4 volte e mezza la larghezza:

$$R = Av^2 \left\{ 1,80 + 0,14 \cdot \frac{lv^2}{A} + 0,08 \frac{S}{Av} \right\}.$$

Il Bourgois ha soggiunto che, per tener conto della resistenza del-
l'aria sull'alberatura e sull'opera morta, la quantità dentro parentesi
nelle diverse formule da lui trovate per R deve aumentarsi della
quantità $0,^{chil.}$ 20 a $0,^{chil.}$ 45 circa, secondo la specie del bastimento.

La formula del Bourgois è stata modificata dal Zanon nel seguente
modo: $R = 52,25 \, Av^2 \, sen^4 \, i + K_1 \, lv^4 \, sen^4 \, i + K_2 \, L^2 v + K_3 r \, Sv^2$,
nella quale i è l'angolo medio che i diversi elementi della superficie
di prora della carena formano col piano diametrale, S la *superficie
ridotta* della carena, r il rapporto tra l'immersione e la massima larghezza l del bastimento, del quale la lunghezza è rappresentata da
L. Il Zanon stabilisce: $K_1 = 18,75$, $K_2 = 0,073$, $K_3 = 0,227$.

La formula del Rankine è stata da lui trovata ammettendo che: per
bastimenti ben disegnati e di forme tali da non far sorgere sensibili
onde, la resistenza da essi incontrata (dovuta quasi interamente all'attrito) è proporzionale e al quadrato della velocità relativa al liquido,
ed alla superficie immersa della carena, aumentata convenientemente
nel seguente modo. Prendendo i seni degli angoli che le tangenti condotte alle linee d'acqua nel punto di flesso contrario fanno col loro
asse, valutando la media dei loro quadrati, la quale nella formula
è rappresentata da a, e quella delle loro quarte potenze, che è indicata con b, e poscia prendendo la somma $1 + 4a + b$, come coefficiente di aumento della superficie della carena. E questa è ottenuta
facendo il prodotto della lunghezza della nave al galleggiamento per
il contorno medio delle ordinate. Talchè nella formula del Rankine
L rappresenta quella lunghezza e C quest'ultimo contorno, mentre
$K = 0,1847$, per carene di bastimenti di ferro pitturate e nette.

Il Guede ed il Jay hanno esperimentato che per il bastimento *Elorn* il K ed il K_1 della loro formula hanno rispettivamente per valore 2,$^{chil.}$ 6 e 0,$^{chil.}$ 15.

Le ricerche fatte dagli esperimentatori od autori testè citati, specialmente dal Rankine, non che quelle dell'ingegnere Russell, hanno portato maggior luce sulle cognizioni che si avevano sulla resistenza dei fluidi, ed hanno avuto il risultato utile di porre in evidenza l'importanza dell'attrito dell'acqua sui corpi, e di far conoscere quale elemento apprezzabile sia per i galleggianti l'intumescenza che si produce sulla prora e le ondulazioni che si manifestano alla superficie libera dell'acqua. Tuttavia, e per i mezzi dai suddetti autori adottati, dei cui difetti abbiamo dato un cenno, e per la specialità dei casi per i quali essi hanno fornito i valori dei coefficienti delle loro formule, non si era ancora giunti ad avere elementi sufficienti per apprezzare con qualche certezza la resistenza che un galleggiante di qualunque forma incontrerebbe nel muoversi a traverso l'acqua. Nè ciò si raggiungeva facilmente con l'espressione del Rankine formulata con concetti che più si avvicinano alle moderne ricerche, poichè con essa si suppongono solo bastimenti delineati in modo da non far sorgere sensibili onde, ed ammesso pure che di essi si posseggano accurati piani di costruzione, non è facile misurare esattamente gli angoli di obliquità delle diverse linee d'acqua. Questo stato di cose ha spinto, sono pochi anni, il Froude a rivolgere i suoi studi sul valore relativo che hanno i diversi elementi della resistenza sul loro totale, e ad escogitare un qualche mezzo che permettesse di predire con sufficiente approssimazione al vero la resistenza che un galleggiante qualunque, di cui si conoscono le forme, incontrerà nell'acqua.

Il ragionamento e le accurate esperienze da lui fatte lo hanno indotto dapprincipio a confermare che gli elementi della resistenza incontrata dai bastimenti nell'acqua, fatta astrazione da ciò che il propulsatore vi contribuisce, sono: 1° l'attrito; 2° il moto vorticoso dell'acqua; 3° le ondulazioni della superficie.

Quanto all'attrito, egli ha posto anco più in rilievo degli altri, essere l'elemento più importante della resistenza, e non dipendere sensibilmente dalle forme e dalle proporzioni della nave, a meno che non vi sia qualche inusitata singolarità di forma o difetto di avviamento di linee. Per moderate velocità tale elemento è anche più importante che per le grandi velocità, per le quali esso rappresenta da 50 a 70 per cento della resistenza totale, quando la carena è netta, ed anco più, se questa è sudicia. Il Froude ha dedotto che l'attrito dipende dalla quantità della superficie immersa del bastimento, dalla sua lunghezza, dal suo grado di ruvidezza e dalla velocità. Egli notando che questa resistenza non è esattamente proporzionale al quadrato della velocità, sebbene vi si approssimi, ha fatto però osservare che la lunghezza della carena vi ha molta influenza, talchè il coefficiente di attrito per unità di superficie, è minore per le lunghe superficie che per le corte, pur dipendendo dal loro grado di ruvidezza. Egli ha perciò immaginata sostituita alla superficie della carena quella di un rettangolo della stessa lunghezza e della medesima area, ed ha stabilito per rappresentare la resistenza dovuta all'attrito la formula: $KpS'.v^m$, nella quale K ed M sono l'uno coefficiente e l'altro esponente ambedue empirici, S' è la superficie di un rettangolo di lunghezza eguale a quella del galleggiante nel senso del movimento, e della stessa area della superficie della carena, p il peso specifico dell'acqua di mare e v la velocità del galleggiante per ogni $1''$.

Alle esperienze fatte dal Froude in Inghilterra per la determinazione dei valori di K ed M se ne sono aggiunte altre eseguite presso diversi Stati marittimi di Europa. Quelle che nel 1875 e 1876 sono state operate dal Tidman in Amsterdam gli hanno permesso di stabilire le seguenti tabelle.

MODELLI *di paraffina lisci* m = *1,94, pressochè costante nei limiti abituali delle dimensioni.*

Lunghezza del modello	K	Lunghezza del modello	K	Lunghezza del modello	K	Lunghezza del modello	K
metri	chil.	metri	chil.	metri	chil.	metri	chil.
0,6	0,2140	2,2	0,1805	2,8	0,1730	4,2	0,1610
1,0	0,2025	2,3	0,1790	3,0	0,1710	4,6	0,1585
1,5	0,1915	2,4	0,1775	3,2	0,1689	5,0	0,1565
2,0	0,1830	2,5	0,1762	3,4	0,1669	6,0	0,1520
2,1	0,1817	2,6	0,1750	3,8	0,1638		

Lunghezza del bastimento al galleggiamento	Carena di ferro o ricoperta di una pittura qualunque, di metallo verniciato, incatramato, insevato ecc.		Carena con fodera di rame o di zinco, bene applicata senza teste di chiodi sporgenti.		Carena della Corvetta *Greyhound*, foderata di rame da lungo tempo; carene di bastimenti in condizioni analoghe.	
	K	m	K .	m	K	m
metri	chilog.mi		chilog.mi		chilog.mi	
5	0,1780	1,8507	0,1633	1,9015	0,2263	1,8660
10	0,1622	1,8427	0,1590	1,8525	0,2087	1,85:5
20	0,1572	1,8290	0,1563	1,8270	0,1985	1,8430
30	0,1555	1,8290	0,1546	1,8270	0,1945	1,8430
40	0,1540	1,8290	0,1533	1,8270	0,1925	1,8430
50	0,1530	1,8290	0,1522	1,8270	0,1906	1,8430
60	0,1515	1,8290	0,1510	1,8270	0,1895	1,8430
70	0,1502	1,8290	0,1502	1,8270	0,1382	1,8430
80	0,1490	1,8290	0,1498	1,8270	0,1873	1,8430
90	0,1480	1,8290	0,1490	1,8270	0,1862	1,8430
100	0,1472	1,8290	0,1485	1,8270	0,1835	1,8430
110	0,1468	1,8290	0,1483	1,8270	0,1852	1,8430
120	0,1460	1,8290	0,1482	1,8270	0,1846	1,8430

Quanto all' elemento di resistenza dovuto ai movimenti vorticosi sulla poppa, il Froude ha osservato che ordinariamente esso è piccolo, eccetto che in casi speciali, ed equivale ad 8 o 10 per cento della resistenza di attrito. Una forma difettosa della poppa cagiona, secondo lui, un aumento in quest'elemento, da attribuirsi a ciò, che le molecole d'acqua deviate alla parte anteriore del bastimento non si riuniscono sulla sua poppa con velocità nulla, avvenendo invece ciò in punti più distanti, talchè non restituiscono su quest'ultima parte tutti gl'impulsi che dalla prora del bastimento hanno ricevuto per essere deviate; la differenza tra gli impulsi dati dall'una parte e quelli ricevuti dall'altra costituisce appunto l'elemento di resistenza che si esercita sulla prora. Che se le porzioni della carena a prora ed a poppa dell'ordinata maestra fossero convenientemente proporzionate e conformate, la reazione che si genera per deviare le molecole di fluido alla parte anteriore, si trasmetterebbe interamente come azione sulla parte posteriore; quindi sarebbe restituita la forza da quelle assorbita, e non vi sarebbe da questo lato elemento di resistenza.

Finalmente, secondo il Froude, il terzo elemento della resistenza è ben più importante del secondo, e dipende dal fatto della maggiore facilità che hanno le molecole di fluido della superficie libera a sollevarsi, che a deviare lateralmente ed a seguire i fianchi della nave per riunirsi a poppa. Il più delle volte queste onde vanno in direzione divergente dal bastimento, senza produrre una corrispondente reazione sulla poppa, e l'energia spesa nel crearle è evidentemente sciupata.

Deducesi facilmente dalla causa a cui deve attribuirsi questo elemento di resistenza, che esso, analogamente a quello dovuto al moto vorticoso sulla poppa, dipende dal non prestare facilità alle molecole d'acqua della superficie libera a deviarsi alla parte anteriore del bastimento per riunirsi a quella posteriore. Ed il Froude, in pieno accordo con gli autori inglesi, crede dipendere in massima questo fatto dalla sconveniente lunghezza delle porzioni del bastimento a prora ed a poppa dell'ordinata maestra, specialmente della seconda, in relazione alla velocità che vuolsi ottenere. Talchè egli è di avviso che ad ogni velocità corrisponda una certa lunghezza del bastimento, con la quale, volendo raggiungere una velocità superiore, si accresce rapidamente la resistenza dell'acqua.

Il Froude non si è creduto in grado però di esprimere con formule la misura dell'ultimo elemento di resistenza, specialmente per la sua dipendenza dalle lunghezze della prora e della poppa. Però, fondandosi sul Teorema di Newton per la similitudine dei movimenti, ne ha dedotto che le ondulazioni della superficie libera prodotte da due bastimenti simili, sono simili anch'esse, quando questi siano mossi con velocità che stiano tra loro come la radice quadrata del rapporto di similitudine delle dimensioni omologhe sta all'unità; talchè se quest'ultimo rapporto sia rappresentato da ε e la velocità di un bastimento da v, la velocità dell'altro dovrà essere $v\sqrt{\varepsilon}$.

Non potendo dunque il Froude proporre alcuna formula empirica generale che comprendesse tutti gli elementi della resistenza, e che potesse servire nei diversi casi, ha creduto dover ricorrere al metodo dei modelli, già stato proposto da altri, come il più sicuro per determinare la resistenza probabile di un bastimento. Se non chè quelli fondandosi sulla vecchia formula $R = KAv^2$, e ritenendo il K costante per corpi simili, esperimentavano sul modello, fatto con una scala qualunque, ad una velocità eguale a quella del bastimento, ricavandone il valore di K, che conservavano poi per il bastimento simile. Egli però confermando quanto il Reech aveva dimostrato, fondandosi sul Teorema di Newton già accennato, doversi cioè riconoscere erroneo questo sistema, e reputando da principio che in bastimenti simili la resistenza d'attrito fosse proporzionale al quadrato della velocità ed alla superficie immersa della carena, od a quella dell'ordinata maestra, che alla prima serba lo stesso rapporto in due bastimenti simili, e finalmente che agli stessi elementi e nello stesso modo fosse proporzionale la resistenza dovuta ai vortici sulla poppa, propose dapprincipio la seguente regola:

« Dato un bastimento ed un suo modello fatto col rapporto di « similitudine ε tra le dimensioni omologhe, se le resistenze da que- « st'ultimo provate, mosso alle velocità v, v_1, v_2, . . ., siano rappre- « sentate da R, R_1, R_2, . . ., le resistenze del bastimento mosso alle « velocità $v\sqrt{\varepsilon}$, $v_1\sqrt{\varepsilon}$, $v_2\sqrt{\varepsilon}$, . . . saranno respettivamente $\varepsilon^3 R$, « $\varepsilon^3 R_1$, $\varepsilon^3 R_2$, . . . ».

Di questa regola è facile rendersi ragione pensando ai concetti su cui il Froude si è basato.

Ed infatti, si rappresentino con r_1 ed r_2 le due parti della resistenza totale r del modello; la prima dovuta all'attrito ed ai vorticosi rivolgimenti dell'acqua, la seconda dovuta alla formazione delle onde; e con R_1, R_2, R si rappresentino le corrispondenti quantità per il bastimento. Si avrà per la velocità v del modello, per il quale rappresenteremo con a l'area immersa della sua ordinata maestra, con M la massa delle onde divergenti da esso prodotte, e con K, K_1 due coefficienti empirici, si avrà diciamo:

$$r_1 = Kav^2, \quad r_2 = K_1 M, \quad r = Kav^2 + K_1 M. \quad (1)$$

Per il bastimento alla velocità corrispondente $v\sqrt{\varepsilon}$ si avrà:

$$R_1 = K\varepsilon^2 a . \varepsilon v^2, \quad R_2 = K_1 \varepsilon^3 M,$$

dappoichè le onde, avendo per ipotesi tra di loro il rapporto di similitudine ε, le loro masse stanno nel rapporto di 1 a ε^3. Dalle due ultime equazioni ricavasi l'altra:

$$R = K\varepsilon^3 av^2 + K_1\varepsilon^3 M = \varepsilon^3 \{Kav^2 + K_1 M\},$$

la quale, paragonata colla (1), dà: $R = \varepsilon^3 . r$, conformemente alla legge stabilita dal Froude.

Tenuto conto però delle ulteriori ricerche fatte dallo stesso Froude sull'attrito, il processo che è stato proposto di seguire nell'impiegare il metodo dei modelli per la misura della resistenza, è qui appresso indicato.

Siano P e v_n lo spostamento in tonnellate e la velocità in nodi per il bastimento di cui si è preparato il piano di costruzione, e del quale si dovrà fare il modello con superficie ben levigata, essendo il rapporto di similitudine rappresentato da ε. Come velocità alla quale si deve esperimentare il modello stesso si prenda il valore $\dfrac{0,514 v_n}{\sqrt{\varepsilon}} = 0,514 v_n . \varepsilon^{-\frac{1}{2}}$ espresso in metri (dove il fattore $0,514$ viene dal fatto che la velocità di un nodo corrisponde, come vedremo, a $0^m,514$ di velocità per minuto secondo), e si misuri la resistenza incontrata dal modello con tale velocità.

Questa resistenza, moltiplicata per il cubo del rapporto di similitudine tra le dimensioni del bastimento e quelle del modello, darebbe la resistenza del primo, corrispondente alla velocità v_n, se la resistenza dovuta all'attrito fosse proporzionale al quadrato della velocità. Ma, come abbiamo indicato, ciò non essendo, deve procedersi alle seguenti operazioni:

1ª misurare la resistenza del modello;

2ª sottrarre da questa la resistenza dovuta all'attrito del modello stesso, valutata nel modo da noi già indicato, tenendo il debito conto dello stato della sua carena e della lunghezza di questa;

3ª assumere la differenza come misura della resistenza del modello dovuta ai vorticosi rivolgimenti dell'acqua ed alle onde;

4ª moltiplicare questa resistenza per il cubo del rapporto di similitudine tra il bastimento ed il modello;

5ª finalmente aggiungere a quest'ultimo prodotto la resistenza d'attrito del bastimento, valutata nel modo testè richiamato, tenendo conto dello stato e della lunghezza della sua carena, ed assumere il risultato come misura della resistenza totale del bastimento.

Qualora il modello si facesse di una tonnellata di peso, come da alcuni esperimentatori è stato fatto, allora, dappoichè ε^3 è eguale al rapporto del peso del bastimento e di quello del modello, si avrebbe:

$$\varepsilon^3 = P; \qquad \varepsilon^2 = P^{\frac{2}{3}}; \qquad \varepsilon = P^{\frac{1}{3}}.$$

Per questi valori si dovrebbero moltiplicare respettivamente la resistenza del modello dovuta ai vortici ed alle onde, la superficie della carena e la sua lunghezza per avere le corrispondenti quantità del bastimento.

Sebbene il metodo dei modelli, eseguito secondo le norme indicate dal Froude, abbia avuto conferma nei risultati dei bastimenti a cui egli l'ha applicato, tuttavia non è da tacersi che una qualche differenza deve esistere tra le previsioni ed i risultati del bastimento, inquantochè sul modello manca l'azione del propulsatore, e che di più non si potrà apprezzare la resistenza di un bastimento di cui si fa il disegno, se non quando le sue forme siano state definitivamente stabilite.

Nè va taciuto che tutte le precedenti ricerche si riferiscono solo al mare calmo, e non tengono nessun calcolo, nè dell'azione del vento, che pure può assumere grande importanza in bastimenti alti fuori dell'acqua e dotati di molta alberatura ed attrezzatura, nè di quella delle onde. È però manifesto che grandi lunghezze e dimensioni, nonchè grande peso nei bastimenti tendono a dar loro maggiore facilità di mantenere il cammino in mare agitato.

Centro di resistenza o di pressione. — Le esperienze fatte per determinare il centro di resistenza, o di pressione, ed apprezzare le cause che possono farne variare la posizione non sono state molto numerose.

Nè ciò fa gran difetto per le navi, poichè quel che più importa di combattere è la resistenza al cammino, e d'altra parte il momento che da essa può sorgere, nel caso sin qui considerato, non può avere grande valore, attesochè il centro di resistenza trovasi nel piano diametrale e la sua distanza verticale dal centro di gravità del bastimento, quando questo abbia forme e disposizioni ordinarie, non può essere grandissima.

Alcune esperienze sono state fatte per determinare il centro di pressione o di resistenza di piani urtati da un fluido, o trasportativi, in direzione ad essi normale, oppure obliqua. I risultati ottenutine sono: che il centro di pressione o di resistenza coincide nel primo caso col centro di gravità della superficie piana, mentre nel secondo caso se ne discosta trasportandosi da una sua parte, e tanto più quanto più acuto è l'angolo che la direzione del movimento del fluido fa col piano dalla stessa parte.

Di ciò in qualche modo possiamo renderci ragione, pensando che, nel caso di un piano in riposo, i filetti delle molecole fluide che vanno ad urtarlo si riflettono secondo direzioni, le quali approssimativamente rendono gli angoli di riflessione eguali a quelli d'incidenza. Evidentemente questi filetti risospinti alterano l'azione di quelli che arrivano sul piano, e la barriera che i primi formano è tanto più spessa, quanto più il punto nel quale avviene l'urto è vicino alla parte dalla quale giunge il fluido in movimento. Segue da ciò che le pressioni esercitate sui diversi punti del piano diminuiscono andando da quest'ultima parte a quella opposta. La risultante di tutte queste forze parallele diseguali deve necessariamente passare per un punto diverso dal centro di gravità del piano, ed inoltre deve trovarsi più vicino, rispetto a questo, alla estremità da cui viene il fluido, che alla opposta.

Allo stesso risultato si sarebbe pervenuti, se si fosse considerato il piano in movimento ed il fluido in quiete.

Resistenza diretta e laterale. — Non possiamo tralasciare di fare osservare che i dati forniti sin qui circa la resistenza incontrata dai bastimenti si riferiscono al caso in cui la direzione del loro movimento è la stessa del loro piano diametrale.

Vi sono però dei casi nei bastimenti a vela, e per circostanze che in seguito vedremo, nei quali la direzione del movimento fa angolo col loro piano diametrale.

È evidente che in questo caso la resistenza non può apprezzarsi con le stesse norme che valgono quando il moto è secondo il piano diametrale; la sezione massima normale alla direzione del movimento non è più la parte immersa dell'ordinata maestra; le resistenze incontrate dalle due parti che sono a dritta ed a sinistra del piano verticale che passa per la direzione del cammino e per il centro di gravità del bastimento non sono più eguali; quindi il punto di applicazione della resistenza non si trova su quest'ultimo piano, e per mantenere il bastimento nella stessa direzione di movimento è necessaria l'azione di coppie dovute ad altre cause esterne, la quale combatta quella dovuta alla coppia della resistenza.

Mancano del tutto esperienze che servano ad apprezzare l'intensità della resistenza nel caso di cui ci occupiamo. Ciò però non costituisce un gran difetto, poichè questo caso presentandosi per i bastimenti a vela, non si ha interesse a valutare colla maggiore esattezza possibile la resistenza che deve vincere un motore gratuito, quale è il vento; o in altri termini, continuando ad adottare una locuzione di cui abbiamo già fatto uso, non si ha interesse a valutare la *quantità* di quella resistenza. Ed anco che quest'interesse vi fosse, sarebbero troppo numerosi i casi per cui si dovrebbero ripetere le apposite esperienze, le quali infatti dovrebbero corrispondere alle diverse direzioni di movimento che il bastimento può seguire, ed alle diverse intensità di vento. Quello che importa di conoscere è la *qualità* della detta resistenza, per rilevarne gli elementi che vi contribuiscono e giudicare gli effetti che essi tendono a produrre, e disporre quindi le cose in modo da distruggere questi effetti se siano nocivi, e favorirli se siano utili; lo che noi faremo in altra parte di queste lezioni.

Per raggiungere però questo scopo si è ravvisato opportuno d'immaginare la resistenza incontrata dal bastimento come risultante di altre due, l'una nel senso del piano diametrale, dovuta alla componente, secondo questo piano, della velocità del moto effettivo del bastimento ridotto ad uniformità, l'altra in senso normale alla prima, dovuta alla componente, secondo questa direzione, della velocità testè detta. Alla prima di queste due resistenze si è dato il nome di *resistenza diretta*, alla seconda il nome di *resistenza laterale*.

Gli elementi dell'una e dell'altra resistenza sono gli stessi che abbiamo enumerati per il caso nel quale la direzione del moto del bastimento sia secondo il piano diametrale. La resistenza diretta diminuisce per una stessa velocità col diminuire la superficie sfregante e le scabrosità di questa, coll'adottare convenienti forme per la prora e per la poppa, e finalmente, per uno stesso bastimento, diminuisce col diminuire la velocità diretta. La resistenza laterale cresce, per una stessa velocità, coll'aumentare la superficie immersa del piano diametrale, la superficie sfregante sull'acqua e le sue scabrosità, col rendere meno accentuati i contorni delle linee orizzontali nel senso trasversale, e finalmente, per uno stesso bastimento, cresce col rendere la maggiore velocità laterale.

Il punto di applicazione della resistenza diretta può intendersi trasportato secondo la sua direzione ovunque nel piano diametrale; così ancora quello della resistenza laterale può anche esso intendersi trasportato ovunque nella sua direzione, e quindi anche nel suo incontro col detto piano. A questo punto, che evidentemente è ancora quello di applicazione della resistenza totale, si è dato il nome di *centro di resistenza laterale.*

Non si hanno dati per determinare a priori la posizione di quest'ultimo punto, poichè essa varia non solo con la differenza d'immersione e con la forma della nave, ma ben anche con la velocità del moto diretto, per l'intumescenza che sulla prora si produce, e con altre circostanze. Però siccome la conoscenza di questo punto non è utile se non in quanto ha relazione ad altro punto, da considerarsi nella velatura, di cui ci occuperemo in seguito, così da alcuni autori è ammesso che il centro di resistenza laterale corrisponda al centro di gravità della parte immersa del piano diametrale, ossia quasi al suo mezzo, quando non vi è differenza d'immersione, oppure da altri è ritenuto che in bastimenti a vela ordinari bene attrezzati, il detto centro trovisi a proravia del centro di gravità della parte immersa del piano diametrale di una quantità variabile tra $\frac{1}{20}$ ed $\frac{1}{60}$ della lunghezza del bastimento; il primo limite valendo per lunghi bastimenti; il secondo per bastimenti corti.

Nè questo modo di procedere può dirsi difettoso, poichè anche la posizione di quel punto da considerarsi nella velatura, di cui si è accennato testè, è variabilissima per molte circostanze, e viene determinata in condizioni affatto ipotetiche. Purchè dunque in ogni bastimento a vela la distanza orizzontale tra il detto punto ed il centro di resistenza laterale, nelle posizioni convenzionali che per essi si assumono, sia eguale a quella esistente tra i corrispondenti punti in bastimenti della stessa specie ben riusciti, è molto probabile che si raggiungeranno le medesime qualità nella navigazione.

Solido di minima resistenza. — Gli studi relativi alla resistenza dei galleggianti si sono compenetrati con quelli riguardanti le forme da adottarsi per le porzioni della superficie della carena che sono a prora ed a poppa dell'ordinata maestra, affinchè, con una data superficie della porzione immersa di questa ordinata e con un dato dislocamento, incontrasse la minima quantità relativa di resistenza al cammino, ossia quella soltanto che è inevitabile. In altri termini gli studi sono stati rivolti alla ricerca di ciò che è stato chiamato *solido di minima resistenza.*

Sebbene non siano mancati autori che si siano occupati di tale ricerca prima dell'applicazione della forza motrice del vapore alle navi, tuttavia le condizioni speciali nelle quali si trovavano i bastimenti a vela, cioè di doversi opporre colle forme della prora all'affondamento che tendeva a produrvi l'azione del vento sugli alberi elevati, teneva lontani dal raggiungere i risultati che, quanto a diminuzione di resistenza, si sono potuti ottenere nelle costruzioni moderne dei bastimenti a vapore.

Alla ricerca testè citata ha rivolto i suoi studi per il primo tra gli autori moderni l'ingegnere Russell, le cui ricerche han preceduto quelle del Rankine e del Froude. Egli si è proposto di raggiungere la minima resistenza:

1° collo spostare le molecole d'acqua soltanto quanto basti a dare adito alla sezione maestra del bastimento, e non più lontano;

2° lasciando in quiete nel nuovo posto verso il quale sono mosse le molecole d'acqua che dal bastimento sono trovate in riposo;

3° facendo compiere questo movimento delle molecole nel minor tempo possibile relativamente alla forza che deve produrlo.

Più brevemente si può dire che il Russell si è proposto di ottenere la minima resistenza collo smuovere solo tanta acqua quanta è necessaria, e dirigendola per le vie più convenienti.

Il suo ragionamento, frutto più di ogni altra cosa di sue osservazioni speciali, sembraci si possa riassumere brevemente, secondo ciò che ne espone il Rankine, nel seguente modo.

Ogni bastimento in moto nell'acqua, è accompagnato da onde la cui esistenza si manifesta tutte le volte che si osserva il movimento di una nave. Di esse alcune sono inevitabili, e sono quelle che si riscontrano in ogni bastimento; altre non necessarie, anzi dannose

dal lato della forza motrice da impiegarsi, si producono solo coi bastimenti male disegnati, e debbono evitarsi con ogni studio. Della prima
specie sono due sole onde che accompagnano inevitabilmente ogni
bastimento che sia in moto. Tanto l'una, dal Russell chiamata *onda
di traslazione solitaria*, la quale si forma sulla prora, quanto l'altra,
da lui chiamata *oscillante* o *di riempimento*, la quale si forma sulla
poppa, hanno lunghezze dipendenti dalla velocità del bastimento, ed
ognuna di esse ha profilo di forma speciale. Inoltre le diverse linee
lungo le quali debbono scorrere le molecole dell'acqua per portarsi
da un posto all'altro in determinate condizioni sono percorse con più
o meno facilità, con più o meno agio.

Il metodo di Russell risulta quindi di due parti; l'una relativa
alla lunghezza delle diverse porzioni del bastimento, l'altra alle loro
forme.

Quanto alle lunghezze, l'autore stabilisce che quella della prora,
espressa in metri, debba essere eguale a $2\pi \cdot \dfrac{v^2}{g}$, essendo v la velocità massima del bastimento per ogni secondo, g l'accelerazione della
gravità, ambedue espresse in metri, e π avendo il solito significato,
e che la lunghezza della poppa debba essere eguale a $\dfrac{2}{3} \cdot 2\pi \dfrac{v^2}{g}$.

Queste due lunghezze hanno relazione respettivamente a quelle
dell'onda di traslazione e dell'onda di riempimento, che sole debbono formarsi a prora ed a poppa. Con tali disposizioni sembra che
il Russell intenda di ottenere:

1° che la prora si avanzi nella sollevazione dell'acqua che le
sorge innanzi, in guisa che ciascuna molecola del liquido sia posta
in movimento in modo graduale e continuo, e così impedire la formazione di altre onde dannose, o almeno di quelle di una certa importanza;

2° che in acqua la cui profondità è non meno di un terzo della
lunghezza della parte di poppa, l'onda che su questa si forma non
cammini più presto di ciò che è dovuto alla sua velocità naturale, in
guisa da non aversi sciupio di lavoro meccanico per il divergere di
quell'onda, ed inoltre che la sua cresta sostenga sempre il dritto di
poppa, spingendolo in avanti.

Tra la prora e la poppa, determinate nelle loro lunghezze nel modo che abbiamo veduto, il Russell stabilisce vi sia compresa una porzione cilindrica da far raggiungere al bastimento il dislocamento voluto.

Quanto alle forme della prora e della poppa, l'autore stabilisce che, qualunque sia il contorno scelto per l'ordinata maestra, esse debbono essere eguali a quelle delle onde di traslazione, o di riempimento a cui corrispondono per lunghezza; cioè quelle della linea dei senoversi per le linee d'acqua di prora, e delle trocoidi per le linee d'acqua o per le sezioni longitudinali verticali di poppa.

Lungo le linee di tali forme sembra al Russell che molecole d'acqua trovate in riposo sulla prora siano lasciate egualmente in riposo sulla poppa, pervenendovi agevolmente e gradatamente con quella velocità che è appunto necessaria.

Su questo sistema che abbiamo brevemente indicato, ci è d'uopo far notare come nella sua esposizione non si ravvisi sempre uno stretto legame tra le conclusioni alle quali l'autore è pervenuto ed i fatti da lui osservati ed esperimentali, sebbene ognuno importante per sè stesso; quindi è che il suddetto sistema va accettato con restrizioni. E lo stesso autore dice che l'applicarlo non saggiamente condurrebbe ad inconvenienti maggiori di quelli che con esso sistema si vogliono evitare. Vuolsi pertanto osservare che l'impiegare completamente le prescrizioni del Russell condurrebbe, in special modo per bastimenti grandi, a porzioni cilindriche molto estese, le quali toglierebbero alle linee d'acqua l'aspetto o l'avviamento ordinario, che pure è da ritenersi, per lunga esperienza, che contribuisca al loro buon ufficio. Inoltre per le ordinate si avrebbero contorni che non permetterebbero sempre di raggiungere nelle parti elevate le forme richieste da altri bisogni della navigazione.

Quindi è che le idee del Russell non sono seguite interamente da molti ingegneri, i quali solo accettano la forma concavo-convessa per le linee d'acqua di prora, alla quale quelle idee conducono, rigettando le forme soltanto convesse di cui si faceva uso in antico. Altri autori non accettano nemmeno per le linee d'acqua contorni concavo-convessi, e si attengono a farle terminare sulla prora con tratti rettilinei, che sembrano migliori ancora per l'esperienza odierna.

Il Rankine accetta delle ricerche del Russell quanto egli stabilisce per le lunghezze della prora e della poppa, annettendovi anzi molta

importanza. Quanto poi alle forme delle linee di acqua, pur convenendo nel principio dover'essere tali che le molecole d'acqua possano
scorrervi senza cambiamenti bruschi di velocità o di direzione, il
Rankine è pervenuto alla conclusione che tra le forme di linee d'acqua, le quali sono atte a soddisfare a queste condizioni si trovano
anche quelle del Russell. Ma egli non crede che queste ultime siano
le sole linee che adempiano alla condizione di *scorrimento agiato*,
o di *linee di correnti* (*stream lines*), delle quali, in un suo trattato,
ne dà la costruzione per diverse specie.

Il Zanon invece, studioso del metodo russelliano, ha creduto non
doverne ammettere la conclusione circa le lunghezze delle porzioni di
prora e di poppa, ed accetta però la conformazione delle linee d'acqua
dal Russell introdotta, la quale peraltro egli limita esplicitamente alle
linee d'acqua.

Anco l'ingegnere Trayano di Carvalho ha proposto più recentemente un'altra conformazione della prora e della poppa per ottenere
la minima resistenza.

Il soggetto del solido di minima resistenza va tutt'ora formando
oggetto di studî e di proposte di altri ingegneri. Malgrado però le
diverse proposte fatte, la più parte degli ingegneri navali è d'accordo
nel credere che a tutt'ora, sotto il punto di vista della resistenza,
non debba essere preferita per le linee d'acqua nessuna forma geometrica a quelle delle linee di una nave lunga, fine, bene propor-
zionata ed avviata, delineata ad occhio da un disegnatore esercitato,
che sappia tenere il debito conto delle forme di altri bastimenti già
costruiti e felicemente riusciti.

Resistenza ai moti di rotazione. — Ragioni analoghe a quelle
che hanno indotto a studiare la resistenza dei fluidi ai moti di traslazione ci obbligano a considerare quella che s'incontra nei moti di
rotazione.

Ed invero la conoscenza del momento di quest'ultima resistenza
è necessaria, sia per stabilire i valori dei momenti motori da impiegarsi per fare eseguire ai bastimenti i loro moti rotatori nel più
breve tempo e nel minore spazio possibile, sia per giudicare degli
effetti risultanti dall'azione combinata dell'uno e degli altri. Inoltre
siccome i momenti resistenti alla rotazione sorgono ancora quando le

navi eseguiscono oscillazioni, nelle quali, giova notarlo, essi hanno influenza benefica, come vedremo, così è utile per questi casi, se non si possa pervenire alla conoscenza esatta dei valori dei suddetti momenti, almeno acquistarne le maggiori cognizioni possibili.

Faremo a tale uopo le stesse ipotesi che sono state ammesse nelle ricerche della resistenza teorica ai moti di traslazione.

Con tali ipotesi il momento della resistenza teorica ai moti rotatori, può ottenersi con facilità per alcuni casi particolari. Ci limiteremo a considerare quello in cui il corpo che ruota sia un piano sottilissimo a contorno rettangolare totalmente immerso, ruotante con·moto uniforme intorno ad un suo lato. In tal caso il momento motore può essere determinato colla seguente:

6ª PROPOSIZIONE. — Il momento teorico della resistenza incontrata da un piano che ruota uniformemente con velocità angolare ω intorno ad un suo lato è dato da: $\frac{1}{8} \cdot \frac{p}{g} \omega^2 . l . L^4$, essendo p il peso di una unità cubica del fluido rimosso, L ed l le dimensioni del piano respettivamente nella direzione normale all'asse di rotazione e secondo l'asse stesso, e g l'accelerazione della gravità. Il detto momento verrà dato in chilogrammi-metri, se le misure del sistema metrico siano adottate.

S'immagini divisa la superficie del piano dato in un numero n immensamente grande di rettangoli piccolissimi, ognuno dei quali abbia due lati paralleli all'asse di rotazione e distanti tra di loro della quantità piccolissima α. I punti dei diversi lati appartenenti ai successivi rettangoli descriveranno archi di cerchio coi raggi respettivi $\alpha, 2\alpha, 3\alpha, 4\alpha, \ldots n\alpha$, e le loro velocità assolute saranno respettivamente $\alpha\omega, 2\alpha\omega, 3\alpha\omega, 4\alpha\omega, \ldots n\alpha\omega$. Per tutt'i punti di ciascun rettangoletto si potrà ammettere senza errore sensibile che la velocità si mantenga costante ed eguale a quella del centro di gravità di esso, il quale centro potrà altresì considerarsi come il punto di applicazione della relativa resistenza. Potremo così stabilire che le velocità assolute dei rettangoli successivi siano respettivamente:

$$\frac{\alpha\omega}{2}, \left(\alpha + \frac{\alpha}{2}\right)\omega = \frac{3\alpha\omega}{2}, \left(2\alpha + \frac{\alpha}{2}\right)\omega = \frac{5\alpha\omega}{2}, \left(3\alpha + \frac{\alpha}{2}\right)\omega =$$
$$= \frac{7\alpha\omega}{2}, \cdots \left((n-1)\alpha + \frac{\alpha}{2}\right)\omega = \frac{(2n-1)\alpha\omega}{2}.$$

Le resistenze incontrate da questi rettangoletti, saranno in virtù della 1ᵃ Proposizione:

$$\frac{p}{2g} \cdot \alpha l \cdot \frac{1^2 \alpha^2 \omega^2}{4} = \frac{p}{8g} \cdot \alpha^3 l \cdot 1^2 \omega^2; \; \frac{p}{2g} \cdot \alpha l \cdot \frac{3^2 \alpha^2 \omega^2}{4} = \frac{p}{8g} \cdot \alpha^3 l . 3^2 \omega^2;$$

$$\frac{p}{2g} \cdot \alpha l \cdot \frac{5^2 \alpha^2 \omega^2}{4} = \frac{p}{8g} \cdot \alpha^3 l . 5^2 \omega^2, \ldots \frac{p}{2g} \cdot \alpha l \cdot \frac{(2n-1)^2}{4} \alpha^2 \omega^2 =$$

$$= \frac{p}{8g} \cdot \alpha^3 l . (2n-1)^2 . \omega^2;$$

moltiplicandole per i respettivi bracci di leva, che sono:

$$\frac{\alpha}{2}, \frac{3\alpha}{2}, \frac{5\alpha}{2}, \ldots \frac{(2n-1)\alpha}{2},$$

e sommando i prodotti, si otterrà per il momento totale:

$$\frac{p}{8g} \cdot \alpha^3 l \omega^2 . 1^2 . 1 \frac{\alpha}{2} + \frac{p}{8g} \cdot \alpha^3 l \omega^2 . 3^2 \cdot \frac{3\alpha}{2} + \frac{p}{8g} \cdot \alpha^3 l \omega^2 . 5^2 \cdot \frac{5\alpha}{2} +$$

$$+ \frac{p}{8g} \cdot \alpha^3 l \omega^2 . 7^2 \cdot \frac{7\alpha}{2} + \cdots + \frac{p}{8g} \alpha^3 l \omega^2 . (2n-1)^2 \cdot \frac{(2n-1)\alpha}{2}.$$

Raccogliendo i fattori comuni e trasformando si ottiene successivamente:

$$\frac{p}{8g} \cdot l \cdot \frac{\alpha^4 \omega^2}{2} \Big\{ 1^3 + 3^3 + 5^3 + 7^3 + 9^3 + \cdots + (2n-1)^3 \Big\} =$$

$$= \frac{p}{8g} \cdot l \cdot \frac{\alpha^4 \omega^2}{2} \Big\{ (2 \times 1 - 1)^3 + (2 \times 2 - 1)^3 + (2 \times 3 - 1)^3 +$$

$$+ (2 \times 4 - 1)^3 + \cdots (2 \times n - 1)^3 \Big\} =$$

$$= \frac{p}{8g} \cdot l \cdot \frac{\alpha^4 \omega^2}{2} \Big\{ 2^3 (1^3 + 2^3 + 3^3 + 4^3 + 5^3 + \cdots + n^3) +$$

$$+ 3 \times 2 (1 + 2 + 3 + 4 + 5 + \cdots + n) -$$

$$- 3 \times 2^2 (1^2 + 2^2 + 3^2 + 4^2 + 5^2 + \cdots + n^2) - n \Big\}.$$

Sostituendo ora alle somme dei cubi, dei quadrati e delle prime potenze dei numeri naturali da 1 ad n respettivamente le formule:

$$\frac{1}{4} n^2 (n+1)^2, \quad \frac{1}{6} n(n+1)(2n+1), \quad \frac{1}{2} n(n+1),$$

date dall'Algebra, si avrà per il cercato momento:

$$\frac{p}{8g} \cdot l \cdot \frac{\alpha^4 \omega^2}{2} \left\{ 8 \times \frac{1}{4} n^2 (n+1)^2 + 6 \times \frac{1}{2} n(n+1) - \right.$$
$$\left. - 12 \times \frac{1}{6} n(n+1)(2n+1) - n \right\} .$$

Sviluppando e riducendo si avrà:

$$\frac{p}{8g} \cdot l \cdot \frac{\alpha^4 \omega^2}{2} \left\{ 2n^4 + 4n^3 + 2n^2 + 3n^2 + 3n - 4n^3 - 6n^2 - 2n - n \right\} =$$
$$= \frac{p}{8g} \cdot l \cdot \frac{\alpha^4 \omega^2}{2} \left\{ 2n^4 - n^2 \right\} .$$

In luogo di $n\alpha$ ponendo L si avrà:

$$\frac{p}{8g} \cdot l \cdot \frac{\omega^2}{2} \left\{ 2L^4 - L^2 \alpha^2 \right\} .$$

Finalmente trascurando il termine $L^2\alpha^2$ rispetto al termine $2L^4$, poichè il fattore α^2 è per ipotesi immensamente piccolo, si avrà:

$$\frac{p}{8g} \cdot l \cdot \frac{\omega^2}{2} \cdot 2L^4 = \frac{1}{8} \cdot \frac{p}{g} \omega^2 l . L^4 . \qquad \text{C. S. D. D.}$$

Il momento determinato dalla precedente Proposizione può intendersi dato da: $\frac{1}{8} \cdot \frac{p}{g} \cdot \omega^2 . A . L^3$, se con A si rappresenti l'area del piano che ruota, poichè evidentemente $A = L . l$.

1° Corollario. — Per l'acqua distillata, per quella salmastra, per l'acqua di mare e per l'aria alla temperatura di zero gradi ed alla pressione atmosferica, il momento teorico della resistenza incontrata dal piano nella sua rotazione è dato rispettivamente da:

$$12,742 \times \omega^2 A L^3; \quad 12,932 \times \omega^2 A L^3; \quad 13,072 \times \omega^2 A L^3;$$
$$0,017 \times \omega^2 A L^3.$$

Ciò si ottiene sostituendo a g il valore noto ed a p quelli corrispondenti ai diversi casi enunciati, espressi l'uno in metri e gli altri in chilogrammi.

2° Corollario. — Se l'asse di rotazione, mantenendosi parallelo a due lati del piano rettangolare dividesse la dimensione L in due parti L', L'', il momento teorico della resistenza sarebbe dato da:

$$\frac{1}{8} \cdot \frac{p}{g} \, \omega^2 l \, (L'^4 + L''^4).$$

3° COROLLARIO. — Il minimo momento teorico della resistenza si otterrebbe quando l'asse di rotazione dividesse la lunghezza L in due parti eguali, e sarebbe dato da:

$$\frac{1}{64} \cdot \frac{p}{g} \cdot \varphi^2 A L^3 \, ;$$

quello massimo invece si avrebbe quando l'asse di rotazione corrispondesse ad uno dei lati del rettangolo, e sarebbe dato da:

$$\frac{1}{8} \cdot \frac{p}{g} \, \omega^2 A L^3.$$

Il primo di questi risultati si ottiene col Calcolo superiore, ed ambedue sono facili del resto a verificarsi.

Le ricerche teoriche da noi fatte, subirebbero modificazioni se il fluido da rimuoversi fosse in moto anzichè in quiete, concorrendo in tali modificazioni la velocità del fluido e la sua direzione.

I risultati ottenuti sarebbero altresì modificati nel caso in cui la superficie del corpo ruotante fosse diversa da quella piana rettangolare da noi considerata, alla quale, come è facile convincersene, per gli stessi valori di L' ed L'' oppure di L, corrisponde il massimo momento tra quelli che si riferiscono a corpi di qualunque forma.

È chiaro altresì che se il corpo rotante fosse un cilindro circolare che girasse intorno al suo asse di rivoluzione, la resistenza al moto rotatorio ed il suo momento sarebbero nulli. Ed infatti nessuno spostamento di acqua sarebbe necessario eseguire perchè il cilindro potesse compiere la sua rotazione.

Come abbiamo fatto per la resistenza ai moti di traslazione, e per le stesse ragioni, non spingeremo più oltre le nostre ricerche nelle condizioni ipotetiche da noi ammesse.

Ricorreremo dunque a dare un cenno del metodo empirico seguito e delle esperienze alle quali esso ha condotto, sebbene non ne siano state fatte ancora in gran numero e con quell'interesse che la importanza del soggetto richiederebbe.

La formula empirica più comunemente usata per il momento della resistenza, allorchè il moto è pervenuto all'uniformità, è: $KA'L^3\omega^2$, intendendo per K un coefficiente variabile da un corpo all'altro e da un fluido all'altro, per A' l'area del piano che passa per l'asse di rotazione ed è normale ai piani degli archi di cerchio descritti dai diversi punti del corpo che ruota, cioè, per le rotazioni più comuni dei bastimenti, o il piano diametrale o un piano orizzontale; intendendo per L la lunghezza di questo piano nella direzione normale all'asse di rotazione, e per ω la velocità angolare costante del corpo che ruota.

Le prime esperienze fatte mostrarono sufficientemente prossima al vero la legge espressa dalla formula $KA'L^3\omega^2$, però per velocità di rotazione relativamente grandi, mentre per velocità piccole pose in chiaro, essere più prossima al vero la formula $KA'L^3\omega$. È però da notarsi che in dette formule si ritenne che l'asse di rotazione dividesse per metà la lunghezza L.

Il Bourgois, con esperienze eseguite nel 1866 su pochi bastimenti, trovò, nel caso di rotazioni orizzontali, per il K della prima formula il valore di circa chilogrammi 0,78, avendo espresso le altre quantità della formula con le unità del sistema metrico. Egli credè però che questo valore potesse essere un poco in difetto, e consigliò a ripetere le esperienze su bastimenti di diverse forme.

Del resto l'esperienza quotidiana ha dimostrato, come coll'adottare la forma piana parallela al piano diametrale per le estremità del bastimento, e col rendere maggiore la lunghezza di questo piano si accresca il momento resistente per rotazioni del bastimento intorno ad un suo asse verticale.

Esperienze più numerose furono eseguite per studiare le leggi del momento resistente nei moti oscillatorî in mare calmo.

Il Berlin, esperimentando nel 1871 e nel 1872 sopra alcuni bastimenti della marina francese, rilevò che la parte centrale della nave colla sua forma arrotondata non esercita sul momento resistente influenza grande, relativamente a quella dovuta alla chiglia ed alle estremità del bastimento. Egli però non attribuì grande importanza allo stato più o meno netto della carena. Le sue esperienze lo indussero a ritenere per il momento di resistenza ai moti oscillatorî l'espressione: $K'A'l^3\omega^2$, intendendo per A' l'area del rettangolo circoscritto

al galleggiamento, per *l* la larghezza massima della carena, per ω
la velocità angolare e per *K'* un coefficiente empirico, il quale nei
bastimenti dal Berlin esperimentati raggiunse in media il valore di
chilogrammi 2,00, avendo adottato per la sua formula le unità me-
triche.

Col proponimento di accrescere il momento resistente dell'acqua
ai moti oscillatorî, altri ingegneri proposero ed adottarono il sistema
di porre all'esterno della carena, e nel senso longitudinale, alcune
travi sporgenti, quasi piane, quando nelle grandi navi si dovè sopprimere la chiglia centrale per facilitare il loro accesso nei porti, nei
canali, ecc. L'utilità di queste chiglie laterali fu molto contestata;
tuttavia l'esperienza ha dimostrato che, quando esse siano convenientemente collocate ed abbiano forma adattata, accrescono sensibilmente
il momento di resistenza dell'acqua.

Il Froude, tenuto conto delle onde che sono create dal bastimento
nelle sue oscillazioni, stabilì che il momento di resistenza dell'acqua
per rotazioni intorno ad assi orizzontali debba essere espresso dalla
somma di due termini, l'uno che contenga la prima potenza della velocità angolare, l'altro la seconda potenza.

Altri autori erano pervenuti alla stessa conclusione, senza però
attribuire al termine espresso in funzione della prima potenza della
velocità nè l'origine, nè l'importanza assegnatagli dal Froude. Questo autore credè infatti molto più importante questo termine dell'altro,
ed opinò che esso rappresentasse la parte del momento resistente dovuta alle onde create dal bastimento, mentre reputò che il secondo
termine, funzione del quadrato della velocità, dipendesse dall'attrito
della superficie dello scafo contro l'acqua, e dalla remozione da prodursi nelle molecole del liquido.

I più recenti studî non hanno infirmato le conclusioni del Froude,
il quale inoltre reputò sempre molto efficaci le chiglie laterali per
diminuire i moti oscillatorî delle navi.

CAPITOLO II.

FORZA MOTRICE DEL VENTO. — VELATURA.

Qualunque sia la specie, il modo di trasmissione e la causa del vento, questo nell'incontrare delle tele distese portate dal bastimento, le quali si oppongono al suo movimento, genera una forza motrice. Tale forza, dovuta all'insieme di quelle tele, il quale sappiamo chiamarsi *velatura*, è stata per lungo tempo la più efficace, e quasi l'unica impiegata come forza motrice dei galleggianti di una certa grandezza. Essa agisce direttamente a spingere il bastimento, forzando sulle scasse, sui passaggi degli alberi a traverso i ponti, e sulle manovre.

Sembrerebbe facile il determinare a priori coll'aiuto del calcolo la quantità di velatura da adottarsi per un bastimento ed il modo di distribuirla; ma nel fatto le considerazioni teoriche non bastano a ciò. Ed infatti si ammettano pure come prossime al vero l'espressione KSw^2 e le altre $KSw^2 sen^2 \varphi$, $KSw^2 sen \varphi$ (che si ricavano dalle considerazioni del precedente Capitolo per denotare la misura della pressione del vento sulle vele disposte normalmente alla direzione del suo moto, oppure sotto un angolo φ alla sua direzione apparente) rappresentando K un coefficiente numerico, S la superficie delle vele esposte al vento e w la velocità del vento *relativa* al bastimento. Si accetti pure per K il valore 0,10, quando la pressione si esprima in chilogrammi, la superficie di velatura in metri quadrati, e la velocità del vento in metri; il quale valore è circa la media dei valori 0,088 trovato dal Froude e 0,11 dedotto dal Paris, e non si allontana molto da quello indicato già a pag. 167.

Per apprezzare però completamente gli effetti prodotti dall'azione del vento, ed essere quindi in grado di proporzionare la velatura ai bastimenti, farebbe d'uopo soddisfare alle seguenti condizioni:

1ª Valutare la resistenza ai moti di traslazione del bastimento.

2ª Prendere di mira tutte le condizioni diverse che possono presentarsi, sia per l'intensità dell'azione prodotta dal vento, come per la sua direzione rispetto alle vele, e tenere a calcolo che la velatura deve sempre raggiungere lo scopo a cui è destinata senza condurre a movimenti pericolosi.

3ª Determinare in ogni caso particolare la velocità del vento relativa al bastimento, la quale evidentemente non è che la *risultante* di quella reale del vento stesso rispetto alla terra e della velocità eguale e contraria a quella del bastimento, la quale risultante potrebbesi ottenere col parallelogramma delle velocità.

4ª Apprezzare, nel caso in cui le vele siano oblique alla direzione del moto apparente del vento, le modificazioni che nella pressione del vento e nel suo punto d'applicazione si hanno per le considerazioni svolte nel precedente Capitolo a pag. 181.

5ª Tener conto del fatto che le vele ed i legami destinati a tenerle distese essendo cedevoli, le vele stesse non si mantengono perfettamente piane, ma prendono una curvatura più o meno sentita. Risulta ovvio che se questo effetto si produce debba essere impiegato per esso una parte della forza motrice, inutilizzata così a spingere il bastimento; ed è del pari evidente che debba anche prodursi uno spostamento nel punto di applicazione della forza motrice.

6ª Valutare completamente gli effetti che la pressione del vento sulle vele tende a produrre; considerare cioè i moti di traslazione e di rotazione dovuti a questa causa, insieme alla resistenza dell'acqua ed alle coppie che la stessa resistenza e la stabilità oppongono a quei moti.

7ª Tener conto che alcune volte le vele sono destinate a generare coppie atte a produrre determinate rotazioni intorno ad assi verticali, e che eccezionalmente le vele stesse debbono dare occasione a forze e coppie, le quali, distruggendosi vicendevolmente, lascino in quiete il bastimento, sebbene il vento soffi.

8ª Finalmente tener conto che l'azione del vento su ciascuna vela è alterata dalle altre vicine, mentre, per ragioni che si vedranno, è necessario ed utile che la velatura sia frazionata in più parti.

Lo eseguire quanto è stato detto sin qui in modo particolareggiato sarebbe immensamente complicato e laborioso, se non impossibile, per la penuria di dati sperimentali circa la resistenza dell'acqua ai moti di traslazione e di rotazione dei bastimenti a vela, e relativamente ancora a tutti gli altri elementi che con quelle ricerche si connettono. Di più tali ricerche sarebbero ancora superflue, poichè (come fu già accennato a pag. 182) non si ha interesse grandissimo a determinare con tutta esattezza, come si fa per la forza motrice del

vapore, una forza che si procura gratuitamente, quale è quella dovuta al vento.

Solo si possono, se non *quantitativamente*, almeno *qualitativa-
mente*, studiare gli effetti indicati testè nella 6ª condizione. Ciò porge
altresì occasione di vedere in qual modo un bastimento a vela possa
soddisfare alla 4ª tra le condizioni enumerate nella Prima Parte a
pag. 37, cioè trarre partito da tutte le direzioni di vento, e di dedurre quali disposizioni sia perciò utile di adottare.

Considereremo a tal uopo due casi estremi tra quelli in cui il bastimento può trovarsi a navigare; il primo allorquando ha il vento
di poppa o in fil di ruota, quando cioè il vento spira da poppa del
bastimento nella direzione del suo piano diametrale; il secondo allorquando il vento è di bolina, quando cioè il piano diametrale del bastimento fa con la direzione del vento un angolo di 67°,30' contato
dalla prora.

Nel primo caso è chiaro che le vele possono adempiere bene al
loro ufficio coll'essere bracciate in croce. Allora la risultante delle
pressioni dal vento esercitate sulle vele, trovasi nel piano diametrale
del bastimento, ed il suo punto di applicazione è al disopra del galleggiamento. Trasportando questa forza parallelamente a sè stessa sul
piano orizzontale che contiene il centro di gravità del bastimento, e
poscia in questo centro conducendo il punto di applicazione di essa,
rilevasi facilmente come la detta forza tenda a produrre una rotazione
intorno ad un asse trasversale ed un moto di traslazione secondo il
piano diametrale. Il primo effetto è contrariato dai momenti della
resistenza e della spinta dell'acqua; il secondo dalla sola resistenza
dell'acqua. Altre circostanze però non sorgono dall'azione combinata
di questi momenti e di queste forze.

Quando il bastimento naviga col vento di bolina, e così negli altri
modi di navigare, che sono tutti più frequenti di quello testè considerato, è chiaro che le vele non potrebbero essere bracciate in croce,
poichè riceverebbero l'azione del vento sulla loro faccia prodiera, tendendo così a fare indietreggiare il bastimento. È necessario quindi
adottare disposizioni che permettano alle vele di ricevere sempre,
meno in casi eccezionali, il vento sulla faccia poppiera.

Questo risultato si raggiunge col dare ai pennoni la possibilità di
rotare e prendere inclinazioni differenti da 90 gradi col piano dia-

metrale del bastimento. Da questa condizione di cose sorgono circostanze che è d'uopo prendere in esame.

Sul piano orizzontale che passa per il centro di gravità del bastimento rappresenti *PP* la direzione dei pennoni. Sia *OV* la direzione e l'intensità della pressione dovuta al vento, il quale supporremo spiri nella direzione della freccia, ed *O* sia la proiezione del suo punto di applicazione. S'immagini decomposta la forza *OV* in due *OM* ed *ON*, l'una parallela e l'altra perpendicolare al piano diametrale del bastimento.

Col trasportare la prima forza parallelamente a sè stessa nel piano diametrale, poscia nel piano orizzontale che contiene il centro di gravità del bastimento, ed infine spostando il suo punto di applicazione in modo da confondersi con quest'ultimo centro, scorgesi facilmente che quella forza tende a produrre un'orzata, un moto rotatorio intorno ad un asse trasversale ed un moto di traslazione secondo il piano diametrale del bastimento.

Spostando altresì il punto di applicazione della forza *ON* sino sul piano diametrale, poscia trasportando la forza stessa parallelamente alla sua direzione sul piano orizzontale che contiene il centro di gravità del bastimento, e, giunta in questo piano, conducendola parallelamente a sè stessa sino a passare per il suddetto centro di gravità, rilevasi chiaramente che la forza *ON* tende a produrre un moto di traslazione in direzione perpendicolare al piano diametrale, un moto di rotazione intorno ad un asse longitudinale e finalmente una rotazione, che può essere di poggiata o di orzata, secondochè il centro di pressione *O* trovisi a prora o a poppa del centro di gravità del bastimento.

I moti di orza e di poggia sono moderati dai corrispondenti momenti di resistenza dovuta all'acqua; quelli di rotazione intorno ai due assi trasversale e longitudinale sono contrariati dai momenti dovuti alla spinta del liquido, ai quali si aggiungono quelli della resistenza dell'acqua ai moti di traslazione diretto e laterale. Ed infatti la prima delle due resistenze testè indicate, trasportata nel piano orizzontale che passa per il centro di gravità del bastimento, e quindi condotta a passare per questo punto, dà occasione ad una coppia il cui piano è verticale e perpendicolare all'asse trasversale del bastimento. Similmente la resistenza laterale, portata nel citato piano orizzontale, dà una coppia il cui piano è verticale anch'esso ma perpendicolare all'asse longitudinale del bastimento. Inoltre per il fatto che la direzione di quest'ultima resistenza può non trovarsi nel piano trasversale passante per il centro di gravità del bastimento, poichè le forme della carena d'ordinario non sono simmetriche rispetto a questo piano, conducendo la resistenza stessa a passare per quest'ultimo centro, ne sorge una coppia orizzontale, della quale si dovrà tener conto insieme a tutte le altre.

Risulta chiaro altresì che con le operazioni che si sono immaginate fatte, si hanno nel centro di gravità del bastimento applicate quattro forze due a due di senso contrario. Queste forze, allorquando il moto è pervenuto alla uniformità, si possono considerare eguali due a due.

Ciò posto, nella figura della precedente pagina rappresentino Gg e Gm in direzione e grandezza respettivamente le velocità del moto diretto e del moto laterale in quest'ultimo periodo. Compiendo il rettangolo sopra queste due rette, evidentemente la diagonale Gn rappresenta in grandezza e direzione la velocità effettiva del bastimento.

L'angolo gGn che la direzione del cammino fa col piano diametrale, chiamasi *angolo di deriva* o di *scaroccio*, poichè *deriva*, o *scaroccio*, dicesi lo spazio che il bastimento percorre nel senso trasversale. E di tale angolo il marino, che ha potuto esperimentare la tendenza alla deriva del suo bastimento, deve tener conto per dirigere convenientemente la prora, stabilendo la rotta in modo che coll'angolo di deriva che ne nasce, il bastimento, se il vento non cambi, raggiunga alla fine la mèta voluta.

La direzione effettiva che il bastimento segue, giova notarlo, può anche differire dalla Gn a causa delle onde e delle correnti, che noi trascureremo in queste ricerche. Evidentemente l'angolo gGn diminuisce col crescere il lato Gg e col diminuire l'altro lato Gm. Ora il primo lato cresce coll'aumentare la componente diretta della forza motrice e col diminuire la resistenza diretta; il secondo diminuisce col diminuire la componente laterale della pressione del vento e con l'aumentare la resistenza laterale. Ad ottenere perciò l'aumento della velocità diretta e la diminuzione della velocità laterale, rappresentate respettivamente nella nostra figura da *Gg* e *Gm*, è necessario il concorso del costruttore e del marino; il primo per ciò che riguarda la diminuzione di resistenza al moto diretto e l'aumento di resistenza al moto laterale; il secondo per ciò che si riferisce all'aumento della componente diretta della pressione del vento ed alla diminuzione della componente laterale.

Le disposizioni dai costruttori adottate nello scopo testè accennato consistono: 1ª nel fare fine il bastimento nel senso longitudinale; 2ª nel dare grande estensione alla superficie immersa del piano diametrale, o facendolo più lungo, o, meglio ancora, aumentando l'immersione del bastimento; 3ª nel dare minore slancio alla ruota di prora ed al dritto di poppa; 4ª nel fare che le linee d'acqua della carena s'incontrino sotto angoli grandissimi nel piano trasversale che passa per il centro di gravità del bastimento; 5ª nel collocare delle prominenze quasi piane sulla carena, analoghe alle chiglie laterali, chiamate *ali di deriva*; 6ª finalmente nel fare grande l'altezza della chiglia. Giova notare che in alcuni bastimenti a vela da corsa allo scopo di aumentare la resistenza alla deriva, quando solo sia necessario, senza avere costantemente a posto una profonda chiglia, che potrebbe arrecare qualche inconveniente, si adottano chiglie mobili, le quali si fanno sporgere, quando si voglia, dal disotto del bastimento della quantità reputata necessaria.

Per vedere ora in qual modo il marino possa concorrere alla diminuzione dell'angolo di deriva aumentando la componente diretta della pressione del vento e diminuendo la componente laterale, si rappresenti con α l'angolo, misurato dalla prora, che i pennoni fanno col piano diametrale, e con m s'indichi l'angolo, che supponiamo costante, fatto dalla direzione apparente del vento col piano diametrale.

La pressione esercitata dal vento nel punto O è data, come sappiamo, da $K'Sw^2 sen^2\varphi$, ammettendo che l'elemento superficiale della vela nel quale trovasi quel punto poco si discosti dall'essere parallelo al pennone, ciò che non è lungi dal vero, ed ammettendo che la vela si mantenga verticale e la direzione del vento sia orizzontale.

In detta espressione abbiamo posto K' invece del solito K, intendendo per quello un coefficiente minore di questo, affine di tener conto della riduzione che nella pressione produce il gonfiamento della vela.

I valori delle componenti diretta e laterale della pressione del vento, le quali rappresenteremo respettivamente con P e Q, saranno date dalle seguenti equazioni:

$$P = K'Sw^2 \, sen^2 \varphi \,.\, sen\, \alpha \quad (1); \qquad Q = K'Sw^2 \, sen^2 \varphi \,.\, cos\, \alpha \quad (2).$$

In luogo di φ ponendo $m - \alpha$, come risulta dalla esistente relazione $m = \alpha + \varphi$, si avrà:

$$P = K'w^2 \, sen^2 (m - \alpha) \, sen\, \alpha \quad (3),$$
$$Q = K'Sw^2 \, sen^2 (m - \alpha) \, cos\, \alpha \quad (4).$$

Le formule (3) e (4) mostrano che per una medesima direzione di vento relativa al bastimento, la componente laterale Q diminuisce quando l'angolo α cresca e si avvicini sempre più al valore di m, poichè non potendo essere questo superiore a 180°, nè quello superiore a 90°, col crescere α diminuisce tanto il fattore $cos\, \alpha$ quanto l'altro $sen^2 (m - \alpha)$. Evidentemente i valori che convengono per diminuire Q non sono opportuni per il P, il quale diminuirebbe anch'esso.

Con il Calcolo superiore si è giunti a dimostrare: 1° che, ammettendo la pressione del vento proporzionale alla seconda potenza del seno dell'angolo d'incidenza, il massimo vantaggio per il P si consegue ogni qualvolta: *il doppio della tangente dell'angolo fatto dai pennoni col piano diametrale è eguale alla tangente dell'angolo fatto dal vento con i pennoni stessi;* 2° che, assumendo la pressione del vento proporzionale alla prima potenza del seno dell'angolo d'incidenza, il massimo dello stesso P si ottiene quando: *l'angolo di orientazione dei pennoni col piano diametrale è eguale alla metà dell'angolo che la direzione del vento fa collo stesso piano.*

L'ultima deduzione può ottenersi in modo elementare. Si ponga:

$$\varphi = \frac{m}{2} - x, \; \alpha = \frac{m}{2} + x$$

essendo x variabile; sarà però sempre $\varphi + \alpha = m$. Si avrà:

$$P = K'Sw^2 \, sen \left(\frac{m}{2} - x \right) sen \left(\frac{m}{2} + x \right) = K'Sw^2 \left(sen^2 \frac{m}{2} - sen^2 x \right),$$

che diviene massimo per $x = 0$, ossia per $\varphi = \frac{m}{2}$, ed $\alpha = \frac{m}{2}$.

Servendosi della prima deduzione è stata valutata la seguente tabella:

Angolo del vento col piano diametrale	Angolo del pennone col piano diametrale	Angolo d'incidenza del vento sulla vela
103° 53′	42° 30′	61° 23′
99 13	40 0	59 13
94 25	37 30	56 55
89 28	35 0	54 28
84 23	32 30	51 53
79 6	30 0	49 6
73 39	27 30	46 9
68 0	25 0	43 0

Stabilita dunque la rotta che il bastimento deve seguire, e conosciuta la direzione che rispetto ad essa ha il vento, il marino potrebbe facilmente (per le deduzioni fatte testè) rinvenire l'angolo più conveniente sotto il quale dovrebbe essere bracciata la vela. Se ne desumerebbe così, che per un bastimento a vele quadre che andasse di bolina, i pennoni dovrebbero essere bracciati maggiormente di quello che permette l'attrezzatura, la quale lascia appena raggiungere il valore di 35° all'angolo da essi fatto col piano diametrale. L'esperienza però mostra che non è dannoso nella navigazione di bolina il bracciare i pennoni solo a quanto lo permetta la loro attrezzatura, cioè ad un angolo col piano diametrale, maggiore di quello stabilito dalla teoria.

L'esperienza ha altresì mostrato che l'angolo più vantaggioso per il valore di P non è costante per una stessa direzione di vento e di cammino, e dipende da svariate cause.

Nei bastimenti a vele auriche l'attrezzatura non ponendo alcun ostacolo a far disporre i picchi e le antenne sotto un angolo piccolissimo col piano diametrale, ne segue che le loro vele possono essere utilizzate per direzioni di vento che siano più vicine al piano diametrale di quella di bolina, ossia più chiuse dell'angolo di 67° 30′. Inoltre coi picchi e le antenne si può raggiungere più agevolmente la orientazione corrispondente al massimo vantaggio.

Per le altre direzioni diverse da quella di bolina, secondo la teoria, si dovrebbero bracciare maggiormente i pennoni nella misura data dalla prima regola, fino a che il vento passando di poppa le vele si trovassero bracciate in croce. Ad eccezione però di quest'ultimo caso essa regola non può essere scrupolosamente seguita. Perciò dalla pratica sono state stabilite altre norme per i bastimenti a vele quadre, le quali differiscono alquanto dai dati contenuti nella tabella di sopra riportata, non che da quelli che si otterrebbero per mezzo della seconda conclusione relativamente al massimo valore di *P*.

Se si rappresentino respettivamente con v e v' le velocità del moto diretto e del moto laterale della nave, con A' l'area immersa del piano diametrale, conservando l'A per indicare l'area immersa dell'ordinata maestra, e con K e K'' si denotino due coefficienti numerici, l'uno per il primo movimento, l'altro per il secondo; finalmente se si ammetta grossolanamente la resistenza proporzionale al quadrato della velocità ed all'area della sezione massima normale alla direzione del moto, e si trascurino le inclinazioni del bastimento, si avrà evidentemente, quando il moto sarà pervenuto all'uniformità:

$$K'Sw^2 \, sen^2\,(m-\alpha)\,sen\,\alpha = KAv^2 \qquad (5)$$
$$K'Sw^2 \, sen^2\,(m-\alpha)\,cos\,\alpha = K''A'v'^2. \qquad (6)$$

Da queste due equazioni ricavasi per il rapporto $\dfrac{v'}{v}$ il valore:

$$\sqrt{cot\,\alpha \cdot \frac{KA}{K''A'}}\,.$$

Questo rapporto, come deducesi facilmente dalla figura della pagina 197, non è che la tangente dell'angolo di deriva; quindi, rappresentando quest'angolo con ω, si ha:

$$tang\,\omega = \sqrt{\frac{KA}{K''A'} \cdot cot\,\alpha}\,\cdot$$

Se K'' fosse per bastimenti ordinari a vela eguale a $6K$, come lo suppone il Russell, ed A' fosse eguale a $6A$, (valori molto prossimi al vero comunemente) sarebbe:

$$tang\,\omega = \sqrt{\frac{cot\,\alpha}{36}} = \frac{1}{6}\,\sqrt{cot\,\alpha}\,.$$

Per il caso particolare di $\alpha = 45°$, sarebbe *tang* $\omega = \dfrac{1}{6}$, e perciò $\omega = 9°$, cioè valore sufficientemente piccolo, come d'ordinario è quello dell'angolo di deriva.

L'esame fatto, mentre ci pone intanto in grado di rilevare il vantaggio grandissimo di aumentare la velocità diretta della nave, sia per la velocità risultante, come per la diminuzione dell'angolo di deriva, d'altra parte, per le ragioni già enumerate dapprincipio di questo Capitolo, e che ricevono una conferma nel modo di formazione delle precedenti formule (5) e (6), non permette di determinare con il calcolo la quantità di velatura da assegnarsi a ciascun bastimento. Per ciò è invalso l'uso di ricorrere al metodo empirico stabilendo per essa delle norme ricavate da bastimenti già costruiti e felicemente riusciti, riportandosi, prima di ogni cosa, agli elementi che più hanno influenza sulla velocità della nave; e siccome per galleggianti di forme simili l'elemento che maggiormente contribuisce sulla resistenza, e perciò sulla velocità, è la grandezza della superficie immersa della loro ordinata maestra, così è a questa che le regole pratiche riferiscono la proporzione della velatura. I rapporti con cui tali regole sono espresse trovansi riportati nella seconda colonna dei seguenti Quadri:

SPECIE DEI BASTIMENTI	RAPPORTI DELLA SUPERFICIE DI VELATURA		Rapporto tra la distanza del centro di velatura dalla verticale che passa per il mezzo del galleggiamento, e la lunghezza di questo.
	alla superficie immersa dell'ordinata maestra	alla superficie di galleggiamento in pieno carico	
Vascelli	da 27 a 31	da 3,5 a 4,5	da $\dfrac{1}{15}$ a $\dfrac{1}{25}$ a prora
Fregate	» 36 » 39	» 3,1 » 3,9	id. id.
Corvette	» 38 » 48	» 3,1 » 3,9	id. id.
Brigantini	» 47 » 56	» 3,5 » 3,75	id. id.
Cannoniere	61	. . . . .	. . . . .

SPECIE DEI BASTIMENTI	RAPPORTI DELLA SUPERFICIE DI VELATURA		Rapporto tra la distanza del centro di velatura dalla verticale che passa per il mezzo del galleggiamento, e la lunghezza di questo.
	alla superficie immersa dell'ordinata maestra	alla superficie di galleggiamento in pieno carico	
Nave	da 27 a 33	da 3,5 a 4,5	da $\frac{1}{20}$ a $\frac{1}{50}$ a prora
Clipper	» 34 » 42	. . .	id. id.
Brigantino	» 27 » 28	» 3,8 » 4,0	id. id.
Brigantino goletta .	» 28 » 29	. . . .	. . . . .
Goletta a gabbiola .	. . . .	» 3,6 » 5,0	. . . . .
Cutter da corsa (yacht) .	da 48 a 53	da 4,8 a 5,2	variabilissimo
Imbarcazione ordinaria . .	. . . . .	da 2 a 4	da 0 ad $\frac{1}{8}$ a poppa

È da notarsi che nello stabilire questi rapporti si è tenuto calcolo delle seguenti vele, cioè: per i bastimenti a vele quadre: le vele maggiori, le gabbie, i velacci, il flocco e la randa di mezzana; per le golette: le rande, il parrocchetto, il velaccio, la trinchettina, il flocco e la freccia di maestra; per i cutter o battelli da corsa e da diporto (yachts): le vele di navigazione ordinaria, cioè la randa, la trinchettina ed il flocco; finalmente per le imbarcazioni: tutte le vele di cui sono fornite.

Notisi altresì che nel calcolare le superficie delle dette vele si sono tutte immaginate disposte nel piano diametrale convenzionalmente nel modo che vedremo alla fine di questo Capitolo, supponendole perfettamente piane, e si sono sostituiti ai loro contorni effettivi quelli rettilinei ottenuti col congiungere i loro vertici. Al centro di gravità di queste vele si è dato il nome di *centro di velatura*.

Tra gli effetti enumerati, come quelli dovuti alla velatura, le rotazioni intorno ad assi longitudinale e trasversale sono molto importanti a prendersi in esame per la stabilità, poichè è necessario che questa sia sufficiente a far restare dentro determinati limiti le inclinazioni che il bastimento può acquistare per l'azione del vento. E siccome evidentemente contro quest'azione ha grande influenza la stabilità di forma, così molto opportunamente si è ravvisato di aggiungere ai dati contenuti nella seconda colonna dei Quadri testè riportati, quelli registrati nella 3ª colonna, i quali non sono altro che i rapporti della velatura, intesa per ciascun tipo di bastimento nel modo convenzionale di sopra indicato, alla superficie di galleggiamento in pieno carico.

Oltre a ciò, per fornire maggiori mezzi onde assicurarsi che la velatura sia adeguata alla stabilità minima della nave, rappresentando con p il coefficiente $K' w^2 sen^2 (m - \alpha)$ dell'espressione (4) della pagina 200, con h l'altezza del centro di velatura al disopra del centro di resistenza laterale della nave, ed assumendo θ per indicare l'angolo d'inclinazione a cui conviene si arresti il bastimento, talchè sia $pS cos \alpha . cos \theta . h$ il momento della componente laterale del vento, quando il moto è pervenuto all'uniformità, è stato proposto di stabilire l'equazione:

$$\frac{pS \cos \alpha . \cos \theta . h}{1000} = P (r - a) sen \, \theta,$$

rappresentando il secondo membro, come sempre, il momento di stabilità trasversale iniziale. Ed è stato aggiunto che per la sicurezza del bastimento, quando la componente laterale della pressione del vento è di chilog. 4,9 circa per metro quadrato, l'angolo θ debba essere di 4° per grandi bastimenti da guerra e mercantili, di 5° per le corvette, di 6° per le golette comuni e da 6° a 9° per i cutter. Per i grandi bastimenti si ha quindi: $\frac{4,9 \times Sh}{1000} = P (r - a) \, tang \, 4°$; da cui ricavasi: $\frac{Sh}{1000} = \frac{P (r - a) \, tang \, 4°}{4,9}$, che serve a determinare Sh. La conoscenza di questo valore, se non permette di determinare singolarmente le quantità S ed h, dà però una norma circa il valore di Sh. E notisi che d'ordinario l'altezza h si misura dal centro di velatura al centro di gravità del bastimento; e sebbene con ciò si commetta un errore, questo non ha effetto sensibile quando trattasi di istituire dei paragoni.

Talune volte per stabilire la velatura in relazione allà stabilità si procede in modo più semplice, sebbene meno diretto. Si prende cioè in considerazione il rapporto $P(r-a):Sh$ (intendendo l'h nel modo ora detto) e lo si rende eguale a quello ottenuto da bastimenti a vela della medesima specie, esperimentati come buoni. Negli antichi bastimenti il rapporto minimo adottato era: per i vascelli 0,08 col carico e 0,055 senza carico, per le fregate 0,06 col carico e 0,05 senza carico, per le corvette 0,05 col carico e 0,04 senza carico, per le golette 0,04 col carico e 0,035 senza carico, per i cutter 0,03. Per i bastimenti moderni ordinarî si ritiene come valore minimo 0,05.

Ci rimane ora a parlare delle coppie dovute alle componenti della pressione del vento ed alla resistenza dell'acqua tendenti a produrre movimenti di orzata e poggiata. Trascureremo quella dovuta al fatto che il centro di pressione non trovasi nel piano diametrale.

Ammesso pure che quest'ultimo punto si trovi sulla verticale che passa per il centro di gravità del bastimento, in modo che l'azione del vento non generi tendenza alcuna a far girare il bastimento, vi sarebbe il moto rotatorio dovuto alla resistenza laterale dell'acqua, se il suo punto di applicazione non corrispondesse, come il più delle volte avviene, sulla detta verticale. Nei bastimenti ordinarî la posizione del centro di resistenza laterale è tale rispetto a quella del centro di pressione testè indicata, che il bastimento tenderebbe in generale ad orzare.

Questo moto rotatorio sarebbe tanto più grande quanto maggiore fosse la resistenza dell'acqua, ossia quanto maggiore fosse la velocità del bastimento. L'azione del timone sarebbe necessaria per controbilanciare tale tendenza; ma quest'organo non può operare continuamente senza nuocere al cammino, come vedremo. Inoltre la sua azione potrebbe diventare quasi nulla, se il bastimento a causa di un forte vento prendesse una grande inclinazione, poichè allora da verticale esso diverrebbe obliquo all'orizzonte; ed il suo effetto, diminuirebbe. Non si potrebbe dunque contare soltanto sull'azione di quest'ultimo organo per controbilanciare la tendenza all'orza, che nelle rotte oblique è prodotta dalla resistenza dell'acqua nei bastimenti ordinarî.

Si deve dunque ricorrere all'azione delle vele, disponendole in modo che le coppie di rotazione orizzontale che da quella sorgono siano contrarie alle coppie di rotazione della stessa specie dovute alla resistenza, e che il manovriere abbia il mezzo di correggere la tendenza all'orza, senza poi dover togliere molte vele del sistema poppiero, a scapito della velocità.

Il bisogno di correggere la tendenza all'orza è tanto più sentito, inquantochè essa cresce coll'aumentare la velocità del bastimento. Ed invero col rinforzare del vento cresce il momento della coppia dovuta al fatto che le vele essendo curve, il centro di pressione O non trovasi nel piano diametrale. Di più rendendosi maggiore lo sbandamento prodotto dalla coppia del vento nel senso trasversale del bastimento, aumenta sempre più la distanza del centro di pressione dal piano verticale che passa per il centro di gravità; quindi ognora più cresce la coppia di orzata che sorge da tale circostanza. Finalmente coll'ingagliardire del vento si accresce il momento della coppia il cui piano è perpendicolare all'asse trasversale, e perciò aumenta l'immersione di prora. Questa circostanza fa avvicinare sempre più alla prora il centro di resistenza laterale.

Segue da tutto ciò che si può combattere la tendenza all'orza prodotta negli ordinarî bastimenti a vele quadre dalla resistenza dell'acqua, senza ricorrere troppo spesso al timone, quando nello stabilire la velatura si faccia cadere il suo centro a prua del centro di gravità del bastimento, e tanto più, quanto maggiore è la pienezza della prora.

Egli è chiaro non potersi ottenere che con una posizione assegnata al centro di velatura si corregga la tendenza all'orza per tutte le direzioni e velocità di vento. Fa d'uopo altresì disporre e frazionare le vele in modo che il manovriere abbia il mezzo di poter facilmente combattere quella tendenza nelle condizioni diverse di navigazione nelle quali il bastimento può trovarsi.

È da notarsi però che non devesi eccedere nell'avere troppo a prora il centro di velatura nei bastimenti ordinarî, poichè allora le vele potrebbero in qualche caso produrre una tendenza alla poggia. E questa non potrebbe distruggersi se non adoperando il timone, cambiando la disposizione delle vele spiegate, lo che non può sempre farsi nel modo più utile, cioè aumentando le vele di poppa o diminuendo quelle di prora, e finalmente aumentando l'immersione di prora, diminuendo in pari tempo quella di poppa.

Per ragioni analoghe a quelle sin qui svolte, nei bastimenti di

piacere e da corsa, ai quali per ragioni che vedremo in seguito, si
dà grande differenza d'immersione, il centro di velatura dovrà trovarsi a poppa del centro di gravità del bastimento, poichè la grande
differenza d'immersione, accompagnata quasi sempre da molta finezza
nelle linee d'acqua di prora, fa sì che il centro di resistenza laterale
passi a poppa del centro di gravità.

In ogni caso per i bastimenti di cui trattasi si dovrà, in conformità di quanto fu accennato a pag. 183, far corrispondere il centro
di velatura al centro di gravità della parte immersa del piano diametrale. Ed invero, lo ripetiamo, se quest'ultimo punto non coincide
col centro di resistenza laterale, esiste però anche l'altro fatto che
nemmeno il centro di velatura, colle supposizioni che si fanno per
assegnarne la posizione, corrisponde rigorosamente alla posizione effettiva del centro di pressione. È perciò probabile che nel trattare
di bastimenti della stessa classe i centri effettivi di pressione e di
resistenza laterale abbiano una relazione fissa a quelli calcolati; cioè
se il primo trovisi a prora di quello calcolato di una determinata quantità, anche il secondo trovisi in analoga condizione.

I rapporti forniti dalla esperienza per la posizione del centro di
velatura contenuti per ogni tipo di bastimento nella quarta colonna
dei Quadri riportati a pagine 203 e 204 pongono in grado di soddisfare alle condizioni testè espresse.

Cade quì acconcio il considerare in qual modo il bastimento possa
trarre partito dalla forza del vento, quando la direzione da cui esso
spira sia direttamente contraria alla rotta che il bastimento deve seguire, e quali disposizioni sia perciò utile di adottare.

Egli è chiaro che se il bastimento debba recarsi da un punto
F ad un altro F', entrambi sulla direzione dalla quale il vento spira,
esso non potrà seguire questa direzione. Bisognerà dunque che prenda
un corso obliquo dirigendosi dapprima p. e. sulla dritta secondo una
direzione che colla FF' faccia un certo angolo, in modo che le vele ricevano l'azione del vento sulla loro faccia poppiera, sia pure sotto un
angolo piccolissimo; il più piccolo che la specie di velatura permetta.

Giunto ad un certo punto di questa via scelta, il bastimento dovrà
cangiare la sua disposizione rispetto alla FF' girando convenientemente, affine di camminare verso la sinistra sotto la medesima obliquità di prima rapporto al vento, traversando la stessa FF' e perve-

nendo così sino ad un altro punto. Quivi pervenuto, dovrà nuovamente girare per camminare secondo una direzione parallela alla prima scelta, che è egualmente inclinata alla direzione del vento, ed in analogo modo proseguire fino a che sia in *F'*.

Si comprende quindi come con le manovre indicate il bastimento possa giungere al luogo proposto, facendo uno o più serpeggiamenti, secondo che le circostanze lo richiedono. Questa maniera di navigare è chiamata dai marini *bordeggiare*. Essa somministra un eccellente mezzo di profittare del vento anche direttamente contrario alla via che si dovrebbe seguire.

L'angolo che colla direzione del vento fa il piano diametrale nelle diverse vie che il bastimento segue nei suoi serpeggiamenti dovrà essere di bolina, poichè se la velocità in questo modo di navigare è minore che in ogni altro caso, si devia però meno dalla rotta che si dovrebbe seguire. Le disposizioni quindi che per la velatura si saranno adottate per andare bene di bolina saranno anche opportune per bordeggiare. Esse dovranno inoltre essere accompagnate da quelle per girare facilmente, delle quali ci occuperemo in seguito.

Perchè nello stabilire la velatura di un dato bastimento siano diminuiti i tentativi da farsi per raggiungere le condizioni tutte per essa richieste, sono state formulate delle norme sul modo secondo il quale deve essere disposta e frazionata la velatura stessa. Tali norme consistono per i diversi tipi di bastimenti in rapporti delle lunghezze dei singoli alberi alla larghezza massima del bastimento, delle lunghezze dei pennoni alla lunghezza del bastimento, e finalmente in rapporti alla stessa lunghezza delle distanze degli alberi da una posizione determinata.

Tutti questi rapporti sono contenuti nelle Tavole che seguono.

RAPPORTI alla larghezza massima del bastimento fuori os
con testa di moro, dal piede alla prima incappellatura e

SPECIE DEL BASTIMENTO	Autore o regolamento da cui i rapporti sono rilevati	Albero maggiore di maestra	Albero maggiore di trinchetto	Albero maggiore di mezzana o palo	Albero di bompresso	Albero di gabbia o alberotto di maestra	Albero di parrocchetto o alberotto di trinche
Vascello a 3 ponti	Fincham	2,377	2,211	1,588	1,406	1,399	1,328
id. » 2 »	id.	2,351	2,140	1,594	1,393	1,335	1,201
Fregata	id.	2,327	2,141	1,661	1,360	1,283	1,270
Corvetta	id.	2,410	2,176	2.015	1,186	1,466	1,312
Nave	id.	2,424	2,179	1,959	1,455	1,500	1,858
id.	Mazaudier	2,250	2,140	1,900	1,165	1,250	1,250
id.	Veritas	2,300	2,250	2,000	1,300	1,250	1,250
id.	Liguria	1,600 (X)	1,440 (X)	1,360 (X)	0,660 (s)	1,210	1,210
Brigantino a palo	Fincham	2,635	2,371	1,864	1,435	1,457	1,310
id.	Mazaudier	2,330	2,250	2,200	1,165	1,250	1,250
id.	Veritas	2,800	2,250	2,300	1,300	1,250	1,250
id.	Liguria	1,500 (X)	1,400 (X)	1,360 (X)	0,600 (s)	1,200	1,200
Brigantino	Fincham	2,505	2,329	—	1,372	1,379	1,287
id.	Mazaudier	2,330	2,160	—	1,150	1,250	1,250
id.	Veritas	2,300	2,250	—	1,300	1,250	1,250
id.	Liguria	1,580 (X)	1,400 (X)	—	0,600 (s)	1,210	1,210
Brigantino goletta	Mazaudier	2,895	2,250	—	1,150	1,000	1,250
id.	Liguria	1,600 (X)	1,500 (X)	—	0,600 (s)	1,200	1,200
Goletta	Mazaudier	3,330	2,660	—	1,330	1,700	1,600
id. a gabbiola	Veritas	3,050	3,000	—	1,300	1,700	1,600
id. da corsa	Kemp	3,360 (X)	3,186 (X)	—	1,750 (t')	....	....
Cutter	id.	3,600 (X)	—	—	2,000 (t')	....	—
Battello a goletta	Consolin	3,280	3,100	—	1,280 (s)	—	—
Bracaccia a trabaccolo	id.	2,500	2,350	1,500	1,700	—	—
Lancia a trabaccolo	id.	2,600	2,500	1,600	1,800	—	—
id. id.	id.	2,750	2,600	1,650	1,850	—	—

a delle lunghezze degli alberi dal piede alla cima, per quelli
na incappellatura alla successiva per gli alberotti.

Albero di contro mezzana o lberotto di mezzana	Bastone di flocco	Bastone di contro flocco	Albero di velaccio di maestra	Albero di contro velaccio di maestra	Albero di velaccio di trinchetto	Albero di contro velaccio di trinchetto	Albero di belvedere	Albero di contro belvedere
979	1,054	1,215	0,610	0,457	0,586	0,439	0,406	0,404
948	0,975	1,102	0,600	0,450	0,510	0,383	0,420	0,315
924	0,979	1,175	0,570	0,456	0,513	0,410	0,422	0,337
063	0,925	1,110	0,688	0,492	0,635	0,457	0,443	0,319
974	1,135	0,456 (s)	0,731	0,426	0,659	0,394	0,475	0,288
900	1,140	0,500 (s)	0,660	0,580	0,660	0,580	0,458	0,375
850	0,700 (s)	0,450 (s)	0,700	0,500	0,700	0,500	0,550	0,450
950	0,660 (s)	0,500 (s)	0,630	0,400	0,630	0,400	0,490	0,380
085	1,234	....	0,736	....	0,662	....	—	—
250	1,140	0,500 (s)	0,660	0,560	0,660	0,560	—	—
300	1,200	....	0,700	0,500	0,700	0,500	—	—
300	0,500 (s)	0,300 (s)	0,600	0,400	0,600	0,400	—	—
—	1,523	....	0,828	....	0,789	....	—	—
—	....	....	0,725	0,478	0,725	0,478	—	—
—	0,700 (s)	0,450 (s)	0,700	0,500	0,700	0,500	—	—
—	0,500 (s)	0,300 (s)	0,600	0,400	0,600	0,400	—	—
—	1,165	0,380 (s)	—	—	0,666	0,400	—	—
—	1,000 (t')	....	—	—	0,600	0,400	—	—
—	1,220	....	—	—	—	—	—	—
—	0,700 (s)	0,450 (s)	—	—	—	—	—	—

NB. I rapporti distinti con (X) sono relativi a lunghezze di alberi maggiori contati dalla coperta.
'iniziale (s) indica sporgenze, le quali sono: per il bompresso, dalla ruota di prora; per il bastone
di flocco dalla testa di moro del bompresso e per il bastone di controflocco dal bastone di flocco,
oppure denota la distanza dalla incappellatura di questo alla incappellatura di quello.
'iniziale t' serve a distinguere la lunghezza totale del bompresso e del bastone di flocco al di fuori
della ruota di prora.
rapporti dati per gli alberi delle imbarcazioni si riferiscono ancora alle lunghezze dal piede alla cima.

RAPPORTI delle lunghezze totali dei pennoni, delle bome

SPECIE DEL BASTIMENTO	Autore o regolamento da cui i rapporti sono rilevati	Pennone o pennoncino di maestra	Pennone o pennoncino di trinchetto	Pennone o pennoncino di mezzana	Picco di trinchetto	Picco di mezzana o di maestra	Boma
Vascello a 3 ponti	Fincham	0,530	0,456	0,382	—	0,270	0,360
id. » 2 »	id.	0,530	0,461	0,382	—	0,271	0,362
Fregata	id.	0,530	0,463	0,385	—	0,261	0,348
Corvetta	id.	0,541	0,476	0,383	—	0,310	0,400
Nave	id.	0,527	0,475	0,342	—	0,230	0,370
id.	Mazaudier	0,475	0,475	0,330	0,250	0,165	0,290
id.	Veritas	2,000 (X)	2,000 (X)	1,800 (X)	—	0,800 (X)	1,200 (X)
id.	Liguria	2,000 (X)	2,000 (X)	1,580 (X)	—	....	....
Brigantino a palo	Fincham	0,500	0,450	—	—	....	....
id.	Mazaudier	0,500	0,500	—	0,200	0,154	0,250
id.	Veritas	2,000 (X)	2,000 (X)	—	—	....	1,200 (X)
id.	Liguria	2,000 (X)	2,000 (X)	—	—	....	....
Brigantino	Fincham	0,501	0,466	—	—	....	....
id.	Mazaudier	0,500	0,500	—	—	0,330	0,500
id.	Veritas	2,000 (X)	2,000 (X)	—	—	....	1,200 (X)
id.	Liguria	2,000 (+)	2,000 (+)	—	—	....	....
Brigantino goletta	Mazaudier	—	0,530	—	0,250	0,290	0,585
id.	Liguria	—	2,000 (+)	—	....	....	
Goletta	Mazaudier	—	—	—	....	....	0,610
id. a gabbiola	Veritas	—	2,100 (X)	—	1,100 (X)	1,400 (X)	2,100 (X)
id. da corsa	Kemp	—	—	—	0,322	0,406	0,580
Cutter (yacht)	id.	—	—	—	—	0,611	0,800
Imbarcazione a goletta.	Consolin	—	—	—	0,935 (X)	1,150 (X)	2,100 (X)
Barcaccia a trabaccolo.	id.	2,000 (X)	1,900 (X)	1,250 (X)	—	—	1,250 (X)
Lancia a trabaccolo	id.	2,100 (X)	2,000 (X)	1,350 (X)	—	—	1,350 (X)
Lancia id.	id.	2,200 (X)	2,100 (X)	1,352 (X)	—	—	1,350 (X)

i picchi alla lunghezza del galleggiamento.

Pennone di gabbia	Pennone di parrocchetto	Pennone di contro mezzana	Pennone di velaccio di maestra	Pennone di velaccio di trinchetto	Pennone di belvedere	Pennone di contro velaccio di maestra	Pennone di contro velaccio di trinchetto	Pennone di contro belvedere
,382	0,336	0,252	0,248	0,221	0,171	0,174	0,155	0,120
,382	0,333	0,252	0,237	0,199	0,173	0,166	0,139	0,121
,385	0,335	0,254	0,231	0,199	0,176	0,162	0,139	0,123
,383	0,345	0,285	0,268	0,241	0,161	0,188	0,169	0,113
,380	0,342	0,253	0,257	0,231	0,171	0,197	0,178	0,131
,365	0,365	0,250	0,250	0,250	0,185	0,185	0,185	0,125
550 (X)	1,550 (X)	1,270 (X)	1,180 (X)	1,180 (X)	0,900 (X)	0,900 (X)	0,900 (X)	0,750 (X)
580 (X)	1,580 (X)	1,070 (X)	1,070 (X)	1,070 (X)	1,000 (X)	1,000 (X)	1,000 (X)	0,800 (X)
378	0,340	—	0,243	0,221	—	0,182	0,166	—
375	0,375	—	0,250	0,250	—	0,184	0,184	—
550 (X)	1,550 (X)	—	1,180 (X)	1,180 (X)	—	0,900 (X)	0,900 (X)	—
450 (X)	1,450 (X)	—	1,300 (X)	1,300 (X)	—	1,000 (X)	1,000 (X)	—
386	0,379	—	0,263	0,245	—	0,203	0,189	—
375	0,375	—	0,250	0,250	—	0,184	0,184	—
,550 (X)	1,550 (X)	—	1,180 (X)	1,180 (X)	—	0,900 (X)	0,900 (X)	—
,470 (+)	1,470 (+)	—	1,320 (+)	1,320 (+)	—	1,000 (+)	1,000 (+)	—
—	0,390	—	—	0,250	—	—	0,184	—
—	1,450 (+)	—	—	1,300 (+)	—	—	1,000 (+)	—
—	—	—	—	—	—	—	—	—
—	1,550 (X)	—	—	1,180 (X)	—	—	—	—

NB. Il segno (X) distingue i rapporti relativi alla larghezza massima del bastimento o della imbarcazione, ed il segno (+) denota i rapporti relativi alla larghezza del bastimento nel punto dove l'albero trovasi.

Per le gabbie doppie i rapporti dati sono relativi al pennone volante, poichè quello fisso ha alla larghezza del bastimento un rapporto variabile nei grandi bastimenti da 1,8 a 1,7 per la gabbia ed il parrocchetto, da 1,35 a 1,40 per la contromezzana, e nei brigantini da 1,6 a 1,7 per la gabbia ed il parrocchetto.

SPECIE DEL BASTIMENTO	Autore o regolamento da cui i rapporti o le inclinazioni sono rilevati	Rapporti alla lunghezza del bastimento delle distanze degli assi degli alberi sul galleggiamento dal suo mezzo.			Inclinazioni medie degli alberi verso poppa, date rispetto alla verticale.		
		maestra	trinchetto	mezzana	maestra	trinchetto	mezzana
Vasc.° a 3 ponti	Fincham	0,050 a poppa	0,380	0,375	0,020	0,022	0,042
id. » »	id.	0,067 »	0,380	0,330	0,020	0,022	0,042
Fregata	id.	0,069 »	0,390	0,404	0,042	0,022	0,062
Corvetta	id.	0,060 »	0,399	0,356	0,083	0,014	0,083
Nave	id.	0,055 »	0,350	0,350	0,041	0,013	0,041
id.	Mazaud.	0,100 »	0,310	0,340	0,062	0,042	0,083
id.	Veritas	0,060 »	0,300	0,320	0,055	0,036	0,070
id.	Liguria	0,050 »	0,310	0,310	....	....	....
Brigant°. a palo	Fincham	0,055 »	0,350	0,350	0,041	0,013	0,041
id.	Mazaud.	0,155 »	0,290	0,365	0,083	0,062	0,125
id.	Veritas	0,100 »	0,290	0,340	0,055	0,036	0,070
id.	Liguria	0,100 »	0,260	0,340	0,058	0,040	0,083
Brigantino	Fincham	0,145 »	0,320	—	0,067	0,010	—
id.	Mazaud.	0,110 »	0,330	—	0,063	0,000	—
id.	Veritas	0,120 »	0,290	—	0,060	0,036	—
id.	Liguria	0,160 »	0,300	—	....	....	—
Brigantino goletta.	Mazaud.	0,125 »	0,250	—	0,125	0,083	—
id.	Liguria	0,115 »	0,230	—	....	....	—
Goletta	Mazaud.	0,133 »	0,220	—	0,083	0,062	—
Goletta a gabbiola.	Veritas	0,125 »	0,250	—	0,100	0,072	—
Goletta da corsa	Kemp	0,100 »	0,300	—	....	....	—
Cutter (yacht)	id.	0,100 a prora	—	—	0,000	—	—
Imbarcazione a goletta.	Consolin	0,060 a poppa	0,225	—			
Barcaccia a trabaccolo.	id.	0,016 »	0,369	0,470			
Lancia a trabaccolo.	id.	0,016 »	0,369	0,470			
id.	id.	0,016 »	0,369	0,470			

NB. L'inclinazione del bompresso rispetto all'orizzonte varia nei bastimento mercantili moderni da 0,300 a 0,350.

Le inclinazioni degli alberi sono determinate dal rapporto dei cateti di un triangolo rettangolo che ha un angolo eguale a quello che si vuol determinare.

Annotazioni alle tavole precedenti. — Dei nomi che figurano nella 2ª colonna delle precedenti Tavole il Fincham è l'autore del Trattato *On Masting ships,* pubblicato la prima volta nel 1829 e poscia successivamente nel 1843 e nel 1854 senza cambiamenti nella parte che ne abbiamo estratta; il Mazaudier pubblicò nel 1848 il trattato *Cours complet et Guide pratique d'architecture navale;* col nome Veritas si è inteso d'indicare il regolamento della società francese *Veritas* per la iscrizione e classificazione dei bastimenti; sotto la denominazione Liguria si è distinto l'insieme delle norme seguite più generalmente nei cantieri mercantili della Liguria; il Kemp è l'autore del trattato *A manual of yacht and boat sailing* pubblicato per la prima volta nel 1878, e finalmente il Consolin è l'autore di un trattato sulla velatura delle imbarcazioni stampato nel 1866.

Il segno — indica parte di alberatura che manca nel tipo di velatura a cui si riferisce.

I punti .... stanno nel posto di rapporti che, pur dovendo esservi per il tipo di velatura a cui sono relativi, non sono stati forniti dall'autore dal quale i dati si sono presi.

Le lunghezze dei colombieri degli alberi e delle due varee di ciascun pennone sono comprese in quelle delle quali si sono forniti i rapporti. Le prime variano nei bastimenti a vele quadre da $\frac{1}{6}$ ad $\frac{1}{7}$ della lunghezza totale dell'albero, il maggiore rapporto essendo per gli alberi maggiori di trinchetto e di maestra. La lunghezza di ciascuna varea è tra $\frac{1}{25}$ ed un $\frac{1}{20}$ della lunghezza del pennone, eccetto che nei pennoni superiori delle gabbie, nei quali essa varia tra $\frac{1}{12}$ ed $\frac{1}{10}$ della lunghezza dei pennoni stessi, e nei pennoncini delle imbarcazioni, che hanno ciascuna varea eguale ad $\frac{1}{30}$ della lunghezza totale.

Per lunghezza del bastimento, negli esempi tolti dal Mazaudier, devesi intendere quella sul ponte, dalla battura della ruota di prora alla battura del dritto di poppa.

Dei dati riportati nelle precedenti Tavole, per i bastimenti da commercio, quelli proposti dal Veritas, e gli altri adottati nei cantieri

della Liguria, potranno quasi esclusivamente accettarsi per i bastimenti moderni, purchè la loro lunghezza non superi sei volte la larghezza. Quelli del Fincham e del Mazaudier valgono per bastimenti
di tipo antico nel quale il rapporto tra la lunghezza e la larghezza
non eccede quattro.

I dati forniti dalle precedenti Tavole, scelti in modo adattato al
tipo del bastimento, e modificati, ove occorra, per tener conto della
specialità della sua forma, servono a delineare un primo abbozzo del
piano di velatura. Intendesi con questa denominazione un disegno
geometrico fatto sul piano diametrale del bastimento, nel quale sono
rappresentate tutte le vele che al bastimento stesso corrispondono per
il suo tipo, secondo la distinta fattane e nel modo accennato a pag. 204.
Gli alberi ed i pennoni vi sono rappresentati dai loro assi geometrici.
Tutte le vele vi sono supposte ribaltate sul piano diametrale girando
coi loro pennoni intorno ad uno stesso asse verticale, che d'ordinario,
per convenzione, è l'asse dell'albero di velaccio, dal quale si riportano le due metà di ciascun pennone. Nel fatto, gli assi di rotazione
dei differenti pennoni sono diversi tra loro, ma se essi fossero assunti come i veri assi di rotazione, le vele *non* verrebbero rappresentate nel piano di velatura colla loro forma effettiva. Di più il centro
di velatura non sarebbe determinato nelle stesse condizioni per i diversi bastimenti, e non si potrebbero istituire dei paragoni.

Nel suddetto disegno l'asse di ciascun albero superiore è posto
lontano da quello dell'albero successivo inferiore di quanto è richiesto
dai raggi dell'uno e dell'altro albero e dal vuoto che tra loro deve
esistere per le incappellature delle sartie; il quale era variabile da
3 a 10 centimetri nelle teste di moro di legno, ed è alquanto minore in quelle di ferro, quali ora si adoperano. I piedi degli alberi
superiori vi sono fatti corrispondere all'origine del colombiere del-
l'albero sottostante.

Inoltre gli assi dei pennoni maggiori sono posti al disotto dei piedi
degli alberi soprastanti ad una distanza eguale a 4 diametri circa dei
pennoni stessi. In quelli superiori tale distanza è ridotta a 3 diametri
e mezzo del corrispondente pennone. Finalmente i picchi sono posti
nel piano di velatura sotto un angolo di circa 130° coll'albero. Nelle
imbarcazioni a trabaccolo i pennoncini sono posti al disotto della cima

dell'albero di una quantità eguale ad $\frac{1}{10}$ circa della loro lunghezza, e si dà loro un'inclinazione, rispetto agli assi degli alberi, di circa 145°. Il loro punto di sospensione è ad $\frac{1}{3}$ della loro lunghezza.

Eseguito colle norme indicate l'abbozzo del piano di velatura, si procede alla valutazione dell'area di tutte le vele disegnate ed alla determinazione del centro di gravità dell'insieme delle loro superficie. La prima operazione si eseguisce coi metodi della geometria piana, poichè trattasi di superficie o triangolari, o a forma di un quadrilatero qualunque o di trapezio regolare. La seconda operazione si effettua con un processo fondato su teoremi di meccanica.

S'incomincia col determinare graficamente il centro di gravità di ciascuna vela. A tale uopo, se trattasi di vele triangolari si conduce la mediana ad un lato e si segna su di essa il punto che è a due terzi dal vertice. Se la vela ha la forma di un trapezio regolare si conduce la bisettrice delle due basi e quindi una diagonale che determina due triangoli, dei quali si segnano i rispettivi centri di gra-

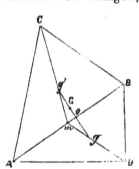

vità; infine si tira una retta tra questi due punti, e si nota il suo incontro colla bisettrice di sopra detta. Se la vela ha la forma di un quadrilatero qualunque, dopo aver condotto la diagonale *AB* ed avere riunito i centri di gravità *g* e *g'* dei due triangoli, si porta sulla congiungente *gg'* a partire da uno dei centri di gravità, p. e. dal *g*, la porzione della stessa congiungente compresa tra l'altro centro di gravità e la diagonale, cioè la *g'o*. Il punto *G* così determinato è il centro di gravità del quadrilatero.

Si misurano poscia le distanze dei centri di gravità delle diverse vele, e dal galleggiamento, e da una verticale che passa per il mezzo di questo piano. I loro valori, come quelli delle aree delle vele stesse, si riportano in un apposito Quadro, al quale si dà la disposizione indicata nella pagina seguente. In esso tanto le distanze dei centri di gravità delle vele dal mezzo del bastimento, quanto i loro prodotti per le respettive aree sono distinti in positivi e negativi, inquantochè vi saranno delle vele che avranno il centro di gravità da una parte del piano verticale che passa per il detto mezzo, e delle altre il cui centro di gravità si troverà dalla parte opposta rispetto al piano dei momenti. Chè se questo piano fosse quello che passa per uno degli estremi della nave, allora i momenti sarebbero tutti dello stesso segno, ed una sola sarebbe la colonna delle distanze, come pure quella dei prodotti.

SPECIE della VELA	Area	Distanza del centro di gravità dal galleggiamento	Prodotto	Distanza del centro di gravità a prora del mezzo +	Prodotto +	Distanza del centro di gravità a poppa del mezzo —	Prodotto —

Col mezzo di questo Quadro ricavando e la superficie totale delle vele e la distanza del centro di velatura dal mezzo del bastimento, se ne deduce se la prima sia nel rapporto voluto all'area della parte immersa dell'ordinata maestra ed al galleggiamento, e se il rapporto della seconda alla lunghezza del bastimento rimanga dentro i limiti notati alle pagg. 203 e 204, o non si allontani dalle norme indicate alle pagg. 207 e 208.

I risultati rilevati dal Quadro di sopra riportato, possono indurre ad eseguire delle correzioni nella posizione del centro di velatura nel senso della lunghezza. Tali correzioni, le quali si compiono col trasportare gli alberi, possono condurre a casi differenti, poichè spesso le distribuzioni interne del bastimento pongono dei limiti al trasporto di tutti gli alberi, o di alcuni di essi. Ad ogni modo trattasi sempre di un problema di meccanica da risolversi col teorema dei momenti.

Dallo stesso Quadro si può rilevare altresì l'altezza del centro di velatura al disopra del galleggiamento, la quale sarà necessaria per dedurne il valore Sh e quello del rapporto $P(r - a) : Sh$, per paragonarlo ai limiti riportati a pag. 206. Meglio ancora si opererà, in special modo per bastimenti che presentino disposizioni eccezionali, nel ricorrere alla curva di stabilità trasversale per dedurne le inclinazioni diverse alle quali il bastimento si arresterà. A tal uopo si dovrà conoscere l'intensità del vento per il quale l'esame si vuol fare, la sua direzione, le vele che corrispondentemente si sogliono tenere spiegate, e finalmente l'angolo sotto il quale esse sono rispetto al piano diamétrale. Le ricerche dovranno estendersi ancora alla stabilità dinamica, per dedurne le inclinazioni massime alle quali il bastimento potrà pervenire per l'azione subitanea del vento. Se correzioni saranno necessarie nell'altezza del centro di velatura, si eseguiranno nel modo che verrà indicato dai risultati stessi di queste ricerche.

Compiute tutte le correzioni nel primo abbozzo del piano di velatura, si passa al delineamento definitivo di questo piano, fatto con una maggiore scala, nel quale alcune volte gli alberi sono rappresentati colle dimensioni effettive, anzichè coi soli loro assi geometrici.

CAPITOLO III.

FORZA MOTRICE DEL VAPORE. — PROPULSATORI.

Forza motrice del vapore. — La forza motrice del vapore è l'effetto della sua elasticità, per la quale, spingendo uno o più stantuffi, sviluppa un lavoro meccanico. Questo lavoro col mezzo di altri organi viene trasmesso, modificato spesso nei suoi due elementi, cioè forza e spazio percorso, all'asse del propulsatore. La macchina motrice formata dai cilindri e dagli stantuffi (ossia organi ricevitori) e dagli altri meccanismi chiamasi *macchina marina*. In essa, come in tutte le macchine, si esperimentano delle perdite di lavoro dovute agli attriti, alla resistenza dell'aria, agli urti ecc. ecc; ma ve ne sono altre ad essa speciali dovute al suo modo di agire ed al genere della forza motrice impiegata. Tali perdite provengono dal fatto che la macchina marina, perchè possa essere posta in movimento ed in questo continuare, deve dare generalmente moto ad altri organi, cioè la valvola di distribuzione, le pompe ad aria, le pompe di circolazione, le pompe alimentatrici delle caldaie ecc. Questa circostanza è causa che il coefficiente di rendimento delle macchine marine sia una frazione relativamente piccola. Sono state fatte delle esperienze per determinarne il valore, ma non così numerose quanto avrebbero dovuto esserlo per tener conto della diversità dei tipi di macchine, sia riguardo alle loro disposizioni speciali, sia relativamente al modo di funzionare del vapore. Tuttavia può dirsi che nelle primitive esperienze fatte il detto coefficiente ha variato da 0,68 a 0,75. Noi lo rappresenteremo con la lettera *α*, e lo intenderemo riferibile al lavoro sviluppato in un minuto secondo sugli stantuffi dei cilindri della macchina dalla pressione del vapore, il quale lavoro chiamasi d'ordinario, sebbene erroneamente, *forza della macchina.* A questo lavoro dassi il nome di *forza indicata*, perchè alla sua valutazione conduce l'istrumento denominato *indicatore di Watt.*

La forza indicata, moltiplicata per il coefficiente *α*, darà il lavoro che verrà ad essere trasmesso al propulsatore. Ma questo non è impiegato interamente a vincere la resistenza dell'acqua al cammino del bastimento, poichè, come vedremo, i propulsatori oltre una perdita comune per il fatto del loro agire sull'acqua, ne hanno altre speciali ad ognuno di essi. Ne segue quindi che vi è una seconda riduzione di lavoro, un secondo coefficiente di rendimento, quello del propulsatore. Di esso è stato assegnato il valore per alcuni casi particolari, e dapprima si è trovato variabile da 0,50 a 0,80. Rappresentandolo con *β*, indicando con F_i la forza indicata, con *R* la resistenza del liquido in chilogrammi relativa al bastimento del quale si vuole assegnare la forza indicata, e con *v* la velocità in metri per ogni secondo, allorchè il bastimento perverrà al moto uniforme, si avrà: $\alpha\beta \times F_i = \dfrac{Rv}{75}$.

Se la velocità sarà espressa in miglia marine per ogni ora, o in nodi per ogni 30 secondi, il suo valore dovrà essere moltiplicato per $0^m,514$ per ridurla in metri per secondo, come si è indicato a pagina 179.

Ed infatti siccome un miglio marino è lungo 1852 metri, si avrà che v_m miglia in un'ora equivarranno a metri $\dfrac{v_m \times 1852}{60 \times 60}$ per ogni secondo, ossia a $0^m,514 \times v_m$. Analogamente il nodo essendo lungo $15^m,42$, si avrà che v_n nodi equivarranno a metri $\dfrac{v_n \times 15,42}{30}$ per ogni secondo, ossia a $v_n \times 0^m,514$. Facendo la sostituzione indicata nell'ultima equazione, poichè nella generalità dei casi la velocità è espressa in miglia o in nodi, si avrà: $\alpha\beta \times F_i = \dfrac{R \times v_n \times 0,514}{75}$.

Il prodotto $\alpha\beta$ è stato determinato in alcuni casi, e mentre per esso si era ottenuto dapprima un valore variabile da 0,37 a 0,63, in media 0,50, in più recenti esperienze, eseguite dal Froude, si è avuto un valore minore variabile da 0,33 a 0,42, in media 0,375, per le grandi velocità, includendo tra le perdite di lavoro della macchina, la diminuzione di pressione che l'elica produce sulla parte posteriore del bastimento, e che a vero dire equivale ad un aumento di resistenza dell'acqua al moto del bastimento stesso.

Se nei diversi casi particolari si avessero dati certi ed attendibili per i valori di α, β ed R si potrebbe con sufficiente sicurezza determinare la forza indicata per un dato bastimento, che si vuole raggiunga una velocità assegnata. Ed invero dall'ultima equazione ricaverebbesi:

$$F_i = \frac{R v_n \times 0{,}514}{75\alpha\beta},$$

oppure, ritenendo la resistenza R proporzionale al quadrato della velocità, ponendola sotto la forma $K A v_n^2 \times (0{,}514)^2$, come si può fare con sufficiente esattezza nei calcoli presuntivi, si otterrebbe:

$$F_i = \frac{K A v_n^3 \times (0{,}514)^3}{75\alpha\beta} = \frac{K A v_n^3 \times 0{,}136}{75\alpha\beta}. \quad (1)$$

Ma le esperienze dirette a determinare separatamente in tutt'i casi possibili i valori di K, α, β, non sono state fatte in gran numero, come abbiamo detto, perchè l'eseguirle non è agevole.

Per ottenere egualmente l'intento, si sono introdotti altri elementi che possono aversi da bastimenti già esperimentati, i quali elementi si ricavano con facilità dalle prove che sono dettate da considerazioni di altro ordine, cioè dalla esecuzione degli obblighi di contratto da parte dei costruttori delle macchine e dei bastimenti, e che gli interessati si danno premura di eseguire. Intendiamo parlare delle prove di velocità fatte contemporaneamente a quelle delle macchine.

In quest'ordine d'idee la marina francese, ammettendo come molto prossima al vero, per corpi di forme simili mossi a velocità poco differenti, la legge della resistenza proporzionale al quadrato della velocità ed alla sezione immersa dell'ordinata maestra, ha introdotto l'uso di un coefficiente il quale comprende gli altri tre α, β e K, poichè è eguale al quoziente $\frac{\alpha\beta}{K}$. A questo coefficiente essa con ragione ha dato il nome di *utilizzazione*. Ed invero le condizioni che contribuiscono ad aumentarne il valore, sono quelle stesse che favoriscono la velocità da prodursi con una data forza di macchina. Però in ogni caso tale valore, che d'ora in avanti rappresenteremo colla lettera U, non potrà mai essere un numero intero, poichè non mai i coefficienti α e β saranno eguali all'unità, nè mai il coefficiente K sarà inferiore all'unità, almeno colle forme sin qui adottate per i bastimenti. D'altra parte l'U in uno stesso bastimento potrà avere valori differenti secondo la velocità a cui si riferisce, essendo minore nelle velocità maggiori, e varierà ancora secondo il grado di nettezza della carena.

Dell'espressione stabilita per il valore di U facendone la sostituzione nell'equazione (1) si ottiene:

$$F_i = \frac{A v_n^3 \times 0,136}{75 U} \ (2), \text{ dalla quale ricavasi: } U = \frac{A v_n^3 \times 0,136}{75 F_i}.$$

Questa nuova espressione di U mostra, secondo quanto abbiamo enunciato, come sia facile ricavarne il valore dai dati forniti dalle prove di velocità, nelle quali si determinano sempre con esattezza la velocità v_n, la forza indicata F_i e l'area A della parte immersa dell'ordinata maestra.

La marina francese e la nostra marina da guerra hanno introdotto un *coefficiente di velocità* destinato a tener conto all'istesso modo dei coefficienti α, β, K; ed infatti esso non è altro che il prodotto di:

$$\sqrt[3]{\frac{75}{0,136}} = 8,204 \quad \text{per} \quad \sqrt[3]{\overline{U}}.$$

Rappresentandolo con M e ponendolo nell'equazione: $v_n^3 = \dfrac{75 \, U . F_i}{0,136 . A}$, che si ricava dalla (2), si ottiene:

$$v_n = M \sqrt[3]{\frac{F_i}{A}}.$$

Il valore di M può egualmente ricavarsi dalle prove di velocità dei bastimenti e con operazioni non meno semplici di quelle necessarie per la determinazione di U.

È chiaro che il valore di M sarà formato di più unità; per provarlo si supponga $U = 0,125$ (valore possibile), si avrà:

$$M = 8,20 \sqrt[3]{0,125} = 8,2 \times 0,5 = 4,1.$$

È chiaro altresì che le stesse circostanze che contribuiscono ad accrescere il valore di U aumentano il valore di M.

Seguendo lo stesso ordine d'idee, facendo le medesime restrizioni che nelle formule della marina francese, quanto a similitudine dei bastimenti da paragonarsi e ad eguaglianza nelle loro velocità, la marina inglese ha introdotto un altro coefficiente, che noi rappresenteremo con U', facile egualmente a determinarsi nelle prove di velocità. Esso è dato da:

$$U' = \frac{D^{\frac{2}{3}} \times r_n^3}{F_i},$$

dove D rappresenta il dislocamento della nave in tonnellate.

Il coefficiente U' sembra più adatto dell'altro U a far corrispondere i fatti alle previsioni, poichè in esso entra il dislocamento, che è proporzionale alla massa del bastimento; ed appunto, analogamente a quanto fu accennato a pag. 180, le perdite di velocità dovute agli urti prodotti dall'agitazione del mare sono in ragione inversa delle masse dei bastimenti.

Il valore di U' differisce da quello di U in ciò che invece di A vi è $D^{\frac{2}{3}}$, e vi manca il fattore $\frac{0,136}{75}$; ma evidentemente per uno stesso valore di D, il coefficiente U' sarà tanto maggiore quanto più grande sarà il rapporto di r_n^3 a F_i, ossia quanto maggiori saranno i coefficienti α e β e minore il K; quindi a ragione anch'esso coefficiente si può chiamare utilizzazione. Noi per distinguerla dall'altra utilizzazione adottata dalla marina francese e dalla italiana la chiameremo *utilizzazione inglese*.

Ponendo in relazione le due espressioni di U ed U' si ottiene l'altra:

$$U' = U \times \frac{75 D^{\frac{2}{3}}}{0,136 . A},$$

dalla quale è facile rilevare come il valore di U' sia relativamente maggiore dei valori di U e di M, e possa anche raggiungere qualche centinaio di unità.

È da notarsi che la stessa marina inglese ha altresì adottato un altro coefficiente di utilizzazione, che noi rappresenteremo con U'', dato dalla formula $U'' = \dfrac{A \cdot v_n^2}{F_i}$ ed equivalente a $\dfrac{75U}{0,136}$, e nelle applicazioni essa marina si attiene alla media dei risultati ottenuti colle due utilizzazioni U' ed U''.

Come di già abbiamo accennato la introduzione dei diversi coefficienti U, M, U', U'' è stata fatta coll'intendimento di rendere possibile lo stabilire preventivamente la forza indicata da darsi ad un bastimento perchè raggiunga una determinata velocità.

Ed invero, scelto convenientemente uno, o più, dei detti coefficienti, è facile dedurre il valore di F_i col mezzo di quella delle espressioni per esso stabilite a cui si riferisce la specie del coefficiente scelto.

La soluzione completa del problema relativo alla macchina, cioè la determinazione delle sue dimensioni principali e del valore della pressione a cui il vapore deve funzionare, perchè la forza assegnata sia raggiunta, esce dal campo delle nostre attribuzioni.

Nella scelta però dei detti coefficienti si richiede molta cura, perchè da essa dipende la riuscita del bastimento e della macchina per ciò che riguarda la velocità, e la maggiore approssimazione dei risultati presunti a quelli che si hanno effettivamente. Si dovrà fare attenzione che il bastimento del quale si assume il coefficiente di utilizzazione, sia per la sua specie, sia per quelle della macchina e del propulsatore e per le dimensioni assolute, poco differisca dal bastimento che si vuol costruire, al quale si dovrà avvicinare ancora per la velocità.

A tale uopo, mentre alla fine di questo Capitolo riportiamo un Quadro contenente i valori dei diversi coefficienti adoperati corrispondenti a bastimenti differenti moderni, abbiamo aggiunto nello stesso Quadro, ogni volta che lo abbiamo potuto, tutt'i dati che servono a caratterizzare il bastimento, la macchina ed il propulsatore a cui quei coefficienti si riferiscono. Vi è stato iscritto altresì un altro dato di cui si fa anche uso, cioè il rapporto della forza indicata all'area immersa dell'ordinata maestra, il quale dà il numero di cavalli indicati corrispondente ad ogni metro quadrato di quest'area. Dal suo valore, che ricavasi dalla equazione (2), cioè: $\dfrac{F_i}{A} = \dfrac{0,136\, v_n}{75U}$, è facile rilevare come, ammettendo pure l'*U* costante nelle diverse velocità di uno stesso bastimento, esso rapporto crescerebbe come il cubo della velocità, e perciò se a quella di 10 nodi esso fosse p. e. di 25 cavalli per ogni metro quadrato, a 18 nodi p. e. sarebbe di 146 cavalli per metro quadrato.

Ciò dà un'idea di quanto rapidamente cresca la proporzione del numero dei cavalli a ciascuna unità di superficie della parte immersa dell'ordinata maestra, e perciò anche il peso della macchina, col crescere la velocità che si vuol raggiungere; e pone sempre più in rilievo il felice risultato ottenuto dai moderni costruttori di torpediniere, nell'aver potuto collocare macchine potenti su piccoli galleggianti. La stessa circostanza si può porre in evidenza ancora mostrando come siano diversi gli aumenti che si debbono portare nella forza indicata per avere uno stesso accrescimento di velocità in un bastimento, secondo il valore della velocità a cui la variazione si vuole arrecare.

Continuando ad ammettere infatti che il coefficiente di utilizzazione si mantenga costante, egli è chiaro che per velocità le quali crescano successivamente di un miglio, se rappresentiamo con *H* il coefficiente, costante per uno stesso bastimento, eguale a $\dfrac{0,136A}{75U}$, si avrà che le corrispondenti forze indicate saranno date da:

$$1H, \ 8H, \ 27H, \ 64H, \ 125H, \ 216H, \ 343H, \ \dots$$

Gli aumenti di forza necessari per passare da una velocità all'altra successiva saranno quindi: $7H, 19H, 37H, 61H, 91H, \dots$ Ciò mostra il rapido crescere dei termini di questa serie. È da notarsi che gli accrescimenti sono anche maggiori per il fatto che l'*U* varia colla velocità.

Altre formule diverse da quelle da noi indicate sono state proposte allo scopo di poter determinare la forza indicata della macchina da assegnarsi ad un bastimento; ma desse formule, per quanto è a nostra conoscenza, non sono state adottate utilmente nella pratica. Solo quella proposta dal Rankine viene più spesso citata dagli autori, ed essa non è che un'applicazione del procedimento da noi indicato, ammettendo però che il coefficiente di rendimento della macchina e del propulsatore sia 0,613. Infatti questa formula si ottiene moltiplicando per *v* l'espressione della resistenza riportata a pag. 171,

15

cioè: $R = 0,1847 \times LCv^3 (1 + 4a + b)$, affine di avere il lavoro della resistenza dell'acqua in chilogrammetri, dividendo il prodotto per 75 per avere il lavoro in cavalli, e finalmente dividendo il risultato per 0,613, oppure moltiplicandolo per 1,63, onde ricavarne il lavoro sugli stantuffi. Riassumendo, la formula del Rankine è la seguente:

$$F_i = \frac{0,1847 \times LC(1 + 4a + b)v^3 \times 1,63}{75}.$$

Se le misure dell'espressione di R fossero date in piedi e libbre inglesi, e la velocità in nodi, la precedente formula si cambierebbe in:

$$F_i = \frac{LC(1 + 4a + b)v_n^3}{20000}.$$

Il Rankine fa notare che il divisore 20000 può cambiarsi in altro superiore nei bastimenti lisci colla carena in buono stato, in altro inferiore nei bastimenti mal disegnati, nei quali può anche divenire 16000.

Volendo trarre partito dal metodo dei modelli proposto dal Froude, per controllare la forza della macchina assunta per un bastimento in progetto, come è consigliabile di fare nel caso di bastimenti di nuovo tipo e di tale specie per cui un insuccesso nella velocità è da reputarsi grave difetto, si dovrebbe calcolare preventivamente la forza indicata della macchina, seguendo una delle vie di approssimazione da noi di sopra tracciate. Quando poscia del bastimento fosse compiuto il piano, dovrebbesi eseguire l'esperienza del suo modello per dedurne, con le norme note, la resistenza dell'acqua al moto del bastimento. Col mezzo del valore ottenuto per tale resistenza sarebbe facile ricavare il lavoro resistente utile, il quale moltiplicato per il medio coefficiente di rendimento totale della macchina e del propulsatore, dallo stesso Froude determinato (vedi pag. 221), potrebbe servire a fare apprezzare se la forza indicata assegnata fosse sufficiente.

Per potere con qualche approssimazione servirsi del paragone con bastimenti già costruiti, onde proporzionare convenientemente la forza della macchina nei piroscafi della marina mercantile, è stato proposto di recente dal Kirk, ed anche adottato con vantaggio dai costruttori inglesi, il sistema d'immaginare ridotti i bastimenti a corpi di determinata forma geometrica semplice con speciali condizioni. In questo sistema ciascuna carena s'immagina sostituita da un equivalente solido geometrico, consistente di una porzione centrale a forma di parallelepipedo retto rettangolare, terminata, tanto ad una estremità, corrispondente alla prua, quanto all'estremità opposta, da uno stesso prisma avente per base un triangolo isoscele.

La lunghezza di questo solido è eguale a quella del bastimento, la sua profondità è eguale all'immersione media di questo, e l'area della sua sezione massima trasversale è della stessa grandezza di quella della porzione immersa dell'ordinata maestra del bastimento.

Non è difficile dedurre che la larghezza della porzione parallelepipeda del solido risulta eguale a quest'ultima area divisa per l'immersione media del bastimento; che l'intera lunghezza del solido, diminuita dell'altezza del triangolo base di uno dei prismi estremi, è eguale al volume della carena del bastimento diviso per l'area della porzione immersa dell'ordinata maestra, e quindi che la lunghezza del cuneo di prora è data dalla differenza tra la lunghezza totale del bastimento e quest'ultimo quoziente.

Il Kirk ha trovato che la superficie di questo solido sfregante nell'acqua (della quale non è difficile determinare l'area, quando siano state ricavate le sue dimensioni) è quasi eguale a quella corrispondente del bastimento, e solo può esserne in eccesso dal 2 al 5 per cento nei piroscafi ordinarî.

L'angolo del cuneo di prora è eguale a quello al vertice del suo triangolo base; la tangente della sua metà è eguale al rapporto della mezza larghezza massima del solido alla lunghezza del cuneo stesso; quindi è facile dedurre il valore del primo angolo. Ciò posto è stato rilevato che i valori dell'angolo al vertice e della lunghezza del cuneo sono i seguenti:

per piroscafi transatlantici e con velocità da 14 nodi in sù: da 18 a 15 gradi l'uno e da 0,30 a 0,36 della lunghezza totale l'altro;

per piroscafi transatlantici e con velocità da 12 a 14 nodi: da 21 a 18 gradi il primo e da 0,26 a 0,30 della lunghezza totale il secondo;

finalmente per piroscafi da carico con velocità da 10 a 12 nodi: l'angolo al vertice è di 30 a 22 gradi e la lunghezza del cuneo da 0,22 a 0,26 della lunghezza totale.

Il Kirk propone di calcolare la forza indicata da assegnarsi ad un piroscafo basandosi sulla superficie sfregante del solido equivalente alla sua carena, ed ammette che per ogni 10 metri quadrati di detta superficie, e per velocità di 10 nodi all'ora vi debbano essere cavalli $5 \ e \ \frac{1}{2}$, e che per altre velocità si debba aumentare questo coefficiente nel rapporto dei loro cubi. Egli ammette altresì che per piroscafi eccezionalmente ben proporzionati con carene nettissime, e per i quali si abbia un elevato coefficiente di rendimento totale della macchina e del propulsatore, ad ogni 10 metri quadrati di superficie di carena, e per velocità di 10 nodi, si debba assegnare una forza di cavalli $4 \ \frac{1}{3}$. Finalmente fa notare che nei bastimenti da guerra il detto rapporto è maggiore.

Anco nel metodo che abbiamo per ultimo indicato, come in quello di Rankine, è necessario incominciare col fare il piano del bastimento, e perciò prima di ogni altra cosa fa d'uopo determinare con approssimazione l'importanza della macchina, ossia la sua forza indicata, al quale scopo non si può che seguire, con il debito accorgimento, una delle vie da noi tracciate precedentemente.

Propulsatori. — I propulsatori sono dei corpi mossi dall'interno del bastimento, i quali incontrando la circostante acqua vi esercitano azione spingendola in direzione opposta a quella del moto della nave; la reazione che ne sorge riesce forza motrice per quest'ultima, la quale viene così ad avanzarsi nella direzione voluta.

Se l'acqua (che supporremo tranquilla) non cedesse, ossia se fosse salda ed irremovibile, sarebbe sempre la reazione da essa opposta che fornirebbe la forza motrice per vincere la resistenza che il bastimento incontra nel suo avanzarsi nell'acqua; la velocità del propulsatore nella direzione contraria al moto del bastimento non potrebbe mai essere inferiore a quella della nave, poichè il propulsatore, essendo trasportato da questa, non agirebbe in senso opposto al moto di essa, e quindi non si avrebbe nè azione, nè la voluta reazione; sarebbe allora necessario e sufficiente, che la velocità del propulsatore nella direzione del moto del bastimento fosse eguale alla velocità di quest'ultimo; ed il lavoro del propulsatore, ammesso che non vi fossero altre perdite di lavoro, sarebbe eguale a quello della resistenza dell'acqua alla progressione del bastimento. Siccome però l'acqua è cedevole in parte, e sfugge all'azione del propulsatore, così per ottenere da questo la stessa azione, bisogna imprimergli velocità eguale e contraria a quella del bastimento, aumentata della quantità di cui nello stesso tempo gli sfugge l'acqua e che rappresenteremo con x; talchè si dovrà avere $v + x = V$, ossia $x = V - v$, se con V si rappresenta la velocità del propulsatore e con v quella del bastimento, misurate ambedue nella stessa direzione. La quantità $V - v$ chiamasi *recesso* o *ripulso* del propulsatore. Ora per la circostanza testè posta in rilievo deve svilupparsi un maggior lavoro per avere una stessa reazione; vi è dunque una perdita nel lavoro del propulsatore strettamente necessario, la quale si ha interesse grandissimo a diminuire quanto più si possa rendendo minore il recesso, che ne è la causa, ossia avvicinando il V al v.

D'altra parte la reazione che l'acqua oppone al propulsatore, trattandosi di masse poste in moto, essendo dovuta alla loro inerzia e perciò essendo misurata dalla quantità di moto che è loro impressa, dipende dalla velocità $V - v$, che dovrebbe perciò accrescersi quanto si potesse; ma questa quantità abbiamo veduto dare origine ad una perdita di lavoro che si diminuisce col rendere minore il $V - v$, quindi non si può giudicare a priori, senza un ulteriore esame, quali siano le migliori disposizioni da darsi al propulsatore, perchè il rapporto tra il lavoro da esso utilizzato per muovere il bastimento e quello sviluppato sia eguale all'unità.

La teoria è insufficiente a risolvere completamente questo problema, e solo può servire a stabilire alcuni principî generali. È dapprima evidente che per raggiungere quel valore, fa d'uopo che la reazione dell'acqua agisca parallelamente alla direzione del moto del bastimento, poichè qualunque sua componente in altra direzione qualsiasi è perduta per la propulsione; ed è altresì necessario che il propulsatore nel suo agire non subisca altre perdite per attriti, urti, ecc.

Ciò posto il valore della reazione è evidentemente misurato dal prodotto della massa d'acqua su cui il propulsatore agisce in ogni secondo per la velocità che le imprime. Ora alcuni autori credono che il volume corrispondente a quella massa sia dato dalla superficie su cui il propulsatore opera, cioè dalla sua proiezione su di un piano normale al moto, e che denoteremo con S, moltiplicata per lo spazio da esso percorso in 1″ rispetto al bastimento, cioè $V - v$, talchè la

massa stessa sia data dal prodotto di $S(V-v)$ per $\frac{p}{g}$, essendo p
il peso del liquido per unità cubica e g l'accelerazione della gravità;
la reazione dell'acqua (che rappresenteremo con R) è quindi, secondo
questi autori, data da: $R = \frac{p}{g} S(V-v)^2$.

Altri autori opinano che, per propulsatori costantemente immersi,
allorchè il bastimento ha percorso uno spazio v, il prisma d'acqua
che ha sofferto l'azione del propulsatore abbia un altezza eguale a v,
e perciò ammettono come misura della reazione del fluido la formula: $R = \frac{p}{g} Sv(V-v)$.

Finalmente i più moderni autori inglesi assumono per altezza del
prisma d'acqua su cui esercita azione il propulsatore in 1″ la velocità V, e perciò danno per misura della reazione dell'acqua l'espressione: $R = \frac{p}{g} SV(V-v)$ (1), che noi accetteremo nelle seguenti
ricerche.

Però in pari tempo per maggior generalità, supporremo (come ha
fatto il Ferrandiz y Nino) che la massa d'acqua su cui il propulsatore agisce in 1″ sia proporzionale alla superficie S e ad un fattore
contenente il V intero, che indicheremo con $f(V)$, talchè assumeremo
per l'espressione della reazione la formula: $R = K'Sf(V)(V-v)$, intendendo per K' un coefficiente costante per uno stesso propulsatore.
Da quest'ultima espressione rilevasi, che la reazione dell'acqua, ossia
la spinta per il bastimento, aumenta con crescere tanto S quanto V, e
che perciò per un determinato valore di v, e quindi anche della forza
R necessaria perchè il bastimento acquisti questa velocità, se si aumenta
S si deve diminuire V. Inoltre, siccome il lavoro effettivamente utilizzato per la propulsione del bastimento è dato da Rv, mentre quello
sviluppato dal propulsatore è RV, il rapporto di quello utilizzato a questo lavoro sarà dato da: $Rv : RV = v : V$.

Il cercato rapporto diviene dunque eguale all'unità (conformemente alle considerazioni generali svolte) quando sia $v = V$. Siccome
del resto questo è il più piccolo valore che possa avere V, così se
ne deduce che più grande sarà S, e per conseguenza più piccolo il
V per le ragioni già indicate, e più efficace sarà il propulsatore. Nel

caso limite in cui sia $V = v$, $V - v$ diviene zero, ed S diventa infinitamente grande. Generalmente S è fatta tanto grande quanto lo permettono le considerazioni pratiche, in guisa da avere il V più piccolo possibile; o in altri termini si fa in modo che la forza impulsiva si ottenga più con grande superficie del propulsatore e poca velocità, che viceversa. È questa la deduzione più importante della teoria, sebbene richieda, come vedremo, qualche modificazione nell'elica per speciali circostanze; la quale deduzione d'altra parte può ottenersi per differente via, assumendo per il fattore $f(V)$ dell'espressione di R il semplice V, come fanno gli autori inglesi.

Si ammetta infatti che approssimativamente si possa accettare per la resistenza dell'acqua al moto del bastimento, la nota formula KAv^2; si avrà: $KAv^2 = K'SV(V - v)$, ossia, facendo $K'S : KA = s$,

$$v^2 + sVv - sV^2 = 0,$$

da cui deducesi:

$$v = - \frac{Vs}{2} \pm \frac{\sqrt{4sV^2 + s^2V^2}}{2} = \frac{V}{2} \left\{ \sqrt{4s + s^2} - s \right\}.$$

Questa formula mostra che per uno stesso bastimento ed un medesimo propulsatore, il v è proporzionale a V.

Moltiplicando e dividendo il secondo membro per $\sqrt{4s + s^2} + s$,

si ha: $\qquad v = \frac{V}{2} \cdot \frac{4s}{\sqrt{4s + s^2} + s} = \frac{V}{2} \cdot \frac{4}{\sqrt{\frac{4}{s} + 1} + 1}$.

Sotto questa forma rilevasi dalla stessa espressione che, per una costante velocità V del propulsatore, il v sarà tanto più grande quanto maggiore sarà l's, (poichè si rende così sempre più piccolo il denominatore), ossia quanto maggiore sarà l'S rispetto all'A. Supponendo $S = \infty$, e perciò ancora $s = \infty$, l'ultima espressione di v dà: $v = V$, poichè $\frac{4}{s}$ è allora eguale a zero.

Prendendo l'espressione: $\dfrac{V - v}{V}$, che chiamasi *coefficiente di regresso*, e sostituendovi il valore trovato per v si ha:

$$1 - \frac{1}{2} \left(\sqrt{4s + s^2} - s \right),$$

da cui deducesi, che il detto coefficiente è indipendente dalla velocità, ed è tanto minore quanto maggiore è S. Nel fatto però si osserva che il coefficiente di recesso varia un poco quando cambia la velocità, e che solo si può supporre costante in uno stesso bastimento per velocità che non siano molto differenti tra loro.

I propulsatori sin quì più usati, impiegando la forza motrice del vapore, sono *le ruote e l'elica*.

Ruote. — Le ruote si distinguono in due specie, *ruote a pale fisse, ruote a pale mobili*. Le prime si compongono di rettangoli di legno o di metallo, chiamati *pale*, le quali sono fissate all'estremità di raggi impiantati intorno ad un mozzo centrale, che riceve il suo movimento rotatorio dall'albero della macchina. Nella seconda specie, le pale, anzichè essere invariabilmente fissate ai corrispondenti raggi, sono oscillanti intorno ai loro punti di attacco coi raggi stessi. Apposite leve, ad esse fissate, le tengono equilibrate intorno ai loro assi di rotazione, guidate, come sono, da bielle mosse convenientemente, ed in pari tempo le forzano a mantenersi verticali, o in direzione pressochè verticale, durante tutto il tempo per il quale sono immerse. L'esame particolareggiato dei due sistemi di ruote è riservato ai trattati speciali di macchine a vapore.

Nella specie di propulsatore di cui ci occupiamo ora, la macchina propulsatrice costituisce quella semplice, conosciuta sotto il nome di *asse della ruota*. In essa la potenza è applicata alla manovella dell'albero motore, l'asse è quello delle ruote, reso fisso rispetto alla macchina dai suoi cuscinetti assicurati invariabilmente allo scafo, e la resistenza è nella reazione dell'acqua.

Questa reazione, ha direzione normale alle respettive pale; quindi quando queste sono fisse, le rette rappresentanti la detta reazione sono diversamente inclinate all'orizzonte, secondo la posizione che le pale hanno nella loro rotazione.

Segue da ciò che solo una parte della reazione dell'acqua, eccetto che quando la pala è verticale, è impiegata a vincere la resistenza dell'acqua al moto del bastimento. Infatti, rappresentando con FL il livello

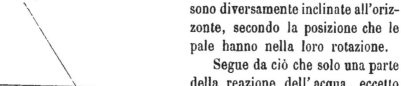

dell'acqua, sia *ab* una pala in una data posizione; risulta chiaro che la reazione *dc* si può intendere decomposta nelle due *de*, *df*, la prima delle quali tende a sollevare la nave, la seconda a farla avanzare. L'effetto della componente verticale è nullo, perchè in ogni ruota a ciascuna pala a dritta della verticale ne corrisponde altra simmetricamente a sinistra, che ha eguale componente verticale della reazione dell'acqua, diretta però in senso contrario; quindi non rimane per l'effetto utile della propulsione del bastimento che la componente *df*, minore evidentemente della risultante *dc*.

Inoltre nelle stesse ruote con pale fisse, queste, per la loro obliquità, battono l'acqua nell'entrarvi, e la proiettano nel sortirne, agendo su di essa non a gradi a gradi, ma con urto. In ambedue i sistemi di ruote, le pale nel muoversi nell'acqua provano altresì attrito. Evidentemente questi effetti richiedono impieghi di lavori meccanici inutilizzati per la propulsione della nave.

Di più la difficoltà che incontra l'acqua nello sprigionarsi dall'intervallo di due pale consecutive, fa sì che quella su cui esercitano azione le pale stesse, sia sempre più mossa; finalmente l'acqua sulla poppa del bastimento è resa più agitata dalla corrente del propulsatore, ed in quella parte si produce così una diminuzione della pressione del liquido, che si esercita verso prora, ed in conseguenza un aumento nella resistenza della carena.

Il tener conto di tutte le circostanze enumerate è pressochè impossibile. Ed invero, pur volendosi limitare a considerare soltanto il recesso e la decomposizione della reazione dell'acqua dovuta all'obliquità delle pale, si dovrebbe tenere a calcolo: 1° che le reazioni nei diversi punti di ciascuna pala, le quali variano colla loro velocità, dipendono perciò dalla loro distanza dall'asse di rotazione; 2° che il punto di applicazione della loro risultante varia colla posizione della pala nell'acqua; 3° che la componente di questa risultante, secondo l'asse del bastimento, varia con la stessa posizione; 4° che nel medesimo istante sono in azione pale diversamente inclinate, e differentemente immerse.

Non è dunque da sperarsi di potere stabilire delle formule, che contengano tutti gli elementi costitutivi delle ruote, le quali formule, assegnati i valori di alcuni di essi elementi, conducano alla determinazione degli altri, coi quali si raggiunga la voluta velocità col massimo vantaggio. Non si potrà dunque fare che riportarsi all'esperienza.

Gli elementi a cui testè si faceva allusione sono i seguenti:

1° il diametro del cerchio descritto dall'orlo esterno delle pale; oppure quello compreso fra i centri di due opposte pale, il quale è chiamato *diametro effettivo*; 2° gli angoli di entrata e di uscita, sotto i quali le pale entrano nella massa liquida e ne sortano, misurati colla inclinazione che esse hanno al livello dell'acqua; 3° l'immersione, o la quantità della quale l'orlo superiore di ciascuna pala si trova al disotto del livello dell'acqua, allorchè essa trovasi sulla verticale; 4° il passo, o la distanza che separa i centri di due pale consecutive; 5° il numero delle pale immerse nello stesso tempo; 6° finalmente le dimensioni delle pale, o per meglio dire la loro larghezza e la loro lunghezza.

Incomincieremo col riassumere quanto si riferisce alle ruote a pale fisse.

Egli è chiaro che crescendo il diametro della ruota, lasciando invariati l'immersione delle pale e l'angolo di entrata, si accresce il numero delle pale immerse nello stesso tempo, ed esse divengono più larghe; in una parola si ottiene una maggiore estensione della loro totale superficie immersa; ciò che è opportuno per diminuire il recesso. Nei grandi piroscafi si era giunti persino a diametri di dodici metri.

Quanto all'angolo di entrata, tra i due limiti di 90 e di 0 gradi, ai quali corrisponderebbe respettivamente perdita nulla o massima per il battere delle pale sull'acqua allorchè vi entrano, l'esperienza ha dimostrato essere conveniente attenersi tra i 40 ed i 45 gradi.

L'immersione dell'orlo superiore delle pale, la quale, col peso dello strato di acqua che è al disopra della pala verticale, diminuisce gli spruzzi dell'acqua, è utile non sia inferiore ai 0,04 del diametro.

Quanto al passo, per conciliare le due condizioni contraddittorie, cioè di una troppa vicinanza delle pale, per la quale l'acqua non potrebbe rinnuovarsi sufficientemente presto per cedere il posto ad acqua meno mossa, e di una troppo loro lontananza, per la quale se ne avrebbe un minor numero immerse, l'esperienza ha indicato doversi attenere al valore medio di un metro; il quale corrisponde alla regola data dagli autori inglesi cioè, che per ogni piede del diametro effettivo vi debba essere una pala.

Il numero delle pale immerse nello stesso tempo è evidentemente una conseguenza delle altre condizioni enumerate.

L'area di ciascuna pala, deve essere tale, che il suo prodotto per il numero totale delle pale immerse nelle due ruote sia almeno compreso tra 1 : 2 e 1 : 2, 5 della parte immersa dell'ordinata maestra, e che la lunghezza di ognuna di esse sia compresa tra un terzo e la metà della larghezza massima del bastimento.

Il coefficiente di recesso nelle ruote a pale fisse, assumendo per velocità del propulsatore quella dell'orlo inferiore delle pale, vale in media in acqua calma 0,25. Esso però in uno stesso bastimento risente l'influenza della maggiore immersione che questo può prendere, del vento, se ve ne sia, e del rimorchio se ne ha.

Nelle ruote a pale articolate il diametro effettivo D, espresso in metri, può determinarsi con la formula: $D = \dfrac{3084\, v_n}{3,14\, N(100 - \gamma)}$, intendendo per N il numero dei giri che la ruota fa in 1', e per γ il coefficiente di recesso centuplicato. Infatti, essendo v la velocità del bastimento espressa in metri per 1″, se V sia la velocità del centro della pala nella stessa unità di tempo, si ha:

$$V = \frac{N}{60} \cdot \pi D \quad (1), \qquad \frac{V - v}{V} \times 100 = \gamma.$$

Da quest'ultima relazione ricavasi: $V = \dfrac{100.v}{100 - \gamma}$, il quale valore sostituito nella equazione (1) insieme alla nota espressione $0,514\, v_n$ in luogo di v, conduce al valore di sopra riportato per D.

Alcuni autori prescrivono che, in acqua càlma, l'immersione dell'orlo superiore della pala centrale non debba eccedere $\dfrac{1}{8}$ della sua larghezza, e che per gli ordinari servizi in mare si adotti un'immersione eguale alla mezza larghezza delle pale. Inoltre hanno indicato che, se il bastimento debba portare carico, la detta immersione, quando questo manchi, sia di pochi centimetri, e non ecceda la larghezza delle pale, quando il carico è completo. È stato proposto per il numero delle pale in ciascuna ruota l'espressione $\dfrac{D}{0,64} + 1$, prescrivendo che la loro larghezza sia fatta doppia di quella delle pale fisse.

Le ruote a pale articolate hanno un medio coefficiente di recesso eguale a 0,20, e siccome l'acqua non riceve obliquamente l'azione delle pale, nè è da queste urtata quando vi entrano e non è sollevata quando ne sortano, così in totale il coefficiente di rendimento di questa specie di propulsatore si accresce di 0,1 circa del suo valore rispetto a quello delle ruote a pale fisse.

Le ruote in generale non sono riconosciute come opportune, nè per i bastimenti destinati alle navigazioni oceaniche, nè per quelli da guerra, a causa delle sensibili variazioni che avvengono nella loro immersione col consumarsi il carbone e le provvisioni, le quali variazioni arrecano danno al rendimento di tale propulsatore. A ciò aggiungonsi gli sforzi eccezionali che nella macchina si sviluppano quando il bastimento eseguisce oscillazioni trasversali, per le quali una ruota incontra maggiore reazione dell'altra. Per i bastimenti da guerra vi ha di più il facile bersaglio che le ruote presentano ai proiettili nemici, e l'impedimento che esse generano al collocamento di mezzi di offesa e di difesa nella parte centrale del bastimento. Per brevi viaggi in cui l'immersione del bastimento rimane pressochè invariata, le ruote possono essere vantaggiosamente impiegate; esse sono quasi indispensabili in canali poco profondi, nei quali l'altezza d'acqua è insufficiente per permettere l'uso del propulsatore di cui ora ci occuperemo.

Elica. — Questo propulsatore risulta di più porzioni di superficie della specie di quella di cui è formata la *vite*, chiamate *ali*, radianti da un mozzo centrale posto all'estremità dell'albero motore della macchina a vapore, il quale è collocato nell'interno del bastimento nel senso longitudinale al disotto del livello dell'acqua. Come tale propulsatore possa dare occasione alla forza che spinge il bastimento, risulta chiaro dalle considerazioni generali svolte sui propulsatori, purchè l'albero motore, che risente la reazione dell'acqua, abbia un qualche ostacolo connesso al bastimento. E tale ostacolo esiste nel fatto in un importante e speciale cuscinetto dell'albero, chiamato *cuscinetto di spinta*, i particolari del quale trovansi nei trattati di macchine a vapore.

Si abbia ora una retta orizzontale, che chiamasi *asse,* ed un'altra ad essa normale e di lunghezza qualunque, a cui si dà il nome di *generatrice*. S' immagini che la seconda strisci uniformemente sulla prima restandole sempre normale e girando con moto uniforme. Essa genererà una superficie chiamata dai geometri *elicoide gobba*, mentre ogni suo punto descriverà una linea chiamata *elica*, la quale si troverà su di una superficie cilindrica circolare, che ha il medesimo asse dell'elicoide, ed il raggio eguale alla lunghezza della corrispondente generatrice. Nel linguaggio comune si è confuso il nome della linea con quello della superficie, essendosi questa chiamata elica invece di elicoide.

L'elica generata dall'estremo della generatrice, o da un suo punto qualunque, dicesi *direttrice*, inquantochè, se fosse data, si potrebbe riprodurre l'elicoide facendo scorrere la generatrice tanto su di essa, quanto sull'asse, mantenendola però sempre perpendicolare a quest'ultimo.

La superficie elicoidale corrispondente ad un intero giro della generatrice chiamasi *spira*, e la relativa lunghezza dell'asse dicesi *passo*.

Le ali del propulsatore ad elica, nella loro forma più semplice, non sono che porzioni di una spira elicoidale di grande passo e di lunga generatrice, tagliate secondo determinati contorni. Ognuna di esse corrisponde ad una stessa porzione dell'intero passo, la quale, se è misurata rispetto a questo, è denominata *frazione di passo parziale*; se è valutata nella sua grandezza assoluta, chiamasi *lunghezza dell'elica*. La *frazione di passo totale* di un'elica è la somma delle frazioni di passo parziale di tutte le ali.

Le considerazioni generali svolte sui propulsatori ci hanno mostrato l'esistenza della perdita di lavoro per il recesso, prodotta dalla loro azione sull'acqua. L'elica generata nel modo di sopra indicato, oltre questa perdita di lavoro, e quella dovuta all'attrito che tutt'i propulsatori da noi considerati incontrano nel muoversi a traverso il fluido, ne ha altre ad essa speciali.

Ed infatti l'acqua riceve l'azione delle ali dell'elica in direzione obliqua al piano diametrale del bastimento ed all'orizzonte, talchè, oltre ad essere spinta in direzione contraria al cammino della nave, acquista un moto di rotazione con i conseguenti effetti della forza centrifuga, i quali sono affatto perduti per la propulsione. Le ali nello aprirsi il solco continuamente in nuova acqua, incontrano una resistenza che è tanto minore, quanto più fine o tagliente è la lama da cui è costituita l'elica effettiva; la loro azione non è graduale, ma si esercita tutta in una volta in modo da generare urto, sempre dannoso per l'effetto meccanico.

La difficoltà che l'acqua prova per sprigionarsi dalla spira dell'elica, se con le ali se ne prenda una grande porzione, o dalle ali consecutive se siano molte in numero, o finalmente dal vuoto tra i due dritti, se sia piccolo, è causa di nuova perdita di lavoro meccanico.

A tutto ciò è da aggiungersi che l'elica, quando il bastimento si avanza nel cammino con la prora, agisce sopra l'acqua che da quello è stata posta in moto, e rigettandone di continuo in senso contrario al cammino, viene a diminuire l'intensità della pressione che sulla poppa del bastimento si esercita verso prora; lo che equivale a produrre un aumento di resistenza al cammino. E tale aumento, che il Froude ha computato nel coefficiente di rendimento totale della macchina e del propulsatore, come si è accennato a pag. 221, ha per lui importanza molto apprezzabile.

Non va taciuto finalmente che effetti dell'azione del propulsatore di cui ci occupiamo sono le scosse e le trepidazioni che si producono sempre sulla poppa dei bastimenti ad elica, anche quando il mare è calmo, le quali sono nocive, vuoi all'impiego della forza della macchina, vuoi alla solidità dello scafo. Esse sono principalmente dovute agli urti dell'acqua che va a colpire il dritto poppiero in tutti gl'istanti in cui una delle ali occupa la posizione verticale; ma vi concorrono altresì il non essere distribuite simmetricamente al piano diametrale le reazioni del liquido sulle ali, allorchè queste sono in numero dispari, e l'essere diseguali le reazioni stesse per ciascuna ala nei diversi punti della sua rotazione.

Svariatissimi sono i tipi di eliche proposti, ma i tratti caratteristici che concorrono a formare quelli più adottati sin quì possono distinguersi: secondo la generazione geometrica della superficie delle ali, giusta la loro disposizione sul mozzo e finalmente secondo il loro contorno.

Sotto il primo punto di vista si hanno le eliche a *direttrice retta*, o a *passo costante*, quelle a *direttrice spezzata* o *curva*, dette ancora a *passo crescente*, e le eliche a *generatrice curva*.

Nelle prime, la generatrice rettilinea di ogni ala descrive angoli eguali per spazi eguali da essa scorsi lungo l'asse, talchè i diversi elementi della direttrice appartengono ad una sola e medesima elica (intendendo per questa la curva che porta tal nome). Di più un arco qualunque della direttrice stessa si dispone secondo una retta, quando si sviluppa su di un piano la porzione di superficie cilindrica su cui essa può intendersi tracciata; i limiti di questa porzione essendo l'arco considerato di direttrice, una retta parallela all'asse condotta per l'origine di detta direttrice ed arrestata all'arco di circonferenza normale all'asse, che rappresenta la rotazione compiuta dalla generatrice quando passa per l'altro estremo della direttrice, e quest'arco stesso. La figura dello sviluppo, come è facile dedurre, è un triangolo rettangolo, che ha per cateti l'arco di circonferenza sviluppato e la parallela all'asse, e per ipotenusa l'arco di direttrice. Se si considerino porzioni di elica sempre più vicine all'asse limitate dalle stesse generatrici, evidentemente le ipotenuse dei triangoli sviluppi saranno ognora più piccole, poichè mentre un cateto rimane invariato, l'altro, cioè quello corrispondente all'arco di circonferenza, diminuisce.

Nelle eliche a passo crescente, molto adottate ai nostri giorni, la generatrice rettilinea ruota di angoli diseguali per spazi eguali scorsi lungo l'asse, i quali angoli vanno decrescendo da prora verso poppa; e ciò sia ad un tratto in un solo punto, sia in modo continuo, talchè un arco qualunque della direttrice risulta composto di più porzioni appartenenti ad eliche di passi differenti che crescono da prora a poppa. Inoltre nello sviluppo della porzione di superficie cilindrica corrispondente a quella di sopra considerata per l'elica a passo costante, mentre gli sviluppi della parallela all'asse e dell'arco di circonferenza passante per l'estremo della direttrice si dispongono secondo due rette ortogonali, l'arco di direttrice prende la forma di una linea spezzata o curva, secondo il modo di rotazione della generatrice. Quest'ultima circostanza spiega il motivo della denominazione di eliche a direttrice spezzata o curva.

Più comuni però sono le eliche a direttrice spezzata, nelle quali la prima porzione di questa ha un passo più piccolo della seconda, e si estende meno. Per tale disposizione il liquido riceve dapprima l'azione dell'elica senza urto e tende meno a fuggire verso poppa; quindi la parte dell'elica che vien dopo nell'azione, ed a cui, per il suo passo relativamente lungo, maggiormente è dovuta la reazione del liquido, agisce sopra acqua messa in moto gradatamente; si ha perciò in pari tempo minore urto e diminuzione di recesso.

Il passo della prima porzione dicesi *passo di entrata*, quello della seconda *passo di uscita*, e *passo medio* intendesi da alcuni quello corrispondente alla corda che unisce i due punti estremi dello sviluppo della direttrice, e generalmente diverso *dalla media* dei due precedenti, che pure da molti è chiamata passo medio. Per *frazione di passo* di ciascun ala intendesi in tal caso la somma delle due frazioni, per cui si estendono le porzioni di eliche corrispondenti ai passi di entrata e di uscita.

Nelle eliche proposte dall'Hirsch a generatrice curva, questa ha generalmente la forma di un arco di spirale di Archimede, talchè le ali hanno una curvatura per la quale l'acqua è cacciata verso il mozzo, diminuendo così gli effetti della forza centrifuga. Di più, siccome le ali stesse procedono nel moto rotatorio prima colla loro punta, poi successivamente col resto, la loro azione sull'acqua è graduale e senza scosse.

Secondo la disposizione delle ali sul mozzo si hanno tra le più adottate: le eliche semplici, quelle ad ali doppie, le eliche Griffiths, e finalmente quelle con le ali convergenti.

Le prime e le seconde sono radianti da un mozzo quasi cilindrico, relativamente piccolo, se non che le seconde hanno le loro ali disposte a coppie, le une di seguito alle altre, nel senso longitudinale del bastimento ; in ambedue, le linee centrali delle ali sono situate in uno stesso piano normale all'asse. Nelle eliche Griffiths le ali si partono da un mozzo sferico molto pronunciato, ed i loro estremi sono ripiegati verso la prora del bastimento per l'estensione di $\dfrac{1}{24}$ circa del diametro; le diverse direttrici, che trovansi su cilindri concentrici all'asse, sono eliche di passi differenti i quali vanno crescendo dal mozzo all'esterno. Nelle eliche ad ali convergenti, queste, nel partirsi dal mozzo, sono poste convergenti con l'asse in direzione opposta al bastimento.

Le eliche ad ali doppie, dette anche *Mangin*, dal nome del loro inventore, si sostituirono alcune volte a quelle semplici (che furono le prime impiegate) nei piroscafi destinati a navigare alla vela, poichè la larghezza relativamente debole delle ali permetteva che fossero interamente nascoste dal dritto di poppa, allorchè si lasciavano in conveniente posizione, per navigare a vela.

La sostituzione del grosso mozzo sferico a quello cilindrico relativamente piccolo, fatta nelle eliche Griffiths, ha per iscopo di raccorciare la parte interna delle ali, la quale, per la minore obliquità che le diverse porzioni di una stessa ala hanno rispetto all'asse, quanto più vi sono vicine, è poco efficace per la propulsione, e non opera che per agitare e rimescolare l'acqua, mentre il mózzo non fa che ruotarvi senza produrvi agitazione. L'accrescimento dato al passo delle eliche direttrici vicino al mozzo ha pure per iscopo di aumentare la loro obliquità rispetto all'asse.

La direzione secondo cui sono poste le ali convergenti ha per oggetto di diminuire gli effetti della forza centrifuga, poichè esse rigettano allora l'acqua in senso opposto al cammino, in una colonna compatta. Ed è perciò che questa disposizione, adottata con tanto vantaggio nelle torpediniere dal Thornycroft, va entrando negli usi per i bastimenti moderni di grande velocità.

Finalmente quanto al contorno delle ali, (sempre simmetrico rispetto ad una linea, che passa perciò per il loro mezzo), nelle primitive eliche, la lunghezza della proiezione di ciascun'ala sul piano diametrale del bastimento era costante per qualunque suo punto, talchè la proiezione della stessa sul detto piano era un rettangolo, di cui gli angoli però erano alquanto arrotondati. Nelle eliche Griffiths, il cui sistema è molto accettato ai nostri giorni, la larghezza delle estremità delle áli è stata ridotta per diminuire la perdita di lavoro dovuta all'attrito, il quale crescendo con la velocità, è tanto maggiore quanto più distante è la superficie dall'asse; e la loro maggior larghezza è stata portata sui 0,4 circa del raggio a partire dall'asse. Le ali sono allora proiettate sul piano trasversale del bastimento, se la generatrice sia rettilinea, secondo un contorno curvilineo che va restringendosi tanto verso il mozzo, quanto sull'orlo esterno.

Quanto alle dimensioni da assegnarsi alle diverse parti di una elica per ottenerne buon funzionamento, le ricerche teoriche bastano solo a stabilire che la sua superficie debba essere la più grande possibile; per tutti gli altri elementi esporremo le nozioni che dall'esperienza sono state fornite.

16

1ª Il diametro della circonferenza descritta da un punto qualunque dell'orlo delle ali dovrebbe farsi, secondo alcuni autori, tanto grande quanto lo permette l'immersione di poppa del bastimento, purchè, col carico normale, resti uno strato di liquido di altezza eguale ad un sesto circa dello stesso diametro al disopra dell'orlo superiore di ciascuna ala quando è verticale, affine d'impedire il miscuglio dell'aria con l'acqua mossa dal bastimento, che renderebbe più cedevole la massa su cui agisce il propulsatore.

Nelle grandi navi moderne veloci dotate di potenti macchine, allorquando l'immersione di poppa non ha permesso di adottare per l'elica un diametro tanto grande che in una sola potesse impiegarsi tutta la forza della macchina, ed averne in modo conveniente la necessaria spinta per la propulsione, si è ricorso al sistema di due eliche, dette *gemelle,* disposte simmetricamente a dritta ed a sinistra del piano diametrale, sotto la volta di poppa in posizione più prodiera di quella dell'unica elica, e sufficientemente lontane dallo scafo. Questo sistema, che è stato applicato su molti bastimenti delle marine da guerra, come p. e. nelle maggiori navi della nostra R.ª Marina, cioè quelle dei tipi *Italia, Duilio, Doria* e *Bausan,* è molto raccomandato dagli autori, e va ora entrando anche negli usi della marina mercantile, per i bastimenti destinati a grandi navigazioni, poichè presenta incontestabili vantaggi. Ed infatti, la superficie totale del propulsatore si può aumentare di molto, con vantaggio della sua efficacia ; la posizione più bassa che può darsi alle ali è utile non solo in mare ondoso, ma anche in acqua calma, poichè, per la loro maggiore immersione, la spinta effettiva su di esse è accresciuta ; quando le eliche sono in azione, l'acqua vi affluisce facilmente, nè da esse si hanno sensibili effetti tendenti a ridurre la pressione del liquido sulla poppa del bastimento, ossia ad aumentare la resistenza che questo incontra, purchè con ogni cura siano disposti e conformati i bracci, i tubi, ecc. che sostengono le porzioni degli alberi motori sporgenti dal bordo, in maniera da non dare occasione a moti vorticosi dell'acqua intorno ad essi. A ciò aggiungesi che le eliche gemelle, richiedendo doppie macchine, presentano le seguenti condizioni favorevoli: 1° permettono di dividere in due, tanto il compartimento delle caldaie, quanto quello delle macchine, per mezzo di paratie longitudinali, fornendo così un maggior elemento di sicurezza, quando, per un'avaria nello scafo, entri l'acqua in uno dei detti compartimenti; 2ᵃ se nell'una macchina avvenga avaria, può continuare a funzionare l'altra e far avanzare il bastimento; 3° finalmente facendo lavorare una macchina per la spinta in avanti, e l'altra per la spinta in dietro, si ha un efficace mezzo per far ruotare il bastimento in aiuto del timone, o in sua sostituzione quando vi avvenga un'avaria.

Di fronte ai vantaggi enumerati le eliche doppie presentano svantaggi d'importanza relativamente lievi, cioè richiedono maggiore spazio per le macchine e per i passaggi degli alberi motori ed un personale più numeroso che nelle macchine con eliche semplici, delle quali sono anche più pesanti e più costose; inoltre danno occasione a maggiori facilità di avarie quando le navi su cui trovansi installate entrano o sortono da un bacino, o s'accostano ad una banchina, o toccano il fondo.

Alcuni autori opinano che l'ingrandire il diametro dell'elica accresca l'attrito delle estremità delle ali in modo sensibilissimo, e fondandosi sulle ricerche teoriche del Froude, sebbene fatte con delle restrizioni, e sulle importanti esperienze eseguite coll'incrociatore inglese *Iris* nel 1878, consigliano a non eccedere nell'ingrandimento del diametro.

2ᵃ Il passo deve essere regolato in modo che il suo rapporto al diametro equivalga in media 1,25, avendo per limite inferiore 1,00, e per limite superiore 1,50. Le ricerche teoriche e le esperienze testè citate hanno mostrato, che lo scegliere grandi valori per il detto rapporto, sebbene sia cosa poco opportuna per il recesso, è tuttavia favorevole all'efficacia del propulsatore, poichè se dall'una parte aumenta il recesso, dall'altra parte, essendo necessario un minor numero di rivoluzioni per avere lo stesso cammino del bastimento, diminuiscono le perdite dovute all'attrito, ed alla resistenza che le ali dell'elica incontrano nel fendere l'acqua.

I risultati delle ricerche e delle esperienze testè citati tanto per il diametro quanto per il passo, spiegano la riserva fatta a pag. 231 circa l'applicazione all'elica delle conseguenze della teoria generale, per le quali la superficie trasversale dell'elica, e perciò il suo diametro, avrebbe dovuto farsi la più grande possibile, e lo spazio da essa percorso in un dato tempo, cioè il suo passo, tanto grande quanto bastasse.

Il passo P ed il diametro D, espressi in metri, possono essere determinati in funzione l'uno dell'altro per mezzo delle seguenti formule date dal Seaton, quando siano noti il numero N dei giri della macchina in un minuto primo, e la forza indicata F_i, cioè:

$$D = 1025 \sqrt{\frac{F_i}{P^3 . N^3}}, \qquad P = \frac{102}{N} \sqrt[3]{\frac{F_i}{D^2}}$$

per bastimenti mercantili comuni;

$$D = 1282 \sqrt{\frac{F_i}{P^3 . N^3}}, \qquad P = \frac{118}{N} \sqrt[3]{\frac{F_i}{D^2}}$$

per imbarcazioni veloci;

$$D = 871 \sqrt{\frac{F_i}{P^3 . N^3}}, \qquad P = \frac{91}{N} \sqrt[3]{\frac{F_i}{D^2}}$$

per bastimenti pieni da carico.

Secondo altri autori, il diametro D dovrebbe farsi così grande, che l'area del cerchio con esso descritto fosse eguale ad un quarto o ad un mezzo dell'area immersa dell'ordinata maestra, e l'area della proiezione delle ali sul piano trasversale del bastimento dovrebbe essere 0,3 circa del detto cerchio per le eliche a quattro ali, e sensibilmente meno per quelle a due ali. Secondo il Seaton, l'area delle ali stesse in metri quadrati si otterrebbe invece con la formula:

$$K \times \sqrt{\frac{F_i}{N}},$$

essendo K eguale a 1,39 per le eliche a 4 ali, a 1,21 per quelle a tre ali, ed eguale a 0,93 per le eliche a due ali.

3ª La frazione di passo totale non deve essere inferiore a 0,25, nè superiore a 0,45 del passo.

4ª Il numero delle ali si può far variare più comunemente nelle eliche semplici da due a quattro. Nelle esperienze dell'*Iris* un minor numero di ali ha recato vantaggio dal lato della velocità, se non che ha prodotto (come è facile comprendere) grandi trepidazioni sulla poppa,

5ª Il diametro del mozzo sferico, quando le ali vi sono riportate, si suole assumere eguale a 20 od a 25 centesimi del diametro dell'elica, secondochè questo è piccolo o grande.

6ᵃ La distanza dell'elica dal dritto prodiero (quando cioè ve ne sia una sola) deve farsi la più grande che sia possibile compatibilmente con le altre condizioni. Infatti da essa dipende la maggiore o minore influenza sugli effetti che l'elica produce nella corrente che va ad esercitare la sua pressione in avanti sulla poppa del bastimento, e la maggiore o minore facilità con cui sulle ali affluisce continuamente sufficiente e nuova acqua per ricevere la loro azione, come è stato provato dalle veloci torpediniere, le quali meglio utilizzano la detta azione appunto per le disposizioni favorevoli di cui sono fornite a tali riguardi.

Il Froude ha fatto osservare che se l'elica si ponesse lungi dal dritto 0,33 a 0,25 della massima larghezza del bastimento, l'aumento di resistenza dovuto alla diminuzione di pressione sulla poppa della nave sarebbe soltanto 0,20 di quello che ordinariamente suole essere. Secondo il Griffiths la libera circolazione dell'acqua intorno all'elica sarebbe in gran parte ottenuta, se si ponesse questo propulsatore a poppa del dritto prodiero di 0,66 del suo diametro. Queste disposizioni non potendo essere in pratica accettate per grandi bastimenti senza svantaggi e difficoltà, in special modo per quelli da guerra, non rimane che a fare la parte immersa della poppa molto fine, ed adottare tutte quelle disposizioni che permettono libera affluenza dell'acqua intorno al propulsatore.

Il coefficiente di recesso, che si è ottenuto sin qui con l'elica, è stato variabilissimo, essendo alcune volte giunto sino a 0,20, tal altre sceso sino a zero od a valori negativi. Per rendersi ragione di quest'ultima specie di valori, conviene osservare che il recesso, quale da noi è stato definito a pagina 229, non è che *apparente*, quando trattasi dell'elica, poichè questa agendo su di acqua già mossa dal bastimento, alla quale rimane ancora una velocità nella direzione da poppa a prora, la velocità impressa all'acqua in direzione contraria a quest'ultima, ossia il *reale recesso*, risulta di quello apparente e della velocità da cui è animata l'acqua a poppa, la quale velocità del resto non è facile ad accertarsi.

Ora alcuni autori opinano, che mentre il recesso reale, ossia la variazione che avviene nello stato di moto in cui trovansi le molecole liquide, non mancherà mai e sarà sempre positivo, potranno esservi dei casi (come difatti se ne sono avuti) in cui la massa d'ac-

qua, che è a poppa del bastimento, abbia tale iniziale velocità verso
prora che il recesso apparente sia negativo, ossia che la velocità del
bastimento sia maggiore di quella del propulsatore.

Il recesso negativo, lungi dal rappresentare una buona efficacia del
propulsatore, accenna quasi sempre ad un suo cattivo rendimento, poichè ciò che si guadagna nell'azione dell'elica, è più che controbilan-
ciato dall'effetto della diminuzione nella pressione che l'acqua dovrebbe esercitare sotto la poppa del bastimento.

Questo modo di rendersi conto del recesso negativo, per il quale
erano state fatte parecchie ipotesi, è molto accettato ai nostri giorni,
sebbene si ammetta la possibilità che sovente esso sia il risultato di
inesattezze nelle quali si sia incorsi nel rilevare gli elementi che han
servito a dedurlo.

L'elica è sinora il più efficace fra i propulsatori adoperati, poichè esso per la sua natura può operare su maggior quantità d'acqua di ogni altro. È opportunissimo per le navigazioni oceaniche,
giacchè non risente sensibili dannosi effetti nè dai cambiamenti d'immersione del bastimento, dovuti alle variazioni che nel carico avvengono, nè dalle oscillazioni in mare agitato; è convenientissimo quando
si voglia fare uso della velatura, poichè collo sbandarsi del bastimento
le sue ali agiscono quasi allo stesso modo che se non vi fosse inclinazione; infine per le navi da guerra esso ha la preziosissima qualità
di non essere esposto quale bersaglio ai proiettili nemici, per trovarsi
tutto immerso e protetto dalla poppa.

Facciamo ora seguire le Tavole costituenti il Quadro annunciato a
pag. 224. Non è necessario dare schiarimenti sulle intestazioni delle
loro diverse colonne, tranne che per quella del *coefficiente di affinamento*. Intendesi per questo coefficiente il rapporto esistente tra il
volume della carena e quello di un parallelepipedo che ha le sue dimensioni eguali alla lunghezza, alla larghezza massima ed alla profondità della carena stessa, alla quale può intendersi circoscritto. Evidentemente dal suo valore dipende la finezza della carena, come meglio
faremo rilevare nella 3ª Parte di questo Corso.

Dobbiamo però aggiungere le seguenti delucidazioni.

I puntini .... stanno nel posto di dati non forniti dai trattati o
dai periodici a cui si è ricorso.

I doppi dati che per ogni bastimento trovansi in alcune colonne, sono posti nell'ordine della doppia intestazione a cui corrispondono.

Le lunghezze dei bastimenti segnate sono le massime, eccetto quelle distinte con (+), le quali sono tra le perpendicolari.

I dati che hanno il segno (!) sono relativi a bastimenti di cui si sa con sicurezza non avere avuto il pieno carico durante la prova.

Nei valori della pressione del vapore nelle caldaie non è improbabile sia incorsa qualche inesattezza, e che siasi assunta come pressione effettiva quella che non era che pressione assoluta, e viceversa; dappoichè i documenti nei quali sono riportati i risultati delle prove di velocità, non sempre indicano di quale specie di pressione trattasi. Per macchine semplici intendonsi quelle in cui il vapore agisce con eguale pressione in tutt'i cilindri; la denominazione di macchine composte è relativa a quelle nelle quali il vapore agisce ad alta ed a bassa pressione in cilindri di differente diametro.

I valori di $F_i : A$, M ed U', i quali dovrebbero essere i risultati di operazioni numeriche eseguite su valori contenuti in alcune colonne che a quelle quantità precedono, sono stati riportati quali si sono trovati nei trattati o periodici a cui si è ricorso, sebbene quelli estratti dal Lédieu e dal Dislère, specialmente quando si riferiscono a bastimenti inglesi od a piroscafi mercantili, (per i quali ultimi il primo dà valori superiori a quelli forniti da altri autori) non corrispondono sempre esattamente ai risultati di quelle operazioni. Questo fatto potrebbe avere origine da ciò, che alcuni elementi non avessero, allorchè si è proceduto alle prove, i valori per essi stabiliti nel fare il piano del bastimento, dal quale si sono rilevati. È da notarsi inoltre che il valore di U, non essendo stato sempre trovato nei dati forniti, lo abbiamo dedotto dal valore di M; quindi se questo sia inesatto, lo sarà ancora quello. Quando dunque siasi scelto il bastimento tipo a cui doversi riferire, consigliamo a ripetere le operazioni numeriche per giudicare dalle differenze che potranno riscontrarsi tra i loro risultati ed i valori di $F_i : A$, U, M notati nel Quadro, il grado di fiducia che a questi ultimi può assegnarsi.

Per molti bastimenti quei dati che variano col cambiare delle quantità del carico e della forza sviluppata, non corrispondono al massimo dell'uno e dell'altra, ma bensì ai valori inferiori che essi avevano allorchè si è proceduto alle prove.

Autore o periodico dal quale i dati sono stati tolti	NOME DEL BASTIMENTO	SPECIE DEL BASTIMENTO	Materiale dello scafo	Anno del varo (v) Anno della prova (p)	Lunghezza del bastimento Larghezza massima	Immersione media Differenza d'immersione	Area della parte immersa dell'ordinata maestra (A)	Dislocamento della carena in tonnellata Coefficiente di affinamento
					Metri	Metri	Met. qua.	
Dislère Lediou	Devastation	Corazzata a torri inglese	ferro	1871 (v)	94,70 · 19,00	8,10 0,10	135,90	9190 0,620
id.	Pierre le Grand	Corazzata russa	id.	1872 (v)	97,80(+) 19,50	7,24 0,60	115,30	9820 0,710
Lediou	Suffren	Corazzata di 1ª classe francese	legno	1873 (p)	86,20 17,24	8,20 1,40	119,90	7508 0,600
Dislère	Redoutable	id.	acciaio	1878 (p)	100,70 19,60	7,20 0,80	125,60 ·	8796 0,600
....	Duilio	Corazzata a torri italiana	ferro	1880 (p)	103,50(+) 19,76	8,20 0,35	142,25	11138 0,656
....	Dandolo	id.	ferro ed acciaio	1882 (p)	103,50 19,30	8,19 0,29	142,80	11180 0,656
Lediou	Incostant	Incrociatore corazzato inglese	ferro foderato di legno	1868 (v)	106,40 15,20	7,00 1,40	85,20	5560 ......
id.	Infernet	Corvetta rapida francese	legno	1869 (v)	78,60(+) 10,92	4,78 1,72	39,22	1919 0,507
Dislère Lediou	Glatton	Guardacoste corazzato inglese	ferro	1871 (v)	80,20 16,50	5,80	84,80	4915 0,680
id.	Cyclops	id.	id.	1871 (v)	72,60 13,70	4,70	61,90	3460 0760
Lediou	Raleigh	Incrociatore inglese	ferro foderato di legno	1873 (v)	95,00 · 14,80	7,20 0,90	88,50	5435 ·· ···
id.	Boadicea	id.	id.	......	91,00 13,70	6,70 0,70	72,00	4092 ·· ···
id.	Shah ·	id.	id.	......	106,00 15,80	7,20 1,10	91,60	6075 ·····

SPECIE DELLA MACCHINA	Pressione nelle caldaie in cent. di mercurio / Giri della macchina in 1'	SPECIE DEL PROPULSATORE	Diametro dell'elica / Passo medio dell'elica (Metri)	Velocità della prova in nodi	Forza indicata in cav. F_1 / Rapporto $\frac{F_1}{A}$	Coefficiente di utilizzazione U	Coefficiente di velocità M	Coefficiente di utilizzazione U'
Due orizzontali semplici	...... / 76	Due eliche	5,33 / 5,96	13,84	6648 / 47,50	0,109	3,82	179
....	181 /	Due eliche a tre ali	5,40 /	15,00	10000 / 87,20	0,069	3,38	155
Una orizzontale con tre cilindri	144 / 64	Un'elica a quattro ali con mozzo sferico	6,00 / 7,50	14,30	4181 / 34,90	0,152	4,38	268
Una con tre coppie di cilindri	144 / 70	Un'elica a quattro ali	6,30 /	14,89	6500 / 51,70	0,085	3,62	216
Due orizzontali semplici	146 / 83	Due eliche a quattro ali	5,26 / 6,55	15,04	7710 / 54,20	0,114	3,99	220
Due verticali composte	334 / 72	id.	5,19 / 7,15	15,51	7420 / 51,96	0,130	4,16	280
Una orizzontale	152 / 74	Un elica	7,06 / 7,31	16,50	7460 / 88,90	0,091	3,70	187
Una orizzontale con tre cilindri	180 / 95	Un elica a quattro ali con mozzo sferico	4,20 / 4,90	14,40	1784 / 45,50	0,119	4,04	260
Due orizzontali con due cilindri	163 / 82	....	4,27 / 4,18	12,10	2910 / 34,40	0,093	3,72	175
Due verticali composte	310 / 127	....	3,66 /	11,00	1680 / 22,40	0,108	3,91	181
....	152 / 74	Un'elica	6,40 /	15,50	6240 / 78,50	0,085	3,62	184
....	...... / 75	id.	5,82 /	15,00	5320 / 74,00	0,082	3,57	163
....	...... / 70	id.	7,02 /	16,50	7600 / 83,00	0,098	3,78	194

Autore o periodico dal quale i dati sono stati tolti	NOME DEL BASTIMENTO	SPECIE DEL BASTIMENTO	Materiale dello scafo	Anno del varo (v) Anno della prova (p)	Lunghezza del bastimento Larghezza massima	Immersione media Differenza d'immersione	Area della parte immersa dell'ordinata maestra (A)	Dislocamento della carena in tonnellate Coefficiente di affinamento
					Metri	Metri	Met. qua.	
Rivista Maritt.	*Indipen- dencia*	Corazzata a torri inglese	......	1874 (v)	91,50(+) 19,22	7,52 0,40	132,00	9094 0,700
Dislère Ledieu	*Jeanne d'Arco*	Corazzata di 2ª classe francese	legno	1876 (p)	68,05 13,20	6,17 1,14	70,82	3521 0,662
Ledieu Antoine	*Duquesne*	Incrociatore francese	ferro foderato di legno	......	106,70 15,20	6,90 1,60	74,00	5436 ......
Ledieu	*General Admiral*	Incrociatore corazzato russo	ferro	1873 (v)	87,10 14,60	6,40 1,20	77,10	4648 ......
Rivista Maritt.	*North- ampton*	Incrociatore co- razzato inglese	acciaio	1879 (p)	85,89(+) 18,30	7,66 0,39	115,40	7323 0,630
Transa- ctions of naval archi- tects	*Iris*	Avviso rapido inglese	id.	1878 (p)	91,50(+) 14,03	5,51 1,50	65,03	3342 0,514
	id.	id.	id.	1878 (p)	91,50(+) 14,03	5,51 1,50	65,03	3342 0,514
	id.	id.	id.	1878 (p)	91,50(+) 14,03	5,51 1,47	65,03	3342 0,514
	id.	id.	id.	1878 (p)	91,50(+) 14,03	5,51 1,47	65,03	3342 0,514
....	*Cristoforo Colombo*	Corvetta a bar- betta italiana	legno	1876 (p)	75,72(+) 11,30	5,12 1,05	44,71	2316 0,563
....	*Staffetta*	Avviso italiano	ferro	1878 (p)	77,08(+) 9,43	3,97 1,51	28,39	1505 0,536
....	*Flavio Gioia*	Corvetta a bar- betta italiana	acciaio	1883 (p)	78,00(+) 12,76	5,31 1,64	51,80	2524 0,532
....	*Agostino Barbarigo*	Avviso italiano	id.	1882 (p)	66,00(+) 7,34	3,29 1,58	17,31	656 0,482

SPECIE DELLA MACCHINA	Pressione nelle caldaie in cent. di mercurio / Giri della macchina in 1'	SPECIE DEL PROPULSATORE	Diametro dell'elica / Passo medio dell'elica	Velocità della prova in nodi	Forza indicata in cav. F_1 / Rapporto $\frac{F_1}{A}$	Coefficiente di utilizzazione U	Coefficiente di velocità M	Coefficiente di utilizzazione U'
Una semplice con due cilindri orizzontali a fodero	...... / 71	Un' elica Griffiths a due ali	Metri / 6,85 / 7,01	14,41	9120 / 69,10	0,078	3,50	143
Una con tre cilindri orizzontali eguali	169 / 69	Un' elica a pale doppie	4,90 / 6,20	12,10	2010 / 28,40	0,113	3,97	204
Una con tre paia di cilindri orizzontali composta	170 / 77	Un' elica a quattro ali	6,10 / 7,02	17,00	6589 / 89,20	0,100	3,81	231
....	304 /	Un' elica	6,25 /	15,00	3500 / 45,40	0,134	4,20	272
Due composte	320 / 74	Due eliche a due ali	5,49 / 5,80	12,37	4075 / 35,30	0,097	3,78	175
Due composte	...... / 91	Due eliche comuni a quattro ali	5.65 / 5,54	16.58	7003 / 107,60	0,077	3,49	145
id.	...... / 89	Due eliche comuni a due ali	5,65 / 5,54	15,73	4368 / 67,10	0,105	3,87	199
id.	...... / 97	Due eliche Griffiths a quattro ali	4,97 / 6,09	18,57	7714 / 118,60	0,098	3,78	186
id	...... / 93	Due eliche Griffiths a due ali	5,53 / 6,49	18,59	7556 / 116,20	0,099	3,80	190
Una con tre cilindri verticali eguali	304 / 85	Un' elica	5,23 / 5,94	16,33	3782 / 84,57	0,093	3,72	201
Una composta	285 / 68	id.	4,05 / 7,97	15,37	2085 / 73,44	0,089	3,66	229
Una con tre cilindri orizzontali eguali	318 / 88	id.	5,47 / 5,78	15,30	3920 / 75,67	0,086	3,62	169
Una con tre cilindri verticali eguali	309 / 119	id.	3,66 / 4,88	15,81	1827 / 105,54	0,067	3,33	163

Autore o periodico dal quale i dati sono stati tolti	NOME DEL BASTIMENTO	SPECIE DEL BASTIMENTO	Materiale dello scafo	Anno del varo (v) Anno della prova (p)	Lunghezza del bastimento Larghezza massima	Immersione media Differenza d'immersione	Area della parte immersa dell'ordinata maestra (A)	Dislocamento della carena in tonnellate Coefficiente di affinamento
					Metri	Metri	Met. qua.	
....	Marco Ant. Colonna	Avviso italiano	acciaio	1883 (p)	66,00(+) 7,35	3,55 1,50	19,00	656 0,482
Ledieu	Vienne	Trasporto francese	ferro	......	62,20(+) 9,35	4,26 1,60	32,88	1678 0,661
....	Città di Napoli	Trasporto scuderia italiano	legno	1866 (p)	81,60(+) 13,52	5,49 1,04	57,26	3359 0,575
....	Cariddi	Cannoniera a barbetta italiana	id.	1875 (p)	54,39(+) 8,75	3,92 0,74	26,97	1102 0,590
....	Sentinella	Cannoniera italiana	ferro	1875 (p)	30,50(+) 8,15(+)	1,75 0,23	11,07	259 ......
....	....	Torpediniera italiana	acciaio	1879 (p)	22,40(+) 3,04	....	2,68	......
Seaton	....	Torpediniera inglese	......	......	27,43(+) 3,20	0,76	2,23(?)	30 ......
Rivista Maritt.	....	Torpediniera italiana	acciaio	1880 (p)	24,38 2,44	0,77 0,13	1,39(?)	26 ......
Ledieu	France	Piroscafo della C.la Transatlantica francese	ferro	......	120,00(+) 13,50	5,62 0,74	63,00	5493 0,591
id.	Anadyr	Piroscafo delle Messagerie M.me	id.	......	120,30(+) 12,07	4,94 (!)	48,66(!)	4160(!) 0,279
id.	Gironde	id.	id.	......	112,00(+) 12,18	4,85 (!)	44,07(!)	3352(!) 0,239
id.	Arethuse	id.	id.	......	83,00(+) 10,09	4,24 0,53	30,15	1412 0,388

SPECIE DELLA MACCHINA	Pressione nelle caldaie in cent. di mercurio / Giri della macchina in 1'	SPECIE DEL BASTIMENTO	Diametro dell'elica / Passo medio dell'elica	Velocità della prova in nodi	Forza indicata in cav. F_1 / Rapporto $\frac{F_1}{A}$	Coefficiente di utilizzazione U	Coefficiente di velocità M	Coefficiente di utilizzazione U'
			Metri					
Una con tre cilindri verticali eguali	313 / 118	Un'elica	3,66 / 4,88	15,49	1704 / 89,68	0,075	3,46	165
Una verticale composta	219 / 76	Un'elica a due ali doppie	3,75 / 4,50	10,25	723 / 22,00	0,091	3,72	210
Una semplice a biella rovescia	84 / 59	Un'elica	5,16 / 7,47	11,25	1814 / 31,68	0,081	3,55	176
Una composta	304 / 102	id.	3,05 / 4,57	10,64	844 / 31,29	0,070	3,38	152
Due orizzontali semplici	128 / 148	Due eliche a tre ali	1,67 / 2,48	9,23	212 / 19,15	0,074	3,44	151
Una verticale composta	532 /	Un'elica a tre ali	1,50 / 1,60	18,00	250 / 93,28	0,113	3,97	......
....	...... /	....	...... /	22,01	460 / 206,27	0,093(?)	3,72(?)	222
Una verticale composta	532 / 520	Un'elica a due ali	1,32 / 1,52	21,30	420 / 302,15(?)	0,058(?)	3,17(?)	202
Una verticale composta con quattro cilindri	314 / 64	Un'elica a quattro ali	5,80 / 8,70	14,54	3361 / 53,35	0,107	3,90	231
Una verticale con tre cilindri	358 / 74	Un'elica a quattro ali smontabili su mozzo sferico	4,80 / 6,40	14,45	2452 / 50,39	0,107	3,89	313
id.	152 / 75	id.	4,50 / 6,20	14,43	2067 / 46,90	0,116	4,00	324
Una verticale composta con quattro cilindri	100 / 63	Un'elica a tre ali	4,25 / 5,80	11,12	805 / 26,69	0,093	3,72	215

Autore o periodico dal quale i dati sono stati tolti	NOME DEL BASTIMENTO	SPECIE DEL BASTIMENTO	Materiale dello scafo	Anno del varo (v) Anno della prova (p)	Lunghezza del bastimento Larghezza massima	Immersione media Differenza d'immersione	Area della parte immersa dell'ordinata maestra (A)	Dislocamento della carena in tonnellate Coefficiente di affinamento
					Metri	Metri	Met. qua.	
Ledieu	Etoile du Chili	Piroscafo da carico	ferro	......	95,00(+) 11,50	5,88	46,80	3800 0,337
id.	Henri IV.	id.	id.	......	72,00(+) 11,00	6,05 0,48	56,96	2952 0,623
....	....	Piroscafo Italiano	id.	......	82,56 9,20	4,60	35,70	....
....	Ortigia	id.	id.	1878 (p)	88,66 10,00	6,20 0,40	55,00	3540 ......
....	....	Rimorchiatore	id.	1870 (p)	24,00(+) 4,00	1,65 1,30	4,97	89 ......
Le Yacht	Giralda	Yacht a vapore	id.	1881 (p)	41,45(+) 6,45	2,77	9,75	258 0,403
id.	Oriental	id.	......	......	32,50(+) 6,13	2,64	11,71	266 0,460
id.	Jacamar	id.	.....	......	47,40(+) 7,32	3,09	15,60	422 0,400

SPECIE DELLA MACCHINA	Pressione nelle caldaie in cent. di mercurio / Giri della macchina in 1'	SPECIE DEL BASTIMENTO	Diametro dell'elica / Passo medio dell'elica	Velocità della prova in nodi	Forza indicata in cav. F_1 / Rapporto $\frac{F_1}{A}$	Coefficiente di utilizzazione U	Coefficiente di velocità M	Coefficiente di utilizzazione U'
Una verticale composta con quattro cilindri	358 66	Un'elica a quattro ali smontabili su mozzo sferico	Metri 4,80 5,20	11,80	1421 30,36	0,116	4,00	333
Una verticale composta con due cilindri	224 66	Un'elica a quattro ali	4,38 4,38	9,20	577 10,13	0,139	4,25	278
Una composta con quattro cilindri	304	id.	4,55 7,75	10,25	700 19,60	0,100	3,81	......
id.	266	id.	4,88 6,10	11,50	1300 23,63	0,115	4,00	272
Una composta	....	....	2,20 3,33	11,00	128 25,75	0,094	3,73	207
....	111	Un'elica	2,743	11,70	330 33,84	0,086	3,62	196
....	146	....	2,134	11,40	330 28,18	0,095	3,74	186
....	95	....	3,048	12,50	494 31,66	0,111	3,94	222

Quando dei dati forniti dalle Tavole riportate si volesse fare applicazione con qualche sicurezza a nuovi bastimenti da costruirsi, e non per soli calcoli presuntivi, bisognerebbe procurarsi maggiori e più particolareggiate informazioni sulle forme dei bastimenti presi a tipi, sulla specie della loro macchina e del loro propulsatore.

In ogni caso è da notarsi, che i risultati che si sceglieranno varranno pel nuovo bastimento solo per la velocità delle prove, la quale sarà sempre superiore a quella effettiva media corrispondente ad un viaggio prolungato, anche con tempo favorevole, poichè ben diverse sono le condizioni in cui il bastimento trovasi nelle prove, da quelle che gli corrispondono nella navigazione.

Ed invero, le prime sono fatte agli scopi: 1° di rilevare se il bastimento e la macchina corrispondono, in condizioni determinate, alle previsioni, per ciò che concerne la velocità ed il consumo di combustibile; 2° di dedurre le modificazioni da arrecarsi al propulsatore, se siano necessarie e possibili; 3° di avere dei dati che possano servire di norma nella formazione dei piani di nuovi bastimenti. A tal uopo esse d'ordinario si eseguiscono percorrendo lungo la costa un tratto di lunghezza nota chiamata *base* e determinata dalla distanza esistente tra due rette parallele, la posizione delle quali è fissata col mezzo di rettifili posti o scelti a terra. Si usa la cura di porre il bastimento in moto bene avanti che esso incontri la prima delle dette parallele, in modo che tutta la sua massa, nel passarvi, abbia acquistato la velocità ottenibile nelle condizioni in cui si fa la prova. Si oltrepassa l'altra parallela di una lunghezza tale che permetta al bastimento di avere già acquistata la detta velocità, quando, nel tornare indietro, sta per attraversare nuovamente la seconda parallela. Si fanno più volte corse di andata e di ritorno, e si eseguisce la media dei risultati ottenuti affine di compensare gli effetti delle correnti, delle onde e del vento, se ve ne sono; oppure si prende la media delle medie delle velocità diverse ottenute in un numero pari di prove, facendo cioè le medie dei cammini corrispondenti a ciascuna coppia di corse successive, poscia le medie delle successive coppie di valori in tal modo ottenute, e così via di seguito sino a ridursi ad una sola media. Da molti ora si ripetono le prove spingendo il bastimento a velocità differenti, per poterne dedurre la relazione esistente tra le forze sviluppate e le velocità raggiunte. Nel fare queste prove, si mi-

surano col mezzo di appositi istrumenti gli angoli che il piano diametrale del bastimento fa colle due rette parallele determinate dai
rettifili, nel passare a traverso di esse. Servendosi poscia di formule
fondate sulla relazione tra i lati e le linee trigonometriche di un triangolo, si ricava la lunghezza effettivamente percorsa. Si misura con
tutta esattezza il tempo impiegato da un determinato punto del bastimento nell'andare dall'una delle citate parallele all'altra. Finalmente
si ha cura di non condurre il timone al difuori del piano diametrale,
poichè quando esso ne è deviato, produce, come vedremo tra breve,
una resistenza addizionale al moto del bastimento. Non è sempre facile usare questa cura nei bastimenti ad elica, i quali hanno tendenza
a deviare dalla rotta, quando il timone è in mezzo.

A causa appunto di tutte le precauzioni indicate, i risultati delle
prove di velocità possono essere differenti da quelli che si otterranno in media nel servizio continuato del bastimento. E ciò per le
seguenti ragioni: 1ª la lunghezza della base è ordinariamente troppo
piccola; quindi il tempo nel quale essa è percorsa è di pochi minuti,
e perciò un piccolo errore commesso nel misurarlo può produrre differenza apprezzabile nello spazio corrispondente ad un'ora di moto,
ossia nella velocità, la quale si deduce dallo spazio percorso in quel
tempo; 2ª la piccola durata della prova rende possibile che i fuo-
chisti e tutto il personale destinato alle caldaie ed alle macchine, che
in generale sono scelti appositamente, siano di una solerzia eccezionale per fare funzionare le macchine e le caldaie nelle migliori condizioni; 3ª la stessa brevità della prova permette di adoperare solo
la parte migliore del carbone esistente nei depositi, che è già scelto,
quando s'imbarca a bordo; 4ª le prove si fanno ordinariamente con
tempo non cattivo.

È quindi saggio consiglio l'adottare il sistema, in alcuni casi seguito di recente, col quale, nel caratterizzare i bastimenti secondo
la loro velocità, si tiene conto di quella che risulta da prove fatte per
alcune ore (chiamate *prove di resistenza*) nelle quali appositi indicatori
forniscono diagrammi continui della forza della macchina, come pure
adattati congegni danno il numero dei giri fatti dal propulsatore in un
determinato tempo relativamente grande.

——— ———

CAPITOLO IV.

ROTAZIONI DELLE NAVI. — TIMONE.

Le coppie che si adoperano per le rotazioni orizzontali alle quali sono chiamati i bastimenti per le ragioni enumerate a pag. 37, sono dovute al timone (notissimo organo), alle vele disposte convenientemente ed infine ai doppi propulsatori, come ruote ed eliche con movimenti indipendenti.

Le rotazioni delle navi sono raramente affidate ad uno solo dei due ultimi tra i mezzi indicati; vi concorre quasi sempre il timone, il quale il più delle volte è impiegato da solo. Quindi a questo mezzo unicamente ci riferiremo nelle seguenti ricerche, tanto più che sarà facile scevrare dalle conclusioni alle quali perverremo ciò che ad esso è speciale.

È noto che se si vuol far eseguire una girata ad un bastimento, che sia in cammino diretto secondo una data rotta ed abbia il timone nel prolungamento del suo piano diametrale, fa d'uopo che quest'organo sia deviato dalla detta posizione col mezzo della forza muscolare degli uomini, applicata a macchine più o meno semplici, oppure di altre forze motrici esercitate su macchine più complicate, vincendo così la resistenza che l'acqua oppone alla sua rotazione. Il timone allora non facendo più continuazione delle forme affinate della poppa, ed in pari tempo essendo trasportato insieme al bastimento dalla forza motrice che su questo agisce, incontra nell'avanzarsi nell'acqua una resistenza, o reazione, dovuta alla velocità relativa con cui sono rimossi e deviati i filetti fluidi dalla direzione che seguivano per riunirsi a poppa del bastimento e riempire il vuoto da esso lasciato. Che se la poppa sia tanto gonfia, che mai i filetti fluidi deviati dal passaggio del bastimento vadano a riunirvisi, talchè vi sia sempre una stessa massa d'acqua che segua il bastimento con moto vorticoso, evidentemente il timone deviato non avrà nessuna azione su questa massa, quindi non ne risentirà nessuna reazione. Questa però si avrebbe al contrario se, il bastimento restando pur fermo, vi fosse una corrente d'acqua naturale od artificiale, come quella prodotta dall'elica, che andasse ad urtare il timone. In quest'ultimo caso si avrebbero gli stessi effetti che nel primo considerato; quindi di questo solo ci occuperemo, chiamando *resistenza* dal timone incontrata nell'acqua, la reazione totale che le molecole di questa gli oppongono per essere rimosse e deviate dal loro corso.

Nel primo istante in cui il timone è deviato dalla posizione dritta, il bastimento è animato dalla resistenza di quello e dalla propria forza motrice, che supporremo agire, come il più delle volte avviene, lungo il piano diametrale. L'una e l'altra sono ordinariamente orizzontali; la prima altresì non passa per il centro di gravità del bastimento; immaginandola quindi trasportata in questo punto, come si suol sempre fare in simili casi, se ne rileva che oltre ad un moto di traslazione che essa tende a produrre, e ad un moto di rotazione dovuto ad una coppia verticale, ne sorge un altro, pure di rotazione, dovuto però ad una coppia orizzontale. Se l'asse verticale che passa per il centro di gravità del bastimento, ossia l'asse normale al piano di quest'ultima coppia, sia tale che le masse del bastimento si trovino distribuite simmetricamente intorno ad esso, la rotazione iniziale generata da detta coppia si effettuerà intorno al citato asse verticale, come dimostrasi in Meccanica.

Però il moto che tende a produrre il timone, composto dei due di traslazione e di rotazione, dai quali ciascuna parte del bastimento è animata, può allora intendersi sostituito da un semplice moto di rotazione intorno ad un determinato asse parallelo a quello che passa per il centro di gravità e chiamato *di spontanea rotazione*. Ed infatti le corrispondenti velocità di traslazione e di rotazione dei diversi punti del corpo potranno essere per alcuni sulla stessa direzione, per altri in direzione differente; potranno essere nello stesso senso, o in senso contrario. Si comprende dunque facilmente come vi saranno alcuni punti per i quali la velocità di traslazione e quella tangenziale di rotazione si troveranno sulla stessa retta e saranno eguali in valore, ma di senso contrario. Essi evidentemente si troveranno su di una stessa retta parallela all'asse di rotazione che passa per il centro di gravità del bastimento, poichè ognuno dovrà trovarsi sulla perpendicolare alla direzione della propria velocità di traslazione, al di là del detto asse e dalla parte in cui quest'ultima velocità e quella di rotazione sono contrarie. La retta così costituita rimarrà per un istante immobile rispetto al bastimento, e costituirà perciò un istantaneo asse di rotazione. Questa circostanza spiega il fatto notato dai marini, cioè che nel principiare la rotazione del bastimento, la prora sembra che giri relativamente adagio, mentre la poppa svia prontamente dalla sua primitiva posizione. Ed infatti il trovarsi l'asse di spontanea rotazione a prora di quello che passa per il centro di gravità del bastimento, poichè da questa parte le velocità di traslazione e di rotazione impresse dal timone sono contrarie, anzichè concorrenti, fa sembrare la rotazione di quest'ultima più lenta di quella della parte opposta. Il moto di rotazione intorno a quest'asse spontaneo è accompagnato dal moto di traslazione comune a tutta la massa del bastimento e dovuto alla sua propria forza motrice.

Negl'istanti successivi al primo, durante i quali il timone viene portato nella voluta posizione, continuano ad esercitarsi la resistenza ad esso dovuta e la forza motrice del bastimento; variano però entrambi di direzione nello spazio e d'intensità: la prima perchè, coll'aumentare l'inclinazione del timone rispetto al piano diametrale, differenti e maggiori riescono le deviazioni che le molecole fluide debbono subire; la seconda perchè, nel suo agire sempre lungo il piano diametrale, è diretta per le successive posizioni nello spazio da quello occupato nella sua rotazione, mentre l'accrescersi la resistenza del timone, produce lo stesso effetto che una diminuzione nella intensità della forza motrice stessa. Di più, negli stessi istanti si rende sensibile la resistenza dell'acqua alla rotazione del bastimento, la quale è variabile e continua. A tutto ciò si aggiunge che la spinta dovuta alla forza motrice agendo nella direzione del piano diametrale, che non è più quella della rotta, la velocità secondo questa viene diminuita. Deducesi dunque, che in questo periodo della rotazione del bastimento sono variabili la velocità di traslazione e quella di rotazione orizzontale; perciò la loro determinazione e quella di altri elementi del moto riescono di grande difficoltà.

Vuolsi però notare che il periodo testè considerato ha una durata relativamente breve, cioè di mezzo minuto, od anche meno, in bastimenti ordinari dotati di buone disposizioni per dar moto al timone. Essa può divenire, e diviene infatti qualche volta ben maggiore, per cattive disposizioni o congegni difettosi.

Allorchè la rotazione del bastimento si prolunga lungamente, ciò che avviene di frequente nelle navi da guerra, chiamate dalla tattica moderna a fare uno o più giri completi di seguito, al periodo testè accennato ne succede altro relativamente più lungo, nel quale il timone si lascia fermo nella posizione a cui si è portato. La direzione della resistenza su di esso sviluppata dall'acqua rimane invariata rispetto al bastimento; la sua intensità diviene costante dopo un certo tempo, perchè la velocità di traslazione dovuta alla forza motrice del bastimento non tarda molto a divenire costante. La velocità di rotazione intorno all'asse verticale che passa per il centro di gravità (ammessa sempre soddisfatta la condizione, che intorno ad esso siano distribuite simmetricamente le masse del bastimento, in modo che le forze centrifughe, che si sviluppano nella rotazione intorno allo stesso asse, non esercitino azione per alterare il movimento), diviene anche essa alla fine costante per l'azione della resistenza dell'acqua al moto rotatorio.

Nei diversi periodi considerati, il centro di gravità del bastimento descrive una traiettoria curvilinea, poichè la direzione e l'intensità delle forze che vi agiscono cambiano nei successivi istanti; lo stesso avviene per tutte le parti dello scafo, talchè si manifesta la forza centrifuga che tende a trasportare di lato il bastimento, dando così occasione a sviluppo di resistenza laterale dell'acqua.

Il problema da risolversi per le rotazioni dei bastimenti prolungate per grandissimi angoli consiste nel determinare la natura e la grandezza della curva che il loro centro di gravità descrive per una data rotazione, ed il tempo impiegato a percorrerla. La sua soluzione obbligherebbe a prendere in esame i diversi periodi nei quali può intendersi distinta l'azione del timone, tenuto conto delle condizioni che vi concorrono; dalla esposizione fattane però risultano la difficoltà e le complicazioni che il problema presenta nella sua risoluzione generale. Quindi due distinti autori che se ne sono occupati, il Bourgois prima in Francia ed il Masdea poscia in Italia, hanno dovuto fare delle restrizioni. Ambedue han dovuto ammettere l'ipotesi già di sopra indicata, cioè che l'asse di rotazione si mantenesse fisso nell'interno del corpo, e fosse sempre l'asse verticale che passa per il centro di gravità del bastimento.

Il primo ha abbandonato la soluzione del problema per il movimento del primo istante e per quello del primo periodo, facendo solo notare: che la curva descritta dal centro di gravità, dacchè il timone è deviato dal piano diametrale, diviene sempre più sentita a misura

che, continuando a manovrare la barra, cresce la deviazione del timone dal piano diametrale.

Ciò del resto è naturale, perchè coll'aumentare la resistenza esercitata dall'acqua sul timone, cresce la rotazione del bastimento intorno
all'asse verticale, e sempre più piccolo diviene l'angolo che il piano
diametrale in una data posizione forma collo stesso piano nella precedente posizione; quindi sempre minore è l'angolo che fanno tra
loro le direzioni successive secondo cui si esercita la forza motrice
del bastimento. La forma della curva descritta è indicata nell'annessa

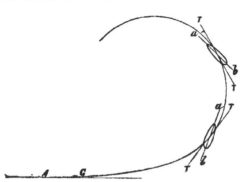

figura, nella quale *G* rappresenta il centro di gravità nella
posizione che esso ha prima
di deviare il timone, ed *AG*
indica la direzione della rotta
primitiva del bastimento. La
stessa figura mostra che il
piano diametrale *ab* del bastimento, a causa della rotazione di questo, fa sempre an-
golo, durante la girata, colla tangente *TT* alla curva descritta dal
centro di gravità. Quest'angolo, per analogia alla denominazione adottata per i bastimenti a vela, è stato chiamato *angolo di deriva.* Infatti
il moto del bastimento, nel caso che da noi si considera, ha molta
rassomiglianza con quello di una nave a vela nelle rotte oblique, e
ne differisce solo in ciò che la traiettoria del centro di gravità è una
linea curva invece di una retta, e che per i diversi punti della nave
l'angolo di deriva sulle corrispondenti traiettorie ha valori differenti,
anzichè costanti.

Tornando dunque al Bourgois diremo, che egli si limita a considerare il moto del bastimento nell'ultimo dei periodi da noi enumerati, quando cioè tanto il moto di traslazione, quanto quello di rotazione, sono pervenuti all'uniformità. Egli evidentemente con ciò viene
a supporre che la curva descritta dal centro di gravità sia un circolo.

Infatti supponiamo che i detti due moti siano eseguiti successivamente, e che il centro di gravità del bastimento in un tempo immensamente piccolo si trasporti di uno spazio *s*, piccolissimo anch'esso,
mentre per la rotazione, supposta successiva, il piano diametrale del

bastimento si sia deviato di un determinato angolo α immensamente piccolo. Nell'altro tempo eguale che segue, il centro di gravità si trasporterà dello stesso spazio *s* nella nuova direzione presa dal piano diametrale, e questo ruoterà successivamente di un altro angolo α, e così via di seguito. I punti ai quali il centro di gravità del bastimento sarà così pervenuto negl'istanti successivi, costituiranno i vertici di un poligono regolare, poichè saranno eguali, tanto le lunghezze dei loro lati, quanto gli .angoli che fanno tra di loro quelli contigui nell'incontrarsi. Inoltre i lati stessi saranno immensamente piccoli; quindi costituiranno con la loro successione una circonferenza, poichè questa, come sappiamo, può considerarsi quale un poligono regolare di lati immensamente piccoli.

Dobbiamo notare che tanto il Bourgois, quanto il Masdea, considerano ridotto il movimento composto del bastimento in tutt'i periodi della rotazione come la successione di moti istantanei rotatori intorno ad assi variabili. Considerando la sezione orizzontale che passa per il centro di gravità del bastimento, chiamano *raggio di evoluzione* la distanza, contata sulla normale alla traiettoria del centro di gravità, esistente tra questo e l'asse d'istantanea rotazione.

Il Bourgois non dovendo occuparsi, per le sue ipotesi, della natura della curva descritta dal centro di gravità, ne ha determinata la grandezza, ricavando con il Calcolo Superiore una formula che ne dà il raggio.

Il Masdea invece ritenendo variabile la velocità di rotazione, suppone solo pervenuto ad uniformità il moto di traslazione; ciò che egli dice potersi fare senza errore sensibile, specialmente dopo che il timone è stato portato all'angolo al quale vedremo corrispondere il massimo effetto. Ne deduce le seguenti conclusioni, le quali però in gran parte non ha potuto convalidare con i risultati dell'esperienza.

1° L'angolo di deriva, relativo alla traiettoria descritta dal centro di gravità del bastimento, decresce col diminuire il rapporto della superficie del timone al piano diametrale, col rendere più fine la carena e col fare maggiore il rapporto della lunghezza del bastimento alla sua larghezza, mentre non risente influenza dalla velocità della nave.

2° Il raggio di evoluzione diminuisce a misura che la nave gira, e tende a divenire costante, essendo però tanto più piccolo quanto

maggiore è il rapporto della superficie del timone a quella immersa
del piano diametrale, quanto più a prua è il centro di gravità del
bastimento, quanto più fini sono le forme dello scafo, quanto minori
sono la lunghezza e la larghezza di questo, e finalmente quanto più
i pesi sono concentrati nel mezzo della nave. Il suo valore è indipendente dalla velocità del bastimento.

Adottando poscia anche l'altro significato che dai marini vien dato
al raggio di evoluzione, intendendo cioè per questo il raggio del cerchio la cui mezza periferia equivale al cammino percorso dal centro
di gravità della nave per compiere una virata di bordo, cioè per giungere ad avere la prora dalla parte nella quale era la poppa, e viceversa, il Masdea trova alcune formule da cui deduce:

1° Il tempo per compiere una data evoluzione è inversamente
proporzionale alla velocità del bastimento, mentre il cammino in esso
fatto ed il raggio di evoluzione sono sempre gli stessi, qualunque sia
la velocità della nave. Tutti e tre sono tanto minori, quanto più i pesi
sono concentrati nel mezzo.

2.° Il raggio del cerchio di evoluzione, la lunghezza dell'arco
percorsone ed il tempo impiegato vi sono tanto minori, quanto maggiore è l'angolo di deriva, e quanto minore è la lunghezza del bastimento.

Per illuminare e completare le diverse ricerche teoriche fatte, sono
stati rilevati con l'esperienza dei dati relativi alle rotazioni dei bastimenti da guerra, facendo apposite osservazioni con mezzi speciali. I
risultati che se ne sono ottenuti sono i seguenti:

1° L'angolo di deriva relativo alla traiettoria descritta dal centro
di gravità, è variabile tra estesi limiti, secondo la specie del bastimento, e nello stesso bastimento, secondo la sua velocità e la deviazione del timone, essendosi trovato alcune volte di 5 gradi, tal'altra
di 16 e 18 gradi.

2° La velocità di rotazione diviene pressochè uniforme dopo un
determinato tempo, il quale è stato esperimentato essere quello impiegato per descrivere una rotazione di 720°, od anche più, con timoni
maneggiati a mano, ed un angolo di 360°, od anche meno, con timoni manovrati da macchine a vapore.

3° La velocità di traslazione secondo la curva descritta dal centro di gravità del bastimento, allorchè il moto è divenuto uniforme,

è una frazione della velocità nella rotta diretta primitiva, la quale frazione in molti casi è stata equivalente a 0,7 oppure a 0,8.

4° Le rotazioni della nave sono accompagnate da uno sbandamento che corrisponde ordinariamente alla parte convessa della curva descritta, il quale in alcuni casi è giunto sino a 3° 30'. Tale inclinazione dipende dalla forza centrifuga che si sviluppa nella nave per il moto curvilineo di traslazione delle diverse sue parti, e dal fatto altresì che il punto nel quale può intendersi esercitata la componente laterale della resistenza che incontra il timone non è all'altezza del centro di gravità del bastimento, come pure non vi si trova il punto di applicazione della resistenza che l'acqua oppone al cammino laterale della nave. Gli effetti dovuti alla componente del timone hanno poca importanza. Non rimane di effetto sensibile che quello dovuto alla forza centrifuga, il quale è contrariato dal momento di stabilità trasversale. L'inclinazione che ne sorge cresce quindi coll'aumentare la velocità di traslazione della nave, col diminuire e il raggio della curva descritta e l'altezza metacentrica trasversale, poichè, come si sa, la forza centrifuga è proporzionale direttamente al quadrato della velocità ed inversamente al raggio, mentre la stabilità diviene minore, quando diminuisce la detta altezza metacentrica.

5° La curva descritta dal centro di gravità di un bastimento a vapore nel girare, differisce pochissimo da un arco di circonferenza, se la rotazione viene eseguita in acqua calma e con vento leggiero.

6° Il diametro del circolo di evoluzione (andando a tutta forza) per grandi bastimenti da guerra a vapore spinti con molta velocità si è trovato variabile da 6 ad 8 volte la loro lunghezza, quando ordinari timoni sono stati usati mossi dalla forza degli uomini. Questo rapporto si è conservato nei grandi piroscafi mercantili, dotati di apparati a vapore per la manovra del timone, quando si sia pure fatto deviare questo di discreti angoli. Con timoni equilibrati posti su grandi navi da guerra, manovrati dalla forza degli uomini, il detto diametro si è ridotto a 4 o 5 volte la lunghezza del bastimento; gli stessi risultati si sono presso a poco raggiunti quando i timoni sono stati girati da apparati a vapore od idraulici. In piccoli bastimenti poco veloci, forniti di timoni ordinari mossi dagli uomini, il diametro del circolo descritto è stato equivalente a 3 o 5 volte la loro lunghezza. Nelle veloci torpediniere, impiegando il maneggio a mano e facendo fare al timone angoli piccolissimi, il diametro del circolo, quando si è camminato a tutta forza, è stato di 12 lunghezze dello scafo, e di 4 a 6 lunghezze andando a mezza forza. Con velocità moderate, nei grandi bastimenti il diametro del circolo di evoluzione è divenuto minore nel caso di timone mosso dalla forza degli uomini, ed è rimasto pressochè invariabile con timone manovrato da apparato a vapore e con quello equilibrato, ancorchè mosso a mano.

7° Il tempo per portare il timone alla posizione voluta esercita grande influenza su quello impiegato a percorrere il circolo di evoluzione, e più grande ancora sul diametro di quest'ultimo.

8° In uno stesso bastimento, con una medesima deviazione del timone e presso a poco con lo stesso tempo per mettere il timone alla banda, il tempo occupato nel percorrere il circolo di evoluzione varia quasi inversamente alla velocità.

Le condizioni diverse da quelle delle navi da guerra in cui trovansi i bastimenti, sia di commercio, sia di piacere, mostrano come per questi il soggetto delle rotazioni possa essere considerato sotto forma meno estesa e meno particolareggiata, e possa bastare il considerare le condizioni che le rendano più facili e più brevi. Ciò basterà ancora in tutt'i casi, sia pure di navi da guerra, quando non si voglia scendere alla cognizione particolareggiata di tutte le fasi delle loro rotazioni.

A tal uopo, si ammetta pure che l'asse verticale di rotazione si mantenga invariabile, come se fosse fisso nell'interno del corpo, e si prendano per la velocità angolare ω del bastimento nel primo istante della rotazione, e per l'accelerazione ω' negl'istanti successivi le formule fornite dalla Meccanica per le rotazioni intorno ad assi fissi nell'interno del corpo, cioè: $\omega = \dfrac{M}{\Sigma m \delta^2}$, $\omega' = \dfrac{M'}{\Sigma m \delta^2}$, nelle quali, M rappresenta il momento dovuto al timone nel primo istante, M' quello effettivo variabile negl'istanti successivi, e $\Sigma m \delta^2$ rappresenta ciò che chiamasi *momento d'inerzia del bastimento* rispetto al detto asse, cioè la somma dei prodotti delle diverse masse che costituiscono il bastimento moltiplicate per il quadrato della distanza del respettivo centro di gravità dall'asse di rotazione. Dalle due formule testè riportate deducesi che la rotazione del bastimento sarà tanto più pronta, quanto minore sarà il momento d'inerzia, e quanto maggiori saranno il momento dovuto al timone nel primo istante e quelli successivi della coppia motrice effettiva. Per ottenere buon risultato dal primo lato conviene concentrare i pesi del bastimento più che si può verso il suo mezzo. Quanto al momento della coppia motrice effettiva, equivalendo esso in ogn'istante alla differenza tra il momento dovuto al timone e quello generato dalla resistenza dell'acqua alla rotazione del bastimento, scorgesi come si debba tendere a diminuire questo ed aumentare quello. L'accrescere il momento del timone sarà anche utile per la velocità nel primo istante. Nel secondo Capitolo di questa Seconda Parte vedemmo che il momento resistente dipende grandemente dalla lunghezza della nave, che si ha perciò interesse di diminuire quanto più si possa. Tale diminuzione condurrebbe a fare molto mancante la ruota di prora in basso e molto inclinato il dritto di poppa; ma siccome con ciò nei bastimenti a vela si otterrebbe una diminuzione di resistenza alla deriva, così si ricorre alcune volte a fare la chiglia convessa in basso nel mezzo, ed in generale a dare una grande immersione alla poppa.

Ciò ci porge occasione ad intrattenerci brevemente della *differenza d'immersione* che molte specie di bastimenti hanno. Essa, in quelli a vela, è utile oltre che per la ragione indicata, altresì perchè la loro tendenza all'orza, che cresce, come sappiamo, colla velocità del bastimento, ed obbliga a ricorrere al timone per combatterla, diminuisce col trasportare a poppa il centro di resistenza laterale, ossia col dare maggiore immersione alla poppa e minore alla prora. In tal modo facendo si aumenta inoltre la superficie immersa del timone, accrescendone perciò l'effetto; si rende maggiore la spinta dell'acqua sulla poppa, diminuendo in parte la causa che tende ad inarcare il bastimento; si accresce la parte della prora che è al disopra dell'acqua, rendendo più difficile che questa per essa s'imbarchi nel bastimento; finalmente si rende più agevole l'ufficio di cuneo adempiuto dalla prora per fendere l'acqua.

Nei piroscafi ad elica la differenza d'immersione è richiesta dal diametro del propulsatore e dalla quantità che vuolsi esso rimanga al disotto del livello dell'acqua; elementi ambedue importanti per il suo buon effetto.

Non esistono norme sulla quantità della differenza d'immersione da darsi ai bastimenti secondo il loro tipo. Ed infatti essa varia da un centimetro, od anche meno, per ogni metro della loro lunghezza nelle grandi navi a vapore, sino ad eguagliare l'immersione di prora nei piccoli bastimenti a vela, ed anche superarla sensibilmente, come avviene non di rado in quelli da diporto. Spesso non è che l'esperienza fatta sul bastimento stesso che faccia riconoscere per tentativi quale sia per esso l'assetto più conveniente. Non è raro il caso che bastimenti a vela acquistino qualità nautiche differentissime solo col cambiarne l'assetto.

Tornando ora al momento resistente della carena nelle rotazioni, è da notarsi che non conviene eccedere nel diminuirlo, poichè se è vero che esso oppone ostacolo al cambiamento di direzione della nave, permette però di mantenerla sulla rotta nella quale è portata, limitando il suo moto di rotazione con pronunciati ritardamenti, allorchè cessa l'azione della coppia motrice. Che se una nave deve essere sensibile al timone, deve però restare facilmente nella rotta alla quale è portata; è l'insieme di queste due condizioni che fa raggiungere la preziosa qualità che chiamasi il *governo* di essa, per la quale il marino può dirigerla a sua volontà. Di ciò specialmente devesi tener conto nelle navi di scarsa immersione e di forme piene. Cotali navi son pronte ad ubbidire al timone, ma allorchè il moto di rotazione è stabilito, si fermano difficilmente per la mancanza di resistenza.

Del timone. — Quanto al trovare modo di aumentare il momento dovuto al timone, ci conviene studiare particolareggiatamente gli effetti da questo prodotti.

Supponiamo a tale uopo; che la direzione della velocità dell'acqua relativa al timone sia orizzontale e parallela al piano diametrale del bastimento. Si chiami A' la superficie immersa del timone, α l'angolo contato dalla poppa che esso fa col piano diametrale, v la sua velocità relativa all'acqua, L la lunghezza compresa tra la faccia poppiera del dritto del timone ed il centro di gravità del bastimento, l la distanza del centro di resistenza del timone dall'asse di rotazione di questo, e finalmente h' rappresenti la distanza verticale tra quest'ultimo centro e quello di gravità del bastimento. Ammettiamo pure che la resistenza incontrata dal timone sia proporzionale ad A', a v' ed alla seconda potenza di *sen* α, come si dedusse dalle ricerche teoriche a pag. 163, e si rappresenti con K il coefficiente di proporzionalità; sostituiremo poscia al *sen*² α il *sen* α.

Continuando ad ammettere che sia verticale l'asse di rotazione del bastimento, si può stabilire la seguente:

1ª Proposizione. — In un bastimento che si avanza, il timone genera una resistenza al moto diretto della nave, di valore eguale a $KA'v'^2 sen^2 \alpha . sen \alpha$; una resistenza laterale di valore eguale a:

$$KA'v'^2 sen^2 \alpha . cos \alpha;$$

due moti di rotazione orizzontale tendenti a portare il bastimento dalla parte nella quale si è condotto il timone, e prodotti l'uno da una coppia di momento: $KA'v'^2 sen^2 \alpha . l sen \alpha$, l'altro da una coppia di momento: $KA'v'^2 . sen^2 \alpha . cos \alpha (L + l cos \alpha)$, e finalmente due moti di rotazione, dovuti l'uno ad una coppia longitudinale di momento:

$$KA'v'^2 sen^2 \alpha . h',$$

e l'altro ad una coppia trasversale di momento: $KA'v'^2 sen^2 \alpha . cos \alpha . h'$.

Si supponga infatti che sul piano orizzontale che passa per il centro di gravità del bastimento, AB rappresenti l'asse longitudinale di questo, AC la sezione fatta sul timone dallo stesso piano, G il centro di gravità del bastimento e D la proiezione del centro di resistenza del timone. Rappresenti DE in grandezza e direzione questa resistenza (il valore della quale è dato, per le ipotesi ammesse, da $KA'v'^2 sen^2 \alpha$) e s'immagini decomposta nelle due DH e DF, perpendicolare l'una, parallela l'altra, al piano diametrale. Il valore della prima è dato evidentemente da:

$$KA'v'^2 sen^2 \alpha . cos \alpha,$$

quello della seconda da: $KA'v'^2 sen^2 \alpha . sen \alpha$.

S'immaginino condotte l'una e l'altra componente, parallelamente a sè stesse, dapprima sul piano della figura, e poscia l'una fino a passare per il centro di gravità G, l'altra sul piano diametrale; finalmente il punto di applicazione di quest'ultima forza si consideri trasportato, nella direzione di essa, in G.

Dalla prima operazione sorgono due coppie di momenti respettivamente eguali a $KA'v'^2 sen^2 \alpha . cos \alpha . h'$ ed a $KA'v'^2 sen^2 \alpha . sen \alpha . h'$; l'asse della prima è quello longitudinale;

l'asse della seconda è l'asse trasversale del bastimento. Col condurre la componente *DH* in *G*, si viene ad avere in questo punto una forza che tende a trasportare il bastimento di lato dalla parte opposta a quella in cui si è condotto il timone, ed una coppia di momento:

$$KA'v'^2 \, sen^2 \, \alpha \, . \, cos \, \alpha \, (L + l \, cos \, \alpha),$$

(perchè la distanza del punto *B* dalla *DH* è dato da *l cos α*) tendente a far girare il bastimento da quest'ultima parte. Finalmente col condurre la *DF* sul piano diametrale, e poscia nel punto *G*, ne sorge una coppia di momento $KA'v'^2 \, sen^2 \, \alpha \, . \, sen \, \alpha \, . \, l \, sen \, \alpha$ (perchè la distanza del punto *D* dalla *AB* prolungata è *l sen α*) tendente a far girare il bastimento dalla stessa parte nella quale si è portato il timone, ed una forza resistente di valore $KA'v'^2 \, sen^2 \, \alpha \, . \, sen \, \alpha$, che si oppone al progredire del bastimento nel suo moto diretto.

Perchè le ricerche della precedente Proposizione fossero meno discoste dal vero, si dovrebbe tener conto delle seguenti circostanze:

1ª Che mentre il timone risente una resistenza nell'avanzarsi nell'acqua, ne incontra altresì, come osserva il Masdea, un'altra in senso contrario per il fatto che esso ruota insieme al bastimento; quindi l'azione effettiva che sul timone stesso si esercita non è dovuta soltanto alla prima di queste due resistenze, ma bensì alla loro differenza;

2ª Che il timone presentandosi obliquamente alla direzione dei filetti fluidi, l'azione esercitata su porzioni eguali di esso e simmetriche rispetto ad un asse parallelo al dritto di poppa non sono tra loro eguali, e che perciò il centro di resistenza, conformemente a quanto fu indicato a pag. 181, non coincide col centro di gravità della sua superficie immersa; si è anzi esperimentato che nei timoni ordinari, e colle consuete loro deviazioni dalla posizione dritta, il primo centro trovasi distante dall'asse di rotazione di una quantità variabile tra un terzo ed un quarto della media larghezza del timone.

3ª Che a fare eseguire la rotazione concorrono con il timone il dritto a cui questo è sospeso ed il masso di poppa, per la reazione che risentono dai filetti fluidi a causa delle deviazioni che subiscono, la quale si estende alle molecole che su quelle parti scorrono.

4ª Che sul valore e sulla direzione della velocità dell'acqua relativa al timone esercitano grandissima influenza le forme della carena nella parte poppiera, la specie del bastimento, il modo di navigare, se trattasi di bastimenti a vela, e la curva descritta dal centro di gravità.

Ed invero pur nei bastimenti a vela naviganti col vento in poppa, nei quali l'assenza del propulsatore non produce nessuna alterazione nel moto delle molecole fluide, l'acqua è obbligata a seguire i contorni della carena nella poppa. E con ogni probabilità, come asserisce il Rankine, in bastimenti di buone forme le direzioni seguite dalle molecole dell'acqua sono quelle della più corta distanza, cioè le linee secondo cui si adatterebbero delle strisce flessibili, dapprima dritte, quando fossero soltanto piegate per adattarsi alla superficie del bastimento; le quali linee ordinariamente non sono orizzontali, e dipendono dalle forme della carena a poppa.

Nei bastimenti a ruote questo moto è alterato dal propulsatore, ma, molto più che in questi, nei bastimenti con una sola elica l'azione del propulsatore esercita grandissima influenza sul valore e sulla direzione della velocità relativa dei filetti fluidi, che quasi unicamente da essa sono governati, poichè la corrente artificiale dalla stessa prodotta basta, indipendentemente dalla velocità della nave, perchè il timone abbia il suo effetto. Ed invero si osserva alcune volte, che i bastimenti ad elica girano non appena la macchina ed il propulsatore cominciano a funzionare, e prima che i bastimenti stessi abbiano acquistato sensibile velocità di traslazione. Nel seguito del movimento l'effetto dell'acqua sul timone è accresciuto dall'azione dell'elica. Di più in questa specie di bastimenti, come già fu accennato a pag. 257, l'elica dà una tendenza a farli ruotare; talchè da se sola, essendo pure tenuto in mezzo il timone, in un tempo più o meno lungo può far eseguire la girata al bastimento. L'esperienza ha dimostrato che se l'elica ha la sua spira diretta verso sinistra, la prua accosta a sinistra se la nave avanza, e viceversa accosta a dritta se la spira ha questa direzione. Questo fatto può spiegarsi con la differenza di valore esistente tra la spinta che si esercita sulle ali superiori dell'elica, e quella che contemporaneamente si sviluppa sulle inferiori. La prima è maggiore della seconda, talchè le rotazioni del bastimento che esse tendono a produrre sono differenti, ed è maggiore quella dovuta alla spinta superiore, per la quale evidentemente il bastimento gira dalla parte secondo cui le ali dell'elica discendono. A ciò devesi anco attribuire la diversità che si riscontra nell'attitudine dei bastimenti ad elica a ruotare, secondo che il timone sia portato da una parte o dall'altra.

Finalmente la via seguita da un bastimento a vela nelle rotte oblique, e la curva descritta dal centro di gravità di ogni bastimento, mentre il piano diametrale è disposto sotto un angolo di deriva, contribuiscono evidentemente a modificare la direzione da noi supposta per il moto dei filetti fluidi sulla poppa.

Per questa ragione, l'angolo effettivo del timone, del quale si dovrebbe tener conto nella espressione del momento di questo, non dovrebbe essere quello da esso fatto con la chiglia, poichè i movimenti delle molecole fluide sui due lati della nave sono così differenti, che la posizione per la quale il timone resta fermo e non produce effetto, non è già quella in continuazione del piano diametrale, ma altra che con questa fa un certo angolo. La stessa circostanza si manifesta (in modo più sensibile ed indipendentemente dalla causa testè indicata) nei bastimenti ad elica, a causa che i filetti fluidi della corrente prodotta dal propulsatore seguono direzione obliqua rispetto all'asse di esso, essendo quelli inferiori che più efficacemente vanno a colpire il timone.

Scolio. — Di tutti gli effetti enumerati nella precedente Proposizione, i più importanti sono: 1° la rotazione orizzontale che tendono a produrre le componenti DH e DF, comunque il momento dovuto alla resistenza laterale generata dalla DH (il quale ha in generale braccio di leva piccolissimo) possa combinarsi col momento dovuto alla stessa; 2° il ritardo al moto diretto del bastimento dovuto alla seconda componente.

Infatti ordinariamente il braccio di leva h' è così piccolo da togliere ogni importanza, tanto al momento $KA'v'^2 sen^2 \alpha . cos \alpha . h'$, quanto all'altro $KA'v'^2 sen^2 \alpha . sen \alpha . h'$, qualunque sia il modo di combinarsi di questi momenti con gli altri analoghi dovuti alla resistenza diretta della nave, generata dalla componente DF, ed alla resistenza laterale prodotta dalla DH.

Inoltre, sebbene la quantità $KA'v'^2 sen^2 \alpha . cos \alpha$ sia d'ordinario maggiore dell'altra $KA'v'^2 sen^2 \alpha . sen \alpha$, tuttavia la grande resistenza laterale del bastimento toglie alla prima quantità ogni importanza.

Se il bastimento indietreggi, i due effetti importanti del timone consistono nel produrre una resistenza al moto retrogrado del bastimento stesso, e nel farlo girare dalla parte opposta a quella in cui è stato portato il timone. Però nel fatto, specialmente quando vi sia un propulsatore, questi effetti non si producono nella stessa maniera che nel moto di avanzo; si nota invero nei bastimenti a ruote una certa inferiorità nell'efficacia del timone allorchè si cammina indietro, e ben maggiore essa si osserva nei bastimenti ad elica.

Tornando al momento utile del timone, facciamo la somma della espressione: $KA'v'^2 sen^3 \alpha . l sen \alpha$ e dell'altra:

$$KA'v'^2 sen^2 \alpha . cos \alpha (L + l cos \alpha),$$

la quale somma si può porre sotto la forma: $KA'v'^2 sen^2 \alpha (l + L cos \alpha)$; ed esaminiamo in qual modo si debba disporre degli elementi che entrano a formarla, affine di accrescerne quanto più si possa il valore, tenuto conto della dipendenza che alcuni di questi elementi hanno dagli altri, e di determinate condizioni estranee al valore assoluto del momento del timone, che pure fa d'uopo prendere in considerazione. Osserviamo però che, in generale, la dimensione l è così piccola rispetto alla lunghezza L, che essa si può trascurare, senza errore apprezzabile, rispetto ad $L cos \alpha$, tenuto conto dei valori ordinari di $cos \alpha$; talchè l'espressione che considereremo sarà: $KA'v'^2 sen^2 \alpha . cos \alpha . L$.

Per rendere massimo il K, non si ha che da adottare la forma piana per la superficie del timone, alla quale forma corrisponde il massimo di resistenza, avvertendo avere l'esperienza mostrato che l'azione del propulsatore nei bastimenti ad una sola elica, dà per il detto coefficiente un valore ben superiore a 58 chilogrammi, qualora, come noi abbiamo fatto, si ammetta la resistenza del timone proporzionale al quadrato del seno del suo angolo di deviazione.

Vuolsi altresì notare che la diminuzione nella velocità relativa v', prodotta dall'aumento della resistenza $KA'v'^2 . sen^2 \alpha . sen \alpha$, col crescere del K, non distrugge il vantaggio arrecato al momento:

$$KA'v'^2 sen^2 \alpha . cos \alpha . L$$

dal maggior valore raggiunto per questo coefficiente.

Quanto al fattore v' è chiaro, che col suo crescere si aumenta il valore di $KA'v'^2 sen^2 \alpha . cos \alpha . L$. E perciò, oltre all'adottare convenienti forme per la poppa, come già abbiamo detto, è opportuno imprimere al bastimento la più grande velocità che per esso si possa. Se non chè è da osservarsi, per i bastimenti a vela, che lo sbandamento e

18

l'inclinazione longitudinale prodotti nelle rotte oblique dall'azione del vento sulle vele, crescono colla intensità di questo, e quindi colla velocità da esso impressa al bastimento. Per effetto di tali deviazioni dalla posizione dritta, il timone prende un'inclinazione, la quale rende obliqua all'orizzonte la direzione della resistenza incontrata dal timone stesso, la quale è a questo normale. Essa dunque si può decomporre in altre due forze: l'una verticale tendente ad immergere od emergere la poppa, e tendente altresì a produrre rotazioni di cui è facile rendersi ragione; l'altra componente, la quale è orizzontale ed ha per valore: $KA'v'^2 sen^2 \alpha . cos \, i$ (essendo i l'angolo d'inclinazione), sostituisce la resistenza orizzontale $KA'v'^2 sen^2 \alpha$ corrispondente al timone dritto.

Immaginando ora decomposta la componente orizzontale:

$$KA'v'^2 \, sen^2 \, \alpha . cos \, i$$

in altre due, parallela l'una, perpendicolare l'altra al piano diametrale, si avrà che l'espressione da potersi ritenere come misura dell'effetto utile del timone è data da: $KA'v'^2 sen^2 \alpha . cos \, i . cos \, \alpha . L$. Tale espressione ci mostra come possa avvenire che, collo aumentare la velocità del bastimento, per effetto di una maggior pressione di vento, l'efficacia del timone non si accresca.

Che se il dritto ed il timone siano inclinati all'orizzonte, evidentemente nel far ruotare il secondo, se il bastimento rimanga dritto, il valore della resistenza normale incontrata dal timone subirà una riduzione per il fattore eguale al coseno dell'angolo d'inclinazione che esso prende rispetto all'orizzonte. Analoga riduzione vi sarà se il bastimento s'inclinerà; se non che il momento dovuto alla componente verticale della detta resistenza tendente a produrre rotazione orizzontale, il quale tacitamente nel caso del dritto di poppa verticale è stato trascurato, perchè di poco valore, può nel caso ora considerato acquistare valore più importante. È questa la ragione per la quale si dà uno slancio al dritto di poppa, in special modo nei piccoli bastimenti.

Passando ora al fattore L del momento del timone, dobbiamo notare che non si può farlo crescere oltre un certo limite, poichè il suo aumento non potendo ottenersi se non col trasportare a prua il centro di gravità del bastimento, facendo immergere questa parte ed emergere la poppa, viene a sottrarsi una porzione della superficie del timone dall'incontrare l'acqua.

Quanto al fattore A' è da notarsi, che collo aumentarne il valore si diminuisce il fattore v'^2, sebbene in quantità d'ordinario proporzionatamente minore di quella di cui esso stesso si accresce. Ma più di ogni altra cosa è da osservarsi, che col crescere la superficie A' si rende maggiore la resistenza che s'incontra per portare il timone alla dovuta deviazione dal piano diametrale; cresce quindi lo sforzo da impiegarsi a tal uopo, oppure cresce il tempo nel quale deve esercitarsi un determinato sforzo per produrre la deviazione. Non volendo quindi impiegare congegni complicatissimi per ridurre questo sforzo, quando si faccia uso della forza degli uomini, ossia non s'impieghino apparecchi a vapore; e d'altra parte volendo tener conto della circostanza di sopra richiamata circa la riduzione di velocità che arreca l'aumento della superficie del timone, anche in questo caso, come in altri simili, si è dovuto ricorrere all'esperienza per stabilire norme che conducessero a proporzioni di timoni sufficienti ed opportune.

Abbiamo detto sufficienti ed opportune, poichè è chiaro che la superficie del timone deve essere adattata al genere del bastimento. In quelli da guerra la richiesta brevità del tempo per eseguire le rotazioni, affinchè prontamente possano investirsi o schivarsi, induce ad adottare per essi maggiori superficie di timoni che nei bastimenti mercantili.

Nelle antiche navi da guerra a vela aventi una lunghezza eguale da $3\,^1/_2$ a 4 volte la larghezza, la massima larghezza del timone era fatta un trentesimo della lunghezza del galleggiamento, od un ottavo della sua massima larghezza; e la larghezza media del timone variava tra 0,7 e 0,9 della sua massima larghezza. Nei piroscafi, la massima larghezza del timone varia tra un quarantesimo ed un sessantesimo della loro lunghezza, oppure, seguendo il Russell, è fatta eguale ad un cinquantesimo della lunghezza del galleggiamento, aumentato di un piede inglese. Nei bastimenti da diporto le proporzioni sono maggiori, poichè la larghezza del timone è fatta eguale ad un ventesimo della lunghezza del galleggiamento in quelli a vela, e ad un ventesimo in quelli a vapore.

La superficie del timone viene stabilita ancora in relazione alla superficie immersa del piano diametrale. Negli antichi bastimenti da guerra a vela, e così ancora in quelli ad elica, la superficie del timone facevasi da un trentesimo ad un quarantesimo della detta superficie immersa, mentre si è ridotta da un quarantesimo ad un cinquantesimo nei bastimenti corazzati di moderata lunghezza forniti di ordinari timoni. In lunghi bastimenti corazzati l'area del timone varia da un cinquantesimo ad un sessantesimo della superficie immersa del piano diametrale, mentre in bastimenti corazzati forniti di timoni equilibrati giunge ad un trentesimo, ed in alcuni speciali bastimenti è pervenuto sino ad un ventesimo. Nei bastimenti a doppia elica si adottano timoni relativamente larghi, affinchè possa colpirli la corrente prodotta dai propulsatori. Nei bastimenti mercantili a vela, come abbiamo accennato, adottansi proporzioni minori di quelle sin qui indicate.

Alcuni autori vorrebbero fossero adottati maggiori rapporti per le superficie dei timoni di bastimenti i quali hanno forme piene; mentre altri proporrebbero che l'area del timone, per bastimenti simili, fosse proporzionale al prodotto della superficie immersa del piano diametrale per il quadrato della sua lunghezza. Con ciò infatti il momento della resistenza del timone intorno all'asse verticale della nave sarebbe adeguato al momento resistente dell'acqua alla rotazione della nave stessa, il quale momento, come sappiamo, quando la velocità angolare è divenuta costante, può approssimativamente assumersi proporzionale al quadrato della stessa velocità. I timoni così proporzionati, a parità delle altre circostanze, farebbero raggiungere la stessa velocità di rotazione ai bastimenti simili, quando fosse stabilita l'uniformità di movimento, poichè tanto il numeratore, quanto il denominatore dell'espressione della velocità angolare ω data a pag. 266, varierebbero come la quinta potenza delle lunghezze dei bastimenti.

Anche il modo secondo il quale è distribuita la ·superficie del timone sembra avere grande influenza sulla sua efficacia. Ed a tale riguardo forme diverse di timone sono state introdotte. In quella più comunemente adottata negli antichi bastimenti da guerra a vela, o ad elica non corazzati, la parte più larga del timone era vicina al suo piede, alla distanza di un terzo o di un quarto dell'immersione di poppa contando da sotto, e la parte più stretta trovavasi vicino al galleggiamento, affinchè fosse maggiore la superficie là dove si dirigono le linee che seguono i filetti fluidi nel riempire il vuoto lasciato dal bastimento, giusta le osservazioni del Rankine indicate a pag. 271. Negli ordinari bastimenti a vela mercantili il timone presenta larghezza quasi costante dal piede al galleggiamento, allo scopo di non aumentare la resistenza che s'incontra nel farlo ruotare. I timoni compensati hanno la forma di un rettangolo arrotondato ai quattro angoli. Esiste ora una tendenza, sia pei bastimenti della marina mercantile, e specialmente per quelli a vela, sia pei bastimenti da diporto, a fare i timoni più larghi verso il galleggiamento e più stretti in basso; forse allo scopo di diminuire la forza necessaria per mettere il timone alla banda. Nelle navi da guerra corazzate, volendo mantenere i timoni per tutta la loro estensione al disotto del livello dell'acqua, affine di averli meglio protetti dagli attacchi dei bastimenti avversari, si usano per essi grandi larghezze onde guadagnare ciò che si perde in altezza; mentre non vi è da preoccuparsi per la loro manovra, fatta in generale a vapore.

Finalmente i due fattori *sen*^{2} α, e *cos* α del momento:

$$KA'v'^2 \, sen^2 \, \alpha \cos \alpha \, . \, L,$$

mostrano dover esistere un determinato valore di α per il quale, le altre quantità restando le stesse, questa espressione riesca massima, dappoichè essa diviene nulla, tanto per $\alpha = 0$, quanto per $\alpha = 90°$. Cercheremo tale valore quando la larghezza del timone sia qualunque, quando cioè la forza che si può impiegare a muoverlo non è limitata; poscia prenderemo in considerazione insieme l'angolo d'inclinazione a cui deve portarsi il timone e la larghezza che devesi assegnargli per ottenere il massimo effetto, affine di usare nel modo più efficace la forza determinata che si ha disponibile all'estremo della barra.

In ambedue i casi faremo tanto l'ipotesi che la resistenza sia proporzionale al quadrato del seno dell'angolo di deviazione del timone, quanto quella che sia proporzionale alla prima potenza dello stesso seno, come meglio conviene per piccoli angoli, secondo quanto fu indicato a pag. 167.

2ª PROPOSIZIONE. — L'angolo di deviazione dal piano diametrale a cui deve essere portato un timone ordinario, perchè sia massimo il suo effetto teorico, deve essere di 54° 44', oppure di 45°, secondo che si assuma la resistenza proporzionale alla seconda, o alla prima potenza del seno dello stesso angolo di deviazione.

Il prodotto $sen^2\alpha.\cos\alpha$, che nel primo caso trattasi di rendere massimo, può porsi evidentemente sotto la forma:

$$sen^2\alpha\left(1 - sen^2\alpha\right)^{\frac{1}{2}}.$$

Tale prodotto risulta di due fattori variabili, i quali danno una somma costante, eguale ad uno ; quindi il suo massimo si otterrà, secondo un teorema d'Algebra, quando i quozienti di quei due fattori per i respettivi esponenti siano eguali, quando cioè si abbia:

$$sen^2\alpha : 1 = (1 - sen^2\alpha): \frac{1}{2}\cdot$$

Da questa equazione ricavasi : $sen^2\alpha = 2 - 2\,sen^2\alpha$, e quindi : $3\,sen^2\alpha = 2$, oppure $sen^2\alpha = \frac{2}{3}$, da cui si ottiene :

$$sen\,\alpha = \sqrt{\frac{2}{3}} = 0,816.$$

Valutando questa espressione col mezzo delle tavole dei logaritmi, trovasi $\alpha = 54^o\ 44'$.

Il prodotto $sen\,\alpha.\cos\alpha$, che nel secondo caso deve acquistare massimo valore, può scriversi eguale a $\frac{1}{2}\,sen\,2\,\alpha$. Sotto questa forma vedesi che esso diviene massimo per $2\alpha = 90^o$, ossia per $\alpha = 45^o$.

3.ª Proposizione. — L'angolo di deviazione di un timone ordinario dal piano diametrale, perchè ne sia massimo l'effetto, allorchè la forza destinata a muoverlo ha un determinato valore, è di 45° oppure di $35^o\ 15'$, secondo che si assuma la resistenza da esso incontrata proporzionale alla seconda o alla prima potenza del seno dello stesso angolo di deviazione. E la larghezza media del timone deve essere di quel determinato valore che risulta dall'eguagliare il momento del timone sotto quegli angoli, al momento disponibile sulla barra.

Si supponga che alla larghezza λ di un dato timone ed al suo angolo di deviazione α si siano assegnati valori qualunque, ma tali per cui il momento resistente del timone alla rotazione intorno al suo asse equivalga al momento disponibile sull'estremità della barra; si supponga altresì che a questo timone, sullo stesso bastimento, ne sia sostituito un altro di larghezza λ', e si ammetta pure che la velocità del bastimento nei due casi sia la stessa.

Perchè si debba impiegare la medesima forza a muovere questi due timoni (supponendo che gli attriti e le altre perdite siano gli stessi), i momenti delle resistenze da essi incontrate rispetto ai loro assi di rotazione sui dritti di poppa debbono essere eguali; perciò gli angoli di deviazione dal piano diametrale, dovranno soddisfare, nel primo caso enunciato nella Proposizione, alla relazione $\dfrac{sen\,\beta}{sen\,\alpha} = \dfrac{\lambda}{\lambda_1}$, se con β si rappresenti l'angolo di deviazione a cui si suppone portato il secondo timone.

Infatti i due timoni avendo la stessa altezza, le resistenze da essi incontrate staranno tra loro, nel caso che consideriamo, come:

$$\lambda\ sen^2\,\alpha : \lambda_1\ sen^2\,\beta,$$

ed i loro momenti rispetto agli assi di rotazione saranno nel rapporto $\gamma\lambda . \lambda\ sen^2\,\alpha : \gamma_1\lambda_1 . \lambda_1\ sen^2\,\beta$, rappresentando γ e γ_1 le frazioni della larghezza media dei timoni che misurano le distanze dei loro centri di resistenza dai detti assi. Evidentemente queste frazioni potranno considerarsi eguali, se i timoni abbiano forma simile, come noi supponiamo. I suddetti momenti dovendo per ipotesi eguagliarsi, si dovrà avere: $\lambda^2\ sen^2\,\alpha = \lambda_1^2\ sen^2\,\beta$, ossia: $\lambda\ sen\,\alpha = \lambda_1\ sen\,\beta$, da cui ricavasi: $\dfrac{\lambda}{\lambda_1} = \dfrac{sen\,\beta}{sen\,\alpha}$, come si è annunciato.

Ora i momenti prodotti dagli stessi timoni per far girare il bastimento, i quali rappresenteremo con M e m, sono dati rispettivamente da: $M = KA'v^2{}'\ sen^2\,\alpha . cos\,\alpha . L$, $m = KB'v^2{}'\ sen^2\,\beta . cos\,\beta . L$, essendo A' e B' le aree dei due timoni; alle quali sostituiti i loro valori, e ponendo in rapporto M ed m, si ottiene:

$$M : m :: \lambda\ sen^2\,\alpha . cos\,\alpha : \lambda_1\ sen^2\,\beta . cos\,\beta.$$

Ma, per la dimostrazione fatta, essendo $\lambda\ sen\,\alpha = \lambda_1\ sen\,\beta$, questo rapporto cambiasi nell'altro:

$$M : m :: sen\,\alpha\ cos\,\alpha : sen\,\beta\ cos\,\beta :: sen\,2\alpha : sen\,2\beta,$$

da cui ricavasi: $m = M\,\dfrac{sen\,2\beta}{sen\,2\alpha}$. Il momento m diviene massimo per

$\beta = 45°$, purchè la larghezza media del secondo timone sia eguale a $\lambda \cdot \dfrac{sen\,\alpha}{0,707}$.

Nel caso in cui le resistenze dei due timoni si assumano proporzionali alla prima potenza dei seni degli angoli di deviazione, lasciando le stesse le altre condizioni, e ripetendo il ragionamento del caso precedente, si avrà che per l'eguaglianza dei momenti dell'uno e dell'altro timone rispetto ai loro assi di rotazione dovrà essere: $\lambda^2 sen\,\alpha = \lambda_1^2 sen\,\beta$ (1). I momenti degli stessi timoni per far girare il bastimento avranno tra loro la seguente relazione:

$$M : m :: \lambda\,sen\,\alpha\,cos\,\alpha : \lambda_1\,sen\,\beta\,cos\,\beta.$$

Sostituendo a $sen\,\alpha$ il valore $\dfrac{\lambda_1^2}{\lambda^2}\,sen\,\beta$ che ricavasi dalla (1), si ha:

$$M : m :: \frac{\lambda_1^2}{\lambda}\,sen\,\beta\,cos\,\alpha : \lambda_1\,sen\,\beta\,cos\,\beta :: \frac{\lambda_1}{\lambda}\,cos\,\alpha : cos\,\beta,$$

ossia:

$$M : m :: \lambda_1\,cos\,\alpha : \lambda\,cos\,\beta,$$

da cui ottiensi:

$$m = M \cdot \frac{\lambda\,cos\,\beta}{\lambda_1\,cos\,\alpha}.$$

Dalla stessa relazione (1) si deduce:

$$\lambda = \lambda_1\,\frac{\sqrt{sen\,\beta}}{\sqrt{sen\,\alpha}}; \quad \text{quindi sostituendo si avrà:} \quad m = M\,\frac{cos\,\beta\,\sqrt{sen\,\beta}}{cos\,\alpha\,\sqrt{sen\,\alpha}}.$$

Questa espressione acquista massimo valore, quando massimo divenga il prodotto $cos\,\beta\,\sqrt{sen\,\beta}$, che può mettersi sotto la forma:

$$(cos^2\,\beta)^{\frac{1}{2}}\,(1 - cos^2\,\beta)^{\frac{1}{4}}.$$

In tal modo, per il teorema dell'Algebra già richiamato a pag. 278, vedesi che il massimo si avrà quando sia:

$$cos^2\,\beta : \frac{1}{2} = (1 - cos^2\,\beta) : \frac{1}{4},$$

ossia $2\,cos^2\,\beta = 4\,(1 - cos^2\,\beta)$, da cui ricavasi: $3\,cos^2\,\beta = 2$, e quindi:

$$cos^2\,\beta = \frac{2}{3} \quad e \quad sen^2\,\beta = \frac{1}{3}, \quad \text{ossia:} \quad sen\,\beta = \sqrt{\frac{1}{3}} = 0,577.$$

Valutando questa espressione colle tavole dei logaritmi si ottiene: $\beta = 35° 15' 40''$. La larghezza media del corrispondente timone dovrà essere eguale a:

$$\frac{\lambda \sqrt{sen\,\alpha}}{\sqrt{sen\,\beta}} = \frac{\lambda \sqrt{sen\,\alpha}}{0,76} .$$

I risultati della pratica non corrispondono esattamente a quelli ottenuti con la teoria, per ciò che concerne il più vantaggioso angolo di deviazione del timone; nè ciò deve recare meraviglia, quando si pensi a quanto precedentemente si è detto della influenza (da noi trascurata) che sulla direzione nella quale sono respinti i filetti fluidi, è esercitata sia dall'angolo di deriva, sia dalla forma curvilinea delle traiettorie secondo cui si muovono le diverse parti dello scafo, sia finalmente dalle forme e direzioni delle linee seguite dalle molecole fluide nel riempire il vuoto lasciato dal bastimento. D'altra parte le condizioni di spazio e di forza, richieste per la manovra della barra, non permetterebbero nemmeno di far raggiungere sempre per la deviazione di quest'ultima gli angoli massimi indicati dalla teoria. Ed infatti negli ordinarî timoni, mossi a mano, l'angolo di deviazione raramente si fa superiore ai 35°, e nei grandi piroscafi ad elica eccezzionalmente raggiunge i 25°, mentre nei timoni equilibrati sono adottate disposizioni, per le quali essi possono essere condotti all'angolo di 40°.

Nel porre termine a questo Capitolo dobbiamo far notare che si è tentato di utilizzare l'elica per le rotazioni dei bastimenti, col mezzo delle così dette *eliche-timoni*, nelle quali appositi meccanismi, convenientemente manovrati, permettono al propulsore di esercitare la sua spinta in avanti, anzichè secondo il piano diametrale, in altra direzione che con questo faccia angolo. Alcuni di questi tentativi, fatti solo in piccoli bastimenti, hanno avuto felice successo. Forme e varietà diversi di timoni sono anche state proposte con intendimenti differenti; ma finora non sono usciti dal campo delle prove.

CAPITOLO V.

OSCILLAZIONI DEI BASTIMENTI IN MARE CALMO ED IN MARE AGITATO.

Ci rimane a parlare delle oscillazioni delle navi, sia in mare calmo, sia in mare agitato, alle quali ci richiama la sesta delle condizioni enumerate a pag. 37. Incominceremo dalle prime, e precisamente da quelle che si effettuano nel senso trasversale, le quali hanno ricevuto il nome di *barcollamenti* o *rollii*.

Sappiamo che se in un bastimento, che si trovi in equilibrio in mare calmo, abbia agito per brevissimo tempo una forza la quale lo abbia deviato di un piccolo angolo, solo nel senso trasversale, dalla posizione di equilibrio, senza cambiarne il dislocamento, esso si troverà animato da una coppia verticale dovuta alla spinta dell'acqua, la quale coppia produrrà nel primo istante una rotazione intorno ad un asse che passa per il suo centro di gravità. Quest'asse sarà invariabile nell'interno del bastimento, e sarà quello orizzontale e longitudinale, cbe è normale al piano della coppia, se, come fu richiamato a pag. 259, rispetto ad esso saranno distribuite simmetricamente le masse del bastimento.

Noi faremo questa supposizione, sicuri di non andare molto lontani dal vero, e riterremo perciò, secondo la formula riportata a pag. 266, che la velocità angolare nel primo istante sia eguale a: $\dfrac{P(r-a)\theta}{\Sigma m\delta^2}$, dappoichè $P(r-a)\theta$ è il momento della coppia motrice di stabilità trasversale per un arco θ di deviazione, relativamente piccolo, quale noi intendiamo appunto di assumerlo, mentre $\Sigma m\delta^2$ rappresenta il momento d'inerzia del bastimento rispetto al suo asse longitudinale.

Negl'istanti successivi al primo la spinta non cessa di agire, solo il suo punto di applicazione varia; quindi essa, trasportata al centro di gravità del bastimento, dà successivamente nuove coppie le quali imprimono continui gradi di accelerazione al moto angolare, che si accumulano alle velocità acquistate. Per l'ipotesi fatta relativamente all'asse longitudinale del bastimento, avremo che il grado di accelerazione della velocità angolare, giusta quanto fu richiamato a pag. 266, se si trascuri la resistenza dell'acqua, è dato da: $\dfrac{P(r-a)\theta'}{\Sigma m\delta^2}$, essendo θ′ l'arco di cui il bastimento trovasi deviato trasversalmente dalla posizione di equilibrio nell'istante in cui si considera.

Evidentemente per i gradi di accelerazione impressigli, il bastimento allorchè perverrà nella posizione dritta, nella quale la spinta trovasi sulla verticale che passa per il centro di gravità, non vi si arresterà, e la oltrepasserà per la velocità acquistata, dando così occasione ad un nuovo periodo di movimento.

In questo periodo il moto sarà ritardato, poichè la velocità acquistata sarà contrariata, se non altro, dai ritardamenti sempre crescenti dovuti alle coppie che sorgono nel trasportare la spinta nelle successive sue posizioni al centro di gravità del bastimento; le quali coppie hanno momenti che crescono colla inclinazione del bastimento stesso. Il moto ritardato cesserà solo, quando i gradi di ritardamento sommati diano una velocità eguale a quella acquistata nel primo periodo, la quale è la somma delle accelerazioni in questo prodotte. Ciò avverrà quando lo spazio percorso da tutt'i punti del bastimento da una parte della posizione di equilibrio, p. e. a dritta, sia eguale a quello percorso dagli stessi punti a sinistra. Quando ciò sarà avvenuto, il bastimento non avrà alcuna velocità, ma sarà animato da una spinta che genera una coppia di momento $P(r-a)θ$, la quale si eserciterà in direzione contraria a quella della coppia che è stata la prima a produrre la rotazione. Per effetto di questa nuova coppia, ciascun punto descriverà un arco, che per quello posto all'unità di distanza dall'asse di rotazione sarà, come nel caso precedente, eguale a 2θ.

Arrivato alla fine di questo secondo moto, il bastimento si troverà nelle condizioni dalle quali abbiamo supposto essersi partito, e quindi il punto che è all'unità di distanza dall'asse percorrerà un nuovo arco 2θ in direzione contraria a quello precedentemente descritto.

Vedesi dunque che nelle condizioni da noi ammesse, il bastimento eseguirà delle oscillazioni, che conserverebbero indefinitamente l'ampiezza 2θ per il punto sin qui considerato, se non fosse per la resistenza dell'acqua, la quale aumentando i ritardamenti nel secondo periodo di ciascuna oscillazione, e facendone di nuovi nel primo, distrugge più rapidamente in ogni periodo la velocità acquistata in quello che lo precede, e genera minore la velocità del primo periodo di ogni oscillazione. Essa diminuisce così l'angolo di cui deve deviare il bastimento perchè la somma dei ritardamenti dovuti alla spinta sia eguale alla velocità acquistata. Per effetto dunque della resistenza l'ampiezza delle oscillazioni va sempre più diminuendo, sino a divenire nulla.

Ci proponiamo di trovare una formula che dia la durata delle oscillazioni trasversali in acqua calma, trascurando la resistenza dell'acqua e dell'aria, facendo l'ipotesi che la loro ampiezza sia tanto piccola da potersi sostituire l'arco al seno, e da poter assumere costante l'altezza metacentrica al disopra del centro di gravità nelle successive posizioni che il bastimento prende per compiere le oscillazioni, ammettendo che la rotazione non sia accompagnata da altro moto, e finalmente unendo a queste ipotesi l'altra già indicata, cioè che l'asse intorno al quale il bastimento oscilla non varî di direzione nell'interno di questo.

1ª PROPOSIZIONE. — Rappresentando con T la durata d'una intera oscillazione, cioè a dritta e a sinistra della posizione d'equilibrio, si ha:

$$T = \pi \sqrt{\frac{I}{P(r-a)}},$$

dove π indica il rapporto della circonferenza al diametro, ed I è un simbolo che sostituisce l'altro $\Sigma m \delta^2$.

Si concepisca il punto, che diremo O, il quale è all'unità di distanza dall'asse di rotazione; è chiaro che il tempo da esso impiegato a percorrere l'arco 2θ, ossia a compiere una intera oscillazione, andando dal suo estremo O all'altro opposto che diremo O', sarà eguale a quello che impiegheranno tutti gli altri punti, cioè sarà la durata dell'oscillazione che noi cerchiamo. È chiaro altresì, dopo quello detto precedentemente, che tale punto, nel portarsi da O in O' si muoverà

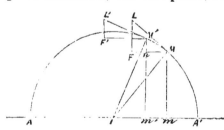

con moto vario, dapprima accelerato e poscia ritardato, percorrendo le due metà dell'arco OO', il quale per l'ipotesi fatta è tanto piccolo che spiegato in linea retta non differisce sensibilmente dalla corda che lo sottende. Sulla retta $A'A$ della figura, che equivale allo sviluppo di quest'arco, s'immagini un mobile che occupi ad ogni istante il punto corrispondente a quello in cui realmente trovasi il punto O sull'arco OO'; e che in conseguenza tale mobile percorra la retta $A'A$ colla stessa velocità con cui il punto O percorre l'arco OO'. Al moto variabile di questo mobile vogliamo, per scopo di dimostrazione, sostituire quello uniforme di un dato punto M sopra una determinata traiettoria che abbia i termini comuni colla retta $A'A$, e tale che la proiezione dello stesso punto su questa retta corrisponda in ciascun istante alla posizione del detto mobile sulla stessa retta, ossia del punto O sull'arco OO'; ammesso che tutti questi punti partano nello stesso istante, in guisa che la durata del moto sia la medesima per tutti. Perchè questa condizione sia raggiunta, la traiettoria del punto M dovrà essere una semicirconferenza descritta sulla retta $A'A$ come diametro; e la velocità del suo moto uniforme, diretta in ogn'istante secondo la tangente alla circonferenza nel punto su di essa occupato, dovrà essere eguale a:

$$\theta \sqrt{\frac{P(r-a)}{l}}.$$

Per dimostrare ciò, basterà far vedere che il grado di accelerazione nel moto della proiezione di M sulla $A'A$ è in ogn'istante eguale a quello che sappiamo essere relativo al punto O sull'arco OO'.

Si conducano in due punti successivi M ed M' le tangenti ML, $M'L'$ rappresentanti in direzione e grandezza la velocità:

$$\theta \sqrt{\frac{P(r-a)}{l}}.$$

Si decomponga ciascuna di esse nelle due componenti MF, LF, e $M'F'$, $L'F'$ parallele e perpendicolari rispettivamente alla $A'A$. Si tirino i raggi IM, IM', e si abbassino le perpendicolari Mm, $M'm'$. Il triangolo MIm essendo simile al triangolo LMF; e del pari il triangolo $M'Im'$ essendo simile al triangolo $L'M'F'$, si hanno le proporzioni:

$$MF : ML :: Mm : MI; \qquad M'F' : M'L' :: M'm' : M'I,$$

dalle quali ricavasi:

$$MF = \frac{Mm}{MI} \times ML; \qquad M'F' = \frac{M'm'}{M'I} \times M'L'.$$

Facendo la differenza di queste due espressioni, essendo $MI = M'I$, come raggi, e per ipotesi $ML = M'L'$, si ottiene:

$$M'F' - MF = \frac{ML}{MI}(M'm' - Mm).$$

Evidentemente le componenti orizzontali $M'F'$, MF delle ML, $M'L'$ rappresentano le velocità colle quali la proiezione di M sulla retta $A'A$ si avanza nelle successive posizioni occupate da M sulla sua traiettoria. Quindi, la differenza testè trovata rappresenta il cambiamento che nella velocità della detta proiezione avviene dalla posizione m all'altra m'. Ora tale cambiamento si produce nel tempo, che diremo t, impiegato dal punto M a passare da M in M'; il qual tempo, trattandosi di moto uniforme, è dato da:

$$ t = \frac{MM'}{ML} = \frac{MM'}{\theta} \cdot \sqrt{\frac{I}{P(r-a)}} . $$

Questo valore varia con MM', ma la sua espressione rimane sempre della stessa forma, anche quando MM', e per conseguenza t, sia immensamente piccolo. Con quest'ultima condizione la differenza delle velocità nei punti m ed m' si può ammettere eguale al grado di accelerazione prodotto nel punto che è proiezione di M, moltiplicato per t; poichè per una durata immensamente breve il moto del detto punto può ritenersi uniformemente vario. Dividendo dunque la detta differenza per t, si avrà, per l'ultima ipotesi fatta, l'accelerazione corrispondente alla proiezione di M. Colla divisione si ottiene:

$$ \frac{ML}{MI} (M'm' - Mm) : \frac{MM'}{\theta} \sqrt{\frac{I}{P(r-a)}} . $$

Ponendo Mn invece della differenza $M'm' - Mm$, a cui è eguale, come rilevasi dalla figura, si avrà:

$$ \frac{ML}{MI} \cdot \frac{Mn}{MM'} \cdot \theta \cdot \sqrt{\frac{P(r-a)}{I}} . \qquad (1) $$

Ma la piccolezza supposta di MM' permette di considerare il triangolo mistilineo $MM'n$, come rettilineo rettangolo, e perciò simile al triangolo MIm; lo che dà: $M'n : MM' :: Im : MI$.

Sostituendo il secondo rapporto al primo nella (1), si ottiene per l'accelerazione della proiezione di M:

$$ \frac{ML}{MI} \cdot \frac{Im}{MI} \cdot \theta \cdot \sqrt{\frac{P(r-a)}{I}} = \frac{ML}{MI^2} \cdot Im \cdot \theta \cdot \sqrt{\frac{P(r-a)}{I}} . $$

Ponendo: $\theta \sqrt{\dfrac{P(r-a)}{I}}$ in luogo di ML, θ invece di MI, che è eguale ad *AI*, e finalmente chiamando θ′ la lunghezza dell'arco *Im* che rimane a percorrere per arrivare alla posizione di equilibrio, si ha:

$$\frac{1}{\theta^2} \cdot \theta \sqrt{\frac{P(r-a)}{I}} \cdot \theta' \cdot \theta \sqrt{\frac{P(r-a)}{I}} = \frac{P(r-a)}{I} \cdot \theta',$$

che è appunto il valore dell'accelerazione del punto *O* sulla *OO′*.

Ciò posto il tempo impiegato dal punto *M* per andare da *A′* in *A*, percorrendo la traiettoria *A′MA*, sarà eguale a quello impiegato dal mobile, che si è supposto avanzarsi sulla *A′A*, ad andare da *A′* in *A*, oppure dal punto *O* ad andare da *O* in *O′* sull'arco *OO′*. Ora quel tempo, per la natura del moto a cui si riferisce, è dato dallo spazio diviso per la velocità; ma il primo equivale alla semi-circonferenza *A′MA* che ha per lunghezza πθ, poichè θ è la misura del suo raggio, e la seconda è data da:

$$ML = \theta \sqrt{\frac{P(r-a)}{I}},$$

quindi evidentemente si ha:

$$T = \pi\theta : \theta \sqrt{\frac{P(r-a)}{I}} = \pi \sqrt{\frac{I}{P(r-a)}}. \qquad \text{C. S. D. D.}$$

Da questa espressione rilevasi che la durata del' oscillazione sarà tanto più grande, quanto maggiori saranno le distanze dei pesi del bastimento dall'asse di rotazione, e quanto minore sarà il momento di stabilità.

SCOLIO. — Nelle piccole oscillazioni, e colle condizioni poste dalle ipotesi ammesse, le oscillazioni sono *isocrone*, ossia hanno la stessa durata. Ciò deducesi dall'essere l'espressione di *T* indipendente dall'arco θ.

2.ᵃ PROPOSIZIONE. — L'arco θ′, del quale il bastimento trovasi deviato dalla posizione di equilibrio dopo un tempo *t* qualunque, contato dal principio di ciascuna oscillazione, è dato da: $\theta' = \theta \cos \frac{\pi t}{T}$.

Infatti dalla figura della precedente Proposizione rilevasi che:

$$Im = \theta' = IM . \cos MIm. \qquad (1)$$

Ma essendo, arco $MA' = IM \times$ ang.° $MIm = \theta \times$ ang.° MIm, se ne ricava: ang.° $MIm = \dfrac{\text{arco } MA'}{\theta}$. Sostituendo all'arco MA', che è lo spazio percorso dal punto M nel tempo t, il prodotto di questo tempo per la velocità:

$$\theta . \sqrt{\frac{P(r-a)}{I}},$$

si ottiene:

$$\text{ang.° } MIm = t \times \theta \sqrt{\frac{P(r-a)}{I}} : \theta = t . \sqrt{\frac{P(r-a)}{I}} = \frac{\pi t}{T},$$

lo che dà, sostituendo nella (1):

$$\theta' = \theta \, cos \, \frac{\pi t}{T} .$$

Se si fosse considerato un punto qualunque dell'arco di oscillazione dall'altro lato del suo punto di mezzo, si sarebbe ottenuto:

$$\theta' = \theta \, cos \left(\pi - \frac{\pi t}{T} \right) = - \theta \, cos \, \frac{\pi t}{T} .$$

Se il tempo si cominciasse a contare da quando il bastimento passa per la posizione di equilibrio, allora al t dovrebbe sostituirsi $\dfrac{T}{2} \pm t$, e si avrebbe:

$$\theta' = \theta \, cos \, \frac{\pi \left(\dfrac{T}{2} \pm t \right)}{T} = \theta \, cos \left(\frac{\pi}{2} \pm \frac{\pi t}{T} \right) =$$

$$= \theta \left\{ cos \, \frac{\pi}{2} \, cos \, \frac{\pi t}{T} \mp sen \, \frac{\pi}{2} \, sen \, \frac{\pi t}{T} \right\} = \mp \theta . \, sen \, \frac{\pi t}{T} .$$

Sostituendo a t i valori che esso ha al principio ed alla metà dell'oscillazione, le due formule trovate danno per l'un caso $\theta' = \theta$, e per l'altro $\theta' = 0$.

3ª Proposizione. — La velocità angolare ω, dopo un tempo t qualunque, è data da:

$$\omega = \frac{\pi \theta}{T} \, sen \, \frac{\pi t}{T} .$$

Infatti la velocità ω non è che la componente orizzontale *FM* della velocità *LM* (vedi figura della pag. 284) la quale, come rilevasi dal triangolo *LMF*, è data da: *FM* = *LM . cos LMF*.

L'angolo *LMF* essendo il complemento dell'altro *MIm*, si ha: *FM* = *LM . sen MIm*.

Sostituendo: $\theta \sqrt{\dfrac{P(r-a)}{I}}$ ad *LM*, e $\dfrac{\pi t}{T}$ all'angolo *MIm*,

si ottiene: $\omega = \theta \sqrt{\dfrac{P(r-a)}{I}} \cdot sen\, \dfrac{\pi t}{T} = \dfrac{\pi \theta}{T} sen\, \dfrac{\pi t}{T}$. C. S. D. D.

Questa velocità acquista il suo massimo valore $\left(\text{dato da } \dfrac{\pi\theta}{T}\right)$ quando $t = \dfrac{T}{2}$, ed il suo valore minimo (che è zero) quando *t* è eguale a zero oppure a *T*.

4ª Proposizione. — L'accelerazione ω', dopo un tempo *t*, nella velocità angolare è data da:

$$\omega' = \theta \cdot \frac{\pi^2}{T^2} \, cos\, \frac{\pi t}{T} \cdot$$

Infatti, sostituendo nella formula ricavata per ω' a pag. 282 il valore trovato per θ' nella 2ª Proposizione, si ottiene:

$$\omega' = \frac{P(r-a)}{I} \cdot \theta\, cos\, \frac{\pi t}{T} = \frac{\pi^2}{\pi^2} \cdot \frac{P(r-a)}{I} \cdot \theta\, cos\, \frac{\pi t}{T},$$

ossia: $\omega' = \theta \cdot \dfrac{\pi^2}{T^2}\, cos\, \dfrac{\pi t}{T} \cdot$ C. S. D. D.

Questa espressione acquista valore massimo $\left(\text{dato da: } \pm\, \theta \cdot \dfrac{\pi^2}{T^2}\right)$ per $t = o$ oppure $= T$, e diviene nulla per $t = \dfrac{T}{2} \cdot$

5ª Proposizione. — La forza d'inerzia tangenziale e quella centrifuga di una massa qualunque *m* del bastimento, la quale trovasi alla distanza δ dall'asse di rotazione, sono date respettivamente da:

$$F_t = m\delta \cdot \theta\, \frac{\pi^2}{T^2} \cdot cos\, \frac{\pi t}{T}, \qquad F_c = m\delta \cdot \theta^2 \cdot \frac{\pi^2}{T^2}\, sen^2\, \frac{\pi t}{T} \cdot$$

19

Infatti, la reazione della massa m contro la propria accelerazione è misurata dal prodotto della massa m per la detta accelerazione, che è $\delta\omega'$; quindi si ha: $F_t = m . \delta\omega'$.

Sostituendo ad ω' il valore trovato nella precedente Proposizione si ha:

$$F_t = m\delta \cdot \frac{\pi^2}{T^2} \cdot \theta \cos \frac{\pi t}{T} \cdot \qquad \text{C. S. D. D.}$$

Il massimo valore di F_t, che corrisponde a $t = o$, oppure $= T$, è dato da:

$$F_t = \pm m\delta . \theta \cdot \frac{\pi^2}{T^2} \cdot$$

La velocità angolare dopo un tempo t essendo misurata, per la 3ª Proposizione, da: $\frac{\pi\theta}{T} sen \frac{\pi t}{T}$, se si faccia applicazione del noto valore della forza centrifuga, cioè del prodotto della massa per il quadrato della velocità diviso per il raggio, si avrà:

$$F_c = m \frac{\delta^2\pi^2\theta^2}{T^2} \cdot sen^2 \frac{\pi t}{T} : \delta = m\delta \frac{\pi^2\theta^2}{T^2} sen^2 \frac{\pi t}{T} \quad \text{C. S. D. D.}$$

Il massimo valore di F_c, il quale si ottiene per $t = \frac{T}{2}$, è dato

da: $F_c = m\delta . \theta^2 \frac{\pi^2}{T^2} \cdot$

Dall'ultima Proposizione rilevasi, che per diminuire in acqua calma l'intensità degli sforzi dannosi prodotti dall'inerzia sulle masse del bastimento, si dovrà aumentare quanto più si potrà il valore di T. È da osservarsi però che dei due modi coi quali si può raggiungere questo risultato dovrassi attenersi ad aumentare il $\Sigma m\delta^2$, poichè la riduzione del momento di stabilità, oltre all'essere pericoloso, come vedremo, a meno che il suo valore sia eccessivamente grande, produce un aumento nell'altro fattore delle espressioni di detti sforzi, cioè la grandezza dell'arco di deviazione θ, che una data causa esterna può far prendere al bastimento.

Evidentemente la maggiore o minore frequenza negli sforzi dovuti all'inerzia contribuisce più o meno sulla sconnessione delle parti dello scafo, che alcuni chiamano *scompaginamento*; quindi anche da questo lato sarà utile rendere grande il T.

Nel valutare numericamente per diversi casi l'espressione del massimo valore della forza tangenziale, si è riconosciuto che nelle parti costituenti lo scafo, quella forza può raggiungere la quarta parte del loro peso, su piccoli bastimenti che oscillano in 3″, ed il decimo soltanto del loro peso su grandi bastimenti che oscillano in 10″. Alla sommità dell'alberatura invece la forza tangenziale può divenire superiore al peso. A questa forza si unisce, dovuta alla massima inclinazione acquistata, la componente del peso, che può raggiungere la metà del peso stesso.

Egualmente nel valutare la massima espressione di F_c si è rilevato che cogli ordinarî valori di δ e di T, quelli di F_c non sono eguali che ad una debole frazione del peso delle parti. D'altronde le forze centrifughe sono poco pericolose per il materiale, poichè, nel momento del loro massimo valore, agiscono press'a poco nella direzione degli appoggi previsti per i corpi posti molto lontani dall'asse di rotazione.

Le diverse conclusioni che sin qui si sono dedotte, le quali hanno tutte relazione alla durata T, riguardano un caso ipotetico, e quindi non sono strettamente conforme al vero. Per toglier loro ogn'inesattezza si dovrebbe tener conto della resistenza dell'acqua, della variabilità dell'altezza metacentrica, della differenza che produce il sostituire l'arco al seno, del cambiamento dell'asse di rotazione, e finalmente della composizione del barcollamento con qualche altro moto, sia di rotazione, che di traslazione.

Quanto alla resistenza, abbiamo già accennato in questo Capitolo come essa faccia decrescere gradatamente l'ampiezza delle oscillazioni, sino a renderla nulla. La legge di decrescimento ed estinzione delle oscillazioni varia, secondochè si supponga la resistenza proporzionale alla prima o alla seconda potenza della velocità angolare, oppure alla prima ed alla seconda potenza della stessa velocità insieme.

È chiaro però, conformemente alle nozioni sulla resistenza ai moti rotatori date nel Cap. 1° di questa Seconda Parte, che la resistenza dell'acqua, per una stessa velocità angolare, agirà con tanto maggiore energia, quanto più grande sarà la quantità d'acqua che dovrà rimuovere il bastimento per compiere la sua oscillazione. Essa dipenderà dunque dalla forma della carena, la quale, quanto più differirà dalla cilindrica, e quanto maggiori prominenze avrà nel senso longitudinale, tanto più contrarierà le oscillazioni in acqua calma. Da ciò deriva il giudizio che si fa dei bastimenti dotati di forme rotonde nelle sezioni trasversali della carena, col quale, volendo manifestare il concetto che tali bastimenti barcollano con facilità, si dice comunemente che essi sono poco stabili. D'altra parte l'aumento di resistenza diminuendo la massima velocità angolare e la massima accelerazione, diminuirà ancora gli sforzi sulle parti tutte del bastimento, e specialmente su quelle più distanti dall'asse di rotazione, dovuti alla forza tangenziale ed a quella centrifuga.

La teoria ha dimostrato che tenendo conto della resistenza dell'acqua, pur facendo su di essa diverse ipotesi, la durata delle oscillazioni, per archi relativamente piccoli, differisce in modo poco sensibile dal valore di sopra trovato per T. L'osservazione d'altra parte ha posto in chiaro che il valore effettivo della stessa durata differisce alquanto da quello di T dato dalla 1ª Proposizione, ma non grandemente; e che in ogni caso ne è maggiore. Del che è facile rendersi conto osservando, che probabilmente l'acqua trascinata dal bastimento agisce come un volante, ed accresce il momento d'inerzia della massa totale in moto.

Da tutto ciò deducesi che, colle ampiezze ordinariamente prese dai bastimenti nell'oscillare, non si va lontani molto dal vero se in tutte le espressioni trovate, si assuma per il valore della durata dell'oscillazioni quello che si ricava colla formula della 1ª Proposizione. Che essendo pure rese minori successivamente le ampiezze delle oscillazioni dalla resistenza dell'acqua, non si opererà male nel prendere in esame solo la prima ampiezza θ, che è la maggiore, poichè così considerasi il caso più sfavorevole.

Quanto alla variabilità dell'altezza metacentrica, non si commette grave errore nel non tenerne conto, poichè nel più dei casi, colle ordinarie forme ed altezze di murate dei bastimenti, e colle massime inclinazioni che essi possono e debbono prendere, si hanno differenze le quali, se pure sono apprezzabili nel valore di r, divengono trascurabili per quello di T. Del resto si comprende che per rendere costante l'altezza metacentrica r, i fianchi della nave dovrebbero avere determinate forme.

Similmente non si commette grave errore nel sostituire l'arco al seno, poichè nei limiti delle ordinarie inclinazioni, per bastimenti di forme e disposizioni comuni, sono relativamente inapprezzabili le differenze che così si ottengono per T. Ed invero supponendo pure

$2\theta = 60°$, il valore di T non differirebbe in media di un sessantesimo dell'altro più esatto, che si troverebbe eseguendo, con rigore maggiore di quello che noi abbiamo fatto, la ricerca della sua espressione.

Quanto al cambiamento dell'asse di rotazione, devesi notare che esso è relativo al fatto che quasi mai le masse del bastimento sono distribuite simmetricamente all'asse longitudinale, intorno al quale abbiamo supposto avvenire le oscillazioni. Ciò reca una variazione nel momento d'inerzia e nella base delle nostre dimostrazioni, cioè essere l'accelerazione angolare data da: $\dfrac{P(r-a)\theta'}{I}$. Tuttavia l'errore che si commette nel trascurare questa circostanza non ha grande influenza per la pratica.

Finalmente, il fatto che il moto oscillatorio è composto, anziché semplice, dipende:

1° dalle forme delle unghie d'immersione e di emersione, per le quali può avvenire che la spinta sia situata fuori del piano trasversale che contiene il centro di gravità del bastimento, in modo che, nel trasportarla in quest'ultimo punto, si avrà una coppia, il cui piano sarà obliquo al trasversale. Ad essa potranno intendersi sostituite due altre coppie, l'una trasversale, e l'altra longitudinale; quindi il movimento oscillatorio alla prima dovuto sarà accompagnato dal moto oscillatorio generato dalla seconda coppia, del quale non è da tenersi conto, per ragioni che esporremo in seguito.

2° dal fatto che nelle inclinazioni successive prese dal bastimento, le due unghie d'immersione e di emersione, dipendentemente dall'asse intorno a cui avvengono le rotazioni, possono non essere equivalenti. Allora la spinta che produce l'oscillazione non si mantiene costantemente eguale al peso del bastimento, e di più questo trovasi animato da una forza verticale variabile eguale alla differenza tra peso e spinta, o viceversa; la quale, come meglio vedremo, genera oscillazioni verticali, di cui intendiamo tener conto tra breve.

Riassumendo le osservazioni fatte diremo, che senza andare molto lungi dal vero, e senza per altro cadere in opposizione a ciò che le sane regole di convenienza consigliano, si potrà accettare il valore di T trovato colla 1ᵃ Proposizione, al quale hanno condotto le diverse ipotesi fatte. D'altra parte esistendo delle ragioni per le quali i valori delle durate delle oscillazioni trasversali debbono essere adeguati alla specie del bastimento, come vedremo in seguito, così sarà molto opportuno per bastimenti di nuovo tipo e di una certa importanza, il valutare quanto meglio si possa prima della loro costruzione il valore di *T*, sebbene i calcoli siano laboriosi, per recarvi poi qualche correzione, se sia mostrata necessaria da un esperimento che si avrà cura di fare, quando il bastimento sarà ultimato. Tale esperimento consiste nel far barcollare il bastimento con il mezzo più adatto; e nel contare il numero delle oscillazioni compiute in un dato tempo. È ovvio che, se nell'eseguire il detto esperimento, il quale dovrà essere preceduto da quello di stabilità per determinare il valore di *a*, il bastimento non avesse il completo carico, o contenesse pesi estranei da sbarcarsi, non sarebbe difficile apprezzare l'influenza da essi spiegata tanto sul valore del $P(r-a)$, quanto ancora su quello d'I, sia per il momento d'inerzia dei pesi tolti od aggiunti, sia per la variazione che, per effetto della definitiva posizione dell'asse di rotazione, subirebbero le distanze rispetto ad esso delle masse che esistono a bordo, allorchè si procede all'esperimento, e che dovranno rimanervi.

Oscillazioni verticali in acqua calma. — Dopo quello detto poc'anzi, e con un ragionamento analogo a quello fatto nel principio di questo Capitolo per mostrare come avvengano i barcollamenti, è egualmente facile mostrare come si producano le oscillazioni verticali. La differenza di volume delle due unghie, a cui esse sono dovute, varia non solo con il grado d'immersione o d'emersione della carena, ma ancora colla deviazione del bastimento dalla posizione di equilibrio. Noi supporremo dapprima che tale differenza sia quella corrispondente alla massima inclinazione del bastimento, ammettendo che le variazioni nel suo valore siano dovute al diverso grado d'immersione o di emersione; trascureremo la resistenza dell'acqua; supporremo che i diversi galleggiamenti presi dal bastimento, tanto nel periodo di emersione, che in quello d'immersione, siano eguali tra loro; finalmente non terremo conto della coesistenza di moti oscillatori rotatori.

Con queste ipotesi, seguiremo passo a passo le dimostrazioni fatte per il barcollamento, cominciando dalla 1ª Proposizione, nella quale ci siamo attenuti ad un procedimento che trovasi adottato per il pendolo nella Fisica matematica dell'illustre Professore Mossotti, ed ammetteremo che la velocità del moto uniforme nella semi-circonferenza adoprata per la dimostrazione sia eguale a: $h \sqrt{\dfrac{g A}{V}}$, essendo h l'altezza dello strato che rappresenta la differenza di volume delle due unghie, allorchè essa è al massimo, A l'area del galleggiamento inclinato, V il volume della carena allorchè il bastimento è in riposo e g l'accelerazione dovuta alla gravità. Terremo conto d'altra parte che l'accelerazione nel moto di traslazione equivale al quoziente della forza motrice per la massa; il quale nel nostro caso è dato da:

$$\frac{\sigma A z}{\dfrac{P}{g}} = \frac{g \sigma A z}{\sigma V} = \frac{g A z}{V},$$

essendo z l'altezza che rimane a percorrere al bastimento dopo un tempo t per arrivare alla posizione in cui è nulla la differenza di volume delle due unghie, e rappresentando σ il peso specifico dell'acqua di mare.

Si troverà così.

1° $T' = \pi \sqrt{\dfrac{V}{g A}}$, essendo T' la durata di una intiera oscillazione;

2° $z = h \cos \dfrac{\pi t}{T'}$, contando il tempo t dal principio dell'oscillazione;

3° $u = \dfrac{\pi h}{T'} \, sen \, \dfrac{\pi t}{T'}$, rappresentando u la velocità del moto verticale dopo un tempo qualunque:

4° $f = \dfrac{\pi^2}{T'^2} h \cos \dfrac{\pi t}{T'}$, essendo f l'accelerazione corrispondente alla detta velocità.

5° $\varphi_1 = m \dfrac{\pi^2}{T'^2} \cdot h \cos \dfrac{\pi t}{T'}$, in cui φ_1 rappresenta la misura della forza d'inerzia di una massa qualunque m in un tempo t qualsiasi.

La prima espressione ci fa palese che, colle ipotesi fatte, le oscillazioni verticali sono isocrone. La terza e la quarta ci mostrano respettivamente che il valore massimo di u, dato da $\dfrac{\pi h}{T'}$, è rag-

giunto quando $t = \dfrac{T'}{2}$, e che l'accelerazione massima, data da $\dfrac{\pi^2 h}{T'^2}$,
si ottiene per t eguale a zero, oppure a T'. La quinta finalmente
indica che la forza d'inerzia raggiunge il suo massimo valore, equivalente a $mh \cdot \dfrac{\pi^2}{T'^2}$, per t eguale a zero oppure a T'.

L'ultima deduzione fa vedere, che per diminuire gli sforzi dovuti al moto verticale del bastimento, nel caso ipotetico da noi considerato, si dovrà aumentare quanto più si possa il T', oppure diminuire l'h. Di questi due modi si dovrà preferire l'ultimo, poichè
col primo si diminuirebbe la stabilità del bastimento. L'aumento
di T', però, arrecherebbe anche il vantaggio di rendere meno frequente l'azione degli sforzi sulle parti dello scafo. Per diminuire
l'h, o meglio annullarlo del tutto, bisognerebbe combinare la posizione dell'asse di rotazione, ossia del centro di gravità del bastimento,
e le forme del bagnasciuga, in modo che non sorgesse differenza tra
le due unghie d'immersione e di emersione. Ciò avverrebbe se il
centro di gravità del bastimento si trovasse sul galleggiamento primitivo, e se il bagnasciuga avesse forma piana verticale, oppure circolare.

Si dovrebbero ora arrecare modificazioni alle nostre ricerche sulle
oscillazioni verticali, per avvicinarsi al vero più di quello che non si
è ottenuto colle ipotesi ammesse. Noi non le eseguiremo, poichè le
oscillazioni verticali dovute ad un semplice barcollamento hanno in
generale poca ampiezza, e perciò rendono meno sensibili gli errori
commessi; mentre per la resistenza dell'acqua esse si estinguono ben
presto.

Terremo solo conto della coesistenza delle oscillazioni rotatorie;
la durata delle quali può combinarsi di tal guisa con quella delle
oscillazioni verticali, da aumentare l'ampiezza di queste ultime, molto
al di là di quella dovuta ad un semplice barcollamento. Ed invero
si comprende, che se mentre la nave viene spinta verticalmente verso
la posizione di equilibrio dalla forza dovuta alla differenza di volume
delle due unghie, si aggiunge una nuova forza generata dalla differenza di volume delle due unghie corrispondenti ad un nuovo barcollamento, si comprende, diciamo, che le ampiezze delle oscillazioni
verticali si accumulerebbero ed andrebbero ingrandendosi indefinita-

mente, se non fosse per la resistenza dell'acqua; la quale, crescendo rapidamente col crescere la velocità dell'oscillazione, fa sì che questa raggiunga una determinata ampiezza. Ciò avviene difatti, quando il T sia doppio, quadruplo od eguale ad un multiplo pari qualunque di T'.

Egli è chiaro che l'aumento così generato nelle ampiezze delle oscillazioni verticali accresce la loro velocità variabile, e così ancora gli sforzi tra le diverse parti del bastimento, dovuti all'inerzia, i quali essendo verticali non fanno che modificare quelli dovuti dalla gravità.

Non abbiamo tenuto conto sin quì del moto di oscillazione rotatorio nel senso longitudinale, chiamato *beccheggio*, poichè esso nel mare calmo, è molto più raro del barcollamento, ed in ogni caso raggiunge ampiezze relativamente piccole, e si distrugge con molta rapidità, in modo da non avere importanza alcuna. Ed infatti, la grande stabilità che i bastimenti d'ordinario hanno nel senso longitudinale, fa sì, che siano di poca importanza le deviazioni che essi prendono sotto l'azione di cause esterne, mentre le grandi distanze delle parti estreme della carena dall'asse di rotazione rendono importantissime le resistenze da esse incontrate, in modo da annullare rapidamente le oscillazioni.

È da notarsi che in alcuni casi, nei quali si sono calcolati il momento di stabilità e quello d'inerzia rispetto all'asse trasversale del bastimento, si è trovato che il rapporto del primo al secondo equivale circa al decuplo del rapporto del momento di stabilità trasversale al momento d'inerzia intorno all'asse longitudinale, talchè, la durata del beccheggio, che ha evidentemente espressione analoga a T, è risultata presso a poco un terzo di quella di barcollamento.

È questo però un risultato eccezionale, poichè in alcune osservazioni fatte, si è riscontrato per molti casi la durata del beccheggio compresa tra una metà ed i due terzi della durata del barcollamento.

È altresì da notarsi che l'esperienza mostra essere utile fare la durata del beccheggio più breve che si possa, lo che non può ottenersi che: col diminuire il momento d'inerzia, o coll'aumentare quello di stabilità. Ma per adottare quest'ultimo mezzo vi sono due difficoltà: 1ª il valore di $R - a$ è ordinariamente così grande da richiedere un considerevole abbassamento del centro di gravità per produrre una variazione apprezzabile nella durata del beccheggio; 2ª l'accrescimento di R, richiedendo che si gonfino le forme delle linee d'acqua alle estremità, arreca un aumento di resistenza al cammino. Non rimane dunque che a concentrare i pesi nel senso longitudinale, vicini quanto più si possa al centro di gravità del bastimento.

Oscillazioni dei bastimenti in mare agitato. — Le oscillazioni dei bastimenti delle quali è più da preoccuparsi, sono quelle che avvengono in mare agitato, poichè nel fatto le grandi ampiezze che esse raggiungono possono essere in casi eccezionali cagione di perdita dei bastimenti stessi, ed in casi meno rari possono alterare le condizioni richieste dalla natura del servizio a cui essi sono destinati ; mentre la celerità, la difformità e la frequenza di tali oscillazioni producono sforzi e scosse, le quali, oltre ad alterare tutte le connessioni del bastimento, possono essere causa di rottura per gli oggetti del carico ed anche per l'alberatura, privando così del mezzo di propulsione i bastimenti a vela. A ciò aggiungasi, quanto alle oscillazioni di beccheggio, che queste, col far immergere la prora, aumentano la resistenza al cammino, in tanto maggiore proporzione, quanto più grande è la velocità del moto di traslazione dell'onda, e, col fare emergere la poppa, diminuiscono nei piroscafi ad elica il rendimento del propulsatore.

Tutti gli autori che hanno preso a trattare delle oscillazioni in mare agitato, tranne poche eccezioni, non hanno inteso di considerare gli effetti prodotti dalle onde, quando queste, essendo contrariate in modi differenti dalla configurazione di coste vicine, s'incontrano, si sovrappongono, s'infrangono ed esercitano urti sul bastimento; ma bensì hanno considerato le onde che agiscono senza urto, come possono incontrarsene nei vasti Oceani, lontano dalle rive, in acque molto profonde, quando le onde stesse sono già formate, avendo acquistato configurazione e grandezza permanente, e quando esse si succedono sempre in una sola serie nella medesima direzione.

In onde di tal natura intendesi per *cresta* la loro parte più elevata, e per *fondo* la parte infima. La loro *lunghezza*, che rappresenteremo con $2L$, è la distanza orizzontale tra due creste o due fondi successivi, talchè la loro semi-lunghezza L è la distanza orizzontale tra una cresta ed il fondo successivo ; la loro *altezza*, che denoteremo con 2*h*, è la distanza tra la cresta ed il fondo di un'onda. Per *durata* del loro periodo, la quale distingueremo con 2τ, intendesi il tempo, espresso in secondi, che impiegano due creste, o due fondi successivi, a passare per uno stesso punto; oppure quello che la cresta dell'onda o il suo fondo impiega nell'attraversare una distanza eguale alla lunghezza 2*L*.

Nelle onde prese a considerare, le particelle dell'acqua non sono dotate di moto di traslazione rettilineo continuo; come del resto lo prova il fatto che se un pezzo di legno sia gettato da un bastimento in mezzo alle onde, esso non è trasportato via; e solo acquista un moto relativamente piccolo di va e vieni. È soltanto la forma dell'onda che si avanza, occupando posizioni successive nello spazio; e ciò avviene con una velocità ragguardevole.

Gli autori che han preso a trattare il soggetto delle oscillazioni in mare agitato, possono dividersi in due scuole; l'una vecchia del Bernoulli, l'altra moderna iniziata dal Froude.

Non ci fermeremo a parlare delle ricerche del Bernoulli, nè delle conseguenze alle quali egli ed i suoi seguaci sono stati condotti, poichè la poca corrispondenza di esse coi risultati della pratica ha fatto abbandonare ai nostri giorni la teoria del Bernoulli, al quale rimane sempre il merito di avere iniziato con procedimenti scientifici il difficile studio delle oscillazioni dei bastimenti in mare agitato, quando ancora mancava quella suppellettile di dati ed informazioni che l'osservazione ha posteriormente forniti.

I seguaci della seconda scuola, tra i quali vanno notati il Rankine e principalmente il Bertin, che tanta parte ha preso in queste ricerche, hanno prima di ogni cosa studiato la natura dei movimenti delle onde, ammettendo che non vi fosse viscosità nel liquido, per ricavarne poscia il modo secondo il quale l'agitazione del mare faccia oscillare i bastimenti.

Essi, senza volere indagare la causa e l'origine delle onde, hanno fatto tesoro dei risultati delle osservazioni apposite eseguite nei vasti Oceani, e specialmente di quella relativa ai moti oscillatori verticali, eguali e contemporanei ai moti oscillatori orizzontali, di cui sono dotate tutte le molecole dell'acqua nei mari molto profondi. E, mettendo d'accordo tali fatti colle leggi fisiche dei liquidi, facendo tesoro delle ricerche di altri distinti autori, a loro anteriori, riportate nella pregiata opera del Commendatore Cialdi: *Sul moto ondoso del mare*, sono pervenuti a conclusioni, che si possono riassumere brevemente nel seguente modo:

1ª Ciascuna molecola di liquido alla superficie superiore del mare si muove in un'orbita circolare con moto uniforme di velocità tale, che la rivoluzione si compie nel tempo in cui l'onda si avanza della lunghezza 2*L*. Però le posizioni che in uno stesso istante occupano nelle respettive orbite le diverse molecole che si trovavano sulla stessa retta normale alla direzione secondo cui si avanza l'ondulazione, corrispondono a quelle in cui si porterebbe successivamente un punto di un cerchio, che diremo *epiciclo*, la cui circonferenza fosse eguale alla lunghezza dell'onda, e si sviluppasse senza scorrimento su di una retta *direttrice* di lunghezza eguale a quella ora detta, essendo la distanza del detto punto dal centro dell'epiciclo eguale alla mezza altezza dell'onda, che è il raggio *r* delle orbite circolari delle diverse molecole.

Graficamente la curva indicata può costruirsi nel seguente modo. Si conducano per il centro dell'epiciclo dei raggi che dividano la sua circonferenza e quella corrispondente al punto generatore nello stesso numero di archi eguali; si divida poscia nell'identico numero di parti la lunghezza della retta direttrice, talchè, se β rappresenti la misura circolare che nel raggio uno corrisponde all'angolo al centro compreso tra due raggi successivi, ed *R* sia il raggio dell'epiciclo, le lunghezze di queste ultime parti, a partire da un estremo della retta, saranno respettivamente 1*R*β, 2*R*β 3*R*β. . . . Dai punti di divisione così ottenuti s'innalzino delle perpendicolari alla direttrice, e su queste, ad una distanza eguale ad *R*, si faccia centro e col raggio *r* del circolo generatore si descrivano nuove circonferenze; finalmente su queste ultime, a partire sempre dal piede delle dette perpendicolari ed andando nella stessa direzione, si prendano respettivamente ed in ordine le lunghezze di archi *r*β, 2*r*β, 3*r*β, . . . I punti così ottenuti riuniti tra loro danno la curva cercata, che è quella dai geometri denominata *trocoide*, e già richiamata a pag. 186.

2ª I moti delle molecole che trovansi in piani orizzontali sottostanti a quello di livello superiore, quando il mare è calmo, sono simili ai moti delle molecole di questa superficie superiore, allorchè il mare è agitato. Solo i raggi delle loro orbite vanno man mano diminuendo col crescere della loro profondità al disotto del livello del mare, e la decrescenza è data dalla formula:

$$r_z = he^{-\frac{\pi z}{L}},$$

nella quale r_z è il raggio delle orbite corrispondenti alle molecole che trovansi alla profondità z dal livello dell'acqua calma, e rappresenta la base dei logaritmi neperiani, che è eguale a 2,71828, ed h ed L hanno il significato già loro assegnato. La formula riportata mostra che i raggi delle orbite diminuiscono in progressione geometrica, quando le profondità aumentano in progressione aritmetica. E la ragione di quella è evidentemente: $e^{-\frac{\pi}{L}b}$, quando la ragione di questa è b. Se si supponga che b sia eguale a $\frac{2L}{9}$, allora calcolando la ragione:

$$e^{-\frac{\pi}{L} \cdot \frac{2L}{9}} = e^{-\frac{2\pi}{9}},$$

trovasi molto approssimativamente la frazione $\frac{1}{2}$. Quindi per profondità che crescono successivamente di $\frac{1}{9}$ di $2L$, applicando la formula generale di un termine qualunque di una progressione geometrica, si ha $r_n = r\left(\frac{1}{2}\right)^n$, dove r_n rappresenta l'$(n+1)^{emo}$ raggio, incominciando a contare dall'r che corrisponde alla superficie libera;

3ª Il centro dell'orbita di una qualsiasi molecola trovasi al disopra della sua posizione in acqua calma di una quantità data da $\frac{\pi r_n^2}{2L}$, rappresentando r_n il raggio della stessa orbita;

4ª Finalmente (quale conseguenza delle due prime conclusioni) tutte le molecole d'acqua i cui centri di gravità, quando il mare è calmo, si trovano alla superficie libera, o in piani orizzontali, si dispongono invece, quando il mare diviene agitato, secondo superficie ondulate, tutte della stessa natura. Il loro profilo in direzione normale a quella di avanzamento dell'onda è trocoidale. Solo è da notarsi che per far corrispondere la cresta ed il fondo dell'onda al capo ed al piede del foglio sul quale il profilo stesso si vuol rappresentare, fa d'uopo che la direttrice rettilinea stia al disopra e l'epiciclo al disotto.

Il seguente disegno mostra come avvenga che per l'ammesso moto orbitale delle molecole la forma dell'onda si avanzi.

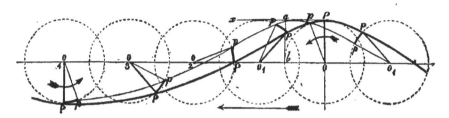

In esso $P, P, P \ldots$ rappresentano in un dato istante le posizioni di molecole equidistanti della superficie superiore, ed i cerchi su cui trovansi, di diametro eguale all'altezza dell'onda, mostrano le loro orbite. La curva che riunisce i punti $P, P, P \ldots$ è stata costruita col già indicato processo relativo alle trocoidi. Nello stesso disegno è riprodotta·la curva secondo cui si dispongono i punti $P, P, P \ldots$ dopo che hanno descritto nelle loro respettive orbite angoli eguali $POp, POp, POp, \ldots$; la quale curva è una nuova trocoide identica nella forma e grandezza alla prima, e solo differente in ciò che la sua cresta ed il suo fondo trovansi spostati sulla sinistra.

6ª Proposizione. — Le coordinate x ed y di un punto qualunque della trocoide $PPP \ldots$, prendendo per asse delle ascisse la tangente Px condotta per il suo culmine P (che si assumerà come origine delle coordinate), e per asse delle ordinate la Py perpendicolare al precedente asse, sono date da:

$$x = \frac{L}{\pi}(\pi - \theta') - r \, sen \, \theta'; \quad y = r + r \cos \theta',$$

nelle quali formule L ed r hanno il noto significato e θ' rappresenta l'arco di cui ha rotato il punto generatore quando occupa sulla trocoide la posizione che si considera.

Infatti, per il terzo punto P per esempio, contando dal fondo della curva si otterrà:

$$x_3 = Pa = Ob = OO_1 - O_1b = OO_1 - r \cos bO_1P.$$

Ora, a causa del significato dato di sopra alla lettera β, sarà:

$$OO_1 = \pi R - 3R\beta = R(\pi - 3\beta), \quad \text{ossia:} \quad OO_1 = \frac{L}{\pi}\left(\pi - 3\beta\right),$$

inquantochè $\pi R = L$.

L'arco che nel cerchio di raggio uno misura la rotazione fatta dal raggio generatore nel passare dalla posizione verticale O_4P all'altra O_1P, è evidentemente eguale a 3β, mentre l'arco che rimane a percorrere allo stesso raggio generatore per tornare nella posizione verticale successiva è misurato da: $\pi - 3\beta$; quindi l'angolo bO_1P ha per misura l'arco:

$$\frac{\pi}{2} - (\pi - 3\beta) = -\left(\frac{\pi}{2} - 3\beta\right), \quad \text{e perciò:} \quad \cos bO_1 P = \operatorname{sen} 3\beta.$$

Sostituendo i valori trovati nell'espressione d'x_3 si ha:

$$x_3 = \frac{L(\pi - 3\beta)}{\pi} - r \operatorname{sen} 3\beta.$$

Per l'ordinata y_3 si avrà:

$$y_3 = ab - Pb = r - r \operatorname{sen}\left\{-\left(\frac{\pi}{2} - 3\beta\right)\right\} = r + r \cos 3\beta.$$

Per le coordinate del secondo punto P, contando dal fondo della curva, si avrà:

$$x_2 = \frac{L(\pi - 2\beta)}{\pi} - r \operatorname{sen} 2\beta; \quad y_2 = r + r.\cos 2\beta,$$

ed in generale per il punto n^{emo} qualunque si avrà:

$$x_n = \frac{L(\pi - n\beta)}{\pi} - r \operatorname{sen}.n\beta, \quad y_n = r + r \cos n\beta.$$

Essendo state già rappresentate da x, y, le coordinate corrispondenti a questo punto qualunque, e da θ' l'arco $n\beta$, si avrà infine:

$$x = \frac{L(\pi - \theta')}{\pi} - r \operatorname{sen} \theta' \quad (1), \quad y = r + r \cos \theta'. \quad (2) \quad \text{C. S. D. D.}$$

Per passare ora a determinare le relazioni algebriche esistenti tra gli elementi dell'onda trocoidale ci è d'uopo premettere il seguente:

Lemma. — La superficie superiore dell'onda, e quelle sottostanti relative alle diverse serie di molecole, che in acqua calma trovansi in successivi piani orizzontali, sono in ogni punto normali alle direzioni delle risultanti delle forze esercitate nei punti stessi.

Ed invero, la forma e la direzione che le superficie citate acquistano, sono dovute appunto alle forze applicate, alle quali sono perciò in ogni punto normali. Se così non fosse, quelle forze farebbero scorrere le molecole le une rispetto alle altre; genererebbero in esse un moto relativo, e non sarebbe giunta la forma dell'onda a quel grado di permanenza che noi supponiamo.

7ª Proposizione. — Le condizioni di permanenza in un'onda trocoidale sono soddisfatte, quando il raggio dell'epiciclo serba al raggio dell'orbita circolare di ogni molecola lo stesso rapporto che l'accelerazione della gravità serba a quella della forza centrifuga, relativa alla molecola che si considera.

Ed infatti, se sussista la eguaglianza dei citati rapporti, il raggio verticale dell'epiciclo e quello dell'orbita circolare condotto al punto

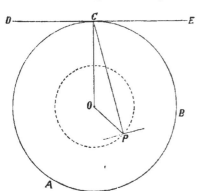

della trocoide che si considera, potranno essere presi rispettivamente come rappresentanti la gravità e la forza centrifuga, alle quali corrispondono già per la direzione; quindi la diagonale *PC* del parallelogramma su di esse costruite darà la risultante delle due forze, che sono sole ad animare la molecola. Ma tale risultante passando per il punto di tangenza dell'epiciclo colla retta direttrice e per il corrispondente punto della trocoide è, per un teorema della Geometria Descrittiva, normale alla trocoide in quel punto; d'altra parte per il Lemma testè riportato, allorquando ciò avvenga, la forma dell'onda è permanente; quindi è dimostrato l'enunciato della Proposizione.

8ª Proposizione. — La durata τ di una mezza oscillazione delle onde trocoidali è data da:

$$\tau = \sqrt{\frac{\pi L}{g}},$$

dove π e g hanno il consueto significato, cioè respettivamente quello del rapporto tra la circonferenza ed il diametro, e del grado di accelerazione della gravità.

Denotando v la velocità orbitale di ciascuna molecola della superficie superiore, si ha evidentemente: $v = \dfrac{\pi r}{\tau}$, poichè il moto è uniforme e si compie per mezza circonferenza nel tempo τ. La forza centrifuga della molecola stessa sarà perciò:

$$m \times \frac{\pi^2 r^2}{\tau^2} : r, \quad \text{ossia} \quad m \times \frac{\pi^2 r}{\tau^2},$$

essendo m la sua massa; quindi l'accelerazione ad essa forza dovuta sarà: $\dfrac{\pi^2 r}{\tau^2}$.

In virtù della precedente Proposizione si avrà: $R : r :: g : \dfrac{\pi^2 r}{\tau^2}$.

Da questa relazione ricavasi: $\tau = \pi \sqrt{\dfrac{R}{g}}$. Ma già sappiamo che $R = \dfrac{L}{\pi}$, quindi sostituendo si avrà: $\tau = \sqrt{\dfrac{\pi L}{g}}$. C. S. D. D.

9ª Proposizione. — La tangente dell'angolo θ'', che la tangente alla trocoide in un punto qualunque fa coll'asse delle x che passa per il culmine della curva, è data da:

$$tang \; \theta'' = \frac{r \; sen \; \dfrac{\pi t}{\tau}}{\dfrac{g\tau^2}{\pi^2} + r \; cos \; \dfrac{\pi t}{\tau}}.$$

Si consideri la figura della 7ª Proposizione; siccome si sa, per quanto in essa si è dimostrato, che la CP è normale alla tangente alla trocoide nel punto P, si avrà che l'angolo θ'' da questa formato con l'asse delle ascisse, il quale è parallelo alla direttrice che passa per C, sarà evidentemente eguale all'angolo OCP che ha i suoi lati respettivamente perpendicolari a quelli del precedente. D'altra parte sappiamo già (pag. 303) che l'angolo formato dal raggio OP con la verticale OC è misurato da $\pi - \theta'$; l'angolo CPO sarà dunque misurato da $\pi - (\pi - \theta') - \theta'' = \theta' - \theta''$. Ora, ricorrendo al teorema di Trigonometria, per il quale in un triangolo i lati stanno tra loro come i seni degli angoli opposti, si avrà:

$$CO : OP :: sen\,(\theta' - \theta'') : sen\,\theta'',$$

ossia: $\qquad R : r :: (sen\,\theta'\,cos\,\theta'' - cos\,\theta'\,sen\,\theta'') : sen\,\theta'',$

da cui ricavasi: $\quad R = r\,sen\,\theta'\,cot\,\theta'' - r\,cos\,\theta',$

e perciò: $\quad R + r\,cos\,\theta' = r\,sen\,\theta'\,cot\,\theta'' = \dfrac{r\,sen\,\theta'}{tang\,\theta''}.$

Da questa equazione deducesi:

$$tang\,\theta'' = \frac{r\,sen\,\theta'}{R + r\,cos\,\theta'}.$$

Si sostituisca $\dfrac{\pi t}{\tau}$ a θ', come risulta chiaramente dall'osservare che si ha: $t : \tau :: \theta' : \pi$, ed in luogo di R si ponga $\dfrac{g\tau^2}{\pi^2}$, come ricavasi dalla dimostrazione fatta per la precedente Proposizione, allora si avrà:

$$tang\,\theta'' = \frac{r\,sen\,\dfrac{\pi t}{\tau}}{\dfrac{g\tau^2}{\pi^2} + r\,cos\,\dfrac{\pi t}{\tau}}. \qquad \text{C. S. D. D.}$$

Nel punto in cui il profilo della trocoide presenta un'inflessione, cioè quando $\theta' = \dfrac{\pi}{2}$, si ha: $tang\,\theta'' = \dfrac{r}{R} = \dfrac{\pi r}{L}.$

Supponendo $\dfrac{r}{L} = 0,05$, valore che pur si riscontra in pratica, si avrebbe: $\theta'' = 8°\,55'.$

10ª Proposizione. — La tangente della massima inclinazione θ''' della trocoide all'asse delle x, è data da:

$$tang\,\theta''' = \frac{\dfrac{\pi r}{L}}{\sqrt{1 - \left(\dfrac{\pi r}{L}\right)^2}}$$

e corrisponde al punto della trocoide stessa pel quale si ha:

$$sen\,\theta' = \sqrt{1 - \left(\frac{\pi r}{L}\right)^2}.$$

Si riprenda l'espressione trovata nella precedente Proposizione, cioè:

$$tang\,\theta'' = \frac{r\,sen\,\theta'}{R + r\,cos\,\theta'},$$

ponendo mente che R è maggiore di r, e si faccia $r\,sen\,\theta' = \mu$, e $tang\,\theta'' = \nu$. La detta espressione si cambia nella seguente:

$$\nu = \frac{\mu}{R + \sqrt{r^2 - \mu^2}},$$

dalla quale facilmente si passa all'equazione:

$$R\nu + \nu\sqrt{r^2 - \mu^2} = \mu,$$

e poscia all'altra:

$$\nu\sqrt{r^2 - \mu^2} = \mu - R\nu.$$

S'innalzino al quadrato i due membri, e si avrà:

$$\nu^2(r^2 - \mu^2) = \mu^2 - 2R\mu\nu + R^2\nu^2.$$

Trasportando alcuni termini, e semplificando, si ha la seguente equazione di 2° grado:

$$\mu^2(1 + \nu^2) - 2R\nu.\mu + \nu^2(R^2 - r^2) = 0,$$

la quale, risoluta col noto metodo dell'Algebra, dà:

$$\mu = \frac{2R\nu \pm \sqrt{4R^2\nu^2 - 4(1 + \nu^2)(R^2 - r^2)\nu^2}}{2(1 + \nu^2)} =$$

$$= \frac{R\nu \pm \sqrt{R^2\nu^2 - R^2\nu^2 + \nu^2 r^2 - R^2\nu^4 + r^2\nu^4}}{1 + \nu^2} =$$

$$= \frac{R\nu \pm \nu\sqrt{-R^2\nu^2 + r^2 + r^2\nu^2}}{1 + \nu^2}. \qquad (1)$$

Perchè questa espressione dia un valore reale per μ, o per *sen* θ', come deve essere per la natura della questione, fa d'uopo che si abbia:

$r^2 + r^2\nu^2 \geqq R^2\nu^2$, oppure: $r^2 \geqq R^2\nu^2 - r^2\nu^2$, ossia: $r^2 \geqq \nu^2(R^2 - r^2)$; da cui deducesi, che per essere reale il valore di μ deve aversi:

$$\nu^2 \leqq \frac{r^2}{R^2 - r^2}, \quad \text{ossia:} \quad \nu \leqq \frac{r}{\sqrt{R^2 - r^2}},$$

che è quanto dire:

$$tang\ \theta'' \leqq \frac{r}{\sqrt{R^2 - r^2}}.$$

Deducesi dunque, che tutto al più il valore che potrà assumere *tang* θ'' sarà eguale a: $\frac{r}{\sqrt{R^2 - r^2}}$, il quale sarà perciò il massimo. Sarà quindi:

$$tang\ \theta''' = \frac{r}{\sqrt{R^2 - r^2}} = \frac{r}{R} : \sqrt{1 - \frac{r^2}{R^2}}.$$

Sostituendo $\frac{L}{\pi}$ a R, si avrà:

$$tang\ \theta''' = \frac{\pi r}{L} : \sqrt{1 - \left(\frac{\pi r}{L}\right)^2}.$$

Il valore di θ' a cui corrisponde questo massimo si ricava dall'equazione (1), quando si supponga nullo il radicale del secondo membro, come difatti esso è a causa dell'eguaglianza: $v = \frac{r}{\sqrt{R^2 - r^2}}$. Si ha allora:

$$\mu = \frac{Rv}{1 + v^2};$$ sostituendo: $r\ sen\ \theta'$ al μ, e $\frac{r}{\sqrt{R^2 - r^2}}$ al v, si ottiene:

$$r\ sen\ \theta' = \frac{Rr}{\sqrt{R^2 - r^2}} : \left(1 + \frac{r^2}{R^2 - r^2}\right) =$$

$$= \frac{Rr\sqrt{R^2 - r^2}}{R^2} = \frac{r\sqrt{R^2 - r^2}}{R},$$

da cui deducesi:

$$sen\ \theta' = \sqrt{1 - \frac{r^2}{R^2}} = \sqrt{1 - \left(\frac{\pi r}{L}\right)^2}. \quad \text{C. S. D. D.}$$

Siccome in generale la frazione $\frac{\pi r}{L}$ è piccolissima, il *sen* θ' poco differisce dall'unità, e quindi il θ' non si discosta molto dal valore $\frac{\pi}{2}$; perciò può dirsi che la massima inclinazione della trocoide corrisponde quasi al punto d'inflessione, o meglio, che se ne trova poco al disotto.

11ª Proposizione. — La velocità con cui l'onda si avanza, che diremo V, è data da $\frac{g\tau}{\pi}$, e l'altra v con cui le molecole della superficie superiore si muovono nelle loro orbite circolari, è data da $V \, tang \, \theta''$, intendendo per θ'' l'angolo che con l'asse delle ascisse fa la tangente alla trocoide nel punto d'inflessione.

Sappiamo infatti che la forma dell'onda, nell'avanzarsi, per percorrere con moto uniforme la lunghezza L impiega il tempo τ; quindi si ha: $V = \frac{L}{\tau}$. Sostituendo il noto valore di L in funzione di τ, cioè: $\frac{g\tau^2}{\pi}$, si ha: $V = \frac{g\tau}{\pi}$.

Sappiamo altresì che $v = \frac{\pi r}{\tau}$, quindi in luogo di πr ponendo $tang \, \theta'' \cdot \frac{g\tau^2}{\pi}$, come ricavasi facilmente dalla deduzione fatta con la 9ª Proposizione per il valore $\theta' = \frac{\pi}{2}$, cioè: $tang \, \theta'' = \frac{\pi r}{L} = \pi r : \frac{g\tau^2}{\pi}$ si ha: $v = \frac{g\tau \times tang \, \theta''}{\pi}$, ed a $\frac{g\tau}{\pi}$ sostituendo V, come si è trovato poc'anzi, si ricava $v = V \times tang \, \theta''$.   C. S. D. D.

12ª Proposizione. — La risultante, che diremo p', delle forze che animano ciascuna molecola d'acqua, di peso p, è data da:

$$p' = p \sqrt{1 + \left(\frac{\pi r}{L}\right)^2 + \frac{2\pi r}{L} cos \frac{\pi l}{\tau}}.$$

Infatti la figura della pag. 304 dà: $p : p' :: CO : PC$, da cui deducesi: $p' = p \cdot \frac{PC}{CO}$.   (1)

Ora per la relazione esistente tra i lati di un triangolo qualunque, si ha nel nostro caso per PC il seguente valore, cioè:

$$PC = \sqrt{OC^2 + OP^2 - 2OC \times OP \, cos \, POC} =$$
$$= OC \sqrt{1 + \left(\frac{OP}{OC}\right)^2 - 2\frac{OP}{OC} \, cos \, POC}.$$

Essendo $OC = R = \frac{g\tau^2}{\pi^2}$ ed $OP = r$, al rapporto $\frac{OP}{OC}$ può sostituirsi $\frac{\pi^2 r}{g\tau^2}$; inoltre all'angolo POC sappiamo già potersi sostituire

$\pi - \theta' = \pi - \frac{\pi t}{\tau}$; il valore quindi di PC sarà dato da:

$$PC = OC \sqrt{1 + \left(\frac{\pi^2 r}{g\tau^2}\right)^2 + 2\frac{\pi^2 r}{g\tau^2} \cos\frac{\pi t}{\tau}},$$

oppure, ponendo L il luogo di $\frac{g\tau^2}{\pi}$, da:

$$PC = OC \sqrt{1 + \left(\frac{\pi r}{L}\right)^2 + 2\frac{\pi r}{L} \cos\frac{\pi t}{\tau}}.$$

Sostituendo questo valore nella espressione (1), si ha:

$$p' = p \sqrt{1 + \left(\frac{\pi r}{L}\right)^2 + \frac{2\pi r}{L} \cos\frac{\pi t}{\tau}}. \qquad \text{C. S. D. D.}$$

Evidentemente il p' varia per una stessa molecola da un istante all'altro, avendo il massimo valore per $\cos\frac{\pi t}{\tau} = 1$, ossia per $t = 0$, che è corrispondente al fondo dell'onda, ed il minimo valore per $\cos\frac{\pi t}{\tau} = -1$, ossia per $t = \tau$, che corrisponde alla cresta dell'onda stessa. Questo risultato era da attendersi, poichè, nel fondo dell'onda, la forza dovuta all'inerzia esercitata da una molecola sulle altre vicine nel suo moto orbitale, agisce nel medesimo senso della gravità, mentre sulla cresta le due forze sono contrarie.

Le espressioni massima e minima di p', sono dunque date respettivamente da:

$$p' = p \sqrt{1 + \left(\frac{\pi r}{L}\right)^2 + \frac{2\pi r}{L}}; \quad p' = p \sqrt{1 + \left(\frac{\pi r}{L}\right)^2 - \frac{2\pi r}{L}}.$$

Supponendo $\frac{r}{L} = 0,05$, che sembra essere stato il massimo rapporto rilevato dagli osservatori, si ha per l'una espressione:

$$p' = p \times 1,157, \quad \text{e per l'altra:} \quad p' = p \times 0,843.$$

Evidentemente, quanto più piccolo è il rapporto $\frac{\pi r}{L}$, tanto meno differiscono i valori estremi di p' da quello di p.

Le misure delle grandi onde, rilevate con appositi mezzi, hanno mostrato non essere discordi sensibilmente dal vero i risultati che si ottengono colle formule sin qui riportate per le relazioni tra i diversi elementi dell'onda. Questo fatto, insieme all'altro, che il fenomeno dell'avanzamento della forma dell'onda può riprodursi, a scopo di dimostrazione, come ha fatto il White, con apparecchi dotati degli stessi movimenti, da cui nelle precedenti ricerche si sono supposte animate le molecole dell'acqua, questo fatto, diciamo, induce ad assegnare un certo grado di fiducia alle ipotesi che abbiamo di sopra riportate, quali basi della teoria delle speciali onde di cui ci siamo occupati.

Le osservazioni sulle onde sono state ripetute su vasta scala in questi ultimi anni dalle marine da guerra con mezzi e procedimenti diversi: i loro particolari riguardano i naviganti, quindi su di essi non c'intratterremo, e ci limiteremo solo a fare un voto: cioè che si continui con alacrità sulla via intrapresa, poichè le informazioni che si potranno raccogliere saranno di grande interesse ed utilità per gl'ingegneri navali.

Possiamo intanto riassumere i risultati più noti delle osservazioni fatte sin quì.

Le velocità di avanzo della forma dell'onda (sin quì misurate) sono state di 17 nodi all'ora per onde di 64 metri di lunghezza; di 27 nodi per onde di 122 metri; e di 32 nodi per onde di 183 metri di lunghezza.

Le maggiori lunghezze sinora riscontrate, tranne alcune eccezionalissime, sono da 180 a 220 metri. Similmente le maggiori altezze notate, per una semplice serie di onde e quando queste non corrano a traverso di una costa o non passino sopra una roccia isolata, in modo da dar luogo ad una grande elevazione locale di livello, fatta per esse parimenti astrazione da alcune eccezionali, sono da 8 a 9 metri, o poco più.

La durata τ, che è un elemento caratteristico delle onde, varia secondo i mari, e giunge sino a 10 ed 11 secondi. E bene a ragione il Berlin si augurò che potesse formarsi, mercè ripetute osservazioni, una carta geografica dell'insieme dei mari del globo, la quale fornisse per ogni loro regione il valore medio della durata delle onde, e quello limite verso cui questa tende, quando il vento è forte. Il Parìs, accuratissimo e zelantissimo osservatore, è stato in grado di poter stabilire la seguente tavola:

INDICAZIONE DELLE REGIONI	Semi-durata media τ
Atlantico (regione dei venti alisei)	2″, 90
Atlantico meridionale (regione dei venti di ponente). . .	4″, 75
Oceano indiano meridionale (regione dei venti di levante).	3″, 80
Oceano indiano (regione dei monsoni)	3″, 80
Mari della China e del Giappone	3″, 45
Oceano Pacifico occidentale	4″, 10

Sono stati osservati periodi 2τ di 20 secondi ed anche più, ma tali periodi, che corrispondono a lunghezze di 600 metri, debbono essere classificati, come le altezze di 10 a 12 metri e le inclinazioni superiori a 9 gradi, tra i fenomeni eccezionalissimi.

Il rapporto tra l'altezza $2h$ e la lunghezza $2L$ non oltrepassa mai 0,05, secondo la più parte degli osservatori; i quali vanno altresì d'accordo nel reputare che col crescere le lunghezze questo rapporto diminuisce.

Sebbene non sia stata accettata nessuna teoria sul modo di generarsi delle onde, e la più gran parte degli autori, come abbiamo detto, non ne abbiano fatto ricerca, tuttavia alcuni francesi, benemeriti studiosi delle numerose osservazioni eseguite in alto mare, han creduto di poter stabilire delle relazioni empiriche tra la velocità del vento, a cui attribuiscono naturalmente la causa delle onde, e le dimensioni di queste.

L'ammiraglio Coupvent Desbois ammette che il cubo dell'altezza delle onde sia proporzionale al quadrato della velocità del vento. L'ufficiale Paris stabilisce che la velocità del vento è eguale alla seconda potenza della velocità dell'onda (ambedue le velocità essendo espresse in metri) moltiplicata per 0,073; talchè, per la relazione esistente tra le quantità V ed L dell'onda, si ha che la velocità del vento è eguale a $0,115 \times 2L$. L'ingegnere Antoine, ammettendo vera la legge del Desbois, chiamando w la velocità del vento, ed esprimendo in metri le quantità lineari, stabilisce:

$$2h = 0,75\ w^{\frac{2}{3}}\ (1), \quad 2L = 30w^{\frac{1}{2}}\ (2), \quad 2\tau = 4,4w^{\frac{1}{4}}\ (3),$$
$$V = 6,9w^{\frac{1}{4}}\ (4).$$

Le costanti delle equazioni (1) e (4) l'Antoine le ha ricavate dall'analisi di numerose osservazioni; quelle delle equazioni (2) e (3) sono dedotte dalla (4) per mezzo di alcune delle relazioni stabilite colle Proposizioni dimostrate in questo Capitolo. Egli più recentemente ha manifestato l'opinione che il prodotto della lunghezza di un'onda per la sua altezza sia proporzionale all'espressione $w^{\frac{11}{12}}$.

Avendo sin qui esaminato sommariamente il carattere e le proprietà di speciali onde, di quelle cioè più importanti ed in pari tempo più suscettibili di esame, ci conviene ora considerare in maniera egualmente sommaria i moti, che in mezzo ad esse onde prendono le navi, ed in particolar maniera i barcollamenti.

Alla causa generale a cui debbono attribuirsi le oscillazioni dei bastimenti in acqua calma, cioè l'inerzia delle loro masse, se ne aggiunge un'altra speciale in questo caso, dovuta al fatto che le spinte esercitate dal mare agitato sulla parte immersa dello scafo cambiano di direzione e d'intensità da un istante all'altro con l'avanzarsi della forma dell'onda, appunto come avviene, secondo quanto abbiamo veduto, della risultante delle forze che animano ciascuna delle molecole liquide di cui la carena occupa il posto; le quali spinte, essendo normali nei diversi punti alla superficie trocoidale che passa per essi, non sono verticali. Ritenendo come posizione di equilibrio istantaneo del bastimento sulle onde (circa il moto rotatorio) quella per la quale il momento di tutte le forze esterne è nullo, ed è perciò nulla l'accelerazione della velocità angolare, questa posizione cambia da un istante all'altro volgendosi, ora in un senso, ora nell'altro, come fanno le forze a cui quel momento è dovuto. Il bastimento per la sua inerzia non può adattarsi alle posizioni che così si succedono; ne oltrepassa ognuna per ritornarvi e prendervi intorno un movimento proprio, che diverrebbe quello di un pendolo ordinario, se, ad un dato istante, la posizione di equilibrio, restasse immobile in una certa direzione. Si può dunque considerare il barcollamento effettivo delle navi come risultante dalla combinazione di un barcollamento della posizione di equilibrio e di uno proprio del bastimento. Il primo dipende dalle onde; il secondo dall'inerzia delle masse del bastimento stesso.

Per meglio chiarire che cosa s'intenda per il primo barcollamento, supponiamo un corpo galleggiante a fior d'acqua di pochissima altezza, una tavola, e così piccola che gli effetti dell'inerzia ne siano inapprezzabili, talchè acquisti solo i movimenti che gl'imprimono le forze dovute al fluido circostante, i quali differiscono insensibilmente da quelli che possederebbero le molecole fluide di cui essa occupa il posto. Le forze esterne che l'animano, possono assumersi, per la sua piccolezza, senza grave errore, eguali e parallele; perciò la loro risultante può ammettersi eguale alla loro somma, e di direzione normale al punto della superficie trocoidale superiore che corrisponde al mezzo del galleggiante stesso; quindi ogni qualvolta il galleggiante ha il suo asse sulla detta normale, è nullo il momento delle forze esterne, ed esso non è sottoposto a nessuna causa che tende ad allontanarlo da quella posizione, poichè mancano gli effetti dell'inerzia. Se pure nel primo istante la indicata coincidenza non esistesse, si produrrebbe ben presto per l'azione della stessa risultante delle forze esterne. Risulta dunque chiaramente che le normali condotte per i diversi punti della superficie trocoidale superiore, rappresentano le direzioni nelle quali si dispone l'asse del galleggiante negli istanti successivi, adattandosi così a quelle che abbiamo chiamato posizioni di equilibrio. Il galleggiante in tal modo eseguisce delle oscillazioni di durata τ, per le quali dall'avere verticale il suo asse sulla cresta dell'onda, tornerebbe ad averlo tale nel fondo di questa dopo un tempo τ.

Si consideri d'altra parte una strettissima tavola, pur dotata di inerzia inapprezzabile, posta di canto nell'acqua scendendovi ad una certa profondità. Questa tavola, per il fatto che attraversa strati d'acqua a differenti profondità, risente da parte di questo liquido azioni differenti in intensità ed in direzione da quelle da cui abbiamo detto essere animata la tavola galleggiante alla superficie superiore; avrà la sua posizione di equilibrio istantaneo diversa da quella di detto galleggiante. E tale posizione varierà negl'istanti successivi, come varia la direzione che prendono e la forma secondo cui si dispongono le colonne di molecole che erano verticali in acqua calma, il moto

·delle quali essa tenderà a seguire per la supposta mancanza d'inerzia. Quindi anche questa tavola avrà tendenza ad eseguire moti oscillatori, che saranno eguali a quelle che compiono le dette colonne di molecole.

In un vero bastimento, ben diverso naturalmente dai corpi considerati nei due casi limiti testè indicati, non è facile determinare la direzione della retta che rappresenta successivamente la posizione che dovrebbe occupare l'asse del bastimento per corrispondere alla posizione di equilibrio istantaneo; o in altri termini non si sa determinare la natura e la posizione della superficie ondulata, di cui le normali nei diversi punti rappresentano le posizioni successive di equilibrio, superficie che è stata chiamata di *effettivo pendio.* Ed invero il bastimento occupa una certa estensione sul profilo di un'onda, ed attraversa differenti sotto-superficie; quindi le spinte dell'acqua sono sensibilmente diverse, in un medesimo istante, sia nella direzione, sia nell'intensità, non solo su di una stessa superficie trocoidale, ma ben anche nelle sottostanti. Qualunque però possa essere la superficie di effettivo pendio, quando il bastimento per velocità acquistata dalle sue diverse parti, o per un'altra causa qualunque, trovasi distante dalla posizione di equilibrio istantaneo, il momento rispetto all'asse passante per il centro di gravità del bastimento che tende a ritornarlo in quella posizione, è dato dal prodotto della risultante delle spinte suddette per il suo braccio di leva, il quale ha per espressione $(\rho - a)\, sen\, (\theta - \theta')$, rappresentando $\rho - a$ l'altezza metacentrica al disopra del centro di gravità, e θ e θ' gli angoli che con la verticale fanno respettivamente l'asse del bastimento posto sul piano diametrale e passante per il centro di gravità, e la direzione della risultante delle spinte del fluido. Ciò facilmente si ottiene considerando il triangolo rettangolo formato dalle due prime rette e dalla perpendicolare dal centro di gravità abbassata sulla detta risultante.

.Ma a modificare il moto di barcollamento dovuto alle cause accennate, concorrono la resistenza, chiamata *passiva*, con la quale l'acqua si oppone ai moti che il bastimento prende rispetto alla posizione di equilibrio, e la resistenza, che il Bertin, per distinguerla dalla precedente, ha denominata *attiva*. Quest'ultima è dovuta al moto relativo dell'acqua rispetto alla carena, o in altri termini a ciò, che la massa fluida, della quale il bastimento prende il posto, cambia di

forma con l'avanzarsi delle onde, mentre il bastimento essendo corpo
solido le sue parti non possono acquistare il moto impresso loro dal-
l'acqua che le circonda; esso contraria dunque questo moto, e si trova
sottomesso ad una forza simile alla resistenza che manifesterebbe se
dovesse cambiare di forma nell'interno di una massa liquida in riposo. La forza così prodotta dalla deformazione dell'acqua, e repartita
su tutta la superficie della carena, tende costantemente ad imprimere
alla nave un certo moto. Giova però notare che sulla rotazione di quest'ultima il momento di tale resistenza non spiega grande influenza,
dappoichè esso risulta di momenti di segno contrario, come chiaro ap-
parisce osservando che le file di molecole che erano orizzontali e verticali in acqua calma, si volgono in direzioni opposte quando il mare
è divenuto agitato. Di più esso ha evidentemente tanto minore importanza, quanto più piccolo è il bastimento. In ogni caso volendo tener
conto di questa nuova causa che concorre nel barcollamento, la quale
a vero dire non fa che modificare l'azione delle spinte dell'acqua
sulla carena, è conveniente di classificarla, quale una resistenza, seguendo ciò che hanno fatto alcuni autori.

Ciò che abbiamo accennato sin qui mostra quanto sia difficile il
poter stabilire rigorosamente il problema meccanico del moto oscillatorio delle navi in mezzo alle onde; il quale problema consiste
nell'eguagliare il momento effettivo che produce l'oscillazione al momento delle forze d'inerzia delle masse del bastimento, ossia nell'eguagliare il primo al prodotto del momento d'inerzia per l'accelerazione
nella velocità angolare, onde giungere poscia col mezzo del Calcolo
Superiore ad ottenere in ogni istante il valore dell'ampiezza del-
l'oscillazione.

Gli autori che han preso a trattare il problema dei barcollamenti
in mare agitato hanno supposto che la nave sia senza velatura, ed
hanno dovuto scevrarlo dapprima dalla considerazione della resistenza
passiva dell'acqua, (la quale, come è facile comprendere, deve esercitare una grandissima influenza), per tenerne conto in seguito; han
dovuto trascurare la resistenza attiva e la variabilità che nel valore
dell'altezza metacentrica si produce col cambiare la inclinazione del
bastimento; la quale inclinazione sono stati indotti a ritenere tanto
piccola da poter sostituire l'arco, che la misura, al suo seno; han
dovuto finalmente ammettere che l'asse di rotazione rimanesse inva-

riabile, e che il bastimento fosse fermo ed a traverso della direzione secondo cui l'onda si avanza.

Il Froude, nell'iniziare i suoi studî sulle oscillazioni in mare agitato, ha di più ammesso costante il valore della spinta del liquido in ogn'istante, trascurando le variazioni (non molto sensibili invero) che abbiamo veduto produrvisi; ha supposto il bastimento così piccolo rispetto all'onda, da poter considerare che le spinte, le quali in ogni punto e nello stesso istante ne animano la carena, siano così poco differenti tra loro non solo in intensità, ma anco in direzione, da potere reputare che la loro risultante sia eguale al peso del bastimento ed abbia la sua direzione secondo la normale alla superficie libera dell'onda nel punto di mezzo della porzione che ne occupa il galleggiamento. Egli ha posteriormente apprezzato l'influenza che la diversa inclinazione delle superficie trocoidali sottostanti alla superiore, esercita sulla direzione della spinta risultante. Infatti egli ha dichiarato che la superficie rispetto alla quale deve essere normale l'asse del bastimento perchè sull'onda non esista tendenza al barcollamento, cioè la *superficie effettiva dell'onda* o di *effettivo pendio*, è ben diversa da quella libera, ed anche dall'altra che passa per il centro di carena, la quale per un certo tempo egli era stato indotto ad ammettere come la dominatrice della posizione di equilibrio. Ha però sempre accettato per il profilo dell'onda la forma sinusoidale, che differisce alquanto dalla trocoidale, sebbene non in modo pronunciato.

Il Rankine ha fatto solo una parte delle ipotesi del Froude, poichè ha tenuto conto della variabilità della spinta delle molecole in funzione del tempo. E per porre a calcolo in certo modo l'influenza dovuta al fatto che il bastimento s'immerge ad una certa profondità nell'acqua, traversando superficie trocoidali, diversamente inclinate, egli, oltre al considerare le spinte dovute alla superficie libera, ha preso in esame l'effetto dovuto alla tendenza di movimento che le colonne di molecole, che sono verticali in acqua calma, hanno in mare agitato.

Finalmente il Bertin, riconoscendo, come gli autori precedenti, le differenti condizioni in cui trovasi un piccolissimo galleggiante da un vero bastimento, il quale si estende sensibilmente nel senso del profilo dell'onda ed in quello della profondità del mare, ha, come loro, considerato dapprima un galleggiante piccolissimo rispetto alle onde.

Ha poscia trovato, in funzione delle dimensioni principali del bastimento e delle onde, le espressioni generali di tre coefficienti per i
quali deve essere moltiplicata l'inclinazione della superficie libera
dell'onda nel punto in cui può trovarsi l'asse del bastimento.

Il primo coefficiente è destinato a tener conto della minore inclinazione che la risultante delle spinte dell'acqua, per l'estensione di
una data porzione di superficie trocoidale, ha rispetto alla più inclinata tra le spinte componenti.

Il secondo coefficiente ha per iscopo di valutare la circostanza per
la quale le superficie trocoidali sottostanti a quella libera non sono
a questa parallele, ma hanno inclinazioni sempre minori col crescere
della loro profondità.

Il terzo coefficiente finalmente è destinato a tener conto del fatto
che le spinte ai diversi punti di una stessa superficie trocoidale essendo variabili da un punto all'altro, e maggiori al fondo dell'onda
che alla cresta, il punto di applicazione della risultante· delle spinte
esercitate sulla massa d'acqua spostata, non corrisponde al centro di
gravità di questa, ma bensì ad un punto più basso.

Le conclusioni delle ricerche teoriche del Rankine sono le seguenti:

1° Che se la durata T delle oscillazioni proprie del bastimento
in acqua calma sia eguale alla durata τ delle oscillazioni delle onde,
il bastimento, posto di traverso a queste, dopo un tempo relativamente breve si rovescerebbe, se non fosse per la resistenza dell'acqua.
Su questa notevolissima conclusione, concordano tutti gli autori.

2° Che se un bastimento avesse la durata T pressochè eguale a
zero, ciò che non potrebbe avvenire che per una inerzia quasi nulla,
o per un momento di stabilità immensamente grande, o per la coesistenza dell'una e dell'altra circostanza, le oscillazioni in mezzo alle
onde si farebbero con una durata eguale a τ, e le inclinazioni che
il bastimento prenderebbe, sarebbero eguali a quelle della normale
alla superficie effettiva dell'onda. A questa conclusione era pervenuto
anche il Froude.

3° Che se un bastimento avesse invece T grandissimo rispetto
a τ, ciò che non potrebbe avvenire se non per un momento d'inerzia
immensamente grande, o per una stabilità piccolissima, o finalmente
per il concorso dell'una e dell'altra circostanza, il bastimento farebbe

le sue oscillazioni colla durata T, e quindi più lentamente delle onde. Esso, per il passaggio di queste ultime, si disturberebbe poco, e rimarrebbe col suo ponte quasi orizzontale:

4° Che se un bastimento pervenga ad eseguire oscillazioni *permanenti*, cioè con una massima ampiezza costante, e sia in pari tempo forzato a compierle con durata τ (come è possibile che avvenga collo stare esso lungamente esposto all'azione di una adattata serie semplice di onde, dalle quali sia incontrato la prima volta in determinata maniera) e sia $\dfrac{T}{\tau} = \sqrt{2}$, il massimo barcollamento sarà eguale alla massima inclinazione dell'onda. Il bastimento barcollerà contro le onde, come una tavola posta di canto nell'acqua, e sarà dritto quando il fondo o la cresta dell'onda vi passa sotto.

Che se il rapporto $\dfrac{T}{\tau}$ si allontani dall'eguagliare $\sqrt{2}$, diventando maggiore, e perciò T sia sempre più grande di τ, il massimo sbandamento diventerà ognora più piccolo del massimo pendio dell'onda, ed il bastimento sarà dritto dopo che il fondo o la cresta dell'onda l'avrà oltrepassato.

Che se invece il detto rapporto sarà minore di $\sqrt{2}$, ma sempre maggiore di uno, e quindi T divenga ognor più piccolo rispetto a τ, il massimo sbandamento diventerà sempre più grande del massimo pendio dell'onda, ed il bastimento sarà dritto prima che il fondo o la cresta dell'onda vi passi sotto.

Delle conclusioni testè enumerate non è difficile rendersi conto con un ragionamento indipendente dalle dimostrazioni fondate sui teoremi della Meccanica, prendendo in esame il modo e l'ordine secondo cui si succedono le inclinazioni del bastimento dovute all'inerzia delle sue masse, e quelle generate dall'onda, o meglio il loro modo di accordarsi o contrariarsi, il predominare delle une sulle altre.

D'altra parte con una esperienza semplicissima, che fu già eseguita dal Rankine e dal White, si riesce ad illustrare facilmente l'influenza che hanno sul barcollamento delle onde le variazioni nelle durate T e τ. Si abbia un pendolo con un disco molto pesante, le cui oscillazioni abbiano una durata eguale a τ, ed alla cui estremità inferiore ne sia sospeso un secondo semplice, e di peso quasi trascurabile rispetto a quello del primo. Se questo verrà posto in moto, lo si vedrà oscillare di un angolo quasi costante, malgrado che porti unito il secondo pendolo, poichè questo non spiega influenza sul primo, il quale per ipotesi è dotato di molta inerzia; e se lo stesso primo pendolo sia tolto di quantità conveniente dalla posizione dritta, si osserverà che l'angolo costante di oscillazione a dritta ed a sinistra della verticale è eguale al pendio massimo dell'onda. Si faccia ora in modo che i due pendoli abbiano tanto le lore lunghezze, quanto le durate delle loro oscillazioni, eguali tra loro; in queste condizioni se il pendolo composto sia messo in moto, e quello superiore percorra un piccolo arco, si troverà che l'inferiore, per gl'impulsi sincronizzanti che dal primo riceve, è costretto ad oscillare di angoli molto grandi. Si sostituisca poscia il pendolo inferiore con altro che paragonato al superiore abbia grande lunghezza e grande valore per T, si vedrà che esso rimane quasi sempre in linea verticale, mentre il pendolo superiore oscilla. Finalmente si dia al pendolo inferiore piccolissima lunghezza e piccolo valore per T, si osserverà che esso si manterrà quasi sempre sul prolungamento del pendolo superiore, quando questo oscilla.

Il Froude dalle sue ricerche teoriche deduce altresì che se le oscillazioni della nave non sincronizzino con quelle delle onde, nè siano permanenti, subiranno sempre delle· fasi periodiche. Ciò è quanto dire che a determinati e regolari intervalli si producono eguali inclinazioni rispetto alla verticale, e che l'ampiezza delle oscillazioni comprese in ogni serie cresce gradatamente dalla minima alla massima, raggiunta la quale andrà di nuovo diminuendo. Egli trova che il tempo nel quale si svolge una fase dipende dal rapporto tra i valori di T e di τ, poichè è data da $2qT$, se $\dfrac{p}{q}$ rappresenta la frazione $\dfrac{T}{\tau}$ ridotta ai minimi termini.

Le conclusioni di sopra riportate non sono invalidate per la massima parte dall'osservazione dei fatti per ciò che riguarda la loro qualità; solo si sono riconosciute modificate nella quantità per effetto della resistenza dell'acqua.

Ed è da notarsi che gli autori citati ed altri han preso in considerazione gli effetti della resistenza dell'acqua sulle oscillazioni, valutandone però l'espressione nei modi diversi indicati a pagg. 192 e 193.

I risultati teorici da essi ottenuti sono naturalmente differenti, come lo sono le leggi da ciascuno di loro ammesse per la resistenza dell'acqua; tutti però concordano nel porre in evidenza, cosa molto naturale del resto, che la resistenza dell'acqua non giunge ad annullare le oscillazioni in mare agitato, come fa per quelle in acqua calma, ma bensì ne limita le ampiezze. Quindi può benissimo assumersi che l'effetto della resistenza dell'acqua equivalga a diminuire il pendio effettivo dell'onda, che regola e domina il barcollamento.

Non deve del resto recare meraviglia quanto abbiamo detto circa il modo di corrispondersi dei fatti con i risultati teorici dei barcollamenti, poiche esaminando una ad una le ipotesi generalmente ammesse nelle ricerche teoriche, ed enumerate a pagg. 346 e 317, scorgesi come non debbano condurre ad errori sensibili per ciò che riguarda la natura delle conclusioni da esse dedotte.

Ed infatti, basta tener conto: della influenza già accennata, che sulla resistenza attiva esercita la tendenza contraria degli strati che sono orizzontali o verticali in acqua calma; del valore non elevato degli angoli, siano pur relativamente grandi, dalle navi descritti ordinariamente nell'oscillare; della piccolezza degli angoli che le onde fanno coll'orizzonte; e finalmente della grandezza ordinaria dei bastimenti rispetto alle grandi onde.

Le prescrizioni a cui conducono le ricerche sin qui fatte sulle oscillazioni delle navi riguardano il marino ed il costruttore.

Il primo dovrà procurare di cambiare la durata dell'oscillazione dell'onda rispetto a quella del bastimento, variando perciò la rotta di questo, nonchè la sua velocità, quando avvenga che vi sia eguaglianza tra T e τ.

Quanto al costruttore, emerge dalle conclusioni che abbiamo enumerate, come egli, affine di evitare le grandi ampiezze di oscillazioni, in special modo nei bastimenti sforniti dell'appoggio nell'aria, che è prodotto dalla velatura, dovrà prima di ogni cosa attenersi ad aumentare quanto più possa la resistenza dell'acqua. E ciò con adattate forme della carena, e (meglio ancora) coll'aggiunzione di sporgenze o chiglie laterali, le quali chiglie dovranno avere grande altezza ed essere collocate in tale posizione che non siano esposte ad uscire dall'acqua nell'oscillare del bastimento, e dovranno essere messe solo nella parte centrale della lunghezza della carena, perchè non abbiano

21

ad alterare le forme delle sue estremità, che tanta influenza hanno sul cammino della nave. Le esperienze fatte dalle diverse marine, come indicammo a pag. 193, ed anche di recente dalla nostra Marina da guerra, non lasciano più alcun dubbio sulla utilità delle chiglie laterali.

Qualche esperienza ha altresì mostrato che si ha vantaggio quando a bordo dei bastimenti molto larghi, e per i quali il T sia piccolo, si abbia una certa quantità d'acqua, libera di muoversi ed adattarsi alle diverse inclinazioni che l'oscillare della nave tende a farle acquistare. Questa massa d'acqua, che analogamente alle ricerche fatte nel Capitolo 4° della Prima Parte (pagina 112), è dannosa per la stabilità in acqua calma, poichè ne diminuisce il momento, accresce appunto perciò il valore di T; lo che in generale non è dannoso per ragioni che tra breve svolgeremo. Inoltre essa massa spiega benefica influenza sulle oscillazioni, inquantochè coopera con la resistenza dell'acqua ad estinguere in modo più sensibile le oscillazioni della nave, per il fatto che i movimenti dell'acqua da cui essa è costituita sono più lenti di quelli della nave. Analoghi effetti potrebbero aversi se l'acqua entrasse per una falla nello scafo; e tali effetti sarebbero però governati non solo dalla quantità d'acqua che s'introdurrebbe, ma ben anco dalla profondità alla quale essa entrerebbe nel bastimento.

Il costruttore oltre ad occuparsi di ridurre l'ampiezza delle oscillazioni, col mezzo della resistenza dell'acqua, deve altresì studiarsi di allontanare quanto più possa la probabilità che sia $T = \tau$ per le onde che più frequentemente s'incontrano. E siccome per quelle dei mari dell'Europa il valore più comune di τ è di $6''$, così egli dovrà rendere il T maggiore di questo valore, a menochè per la specie e per la grandezza del bastimento non gli sia possibile di far ciò; nel qual caso dovrà renderlo minore di $6''$.

In ogni caso, e specialmente per navi destinate a navigare in quei mari di cui le onde hanno durate di oscillazioni superiori a $6''$, quali risultano dalla tabella riportata a pag. 312, il costruttore dovrà con ogni cura rendere il T grande quanto più si possa, come è stato fatto, dall'eminente ingegnere Brin per le grandi moderne navi da lui ideate e che lo han reso illustre, e da altri valenti ingegneri esteri ed italiani. Facendo in tal modo il costruttore allontanerà sempre più la possibilità che il T sia eguale al τ delle onde di moderata grandezza, le quali sono le più frequenti, e le più durature e nello stesso tempo le più pericolose, poichè hanno maggiore ripidezza delle grandi, quando sono formate dallo stesso vento. Inoltre se il T sia maggiore di τ, il temuto sincronismo tra le oscillazioni delle onde e quelle del bastimento non può avvenire che quando quest'ultimo segua rotte che siano oblique alla direzione del moto delle onde, le quali rotte fanno variare il periodo apparente delle oscillazioni di queste rispetto al bastimento. Ne segue quindi che se il bastimento non potrà essere diretto ove si voglia, e venga a porsi a traverso delle onde, non si troverà in posizione che per esso sia critica, poichè allora mancherà il sincronismo.

Finalmente, col crescere di T si renderanno minori e meno frequenti gli effetti dovuti alle forze d'inerzia, sia centrifughe, sia tangenziali, che sviluppansi nel moto oscillatorio, ai quali debbono attribuirsi la fatica fisica a cui è esposto il personale imbarcato ed i deterioramenti che subisce la solidità dello scafo e degli oggetti ad esso fissati.

Infatti, ripetendo il ragionamento fatto per la 5ª Proposizione a pag. 290, si vedrà: 1ª che gli uni, dipendendo dall'accelerazione del moto angolare, sono tanto minori, quanto minore è il momento che produce quest'accelerazione, il quale dipende appunto dal $P(r - a)$ che ha influenza sul valore di T; 2ª che gli altri sono tanto minori anch'essi quanto più piccola è la velocità acquistata, la quale alla sua volta dipende dal $P(r - a)$.

A meglio convincere del vantaggio derivante dall'accrescere il valore di T, stanno molti fatti, dei quali citeremo alcuni più notevoli. In una squadra francese di navi corazzate nel 1863, quando queste correvano di traverso ad un mare fortissimo, si notò che quelle di cui il T variava da 5 a 5 $1/2$ secondi oscillarono per archi medî compresi tra 41 e 44 gradi, mentre le navi che avevano il T variabile da 7 a 7 $1/2$ secondi oscillarono per archi di 35 gradi. Analogamente in una crociera fatta dalla squadra inglese nel 1871, alcuni bastimenti corazzati di vecchio tipo aventi il T compreso tra 5 e 5 $1/2$ secondi oscillarono di archi medî variabili da 50 a 60 gradi, mentre corazzate meno antiche e con durate di oscillazione di 7 ad 8 secondi oscillarono respettivamente per archi di 35 e di 25 gradi.

Perchè si abbia una norma circa i diversi valori possibili ed ammissibili per il T, secondo la specie del bastimento, facciamo seguire

una tabella di quelli rilevati da bastimenti già costruiti e di differente tipo.

NOME del BASTIMENTO	TIPO A CUI ESSO APPARTIENE	Durata della oscillazione
Onondaga	Bast.ᵗᵒ francese del tipo dei monitori americani	2″, 70
Cerbère	Id. id. per difesa delle coste . . .	3″, 90
....	Fregata ad elica non corazzata di vecchio tipo	5″ a 5″¹/₂
Prince Consort	Bastimento convertito in corazzato . . .	5″ a 5″¹/₂
Flandre	Fregata corazzata francese, tipo antico . .	6″ —
Devastation	Bastimento corazzato inglese senza alberi .	6″, 76
Magenta	Bastimento corazzato francese a due ponti .	7″, 33
Duilio	Bastimento corazzato italiano, tipo moderno	7″, 50
Incostant	Fregata non corazzata inglese con due eliche	8″ —
Sultan	Fregata corazzata inglese, tipo moderno. .	8″, 90
Suffren	Fregata corazzata francese, tipo moderno .	10″, —

Nel porre termine a ciò che riguarda il barcollamento delle navi
in mare agitato ci piace far notare che il White ha voluto considerare le nuove condizioni che si manifestano per tali movimenti nel
caso in cui le vele anzichè essere serrate, come le abbiamo supposto sin qui nelle precedenti ricerche, siano invece esposte all'azione
del vento. In questo caso alle condizioni che concorrono nell'oscillazione del bastimento quando le vele non siano spiegate, vi si aggiungono il momento della pressione del vento su queste ed il momento
resistente dell'aria al loro moto oscillatorio. Il primo evidentemente
varia nelle due parti successive di ciascuna oscillazione, ed è maggiore
quando l'inclinazione è dal lato di sopravento, non solo perchè maggiore è la velocità relativa del vento sulle vele per la velocità angolare da cui esse sono animate, ma ben anche perchè più elevata è la
posizione del centro di velatura, dipendentemente dall'essere massimo
l'aumento di detta velocità in quella porzione di superficie che è alla

più gran distanza dal centro di gravità del bastimento. L'opposto avviene quando la nave barcolla di sotto vento. Inoltre siccome il momento raddrizzante del bastimento, dovuto alla spinta dell'acqua, è variabile, perchè, come sappiamo, varia quest'ultima, giusta il valore datone colla 12ª Proposizione a pag. 309, ed è minore sulla cresta dell'onda e maggiore nel fondo di essa, ne segue che quando il bastimento trovasi su quella parte dell'onda, la tendenza del vento ad abbatterlo è maggiore che non in acqua calma colla stessa forza di vento. Il contrario avviene quando il bastimento trovasi nel fondo dell'onda.

Il White fa osservare che il maggiore pericolo per una nave a vela deriva non dall'azione di una forza di vento costante, bensì da bufere e raffiche che investono le vele della nave, quando questa è animata da un considerevole barcollamento per l'azione del vento e delle onde. Il porre però a calcolo tutte le cause che concorrono nell'oscillazione delle navi, in quest'ultimo caso, che è evidentemente il più sfavorevole, la qual cosa riuscirebbe molto utile per poter giudicare quanta stabilità sia sufficiente nelle varie classi di navi a vela, è d'immensa difficoltà, e si potrebbe quasi dire impossibile, se si tenga conto della mancanza delle nozioni che per la completa soluzione del problema, sarebbero pur necessarie; quindi il White opina che non rimanga da fare da questo lato per nuovi bastimenti, che ispirarsi a quelli ben riusciti; e che solo si possa tracciare il modo di comportarsi di una nave a vela, con sufficiente approssimazione, allorchè si sia scelto ed assunto un certo insieme delle condizioni che concorrono nel fenomeno dell'oscillazione.

Poche parole spenderemo sui beccheggi in mare agitato, poichè per essi le ricerche teoriche non sono per ora possibili. Ed invero l'ipotesi fatta per i barcollamenti, cioè essere la nave piccolissima rispetto alle onde, non può in generale ripetersi allorchè il bastimento stesso trovasi col suo asse longitudinale nella direzione dell'onda che si avanza. In quest'ultima condizione riesce difficile non solo la determinazione della superficie effettiva dell'onda rispetto alla quale può ritenersi normale la direzione della spinta dell'acqua, ma ben anche la valutazione della spinta stessa e la ricerca del suo punto di applicazione; nè il problema è agevolato dagli effetti della velocità e del senso del cammino della nave.

Di una sola cosa ci persuade l'esame delle condizioni in cui un bastimento può trovarsi sulle onde, cioè che se il beccheggio in acqua calma, come già annunziammo a pag. 297, è raro, ed in ogni caso è piccolo; esso invece può e deve manifestarsi. sensibilmente in mezzo alle onde.

In mancanza dei risultati teorici ci conviene ricorrere a quelli della esperienza, la quale ha mostrato come sia opportunissimo:

1° il rendere piccola la durata del beccheggio in acqua calma (come già accennammo nella pagina testè citata) col diminuire il momento d'inerzia del bastimento, concentrandone i pesi quanto più si possa verso il mezzo, affine di diminuire, ad ampiezze eguali, gli sforzi che si esercitano sul bastimento, e di diminuire altresì le ampiezze stesse;

2° il fare elevate le murate della prora e della poppa per prevenire gli effetti del movimento che acquistano le estremità del bastimento, il quale movimento è grande, sebbene gli archi descritti col raggio eguale all'unità siano piccolissimi;

3° l'aumentare la resistenza dell'acqua, affine di diminuire l'ampiezza dei beccheggi.

È da notarsi però che per quest'ultima prescrizione il costruttore non ha a sua disposizione gli stessi mezzi che per i barcollamenti. Infatti sarebbe difficile porre delle appendici equivalenti alle chiglie laterali che aggiungonsi per il barcollamento, poichè le forme della carena nel senso longitudinale sono subordinate. alla condizione della velocità. Alcune proposte sono state però fatte circa la forma da darsi alla prora affine di diminuire il beccheggio.

Una di esse, che è stata molto seguita, consiste nel dare alle sezioni trasversali estreme della prora la forma di V, colla quale la parte fuori dell'acqua ha un grande volume paragonata con quella immersa. Un'altra proposta, stata adottata alcune volte, consiste nel dare forma di U alle sezioni trasversali estreme della prora colla veduta di diminuire tanto il beccheggio, quanto la tendenza del bastimento ad inarcarsi.

I sostenitori di quest'ultima forma opinano infatti: 1° che essa, rendendo maggiore la spinta sulla prora, vi diminuisca l'eccesso del peso sulla spinta; 2° che le sezioni verticali piene incontrino maggior resistenza verso l'alto, delle sezioni a forma di V, quando il bastimento tende ad immergersi nell'acqua, e ricevano un maggiore effetto di sollevamento quando il mare si eleva sotto il bastimento.

Le divergenze tra i sostenitori delle due forme testè indicate per le ordinate di prora, hanno altresì per causa gli apprezzamenti diversi che essi fanno circa gli effetti dalle suddette forme prodotti sulla velocità dei bastimenti. Il Froude opina, ed in ciò è stato seguito da molti ingegneri nel fare i piani di veloci navi, od imbarcazioni moderne, che ben si addicano le sezioni ad U non·esagerate alla parte prodiera di una nave e quelle a V alla parte poppiera, per l'influenza che esse spiegano sulla formazione delle onde che si manifestano nel cammino delle navi, e quindi sulla velocità di queste. Del resto coloro stessi che raccomandano le sezioni a V per la prora, prescrivono che un allargamento rapido al disopra del galleggiamento non debba farsi, se non quando occorra avere molto spazio nella parte prodiera dei ponti superiori.

Dobbiamo chiudere il soggetto delle oscillazioni in mare agitato ponendo in rilievo, come già facemmo per lo studio delle onde, il bisogno che si ha di raccogliere numerosi dati sul modo di comportarsi dei bastimenti nel mare agitato, e quindi manifestando il voto che si continui a seguire con alacrità la via di osservazioni sulla quale alcune marine si sono poste per consiglio di uomini e commissioni autorevoli. E non mancano al certo, poichè sono stati migliorati ed aumentati, i mezzi di osservazione; sui quali noi però non c'intratterremo, perchè interessano specialmente i naviganti. Ad ogni modo chi di tali mezzi desideri avere particolareggiata cognizione non deve che ricorrere al Capitolo 7° del Manuale di Architettura navale del White tradotto dall'ingegnere Martorelli.

Del grado di stabilità. — Col soggetto delle oscillazioni si connette strettamente l'altro del *grado di stabilità delle navi.* Intendesi con questa locuzione la grandezza della stabilità, o del momento di stabilità che i bastimenti debbono avere per adempiere alla importantissima condizione di non rovesciarsi, conservando le altre qualità nautiche.

È evidente che tale quantità non può essere che relativa, vuoi alla grandezza del bastimento, vuoi al suo tipo ed alla sua specie, in una parola alle cause che tendono ad inclinare il bastimento stesso ed alle sue condizioni speciali. Queste cause sono: l'azione del vento sulle vele, per i bastimenti a vela; altre consimili o l'agitazione del mare per quest'ultimi e gli altri di qualsiasi specie; tali cause variano tutte con la grandezza del bastimento. Ora prendendo di mira la velatura, si sarebbe portati ad aumentare il momento di stabilità sino al massimo limite che la grandezza del bastimento permette; poichè evidentemente ognora più piccole sarebbero le inclinazioni che il bastimento acquisterebbe per la stessa forza totale di vento. Le nozioni svolte in questo Capitolo ci additano invece come non si debba essere trascinati a seguire senza alcuna restrizione il principio, che sembrerebbe molto logico, cioè di dare ai bastimenti la massima stabilità possibile con la loro grandezza e col loro carico. Infatti abbiamo veduto come nelle oscillazioni in acqua calma l'ingrandire la durata T, col diminuire naturalmente la stabilità, allorchè siasi raggiunto quanto è possibile nell'accrescere il momento d'inerzia, diminuisca gli sforzi che il bastimento risente. Abbiamo altresì rilevato che nelle oscillazioni che si compiono in mezzo a speciali onde dei grandi Oceani l'accrescimento del valore di T ottenuto, come è ovvio, con i mezzi testè detti, sia quasi sempre utile per evitare le grandi oscillazioni e gli sforzi di molta intensità.

Risulta dal contrasto di quanto si è esposto che, se non si deve eccedere nel dare stabilità ai bastimenti di qualsivoglia specie e grandezza, non si deve neppure darla piccolissima, poichè si correrebbe il rischio: che tutti nel mare calmo, o leggermente agitato, prendessero inclinazioni inammissibili per cause di lieve momento; e, peggio ancora, per urti prodotti da mare tumultuoso e vento impetuoso; che i bastimenti a vela non potessero reggere tutta la velatura che è loro indispensabile per adempiere convenientemente alla condizione della velocità; ed infine che nei bastimenti a vapore destinati a fare rapide rotazioni, si raggiungessero inclinazioni nocive.

Non è dunque che l'esperienza la quale, tenuto conto della specie e del servizio dei bastimenti, non che della loro grandezza, possa determinare il grado di stabilità da doversi loro assegnare.

Vedemmo già nel Capitolo 2° a pag. 205, in qual modo nei bastimenti mercantili si proporzioni il momento di stabilità a quello di velatura, ed a pag. 206 indicammo le norme secondo cui nelle antiche navi a vela della marina da guerra si facevano variare i rapporti tra due quantità dipendenti da quei momenti. A tali rapporti si giungeva dando all'altezza metacentrica $r - a$ valori variabili da $1^m, 20$ a $1^m, 50$, quando a bordo vi era il completo carico; i quali valori si riducevano di $0^m, 30$ e sino di $0^m, 45$ quando il carico mancava.

In più moderne fregate e corvette corazzate con velatura, fornite di completo carico, il valore di $r - a$ ha variato da $0^m, 90$ a $1^m, 20$.

Nei bastimenti mercantili a vela, con uno stivaggio ordinario la $r - a$ giunge ad avere valori compresi tra $0^m, 90$ e $1^m, 08$. Gli yachts a vela hanno altezze metacentriche che variano da $0^m, 90$ a $1^m, 20$; ve ne sono nondimeno alcuni molto larghi e di poca immersione, nei quali l'altezza metacentrica $r - a$ arriva in casi estremi a $2^m, 40$ o 3 metri.

In grandi bastimenti corazzati a vapore senza alberatura, di diverso tipo, la detta altezza ha variato da 1^m a $2^m, 50$, i più grandi valori essendo stati imposti da bisogni di servizio, o da altre ragioni diverse da quella della stabilità, mentre in navi da guerra non corazzate di diverso tipo la stessa altezzza ha variato, andando dalle più piccole alle più grandi, da $0^m, 70$ a $2^m, 00$, ed ha diminuito negli uni e nelle altre di circa $0^m, 30$ quando il carico è mancato.

Per rimorchiatori, torpediniere e piccoli bastimenti non atti a navigare, il valore di $r - a$ oscilla tra $0^m, 45$ e $0^m, 60$,

Finalmente nei pirocafi mercantili completamente caricati, l'$r - a$ varia da $0^m, 45$ a $0^m, 90$, ed in casi eccezionali arriva a valori inferiori a $0^m, 45$. È da notarsi quindi che in questa specie di bastimenti si riscontrano valori differentissimi per $r - a$, in singolar modo allorchè sono carichi. Ciò dipende dal fatto che il genere del carico ed il modo di stivarlo sono spesso cosi differenti da produrre nello stesso bastimento variazioni grandissime nella posizione del suo centro di gravità.

PARTE TERZA

Il compito riservato a questa Terza Parte delle nostre lezioni, giusta quanto ne fu accennato a pag. 37, è quello di porre in grado il costruttore navale di delineare i piani di costruzione dei bastimenti sia a vela che a vapore, traendo partito dalle nozioni svolte nelle due prime Parti di questi Elementi.

Ci preme subito di dichiarare che non intendiamo di soddisfare che in piccola parte a questo difficile ed importante compito, specialmente per le navi a vapore, e che non crediamo intrattenerci ad esporre alcuni metodi grafici a più riprese proposti allo scopo di rendere più sicura e più facile la via da seguirsi. A ciò ci consigliano la difficoltà del problema stesso relativo alla formazione dei piani di bastimenti, il quale preso in tutta la sua estensione oltrepassa i limiti dei programmi delle nostre scuole, e la circostanza che alla formazione dei piani stessi concorrendo in gran parte le operazioni grafiche, è più di ogni altra cosa il lungo esercizio del disegno che deve fornire il maggiore aiuto per raggiungere la mèta voluta.

CAPITOLO I.

PESO DEL BASTIMENTO. — PORTATA. — STAZZA.

Nella soluzione del problema poc'anzi indicato si ha occasione di prendere a base o il dislocamento, o la *portata*, o finalmente la *stazza*. Ci corre quindi l'obbligo d'incominciare coll'intrattenerci sopra di essi, e fornire a loro riguardo tutti glì schiarimenti che sono necessarî.

Il dislocamento, come è stato già definito nella Prima Parte, Capitolo 1°, pag. 39, è il peso dell'acqua discacciata dalla carena, ed equivale al peso totale del bastimento, che risulta da quelli dello scafo, dell'alberatura, velatura ed attrezzatura (e della macchina, delle caldaie e del combustibile, se il bastimento è vapore), degli oggetti diversi di armamento necessarî per la navigazione e per la sicurezza del bastimento, sia in porto, che in cammino, dell'equipaggio e passeggieri, dei viveri, delle merci (o dell'artiglieria, munizioni e corazzatura, se il bastimento è da guerra). In una parola il dislocamento è costituito dal peso dello scafo, che sarebbe il contenente, e da quello del suo contenuto.

Il peso dello scafo, il quale, come è ovvio, si ha tutto l'interesse possibile a diminuire senza danno della solidità, è chiaramente dipendente dalla grandezza assoluta del bastimento, o, per continuare nella similitudine testè introdotta, dalla capacità del vaso. Esso dipende altresì dalle seguenti condizioni:

1ª dalla specie della struttura dello scafo e dalla natura dei materiali in essa impiegati, le quali fanno sì che i materiali stessi siano più o meno bene distribuiti ed assortiti agli sforzi ai quali le parti con essi formate sono sottoposte, e fanno raggiungere al bastimento una stessa solidità con impiego di quantità differenti di materiali;

2ª dal tipo del bastimento e dalla solidità che secondo il suo servizio lo si vuol dotare.

È quindi naturale che, nel riportare il peso dello scafo al dislocamento, quale una quantità ad esso omogenea, e nello esprimerlo come una sua frazione, secondo è stato consacrato dall'uso, si debbano indicare i limiti tra cui questa frazione si è trovata compresa nei pesi di scafi rilevati dopo i varamenti di navi differenti, e far notare le differenze riscontrate nei bastimenti di sistema di costruzione e di tipo differenti.

Nel prendere come termine di confronto il dislocamento, si è stabilito di riferirsi a quello corrispondente al pieno carico, e di non comprendere nel peso dello scafo quello delle parti ad esso fissate, come sarebbero: paratie poste al solo scopo di dividere in più ambienti per alloggi, od altro, l'interno del bastimento; sostegni di macchine e caldaie; ferramenta di murata, ec., le quali parti non sono destinate propriamente alla sicurezza dello scafo stesso, nè alla sua solidità, sebbene alcune di esse vi concorrano.

Per dislocamento in pieno carico si è inteso quello corrispondente al galleggiamento limite di sicurezza, che da alcuni è stato chiamato di *salutifera portata.*

La importanza che questo galleggiamento ha per la sicurezza del bastimento c'induce ad intrattenerci alquanto su di esso.

Egli è chiaro che il volume del bastimento fuori dell'acqua, cioè dal galleggiamento al ponte superiore, quando la superficie che lo limita sia resa stagna, può dare al bastimento attitudine a galleggiare, sia quando s'immerga maggiormente per soverchio carico dovuto ad acqua che dal ponte e dalle bocca-porte, o da lacerature nella carena, s'introduca nell'interno del bastimento, sia quando questo sbandi sensibilmente. Quindi a ragione quel volume è stato chiamato *riserva di galleggiabilità.*

I bastimenti da guerra, tranne quelli di tipo eccezionale con basso bordo, trovansi da questo lato in buone condizioni, poichè la loro riserva di galleggiabilità è l'80, il 90, ed anche alcune volte il 100 per cento e più del dislocamento. Ciò dipende dal fatto che le condizioni necessarie per l'uso dell'artiglieria conducono a dare alle murate grande altezza al disopra dell'acqua. Negli antichi bastimenti di questa specie il galleggiamento in carico aveva al disopra di sè fino al primo ponte un'altezza eguale ad $\frac{1}{18}$ della larghezza nei vascelli, ad $\frac{1}{12}$ nelle fregate e ad $\frac{1}{8}$ nelle corvette e nei brigantini.

Le navi mercantili trovansi in peggiori condizioni, e si è ravvisato opportuno stabilire che in esse la riserva di galleggiabilità abbia per limite minimo il 20 od il 30 per cento del dislocamento, secondo la specie dei mari in cui debbono navigare, secondo la natura del loro carico, l'estensione del loro viaggio ec., avvertendo che tutt'i volumi da potersi computare in detta riserva debbono essere costruiti in modo da poter fare assegnamento sulla loro solidità e sulla loro impenetrabilità all'acqua.

Siccome la riserva di galleggiabilità dipende, come è ovvio, dall'altezza che il bastimento presenta fuori dell'acqua, e precisamente a murata nel mezzo dal galleggiamento al ponte superiore, alcune regole, sebbene non accettate definitivamente ed universalmente, sono state stabilite, e noi diamo qui a titolo d'informazione.

1ª Fare l'anzidetta altezza variabile tra $\frac{1}{6}$ ed $\frac{1}{4}$ dell'altezza della stiva.

2ª Fare la stessa altezza eguale al minimo ad $\frac{1}{8}$ della larghezza nei bastimenti in cui il rapporto tra la lunghezza e la larghezza è inferiore od eguale a 5, ed aggiungere $\frac{1}{32}$ della stessa larghezza per ogni unità che in più delle 5 esista in detto rapporto:

3ª Seguire i dati forniti dalla seguente tabella:

PER BASTIMENTI DI LEGNO A VELA										
	Metri	Metri	Metri	Metri	Metri	Metri	Metri	Metri	Metri	Metri	Metri
A....	2.44	3.05	3.65	4.27	4.88	5.49	6.10	6.70	7.30	7.92	8.53
B....	0.41	0,56	0.74	0.93	1.14	1.37	1.63	1.90	2.20	2.51	2.84
C....	2.03	2.49	2.91	3.34	3.74	4.12	4.37	4.80	5,10	5.41	5.69

PER BASTIMENTI DI FERRO A VELA										
	Metri	Metri	Metri	Metri	Metri	Metri	Metri	Metri	Metri	Metri	Metri
A....	2.44	3.05	3.65	4.27	4.88	5.49	6.10	6.70	7.30	7.92	8.53
B....	0.41	0.56	0.71	0.86	1.02	1.22	1.45	1.70	1.98	2.29	2.59
C....	2.03	2.49	2.94	3.41	3.86	4.27	4.55	5.00	5.32	5.63	5.94

Si noti che per *A* intendesi l'altezza dalla linea di costruzione alla suola, la quale in detta tabella comincia con 8 piedi inglesi, pari a 2m,44, e termina con 28 piedi, pari a 8m,53; e che quest'altezza eguaglia la somma delle due quantità *B* e *C*, le quali rappresentano respettivamente la distanza dalla suola al galleggiamento di sicurezza e l'altezza di questo galleggiamento al disopra della chiglia.

La prima delle regole riportate, la più antica, fatta astrazione dai valori con essa assegnati, è più razionale della seconda, la quale per bastimenti stretti e profondi non dà adeguata riserva di galleggiabilità, e per bastimenti in cui sia grande il rapporto tra la lunghezza e la larghezza ne dà in eccesso.

La legislazione inglese da pochi anni ha rilasciato al giudizio di appositi delegati lo stabilire per ogni bastimento mercantile quale debba essere il galleggiamento di salutifera portata.

Il rapporto che il peso dello scafo corrispondente al galleggiamento in carico, inteso nel modo di sopra indicato, serba al dislocamento, varia per bastimenti mercantili di legno di buona costruzione da 0,35 a 0,45; per quelli di ferro da 0,30 a 0,35; per bastimenti di acciaio da 0,25 a 0,30 e finalmente per piroscafi da passeggieri con scafo di ferro da 0,40 a 0,45. Negli antichi bastimenti da guerra non corazzati il termine a cui si riportava il peso dello scafo era il dislocamento relativo al pieno carico corrispondente al galleggiamento di sopra indicato per questa specie di bastimenti, e nel peso dello scafo vi erano compresi tutt'i suoi accessorî, le istallazioni della stiva, le divisioni interne per gli alloggi nel corridoio, le ferramenta di attacco per l'attrezzatura, per l'artiglieria ec. In tali condizioni il peso dello scafo variava per i grandi bastimenti di legno da 0,48 a 0,50 del dislocamento, e per i piccoli da 0,55 a 0,60. Nei bastimenti di ferro della stessa specie il peso dello scafo nudo varia da 0,35 a 0,42 del dislocamento, mentre in quelli di acciaio lo stesso peso varia da 0,28 a 0,35. Nei trasporti di truppe a scafo di ferro il peso dello scafo è 0,50 del dislocamento. Nelle moderne navi corazzate con scafo di ferro il rapporto tra il peso di questo ed il dislocamento varia tra 0,40 e 0,45, mentre in quelle senza alberatura con poca altezza di opera morta tale rapporto è compreso tra 0,30 e 0,35.

Gli scafi dei bastimenti da guerra sono più pesanti di quelli dei bastimenti mercantili, e non si va lungi dal vero nell'ammettere che l'economia del peso nei secondi, paragonati ai primi, è dal 6 al 7 per cento del dislocamento, quando il materiale impiegato per lo scafo è il ferro. Ciò dipende dal fatto che i bastimenti da guerra sono divisi in molti compartimenti stagni, ed allestiti con cura in relazione al loro speciale servizio.

Il peso complessivo dell'alberatura, della velatura, dell'attrezzatura e dei relativi rispetti, riferito ad ogni metro quadrato della velatura, varia tra limiti molto estesi. Difatti esso, per velatura di 500 metri quadrati è di 30 chilog.; per velatura di 1500 metri quadrati, è di 45 chilog.; e finalmente per velatura di 2000 metri quadrati il detto peso è di chilog. 60 per ogni metro quadrato di superficie velica. Riferendo lo stesso peso al dislocamento si hanno limiti meno discosti, poichè esso trovasi variare tra 0,04 e 0,06 del dislocamento nelle navi a vela ordinarie.

Il peso totale delle ancore, delle catene e degli accessorî per il loro servizio, conformati tutti secondo gli ordinarî sistemi, varia da 0,03 a 0,02 del dislocamento; il limite superiore vale per piccoli bastimenti di 500 tonnellate di dislocamento, e quello inferiore per grandi bastimenti di 3000 tonnellate.

Il peso complessivo dell'equipaggio, dei passeggieri, e dei viveri per essi, dei loro oggetti per uso non ha una proporzione definita al dislocamento, poichè evidentemente varia col numero delle persone imbarcate e con quello dei giorni per i quali deve provvedersi ai viveri per loro. Si potranno ammettere chilog. 100 per ogni uomo fornito degli oggetti di uso giornaliero; chilog. 5 per la quantità di acqua giornaliera per ogni individuo, e da chilog. 1,3 a 1,8 per i viveri necessarî a ciascun individuo in ogni giorno.

Nei bastimenti a vapore sono parte rilevantissima del loro peso totale quelli della macchina compresovi l'acqua nel condensatore, del propulsatore con la relativa linea d'assi, degli utensili, degli accessorî ed arredi, dei pezzi di ricambio, delle caldaie riempite di acqua sino al livello regolare, e finalmente il peso del combustibile. Di tutte queste parti il peso si suol riportare alla forza indicata, ad eccezione di quello del combustibile che si riferisce a questa forza ed al periodo di navigazione per il quale esso deve bastare. A tale uopo, nella formazione dei piani di bastimenti, si ricorre al peso di macchine valutato dopo la loro completa costruzione, e delle quali si sia rilevata la forza indicata nelle prove di velocità, in modo da poterne dedurre il peso per ogni cavallo indicato. Si ricorre altresì al consumo di combustibile ottenuto per ogni ora e per ciascun cavallo indicato nelle prove di macchine, nelle quali oltre all'aver rilevato la forza indicata, siasi tenuto conto del combustibile consumato in un dato tempo.

I risultati così ottenuti, i quali trovansi riportati da diversi autori, variano tra limiti molto estesi. Ma ciò non deve recare meraviglia pensando ai differenti tipi di macchine esistenti, al diverso modo di costruzione per ciò che riguarda la loro solidità, secondo le officine nelle quali le macchine stesse sono state costruite, al modo di spingere le prove, il quale permette di avere più o meno forza indicata da una stessa macchina, e finalmente quando si pensi alla diversa specie del carbone che può adoperarvisi, ed alla maggiore o minore solerzia ed abilità del personale destinato al governo dei fuochi. Valgono per questo due ultime circostanze presso a poco le osservazioni svolte nella Seconda Parte a pag. 257.

Un fatto importante va posto in rilievo, cioè che studio indefesso e proficuo dei costruttori di macchine è quello di diminuire sempre più il peso delle macchine stesse ed il consumo del combustibile, affine di ottenerne l'evidente vantaggio di una maggiore quantità di carico trasportabile, o di una maggiore distanza da percorrere.

Nello iucoraggiare a procurarsi informazioni esatte e particolareggiate in ogni singolo caso sul determinato tipo di macchina e di caldaia che intendesi di adottare, ricorrendo a pesi di macchine dello stesso tipo costruite dal medesimo stabilimento a cui intendesi rivolgersi, tenuto esatto conto delle condizioni nelle quali quei pesi furono rilevati, diamo qui appresso le indicazioni fornite dal White, le quali potranno servire come una prima approssimazione.

Quattro tipi di macchine, egli dice, sono in uso nella marina da guerra: il primo, di cui rimangono ancora quelle costruite sono già alcuni anni, è l'ordinario tipo a bassa pressione con espansione semplice e con condensatore ad iniezione, adottato nei primi bastimenti corazzati; il secondo a bassa pressione, con espansione semplice e condensatore a superficie, impiegato nei bastimenti corazzati costruiti dal 1863 al 1871; il terzo, il tipo composto *(compound)* ad alta pressione, il quale è stato largamente adottato in questi ultimi anni, ed è quasi unicamente impiegato ai nostri giorni. Il quarto è il tipo da torpediniera con caldaie tipo locomotive che funzionano ad elevatissime pressioni, con tiraggio forzato e con macchine a sistema composto molto leggiere e lavorate con straordinaria precisione.

Sebbene, osserva il suddetto autore, conformemente a quanto abbiamo accennato, il peso delle macchine per cavallo indicato e quello del combustibile consumato per ogni cavallo in ciascun'ora possono variare per ciascun tipo di macchina, secondo le condizioni speciali

che debbono essere soddisfatte in differenti bastimenti, in singolar
modo se essi sono da guerra, tuttavia vi hanno dei risultati medî provenienti da lunga pratica, e molto utili a conoscersi. Tali risultati,
relativi ai suddetti tipi e corrispondenti allo sviluppo massimo della
forza della macchina, sono contenuti nella seguente tabella:

Specie del tipo	Peso per ogni cavallo indicato		Consumo di combustibile per cavallo e per ora
1° Tipo	Chilog.	177, 800	Chilog. da 1,810 a 2,720
2° id.	id.	152, 400	id. » 1,360 » 1,810
3° id.	id.	da 152 a 178	id. » 0,910 » 1,240
4° id.	id.	» 25 » 38	id. » 1,580 » 1,810

A questi quattro tipi devesi aggiungerne un quinto, molto adottato
di recente dalla nostra Marina da guerra, cioè quello ad alta pressione con condensatore a superficie, con tre cilindri dello stesso diametro, in due dei quali il vapore che ha agito nel primo può espan-
dersi, quando non si creda necessario fare entrare in essi direttamente
il vapore delle caldaie, come nel primo cilindro. In due di queste
macchine che si stanno costruendo nello Stabilimento dei Sigg. Fra-
telli Orlando, il peso per cavallo non deve eccedere chilog. 125, ed
il consumo di combustibile per cavallo e per ora deve essere di chilog. 1,200 nelle grandi velocità, e da chilog. 0,900 ad 1,000 nelle
medie velocità alle quali dovranno camminare le navi in cui le dette
macchine debbono essere collocate.

Per le macchine a sistema composto con condensatore a superficie
adottate dalla marina mercantile, il White dà il peso variabile da
chilog. 178 a 254 per cavallo, ed il loro consumo di combustibile
annuncia essere variabile da chilog. 0,790 a chilog. 1,130 per cavallo e per ora.

Sulle informazioni precedenti è da osservarsi, che il maggior peso
posseduto dalle grandi macchine del tipo composto è più che compen-
sato dalla economia del combustibile che con esso si ottiene; vantaggio il quale diviene tanto più rilevante, quanto più lunghi sono i
viaggi che il bastimento deve fare.

Oltre i pesi principali del bastimento, dei quali fin qui ci siamo occupati, ve ne sono alcuni altri più o meno importanti, comuni a tutt'i bastimenti, come palischermi, cavi, mobili, zavorra, ec.; ed altri ve ne possono essere speciali a qualche loro tipo od a qualche loro determinato servizio. In ogni caso non sarà difficile procurarsene i valori.

Il *carico*, o *portata*, il quale è una quantità omogenea al dislocamento, poichè è un peso, equivale a ciò che rimane quando si sottraggono dal dislocamento in pieno carico tutt'i pesi che sin qui abbiamo enumerati, od accennati; talchè, per esempio, se per un bastimento mercantile a vela si prenda il coefficiente 0,45 per rappresentare la somma di tutt'i pesi testè richiamati, la portata sarà rappresentata da 0,55 del dislocamento. Nelle navi da guerra si considera invece della portata un'altra quantità, cioè: l'*esponente di carico*, il quale non è altro se non il peso che unito a quello dello scafo dà il dislocamento totale. Esso risulta perciò dai pesi della corazza, dell'artiglieria, delle munizioni, degli oggetti per i diversi servizi di bordo, degli approvvigionamenti differenti, delle macchine e caldaie, del combustibile, dell'alberatura, velatura ed attrezzatura, dell'equipaggio ec.

La *stazza* non è una quantità omogenea al dislocamento ed alla portata, poichè essa invece che un peso è un volume del bastimento, limitato in data maniera e misurato con modi speciali.

Il bisogno di considerare questa nuova quantità si fece sentire, allorchè si vollero classificare i bastimenti mercantili secondo la loro grandezza ed importanza, agli effetti delle imposte da far loro pagare e delle diverse trattazioni economiche e commerciali.

Sembrò dapprima naturale che a base di tale classificazione si dovesse assumere la quantità del carico che i bastimenti possono portare, la quale determina i loro proventi imponibili; ma ben presto si vide come dessa non sarebbe stata una base sicura ed equa, poichè uno stesso bastimento, o due bastimenti eguali, possono trasportare quantità differenti di carico, secondo la natura di questo, la stagione dell'anno in cui il bastimento naviga e la specie dei mari che deve attraversare. In altri termini la stessa incertezza si presentò nel determinare la quantità di carico trasportabile, di quella che abbiamo veduto esistere per fissare il galleggiamento di salutifera portata.

Si pensò allora a prendere come base della classificazione dei bastimenti (i quali, al tempo in cui ci riportiamo, erano tutti a vela) il loro volume interno, quello cioè possibile ad essere riempito di merci, e che trovasi tra il disotto del ponte superiore e la superficie interna dello scafo. Si assunse come unità di misura di questo volume (la quale fu chiamata *tonnellata*, ed è ben diversa dalla tonnellata di peso) quello di botti per vino, il *tun* degli inglesi, da cui forse il suo nome di tonnellata. I francesi assunsero per unità 4 barili di Bordeaux, pari a 42 piedi cubi francesi, equivalente a metri cubi 1,44.

E per agevolare a vantaggio del commercio le operazioni per la misura della stazza, alcuni governi fecero determinare esattamente il volume interno di bastimenti di tipo differente. Riferendo poscia tale volume a quello del parallelepipedo circoscritto allo spazio di sopra indicato, e facendo una media dei rapporti ottenuti, i francesi pervennero al valore 0, 446.

Talchè chiamando L, l, p le dimensioni del parallelepipedo circoscritto alla stiva, cioè la lunghezza del ponte superiore, la larghezza massima interna e la profondità interna del bastimento, tutte espresse in piedi francesi, si ha evidentemente per là stazza intesa nel modo sopra detto :

$$\text{Stazza} = \frac{L \times l \times p \times 0{,}446}{42} = \frac{L \times l \times p}{94}.$$

D'onde la regola seguente stabilita dalla Francia, e che in questo Stato fu in vigore fino al 1837. « Se il bastimento ha più ponti, « prendete la media della lunghezza del ponte superiore, misurata « da una testa all'altra, e di quella dalla ruota di prora al dritto « di poppa misurata sulla chiglia ; moltiplicate questa media per la « più grande larghezza interna del bastimento e per l'altezza, mi- « surata dalla faccia inferiore del fasciame del ponte superiore sino « al fasciame della stiva di lato al paramezzale in corrispondenza della « grande boccaporta, e dividete il risultato per 94. »

« Se il bastimento ha un sol ponte, procedete nella stessa guisa, « colla differenza che per lunghezza prenderete semplicemente la mas- « sima, cioè quella da una testa all'altra. »

Questa regola fu modificata nel 1837, diminuendo il rapporto tra il volume per la stazza ed il parallelepipedo ad esso circoscritto, facendolo eguale a 0,377 ; e ciò più per proteggere il commercio francese con una riduzione di tasse, che per avvicinarsi al vero ; e fu in pari tempo stabilito che le misure lineari, anzichè in piedi, fossero prese in metri, e perciò che all'unità di volume di 42 piedi cubi si sostituissero metri cubi 1, 44; le quali sostituzioni fatte, si ebbe per formula della stazza:

$$\frac{L \times l \times p}{3,80}.$$

Fu aggiunto in seguito, quando incominciarono a comparire i bastimenti a vapore, che si dovesse distinguere la stazza in *lorda* e *netta*. Quest'ultima doveva ottenersi col detrarre dalla stazza valutata nel modo da ultimo indicato, il volume degli spazî occupati dalle macchine, dalle caldaie e dal combustibile, spazî che, essendo sottratti al carico, non dovevano essere imponibili. E fu stabilito che la stazza netta doveva valutarsi prendendo i tre quinti della lorda.

Anche in ciò vi fu una specie di protezionismo per i bastimenti a vapore su quelli a vela, a titolo d'incoraggiamento.

L'Inghilterra procedè in modo analogo a quello della Francia adottando il divisore 94. La lunghezza era misurata in linea retta sulla battura della chiglia dalla faccia poppiera del dritto di poppa alla perpendicolare abbassata dalla faccia anteriore della ruota di prora sotto al bompresso, e si riduceva dei suoi $\frac{3}{20}$ per ottenere quella, chiamata *della stazza*, da far entrare nel computo della stazza come lunghezza media della stiva; e ciò forse per tener conto della influenza sulla prima esercitata in senso contrario dai pronunciati slanci che allora si avevano nelle ruote di prora e dalle grandi inclinazioni che adottavansi per i dritti di poppa. Inoltre per la profondità interna della stiva da far entrare nella valutazione della stessa stazza, si assumeva la metà della larghezza massima esterna del bastimento, forse perchè trovata di tale valore con misure rilevate dai bastimenti allora più ordinariamente in uso. E siccome la lunghezza di questi ultimi era in media quadrupla della larghezza esterna, talchè:

$$\frac{3}{20} L = \frac{3}{20} \times 4l = \frac{3}{5} l,$$

così fu stabilita la seguente regola, chiamata *Builder's Old Mesaurement* e distinta colle iniziali *B.O.M.*

« Dalla lunghezza lungo la chiglia togliete i tre quinti della lar-
« ghezza massima del bastimento fuori fasciame, non tenendo conto
« della grossezza addizionale che le incinte hanno; la differenza mol-
« tiplicatela per questa larghezza, ed il prodotto moltiplicatelo ancora
« per la metà della stessa larghezza; finalmente il risultato divide-
« telo per 94. »

Qualunque siano le ragioni da cui i legislatori francesi ed inglesi
(parliamo di loro soltanto, perchè alle loro leggi s'informarono in
gran parte le altre nazioni) sono stati indotti a stabilire o modificare
le regole della stazza, di cui sin qui ci siamo occupati, è facile riconoscere come in esse vi siano le seguenti osservazioni da fare:

1ª È poco ragionevole voler comprendere tutte le specie di
bastimenti in una sola regola;

2ª Non è equo lo stabilire un divisore costante per tutt'i bastimenti, poichè è chiaro che colle stesse tre dimensioni possono ottenersi capacità di carico differentissime;

3ª Non è del pari giusto il non tener conto degli spazi chiusi
sopra coperta, come casseri, tughe, ec. i quali, potendo servire di
alloggio all'equipaggio, ai passeggieri e di deposito alle merci, costituiscono un beneficio, senza i relativi oneri, per quei bastimenti che
ne sono forniti, a danno di quelli che ne hanno;

4ª Nel regolamento francese non è previsto il caso delle ruote
di prora a tagliamare, e solo si tien conto delle ruote di prora con
tagliamare riportato;

5ª Nel regolamento inglese è troppo limitato il caso dei bastimenti nei quali la loro profondità interna, o quella esterna della
carena, sia la metà della larghezza massima.

Ma vi ha di peggio ancora, come giustamente si osserva nella
relazione fatta al Re dal nostro Governo, per un Decreto che avremo
occasione di citare; i detti regolamenti avevano « essenzialmente ed
« inevitabilmente il difetto d'indurre i proprietari e gli armatori a
« chiedere ai costruttori di fabbricare i bastimenti di tali forme e
« disposizioni, che con un *minimum* di stazza avessero un *maximum*
« di portata proficua; ciò che non poteva ottenersi se non col dare
« agli scafi forme e proporzioni viziose, pregiudizievoli alle loro qua-
« lità nautiche, e che pur troppo esercitavano una fatale influenza
« sulla quantità dei disastri marittimi. »

Il Governo inglese fu il primo a riparare agli inconvenienti citati, ponendo come massima che il metodo di misurazione della stazza dovesse prendere a calcolo tutti gli spazî interni di qualunque specie e posizione, occupabili dal carico e dai passeggieri, e che la valutazione di questi spazî dovesse esser fatta tenendo conto delle loro speciali forme, col rilevare opportune misure a bordo, ed applicando uno dei metodi noti per la valutazione di volumi di forma qualunque, e precisamente di quello di Simpson, che conduce a risultati sufficientemente prossimi al vero. Fu così da quel Governo formulato un regolamento che andò in vigore nel 1854.

La ragionevolezza di questo regolamento, e di più l'avvenuto fatto del taglio dell'Istmo di Suez, che indusse le diverse nazioni a desiderare un regolamento di stazza internazionale, consigliarono, non sono molti anni, alcune potenze marittime (Francia, Germania, Danimarca ed Austria tra le altre) ad abbandonare i loro speciali modi di valutare la stazza, e ad adottare l'ultimo metodo inglese.

Anche il nostro Governo, il quale aveva accettato sino dal 1862 il regolamento francese in data del 1837, impose con un Decreto del Marzo 1873, di cui sopra abbiamo accennato, un nuovo regolamento, il quale non è in gran parte che la traduzione di quello inglese, poichè non vi è che qualche modificazione informata alle leggi dell'Impero Germanico. Quindi è che per unità di stazza vi si trovano adottati metri cubi 2,831685, equivalenti a piedi cubi inglesi 100, e che le misure delle lunghezze dei volumi e delle altezze delle sezioni diverse, le quali misure determinano il numero pari delle divisioni da farsi, perchè la loro distanza sia così piccola da dare sufficiente approssimazione, sono espresse in metri e frazioni decimali qualunque di metri, poichè sono la conversione in metri di multipli esatti di piedi inglesi.

Questo regolamento, è con ragione informato agli stessi principî razionali dell'altro inglese, senza però rendere le operazioni da farsi più complicate di quello che sia necessario, e mentre, come questo ultimo, è diretto a procurare di ottenere la misura molto approssimata degli spazî imponibili, facendo fare le detrazioni di quelli che non al carico o all'occupazione dei passeggieri sono destinati, si vuole d'altra parte con esso impedire che nessuno stimolo vi sia ad adottare dimensioni e forme di bastimenti contrarie alle buone regole d'arte, ed a rendere frustraneo lo scopo che si vuol raggiungere.

Infatti, prima di ogni altra cosa vi si vede prescritto di rilevare molte misure per lo spazio sotto il ponte della stazza, il quale ha forma ben diversa dalla cilindrica, mentre per gli altri spazî, i quali d'ordinario non differiscono sensibilmente dalla forma cilindrica, un minor numero di misure vi si richiedono.

Inoltre vi si nota essere tenuto conto di alcune circostanze, sebbene inapprezzabili nel più dei casi, per passare dalla misura della lunghezza della stiva, presa per comodo sulla faccia superiore del ponte che la limita, alla vera lunghezza al disotto dello stesso ponte. Similmente vi si tien conto della grossezza del fasciame della stiva, non che del bolzone dei bagli, per il quale le sezioni trasversali terminano in alto con una curva, anzichè con una retta, affine di ricavare dall'altezza delle diverse sezioni trasversali, misurata dalla faccia inferiore del fasciame del detto ponte alla gola del madiere di fianco al paramezzale, quella che più si approssima al vero.

Le divisioni della lunghezza e delle altezze vi sono chieste così vicine che, oltre a dare sufficiente esattezza, evitano gli effetti di qualche artificio per eludere la legge, come maggiori grossezze parziali di fasciame interno.

Infine, nello stesso regolamento, seguendo quello Germanico, trovasi prescritto di togliere dalla stazza lorda tutto lo spazio occupato dalle macchine e caldaie, e dal combustibile contenuto in depositi formati da paratie stabili, e collocati in modo che il carbone sia fornito immediatamente da essi al locale di servizio dei forni, lo spazio necessario per l'accesso dell'aria e della luce ai locali delle macchine e delle caldaie, la galleria, o le gallerie, per il passaggio dell'unico o del doppio asse dell'elica, e finalmente il locale separato in modo permanente e destinato unicamente ed esclusivamente per alloggio della gente di equipaggio. Vi si nota però essere stabilito:

1° che, tranne per i rimorchiatori, la stazza da dedursi per i locali delle macchine e delle caldaie e per i depositi occupati dal combustibile, non dovrà mai eccedere la metà della stazza lorda.

2° che la stazza del locale destinato all'alloggio dell'equipaggio non dovrà oltrepassare i cinque centesimi della stazza lorda, e nel caso che la superi, la cifra in eccesso dei suddetti centesimi cinque verrà computata nella stazza netta.

Vuolsi ora aggiungere che il regolamento di cui trattasi prescrive anche un modo approssimato per ottenere la stazza della stiva, allorchè questa eccezionalmente sia ingombra, e non permetta di rilevare tutte le misure che l'applicazione del regolamento citato richiederebbe. Tale modo consiste nel fare il prodotto delle tre dimensioni principali dello spazio compreso al disotto del ponte della stazza, rilevate con determinate norme, e nel dividere il prodotto per 4.

Inoltre va notato che, con Circolare posteriore del Ministero di Marina con la data di maggio 1874, fu concessa facoltà di applicare per la valutazione delle detrazioni da farsi per le macchine, le caldaie, il combustibile e gli altri spazi ad essi relativi, la regola che è detta *del Basso Danubio,* perchè fu accettata dai Delegati per la navigazione di questo fiume.

Tale regola consiste nel misurare i detti spazî, già specificati nella precedente pagina, ad eccezione di quelli destinati a depositi di combustibile, compresovi però anche quello necessario per il rivestimento del fumajuolo, e nell'aggiungere il 75 per cento del risultato che si ottiene, se trattasi di bastimento ad elica, ed il 50 per cento nel caso di bastimento a ruote; e ciò per tener conto dei depositi di carbone. La detta regola lascia ferma la disposizione per la quale il risultato che si ottiene coll'indicato modo di valutazione non dovrà oltrepassare il 50 per cento della stazza lorda.

La misura degli spazî testè richiamati, è prescritto dalla stessa regola debba farsi nel seguente modo: Si misuri la profondità media dello spazio occupato dalle macchine e caldaie, compresa tra lo spigolo superiore del baglio ed il fasciame interno del fondo a fianco del paramezzale; si misurino tre larghezze, o più se lo si creda necessario, a metà d'altezza di questo spazio; si prenda la media di queste larghezze; si misuri del pari la lunghezza media dello spazio compreso tra le paratie prodiera e poppiera che ne sono i limiti, ma se ne escludano, se ve ne siano, le parti che non sono effettivamente occupate dalle macchine e caldaie, o non siano necessarie al loro debito funzionamento. Il prodotto di queste tre dimensioni si consideri come il volume dello spazio che trovasi al disotto del ponte che copre la macchina. Si aggiunga a questo volume quello degli spazî compresi tra due ponti, e necessarî sia al funzionamento della macchina, sia a dare accesso all'aria ed alla luce. Vi si aggiunga parimenti il volume dello spazio occupato dalla galleria di passaggio per l'asse dell'elica,

ed il risultato si divida per 2,834685. Se la macchina e le caldaie
siano repartiti in più compartimenti, si proceda analogamente per ciascuno di essi, e si sommino i risultati.

Il citato Ministero della marina con sua Circolare dell' Ottobre
1881 fornì delle istruzioni circa il modo di prendere le misure necessarie per la stazza, quando il regolamento del 1873 debba applicarsi a navi di ferro o di acciaio. Una sua posteriore Circolare del
Marzo 1882 fu diretta a regolare le differenti interpretazioni date dagli armatori di navi a quanto si esigeva dalla Compagnia del Canale
di Suez nella valutazione delle tasse per le navi che debbono attraversare questo canale, per ciò che riguarda agli spazî da comprendersi nella stazza netta. In tale Circolare si trovano perciò enumerati
particolareggiatamente quali sono i locali che da quella Compagnia
s'intendono inclusi nella stazza lorda, quali se ne debbono escludere
interamente, e quali solo in parte.

È da notarsi che per le deduzioni da farsi, sia per i locali delle
macchine e delle caldaie, sia per gli spazî necessarî al loro funzionamento, sia finalmente per quelli destinati come deposito di combustibile, la citata Compagnia aveva accettato tanto la regola dell'Impero
Germanico, quanto quella del Basso Danubio. Siccome però la Commissione di questo fiume adottò quanto agli spazî da includersi o da
escludersi dalla stazza le norme a cui testè ci siamo riferiti come
ammesse dalla Compagnia del Canale di Suez, così ne seguì che gli
stessi certificati erano validi, come lo sono ancora, per la navigazione
tanto nel Danubio quanto in questo ultimo Canale. D'altra parte tali
certificati essendo indispensabili, la Circolare da ultimo citata prescrisse che ogni bastimento italiano diretto per il Canale di Suez dovesse munirsi oltre del solito certificato fatto in base al Regolamento
del 1873, anche dell'altro formulato secondo il tipo speciale richiesto
dalla Compagnia di quel Canale.

Un Decreto Reale del Luglio 1882, lasciando invariato quanto è
prescritto dal Regolamento del 1873, più volte citato, per la valutazione della stazza lorda, ne modificò le regole datevi per le detrazioni
dei locali occupati dalle macchine, dalle caldaie, ec. e dal combustibile.
In esso è detto relativamente a queste detrazioni: « Riguardo ai
« bastimenti aventi macchine con ruote a pale, in cui la stazza dello
« spazio esclusivamente occupato dalle macchine e caldaie, incluso

« lo spazio necessario pel debito funzionamento di esse, è superiore
« al 20 per cento ed inferiore al 30 per cento della stazza lorda del
« bastimento, tale sottrazione sarà di 37 centesime parti di detta
« stazza lorda. E nei bastimenti che hanno propulsatore ad elica, nei
« quali la stazza dello spazio suddetto è superiore al 13 per cento
« ed inferiore al 20 per cento di detta stazza lorda, tale sottrazione
« sarà di 32 centesime parti della stazza lorda medesima. »

Lo stesso Decreto lasciò però facoltà, qualora lo si richiedesse,
di valutare la detrazione per le macchine, caldaie, ec. secondo la Regola del Danubio. In una successiva Circolare in data del Giugno 1883
lo stesso Ministero aggiunse gli schiarimenti seguenti, cioè: che dovranno essere misurati gli spazî sopra coperta, come boccaporte, in-
vetriate, ec., che servono pel movimento dell'apparato motore, o per
contenere parti della macchina e delle caldaie, e comprenderli nei
calcoli per ottenere tanto la stazza lorda, quanto quella netta; che
se invece i detti spazî servono esclusivamente per dare aria e luce
ai locali occupati dalla macchina, non se ne dovrà tenere conto alcuno nella stazza lorda e nemmeno nella detrazione da farsi per le
macchine, le caldaie, ec. onde ottenere la stazza netta.

Una circolare dello stesso Ministero di Marina con la data del Settembre dello stesso anno, riconoscendo come l'applicare la regola del
Danubio per la detrazione testè indicata, in rimorchiatori ad elica dotati di forza motrice straordinaria, avrebbe condotto a stazze negative;
e considerando altresì che con l'altro metodo di valutazione, cioè con
la sottrazione del 32 o del 37 per cento della stazza lorda, secondo
i casi, sarebbero risultati i rimorchiatori di una stazza relativamente
grande di fronte ad altri piroscafi ai quali sarebbero realmente inferiori, stabilì che per questa specie di piroscafi si dovesse valutare
la sottrazione da farsi per la macchina, calcolando gli spazî effettivamente occupati dalle macchine, caldaie, ec. ed i depositi di combustibile giusta il primitivo regolamento del 1873.

Finalmente con una recente Circolare del Settembre di quest'anno
il Ministero di marina, lasciando invariate le precedenti disposizioni
di massima da esso emanate, dichiara più esplicitamente quali siano
i carbonili da misurarsi per unirli alle capacità delle camere della
macchina e delle caldaie, quando l'armatore non voglia attenersi
alla regola del Basso Danubio. Infatti vi è detto che non sarà tenuto

conto dei carbonili che non sono assolutamente stabili, o di quelli dai quali il carbone non può essere preso direttamente dalle camere delle caldaie o della macchina, o di quelli ai quali si può accedere da altre aperture che non siano nè gli ordinarî boccaportelli dei ponti nè le porte che si aprono nelle camere della macchina o delle caldaie; e vi è aggiunto che in nessun caso dovranno essere dedotti i carbonili disposti trasversalmente alla nave i quali possono in alcun modo essere ampliati. Nella stessa circolare sono inoltre date indicazioni più precise che in quella del Marzo 1882, circa le deduzioni da farsi per gli spazî occupati dall'equipaggio, per i quali, conserva però sempre la disposizione per cui la loro stazza totale non dovrà eccedere i cinque centesimi della lorda.

Le notizie sin qui date bastano ad intendere lo scopo delle diverse prescrizioni del Regolamento per la stazza attualmente in vigore nel nostro Regno; per i particolari delle loro applicazioni rimandiamo al Regolamento del 1873 ed alle successive Circolari e Decreti che abbiamo avuto occasione di citare, e che trovansi presso le Capitanerie di porto del Regno.

I bastimenti da corsa e diporto *(yachts)*, i quali non sono impiegati come mezzi di lucro, dovendo pur essere classificati, specialmente per gli obblighi a cui debbono soddisfare nelle corse, hanno indotto ad adottare per essi altri metodi di misurazione.

Quello più noto, che porta il nome di *regola del Tamigi*, è analogo all'antico regolamento inglese per la stazza *(Builder's Old Mesaurement)*, colla differenza che la lunghezza, la quale diremo L, invece che sulla chiglia è presa sul ponte dalla faccia prodiera della ruota di prora alla faccia poppiera del dritto di poppa, e che in luogo di sottrarvi $\frac{3}{5}$ della larghezza massima fuori fasciame, se ne toglie l'intera larghezza. Chiamando quindi L ed l le due suddette dimensioni, espresse in piedi inglesi, la citata regola dà per la stazza:

$$\frac{1}{94}(L-l) \times \frac{l}{2} \times l.$$

La sostituzione della lunghezza sul ponte a quella sulla chiglia, fu fatta forse per togliere ogni motivo ad inclinare oltre misura il dritto di poppa collo scopo di diminuire la stazza nominale. Il sottrarre l'intera larghezza invece dei suoi $\frac{3}{5}$ fu forse consigliato dalla grande curva e dal molto slancio della ruota di prora che i yachts hanno.

Del resto i difetti che abbiamo notato sul *Builder's Old Mesaurement* esistono anche nella così detta *regola del Tamigi*; se non chè nei bastimenti da corsa i proprietarî essendo solo spinti a dare le migliori proporzioni e forme per raggiungere grande velocità alla vela, non hanno ragione per indursi ad adottare cattive forme, collo scopo di aumentare la capacità del loro carico. Tuttavia molte obiezioni furono fatte alla regola del Tamigi, e perciò altre proposte furono avanzate. Così si pensò prendere a misura dei yachts il loro dislocamento; ma si oppose che questo sistema avrebbe condotto alla costruzione di semplici macchine da corsa, aventi piccolissimi comodi interni paragonati colle loro dimensioni principali; che le variazioni nella quantità di zavorra imbarcata in differenti volte avrebbe portato variazioni nel dislocamento e quindi nella classificazione di uno stesso yacht, e finalmente che molti proprietari si sarebbero ricusati a far misurare accuratamente i loro bastimenti, temendo che le forme di essi fossero riprodotte.

Fu anche proposto di sostituire alla semi-larghezza nella formula del Tamigi la massima immersione, o la effettiva profondità dal ponte alla chiglia. Quindi si propose la formula seguente, detta *Nuova del Tamigi*, cioè: $\frac{L \times l \times p}{200}$, in cui p rappresenta la totale altezza del ponte, ed L ed l hanno lo stesso significato che nella prima regola del Tamigi, essendo tanto le une, quanto l'altra espresse in piedi inglesi. Relativamente alla detta formula fu osservato che essa avrebbe indotto a diminuire l'altezza fuori dell'acqua onde ottenere minore stazza nominale. Ma d'altra parte l'introduzione della profondità totale, impediva che lievi differenze nella immersione, dovute alle alterazioni dei pesi portati, generassero cambiamenti nella stazza normale.

Il *Yacht Club di New-York*, ritenendo che l'attitudine a portare la velatura varî coll'area ottenuta moltiplicando la massima lunghezza del yacht, sopra o sotto il galleggiamento, dalla faccia prodiera della ruota di prora alla faccia poppiera del dritto di poppa, per la massima larghezza dovunque si trovi, stabilì delle tabelle per le corse, basate sulla stessa area.

Il *Regio Yacht-Club* italiano accettò nel 1880 per la valutazione della stazza la formula dovuta alla regola del Tamigi, con la differenza che le misure lineari essendo espresse in metri anzichè in piedi, il divisore in luogo di 94 è 2,7, e che la lunghezza *L* è la massima sulla linea di galleggiamento.

Il *Yacht Racing Association*, per moderare la tendenza prodotta dalla regola del Tamigi, cioè di dare maggiori lunghezze, minori larghezze e più zavorra, propose nel 1882 per la misura della stazza, la formula: $\dfrac{(L + l)^2 \times l}{1730}$, le misure lineari essendo espresse in piedi.

Tra i diversi metodi di misurazione proposti, o adottati, per i yachts, sembrano migliori quelli del dislocamento e della stazza col metodo inglese del 1854, e più specialmente il primo.

Nel porre termine al soggetto della stazza ci piace far rilevare (sebbene sia molto ovvio) come non un'unica relazione esista tra la tonnellata di stazza e quella di peso, poiche evidentemente negli stessi metri cubi 2,831685 possono entrare quantità differentissime di merci, secondo il loro peso specifico, o quello d'ingombro.

Richiamiamo poi l'attenzione sulla possibilità che avvengano equivoci tra le diverse specie di tonnellate, poichè a quella di peso (1000 chilogrammi) ed all'altra di stazza (metri cubi 2,831685) se ne aggiunge una terza di cui si fa uso in commercio nello stabilire i noli, chiamata *tonnellata di noleggio*, la quale non solo varia secondo gli usi delle diverse città marittime, ma ben anche secondo le differenti specie delle merci imbarcate.

CAPITOLO II.

CENNI SULLA FORMAZIONE DEI PIANI DEI BASTIMENTI.

Il problema quale dovrebbe esser posto per la formazione dei piani dei bastimenti a vela, e come difatti viene proposto alcune volte, è il seguente:

Delineare il piano di un bastimento a vela di determinato tipo, capace di portare una certa quantità di carico.

La condizione principale a cui questo problema si riferisce è, come vedesi, il tipo del bastimento, sul quale ci occorre perciò dare qualche delucidazione.

Nei bastimenti a vela concorrono a formarne il tipo, la loro grandezza assoluta, l'estensione e la specie della velatura, che ne sono una conseguenza, le loro forme e disposizioni speciali, le quali fanno predominare una qualità nautica piuttosto che l'altra.

Evidentemente la grandezza assoluta del bastimento dipende dalla quantità e specie del carico che deve trasportare; l'estensione e la specie della velatura ne sono poi una conseguenza per le seguenti ragioni.

La superficie della velatura è, come sappiamo, proporzionale all'area della porzione immersa dell'ordinata maestra ed a quella della sezione di galleggiamento, che appunto dipendono dalla grandezza del bastimento. La specie poi della velatura è determinata tanto dalla lunghezza di quest'ultimo, che permette di frazionare convenientemente in più o meno alberi la velatura stessa, rendendola più maneggevole ed atta ai suoi diversi scopi, quanto dalla superficie totale delle vele che obbliga a farne le parti in determinata guisa, perchè riescano maneggevoli; come ancora essa è determinata dalla specie dei venti che dominano nelle regioni in cui il bastimento deve navigare; e dalla frequenza più o meno grande nelle manovre che di conseguenza si richiedono.

Quanto poi alle forme e disposizioni speciali del bastimento, le quali evidentemente tanta parte hanno sulle sue qualità nautiche, talune volte hanno un carattere spiccato, tal altra no. La prima circostanza manifestavasi nelle navi da guerra a vela, le quali come sappiamo, si distinguevano in vascelli, fregate, corvette e brigantini. Infatti, mentre questa classificazione era regolata dal numero dei cannoni che esse portavano, il quale conduceva a numero di ponti differenti ed anche ad equipaggio diverso, le qualità nautiche erano per esse tutte richieste pressochè nella stessa misura e gradazione; la disposizione della velatura essendo d'altra parte la medesima per tutte.

La stessa circostanza si presenta altresì nei bastimenti da diporto e da corsa, per i quali sono assegnate in modo distinto e rilevante alcune determinate qualità; essa si presenta pure qualche volta per alcuni bastimenti mercantili, per quelli cioè destinati al trasporto di determinate specie di carichi, come cotoni, grani, carbone, marmi, ec., i quali bastimenti avendo un commercio assicurato per linee di navigazione fisse e stabilite, possono darsi unicamente al trasporto di quei carichi per queste linee.

Ma nella maggior parte dei casi le condizioni speciali del commercio, la concorrenza nei noli, richiedono che uno stesso bastimento si presti a caricare merci differenti per viaggi diversi. Quindi in questa specie di bastimenti le forme e le disposizioni non possono avere un carattere spiccato; le condizioni determinanti il loro tipo sono solo la grandezza assoluta del bastimento e la specie della velatura. E sappiamo che precisamente sotto questo ultimo punto di vista una nomenclatura ufficiale distingue i bastimenti mercantili in navi a palo, navi, brigantini a palo, brigantini, golette ec.

In Architettura navale gli elementi che nel loro insieme caratterizzano i diversi tipi, o meglio determinano la gradazione delle qualità nautiche che in essi si vogliono raggiungere, e servono in pari tempo alla soluzione del proposto problema sono i seguenti:

1° Rapporto tra il volume della carena e quello del parallelepipedo ad essa circoscritto, il quale rapporto indicheremo con a'.

2° Rapporto tra l'area della parte immersa dell'ordinata maestra e quella del rettangolo ad essa circoscritto, il quale verrà notato con b.

3° Rapporto tra il volume della carena e quello del cilindro circoscritto che ha per base la parte immersa dell'ordinata maestra, il quale rapporto denoteremo con c.

4° Rapporto tra l'area del galleggiamento e quella del rettangolo circoscritto, che verrà rappresentato da d.

5° Rapporto tra la lunghezza e la massima larghezza della carena, al quale verrà assegnato il simbolo e.

6° Rapporto tra la profondità della carena, sino al canto inferiore della battura della chiglia, e la larghezza massima fuori fasciame, che rappresenteremo con f.

7° Rapporto tra l'altezza del ponte superiore, nel punto più basso, al disopra del canto inferiore della battura della chiglia, e la larghezza massima fuori fasciame, il quale verrà notato con g.

8° Angolo delle linee d'acqua di prora col piano diametrale, il quale indicheremo con φ.

Dal primo di questi rapporti, che fu già chiamato *coefficiente di affinamento* nel Cap. 3° della Seconda Parte a pag. 246, dipende tanto la finezza delle linee della carena nel senso longitudinale, quanto quella delle linee nel senso verticale trasversale. Quindi dal suo maggiore o minor valore ne consegue la più o meno attitudine del bastimento ad acquistare velocità, insieme all'altra di opporsi alla deriva ed al barcollamento. Se la carena fosse un parallelepipedo, *a* sarebbe evidentemente eguale ad 1; se potesse essere un prisma triangolare con una costola posta orizzontalmente in basso, oppure potesse avere forma di due prismi triangolari a contatto con una faccia ed aventi le costole verticali, il rapporto *a* sarebbe eguale a 0,50; finalmente, se la stessa carena potesse essere formata di due piramidi triangolari poste di seguito una all'altra a contatto colle basi e coi vertici posti su di una orizzontale, l'*a* sarebbe eguale a 0,33.

La quantità *b* misura in certo modo la finezza della ordinata maestra, la quale alla sua volta è regolatrice della finezza di tutto il bastimento nel senso verticale trasversale. Quindi dal suo valore dipende in parte l'attitudine del bastimento ad acquistare velocità, la quale è poi completamente determinata dal valore del coefficiente *a*. La grandezza dei valori simultanei di *a* e di *b* contribuisce sulla capacità del bastimento per il carico. È però da notarsi che non è solo il valore di *b* che può avere influenza sulle qualità del bastimento, poichè con una stessa area di ordinata maestra possono ottenersi qualità nautiche differenti, secondo il modo di distribuzione di tale area, cioè secondo il rapporto esistente tra le dimensioni del suo rettangolo, e secondo la forma del contorno dell'ordinata stessa. Se questa sarà molto rotonda, il bastimento sarà esposto ad oscillazioni frequenti, molto sentite e prolungate; so invece avrà forma molto piatta, il bastimento, mentre sarà atto a portare carico, ad andare bene col vento di poppa ed a reggere velatura relativamente grande, in special modo se sarà largo, non potrà però raggiungere grandi velocità in condizioni ordinarie, e peggio ancora col mare di prua, a causa della pienezza che in tal caso hanno le linee d'acqua; in pari tempo potrà poco stringere il vento, perchè acquisterà cammino nel senso laterale. Se l'ordinata maestra sarà molto fine (stellata) nel fondo, il bastimento potrà portare poco carico. Esso riuscirà però veloce ed orziero, cioè perderà poco cammino nelle rotte oblique; ponendovi della zavorra molto in

basso acquisterà grandissima stabilità in acqua calma; risentirà però
in mare agitato dei movimenti bruschi da compromettere l'alberatura.
Se la parte immersa della ordinata maestra fosse un rettangolo, il
coefficiente *b* sarebbe eguale ad 1; se fosse un triangolo col vertice
in basso, esso coefficiente sarebbe eguale a 0,50, e finalmente se fosse
un semi-cerchio col diametro orizzontale, il *b* sarebbe eguale a 0,79
circa.

Il rapporto *c*, chiamato anche *medio coefficiente di finezza delle
linee d'acqua*, caratterizza soltanto il grado di finezza del bastimento
nel senso longitudinale, e quindi la sua attitudine ad incontrare minore resistenza al cammino e ad aumentare l'efficacia del timone. Il
suo valore è eguale al quoziente di *a* per *b*. Infatti se si dicano *V*
il volume della carena fuori fasciame, *L* la lunghezza del suo galleggiamento, *l* la larghezza massima fuori fasciame, *i* l'altezza del galleggiamento medio in pieno carico al disopra del canto inferiore della
battura ed *A* l'area della parte immersa dell'ordinata maestra, si ha
dopo le convenzioni fatte:

$$V = a \times L \times l \times i, \quad \text{ed anche:} \quad V = c \times A \times L,$$

poichè il volume di un cilindro qualunque è dato, come quello di un
parallelepipedo, dal prodotto della sua base per la sua altezza. In
luogo di *A* ponendo $b \times l.i$, si ha: $V = c \times b \times L.l.i$; ed eguagliando i due valori di *V* si ha: $a = c \times b$, da cui ricavasi $c = \dfrac{a}{b}$.

Ne segue quindi che il valore di *c* non è indipendente dagli altri coefficienti, ed una volta dati *a* e *b* esso è pienamente determinato, e
può solo caratterizzare in quale misura l'affinamento nel senso longitudinale concorra in quello totale della carena. Evidentemente il
valore di *c* è sempre maggiore di *a*.

Il rapporto *d* determina la grandezza del galleggiamento, la quale
insieme alla forma del suo contorno ha influenza sulla stabilità e concorre a dare più o meno attitudine alla velocità, e maggiore o minore
tendenza a resistere alla deriva. Infatti: 1ª prolungando la parte più
ampia del galleggiamento, rendendo perciò più accentuato il suo contorno nelle estremità, si accresce l'altezza metacentrica latitudinale;
2ª dando una conveniente forma al galleggiamento, dalla quale in
certo modo dipende quella delle linee d'acqua sottostanti, si può di-

minuire la resistenza al cammino; 3ª dando grande valore al *d* e piccolo all'*a* le ordinate estreme riusciranno stellate, opponendo così molta resistenza alla deriva.

Il rapporto *e* è tra i più importanti e determina quasi il carattere ed il tipo del bastimento, per quanto riguarda le sue forme. Ed infatti da esso dipende il far raggiungere nel senso longitudinale la finezza opportuna, sia per la velocità, che per l'effetto del timone, gradatamente senza accentuazione nelle forme, che è sempre nociva. Esso altresì, col diminuire, contribuisce potentemente alla facilità delle rotazioni, poichè rende minore la lunghezza del bastimento. Se la diminuzione del valore di *e* sia accompagnata da un valore fissato per *d*, evidentemente si accresce la stabilità, poichè questo valore non potrà essere raggiunto se non facendo pieno il galleggiamento nel mezzo e fine nelle estremità, con maggior vantaggio per la stabilità di quello che si avrebbe, se restando lo stesso il valore di *d*, si facesse il galleggiamento meno pieno nel mezzo e più nelle estremità.

Il rapporto *f* ha molta influenza sulla deriva, e sulla più o meno attitudine a portare carico in basso, ed a dare perciò stabilità di peso. Infatti quanto più esso sarà grande, una volta scelti tutti gli altri rapporti, tanto più stellate dovranno essere le ordinate, ottenendo con ciò forme più opportune per la resistenza alla deriva, ma poco alte per contenere il carico, come fu accennato poc'anzi. Il rapporto *f* può avere anche influenza sull'efficacia del propulsatore ad elica.

Il rapporto *g* determina la riserva di galleggiabilità, o meglio l'altezza del bordo fuori dell'acqua, la quale, essendo data da $p - i$, se con *p* si rappresenti l'altezza nel mezzo della lunghezza del ponte dal canto inferiore della battura, sarà data da $gl - fl = (g - f) l$.

Finalmente l'angolo φ, determina l'affinamento medio delle linee d'acqua sulla prora.

Ciò posto, tornando alla soluzione del problema enunciato al principio di questo Capitolo, si supponga scelto il coefficiente che sta a rappresentare a quale frazione del dislocamento in pieno carico corrisponda la somma di tutt'i pesi al difuori del carico e di quelli speciali in ogni caso non compresi tra gli altri di cui nel precedente Capitolo si sono forniti i dati per calcolarli rispetto al dislocamento. Si denoti con *a''* il detto coefficiente, con *S* l'incognito dislocamento del bastimento del quale trattasi formare il piano, con *C* la nota quantità del carico aumentato, se ne sia il caso, degli altri pesi speciali, l'uno e l'altro espressi in tonnellate, è chiaro che si avrà:

$$S = a''S + C, \quad \text{da cui ricavasi:} \quad S = \frac{C}{1 - a''}. \quad (1)$$

Se si trattasse di bastimento da guerra, per C si dovrebbe intendere soltanto, come sappiamo, l'esponente di carico che comprendesse i pesi non inclusi in quelli per i quali si è assunto il coefficiente a''.

Dalla equazione (1), nel secondo membro della quale è, per ipotesi, tutto noto, si deduce il valore del dislocamento che deve corrispondere al nuovo bastimento. Rappresentando con V il volume della sua carena fuori fasciame in metri cubi, come abbiamo già fatto, si avrà: $V = \frac{S}{1,026}$, talchè il volume V può ammettersi noto.

Tenendo conto dei diversi simboli già introdotti nei precedenti paragrafi di questo Capitolo, evidentemente si avrà: $V = a.L.l.i = a.el.l.i = a.el.l.fl = a.e.f.l^3$, da cui ricavasi: $l^3 = \frac{V}{a.e.f}$,

e perciò:

$$l = \sqrt[3]{\frac{V}{a.e.f}}.$$

Da questa relazione deducesi che la larghezza l del bastimento sarà nota, quando si siano scelti i coefficienti a, e, f; lo stesso è a dirsi per la lunghezza L, che è data da el, e per l'altezza i della carena, la quale è equivalente a fl. Quando si sia assunto il valore di g sarà anche nota l'altezza del ponte, e determinata per conseguenza l'altezza del bastimento al difuori dell'acqua.

Ricavasi da tutto ciò, che le dimensioni principali del bastimento in progetto saranno pienamente stabilite, allorchè si siano assunti i valori di a, e, f, g. Quando siano scelti ancora i valori di b e di d saranno altresì determinate le aree delle due sezioni principali del bastimento, cioè la sezione maestra immersa ed il galleggiamento.

Dalle dimensioni ottenute al difuori del fasciame non è difficile ricavare quelle fuori ossatura, poichè dai regolamenti della pratica vengono assegnate le dimensioni del fasciame corrispondenti alle diverse grandezze di bastimenti. Coi dati così ricavati potrà procedersi a disegnare un abbozzo del piano di costruzione.

Il problema è dunque ridotto dapprima alla scelta dei sopra citati rapporti, per i quali è necessario ricorrere alla esperienza, la teoria essendo insufficiente a fornire per essi delle formule atte a determinarne il valore nei diversi casi, secondo le qualità che vogliono raggiungersi.

Facciamo perciò seguire una tabella contenente i limiti tra cui hanno variato, per ciascun tipo, i detti rapporti in bastimenti esperimentati che hanno dato buoni risultati, incominciando (per dare una maggiore estensione alla tabella stessa) dai bastimenti da guerra, sebbene si riferiscono a tipi ora fuori di uso.

Rapporti	Per vascelli e fregate	Per corvette	Per grandi bastimenti mercantili	Per bastim.¹ mercantili inferiori al brigantino	Per bastim.¹ mercantili inferiori alla goletta.	Per bastim.¹ da diporto
a	da 0,50 a 0,63	da 0,42 a 0,49	da 0,56 a 0,60	da 0,63 a 0,72	da 0,49 a 0,60	da 0,28 a 0,37
b	„ 0,71 „ 0,88	„ 0,68 „ 0,73	„ 0,80 „ 0,85	„ 0,83 „ 0,90	„ 0,70 „ 0,80	„ 0,50 „ 0,60
c	„ 0,71 „ 0,76	„ 0,62 „ 0,67	„ 0,74 „ 0,77	„ 0,74 „ 0,76	„ 0,61 „ 0,69	„ 0,55 „ 0,64
d	„ 0,81 „ 0,89	„ 0,81 „ 0,88	„ 0,82 „ 0,87	„ 0,87 „ 0,90	„ 0,70 „ 0,80	„ 0,60 „ 0,68
e	„ 3,61 „ 3,77	„ 3,55 „ 3,89	„ 4,50 „ 5,00	„ 3,50 „ 4,50	„ 3,50 „ 4,00	„ 2,50 „ 5,00
f	„ 0,42 „ 0,44	„ 0,36 „ 0,42	„ 0,48 „ 0,52	„ 0,40 „ 0,45	„ 0,26 „ 0,30	„ 0,25 „ 0,50
g	„ 0,47 „ 0,51	„ 0,48 „ 0,52	„ 0,61 „ 0,70	„ 0,50 „ 0,60	„ 0,42 „ 0,45	„ 0,40 „ 0,70
φ	„ 62° „ 75°	„ 50° „ 56°	„ 38° „ 58°	„ 37° „ 45°	„ 13° „ 17°	„ 11° „ 17°

È però da notarsi che per mantenersi in modo conveniente ai dettati dell'esperienza, sarà d'uopo adottare in uno stesso bastimento tutt'i rapporti corrispondenti al suo tipo, poichè è il loro insieme ed il loro accordo che fanno raggiungere a ciascun bastimento le qualità volute dal suo tipo.

Ma è altresì da notarsi che con l'ordine seguito nel riportare i limiti dei varî coefficienti nella precedente tabella non si è inteso d'indicare che in ciascuno dei bastimenti presi come tipi si siano corrisposti tutt'i valori massimi, o tutti quelli minimi, oppure gli altri compresi.

Si avverta che l'altezza del ponte a cui si riferisce il rapporto *g* è per i bastimenti da guerra quella del ponte di 1ª batteria, e che per il φ si è dato, anzichè l'angolo medio delle linee d'acqua quello del galleggiamento.

Nel delineamento dell'abbozzo concorre per molta parte il criterio di chi lo compila, poichè egli, dopo aver scelto i rapporti convenienti per le aree delle sezioni principali del piano, deve giudicare a suo talento quali ne siano le forme più adattate, secondo le qualità che si vogliono predominanti. Però l'abbozzo stesso non potrà essere portato a buon termine da chi s'inizia nell'arte, se non si sia acquistata conoscenza di piani di bastimenti già costruiti e ben riusciti. Senza di ciò regna l'incertezza, il compito del disegnatore riesce più lungo e difficile; e, peggio ancora, si corre il rischio di assegnare al bastimento forme pregiudicevoli, o non corrispondenti al bisogno.

È perciò che, volendo almeno in parte fornire gli opportuni esemplari, alla fine di questa Terza Parte riportiamo i piani di alcuni bastimenti già costruiti, che potranno essere presi ad esempio. Questa esposizione ha anche per iscopo d'indurre a fare dei confronti, e così porre in rilievo le differenze esistenti tra un piano e l'altro, determinando le influenze ad esse attribuibili. Esercizio questo utilissimo, inquantochè all'occhio poco abituato, nello esaminare separatamente dei piani di costruzione, sembra non iscorgervi differenza alcuna.

Le Tavole 1ª, 2ª, 3ª, 4ª e 5ª rappresentano in parte il piano di costruzione di moderni e comuni bastimenti mercantili di legno destinati al trasporto di merci di qualunque specie.

La 6ª Tavola mostra il piano trasversale di un bastimento mercantile di acciaio, che fu costruito a Liverpool, per nome *Formby*, destinato al trasporto dei cotoni, il quale diede buoni risultati. Le Tavole 7ª, 8ª, 9ª e 10ª rappresentano respettivamente le parti estreme di prora e di poppa dello stesso bastimento.

La Tavola 11ª dà il piano trasversale di un bastimento inglese destinato al trasporto speciale del *tè*, nel quale l'ordinata maestra è ben più stellata di quella dei precedenti piani. Le Tavole 12ª, 13ª, 14ª e 15ª mostrano le parti estreme di prora e di poppa dello stesso bastimento.

Finalmente nella 16ª Tavola sono disegnati i piani di costruzione di due bastimenti da diporto (*yachts*), da corsa e da viaggio, i quali hanno dato buoni risultati. È superfluo il richiamare l'attenzione sulle differenze molto appariscenti tra le forme di questi ultimi e quelle dei piani enumerati precedentemente.

Alle indicazioni della tabella della pag. 357 e delle Tavole testè citate crediamo aggiungere le seguenti per i bastimenti mercantili; le quali, se non sono da seguirsi sempre strettamente, potranno servire a togliere ogni indeterminazione a chi s'inizia nell'arte di fare piani di bastimenti.

La posizione dell'ordinata maestra nel senso della lunghezza, la quale contribuisce sulla pienezza delle forme di prora rispetto a quelle di poppa, può stabilirsi a proravia del mezzo tra le perpendicolari, di una quantità eguale ad $^1/_{20}$, ed anche meno, della stessa lunghezza, tranne che nei yachts, nei quali corrisponde generalmente a poppa del mezzo.

L'altezza della linea del ponte a murata al disopra di una orizzontale condotta per il suo punto più basso può essere: sulla perpendicolare di prora gli $^8/_{100}$ della larghezza massima fuori ossatura e sulla perpendicolare di poppa i $^6/_{100}$ della stessa larghezza. Tali altezze sono date respettivamente anche dalle espressioni: $\dfrac{3}{200} L$, $\dfrac{2}{250} L$, essendo L la lunghezza tra le perpendicolari.

La proiezione della linea testè indicata sul piano longitudinale, allorchè sia stabilito il suo punto più basso, che può essere a poppa del mezzo da $^1/_{10}$ ad $^1/_{20}$ della lunghezza della carena, si può delinearla, per maggiore esattezza nel suo contorno, in due porzioni che siano archi di cerchio di gran raggio, oppure di parabole.

La larghezza della proiezione orizzontale del ponte nell'angolo del dragrante colla murata, o nel punto corrispondente delle poppe tonde, può variare tra $^2/_3$ e $^3/_4$ della larghezza massima in quei bastimenti nei quali è pur necessario per i servizi interni un certo spazio sulla coperta a poppa.

Le ordinate di prora nella parte superiore, tra la suola e l'orlo, non dovranno abbattersi in fuori se non a proravia della posizione del trinchetto; senza di che le sartie di quest'albero sarebbero poste in cattive condizioni.

Nel por mano al delineamento del piano di costruzione si comincerà dal piano longitudinale, disegnandone tutto il contorno, curando molto l'estetica, che solo nella parte fuori dell'acqua e nel senso longitudinale del bastimento può svilupparsi. Non esistono naturalmente norme precise da dare a tale riguardo; il gusto artistico non può acquistarsi che studiando sul vero in tipi di bastimenti che sono riusciti di apparenza gradevole.

Poscia si disegneranno sul piano orizzontale il galleggiamento, facendolo restare nel voluto rapporto al rettangolo circoscritto, la suola e l'orlo; sul piano trasversale si delineeranno l'ordinata maestra, che dovrà avere al rettangolo circoscritto il rapporto assunto, e due ordinate equidistanti dal mezzo; finalmente si disegneranno una o due longitudinali sul piano longitudinale ed una o due forme ribaltate nel piano orizzontale. Quindi si svilupperanno le altre linee intermedie, in quell'ordine che si crederà migliore.

Non si trascurerà di occuparsi volta per volta delle correzioni che sulle linee già tracciate siano rese necessarie dagli avviamenti delle nuove linee che si vanno aggiungendo. Ma in ciò si procederà giudiziosamente, ed ogni variazione di avviamento dovrà essere esaminata con cura per apprezzare l'influenza che potrà esercitare. Un accordo completo dovrà esistere tra le diverse proiezioni.

Prima di passare dall'abbozzo al disegno definitivo, o alla costruzione molto utile del modello, il quale meglio che il disegno fa abbracciare le forme del bastimento nel loro insieme, è opportuno eseguire il calcolo del volume della carena fuori ossatura, per rilevarne se esso corrisponda a quello previsto fuori fasciame (facilmente determinabile da quello fuori ossatura col mezzo dei dati forniti nel Capitolo 1º della 1ª Parte) e per eseguire nel disegno le correzioni necessarie, se il risultato del calcolo discordi sensibilmente dal valore stabilito per detto volume. In questo calcolo può adoperarsi con molta utilità quell'istrumento chiamato *planimetro*, già ricordato nel Capitolo 2º dell'Introduzione a pag. 8, il quale con speditezza e sufficiente approssimazione può far determinare le aree delle ordinate, o delle linee d'acqua. Quando col volume si sia raggiunto il valore voluto, allora converrà ricavare il valore dell'altezza metacentrica trasversale iniziale, per giudicare se esso sia nei voluti limiti.

Può darsi che, nel caso in cui il volume risultante dal calcolo fatto sul piano di costruzione non eguagli quello previsto, si creda opportuno ottenere il volume richiesto senza correggere nuovamente il piano stesso. Si possono allora seguire due vie, cioè: o lasciare le linee d'acqua della forma già stabilita e variare la loro distanza, oppure lasciare inalterata la forma delle ordinate e cambiarne la distanza. Si chiami S il dislocamento risultante dal piano di costruzione ed s la variazione che in esso si deve arrecare. Si continui ad assegnare alle lettere ω, α, β ed ai simboli ΣL, $\Sigma y^{(m)3}$, il significato ad essi attribuito in tutto il 1° Capitolo della Prima Parte.

Ora nel primo caso, chiamando z la variazione incognita che si deve arrecare alla distanza tra le linee d'acqua, evidentemente si avrà:

$$S = \omega . \tfrac{2}{3} \beta \Sigma L; \quad S \pm s = \omega . \tfrac{2}{3} (\beta \pm z) \Sigma L,$$

da cui ricavasi: $\dfrac{S \pm s}{S} = \dfrac{\beta \pm z}{\beta}$, e quindi: $z = \beta \dfrac{s}{S}$, espressione che dà il cercato valore di z. Quanto alla nuova ordinata del centro di carena, rappresentandola con Y', mentre con Y s'intende d'indicare l'ordinata stessa relativa alla carena determinata dal piano di costruzione, è facile dedurre che si ha: $Y' = \dfrac{\beta \pm z}{\beta} \cdot Y$. Egualmente facile è ricavare per la nuova altezza metacentrica trasversale iniziale, che diremo r', l'espressione: $r' = \dfrac{S}{S \pm s} r$, nella quale r rappresenta l'altezza metacentrica trasversale iniziale corrispondente al bastimento quale è stato disegnato. Nel secondo caso, denotando con x la variazione da arrecarsi alla distanza tra le ordinate, si avrà:

$x = \alpha \dfrac{s}{S} \cdot$ L'ordinata del centro di carena rimane evidentemente inalterata. Così pure l'altezza metacentrica trasversale iniziale; infatti si ha:

$$r = \frac{\omega \cdot \dfrac{2}{3} \alpha \Sigma y^{(m)3}}{S}, \quad r' = \frac{\omega \cdot \dfrac{2}{3} (\alpha \pm x) \Sigma y^{(m)3}}{S \pm s};$$

dividendo quindi l'una espressione per l'altra si ottiene:

$$\frac{r'}{r} = \frac{S(\alpha \pm x)}{\alpha(S \pm s)}.$$

Sostituendo $\alpha \cdot \dfrac{s}{S}$ ad x, se ne ricava: $\dfrac{r'}{r} = 1$, e perciò: $r' = r$.

Non sempre però i calcoli per il V e l'r sono eseguiti dai costruttori se trattasi di navi mercantili a vela, per la fiducia che essi ripongono sui risultati del bastimento preso come esemplare, e per la ragione che la condizione la quale vien loro imposta d'ordinario è che il bastimento abbia una determinata stazza.

A quest'ultimo riguardo è da osservarsi che quando vigeva l'antico regolamento di stazza, quello cioè del prodotto delle tre dimensioni della stiva, diviso per 3,80, la determinazione di queste ultime dimensioni era ben semplice, facendo uso dei loro rapporti, poichè il loro prodotto doveva eguagliare le tonnellate di stazza moltiplicate per 3,80. Ricorrendo poi alle dimensioni delle diverse parti della struttura richieste dalle regole d'arte era facile il ricavare dalle dimensioni interne quelle fuori ossatura, e quindi procedere al delineamento del piano di costruzione. Ma non egualmente semplice è la soluzione del problema colla stazza del sistema moderno, poichè il prodotto delle tre dimensioni della stiva non ha relazione costante colla stazza. Tuttavia, come una prima approssimazione, potranno servire le seguenti espressioni :

Per bastimenti a vela ordinarî, . Stazza $= \dfrac{L \times l \times p}{2,83} \times 0,70,$

Per grandi bastimenti a vela a 2 ponti, id. $= \dfrac{L \times l \times p}{2,83} \times 0,65,$

Id. id.   id.   id.   3 id. id. $= \dfrac{L \times l \times p}{2,83} \times 0,68,$

id. yachts al disopra di 60 tonn.^{e} id. $= \dfrac{L \times l \times p}{2,83} = 0,50,$

Id.   id. piccoli . . . . . . id. $= \dfrac{L \times l \times p}{2,83} \times 0,45,$

essendo L la lunghezza interna del ponte superiore, l la massima larghezza interna e p l'altezza interna del ponte superiore nel mezzo, tutte espresse in metri.

Il problema che ordinariamente si propone nella formazione dei progetti dei bastimenti a vapore mercantili è il seguente:

Data la velocità che si vuole sia raggiunta da una nave a vapore, la massima distanza che deve percorrere senza rinnuovare l' approvvigionamento di carbone, il peso delle merci e dei passeggieri che essa nave deve trasportare, determinare la forza indicata della sua macchina, ed eseguire il suo piano di costruzione.

Sebbene ci proponiamo di dare solo poche indicazioni circa la soluzione di questo importante problema, tuttavia perchè esse siano meglio intese sarà utile premettere una distinzione tra i diversi tipi di bastimenti a vapore.

Evidentemente a caratterizzare il tipo di questa specie di bastimenti concorre in massima parte la velocità che con essi si suol raggiungere, in luogo della velatura; la quale mancando affatto, od essendo molto limitata, ha una importanza inapprezzabile.

Nei piroscafi, essendo quasi fisse le linee che essi debbono seguire, e non variando in generale grandemente la specie dei carichi che sono destinati a trasportare, il più delle volte non esiste la condizione alla quale debbono adattarsi la maggior parte dei bastimenti a vela ordinarî, cioè d'imbarcare merci di specie differenti. Concorre perciò a formare il tipo dei bastimenti a vapore il servizio costante a cui sono destinati.

Tralasceremo di parlare dei bastimenti da guerra, i quali, mentre or sono pochi anni si distinguevano in vascelli, fregate e corvette a vapore, nelle più recenti navi corazzate non hanno ancora raggiunto tipi determinati, e sono classificati in ordine alla loro grandezza. Nei bastimenti mercantili si hanno i *postali*, i *piroscafi propriamente detti*, i *battelli* ed i *rimorchiatori*.

I *postali*, per i quali i governi accordano sovvenzioni, inquantochè sono destinati al trasporto delle lettere e dei passeggieri, si suddividono in due classi; la prima è quella dei postali relativamente piccoli che fanno frequenti viaggi, ed adempiono all'ufficio di stabilire comunicazioni tra i diversi porti di uno stesso Stato, o di Stati vicini, come sono i postali che fanno i viaggi tra la parte continentale dell'Italia e le sue isole, oppure tra l'Italia e la Tunisia; la seconda classe risulta dei grandi postali, i quali fanno minor numero di viaggi dei primi, poichè stabiliscono comunicazioni tra regioni molto distanti, come sono quelli che fanno i viaggi tra l'Europa e l'America o l'Asia, ec.

Nei postali della prima varietà il carico il più delle volte non ha che una importanza secondaria; le macchine sono relativamente potenti, e le forme della carena sono atte alla velocità. Essi dapprincipio erano a ruote, e potevano esserlo, inquantochè, avendo velatura estremamente ridotta, non risentivano che in parte soltanto gl'inconvenienti di quel propulsatore. La loro capacità per il carico è limitata, e perciò non hanno dimensioni assolute grandi, nè la forma della loro ordinata maestra è molto piatta. L'uso di questi postali va sempre più diminuendo collo svilupparsi le reti ferroviarie littoranee.

I postali della seconda varietà vanno ognora prendendo maggiore sviluppo; essi sono ora esclusivamente ad elica; hanno potenti macchine e forme molto atte alla velocità. Siccome però il grande costo delle loro traversate rende necessario l'ottenere grandi noli, le loro dimensioni assolute sono ragguardevoli, e la forma della loro ordinata maestra molto si avvicina a quella di un rettangolo.

I *piroscafi propriamente detti* sono solo destinati al trasporto delle merci e dei passeggieri, e perciò in essi la qualità che più è sviluppata è la capacità per il carico. Ve ne sono però di svariatissime grandezze assolute, non che di differentissime forme, secondo che più o meno si dà importanza alla velocità. La tendenza che va però sempre più pronunciandosi, è quella di grandi lunghezze con ordinate maestre molto prossime nella forma a quella del rettangolo.

I *battelli a vapore* sono bastimenti destinati in special modo al trasporto di passeggieri e merci nei laghi e nei fiumi. Hanno forme fini; la loro ordinata maestra è piatta, perchè si possa raggiungere il voluto dislocamento senza dare immersioni grandi relativamente alle profondità dei canali nei quali debbono navigare. Però la parte fuori dell'acqua è molto pronunciata ed è costituita da leggiere costruzioni. La loro lunghezza assoluta dovrebbe essere limitata dalla ristrettezza dei canali nei quali debbono navigare, se dovessero eseguire complete rotazioni per cambiare la direzione del cammino; ma siccome i battelli hanno ordinariamente il timone alle due estremità, di guisa che ciascuna può rappresentare alternativamente la prora e la poppa, così alla loro lunghezza non è posto limite che dalle tortuosità dei canali nei quali debbono navigare. I battelli sono alcune volte destinati ancora per piccoli viaggi nel mare, ed allora sono privi di quei caratteri speciali richiesti dalla navigazione fluviale.

I *rimorchiatori* sono destinati a condurre altri bastimenti nell'interno di un porto, o da questo all'esterno. Essi sono di dimensioni relativamente piccole e sono occupati quasi interamente dall'apparecchio motore e dalle caldaie. Le loro macchine, di una forza relativamente considerevole, sono disposte in guisa da non sviluppare tutta la forza che durante il rimorchio, e sono adottate tutte quelle disposizioni le quali evitano il pericolo che il cavo del rimorchio abbia a nuocere al propulsatore.

Ai tipi enumerati sono da aggiungersi i piroscafi da diporto *(steam-yachts)* nei quali condizioni predominanti sono quelle di essere veloci e di avere nell'interno tutte le disposizioni più comode possibili per coloro che debbono navigarvi, e di presentare all'esterno belle forme e bell'apparenza. Ve ne sono di grandezze differenti.

Tralasciamo di parlare di altri bastimenti a vapore più o meno piccoli, i quali, invece che al commercio, servono ad altri scopi.

Ciò premesso passiamo ad accennare la soluzione del proposto problema.

È evidente come prima di ogni altra cosa, si debba determinare il dislocamento che dovrà avere il bastimento a vapore di cui si tratta.

A tal'uopo abbiamo la equazione:

$$S = p_s + p_{al.} + p_{an.} + p_m + p_c + p_p + C. \qquad (1)$$

nella quale le lettere hanno il seguente significato: S il dislocamento, p_s il peso dello scafo, p_{al} il peso dell'alberatura, velatura ed attrezzatura, p_{an} il peso delle ancore, catene e relativi apparecchi, p_m il peso delle macchine e caldaie piene ed accessori ad esse relative, p_c il peso del combustibile, p_p il peso dei passeggieri e dei viveri, finalmente C il carico aumentato dei pesi degli altri oggetti speciali che si dovranno porre a bordo.

Sostituendo a p_s l'espressione $a'S$, intendendo per a' il rapporto del peso dello scafo al dislocamento, si avrà:

$$S(1 - a') = p_{al} + p_{an} + p_m + p_c + p_p + C. \qquad (2)$$

Attenendosi alle indicazioni ed ai valori dati per a' nel precedente Capitolo, può reputarsi in ogni caso particolare lo stesso a' come noto. Quanto ai pesi dell'alberatura e velatura, delle ancore e catene e dei passeggieri, abbiamo forniti nello stesso Capitolo i dati, sia per esprimere i primi in funzione del dislocamento ignoto, in modo da ridurre ad una sola le incognite, sia per determinare l'ultimo direttamente.

Ora se la forza della macchina fosse conosciuta, sarebbero noti altresì p_m e p_c col mezzo dei dati forniti nel più volte citato Capitolo. Infatti il numero dei cavalli contenuti nella forza indicata della macchina moltiplicato per il peso di ciascun cavallo, espresso come decimale di tonnellata, darebbe il peso della macchina e delle caldaie piene, in tonnellate; così il numero degli stessi cavalli moltiplicato per il numero delle ore di cammino, ed il prodotto moltiplicato per il consumo di carbone per ora e per cavallo, espresso in decimale di tonnellata, darebbe, valutato con quest'ultima unità, il peso del combustibile. D'altra parte il numero delle ore di cammino risulterebbe dal dividere per la velocità la massima distanza da percorrersi senza rinnuovare gli approvvigionamenti di combustibile.

Noti così tutti gli elementi del secondo membro della (2), si potrebbe procedere alla formazione del piano di costruzione nel modo indicato per i bastimenti a vela.

Ma la forza della macchina non essendo nota allorquando s'incomincia a disegnare il piano di un bastimento a vapore, così ci conviene ricorrere ad uno dei metodi seguenti per la soluzione del problema enunciato da principio.

Il primo metodo, che non è altro che di tentativi, consiste nel supporre che una data forza di macchina, scelta col paragone di altro bastimento molto prossimo in tutte le sue condizioni a quello di cui si vuol fare il piano, sia sufficiente a far raggiungere a quest'ultimo la velocità voluta, e nel ricavare poscia i valori dei pesi p_m e p_c, per ottenere così col mezzo dell'equazione (2) il valore di S.

Cognita questa quantità, scegliendo i rapporti convenienti per il tipo di bastimento di cui trattasi, si potranno determinare (in modo del tutto eguale a quello indicato per le navi a vela) le dimensioni principali e l'ordinata maestra del piroscafo in progetto. Col valore dell'area immersa di quest'ultima ordinata sarà possibile determinare grossolanamente la forza indicata che il divisato piroscafo dovrebbe avere per raggiungere l'assegnata velocità. Infatti, come rilevasi dalla espressione di detta forza, trovata nel Capitolo 3° della Parte Seconda pagina 222, basterà alla conoscenza dell'area della superficie immersa dell'ordinata maestra aggiungere quella del coefficiente di utilizzazione, scelto convenientemente in relazione alle forme della carena, alla specie della macchina e del propulsore che si vogliono adottare.

Se il valore della forza indicata, che così si ottiene, differirà sensibilmente da quello supposto, si dovrà, tenuto conto della specie della differenza riscontrata, supporre un'altra forza di macchina, e su di essa valutare nuovamente il peso della macchina e del combustibile, e quindi anche il nuovo dislocamento, e ricavare infine le nuove dimensioni principali e l'area della parte immersa dell'ordinata maestra. Con quest'area si valuterà la forza della macchina che dovrebbe far raggiungere al bastimento per ultimo determinato la velocità desiderata, la quale forza si paragonerà con la precedente e si ripeterà, se sia necessario, il procedimento nel modo testé indicato; così si continuerà, fino a che non si trovi una forza indicata che differisca di quantità relativamente piccola da quella ammessa nel calcolo che l'ha preceduta.

Pervenuti a questo punto, si procederà a tracciare le linee del piano nel modo e nell'ordine noti; dapprima in un abbozzo per fare il calcolo del volume della carena e riscontrare il risultato col valore prestabilito, passando poscia al piano definitivo.

Per indicare quale sia il secondo metodo di soluzione da potersi seguire, rappresentiamo con α il peso, espresso in decimale di tonnellata, della macchina e delle caldaie piene per ogni cavallo indicato, con β il peso di combustibile per ogni cavallo e per ciascun'ora, e con n il numero delle ore di fuoco.

Una delle espressioni della forza indicata essendo data da:

$$F_i = \frac{A v_n^3}{M^3},$$

come ricavasi dalla relazione:

$$v_n = M \sqrt[3]{\frac{F_i}{A}}$$

posta nel 3° Capitolo della Seconda Parte a pag. 222, in cui A rappresenta l'area della parte immersa dell'ordinata maestra, v_n la velocità in nodi ed M il coefficiente di velocità, si avrà:

$$p_m = \alpha \cdot \frac{A v_n^3}{M^3}, \quad p_c = \beta n \cdot \frac{A v_n^3}{M^3}.$$

Sostituendo nella (2) si ottiene:

$$S(1 - a') = p_{sl} + p_{an} + p_p + \frac{\alpha A v_n^3 + \beta n A v_n^3}{M^3} + C.$$

Questa espressione, intendendo compreso in un termine $a''S$, i pesi dello scafo, dell'alberatura, velatura ed attrezzatura, delle ancore e catene e degli altri oggetti ad esse relative (come abbiamo fatto per i bastimenti a vela), e riunito nel carico C il peso sia dei passeggieri e viveri, sia degli oggetti diversi da porsi a bordo, si cambia nell'altra:

$$S(1 - a'') = \frac{A v_{\mathrm{n}}^3}{M^3}(\alpha + \beta n) + C,$$

da cui ricavasi per il volume V della carena:

$$V = \frac{1}{(1 - a'') \times 1,026}\left\{\frac{A v_{\mathrm{n}}^3}{M^3}(\alpha + \beta n) + C\right\}. \quad (3).$$

Continuando ad adottare i simboli già introdotti per la formazione dei piani di bastimenti a vela, si avrà: $V = aef.l^3$, $A = bf.l^2$; quindi sostituendo nella (3) si otterrà:

$$aef.l^3 = \frac{1}{(1 - a'') \times 1,026}\left\{\frac{bf.l^2 . r_{\mathrm{n}}^3}{M^3}(\alpha + \beta n) + C\right\}.$$

In ogni caso particolare eseguendo le operazioni numeriche indicate, e rappresentando con H il fattore numerico di l^3, con K il fattore numerico di l^2, e con I il termine rimanente, si avrà:

$$Hl^3 - Kl^2 - I = 0.$$

Dividendo per H, e ponendo P in luogo di $\dfrac{K}{H}$, e Q invece di $\dfrac{I}{H}$, si otterrà: $l^3 - Pl^2 - Q = 0$.   (4)

Risolvendo questa equazione colle formule dell'Algebra Superiore, trasformandola dapprima in altra nella quale in luogo di l^2 vi sia l, col fare $l = l' + \dfrac{P}{3}$, si avrà:

$$l = \frac{P}{3} + \sqrt[3]{\frac{Q}{2} + \frac{P^3}{27} + \sqrt{\frac{Q^2}{4} + \frac{P^3 \times Q}{27}}} +$$
$$+ \sqrt[3]{\frac{Q}{2} + \frac{P^3}{27} - \sqrt{\frac{Q^2}{4} + \frac{P^3 \times Q}{27}}}.$$

L'equazione (4) può anche risolversi per tentativi incominciando da quel valore di l che si presuppone molto prossimo a quello che si cerca. Col mezzo del valore di l si determinano le altre dimensioni principali del bastimento.

Non volendo seguire nella soluzione del problema di cui ci occupiamo, una via così ristretta quale quella da noi adottata, si può lasciare indeterminato uno dei rapporti e ed f: per esempio il secondo. Si avrà allora un'equazione di secondo grado in l, la quale, risoluta, darà per l una espressione contenente l'i. Assegnando quindi a quest'ultima dimensione valori compresi tra limiti ammissibili con la grandezza della nave che si desidera, si dedurranno, col mezzo delle relazioni stabilite, i corrispondenti valori di l, di L, di V, di F_i e degli altri elementi che occorre conoscere.

Si potrà così avere una serie di soluzioni tra le quali l'ingegnere sceglierà a suo giudizio la più economica e la più atta ad assicurare il migliore insieme di qualità nautiche al bastimento da costruirsi.

Chiaramente risulta dal fin qui detto che l'applicazione dei due accennati metodi per la formazione dei piani dei bastimenti a vapore richiede la conoscenza dei valori di $\alpha, \beta, a', M, b, d, e, f$. Dei primi tre abbiamo dati i limiti nel Capitolo precedente; dei valori di M se ne ha una raccolta nelle Tavole contenute nel Capitolo 3° della Seconda Parte. Per i valori degli altri coefficienti può servire la seguente tabella:

Rapporti	Antichi postali a ruote	Postali ad elica	Piroscafi da carico di moderata velocità	Piroscafi da diporto
a	da 0,59 a 0,64	da 0,45 a 0,60	da 0,60 „ 0,70	da 0,37 a 0,46
b	„ 0,89 „ 0,91	„ 0,79 „ 0,90	„ 0,88 „ 0,92	„ 0,56 „ 0,70
c	„ 0,63 „ 0,69	„ 0,68 „ 0,78	„ 0,70 „ 0,80	„ 0,56 „ 0,70
d	„ 0,72 „ 0,77	„ 0,73 „ 0,76	„ 0,77 „ 0,80	„ 0,68 „ 0,82
e	„ 6,60 „ 7,50	„ 8,00 „ 9,20	„ 6,00 „ 7,00	„ 5,00 „ 6,50
f	„ 0,38 „ 0,46	„ 0,49 „ 0,52	„ 0,55 „ 0,60	....
g	„ 0,65 „ 0,75	„ 0,81 „ 0,85	....	....
p	„ 12° „ 15°	„ 10° „ 15°	„ 20° „ 23°	....

24

Si avverta che i valori dati per l'angolo φ si riferiscono al galleggiamento.

Nella precedente tabella si è fatto a meno di riportarvi i dati relativi ai battelli ed ai rimorchiatori, perchè questi sono tipi di un uso non molto esteso. Nè vi sono stati notati i rapporti corrispondenti a grandissimi postali e piroscafi da carico, il cui uso va rendendosi ogni giorno maggiore, perchè i dati stessi non differiscono da quelli relativi ai postali ad elica se non quanto al rapporto *e*, il quale in essi è in generale un poco maggiore, superando alcune volte il dieci.

Del resto poi si noti che circa la corrispondenza in uno stesso tipo, dei valori contenuti in questa tabella vale l'osservazione fatta per quella relativa ai bastimenti a vela riportata a pag. 357.

Con gli stessi scopi che per questi ultimi bastimenti, nelle Tavole che seguono questo Capitolo ve ne sono alcune contenenti esemplari di navi a vapore.

La Tavola 17ᵃ mostra il piano trasversale di un grande antico postale a ruote, chiamato *Persia*, del quale le forme di prora sono rappresentate dalle Tavole 18ᵃ e 19ᵃ, e quelle di poppa dalle Tavole 20ᵃ e 21ᵃ.

La Tavola 22ᵃ dà il piano trasversale di un piroscafo moderno; le Tavole 23ᵃ e 24ᵃ mostrano la prora dello stesso bastimento, il quale può dirsi rappresentare l'unico tipo a cui si attengono oggi i costruttori mercantili, e le Tavole 25ᵃ e 26ᵃ mostrano la sua poppa. Finalmente nella Tavola 27ᵃ sono dati i piani di costruzione di due piroscafi da diporto *(steam-yachts)*.

È superfluo il ripetere qui le indicazioni già fornite per i bastimenti a vela circa il modo di procedere nel fare il disegno. Solo è da osservarsi che non potrà essere seguita la indicazione data relativamente alla posizione dell'ordinata maestra, la quale nei bastimenti a vapore, anzichè a prora del mezzo, potrà trovarsi nel mezzo stesso o alla sua poppa; nè necessario sarà il seguire la restrizione fatta circa la forma dell'opera morta a prora tra la suola e l'orlo, se manchi l'albero di trinchetto.

La formula (3) della pag. 368 ci mostra come accrescendo la distanza da percorrersi a tutto vapore si debba aumentare il volume *V* della carena, e perciò il dislocamento. Infatti se si lascia la stessa velocità, e quindi la medesima forza di macchina, bisogna aumentare il numero dei giorni di cammino, e quindi l'approvvigionamento di combustibile. Se si vuole inalterato questo ultimo numero, bisogna aumentare la forza della macchina, e perciò il suo peso. Variando insieme la forza della macchina ed il numero dei giorni di cammino, si avrebbe sempre un aumento negli elementi da cui dipende il V.

Questa circostanza, oltre l'altra che il maggiore costo dei viaggi rende utile grandi noli, spiega come lunghi viaggi non possono farsi con piccoli bastimenti, e rende ragione altresì come un tempo siasi pensato ai bastimenti misti.

Crediamo inutile intrattenerci sulla soluzione del problema col quale viene data la stazza che si vuole abbia il piroscafo, poichè questa condizione raramente viene imposta. Tuttavia per fornire un mezzo di conoscere approssimativamente la stazza lorda sotto coperta che avrà un bastimento a vapore di cui si va studiando il piano, diamo le seguenti formule, che valgono quando le dimensioni sono espresse in metri, cioè:

Piroscafo da passeggieri molto veloce: Stazza $= \dfrac{Llp}{2,83} \times 0,65$;

Id.   id.   id.   e da carico: id. $= \dfrac{Llp}{2,83} \times 0,71$;

Id.   da carico: id. $= \dfrac{Llp}{2,83} \times 0,73$.

In queste formule L rappresenta la lunghezza, al galleggiamento in carico, dall'avanti della ruota di prora all'addietro del dritto di poppa, l la larghezza massima fuori ossatura, e p il puntale misurato alla sezione maestra dalla faccia superiore del ponte di coperta alla faccia superiore della chiglia.

FINE.

ERRATA-CORRIGE

Pag.	Lin.	ERRORI	CORREZIONI
2	28	si potrà però assumerla	potrà però essere assunta
11	14	eccesso	difetto
11	15	difetto	eccesso
11	21	fg	fq
13	22	$\dfrac{1}{3}\dfrac{\sigma}{r}$	$\dfrac{1}{3}\cdot\dfrac{\sigma}{2}$
17	24	$-\pi\left(x' - \dfrac{D}{2}\right)$	$-\pi\left(x' - \dfrac{D}{2}\right)^2$
24	12	$\dfrac{y^2}{2}$	$\dfrac{y_2}{2}$
33	14, 18, 20, 22, 25	$tang\,\vartheta$	$tang^2\,\theta$
37	19	pericolosi e dannosi	pericolose e dannose
44	1 e 2	prima colonna di *Prodotti*	colonna *Prodotti per il volume*
46	15	y'_{n-1}	y_{n-1}
49	4	riducono	diminuiscono
50	12	cerchi	semi-cerchi
53	19	$ABDC$	$ABCD$
54	10	quelle	le ordinate estreme
66	8	$^1/_6$	$^1/_2$
76	20	CM	$C'M$
82	2	$\dfrac{2}{24}\,\alpha\cdot\dfrac{l^3}{n'}$	$\dfrac{1}{24}\,\alpha\,\dfrac{l^3}{n'}$
84	16	$2^2.4z_2$	$2^2.2z_2$
87	2	$(n'-1)^2$	$(n'-1)^2)$
87	3	$(n'-1)^3$	$(n'-1)^3)$
87	8	$-\dfrac{n'^2}{4}$	$-\dfrac{n'^4}{4}$
93	fig.	$F'L'$	F_1L_1
93	34	primitivo	primitivo galleggiamento
99	23	multipli pari	multipli
101	25	posizione	distanza che dà la posizione
108	25	s'immergerà	emergerà
112	22	della carena	del bastimento

Pag.	Lin.		
112	29	Rappresentanti	Rappresenti
113	10	della carena	del bastimento
113	18	$\dfrac{\omega v' \delta}{P}$	$\dfrac{\omega' v \delta}{P}$
113	29	profondità	altezza
120	fig.	L', L	L, L'
	Lin.		
133	7 e 8	di questo	del bastimento
139	fig.	NB. La $F'L'$ deve intersecare la FL a dritta d'I, e l'asse verticale in i al disotto d'I.	
	Lin.		
143	18	3σ	$sen\, 3\sigma$
149	3	$1y_2^{(m)}$	$2y_2^{(m)}$
149	4	$2y_2^{(m)}$	$3y_2^{(m)}$
150	25	$4y'''_{10}$	$4y_2'''$
151	col. 5ª	PRODOTTI	PRODOTTI PER IL VOLUME
	Lin.		
152	8	$2y_1 + y^2_1$	$2y_1 + y'_1$
152	13	$\left(n - \dfrac{1}{3}\right)\dfrac{y_n + y_n}{2}\, a_n$	$\left(n - \dfrac{1}{3}\right)\dfrac{y_n + y'_n}{2}\, a_n$
154	col. 8ª lin. 6	$2l_2^2$	$2l_2^2$
156	id. 13ª id. 5	$4\lambda_4'^2$	$2\lambda_4'^2$
156	id. id. id. 6	$2\lambda'^2_4$	$4\lambda'^2_4$
	Lin.		
158	4	$4\Sigma^{(n)} + 2\Sigma''^{(n)}$	$4\Sigma'^{(2)} + 2\Sigma''^{(2)}$
171	30,	e per una piccola estensione,	più di tutti gli altri cerchi tangenti
175	14	M	m
175	20	M	m
183	5	la maggiore	maggiore la
186	10	che	che le
236	26	il quale	il quale albero
269	16	AC	BC
286	20	Mn	$M'n$
286	22	Mn	$M'n$
302	13	POp, POp, POp	POp, PO_1p, PO_2p
302	20	Py	$PO.$

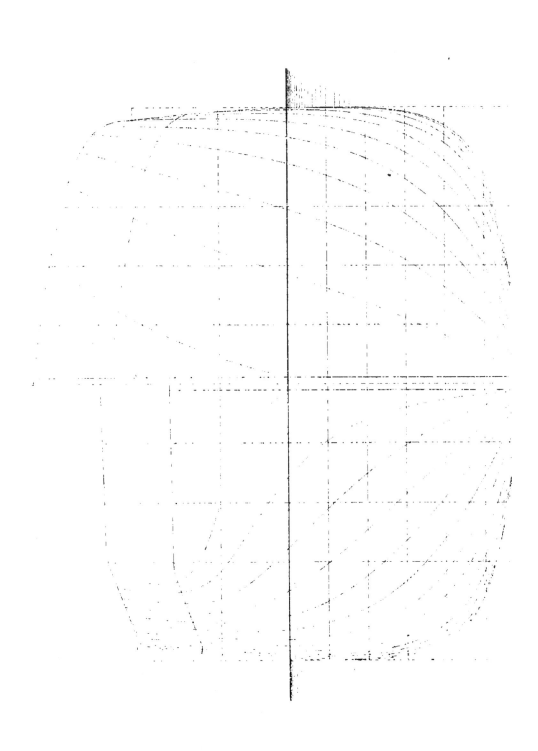

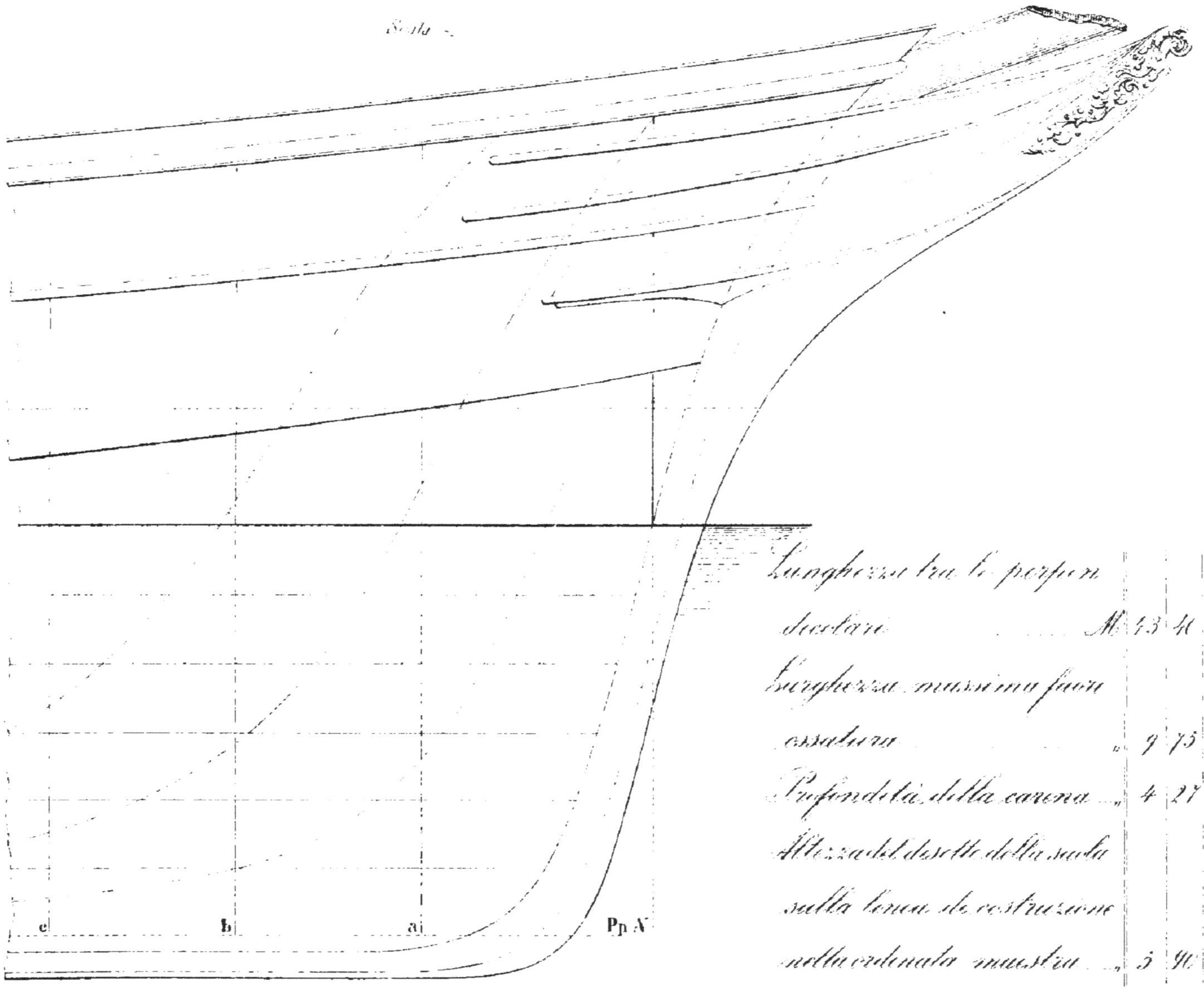

Lunghezza tra le perpendicolari	M.	43	40
Larghezza massima fuori ossatura	„	9	75
Profondità della carena	„	4	27
Altezza del disotto della scala sulla linea di costruzione nella ordinata maestra	„	5	90

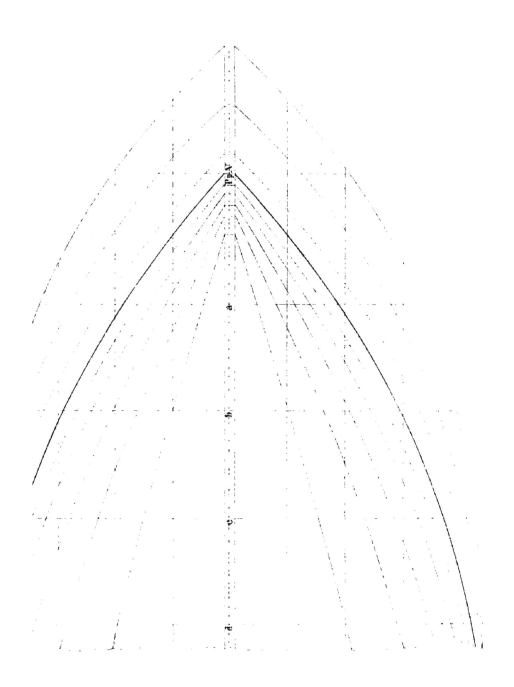

Scala $\frac{1}{72}$

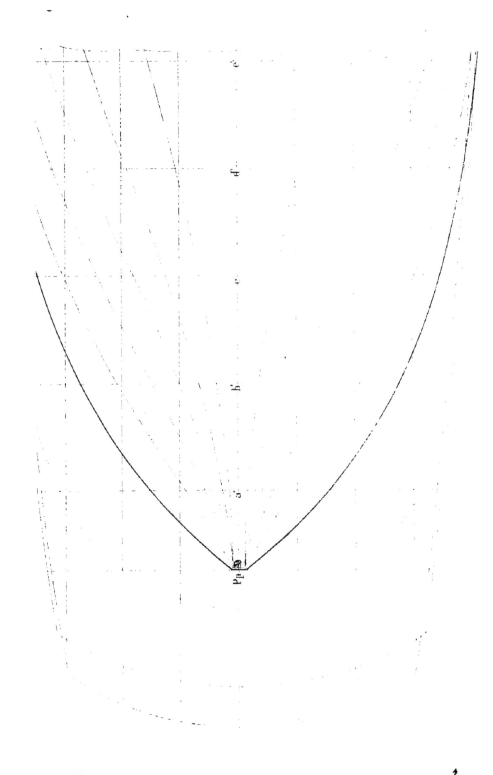

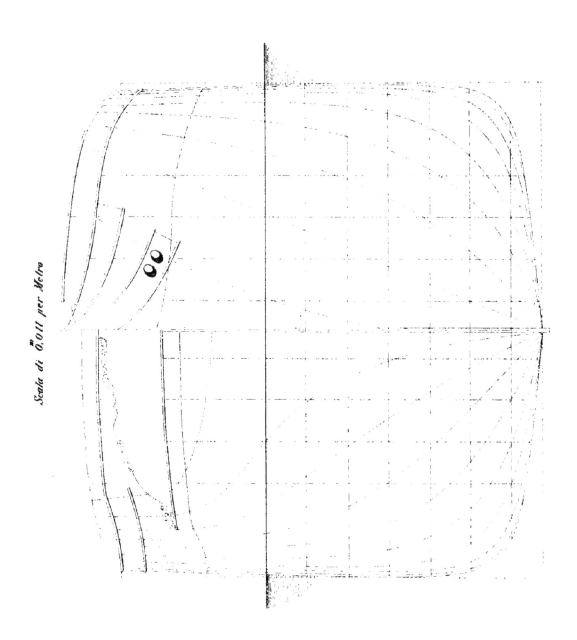

Scala di ^m0,011 per Metro

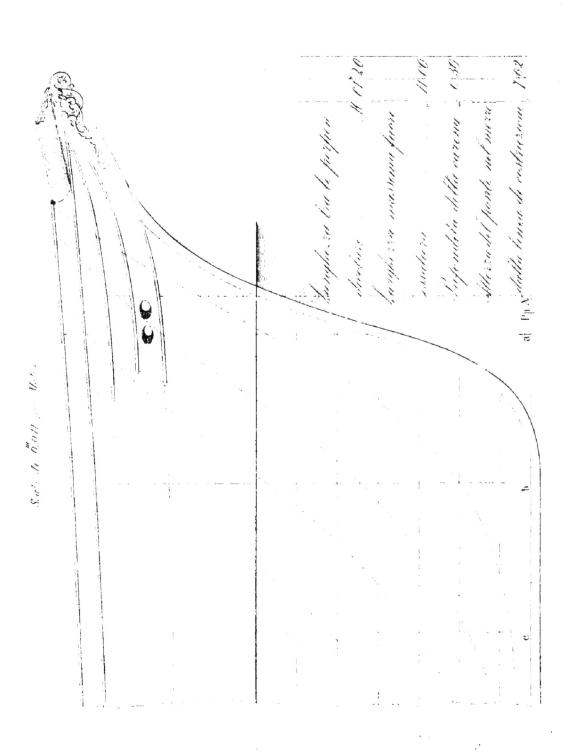

Scala di 0″,011 per Metro

Scala di $\overset{m}{0},011$ per Metro

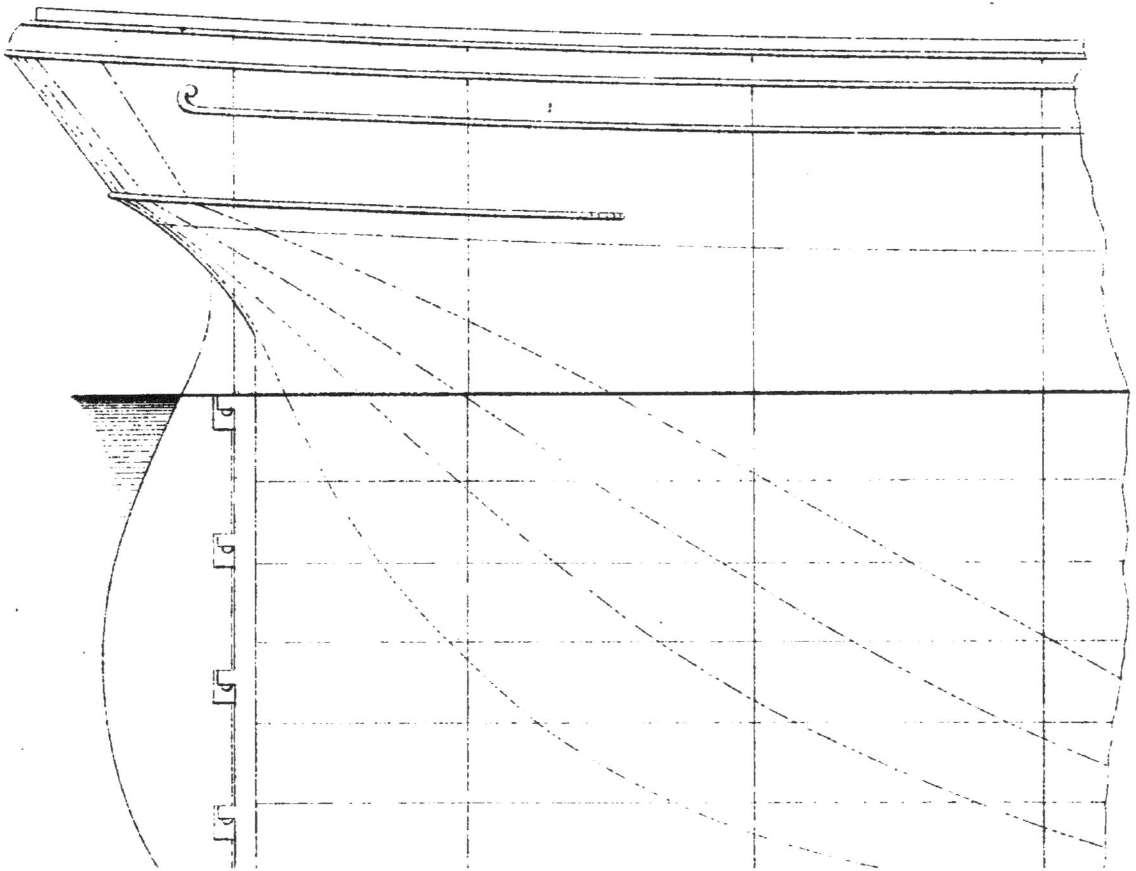

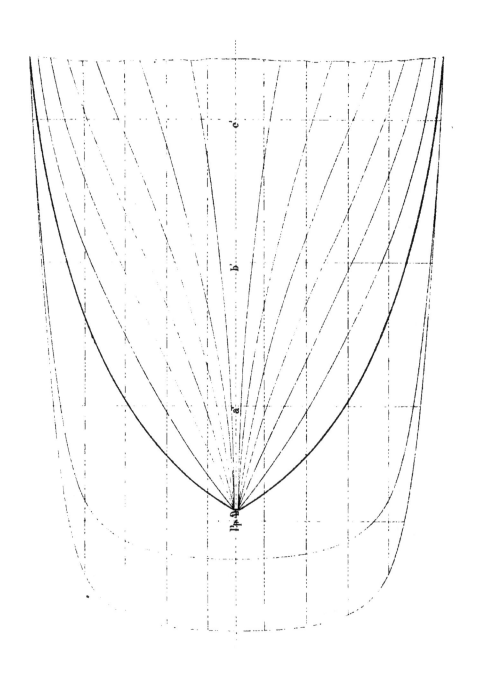

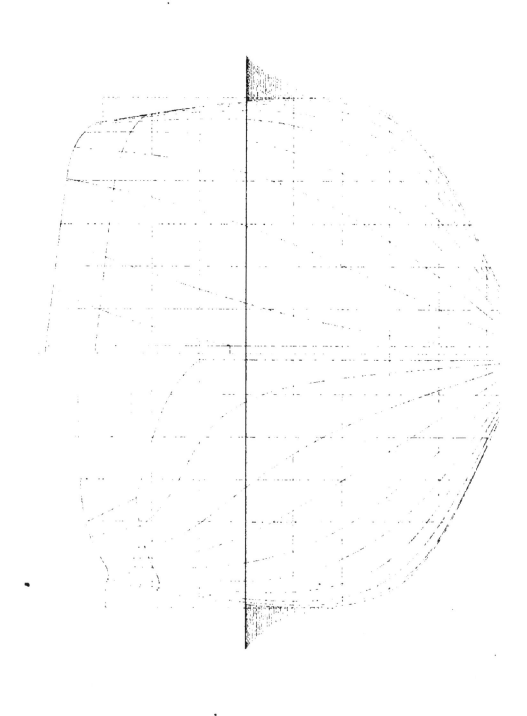

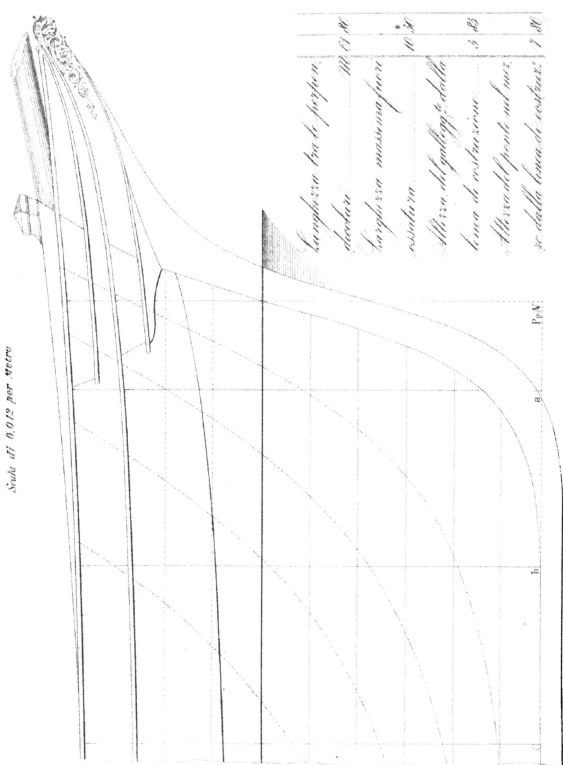

Scala di 0,012 per Metro

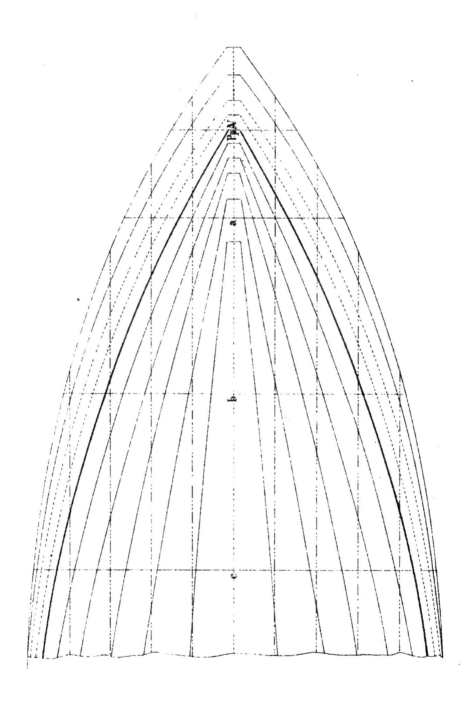

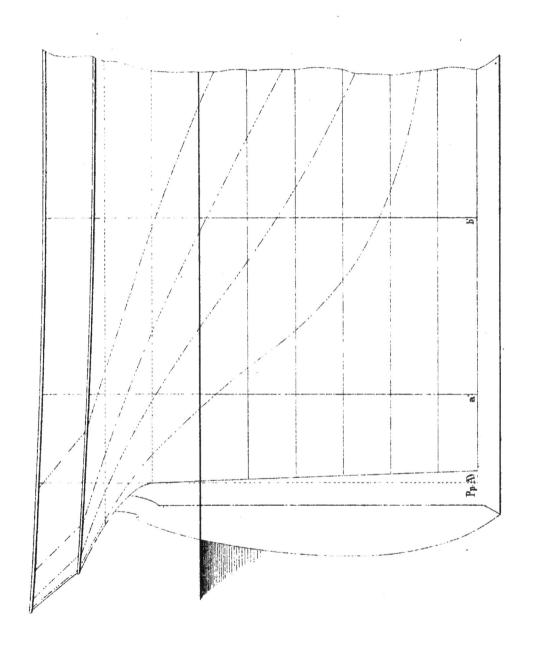

Scala di 0,012 per Metro

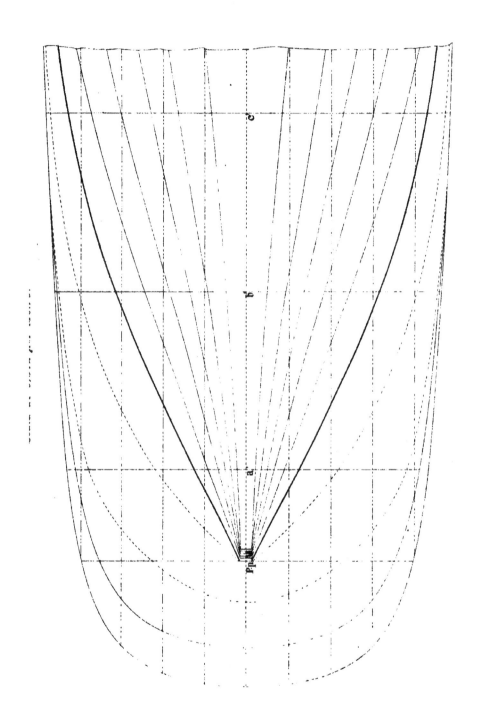

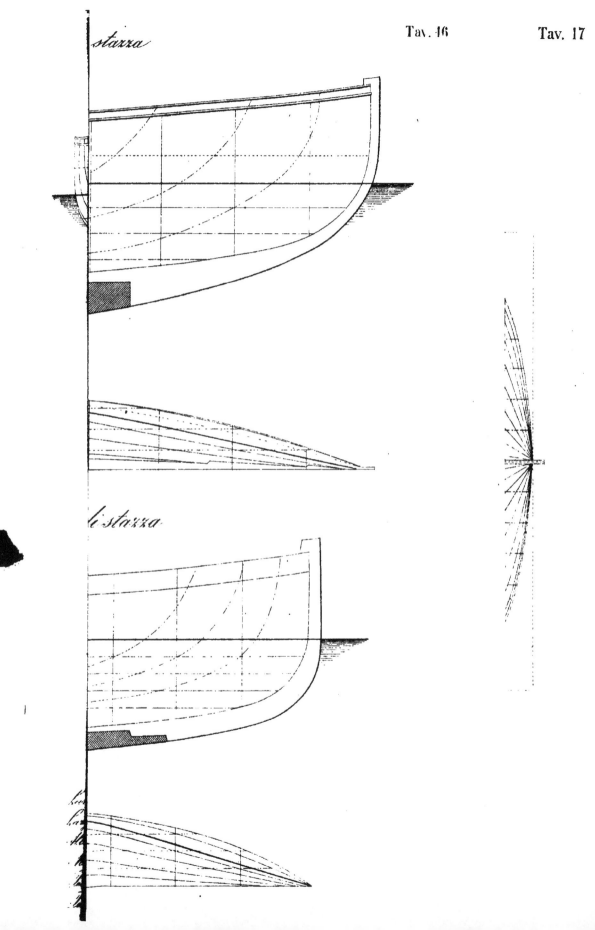

stazza

di stazza

Scala di 0,0008 per Metro .

Lunghezza tra le
perpendicolari .... M 101.30

Larghezza massima
fuori coste 13.50

Immersione dal disotto
della chiglia .... c 41

PpAV

a

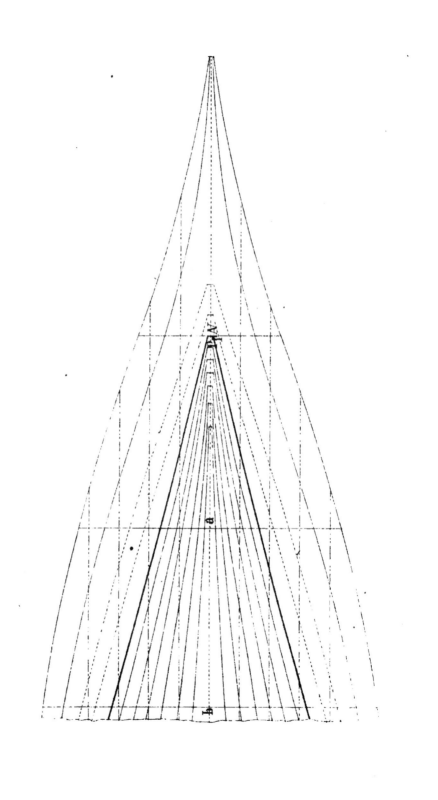

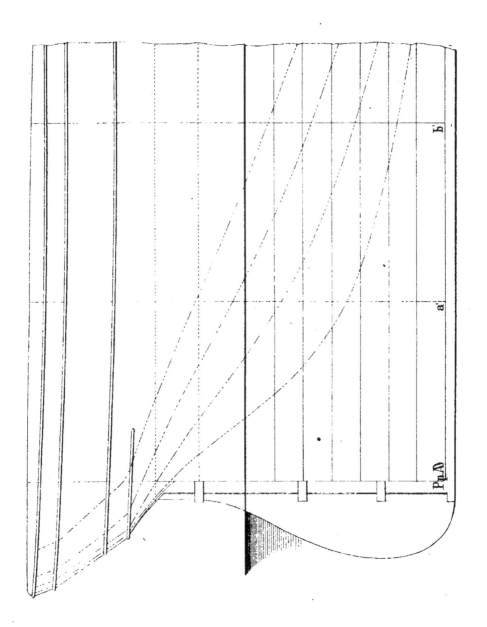

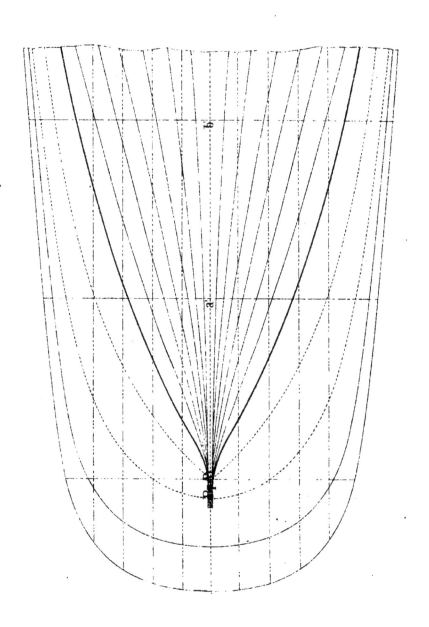

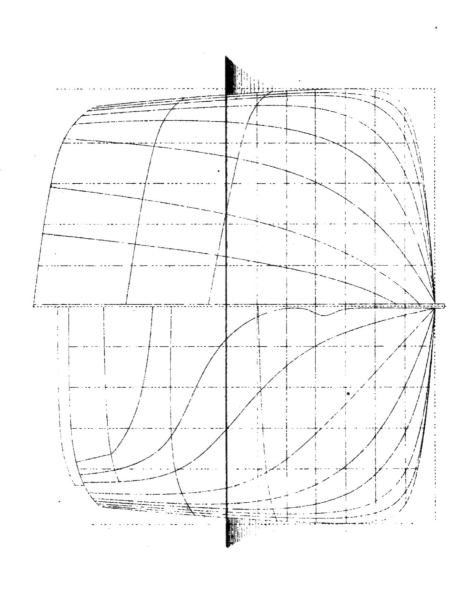

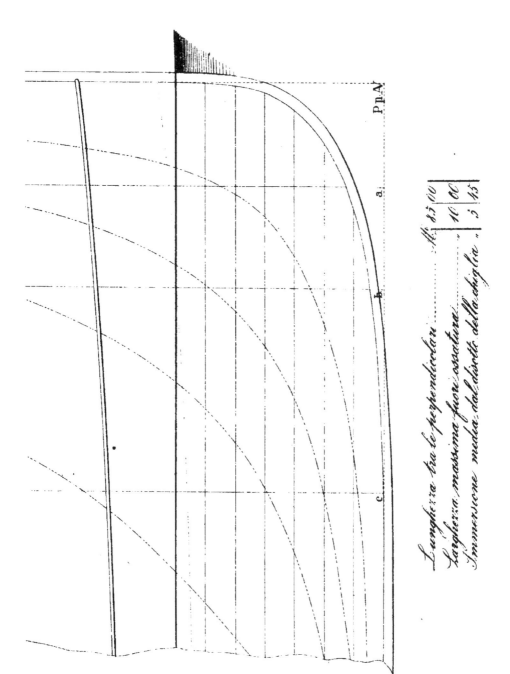

Lunghezza tra le perpendicolari .... $M.$ 85,00

Larghezza massima fuori ossatura .... „ 16,00

Immersione media dal disotto della chiglia „ 5,45

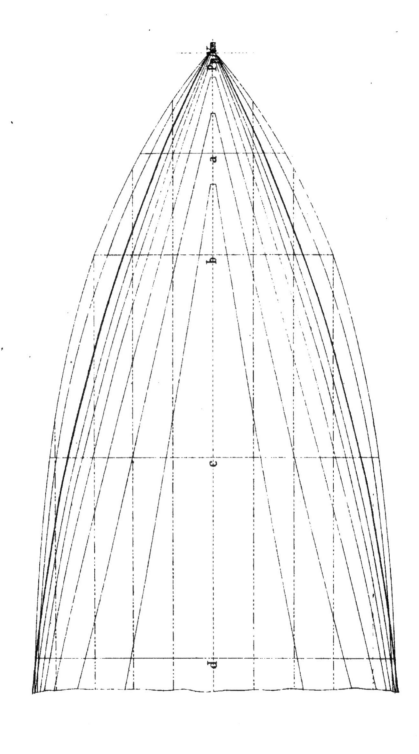

Pl. IV

a'

b'

c'

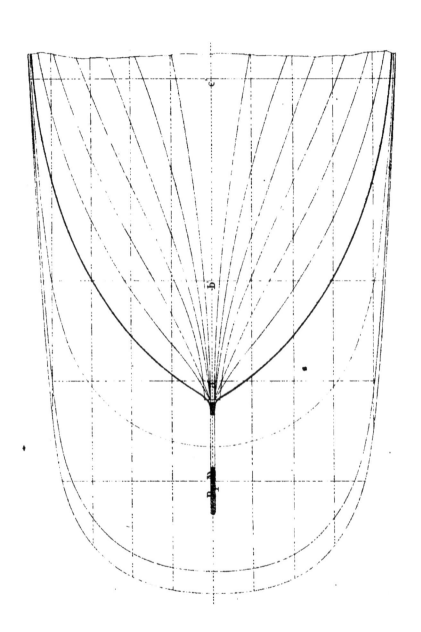

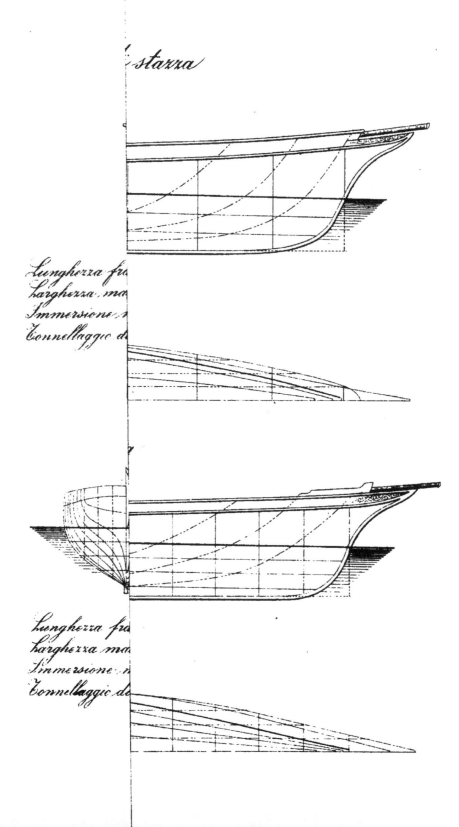

i stazza

Lunghezza fr...
Larghezza ma...
Immersione ...
Tonnellaggio d...

Lunghezza fr...
Larghezza ma...
Immersione ...
Tonnellaggio d...

Lightning Source UK Ltd.
Milton Keynes UK
UKHW030642060223
416537UK00015B/2902

Reminiscences of the Life and Character of Count Cavour, Tr. by E. Romilly

William De La Rive

LONDON
PRINTED BY SPOTTISWOODE AND CO.
NEW-STREET SQUARE

REMINISCENCES OF THE LIFE AND CHARACTER

OF

COUNT CAVOUR.

BY

WILLIAM DE LA RIVE.

TRANSLATED FROM THE FRENCH BY EDWARD ROMILLY.

LONDON:

LONGMAN, GREEN, LONGMAN, ROBERTS, & GREEN.

1862.

TRANSLATOR'S PREFACE.

———•◦•———

THE work of which the following is a translation appeared in five successive numbers of the "Bibliothèque Universelle" of Geneva, and is now in course of publication at Paris in a separate volume. It is written by a relative and intimate friend of Cavour. With the exception, perhaps, of one or two members of his own family, there were no persons with whom Cavour was upon such familiar and confidential terms, from the earliest to the latest period of his life, as the members of the de la Rive family. It was at their country-house near Geneva that he was in the habit of spending days and weeks together, when he could escape from his arduous labours and was in want of rest. It was there that I first became acquainted with him, long before he had taken any part in public life, and it was there that I saw him for the last time, just after the Peace of Villafranca. It was impossible to see Cavour in a family circle in which he was so intimate without knowing him; and to know him was to be inspired, not only with respect and admiration, but with affection for him.

Believing, as I do, that the author has given an interesting and faithful sketch of Cavour's character, and that, notwithstanding the high estimate formed of him in this country, as a statesman and a patriot, his private and personal qualities are but imperfectly known; anxious also to contribute in any way, however slight, to do honour to his memory, I have translated the following pages.

In performing this task I have omitted some few passages. In doing so I have exercised my own judgment with the full permission of the author; and, although I may thus have done injustice to the author, I have endeavoured to omit nothing which was material to the main object he had in view.

E. R.

CONTENTS.

———•◊•———

CHAPTER I.

CHAPTER II.

CHAPTER III.

CHAPTER IV.

a

CONTENTS.

REMINISCENCES OF THE LIFE AND CHARACTER

OF

COUNT CAVOUR.

———o‹o›o‹o›o‹o›——

CHAPTER I.

CASTLE OF CAVOUR — FAMILY OF THE BENSI — COUNT CAMILLE BENSO DE CAVOUR'S BIRTH — GENERAL VIEW OF HIS CHARACTER AND POLICY.

IN the low districts of the country which now forms the Province of Pignerol, a gigantic rock stands erect, in the midst of a vast and uniform plain. The sides of this abrupt block of granite give shelter to a village. On its summit, and under more modern ruins, may still be traced the remains of a Roman citadel, and of a temple to Drusilla, the sister of Caligula. The existing ruins are the work of Catinat, who, in 1691, took and destroyed the Castle of Cavour. To this castle, and to the village protected by it, the barons owed that name which one of them was destined to render so glorious. In their family, however, the name is of recent date,

B

and, before belonging to them, was borne by the descendant of Count Raconigi, the natural son of the last Prince of Achaia. It was towards the middle of the last century that Charles Emmanuel III., second King of Sardinia, conferred, together with the vacant fief, the extinct marquisate of Cavour on Michele Antonio Benso, lord of Santena, and one of his lieutenant-generals.

The nobility of the Bensi is very ancient. They were originally from Saxony, whence the founder of their house, Hubert, came to Italy, among the followers of Frederick Barbarossa. Thus it is to Germany that Piedmont owes, not only its princes, but its greatest politicians. Hubert fought with Frederick against La Lega Lombarda, made a pilgrimage to the Holy Land, on his return married Donna Bentia, heiress of a patrician family of Chieri, and, in 1150, obtained the fiefs of Baldisetto, Ponticello, and that estate of Santena, where now lie the remains of the most illustrious of the race.

Established at Chieri, the Bensi were people of mark, and it was not long before their fame, in common with that of several other noble families, spread beyond the precincts of that little republic. Lorraine has had its "Horses;" Chieri had its B's, or "Beeves" —the Balbi, Balbiani, Bescaretti, Buschetti, Bertone, of whom the Crillons, in France, are a branch; the Broglies—who, in another country, have preserved their name—and the Bensi were known under the general designation of the Seven Beeves of Chieri; and many a deep furrow have these Beeves turned up.

Chieri, like the greater number of Italian towns, was divided into two hostile parties—violent, prompt to draw the sword, and eager for any sanguinary encounter. The Bensi, with the other six B's, formed that party, which went by the name of " di Albergo " —thus designated from their right to demand hospitality—i.e., the right to asylum, to defence, and protection ; and it was, of all the prerogatives of the nobility, the most cherished and the most contested. But independently of these endless intestine quarrels, the Bensi continually played a more or less conspicuous part in most of the wars of which Northern Italy was the theatre. During the long struggle between the Guelfs and Ghibellines, they sided with the Emperor ; and in 1309 Arduino Benso figures in the suite of Henry VII., of Luxembourg, in the character of ambassador of the republic of Chieri.

Later, when the Dukes of Savoy had extended their dominion over the ancient free towns of Piedmont, the Bensi quitted Chieri, to take service in the army, at court, or in council — at one time with the Dukes of Savoy, and at another with the princes of the neighbouring states. Thus, in 1598, Ascanio Benso was minister to Rannuccio Farnese, Duke of Parma ; while Antonio Benso, a colonel of cavalry, in the service of Venice, distinguished himself at the siege of Cyprus against the Turks. Nevertheless, in proportion as the dominion of the Dukes of Savoy became stronger, and Piedmont more firmly settled, the Bensi attached themselves more exclusively to the princes who were now their masters, and to the state which had become their country. They furnished a long list of good soldiers to the country, and many a faithful servant to its sovereigns ; naturally placed in the first rank, they maintained them-

selves in it by their connections and their services.
I have already mentioned Michele Antonio Benso,
on whom the marquisate of Cavour was conferred
as a reward for his military deeds.   I may also add
the name of Goffredo Benso, governor of Turin, who
during thirteen months defended with the rarest
valour the fortress of Montmeillan against the formidable army of Louis XIII.

It was at Geneva, in 1805, that the Marquis Michele
Benso de Cavour married Madlle. Adèle de Sellon.
The Count de Sellon had three daughters, all of them
remarkable, though in different degrees, for charms
of mind and beauty of features.   The eldest became
Duchess of Clermont Tonnerre, and the youngest married the Baron d'Auzers.   It was the second daughter
who was united to the Marquis de Cavour.   Two
sons were the issue of this marriage.   The eldest is
the Marquis Gustave Benso de Cavour, now deputy
to the Italian Parliament.   The youngest—born at
Turin on August 1, 1810—was baptised at the
church of St. Carlo, and, having for sponsors the
Princess Pauline and the Prince Camille Borghese,
received from his godfather the name of Camille.
It is for him that Italy now mourns.

The time, perhaps, is not yet come for passing
judgment on Count de Cavour; of that I take little
account—it will not stop me in my present task.
Even if I had, which I have not, the authority required to pronounce on the character of such a man,
I take pride in the admission that I cannot call myself impartial.   If, among the opinions he has com-
bated, the interests he has made light of, the feelings
he has wounded, there are some which are dear to

me, I cannot, on the other hand, forget that early in life I had the privilege of his friendship, and that it was never withdrawn from me: my feeling for the memory of Cavour is something more than simple respect due to genius. Without interfering with the freedom of my observations, this feeling cannot but unconsciously to myself have some influence upon them, and I am aware that I am not in a position either to control these feelings, or to review them dispassionately. My chief object, then, is to describe Count de Cavour such as he appeared to me, such as I have known, admired, and loved him; such as my recollection of him, such, also, as his own familiar letters of various dates, most of them addressed to my father, many to M. Naville de Chateauvieux, and a few to myself, represent him. I shall write, also, without much attending to method, giving way to the free current of my thoughts and impressions. Such a narrative must necessarily be very incomplete, and will run the risk of appearing desultory and too familiar. I trust, therefore, the reader will consider it as nothing more than a simple collection of notes, furnished by memory and connected together by some few authentic documents. When I have laid down my pen, the life of Cavour will most certainly have still to be written; but I trust I shall have, in some degree, satisfied the curiosity of sympathising friends and admirers.

Nevertheless, once more it must be said, that the time is not yet come for writing such a life. Too many pages must be left in blank which another generation may be entitled to fill up with those secrets which official documents can alone reveal,

and which we, in the present day, must be contented
to guess at.   Neither can the memory of Cavour be
so quickly disengaged from the influence of those
conflicting passions which were called forth or fomented by himself. It is the criterion of the greatness
of a man that enmity is not disarmed nor admiration sobered by his death.   For him, posterity is
slow of growth, in some respects it may be said
never to reach him ; for the name of a great
man is bandied about from age to age by the ever-
alternating tides of animosity and admiration ; the
one excited, the other inflamed by the remembrance
of his designs, of his actions, of his life. He must
always have enemies and partisans : those who offer
incense to Augustus will take pleasure in lowering
Cicero. The glory of a name consists in some sort
in the constant conflict to which it gives rise, which
makes it contemporaneous, as it were, with each
successive generation, and thus endows it with the
greatness of the ages through which it has endured.
The time no doubt will come, when events will be
nothing more than dust stirred up by the passing
chronicler, and when, the first tumult of opinions
having subsided, enthusiasm will sober down and
hatred become less blind.   But that moment is still
far distant with respect to those events with which
Cavour has filled up, or contributed to fill up, the
ten years just passed away, or with respect to those
opinions which he has repressed, or urged forward.
The battle which he began is still being carried on
under our very eyes. We follow with anxiety its
different phases, and weigh with a trembling hand
its ever-varying chances. This struggle appears to

us one of the greatest which for a long period has convulsed the world, and we cannot as yet, in these uncertain times, feel that we are in a position to come to a right judgment respecting the principal actor in it.

Again, the results which have been accomplished in Italy, are they final? or, in recording them, must they be considered of a transitory character, and pronounced purely ephemeral? Cavour's object was to found at one and the same time Italian independence and Italian unity, or rather to create the independence of Italy by means of its unity. This double, or this single object, was it in his power to attain it? Has he attained it? On the answer which posterity may give to this question depends, to a certain extent, the fame of Cavour. The merit of the architect will be measured by the consolidation of the edifice. There are undertakings so conducted that the sanction of success is indispensable to them; and means are sometimes employed which can only be justified by the result. I do not here allude to those means which morality condemns, but to those which the politician hesitates to employ. To rush into adventurous courses is taking a solemn vow to conquer!

Political life, in all its forms, has its changes inseparable from its responsibilities. The man who has raised himself to high political station by his genius may exercise a power over his countrymen as despotic as that of the most arbitrary monarch; and he must not suppose because that power has been freely given, and may as freely be withdrawn, he is therefore entitled to decline all responsibility for its righteous exercise. By its fruits it will, and ought to be, judged as rigorously as though it had been the power of a dictator, imposed by violence on a nation of slaves. Cavour, inspired with the ambitious patriotism of the Italians, led them into a perilous path ;— whether he was drawn into that path, or whether he chose it, is of little consequence. That which is freely submitted to is chosen. He was not afraid of assailing the sympathies, the principles, the feelings, the prejudices, or even of awakening the fears of one half of Europe. Italy followed him with hesitation at first ; but she was soon reassured by his confidence, emboldened by his audacity, convinced by his supreme self-possession, trusting him implicitly when he said, " I answer for everything."

He died ready to answer for everything before posterity ; pressing with his failing hand the hand of the King of Italy—sure of his work, looking forward to its success, and predicting its duration with the same calm confidence with which he had entered upon it and had carried it on. And no one is entitled to relieve him from that enormous burden, which he never found too heavy. No one has even the right to repudiate on his behalf, under the plea that he no longer leads or governs them, the responsibility of events which are but the consequence or developement of his own policy. No one knew better than he did that a statesman carries with him beyond the tomb his responsibility for the work he has done, whether it be to his glory or to his disgrace. His work ? The work of Italy, it will perhaps be replied. In one point of view the whole question lies there. I do not pretend to affirm that Cavour was the sole manufacturer of his own work. I am not ignorant of the fact, that before him, around him, and in conjunction with him, that work had been prepared, matured, and sustained by exile and imprisonment—by the pen, the dagger, and the sword—by long suffering, by rebellion, by devotion, and by crime—by the silent propagandism of sectarians, and by the dazzling prestige of royal heroism; I am not ignorant that it was promoted by influences the most opposite—by those which are destructive as well as by those which are preservative of social order. I am well aware that twenty-five years earlier Cavour would never have undertaken such a task, or would have failed in it, for he would then have had the concurrence neither of so resolute a sovereign, nor of a nation so thoroughly disciplined by experience, nor of an age so readily disposed for that revolution into which he hurried his country. But, upon the whole, I believe that he made use of circumstances and of men far better and to a greater extent than they made use of him. I believe that without him the Italian revolution would not have been accomplished; that Piedmont would not have been in a position to undertake, or France in a humour to second it. Whatever be the feeling excited by this revolution, it is, at all events, a great fact, of which Cavour is the author. Idolised by one party, reviled by another—too considerate according to some, too rash according to others—too fast for one set of people, too slow to please another—still he was the undoubted author of that revolution, acknowledged as such by public opinion, proclaimed as such by the grief of Italy,

and the emotion of all Europe on the morrow of
the day on which he died.   This, it seems to me, is
enough to give his name a prominent place in the
page of history, and to prevent him from ever
being consigned to that obscurity which is the
appropriate burial-place of so many men whom the
passions of accomplices or the credulity of contem-
poraries have sought to impose upon us as illustrious.

If Italy can prosper without foreign protection
and fostering care; if, without sinking under them,
she undergoes those reverses which are the inevitable
and salutary trials of nations really powerful and
free; if she shows herself as energetic and united as
she has lately shown herself calm, patient, and dexterous; if she gains strength as she settles down; if she
maintains in Europe, by her own unassisted power, by
her own wisdom and her own courage, the position
which she did not acquire by her own unassisted
strength—if, in short, fifty years hence, she is a great
nation, then it must be admitted that Camille de Cavour
was a great man—one of the great men who stand
out before posterity as the representative of a people
and of an age.   But, before he became the founder of
Italy he was the minister of Piedmont, and as such
we must acknowledge that he was an eminent statesman, a man possessing, in a rare degree, those varied
qualities and complex aptitudes, of a man born to
organise, to command, and to lead.   Even though
in Italy all that his powerful hand joined together
should be torn asunder, even though some fresh
political storm should scatter the separate elements he had united, even if Cavour should not
have succeeded in transforming into one compact

state five or six hitherto distinct countries, still, in addition to the credit of having attempted so vast an enterprise, and of having conducted it so far on its way, he would be entitled to the imperishable honour of having converted that petty nation, of which he was during ten years the first citizen, into a free people—free, not only in its institutions, but, what is still more important, in its manners and customs.

The system under which Piedmont existed down to 1847 must not be forgotten. It was a system of silence, of constraint, of darkness—seldom or never dealing its blows in any but an underhand way; a system which deals with men's minds as a spider deals with its victims—enveloping, strangling, and paralysing them. Compared with this system, that of the Austrian army in the neighbouring provinces was in reality scarcely more tyrannical; and there was in the ostentatious openness of its persecutions something less absolutely irreconcileable with the idea of freedom. There have been despotisms a thousand times more revolting than the despotism which formerly weighed down the Sardinian States, but there are few that have been so crushing. " You are " right," says Cavour, in a letter written from Turin in 1843, and addressed to my father, " to speak of the " torments of hell, for, ever since I left you, I have " been living in a kind of intellectual hell, that is to " say, in a country where intelligence and science are " looked upon as inventions of the devil by those who " condescend to govern us. Yes, my dear friend, for " nearly two whole months have I been breathing an " atmosphere full of ignorance and prejudice, and living " in a town in which it is necessary to hide oneself in

" order to indulge in the interchange of a few thoughts
" beyond that narrow circle of politics and morals to
" which the government would confine us. This is
" what is called enjoying the blessing of a paternal
" government.   After eight months of Paris and
" London, suddenly to fall back upon Turin, to pass at
" one step from the drawing-rooms of the Duke de
" Broglie and the Marquis of Lansdowne, into those
" where all that is retrograde reigns supreme, the fall
" is indeed a heavy one.   One feels bruised all over,
" morally as well as physically.   Perhaps you may
" remember that uncle of Madame Lafarge, who, in
" consequence of having been for a long time exposed
" to an atmosphere of ignorance, ended by contracting
" an intellectual cold in his head.   I am somewhat
" like that uncle, only instead of a cold I am struck
" with a sort of paralysis."   This is rather strongly
put, but the observations are just, and, allowing for
the exaggeration of the outburst, Cavour, after all,
describes correctly enough the prevailing tone of
feeling in the witty and cultivated society of Turin,
at being subjected, as it then was, to so revolting a
yoke.

Out of a nation trained in the school of such
irritating and petty tyranny, it was easy to form a
revolutionary people : but to endeavour to make them
a free people must have seemed a desperate undertaking.   Nevertheless, this chimera Cavour converted
into a reality.   At the same time, one must bear in
mind that military habits, by infusing pride into the
character of a nation, prepares it for freedom.   I am
also aware that while the general ferment throughout
Europe gave a sudden impulse to the inauguration of

liberty in Turin, in 1847, its approach had been foreseen and the way in some measure prepared for it by the courageous language and eloquent examples of the Balbos, the Giobertis, and the Azeglios, to speak only of the most recent and of the most illustrious. And yet, without wishing in any way to detract from reputations so unblemished, the part played by these eminent men was principally that of pioneers. True, they first lighted the torch and prevented it from being extinguished; but it is to Cavour that Piedmont is indebted for having acquired a taste for liberty—it was he who taught them to understand and to practise it. Except in a few instances, to which I shall hereafter refer, Cavour, in the midst of a thousand difficulties, constantly maintained true liberal principles, however inconvenient in their consequences to the action of the government, and however much in their application they might compromise the success of his policy. Where, in truth, can the press inflict sharper wounds than among a people who are by nature violent, impulsive, easily running into extremes, and who are torn asunder into irreconcileable factions? Where does religious liberty incur the risk of running counter to a greater number of honest convictions, and of arousing a greater number of prejudices, than in a country whose conscience, with respect to spiritual matters, is so profoundly catholic? To whom can political liberty be more practically inconvenient than to a minister whose task it is to reconcile the legitimate demands of a Parliament for information with the mysterious reserve of diplomacy—to compel a proud nation to approve of that of which they are kept in ignorance, and induce citizens to look upon any interference on their part as an indiscretion? And yet, of every one of these principles of liberty has Camille de Cavour been invariably found the indefatigable advocate, though he was by no means indifferent to personal attacks, and not spared in that respect. Well aware of the danger his plans would have to encounter from intemperate discussion, he yet employed no other weapons to restrain newspaper license than those afforded by a liberal constitution, and he never allowed the consciousness of being all powerful to seduce him into the easy and tempting path of arbitrary power which was open before him. In whatever related to freedom of conscience, Cavour never showed any fear of strengthening the hands of his enemies, or of exciting the impatience of his friends, while he was affording protection and giving effect to its legitimate rights, even when exercised by the most rash or obscure individuals. As for political liberty, it must be generally admitted, that if he ever turned it to account, he always maintained it, and even in times when it would have been easy to have turned it to account without maintaining it.

The truth is, that, notwithstanding certain appearances to the contrary, and in spite of the violent modes of proceeding inseparable from a warlike policy, Cavour was from instinct and reason truly liberal. No man was ever more thoroughly opposed to those spurious liberals, who pay the French revolution the opprobrious honour of calling themselves its legitimate successors, because they strive to perpetuate its hatreds and its intolerance; who, in the name, and under the pretence of liberty, arrogate to themselves to be its exclusive votaries, indulge in sneers and insults, and, when they have the power, proscribe and strike—always ready to applaud the omnipotence of him who, sharing their prejudices, propagates, and, when required, imposes them upon the rest of the world. Freedom has no more dangerous enemy than he who, under the mask of friendship, compromises at the same time that he stifles it. It cannot be denied that Cavour was induced to seek support from those slow-going men, who have been wittily designated as *classical liberals*; but if he obtained their support he did not submit to their influence. Personal liberty in its thorough developement, and in the fullness of its consequences, was always in Cavour's eyes the key-stone of the arch of modern liberty, the centre of all those separate principles of which liberty in general is composed, so long as the word itself is not an empty sound. Far from attempting to extend the action of government, he took pains, while strengthening it, to confine it within such limits as would leave the field open to individual exertion, in its numerous spheres of action. Far from endeavouring to bring the nation down to one uniform and common level, he saw without apprehension each of the elements of which it was composed increasing in importance, although at the risk that among those elements some might be found hostile to his policy or to himself personally. In a word, he did not admit that under pretence of guaranteeing, guiding, and serving its citizens, the State ought to keep them in a nursery, to wrap them in swaddling clothes, and in the end make slaves of them.   His notion was that men should have elbow-room, the right of judging for themselves, of regulating the conduct of their own lives, of managing their own affairs, and should be responsible for their own opinions and their own actions.   His thoughts, words, and deeds all took this direction; and it is in this way that he led Piedmont, and by means of Piedmont Italy, in the true path of freedom—a path which, if rugged at first, gradually becomes firm and smooth by the repeated footsteps of a nation constantly passing over it.   There is not an institution founded or renovated during his tenure of power, which does not bear evidence of his enlightened anxiety to uphold individual rights.   You have only to walk into the railway-station at Turin or Genoa to be agreeably struck by the freedom which prevails there—none of those closed and barricaded *salles d'attente* in which one is penned up; none of those ridiculous regulations which prohibit the delivery of tickets after a fixed hour; none of those employés who are always finding fault, pushing, hurrying, and scolding, and whose principal business seems to be to humiliate and irritate that last employé of all, known by the name of traveller.   I hope I may be forgiven for having cited, to the honour of the administration of Piedmont, a circumstance so trivial in itself, and the significance and importance of which may seem to be overrated; but I know nothing which offers a more faithful picture, or is a more unmistakeable sign of the general liberty of a people, than the liberty which they enjoy in the common concerns of life, and which is brought home to them by practical daily experience.

This incident seems also to indicate the views

and tendencies of Camille de Cavour in matters of administration. He disliked regulations, a dislike which is natural enough in those who have to submit to them, but which is very rare in those who impose them. "Regulations," he one day said to me, "convert an official into a blockhead, that is why as "a minister I do not like them." "The letter kills," he added, "it is the spirit which gives life." On full reflection, I believe that the contempt he felt for "the letter," which was one of Cavour's character-istic traits, was of great use to him in more ways than one. Laying little stress upon form, he went straight to the point, and dealt with it practically. At a glance he perceived the real gist of the question at issue, through every veil by which conventionalism disguised it and propriety encumbered it; and those sacred veils—sacred in official eyes — were raised without respect, torn off without compunction, and cast aside without remorse. The question once fairly before him, he placed his finger without hesitation upon the peccant part, and was ready to cut into the quick, in spite of the prudent counsels of the "letter." In order to accomplish his object, he preferred the shortest cut, leaving diplomacy to crawl at its snail's pace along the turnpike road; and diplomacy, left behind, looked upon him as a revolutionist. There have been ministers who have alarmed European cabinets more than he did; but there is not one who has given them more trouble, not excepting the cabinet of Great Britain, the only one which gallantly undertook the task of reconciling his conduct with the "letter." I can picture to my-self the countenance of Cavour as he read Lord John

Russell's famous despatch, and I think I see the smile playing around his expressive lips.

It is said that this is not an age of veneration; and in truth, men of the present day do not respect a thing because it has always been respected. The time is past when mankind bowed to the ass in consideration of the relics on his back. There is no man, no institution, no belief which is not now weighed in the balance. The world judges without reverence, and acts without deliberation. Governments are known to be machines, which must be wound up like a clock, and the multitude no longer gazes at them with open-mouthed admiration, as a savage gazes at a watch. There is no one, with the exception of those lunatics who annually send papers to the Academy of Science on perpetual motion, that believes in the perpetuity of anything. The Stock Exchange and the Press have put the old forms of diplomacy to flight; and in these days official despatches are articles in newspapers. In the great general change which has taken place — a change which has given softness to the manners, but instability to the character; developed intelligence, but weakened conviction; added to power, but lessened the will — has good or evil preponderated? Two years ago, I was walking with Count Cavour at Hermance, at the foot of an old tower whose massive masonry defied the ravages of time. In speaking of the various incidents which so ancient an edifice must have witnessed, we were led to compare different states of civilisation and different periods. "It is impossible to deny," said Cavour, "that mankind in the aggregate has made progress;

" but as for individual man, I don't believe the rogue
" has made any progress at all." A misanthropical ob-
servation, it may perhaps be said ; but it was uttered
a few days after Villafranca, and Cavour did not then
see things *couleur de rose.* However this may be, he
certainly belonged to an age when hypocrisy, which
after all is but the observance of the "letter," was no
part of the homage rendered to virtue. In Cavour,
no formality of manner was made to mask what was
in reality trivial or puerile. On the contrary, what
amounted almost to frivolity of manner served often
to cover and soften what was at bottom harsh and
peremptory. He appeared flexible, playful, and
good-natured, when he had all the determined and
inexorable stiffness of purpose of a reformer. A certain air of unconcern, added to imperturbable good
humour, predisposed people in his favour, and
brought over or disarmed his enemies. No one was
a greater master of, or indulged oftener than he did
in, that easy familiarity which won every heart,
without ever degenerating into weakness, or in any
way detracting from his personal dignity. It has
been very unjustly said of a certain great statesman
of modern times, that he was a reed painted like
iron ; with much more truth it might be said of
Cavour, that he was a bar of iron painted like a reed.
But his iron will disappeared under the charm of his
smile, of his easy and unconstrained manners, and the
openness and frankness of his conversation. He
conquered his hearers much more than he convinced
them. This was the secret of his power. Once
conquered, he led them where he wished, instead of
having again and again to bring them round by per-

suasion. He was not made to be popular in the
vulgar acceptation of the term, nor would he have
been so at all, but for that Parliament through which
his popularity shone forth. The cultivation of his
mind, the moderation of his opinions, the refinement
of his tastes, placed him at too great a distance from
the masses to enable him to understand them, or to be
thoroughly loved by them. He possessed none of that
vehemence by which a mob is carried away, nor any
of those defects by which they are fascinated; and if
he shared some few of their passions, he joined in
none of their prejudices. He was an aristocrat by
birth, taste, and nature, and would have been singularly unskilful in handling those coarse and
heavy levers by which the masses are moved. His
great influence, beyond the circle in which his immediate action lay, was owing to his success; his
prestige consisted in his power; he was popular
because he was believed to be strong; the reputation of strength brought with it the reality;
for, when once his influence over his countrymen
was believed to be all-powerful, he became, in the
eyes of Europe, the true representative and sponsor
of the Italian people. It is Sheridan, I believe, who
says that "wit is truth." Such was eminently the
nature of Cavour's wit — luminous and essentially
simple, as everything is which is true. It is only in
powerful and creative intellects that wit can be
placed at that high eminence assigned to it by the
above definition; — it is only in such cases that that
simplicity is to be found which unconsciously mani-
fests itself on all occasions; so that the most
complicated designs and the boldest conceptions

create neither surprise nor alarm, and genius pur-
sues its course with so firm a step, in so straight a
path, that it diffuses light around without dazzling,
and without even being discerned by ordinary minds.
Simplicity is perceived only at a distance, in the long
run, by its results, and by its never-failing influence.
When Columbus broke the end of the egg, he met
with no applause ; and yet he exclaimed, "To discover
" America is not more difficult!" During the whole
of his political career, not a day passed, perhaps, in
which Cavour did not break the end of one egg or
other. This, to all appearance, is not very difficult,
and yet it is the way by which a statesman accom-
plishes great things, and arrives at a goal which no
other man has the power or even the desire to
reach. This simplicity is one of the characteristics
of genius ; it guided Cavour's thoughts, directed his
conduct, inspired his language, and was the polar
star of his life. " *Via recta, via certa*," he said to me
once. "That motto was taught me by one of our
" best diplomatists; it is the true one, and I hold to
" it." And in truth Cavour did hold to it ; he always
took the straight path and the shortest. That was
his mode of action ; it was part of his nature, and in
it consisted his strength. I remember that, in 1859,
after the Austrians had repassed the Ticino, the inhabitants of Novara claimed from the Sardinian
government repayment of the enormous contributions
exacted from them by General Giulay. Equity seemed
to be in favour of this appeal, made by a town which
had thus exceptionally suffered ; but political expediency was against it, and it was rejected. "What an-
" swer did you give them?" I asked Cavour. "Well,"

he replied, " I told them that war was war ; that it
" kills some and ruins others ; that it was true enough
" they were greatly to be pitied — that I pitied them ;
" but that war is war." This may give an idea of
Cavour's mode of arguing. With reference to this
subject, I remember having read (I know not where)
that on one occasion he had silenced one of his enemies
by declaring " *qu'il était trop laid* ; " but I am wrong
in saying *enemy*, for although he had adversaries in
the Chamber, he certainly had no enemies. This sentence thus reported is so wanting in courtesy, that I
am satisfied he never uttered it; yet, on the other
hand, if it had been only abrupt, it might well have
been authentic, for it was just in Cavour's manner —
brief, rapid, and, as it would seem, sufficient for the
purpose, since the Chamber, it was added, was on
this occasion unanimously in favour of the minister.
Indeed, except on those rare occasions when Cavour's
speeches were addressed principally to Europe, they
were not eloquent, but they were always enough for
the purpose. He cared nothing for oratorical display in Parliament, beyond what was necessary to
bring the discussion to a successful issue. In debate,
he did not lose time in seeking for or selecting his
arguments ; he picked them up at random, wherever
he found them, without much caring whether he
were illogical or superficial. The gift of speech was
not with him the foil of a fencer, but the sword
of a soldier — one, too, of that goodly kind which
M. Veuillot (who understands it well) lauds as a weapon not to be trifled with ; with no useless gilding, or
superfluous ornament, but well-tempered and well-
pointed, with which he made the right thrust in the

right place, if possible; and if not, no matter, provided the thrust had force enough to stretch his
adversary on the ground. Without subtlety or
artifice — defending an indifferent cause with indifferent reasons, rather than go out of his way to
look for good ones — he would have made a lawyer
smile, but he would not the less have beaten him.
He never lost himself in words, in circumlocution, or
in that labyrinth of phrases so popular with those who
indulge in fallacies, and who prose away from the
absence of ideas. His language was terse, precise,
fluent, and, above all, natural; always appropriate to
the subject — not rising above, and never falling
below it : it was the language of a man of business,
adapted to business, whether great or small.

It was thus that he became, when it was necessary,
a great orator, simply because he was a great statesman. Above all, he possessed in an eminent degree
that which is the highest faculty of a statesman—
the power of observing — in other words, of good
sense; a faculty which is singularly rare, being in
most men clouded by routine, passion, or prejudice,
and which is the distinctive mark of genius. To
have the power of observing is to know men, and
to understand things; to lay hold of details, and
embrace the whole; to discern not only the obstacles
which stand in the way, but the circuitous paths by
which they can be avoided. It is to have an accurate notion of relation, proportion, and perspective.
It is to distinguish what is chimerical from what
is practicable; it is, in short, practical foresight.
There are many persons who think that good sense
consists in a perception of the immediate bearings of

a question, in the respect entertained for received opinions, and in a strict observance of all proprieties and conventionalities. And they are right so far that there is no source of power, nor any circumstance in the general aspect of affairs, which a statesman ought not duly to weigh and take into account. But they are wrong when they cannot discern the good sense of him who looks and sees beyond the narrow circle to which their own limited powers of vision are confined. Good sense consists in seeing far, as well as correctly; it is impossible to see correctly without seeing far. Short sight cannot be considered good sight. The doctrine that genius can do without good sense, is contradicted by every page of history. But why insist upon this point? Intelligence, sagacity, good sense, are almost synonymous terms for one single faculty, which, when applied, developed, and guided by great firmness of purpose, is called genius. But a strong will is a rarer thing in the present day than a clear intellect and the power of observing. We live in an age in which there is more courage than energy—more impulse than perseverance—more activity than labour, and in which intelligence, so far from strengthening the will, seems too often to have the effect of weakening it. In Cavour's case, on the contrary, the mainspring of his will, which had been formed by nature out of the best materials, seemed day by day to increase in strength and in the power of endurance, and to become better fitted to set in motion, to direct, and to utilise so many living forces, all of them constituting appropriate parts of a highly endowed intelligence. Day by day, the

union of the intellect with the will seemed in
Cavour to become closer and more intimate, and, let
me add, more absorbing. When the practical
knowledge of business, of men, and of oneself, in
other words, when the conduct of human life does
not wear out the mind, or exhaust the will, it
strengthens the one and the other, and the one by
the other, and developes both in an extraordinary
degree, to the detriment, however, of other parts of
the human character. It is thus that a great man,
carried forward by his genius, divests himself by
degrees of all those passions by which the human
heart is unsettled or the conscience disturbed, and
stands aloof from the rest of the world, less perhaps
because he has raised himself above, than because
he has separated himself from them, and gradually
becomes the inexorable being described by Mdme.
de Staël, when she said of Napoleon: "What
" frightens me in him is, that I can find no human
" feeling by which to lay hold of him." The impression conveyed by this saying of Mdme. de Staël was
sometimes produced by Cavour, particularly towards
the end of his career, and I have myself felt it. His
smile, the winning charm of his manner, the liveli-
ness of his remarks, his *abandon*, were at such times
only at the surface, as if they had ceased to be in
harmony with his deeper thoughts. I do not mean
that he ever wore a mask, or that it ever was an
effort to him to assume the kind, pleasing, playful,
and calmly lighted up expression of countenance of
his earlier days. But through that expression, which
was natural to him, shone forth an irresistible determination of purpose, ready to crush to atoms every

obstacle in his way.   His face even assumed, at
certain moments, another expression—one of serene,
but implacable severity; that iron expression, which
the excess of determination stamps upon the features.
His countenance was an index of the soul, and it
was the soul of a conqueror.

But the country which he conquered he considered
as his own, and if in order to effect this conquest
he had recourse to the sword, he made still greater
use of the principles of liberty.   Liberty, then, it
may be replied, was a mere instrument in his
eyes; and if it were so, it seems to me of little
consequence.   What is of consequence is, that in
wielding this instrument he neither impaired nor
tarnished it, and that the work once accomplished,
he did not destroy it.   Liberal by nature, he lived in
times when his reason was enabled to act in unison
with the instinct of his nature, and when that liberty
which he cherished could be converted into the best
auxiliary of his designs.

There is no doubt that Cavour was formed out of
that finer clay in which the master spirits of the
world are moulded.   Adorned with those brilliant
qualities before which mankind are ever ready to
bow, he was also endowed with the humbler attributes without which others remain barren.   Laborious, persevering, doggedly sticking to his work,
not laying it aside for a single day, or a single
instant, he possessed, at the same time, the art of
convincing men, of winning them over, and of
inspiring them with confidence, by the very mode in
which he exacted it.   He had that which constitutes
and completes the character of a great politician;

well-weighed energy, indefatigable activity, sagacity, skill in availing himself of opportunities, knowledge of the times, fertility of resource, a mind undisturbed by prejudice, a heart free from hatred. Formed for the fight, and born to conquer, he belonged to that bold race of men who do not shrink from tempting Fortune, certain that she will never be so ungrateful as to desert them.

CHAPTER II.

CAVOUR'S EARLY LIFE — HIS APPOINTMENT AS PAGE TO PRINCE
CARIGNAN — BECOMES AN OFFICER OF ENGINEERS; IS SENT TO
THE FORTRESS OF BARD; RESIGNS HIS COMMISSION.

SUCH is a summary of Cavour's character, as he
appears to me, seen through the medium of his
life and the work that he accomplished. It would
perhaps have been more regular to begin by a
narrative of the incidents and of the great work of his
life; but in speaking of a man so universally known,
I thought I might, without any great impropriety,
infringe upon the ordinary rule, and I have thus,
without any settled intention, but without any great
scruple, been led on at the very outset to retrace the
salient points of the noble figure that rose up before
me. In the stillness of death, the features become
more strongly marked, and it thus imprints on the
countenance its predominating expression. It is this
predominating expression that I have endeavoured
to sketch, and I have purposely passed over all that
might be apparently in contradiction with it, and all
that is secondary in importance. What has already
been said will however, I trust, be made more
intelligible and less imperfect by what remains to be
said in the following pages.

Camille de Cavour was born on August 1, 1810.

He was brought up at Turin, in his father's house,
till he was ten years of age, and was the object
of every care which intelligence and affection can
bestow. The home in which his earliest childhood
was passed was of a kind to favour the developement of those faculties already implanted in him by
nature. His grandmother, who belonged to the
distinguished family of the Sales, was a woman of
superior mind, of great good sense, and of sincere
unexaggerated piety. His father was a man of singularly acute and active mind. To practical knowledge of business and of the world, he added great
stability of character and true ambition; but his ambition was restrained by that respect for authority
which had been strengthened in his mind by the constant aspect of revolution, as it had in all those who
belonged to the same generation. He was less of a
politician than of an administrator; but with a clear
insight into the characters of men, and sifting matters
to the bottom, he formed his own conclusions very
rapidly and very correctly. He was above all a man
devoted to his family. As for the wife of the Marquis
de Cavour, the excellence of her nature made up for
the deficiency of an education, not indeed neglected,
but capricious, and of which the chief object had
been display. This education, which, left to her own
resources, she completed for herself, retarded perhaps
the maturity of her judgment, but did not tend to
lessen the rectitude, or to injure the exquisite refinement of her feelings. Endowed with every accomplishment which can attract, gifted with every
quality which produces lasting attachment, hers was
the best possible school for her sons, for it possessed

all the attraction, grace, and lasting devotion im-
parted by a mother's love. Few instances could be
found of children who had received so much of that
kind of schooling as Count de Cavour; for Mdme.
de Cavour had two rivals in maternal affection, her
sisters, the Duchess of Clermont Tonnerre and
Mdme. D'Auzers, who happened to be both settled
at Turin; and neither of them having children of
their own, it was natural they should be drawn nearer
to their nephew, and, centering their affections in
him, should have no small share of influence on his
early education.

I am not aware that the infancy of Count de Cavour
was marked by any striking incident, or that the
history of the first years of his life affords any clue
to his future greatness.

Mdme. de Cavour, in a letter addressed to my
grandmother, speaks of her youngest son, then three
years of age, as a " good romping boy, stout, obstre-
" perous, and always ready for play." " I am longing,"
she adds, " to see your boys next summer, and to
" show you my big Camille ;" and, if we may trust a
later letter, also addressed to my grandmother, but
written by Mdme. de Tonnerre, the " romping boy "
had, at first, little taste for study. There is nothing,
however, in this which seems particularly to distinguish him from most other children. " Give me,"
says Mdme. de Tonnerre, " some account of my dear
" Auguste and of my godson Eugène. They are
" now great boys, I believe ; indeed, Eugène must be
" very near eleven, and Auguste quite a respectable
" personage. I am now living with some young people,
" not quite so venerable, but they are very nice. You

" cannot imagine, my dear Adèle, how much likeness
" there is between these two little ones and your
" children. Auguste and Gustave are the same in
" character, in tastes, in deep and reserved sensibility ;
" and Eugène and Camille are the same as to health,
" good nature, animal spirits, and, above all, a desire
" to please. Gustave likes study, Camille has a horror
" of it. Tell me if you have had much trouble to
" teach your boys to read : as for poor Camille, he can
" make nothing of it, his sighs are perfectly heart-
" rending, and I cannot but admire Adèle, who has
" the courage to encounter these sighs and make him
" repeat *b, a, ba*. As for me, I reserve to myself the
" distribution of the orders of merit ; so, you see, I
" take care of myself."

This child, who has " a horror of study," and from
whom the alphabet draws " such heart-rending sighs,"
was nevertheless destined, one day, to become the
hardest of workers. I do not, however, now allude
to those times only when, at the head of the affairs
of his country, and entrusted with the business of
three separate departments, he was capable of performing his threefold task ; for I have never known
him otherwise than eager to acquire information,
and singularly tenacious in sticking to the work he
had once begun. I remember that in 1840, when at
Presinge, it was his daily practice to be called at five
o'clock in the morning, and however late the hour at
which he had gone to bed the night before, he got up
at once, swallowed a cup of coffee, and set to work.
Now, at that time, his work consisted in reading
the history of England by Lord Mahon, an accurate
and scrupulous author, but dry and unattractive. I

recollect the invincible aversion with which the mere
sight of those thick and heavy volumes inspired
me.   But Cavour had determined to learn English,
and in order that the study of this language might
at the same time teach him the history of England,
he unremittingly devoted his mornings to spelling
over a tedious work written in a language he was
unacquainted with.   At a later period, in 1846,
when I was at his estate at Leri, and was in the
habit of setting off at daybreak for the purpose of
shooting, it never once happened to me to make my
start without receiving his best wishes, and although
he had no thoughts of killing snipes, he was always
up before sunrise, looking into his accounts, visiting
his cattle-sheds, arranging the details of one improvement or another, superintending the unpacking of
some new machine, and then filling up spare moments,
which would have been lost to any one else, in the
study of some serious work in the Italian, French, or
English language, on agriculture, political economy,
or history.

And yet, to return to the child who had a horror
of study, this contradiction between what he was
and what he was to become, is rather apparent than
real.   In grown-up men activity of mind is the
mainspring of work ; not that restless and unpro-
ductive activity which gives way at the slightest
obstacle, and which, evaporating after a day's exertion, conceals under its frothy surface the want of
substance and the want of wit at bottom, but that
real activity of mind which does not allow itself to
be carried away by a mere desire for excitement, to
which vague and unprofitable musings are unknown,

which has always in view some distinct and well-defined object, and which cannot see that object without endeavouring to master it, nor endeavour to master it without devoting its whole soul to the task. In the case of the young, a taste for study is most frequently nothing more than submission to authority, and affords evidence of the pliability of the child rather than of activity of mind. That is why studious children generally do not come up to the expectations they have raised. The greater a child's activity of mind, the greater the chances that he will be wanting in docility and inclined to restiveness ; in other words, that he will endeavour to escape from a thraldom the object of which he does not understand, in order to expend his energies on things which he does understand and which he really likes. There is, however, no rule without exception ; and to become a distinguished man it is not enough to have been an indifferent schoolboy. Later in life, Camille de Cavour often regretted that there had been more than one omission in the subjects of his early studies. But although he was most laborious when I knew him, I can quite imagine him with a horror of study, full of animal spirits and good humour, and taken up with the desire of pleasing, in which, I fancy, he succeeded without much trouble.

In 1816, his parents brought him and his brother to Geneva. They spent some time at Presinge, at my grandfather's. I am tempted to allude to this visit, in consequence of my father having more than once described to me the impression produced by Camille de Cavour, on his first coming to Presinge. He was then an arch little fellow, with a countenance full of

D

animation, indicative of decision of character; very entertaining in his ways, and with an endless flow of childish frolic and fun.   He wore a little red coat, which gave him a droll and at the same time a determined look.   On his arrival, he was under a good deal of excitement, and stated to my grandfather that the postmaster at Geneva had given them such execrable horses, that he ought to be dismissed. " I insist upon his being dismissed," he repeated again and again.   " But," replied my grandfather, " I cannot dismiss the postmaster; the first syndic alone has that power."   " Well, then, I must have an audience " of the first syndic."   " You shall have it to-morrow," replied my grandfather; and he at once wrote to his friend Mr. Schmidtmeyer, then first syndic, and told him he was going to send him a very amusing " little man;" and, accordingly, the next day the child appeared at Mr. S.'s, and was received in due form. With perfect composure he made three profound bows, and then in a clear voice preferred his complaint, and called for judgment.   On his return, as soon as he perceived my grandfather, he exclaimed : " Well, he will be dismissed ! "   He was then hardly six years old, his taste for dismissals therefore began early.

The Marquis de Cavour intended his eldest son for diplomacy, and the youngest for the army. At ten years of age, Camille left home to enter the military academy, where he was very soon promoted to the dignity of a page, an honour reserved for young men of high birth, and which, from its affording an opening to the Palace, as well as relaxation from monotonous studies, was of course

in great request. Camille, however, appeared so
little flattered by the distinction, and was so restive
under the forms of etiquette, that he was deprived of
most of the so-called honours appertaining to the
place. This, however, did not prevent him from
distinguishing himself at the military academy, particularly in mathematics, for which he had a decided
taste, and by which he satisfied that thirst after clearness of ideas, and that desire to account for everything
which was part of his nature. "I owe a great deal to
"mathematics," he said to me many years later. "It
"forms the mind, and teaches one to think." Not
but what he often regretted the special turn which
had been given to his studies, and their too great
exclusiveness. In 1835 he wrote to my father,
who had applied to him for contributions to the
"Bibliothèque Universelle:" "There are many sub-
"jects which I should be unable to deal with, owing
"to my literary education having been in some
"respects sadly neglected." And in 1843, in a
letter in which he announces that he is about to
undertake an article on the "Agricultural Treatise"
of M. de Chateauvieux, he says: "I admit, openly, I
"do not feel capable of expressing agreeably all that is
"in my mind. From want of practice, if not from
"want of ability, I find great difficulty in arranging
"my ideas in a fit shape to appear before the public.
"In my youthful days I was never taught how to
"write. I have never in my life had any master of
"rhetoric, or even of classics; and it will not be with-
"out the greatest apprehension that I shall venture to
"send you a MS. intended for publication. It was too
"late in life that I became aware how important it is

" to make literary studies the groundwork of all
" intellectual education. The arts of speaking and of
" writing well require a degree of nicety and adapt-
" ability of particular organs, which can only be ac-
" quired by practice in youth. Make your son write,
" make him compose ; so that after his mind has be-
" come a storehouse of ideas, he may know how to .
" handle with facility the only instrument which can
" give them circulation — I mean the pen."

All this is written in a small, neat, distinct hand,
without flourishes and without blots. It was the
handwriting of a man who, knowing what he wishes
to say, says it, neither more nor less ; and who,
having his thoughts at his command, is not afraid
that they will escape, or run away with him and
lead him astray. " I, who can neither read nor
write," said one day Berryer. But, in the few lines
of Cavour's which I have just quoted, whilst he
notices the neglect and the omissions of his education, he also points out distinctly the nature of his
regret, which is not that of a literary man. I do
not think that literature, properly so called, ever had,
or ever could have had, any attraction for his active
genius, which was ever wrestling with some visible,
tangible, present reality, and was essentially inimical
to abstract ideas. To understand and have a taste
for literary beauties, is scarcely compatible with
incessant labour of the brain. The faculty of
imagination, through constant submission to the
will, loses in extent what it gains in practical
utility. To be understood and appreciated, literature requires, if not complete idleness, at least a
certain repose of mind. It is much the same with

the mental faculties as with the hands — constant work strengthens them, but renders them insensible to gentleness and delicacy of touch.

" I must tell you," wrote Camille de Cavour to my father, whilst mentioning one of Topfer's most charming tales, " that I have been shocked by an " article on the ' Col d'Anterne,' in which the En- " glish are turned into ridicule, after the fashion of " writers for the Boulevards, and in which the whole " fun consists in the bad pronunciation of an imaginary " lord. This article forms an unpleasant contrast to the " usually serious and measured tone which pervades " the other numbers of the 'Bibliothèque,' and injures " it greatly." Notwithstanding all this, Camille de Cavour was in his day a writer ; but he never found any recreation in books, and for this very simple reason, that his powerful intellect was never at rest. To him, a book was what an arsenal is to a general officer — a magazine which he may draw upon for what he wants, but the exterior of which he cares nothing about. In fact, Cavour's mind was truly a "workshop of ideas"—a prolific workshop, where, without a day's respite, the hammer was ever forging iron on the anvil.

The attraction which he felt for mathematics was less owing to the boldness of its speculations than to the sure and safe steps of its deductions ; and the impression it left upon his mind was a taste for ac- curacy of reasoning and a craving after certainty. Mathematics had not led him on to metaphysics. Writing to me one day about a philosophical work which his brother wished to obtain, he says : " Look " for it in those places where you are likely to find

" what nobody reads." Allowing for the extravagance of the joke, it contained the substance of his real opinion. Like all men who have exerted a great influence over the affairs of the world, he belonged to the class of matter-of-fact minds — that is, of minds which turn everything to account. " Do not expect " from me," he wrote on another occasion, "any article " in which it is necessary to make any call upon the " imagination. In my case, *la folle du logis* is a lazy " jade, who is not to be stirred up. You would " hardly believe it, but I have never been able to " invent the simplest tale to amuse my nephew, " although I have tried very often."

Camille de Cavour distinguished himself so much at the military academy, that when he left it at sixteen, he was sub-lieutenant of engineers, although by the rules of the service it was not before twenty years of age that an officer's commission could be obtained. But having passed a very brilliant examination, the regulations were set aside in his favour, on the urgent representations of Professor Plana. As sub-lieutenant of engineers, he served in various garrisons, amongst others, at Ventimiglia, Lesseillon, and Genoa. He soon became attached to the last-mentioned town; left it with regret, to spend some time at Lesseillon; and returned thither with delight. He had found there that freedom of thought and activity which were unknown at Turin, and his reception had been most courteous and cordial. He brought away with him recollections, and left friends there who remained true to him till his dying day. Amongst the families with whom he became very intimate at Genoa, must be placed in the first and foremost rank the Swiss family of De la Rue, with whom he ever continued on terms of the closest intimacy, and to whom he was deeply attached. Independently of this, however, how was it possible that that magnificent Genoa, that brilliant city of the South — opulent, hospitable, glowing with sunshine; all light, life, and activity — should not have fascinated and enchanted a young man full of life and spirit; ardent, thirsting for a field of action and for freedom, and who had as yet known little beyond the ungenial sky and oppressive atmosphere of Turin? Nor can one be surprised that the intelligence of Camille de Cavour, his vivacity, his charm of manners —full of nature — should have thrown all doors open to him, and gained for him many friends. It was at Genoa that he made his first and real appearance in the world, that great school for statesmen in which, as I have been told, there was no kind of instruction that he escaped from. But his military career was destined to be short. I hardly know whether, under any circumstances, he would have been able for any length of time to endure the thraldom of discipline, and subject himself to the monotonous duties and idle hours of his profession. In other respects, the profession suited him, and he liked it. Besides, at twenty years of age, to be in a regiment is to be independent, and, accordingly, Camille de Cavour had no objection to his uniform, and had no thoughts of laying it aside, until, in consequence of some imprudent expressions, he got into disgrace, which he soon found could only end by resigning his commission.

In reality, the imprudent language uttered at Genoa

during the events of July 1830, was rather the pretext than the cause of the King's severity.   Prince Carignan had entertained an old grudge against the young officer, ever too free and bold in speech, and the King, Charles Albert, did not forget it.   It has been stated that Camille de Cavour, on entering the military school, obtained the much envied privilege of being admitted as one of the pages.   The duties of this office were as little to his taste as its livery. One day when I happened to ask him what dress the pages wore, "Parbleu ! " he replied, in an excited voice, " how do you suppose we could have been dressed, " except as lacqueys, which we were ?   It made me " blush with shame."   The impression produced on him by this place in the royal household—so deep that thirty years after he still felt the sting as acutely as ever — indicated plainly enough how he must have acquitted himself of a duty which he owed to his birth. But if he had little taste for the antechamber, he had, I think, still less taste for the drawing-room.   As page he had been attached to the service of Prince Carignan. I am not aware that, in his heart, he ever entertained any hatred that was deep, or above all, lasting, except perhaps in the case of Field-Marshal Haynau, with respect to whom he never could listen to reason.   But if there was one person he did not like, that person was undoubtedly King Charles Albert.   I will not pretend to try over again a prince whose character remains to this day in the eyes of history, what it was to those brought into nearer contact with him, an inexplicable enigma.

If abandoning his friends at the moment of danger and forgetting them in exile ; when, after he had as-

cended the throne, the King might have redeemed his
failings as a pretender ; if so great a fault, and such
great obstinacy in not repairing it, excite the painful
astonishment of every honest man ; yet it must be admitted that the memory of Charles Albert is upheld
and vindicated by the sincere and lasting attachment
which so many upright people felt for him. But whatever may be the judgment of posterity, Camille de
Cavour was not long in pronouncing his own, which
he no doubt considered final ; and he took no pains
to conceal the repugnance he felt at being attached to
the person of one whom he was afterwards destined
so often to describe as " the magnanimous Charles
" Albert."

However, neither period, palace, nor individual
prince had much to do with the matter ; it was the
office at court, which, at all times and under all
circumstances, was repugnant to his proud and essentially independent spirit. I lay the more stress
on this, because it seems to me that this is the time
to point out one of the most striking features in the
character of Cavour, who, before he became conscious
of his own personal value, had, on all that relates
to the freedom and dignity of man, a very distinct
notion ; and on all that affected his own individual
freedom and dignity, a very deep feeling. Perhaps he
might have indulged this feeling too far, and did not
sufficiently value the distinctions and rewards which
sovereigns confer on merit. Titles, orders, honorary
posts, were always looked upon by him with an
indifference approaching to contempt. Or, I should
rather say that the feeling of contempt which was at
first instinctive in him, and arose from his being proud

by nature, by degrees ripened into indifference. I
believe that, when called upon to govern in the midst
of a society which was becoming every day more
democratic, he was aware how chimerical it was to
seek for support in institutions devoid of real credit,
or in customs and traditions which had lost their
efficiency, and that he learnt to distinguish between
the several elements of power. He did not overturn
institutions, but he discriminated between them; he
was not a revolutionist, but an observer. It is thus,
it seems to me, that the exercise of his reason gave
breadth and strength to the natural bent of his character. Moreover, though he might obey he could
not serve, and was more made to command than
to obey. I must add that by a result which, however
logical, is not common, he was just as indifferent to
the seeming advantages or outward signs of rank and
power in his own case as in that of others.

I remember that this indifference led one day to
an amusing incident. It was, if I remember right,
in 1852. Cavour, returning from London and Paris,
and on his way to Turin, spent some time at Presinge.
One day, when my father expected the Duc de
Broglie to dinner, on going into his room to dress,
Cavour found his orders and crosses displayed on
his dressing-table. "What does all this mean?" he
said to his servant. The servant observed that in
the presence of so considerable a personage as the
Duc de Broglie, a *grand cordon* was indispensable,
or at least a medal, added he. "Be so kind as to carry
" all that away," said M. de Cavour; but on the servant
persisting, "Well," added he, " I will consent to what
" you wish, but on one condition, and that is that the

" Duc de Broglie himself wears at least one order : his
" rank is high enough, you must admit, and I can do
" like him without bringing you into disgrace !" The
servant acquiesced, and hurried at once down
stairs into the hall to wait for the approach of the
Duke and ascertain how he was decorated. A few
minutes afterwards he came slowly up again, quite
out of countenance, and complaining that his master
had laid a trap for him. " And there was some truth
" in that," said M. de Cavour, laughing, when he described to us the bitter disappointment of his unfortunate valet.

But I have allowed myself to be led away from the
time when Camille de Cavour, as page of the Prince
de Carignan, attracted attention by his imprudent
observations and unbending manners, and when, on
being dismissed from court and deprived of his livery,
he somewhat indecorously gave vent to his satisfaction
at the punishment inflicted. Did any one then foresee
that this precocious restiveness was an indication of
his subsequent inaccessibility to vulgar ambition?
The Prince at all events conceived a deep aversion
for the rebellious child, which followed him through
youth and manhood, and which Cavour on his part
took no pains to dispel. Count Cavour was born
liberal, just as he was born of a light complexion,
high spirited and intelligent. His liberal instincts,
which had been slightly checked, but not stifled, by
early education, expanded and were greatly developed
when he was at the military school, with his regiment, and at Genoa. Under the positive convictions so
common at twenty years of age, Camille judged with
the severity of youth the political conduct of the

King, Charles Albert, and hailed with a delight which he did not dissemble, the revolution of 1830. He was, in consequence, selected to superintend certain repairs of mason-work which the fort of Bard was then undergoing. Alone, without a single friend or companion, in a country without resources, surrounded only by workmen, with no means of turning his intellectual attainments to account, and with still less exercise for his mental faculties; he was, as he told me one day, actually reduced by way of passing his time to play at *tarots* with contractors. It is said of Ovid that he got tired of living with the Scythians; and Camille de Cavour, at the end of six months of *tarots* with contractors, sent in his resignation in the summer of 1831; it was at once accepted, and he entered upon the life of a civilian, a younger son, with no career before him, and without credit or distinction.

CHAPTER III.

CAVOUR AS AN AGRICULTURIST — EXTRACTS FROM HIS LETTERS
— DESCRIPTION OF LIFE AT LÉRI — HIS OPINION OF AGRI-
CULTURAL CHEMISTRY — CAVOUR AS A FREE TRADER — HIS
ADMIRATION FOR SIR ROBERT PEEL — FOUNDS AN AGRICULTURAL
SOCIETY AT TURIN.

"NOW that we have no longer any *grands sei-
gneurs*, I know but of two professions," said
a clever Frenchman to me the other day who has
no profession of his own ; " you must either be
a soldier or an author, you must either fight or
write." According to this, the young unlettered
sub-lieutenant, on his resignation, had no course
open to him but either to join the band of exiles in
a foreign country, or add to the number of malcontents at Turin, and expend his useless activity
in vain political agitation or in secret discontent.
What Camille de Cavour did was either more or less,
but it certainly was better. Having thrown away his
sword, and being unskilled in using his pen, he took
to the plough.

Agriculture is generally looked upon as a relaxation or a retreat from active life. The merchant who
has made a fortune, the politician who is worn out,
and the soldier who has grown grey in service, have,
from time immemorial, sought in country pursuits
the "*otium cum dignitate*," which is the crowning point of a laborious life. Few people take to

turnip-growing till, like Diocletian, they have ab-
dicated. A farm is the refuge for elderly gentlemen
who have quitted business, to whom idleness would
be a fatigue, and who find rest in a monotonous
occupation suited to their diminished strength. It
must also not be forgotten that agriculture, for
a long time, under the influence of a rigorous
routine, rejected with a mixture of dread and of
contempt the advice of Science and even the
most timid suggestions of individuals; what right
have we then to attack public opinion for its prejudices with regard to a profession which, far from
quarrelling with ignorance and indolence, seemed to
dread nothing so much as energy or knowledge?
The occupation is however considered a gentlemanly
one. But it was not as a recreation, or out of a
love of mere idleness, that Camille de Cavour took
upon himself the duties of his new career; and
although it was not one that he would have chosen
for himself, or, if he had been free to follow his own
inclinations, that he would have preferred, he did
not the less devote to it, with as much energy as
perseverance, all the valuable qualities of his mind.
He thus showed from the first that he was one of
those men of strong grasp of mind who never undertake anything without wholly devoting themselves
to it, and accustom themselves to act on the proverb
that " where there's a will there's a way." This stout
and manly courage, undoubtedly one of the characteristics of genius, is not always to be discovered in
results, for these often depend upon circumstances,
upon the means at a man's disposal, and upon the
theatre on which he has to play his part. Cæsar in a

little paltry town would not have been Cæsar. Without any great effort of imagination, it is easy to conceive such circumstances as would effectually have debarred Cavour from all access to political life. But the measure of the man was taken on that day when relinquishing all hopes of fame, and bidding a final adieu to all dreams of greatness, he made up his mind to pass in humble pursuits, for which he was in no degree prepared, the best years of a life suddenly closed to the ambitious aspirations of youth. It is much more difficult after twenty-two to change one's career. In doing so, there is an ugly and slippery step to get over. Those who succeed best, generally leave behind them a portion of their natural vigour, just as wine which is decanted loses part of its flavour. The great advantage of a clearly defined career is, that human activity being confined to a single channel loses no part of its power. It is well known that the smallest rill of water, carefully directed, will turn the wheel of a mill; but human activity, to a far greater extent than the rill of water, is liable to be dispersed, to evaporate, and to lose its power, when arrested or only disturbed in its course. As for large rivers, they scorn every impediment, and when dammed back, undermine great rocks and form for themselves a new channel.

I firmly believe that it cost Camille de Cavour a good deal at first to lay down for himself a new course of life. " At first sight," he says, " agriculture has " but little attraction." The frequenters of drawing-rooms necessarily experience a certain repugnance for work, which begins by the analysis of manures, and ends in a cattle-shed. At first he could not but find farming-work irksome, monotonous, and even puerile. " Nevertheless," he adds, "if the agriculturist " succeeds in overcoming his first repugnance, if he " can make up his mind to give directions respecting " the most simple agricultural operations, to plant a " field of potatoes, or rear a young heifer, a change " will be effected, almost imperceptibly to himself, in " his tastes and ideas. He will find in the practice " of agriculture an increasing interest; and what " was most distasteful to him at first, will soon " acquire a charm which he little dreamt of."

In these passages, which are taken from an article on " Les Voyages Agronomiques" of M. de Chateauvieux, published in 1843, Cavour describes himself; and indeed one cannot be surprised that a young man, energetic and impatient, should feel repugnance at the prospect of an obscure and monotonous career. But, living under a system by which he was interdicted from public life, with family affections and a love of home which retained him in his country, having to choose between that obscure and monotonous career and an idleness the burden of which can only be alleviated by a large fortune, and which is always felt by men of strong mind, Camille de Cavour no longer hesitated, and soon " overcame his first disgust." He says, in 1835: " I have taken on myself the management of very " extensive agricultural undertakings, which occupy " a good deal of my time, and give me worry enough. " Besides, as it is in human nature not to be con- " tented with doing what is strictly necessary, I " have allowed myself to be led by degrees into " a taste for farming, and now I am by way of

" entering upon great agricultural speculations; and, as
" it is no question of adding to profits, but of keeping
" what is strictly necessary, I am obliged to bestow
" much care on the work I have in hand, and to de-
" vote that time to it which I should prefer bestowing
" upon purely intellectual pursuits."

" It is right you should know," he says in another
letter of the same date, addressed to M. Naville,
" that I have become an agriculturist for good and
" all ; it is now my vocation. On my return from
" England, I found my father occupied with public
" affairs, and, therefore, no longer able to attend to
" his own ; he suggested that I should take charge of
" them, and I most readily consented, for when it
" has been decided to undertake the management of
" one's own property, unless it is carefully looked
" after, one's fortune is at stake. These occupations,
" which I undertook at first out of duty, I now
" follow from inclination; by degrees I have ac-
" quired a taste for agricultural pursuits, and I could
" not now give them up without much regret. But
" in this respect my mind is at ease, nothing is likely to
" put a stop to the career I have entered upon. Even
" if I continued to feel as much interest in politics as I
" did some years ago, it would be impossible for me
" to play any active part in public affairs, under a
" government which is as incompatible with my opin-
" ions as it is with my peculiar position. For however
" moderate, however *juste milieu* I may have become,
" I am as yet, far from being able to approve of the
" system followed here. Necessity, therefore, as well
" as inclination will, henceforth, tie me down to
" agricultural pursuits, which will, no doubt, offer

E

" sufficient field for the exercise of my intellectual
" powers, and will satisfy the desire which every
" honest man must feel to be of use to that social
" body of which he forms part."

A year later, in 1836, he wrote : " I am almost
" wholly absorbed in my agricultural occupations.
" I have undertaken vast speculations, which re-
" quire great attention and constant superintendence.
" There is no good to be done in farming, unless
" you are your own manager ; and the moment you
" have made up your mind to do a thing, you find
" yourself besieged by a multitude of details which
" take up an infinity of time. I do not regret having
" entered upon this career. There are many more
" brilliant, no doubt ; but in my position there is
" none which suits me better." And again, in another
letter : " I am up to my neck in speculations on a
" grand scale ; I have bought a large estate in rice-
" grounds. I believe that I have made an excellent
" bargain. All I want is money to pay for it ; that
" done, it ought to yield magnificent returns. I do
" not understand half measures ; once launched in
" the business, I have given myself up to it entirely:
" Besides, I am driven to it by my position. I am
" a younger son, which means a good deal in a
" country aristocratically constituted. I must make
" my own way by the sweat of my brow. It is
" very well for those who roll in wealth to occupy
" themselves with science and theory ; as for us
" poor devils of younger sons, we must sweat at
" every pore in order to obtain even a modicum
" of independence."

In spite of his assertions, a feeling of regret

pervades the above passages, though it forms no stumbling-block in his way. A trace of the same feeling may, I think, be discovered in his article on Chateauvieux, from which I have already quoted. "It is in vain for the agriculturist," says Cavour, " to be a profoundly scientific man, or a distin- " guished literary character; if he cultivates his " land ill, no one will think much of his intellect. " A good system of rotation of crops, a good and " well-bred stock of animals, will be more useful to " him than a discovery in science, or the fame of " an epic poem."

It was at Grinzano, in the province of Alba, on a demesne of the family, that Camille de Cavour, as soon as his resignation had been accepted, began his agricultural apprenticeship. At first it was as much as he could do to distinguish a cabbage from a turnip. But his progress was rapid; and in 1833, he under-took the management of Léri, a large estate, much neglected, which the Marquis of Cavour and Mdme. de Tonnerre had bought a few years previously. There, in the midst of rice-fields, he displayed a degree of perseverance and energy, of boldness and sagacity, and an amount of administrative ability and power of invention which would have changed the face of a kingdom, as surely as it changed the face of the estate which had been intrusted to his firm and skilful hands. At sunrise, he was at his work, inspecting his cattle-sheds, present when the labourers went to their work, and superintending their work during the dog days under a burning sun; not satisfied with giving general orders, but providing for the minutest details, alive to all the discoveries of chemistry and every mechanical invention, multiplying his experiments, and recording their results with that good sense which never failed him, abandoning one set of experiments and repeating others, upon an immense scale and with a degree of boldness which frightened his good neighbours, who came to him with fear and trembling for an opinion. He was always smiling, cheerful, merry, affable, advising one with clearness and precision, and encouraging another with some appropriate joke. Nowhere did Cavour feel so thoroughly at home as at Léri. At a later period of his life it was there, when disheartened or fatigued with business, he retired to forget his political anxieties; and the moment he had a short holiday it was to Léri that he hurried off. And yet the country is very ugly, very flat, with no shade to break its monotony, with no river to give life to a scene inanimate by nature; nothing but rice-fields and meadows, the unhealthy verdure of which contrasts with the whiteness of the long clayey roads, striking off in straight lines till they are lost to sight. Then, at a great distance one from the other, are to be seen immense farm buildings, or rather agglomerations of low constructions made of an earthy and yellowish brick, like so many villages cowering under a burning sky, and at times poisoned by the fetid exhalations from the neighbouring marshes.

I never went but once to Léri, when, in 1846, I passed about a fortnight there, half of the time in company with a large party, and the remainder alone with Cavour. His memory now throws a shade of sadness over the place, but, at the period I refer

to, animated as it was by his presence, it was very far
from producing the melancholy impression which I
have just described, and which has perhaps been too
deeply coloured. Then, indeed, it is scarcely necessary to say, I did not find the landscape lifeless, nor
a country which was very favourable to sportsmen
desolate, nor could such a place be sad when it was
enlivened by the most cordial of welcomes. The
hospitality at Léri was unbounded, and its mode of
life simple. It was farm life, and not that of a
great country mansion. We set forth at early dawn
and returned late. The days seemed short. The
dinners were abundant, and cooked by an old house-
keeper who herself brought in and placed the ample
dishes of game and the smoking *risotto* upon a
heavy oak table, around which, after dessert was
removed, we joined in a merry game of *lansquenet*.
We never thought of complaining then of the
country being flat, of the houses being low and
unsightly, or of the rice-fields, which we were
beating from morning till night, being poisonous.
And, in those rice-fields, what magnificent crops;
what fine flocks in those meadows, whose verdure I
have just been finding fault with; under the farm-
sheds what grinding of machines; in the court-yard
what activity; what loads in the barns and heaps
in the granaries; and all this prosperous state of
things, this life, this fertility, this tenfold produce
the work of a single man! Such was the result
of Cavour's incessant struggle, during fifteen years,
with land, water, and prejudices; to say nothing
of fever, by which he was twice attacked. It is
not, therefore, wonderful that Cavour should have

had some feeling for a place which he had worked at and conquered; that he should have preferred the level fields and rustic cottage of Léri to the hereditary park and proud manor-house of Santena. He was not the man to recline at ease under a tree, reading Virgil.

I have retained but a confused remembrance of my conversations with Cavour at Léri. They turned upon a great multitude of subjects, and their tone was various. He encouraged us, that is, his nephew Auguste de Cavour and myself, to enter into discussion with him; and we answered him with a degree of freedom, which, for my own part, it would now be difficult to excuse, except on the plea that I was young and inexperienced, and therefore self-confident. Politics were the most frequent subject of discussion, and I remember that at that time Cavour was a great admirer of Guizot; and although he made many objections to what he considered the far too cautious policy adopted by the French government, he expressed himself with great warmth against the opposition it encountered from the English Cabinet abroad, and from the Legitimists at home. He condemned the latter very severely, with scarce any other exception, strange to say, than that of Chateaubriand. Our conversation, also, often turned upon agriculture, and upon the sciences connected with it; and I remember being singularly struck by the respect Cavour showed for scientific investigation, and by the interest with which he questioned me on points that my recent studies had, or ought to have, rendered me familiar with. I was surprised that a man

so joyous, so brilliant, so full of wit, should show
so much reverence for science, and should have
studied it with such ardour. I did not then perceive that this ardour and reverence were sure
indications of a superior mind, which, working
vigorously to supply the deficiencies of an imperfect
education, learns what science is worth by what it
costs to master it.

Energy can seldom be reconciled with moderation, or passion with judgment. But in Camille
de Cavour were united, in equal proportions, the
fiery fervour which engenders speculation, and the
cool reason which teaches discernment. Accordingly, he studied, appreciated, and preached agricultural chemistry without believing in its omnipotence ; and, without in any way sharing in the
extraordinary infatuation in its favour created by
Liebig's first manifestoes, he expected great results
from a judicious application of its true principles and
just theories founded upon accurate observations.
In a word, in agriculture as in other matters, he was
for the *juste milieu* ; keeping just as clear of the contempt which every novelty gives rise to in superficial
minds, as of the fanaticism which his own enlightened belief rejected. " Our friend," he says, in a
letter to my father, " has suddenly been seized with a
" furious passion for farming. He spends all his time
" in his fields and rice-grounds ; and at night he
" sleeps with Liebig and Dombasle under his pillow.
" Following, to the very letter, all the precepts of
" those agricultural quacks with their model establish-
" ments, he weighs, measures, and values everything,
" from a single straw up to a stack of hay, to the

" astonishment of his bailiffs, who cannot understand,
" blockheads as they are, how so many calculations
" can possibly increase the produce of an estate, which
" has been skilfully cultivated for so long a time."
And in his article on the "Voyages Agronomiques"
of Chateauvieux, he says : " Not long since a learned
" professor of agricultural chemistry maintained, in my
" presence, that it would be easy for the Piedmontese
" and Lombards to triple the produce of their
" meadows, if they were only slightly versed in the
" science of manures. I did not venture to contradict
" him ; he would have crushed me under the enor-
" mous masses of fertilising salts which he had
" probably prepared in his laboratory. I contented
" myself with silently thanking Providence for having
" refused to bestow a single acre of land on this very
" worthy professor, and for thus saving him from
" certain ruin."

In one of his letters to me, Cavour says : " I am
" delighted to hear that you are working in the labo-
" ratories of Professor Johnston, whom I consider
" as the most distinguished agricultural chemist in
" Europe. If it were possible to get from your Pro-
" fessor the solution of a chemical problem, I should
" give him the following :—

" The cultivation of rice having been tried in the
" saline districts of Provence, which were considered
" as altogether barren, enormous results have ensued.
" It might be inferred from this fact, that salt is
" eminently suited to the rice-plant. If so, it is pro-
" bable that it contains chloride of sodium, or soda
" in great abundance ; if this fact were confirmed
" by analysis, sound practical consequences might be

" deduced from it, which would be exceedingly useful
" in our country."

And in another letter :—

" Asparagus are cultivated in our neighbourhood
" in very large quantities. The fields in which they
" are grown are heavily manured for three years, and
" they are in full bearing the fourth year. An aspa-
" ragus-ground, well prepared, lasts for twenty to
" twenty-five years, and gives, during that time, if
" properly manured, large returns. At the end of
" that time, the asparagus ceases to prosper, and the
" land must be used for some other crop ; under a
" change of culture, it is very productive. Wheat and
" maize thrive in it to perfection ; or it may be con-
" verted into meadow-land. Accordingly an old
" asparagus-field is considered as land of the first
" quality. But if after a very considerable lapse of
" time, thirty or forty years, for instance, an attempt
" is made to reintroduce the cultivation of aspara-
" gus, whatever care be taken, however large the
" quantity of manure applied, the failure is complete.
" Hence it is natural to conclude, that the asparagus
" requires certain inorganic matter, which manure
" does not contain in sufficiently large doses to re-
" store what a lengthened course of cultivation has
" taken from the land. Find out that substance for me,
" and you will have rendered us an immense service ;
" for the asparagus is the source of the prosperity of
" Santena." These two quotations are sufficient to
show the high estimation in which agricultural chemistry was held by Cavour. " I would give," again
he writes, " I know not how many sacks of rice, to
" acquire the theoretical knowledge which Scotland

" possesses." In this, as in everything else, a knowledge of practice, so far from stifling the spirit of
inquiry and investigation, only excites it the more.
Perhaps, indeed, his fault was over-confidence ; and
the nature of the questions which he sent me, and
which I have just quoted, seemed to raise expectations which were not realised.

It is well known that agricultural chemistry, so
cried up twenty years ago, is now somewhat neglected and has lost much of its popularity, and,
perhaps, not without justice. The time is gone by
when analysis seemed to be the magic key to every
agricultural problem. It has been necessary to
admit the existence in nature of certain forces, and
those the most active of all, of certain elements, and
those the most indispensable, whose substances cannot be produced in a laboratory, whose exhausted
principles cannot be restored, whose mysterious
agency cannot be ascertained. The soil has secrets
which it does not disclose to the agricultural chemist.
The true part which this science has to play is
purely industrial, and what it does, and does well, is
to indicate the combinations of artificial manures,
and to discover the processes by which the most
efficacious combinations can be obtained at the
smallest cost. On this special but very important
point it renders essential service, the value of which
Cavour, who had established a manufactory for
chemical products, thoroughly appreciated.

" Observing," as he wrote to me, " the prodigious
" success our farmers have had with guano, I said to
" myself, The time is come for a manufactory of ma-
" nures. Accordingly, I have induced two practical

" and skilful chemists to form an establishment close
" to Turin, where manures will be prepared on a great
" scale. This is our plan. We have made a large
" establishment for the manufacture of sulphuric
" acid, and one for phosphoric acid. My colleagues
" in the undertaking are very intelligent ; one of
" them especially has great skill and ability, united
" with tolerably extensive knowledge. But with
" respect to all that relates to artificial manures,
" we three are but very imperfectly acquainted.
" We have a store of phosphates, alkalies and am-
" moniacal salts, but we have not yet made up
" our minds how to use them, or rather how to com-
" bine them. Manure is the basis of agriculture ;
" if it cannot be obtained, all effectual progress is
" at once arrested. It is like building a house with
" no foundation."

And he followed this up by sending to me, to be
forwarded to Professor Johnston, different questions
drawn up with that precision which shows clearness of
ideas and substantial knowledge. Cavour's scientific
attainments were, no doubt, very incomplete ; and as
there were many things he had never learnt, so were
there many he did not know ; but what he did know,
was never impaired, disturbed, or overborne by what
he did not know. He had a horror of confusion,
which of all the forms which falsehood assumes,
is the worst. Some intellects are slow, but sure ;
others ready, but paradoxical. The combination of
soundness of judgment with rapidity of conception,
which is so rare, constitutes that wit which Sheridan
defined as truth. It renders a man clear-sighted,
by giving him clear ideas ; endows him with a

faculty of intuition, and thus makes genius of universal application.

Cavour was instinctively attracted towards every subject which tended to satisfy his insatiable activity. The agricultural, manufacturing, and financial enterprizes, whether of an exclusively private character, or interesting in a public point of view, to which he gave the first impulse, or lent his cooperation, are too numerous for me to enumerate. At one time he was superintending the clearing of a forest; at another, he was undertaking to supply the Pacha of Egypt with 800 merino sheep, which afterwards he did not know where to get (though he soon found the means to do so), then making canals, introducing the cultivation of beet-root, and projecting a manufactory of sugar; but in all this confining himself to agriculture, "for," as he wrote to M. Naville, " our government has no liking for manufactures. " I am every day more convinced of this. It fancies " that manufactories are allied to liberalism, to which " it entertains an invincible repugnance. In our " country, if one would live in peace, one must " attend to agriculture alone." But after working in every direction upon this field, to which he was limited by the government, Cavour was not long before he passed the boundary line which separated it from manufactures. He established packet-boats on the Lago Maggiore; and at Turin, steam-mills for grinding corn, and a manufactory for chemical products, to which I have already alluded. He formed a railway company, and founded the bank of Turin. Although his energy and intelligence were devoted to a multitude of different objects, of which I

have only mentioned the principal, they seemed to
be concentrated upon each. The project of one day
did not make him forget that of the day before, or
for an instant neglect any undertaking that he had
already begun. These schemes did not succeed each
other, but they were added to each other, without
detriment to any. Cavour was a thorough man of
business; but with him business was always a
secondary matter, an outlet for the superabundance
of his activity, or a necessary consequence of his
taste for agriculture, which so long as he was not
engaged in politics was his chief occupation and
career. I may add, that in the actual state of society,
it would be difficult, I will not say to point out, but
to imagine, a great politician devoid of those faculties which, in matters of business, insure and maintain success.

It seems, therefore, important to point out that
Cavour was endowed with those faculties; nay more,
that from his course of life, he exercised them in
every different way, and that this explains how, when
he entered upon the government of his country, there
was not one department of the state he was not prepared to fill, and perfectly fitted to administer; and
that this excess of work never absorbed his mind or
exhausted his energies. In the matters to which
he was devoted, he did not abandon himself;
and his opinions were always independent of his
personal interests. " If, for instance," as he says to
M. Naville, " sugar cannot really be produced from
" beet-root without some sort of monopoly, or pro-
" tection injurious to the general interest, then it
" will not suit us to have introduced the manufacture

" of it in our country. It will have been ren-
" dering us a bad service, and embarking in an
" undertaking which could only have answered as
" long as the power remained in selfish or incom-
" petent hands."

Cavour was from the first a declared partisan of
free trade. I remember the enthusiasm with which
he one day spoke of the " Sophismes Economiques "
of Bastiat, which had just appeared. He read
and re-read this little volume, was never tired of
quoting it; and he was full of indignation that its
author was not a Deputy. " And you will see that
" he will never be elected," he added. He was one
of the first to foretell that England would abolish
the duty upon corn, and the very first perhaps to
predict that this measure would be carried by Sir
Robert Peel. And after the event had occurred, he
wrote in 1847, " that, morally speaking, it might
" possibly have been better that this revolution
" should have been brought about by the political
" party who had supported it for twenty years. But
" if, as I believe, no one could have carried it un-
" der existing circumstances except Sir Robert Peel
" and the Duke of Wellington, was it not their
" duty to sacrifice their *consistency* and their power
" as leaders of a party to the salvation of their
" country? Yes, depend upon it, Peel's reform has
" been the salvation of England. What would
" have happened, if the too famous sliding scale
" had been allowed to remain? England would
" probably have had a famine after the coming
" harvest. And what would then have happened?
" See what difficulty Ireland and England have to

" insure their supplies. What would it be if they " had not been able to fall back upon the 2,000,000 " of quarters with which Peel's reform had loaded " the warehouses? England owes Peel many a " statue, and one day he will have them."

This is the language of heartfelt admiration, that of a grateful disciple ; and in the judgment passed by the economist on that measure, which was one of the most striking triumphs of political economy, two or three expressions may be traced which amount almost to a profession of that political faith, which was one day to become the principle of action of Cavour himself. "The sal- " vation of the country ought alone to guide the " statesman even in the choice of the means by " which that salvation is to be accomplished." These few words contain a whole doctrine, which is not that of the doctrinaires, with whom, however, Cavour strongly sympathised, and of whom he believed himself to be one, as will presently be seen.

The Agricultural Society of Piedmont (*Associazione Agraria*) was founded in 1841, after having obtained, not without difficulty, the royal sanction to its bye-laws. These bye-laws were in great part the work of Camille de Cavour, who, from the foundation of the society, was one of the committee of directors presided over by his friend the Marquis Alfieri. It required all the influence of the founders of this society, their rank, the consideration in which they were held, their fortune, their position in the country and at court, to extort, after a protracted delay, from the

Sardinian government their sanction to it. The
truth is, that the government had some reason for
fearing that periodical meetings for purely agricultural objects might be turned to political account; and they conceived that creating a centre
for the discussion of agriculture was at all events
creating a centre for discussion; and that, under
a system of absolutism, assemblies, however innocent in themselves, and however conservative in
their tendencies, would become, with whatever
strictness their powers might be limited, however
specific the subject matter of their discussion, in
spite of every effort to prevent it, a danger to the
State. To govern, it is not always necessary to
divide; it is enough to isolate. To bring men
out of their isolated state, or to allow them to
come out of it, tends fatally to lessen the action of
the powers that be, who cannot, without danger,
allow the people to escape, even for a single day,
from their leading-strings. To stir up men's minds,
is to expose them to contagion; for liberty is not
unlike those diseases which are caught even by
the physicians called in to prescribe for them.
Accordingly, national and liberal sentiments developed themselves in Piedmont, and acquired
strength in these agricultural meetings, notwithstanding the fact that they were constantly and
closely looked after by the authorities, who watched
them with great anxiety, and who fomented in
them those underhand intrigues which certain administrations have a taste for, and particularly
indulge in. Cavour especially, was more than once
the butt of these intrigues, and I have heard

him complain of them, with no great warmth, however, with no bitterness of feeling, and without
much surprise; it was rather with a smile that he
spoke of the support that a certain democrat, known
for the extravagance of his opinions, received at the
hands of the government, because he was an opponent
of him, Cavour, a great proprietor, a good conservative, and one who professed to be "an honest
"man of the *juste-milieu*."

Agriculture has its merits, but it has also its
danger; for it is a spot where most of the roads
to human activity begin or end. It undoubtedly
cannot claim the merit of having endowed
Cavour with those opinions which each suc-
ceeding day he held dearer than before, or with
those eminent faculties which were innate with him;
but one may be permitted to believe that it was to
occupations which brought him into daily contact
with men of every condition of life, and into daily
struggles with difficulties, that he owed that practical
good sense, which guided his faculties, and without
which he would not have been found so capable,
when the moment came, to secure the triumph of
his opinions.

CHAPTER IV.

DUGUESCLIN, when a child, was found one day crying bitterly, and, on being asked what made him cry, answered, 'I am thinking of the English.' This was the cry of his vocation, the cry of the dominant idea which was to regulate his future career, and which every really great man has uttered in the days of his youth. Cavour uttered the cry of his vocation early in life. We have seen that, when he was barely twelve years old, he discarded with contempt his page's livery, just as ten years later he threw aside his sword. These two facts ought, in themselves, to be sufficient to reduce to their just value the insinuations of those who were determined to see, in Cavour's policy, nothing but the bold calculations of an unprincipled ambition.

The child who resists the temptations of vanity gives evidence of a natural feeling which is strong within him; and it is only under the influence of deep conviction that a young man will make the sacrifice of his future career. No one is entitled to suggest a doubt as to the sincerity of a feeling which, on two separate occasions, exhibits itself so spontaneously and so disinterestedly. I am well aware that an impression may be sincere, without being lasting. But in Cavour's case the impression did last; it was moderate, and decided, and was matured without being embittered by experience and trials.

It might, however, be supposed that an unmerited disgrace would have driven its victim into the ranks of the extreme party towards which he was accused of leaning, and which a commonplace man, under a sense of wounded pride, would undoubtedly not have failed to join. But Camille de Cavour was one of those who do not fall on the side towards which they lean; and for this reason, that they know how to stand upright. With a passionate love for liberty, he had as great a fear of those by whose violence it is compromised, as he had dislike for those who hold it in abhorrence. Perhaps, also, he was unconsciously influenced by the circumstances of his education and by the position in which, notwithstanding his dismissal, he was placed by his birth and connexions. At all events, it was easier for him than for most other men to avoid exaggeration, against which he had the best possible preservatives in his own character.

It is not to be denied that the Revolution of 1830 at first somewhat disturbed his ideas. He expected too much from it. His disappointment was great in seeing an event, regarded by all Europe as the dawn of an era of greater liberty, serve no other purpose than to increase the distrust of governments, and render their yoke still heavier. The shock to arbitrary governments was, no doubt, severe; that is sufficiently proved by what occurred in 1848, when, at a moment's notice, thrones crumbled into dust, and society seemed to sink under the ruins. But at first the despotic governments of Europe were more alarmed than shaken by the Revolution of July and the fall of the Bourbons in France; and that alarm showed itself in an excess of precaution, and in an unsparing recourse to violent measures of repression.

The condition of Italy especially became much worse. Here, more than anywhere else, they who had begun to raise their heads were mercilessly struck down by the iron hand of oppression. After a few days of joy and illusion, sadness returned, and with it silence and discouragement.

" You will have heard," said Camille de Cavour in a letter addressed to his aunt, Mdme. de Sellon, and dated January 4, 1832—" you will have heard of " all the annoyance I have had to submit to, the " suspicions entertained against me, the measures it " has been thought right to take respecting me, and, " lastly, the decisive course which I have had to take " myself. But it is not what concerns me individually " which has given me the greatest pain. My deepest " anguish has been caused by the state of Italy, of " Europe, and of my own country. How many " expectations not fulfilled; how many illusions; " how many hopes not realised; how many evils " fallen upon our beautiful country! I accuse no " one, perhaps it was the force of circumstances " which brought all this about; but the fact is, " that the Revolution of July, after having filled us " with the brighest hopes, has plunged us into a " worse state than before. Oh! if France had but

"known how to make the most of her situation, if
"she had appealed to arms this spring, perhaps
". . . . . But I will not dwell on this too painful
"subject, one in which you, perhaps, do not agree
"with me. Do not suppose that what I have
"suffered (morally, I mean) has in any respect
"abated my attachment to my old opinions. Those
"opinions form part of my existence. I shall
"proclaim them and maintain them, as long as I
"have a breath of life within me."

Words full of passion and bitterness dashed down
on paper with the vehemence which inspired them.
Camille de Cavour was in one of those fits of despondency when, hope being gone, the springs of
human action seemed to be dried up for ever. The
strongest man may at certain moments lose all confidence in himself; but what breaks his courage
does not alter his convictions. Distrusting his powers,
he yet holds fast to his faith; and far from abandoning
his opinions, in the shipwreck of his hopes, he clings
to them with still greater tenacity, and finds safety in
them at last. The despondency of Cavour was that
of one vanquished and stunned by defeat, but faithful
to his colours; and it was easy to foretell that he
would again rise, and that that strength of human
will which revolts at the pusillanimity of giving
way to discouragement would in the end come out
victorious. Bitterness of language is a sure indication that the will is secretly struggling against feelings of discouragement. Prostration of mind is
expressed in tones of less suffering, of greater resignation; such, in fact, as are to be found in a letter of
some weeks' earlier date, addressed by Cavour to

his uncle, the Count de Sellon. But to understand this
letter, it is necessary to be aware of the state of mind
under which it was written. Towards the end of
1831, death made a sad inroad in the family circle.
The Chevalier Franquin de Cavour, Camille's great-
uncle, an amiable, lively, witty old man, deeply loved
by every member of the family in which his calm
and useful life had been spent, was consigned to
the grave three days before M. d'Auzers, who was
carried off by a sudden illness. These two losses,
which were almost simultaneous, affected Camille
de Cavour very deeply; and he thus wrote to
M. de Sellon, at a moment when the pain which
he felt at the aspect of public affairs was increased
by this double affliction:—" Franquin," he says,
" was buried in the family vault at Santena; my
" father and I followed his remains till the grave
" closed over them; and now, at three days' interval,
" Gustave and I are going to perform the same duty
" to D'Auzers, who wished to be buried in the same
" vault with our family. Standing before these coffins,
" one is impressed with the empty vanities of this
" world. I did not want this to convince me of it; but
" I do assure you it has confirmed me in the intention
" of renouncing all idea of fame and glory. I shall
" continue to maintain liberal opinions with the same
" warmth as ever, without hoping, or even desiring to
" make myself a name. I shall maintain them out of
" a love of truth, and out of sympathy for mankind.
" Poor D'Auzers on his death-bed was grieved,
" perhaps, at the idea that he left behind him
" nephews unworthy of him. This idea is very pain-
" ful to me; for, notwithstanding our differences, I

" have never ceased to feel for him the most tender
" affection. If he could have looked into my heart,
" he would have seen that the motives which induced
" me to stand aloof from his ways of thinking were
" as pure as those which led him to sacrifice his own
" happiness to the service. . . ."

It is not necessary to point out the difference of
tone of these two letters. The latter, the earliest
in date, is one of lamentation and regret; one word
of reproach, and one only, can be found in it. The
other letter, more full of life and spirit, is one of
accusation. " Oh, if France ! "—then follows a pro-
testation. " These opinions I shall maintain as long
" as I have a breath of life within me ! "

The elasticity of his nature soon enabled him to
discard all feelings of bitterness, which formed no part
of his character, and his vigorous and manly spirit
overcame those feelings of discouragement which had,
for a moment, threatened to overwhelm him. Having
once been tried by the ordeal of experience, his
opinions became more condensed, more accurate, and
consequently more firm. What he feels, he understands. He no longer maintains, out of pure sympathy
for mankind, ill-defined opinions, whose triumph he
does not dare to believe in. He waits, and he knows
what he is waiting for. These are the terms in
which he writes to Madame de Sellon in 1833 :—" I
" hope my turn is coming to pay you a little visit in
" the course of the year. The unfortunate agitation of
" Europe during the last three years has prevented me
" from endeavouring to see you ; but the time is come,
" I hope, when I shall be able to take advantage of
" the apparent calm to get to you. When I look back

" to the time when I left you (M. de Cavour had not
" quitted Piedmont since 1829), I little thought that
" such stupendous events would keep me so long
" away. I feel that a stay at Geneva will do me
" immense good morally; for, after having lived three
" years in the midst of the most violent and opposite
" exaggerations, the atmosphere of reason which is
" breathed in your country must be thoroughly re-
" storative. When I speak to you of the extravagant
" exaggerations of extreme parties, I do not speak
" without chapter and verse; for, only a few days
" since, a plot of ultra-republicans was discovered,
" who, with nothing to help them but their own
" madness, were to overturn the government, and
" establish I know not what in its place. Papers
" have been seized and a good number of inferior
" officers arrested — eminently revolutionary matter.
" This hair-brained plot, which could have had no
" chance of success, will have no other result than that
" of still more effectually throwing back our govern-
" ment, which is already only too well disposed
" that way, into the arms of Austria, and of the
" congregandists. The most grievous result of the
" Revolution of July, one which almost counter-
" balances the immense benefits it has conferred, is
" its having given birth to a party full of frenzy,
" ferocity, and folly, which, anticipating the future
" in its pursuit of a chimera, is resolved to esta-
" blish, at all hazards, a system which is now no
" longer possible; a party which, for the sake of that
" system, is driving society into a fearful chaos,
" whence it cannot emerge except by means of
" absolute and brutal power, whether that of a

" despotism or an aristocracy. Notwithstanding this
" tirade against the republican party who are doing
" us so much mischief in Italy, I must tell you, that
" I still have entire faith in the future destiny of the
" human race, and in the laws of social progress;
" and on this account, I applaud every day more and
" more those persons who, like my uncle, endeavour
" to hasten the time by wise, impartial, and rational
" publications."

Cavour's fears are here, perhaps, too strongly
marked; while the colouring of his hopes is a little
faint. Nevertheless, from this sketch, unequally
drawn, the opinion expressed stands out wise, impartial, and reasonable. But to see it complete,
well-defined, and precise, I must refer to another
letter of the same period, viz. May 1833, addressed
to my father:—" If you are curious," he observes,
" to become acquainted with a person who is as
" distinguished as she is reasonable and moderate,
" entertaining opinions respecting her own country
" the most elevated and just that I know, get intro-
" duced to Madame X., who is with her husband.
" You will find in her what is excessively rare
" and valuable in such days as the present, the
" most animated sentiments united to the greatest
" moderation in principles.

"Many things have taken place, my dear friend,
" since our political conversations in the walks of
" Presinge. A terrible commotion, which we did
" not then foresee, has shaken the political world
" to its very foundations; and God knows when it
" will recover its equilibrium. This general commo-
" tion has reacted upon individuals, and all opinions

" have been shaken, modified, and in some cases
" even changed by it. An inconceivable change has
" come over the friends and acquaintances of my
" own circle. Those who were moderate reformers
" have thrown themselves headlong into the arms
" of the movement party, and are now satisfied with
" nothing less than turning everything topsy-turvy;
" others who were of the same shade of opinion
" have drawn back, full of alarm, towards ultraism.
" Persons who would have been delighted with
" reasonable concessions now wish for a republic,
" and some few, who were only afraid of reformers
" going too fast, have retreated as far back as the
" age of Louis XIV., and would govern the peoples
" of the nineteenth century on principles taken from
" the reminiscences of the ' Grand Monarque.' As
" for me, I have long been wavering in the midst
" of these opposite movements. Reason inclined
" me towards moderation ; an irresistible desire to
" make our laggards move forward drove me towards
" the movement party. At length, after numerous
" and violent agitations and oscillations, I have ended
" by fixing myself, like the pendulum of a clock, in
" the *juste-milieu.* Accordingly, I inform you that
" I am an honest member of the *juste-milieu*; eager
" for social progress and working at it with all my
" strength, but determined not to purchase it at
" the cost of political and social subversion. My
" state of *juste-milieu-ism*, however, will not prevent
" me from wishing to see Italy emancipated as
" speedily as possible from the barbarians who
" oppress her, and from foreseeing that a somewhat
" violent crisis is inevitable. But I wish this crisis

" to be brought about with as much prudence as the
" state of things will permit; and I am besides *ultra-*
" persuaded that the frantic attempts of the move-
" ment party only retard it, and increase its risks.
" Now that I have given you my profession of faith,
" let me ask if you view matters in the same way.
" I confess that I have been flattering myself that
" you do; and this idea sustains me in the battles I
" have to fight, right and left. At all events I hope
" to be able to make my escape to Geneva this
" summer, and consequently to find you at Presinge,
" where we will settle at our ease our political
" creeds."

Camille de Cavour's profession of faith, judged of
at thirty years' interval from the time at which it
was written, will perhaps appear as natural as it
was explicit; and yet it must have required a very
rare degree of firmness of character in an Italian
of capacity, at that period, to speak of the future
with so much confidence, and of the present with
so much moderation; and that moderation is entitled to the greater praise, that it was neither
the result of indolence, nor the refuge of moral
cowardice. If, in times of crisis, the moderate
party is ordinarily powerless, it is because representing interests and not convictions, and the fear of its
members being its only bond of union, it becomes a
mere negative quantity, without power to influence
opinion, and without strength to withstand the
passions of the people. Cavour's moderation was of
the kind which asserts itself, which dares, which
struggles right and left, and is resolved to march on.
As early as 1833, separating himself at one and the

same time from the legitimists whose principles he had an antipathy for, from the revolutionary party whose mode of action was repugnant to him, and from the conservatives whose liberalism he considered too stationary, he marked his place in the progressive movement of modern times, and anticipated the opinion of Europe by twenty years.

More than one passage of the letters already cited shows that, from the first, Cavour, who was as flexible as he was bold, differed from the doctrinaires, and his political conduct makes it evident. His dislike of Revolutions was not, like theirs, a natural impulse. He found fault with Revolutions not on account of their objects, nor on account of the means by which those objects were to be accomplished; but on account of their impotence, on account of the certainty of their failure in the one great element of success. The line of demarcation which separated him from them, scarcely perceptible in theory, widens in practice, and ends by becoming an impassable barrier. But in 1833, Cavour considered himself as belonging to the Church, the dogmas of which were explained to him by one of the most fascinating and witty of its members. It was, in fact, M. de Barante, then Minister of Louis Philippe at the Court of Turin, who taught him to know, esteem, and admire the government which France had adopted. A man of the world not less than a politician, experienced, high principled, uniting strength of conviction to that spirit of toleration natural to cultivated minds; from temperament and character kindly disposed to the vanquished, having the wisdom without the stiffness of the school to which he belonged, and having learnt the lessons of life without having experienced its disenchantments, M. de Barante exerted a considerable influence over Camille de Cavour, and, in some respects, a decisive one; for this influence was exercised at a critical moment, when the impressions of youth are growing into matured opinions, and when the character is acquiring consistency and taking a definite direction. One fact it may be as well to mention in passing — viz. that Camille de Cavour, the Marquis Alfieri, and some others, few in number, showed proofs of a degree of boldness which attracted attention at Turin, by venturing to appear at the house of the representative of the monarchy of July.

It was in that dangerous house that Cavour met M. d'Haussonville, who was then entering upon public life, in a diplomatic situation. Being nearly of the same age, and of the same opinions, the two young men soon became intimate. The familiar conversation of a friend has almost as much influence as the authority of a superior; and, except M. de Barante, no one contributed so much as M. d'Haussonville, not only to detach Camille de Cavour from the revolutionary party, whose only enemies he had hitherto believed to be among the partisans of the system which he detested, but to incline him towards France, which as yet he knew only by the reports of those who had been defeated in a revolution which he had hailed with joy. Turin, which was the seat of a court of strict etiquette and of antiquated ideas, had become the natural asylum of a host of French emigrants, who found there a system of a government in accordance with their tastes, sympathies, and hopes, and who, with the impulsive character of their nation, incited the Sardinian Government to measures of severity. But, from M. de Barante and M. d'Haussonville, Cavour derived a totally new impression of the French people, whose good sense, wisdom, and moderation he was henceforward able to estimate at their true value, without ceasing to appreciate their cleverness and admire their ardour. " If my letter were not so " long already," he wrote to my father in 1843, " I would talk to you of your illustrious friend " M. de Broglie, whom I esteem, revere, and like " every day more and more — for this more particu- " larly, that he shows what Frenchmen are when " they get into the right path. If you will show " me an English or a German Duc de Broglie, I " shall then begin to distrust my opinion of the " intellectual, moral, and political superiority of " France — an opinion which becomes more firmly " rooted in me every day.".

In the autumn of 1834, Camille de Cavour paid a visit to Geneva, which was prolonged to the middle of winter, when he quitted Geneva for Paris and England. At Paris, his birth at once gave him access to the most exclusive parties, where his opinions created astonishment, and where his abilities made him welcome. But, at twenty-five years of age, drawing-rooms difficult of access are seldom those which are most liked. No doubt some people seem to have been created, like Minerva out of the head of Jupiter, ready armed with the buckler, breastplate, and helmet of wisdom ; but Minerva was

never young, and Camille de Cavour was no pe-
dant. The society and pleasures of Paris did not
divert his attention from the political scene around
him which was then so animated, and towards
which his looks naturally turned. He looked on
at a distance, as an unobserved spectator. " I have
" not been again," he wrote, " to M. Guizot's, to
" whose house I obtained access through the kind-
" ness of M. de Barante; for no one can hope to
" engage the attention of these great men without
" possessing some claim to celebrity; and an obscure
" citizen of Piedmont, who has done nothing to
" make his name known beyond the narrow limits
" of the *Commune* of which he is *syndic*, cannot in
" reason aspire to mix with the bright stars which
" illumine the world of politics." Nevertheless, the
unobserved spectator is already a sagacious judge;
quick in fathoming party manœuvres, and above all,
in perceiving, under these manœuvres, the general
tendency of men's minds, and the direction of the
world's current. " For my part," he wrote to my
father from Paris, on March 31, 1835, " I do
" assure you that I discovered nothing in the plea-
" sures and drawing-rooms of Paris which could
" make up to me for those evenings when, sitting
" round the fire, we talked over at our ease the
" affairs of Europe — reforming false systems, re-
" constituting bad ministries, and, in a word, arrang-
" ing everything for the best. However little trouble
" our political lucubrations may have given us, I am
" strongly of opinion that, if our remedies could
" only have been applied, they would have been
" quite as beneficial to mankind as all that has been

" done without our permission. . . . If you
" had not been in Paris last year, I would give you
" my opinions of the events and of the men which
" succeed each other upon the political stage; but,
" indeed, I should only be repeating a great part of
" the conversations we have already had together.
" One fact, however, seems to me to be new, or
" rather, to speak more accurately, although not
" quite apparent to be in process of accomplishment.
" I allude to a change in the internal working of the
" extreme political parties. All their clever men, all
" their practical men of business, are striving to divest
" the opinions they represent of their exclusive and
" inflexible tendencies. The work they are attempt-
" ing is a work of fusion. Each party hopes to bring
" over to its own ranks that large but inert mass of
" the population who are as indifferent to political
" principles as they are eager for the advancement
" of their own material interests, and who, provided
" their own quiet is not disturbed, care as little
" for Louis Philippe as for Henri V. If these men
" cannot be gained over, it is at least hoped they
" may be kept neutral, and separated from the exist-
" ing order of things, which they have hitherto
" supported as their only guarantee of social order.
" This change is observable chiefly among the
" strong Carlists, who having nothing further to hope
" for from Europe, which cares nothing for them,
" and no longer concealing the fact that they are a
" minority of the nation, and can do nothing by
" violent means, have fancied that, by making large
" concessions to more modern ideas, they would
" attain their object. This is not the same thing

" as the Carlo-Republican alliance. This latter had
" nothing but violence in view; and the only com-
" pact between the two parties was their common
" hatred. But now sensible Carlists wish it to be
" believed that they entertain no hatred for any one,
" and no real antipathy for any party. They openly
" profess to be in favour of moderate measures, and
" of the necessity for an amalgamation of parties.
" They make all the advances they can towards the
" great mass of the *juste-milieu*; to please them,
" they say they are ready to sacrifice all their aris-
" tocratical prejudices, and to constitute themselves
" the defenders of order, against the attacks of ex-
" aggerated republicans. In a word, they believe
" that if they can bring matters to a mere question
" of persons, France will always prefer Henri V. to
" Louis Philippe. Of all the plans which have ever
" been proposed by the Carlists, this is, after all, the
" most rational, for it tends to bring them back by
" degrees to juster ideas. Its only fault is that it is
" impracticable; first, because the party being in-
" capable of discipline, the moment the general body
" discover the object of its leaders, either it will
" abandon them, or else the whole party will break
" up, one portion going openly over to the enemy,
" and the other dispersing under the banners of the
" most headstrong. The republicans, also, who have
" retained some small portion of sense, admit their
" numerical weakness, and are beginning their work
" again, at a lower level; taking advantage of the
" irresistible democratic tendencies of society in order
" to circulate among the masses their doctrines of
" absolute equality and of social transformation.

" These people, at some future time, may become dan-
" gerous, for they have evidently in their favour the
" tendencies of the age, and a disposition towards
" material and intellectual levelling which is operating
" in all ranks of society.   It is impossible to deceive
" ourselves ; society is marching on, with great strides,
" towards democracy.   It is, perhaps, impossible to
" foresee what shape it will assume, but of the fact
" no one can doubt ; so, at least, it seems to me.
" And you, my 'dear friend, are you not of my
" opinion? Do you believe in the possibility of a
" reconstruction of any aristocratical power what-
" ever ? Aristocracy is crumbling away on every
" side.   Princes as well as peoples are equally tend-
" ing to destroy it.   The patrician order, as a
" municipal and limited power, no longer finds a
" place in the social organisation of the present day.
" What, then, remains with which to struggle against
" the popular tide? Nothing substantial, nothing
" effective, nothing permanent.   Is this a good or
" an evil? I hardly know ; but, in my opinion, it is
" the inevitable destiny of mankind.   Let us be pre-
" pared for it ; or, at least, let us prepare our de-
" scendants for it, for it concerns them more than it
" does us."

This letter contains two or three significant expressions. The origin and character of modern
democracy, a form of society much more than a
form of government, are distinctly pointed out.
Cavour saw the increasing preponderance of " that
" inert mass, indifferent to political principles,
" and eager for the advancement of its material
" interests ;" and he looks forward to " that material

"and intellectual levelling" which, supplying the place of old prejudices and antiquated principles, is to invade the world and change its aspect. At the time when he was writing this page, Tocqueville was writing his book; and thus two of the offspring of the former generation were predicting, with equal confidence, the approach of democracy. The confidence and apparent calmness with which this new power is announced by the 'obscure Piedmontese citizen,' amounts almost to indifference. But in the very absence of all illusion on the subject may be traced a thorough comprehension of democracy, and the man who asks "is it a good or is it an evil?" is not likely to be taken by surprise. Cavour's doubts as to the results produce neither discouragement nor hesitation. "Let us be prepared," he says; and his eminently political mind shows itself less by the accuracy of his prediction than by the manner with which he accepts the fact, no matter what may be its consequences. The framers of systems are very ready with prophecies; but he alone is capable of leading men, who knows how to adapt himself to facts.

I said that, from Paris, Cavour went to England; but his stay there was short. At that period he did not understand the English language; his occupations, too, called him back to Turin, and prevented him from unreasonably prolonging an absence the duration of which Paris, perhaps, had made him forget. But it is a mistake to say England, it was to London he went; for everyone knows that, though Paris may be France, London is not England. The word I have inadvertently used proves it. People do

not talk of going to France, but they do talk of
going to England; that great country of agriculture
and manufactures, of tradition and revolutions, of
public opinion and of government, that country
of contrasts—in other words, of liberty; and
which Cavour was not destined thoroughly to
comprehend till eight years later, in 1843, when he
went there with my father, after paying another
visit to Paris.   It cannot, however, be said, nor did
he himself consider, that the time he had passed in
London in 1835 was lost.   The only men who lose
their time are those who look without seeing, and he
was not one of them.   He became familiar with the
administrative and political mechanism of the Empire,
with the balance of the great powers of the State,
with the complicated system of checks, with the
working of political parties, and with all the happy
contradictions of the British constitution.   He also
directed his attention to the social problems which
were then occupying the minds of political econo-
mists, and were forcing themselves upon the consideration of English statesmen.   One of those
questions, the most urgent of all at that period,
particularly attracted his attention.   "When I was
" in England," he says in a letter from Turin, in
November 1835, "I thoroughly studied the great
" question of pauperism.   Before leaving Turin last
" year, I published, at the request of the Prime
" Minister, an extract from the report of the Com-
" missioners charged by the English Government to
" enquire into the state of the poor, and to prepare a
" new law on the subject.   Since then, I have never
" lost sight of the question.   In London, I was in

" communication with all those persons who were
" specially occupied with it, and I still keep up
" some intercourse with them." He left London
with the firm determination to return thither,
struck with admiration for institutions, customs, and
modes of political action, the excellence of which
could not be better understood and appreciated
than by one whose mind always preferred what
was reasonable in practice to what was rigorously
true in logic.

Cavour did not content himself with studying the
great question of pauperism as a mere theorist, and
furnishing a minister's portfolio with unprofitable
notes on the subject. Making no pretence to solve
all doubts on such a question, he endeavoured, on
his return to Turin, to remedy some of the evils
to which the inequality of condition in life has in
all ages rendered human society subject, and which,
if not aggravated, seem at least to have been rendered more acute by the industrial progress of
modern times. Rejecting with equal firmness the
fallacious theories of a sentimental philanthropy and
the inflexible conclusions of strict political economy,
his opinions on the subject of legal charity were
as clearly defined as they were moderate ; and, let
me add, as just, for in this, as in other matters, he
knew, while never shutting his eyes to facts, how to
be " an honest *juste-milieu*." In connexion with a
small number of men of talent and philanthropy,
he founded infant asylums in Piedmont, and no
one contributed a larger share of active intelligence
to the undertaking. After they had been established,
he took no less interest, and no less pains in

carrying them on, and was for a long time a member of the committee of management, where his knowledge, his administrative ability, and his zeal, placed him in the first rank, and so much increased his influence that it ended by giving umbrage. One of his colleagues, an intimate friend, the Count de Salmour, thought it right to intimate to him that the institution was being compromised by the part he was taking in it, that his being at the head of it was very displeasing to the government, and that the workman was endangering the safety of his own work. Thus appealed to, Cavour did not hesitate, and at once retired from the direction; but it was a painful sacrifice to abandon the humble duty he had been performing for several years, and which was one of his most favourite and constant occupations.

It was in vain, however, to attempt to shut the doors of public life, either great or small, in Cavour's face. He. made his way by degrees within the circle, by those narrow by-paths which an active man discovers without even looking for them, and which he widens for himself without being aware of it. The secret attacks which the government made on him in the Agricultural committee, only brought him into greater notice; and bringing him into notice was raising him. The Agricultural Society, whether they came forward in his defence or not, were in the habit of reckoning upon him, and the class of which the society was principally composed soon regarded him as the representative of their interests. Whilst, through the Agricultural Society, he was gaining a footing in public opinion, then so silent, but destined

soon to become so eloquent, he brought together at
Turin, and consequently around himself, in an association of a totally different kind, several members of
the Piedmontese aristocracy. The club which, on
the model of the clubs of London and Paris, and
under the innocent and assumed name of the Whist
Club, he founded with Count Pralormo, the Marquis
Alfieri, and some others, became not only a social
circle, but a focus of politics. But it must not
be supposed that the sparks emanating from that
focus were such as lead to conflagrations. An
eminently conservative spirit pervaded the meetings
of men who, from their birth, their education,
their manners, and the opinions natural to them,
were placed among the instinctive enemies of all
revolution. Whatever that spirit may have been,
however, and if instead of being conservative it had
been reactionary, the Whist Club was not the less,
in its essence, a body of living and thinking human
beings, and therefore dangerous; for, as I before
observed in speaking of the Agricultural Society, it
is in the nature of despotic governments not to
allow opinions, even though favourable to themselves,
to be formed independently of their own immediate
influence, or to escape, even though it were to
serve them better, from their own control. It is
difficult, in these days, to picture to oneself all the
obstacles which the establishment of this club encountered, or to do justice to the perseverance and
skill which Cavour displayed in the management of
this delicate and protracted affair. In this, as in so
many other more important matters, it is impossible

to understand Cavour unless the state of Turin in 1840 is distinctly kept in view.

Turin is now one of the capitals of Europe, one of those vast agglomerations of bricks and men in which modern civilisation is centred and summed up ; like other capitals, it is a city of noise, of human thought, of industry, of life and of fever, where a stream of population flows through the streets, and where on every side is heard, in confused and muffled sounds, the buzzing of active life and the lengthened hum of idle excitement.   Italy, in the course of a few short years, has converted the least Italian of its towns into a European city.   Placed at the foot of the Alps, which at one time chill it with winds or fog, and at another, darting down upon it the sun's hot rays reflected from their sides, envelope it in a leaden atmosphere, which the sluggish and slimy waters of the Po are unable to disperse, — Turin possesses neither the colouring, the light, nor the brilliancy of the south ; nor does the traveller re- cognise, in its straight streets intersecting each other at right angles, like the alleys of a camp, or in the solemnity devoid of grandeur of vast palaces with exteriors still unfinished, any of those features which remind him of some of the cities of the north — so picturesque, cheerful, and genial under the misty haze which surrounds them.   I remember the melancholy impression I experienced, twenty years ago, when I first saw Turin — so cold in structure and appearance, so inanimate, neglected, and silent ; it seemed to belong to another climate, and to bear the marks of exile on its face.

And yet Turin was always a spirited town, a town of

hardy soldiers and of good citizens, worthy to be, as it now is, at the head of a people whose sword, in such resolute hands, will never be dishonoured. One must behold this city in times of war, such as history has described, such as we have seen her in our own day on two occasions, calm, resolute, ready for everything except to despair; one must also view her in time of peace, as she now is, learned in all the interests of the State, devoted to the country, never needing either to be kept down or to be stirred up, and whatever may be her future destiny, ever in public spirit the foremost of Italian towns. In her may be said to live the incarnate spirit of her politic and warlike princes. No doubt there were glories that did not fall to her share. The poet says—

> Les vents du sud t'apportent la beauté,
> Mon Tyrol, et les vents du nord la liberté.

But to Turin no winds ever brought anything but the shrill blast of the enemy's trumpet. The cultivation of the fine arts requires leisure, which Piedmont, always under arms, never enjoyed; but after eight centuries of incessant struggles, it is no slight glory to be able to say, " I have lived through " it all."

The characteristic marks of time on the habits of a nation or on its dwellings are not effaced in a day. Even now, although animated, embellished, and aggrandised by liberty, Turin, with its barracks for soldiers and as the resting-place of a military sovereign, still preserves something of the rigid aspect of a military post, and one recognises in that very freedom to which it owes its transformation the obvious results of the manliness of its education. A nation is formed rather by men than by institutions, and laws are incapable of bestowing freedom on any people who are not already thoroughly imbued with it.

But subsequent to 1815, and down to 1848, and especially during the latter half of that period, the court of Turin laid aside the sword for the gown; and for whose gown?—that of the Jesuits. I know that a reaction has lately taken place in many an independent mind, in favour of this celebrated order, the object of so much invective. And yet, from whatever point of view we consider them, however great the services they may have rendered to letters, to science, and to the Church, it is impossible not to regret and deplore the intervention of the Jesuits, on all occasions on which they have exercised it, in the conduct of public affairs; their tenacious influence over governments which they have irretrievably compromised, and over princes whom they have ruined.

Now, at Turin, while Charles Albert reigned, it was the spirit of Maistre which governed; Maistre, the gloomy visionary, the most unmerciful of those Utopians who have ever employed their reasoning powers for the purpose of sanctioning the wanderings of a rampant imagination. We must not forget that formerly Turin, in manners, in turn of thought, and even in language, was a French town. A short time ago, not one word of Italian would have been heard in good society there. Now, exaggeration is natural to the mind of a Frenchman, who is ever ready to rush headlong in the direction to which he is attracted by the impression of the moment, by the doctrine in vogue, or the accidental circumstances of the day. In a country of large extent, in a capital like Paris, the exaggeration of the passing hour infallibly finds its counterpoise, which, however slight and insufficient, nevertheless keeps it in check ; but this is altogether wanting in a small state, or in a town of a hundred thousand inhabitants. Accordingly, one ought to read the memoirs of Della Marguerita, to comprehend to what lengths the spirit of system, when the consequences to which it tends are unchecked by any obstacle, can lead intelligent and upright men. The description given by one of those most interested in painting in favourable colours a political system in which he glories, is little more than an involuntary paraphrase and candid developement of those bitter words of Camille de Cavour, in which he compared Turin to " an in-" tellectual hell." " Science and intelligence," he said, " are looked upon as inventions of the devil by " those who condescend to govern us." And, in point of · fact, every manifestation of thought, under whatever circumstances produced, was rigorously proscribed. The philosophy of Rosmini, the theology of Gioberti, republican plots, railway projects, industrial associations, secret societies, the circulars of Mazzini, and the articles of M. de Sacy in the "Débats," are all considered equally hostile, and equally subversive. The most undeniable proof of the influence exercised by Mdme. de Tonnerre was the permission she at last obtained, after much solicitation, to receive, through the French Legation, the " Journal des Débats." " All for the Church, and by

" the Church :" this was pretty much the political
creed of M. della Marguerita, whose claims to the
reputation of a statesman and to public gratitude
may be summed up in the description which, with
complacent naïveté, he has himself given of them.
'Tithes being a divine right,' he says, 'I have not
permitted them to be touched.'——'It sometimes
happens that guilty ecclesiastics are imprisoned,
without the preliminary authority of the bishop;
I have taken the necessary steps to prevent the
recurrence of so monstrous an abuse.'——'I have succeeded in obtaining at Turin the presence of a
Nuncio, who acts as direct intermediary between
the Piedmontese clergy and the court of Rome,
their only legitimate superior.'——'I have urged the
Archbishop to oppose the promulgation of certain
measures relating to a pretended reform in schools;
assisted by me, he has succeeded.'——'Thanks to my
efforts, the blessed Boniface, Humbert, and Louisa
have received adoration at the altars.'——'I have
made the laws against heresy more efficient.'——'I
have established two houses of Passionist monks,
one at Genoa and the other at Turin; and two
monasteries of Benedictines at Genoa and at
Finale. I have also established the nuns of St.
Camilla and of Perpetual Adoration at Turin,
the Chartreux in Savoy, a monastery of Carmelites
at Genoa, the Dominicans at Varazzo, and I have
handed back the parish of St. Carlo to the bare-
footed Carmelites.' Nothing, in truth, redounds
more to the honour of the clergy of Piedmont
than their not having made such an abuse of their
omnipotence as to render themselves for ever

odious. But the use, even without the abuse, was intolerable, or rather the use alone constituted, in itself, the most crying of abuses.

Theocratical governments are terrible from this cause, that the performance of their duties is necessarily mixed up with the exercise and maintenance of their rights, so that the more scrupulous they are as regards the former, the more tyrannical they become as regards the latter; and, indeed, the more tyrannical they become generally. Thus there was no important post in the state that the " *congregation* " * did not, through some secret influence, hold in its power, or did not, through some devoted sentinel, keep watch over. From great ladies, who took an interest in the religious conversion of heretics, down to common soldiers, who took an interest in the political conversion of officers, one vast network of surveillance, drawn by a thousand separate strings, extended itself over every head. It was the Inquisition everywhere, and accordingly everywhere distrust. But I have said enough to show the system under which, and in spite of which, Camille de Cavour became a liberal and remained one. Those who judge after the event will not discover the greatness of his merit; so difficult is it to picture to oneself a man different from what he really was, and so little does one allow for the efforts which must have been made to surmount obstacles of which no trace remains. It is impossible to imagine Cavour ignorant, idle, listless, giving way to lassitude, careless

---

* The ' *congregation* ' consisted of a vast and secret association, with the avowed design of restoring the *ancien régime*. Its most influential members were the Jesuits.—TRANS.

as to the fate of his country, or soured by feelings of rancour. And yet to preserve a taste for
information and acquire habits of study in a town
where, in order to buy a book, you must, generally,
begin by buying a conscience; where you must submit to be brought into close contact with all kinds
of exaggeration, without being infected by them, to
maintain one's faith in the midst of a society which
has been disorganised by mutual distrusts, which has
lost all courage, all power of belief and even of
hope; to maintain one's faith, and struggle on when
victory seems impossible; to bear up against the
spirit of despair, and resist the spirit of fanaticism;
to follow one's own course, setting aside violence and
avoiding intrigue; finally, to remain wise, impartial,
and upright under a yoke by which the weak are
crushed, the ambitious corrupted, and the strong
driven into revolt: to be and to do all this without
losing heart in the good cause, this is to have a
great soul. Such a man has the true spirit of power
and freedom within him.

A man of great soul, I repeat, but not of a soul
emancipating itself from control. Cavour did not
indulge in delusions; he did not dream of an ideal
state of things, in the absence of which all society and
all government is to be hated and despised. With a
mind eminently political, he was naturally an opti-
mist; his optimism was not merely that of those bold
gamesters who found or lose empires,— an optimism
haughty, often perfidious, and which history sometimes designates as conscience, and at other times
as the madness of genius; but it was an optimism
which is nearer-sighted, which seeks for more imme-

diate results, belonging to a man of active character, and which, if it does not constitute the beauty of the intellect, is at least an indication of its soundness. There was nothing sickly or fretful in Cavour's robust nature — no rancour, no spite, no petty parasitical passions affected his temper, disturbed his judgement, impaired his vigour, or impeded his onward course. Accordingly, in his own country, he never wished to be considered as a victim, nor indeed acted the part of a systematic adversary of the government, of which, however, he had some reason to complain. He never indulged in mortal hatred, such as that which was felt by the traveller, mentioned by Prevost Paradol, towards the engineer, till he at last wished that the boiler might burst, though he himself were to be blown by it into a thousand atoms! He takes men and facts as he finds them—not with the frivolous indifference of the worshippers of success, eager to approve of what must be submitted to—but with the determination of a wrestler who has no idea of abandoning one inch of ground, or of a resolute workman who never quarrels with his tools; or, rather, like a player at cards, who knows he must play with the cards in his hand. One day, when I was his partner at whist, and was complaining of my constant succession of bad cards, he replied, "the " truth is that you have not sufficient respect for the " small cards."

Inaccessible to the miserable promptings of *amour propre*, he was far from indulging in any malicious pleasure on discerning the faults committed by the Piedmontese government. If he noted them, it was to deplore them; and the proof of his sincerely

deploring them was the satisfaction with which he
openly proclaimed the merits of the government, and
acknowledged their slightest advance in the path of
reform.

"When you see M——," he wrote, "remember
" me to him. I am much attached to him, and you
" will be pleased with him. He will give you some
" notion of the good portion of the Piedmontese
" aristocracy who take part in public affairs." In
another letter he says: "X—— is one of the creatures
" of the '*congregation*,' who have raised him from
" the ranks of the army to make a *diplomate* of
" him. He is one of our few bad agents, for, in
" general, our diplomatic body is composed of men
" distinguished by their manners and their modera-
" tion." I may add, that by an inconsistency, the
motives of which are divulged by M. della Marguerita, Charles Albert had no wish that all his
advisers should be subjected to the influences which
he had himself fostered. Distrusting a party whose
intrigues he dreaded almost as much as he favoured
them, perhaps also impelled by a secret desire to
maintain his hold upon the liberal party by one link
or another, he took care to sow dissensions among
his ministers by introducing among them such men
as the Count Pralormo or the Marquis Alfieri. No
doubt these men could influence but little the general
direction of affairs—standing as they did alone—
thwarted or attacked on every side, and obstructed
much more than supported by the King, who feared
their principles as much as he respected their characters. It was as much as they could do to get on
at all in the particular departments with which

they were entrusted, and they hardly advanced a
single step, and that only by dint of the greatest
energy and management. But Cavour never found
fault with them for serving under a system which,
nevertheless, he could not be suspected of favouring.
On the contrary, he upheld them, he encouraged
them, he praised their humble successes as if they
had been important victories; and at a later period,
when, under the influence of external events, their
consequence increased with their power, he knew —
a virtue rare enough with politicians — how to be
grateful to them, and to hail with welcome reforms
with which he had had nothing to do.

"We have had," he wrote in 1841 to M. Naville,
"a small ministerial crisis; and, unfortunately, it is
"not yet at an end. The Count of Pralormo,
"Minister of the Interior, has resigned, after a
"violent struggle with the *Congregandist* party,
"which had for a long time been at open war with
"him. The King abandoned him in this serious
"predicament, and he thought it due to himself to
"resign. Under present circumstances, his retire-
"ment from the ministry is a misfortune for the
"country. Although he had faults, and his manners
"were somewhat repulsive, he was a perfectly
"upright man; liking what was right because it
"was right, carrying on his administration in the
"interest of the country, and not in the interest
"of any sect or party. He withstood with most
"laudable zeal the all-engrossing spirit of the
"priesthood party, which was unfortunately en-
"couraged by the personal predilections of the King.
"The *Congregation* has made every effort to get his

H

" successor chosen from among its own adherents,
" and at one time every one believed that it had
" succeeded, and that the Count de Colligno, the most
" fanatical lover of darkness of the party, was ap-
" pointed. Fortunately, the King's prudence has
" saved us from so terrible a misfortune ; for I may
" say, without exaggeration, that the appointment
" of M. de Colligno would have excited more dis-
" content in the country than the appointment of
" M. de Polignac excited in France, in 1829. But
" hitherto Pralormo's successor has not been an-
" nounced. Count Gallina, Minister of Finance,
" holds the office *ad interim*. He is a sensible and
" enlightened man, and it is to his remonstrances that
" we owe our escape from Colligno ; but he could
" not succeed in inducing the King to make his
" selection from Pralormo's party. Count Gallina is
" exerting himself in every way in favour of Cesar
" Alfieri. His appointment would be popular with
" all sensible and rational men, who are friends to
" their country, and anxious to preserve internal
" peace, by making such concessions to public opin-
" ion as can be made without danger. I may say
" for myself that I am most anxious to see Cesar
" Alfieri in power ; for my intimate acquaintance
" with him enables me to appreciate fully all the
" good that it will be in his power to effect. In
" our country social position has great influence,
" and a minister of high birth is always more power-
" ful than one who has nothing to look to beyond his
" place and his talents."

Cavour's wishes were not destined to be so soon
fulfilled, and it was only at a much later period that

M. Alfieri was called upon to form part of the
Cabinet; for on writing to M. Naville in 1844, with
respect to a projected railroad, he says — "Count
" Gallina has been obliged to resign, on account of
" his health. He has been unable to prevail upon
" the King to nominate either Alfieri or Cristiana,
" who both agreed with him in his views. The
" utmost he could do was to prevent the ap-
" pointment of an open partisan of the Jesuits.
" The King, influenced in two opposite directions,
" has ended by appointing M. Désambrois, a young
" and able administrator, who, although a pupil of
" Count Gallina and a friend of Alfieri, is not a
" person of sufficient mark to alarm the Congre-
" gandist party. M. Désambrois has taken his seat
" on the government benches in complete ignorance
" of all that has been done with respect to rail-
" roads. He has set to work; but as in the study
" of the question he has considerable arrears to
" make up, he has not yet been able to come to
" any matured opinion respecting it. I think he
" will arrive at the same conclusion as Count Gallina,
" and that he will also admit the difficulties which
" exist as to the formation of railways by the State.
" But will he succeed in enforcing his opinion on the
" Council, and in making the King share it? I
" doubt it much; for the King has an instinctive
" aversion to dealing with companies, and those
" around him, either from conviction or servility,
" help to keep up that feeling. From this descrip-
" tion, which I believe to be a faithful one, you
" may form some idea of our prospects. Some
" persons are in favour of companies; others are

" opposed to them. In a country like ours, the
" chapter of accidents exercises great influence on
" events, and will probably determine how the pro-
" blem is to be solved, the unknown quantities of
" which it would at present be in vain to in-
" vestigate."

" The religious reaction," he wrote in 1844,
" carries the Ultramontane party beyond all reason-
" able bounds. Their conduct in Switzerland is not
" more absurd than it is in France. Their crusade
" for the re-establishment of convents is on a par
" with that which they entered upon to destroy the
" university. They are a greater curse to mankind
" than the Communists. I believe that at bottom
" they are powerless, and that their career will soon
" come to an end ; but they will do much mischief.
" They will have prevented, or at least retarded, the
" regular and progressive development of the human
" mind. Almost all the faults committed by our
" government arise from the influence of this party ;
" for, if it did not exist, our administration would be
" superior to that of Prussia, and we should be fast
" advancing in the paths of salutary improvement."

But it was not at the expense of his convictions
that he was impartial or generous. We may remember the language he held in 1833—this is what
he wrote in 1847 :—" You will soon have to acknow-
" ledge that truth is just as much opposed to the
" exaggerations of the innovators as to the prejudices
" of immovable conservatives. This poor *juste milieu*
" is, I know, but little to the taste of young men ;
" but experience and reason acquire strength faster
" than imagination and passion ; and the man who is

"in earnest ends by convincing himself that if we
"must not give way to the current which would
"carry society into unknown regions, it is quite as
"unreasonable to endeavour to force it back towards
"its original source. The law of gravitation in
"politics is just as infallible and irresistible as that
"which makes rivers and mountain torrents flow
"downwards to the sea. But," he adds, "I will
"dwell no longer on politics, for if I do, I shall end
"by passing in your eyes for a demagogue, which
"would grieve me, and I should not set myself
"right with X—— and his disciples, who look
"upon me as an ultra-retardist" (*ultra-retardataire*).

In the above quotation, which ends in a gentle
remonstrance with a tinge of irony about it, may be
traced his profession of faith of 1833; the convictions which he then so distinctly enunciated remained,
after a lapse of fourteen years, unmodified and un-
shaken. Such consistency is not unfrequently met
with in persons of narrow minds and of extreme
opinions; but it is seldom compatible with moderation of views, and is still more rarely to be found in
one whose character of mind is flexible, elastic,
and dexterous. The ability which is required to
compound with facts as they exist, too often pre-
cludes the honesty which is required to judge of
them, and it would seem that there is no alternative
but to submit or succumb. In two words, men
with principles go wrong out of a spirit of intolerance, and men of expediency from the absence of
principles; and thus it commonly happens that the
one set not having capacity and the other no inclination to *govern*, the people are left to drift, exposed to

sudden shocks at one moment and gentle impulses
at another, just as their passions, influenced by
caprice or worked upon by flattery, may direct.
A nation is in danger and in permanent danger of
revolution, when those who guide it run counter to
its natural instincts, and abstain from taking into
account facts opposed to their own inclinations, or
ideas inimical to their own theories, instead of learning
to give due weight to such ideas, to recognise such
facts, and to avail themselves of such popular instincts.
But, on the other hand, a country runs serious risk of
rapidly degenerating, if that ability or skillfulness;
which ought to be employed only as a means, is
considered as the chief end and the one thing needful.
To the great merit of being skillful, Camille de
Cavour added the still greater merit of not being too
much so.

CHAPTER V.

THE PLAYFUL AND JOYOUS SIDE OF CAVOUR'S CHARACTER —
MRS. MARCET'S DESIRE TO SEE HIM IN THE MINISTRY — THE
SIMPLICITY OF HIS MANNERS — ANECDOTES — HIS LIBERALITY—
HIS TASTE FOR WHIST — HIS JOURNEY IN NORTHERN ITALY.

IT is a question whether, in the preceding pages,
the character of Camille de Cavour may not
have been presented under too grave, or rather too
exclusively grave an aspect — whether his more
prominent traits may not have been brought to light,
while those which are of a softer character, but are
not less strongly marked, and are in some respects
equally important, may not have been left too much
in the shade. This is an omission which ought to be
repaired ; and I must here remind my reader of
what I stated at the outset, that this biographical
sketch is familiar in its nature, and principally consists of personal impressions and reminiscences. It is
to these reminiscences that I must again have recourse,
even though some of my readers may think I have
indulged in them too freely already. But it is only
through them, and on the scene of my early recollections, that I can call to mind one whose genius
and destiny I must for the present endeavour to forget.

On hearing of the illness of one of his friends,
" How sorry I am," he said, in one of his letters, " that
" the distance between us prevents me from going to

" talk a little nonsense by the side of his arm-chair."
This trivial remark reminds me of the Cavour, whom
I knew in my boyhood, overflowing with sprightly
sallies, of contagious spirits and open-hearted mirth,
talking loud, and full of entertaining and epigram-
matic remarks, which were listened to with avidity.
It is scarcely necessary to say that I little dreamt
then of looking out for the more serious side of
his character, of estimating the extent of his intelligence, and admiring his great and varied faculties.
To me he was simply the most entertaining man I
ever knew.   It was generally in autumn that he
came to my father's, at Presinge — precisely at the
period of my holidays, which acquried additional
zest (and that is saying a great deal) from the prospect of his speedy arrival.   I waited for him with
impatience, as if he came for me, whom he certainly
little thought of.   Early in the morning on the appointed day, I was on the watch, listening to the
distant rumbling of carriages, that I might be the
first to give notice of his arrival.   I fancy I still hear
the tinkling of the bells on the horses' necks, the
clacking of the postboy's whip, and all the amusing
bustle of his arrival, which seemed to me like the
prelude of festivities.   His presence always filled me
with that delight which is ever associated with the
recollection of some particularly welcome and much
loved guest.   Now that the figure of Cavour rises up
before me in all the imposing severity of historical
grandeur, I find some difficulty in recalling my
impressions, the simple and narrow impressions of
a child, and in distinguishing them from those by
which they were succeeded — I find it difficult to

recognise my dear old talker of clever nonsense, the friend who shared, as I thought, in all my tastes, who partook of my dislike for hard work, and serious books and serious subjects, and for everything which ran counter to that spirit of gaiety of which he was in my eyes the most brilliant personification.

One day Mrs. Marcet, who liked and admired Camille de Cavour—and she was not a person to like or admire by halves — turning suddenly to the Marquis Alfieri, said : "Why don't you take M. de "Cavour into your government?" The question raised a smile. Mrs. Marcet, who looked upon the world through an English medium, and who knew nothing of the régime of Piedmont, except from such representatives of that régime as the Marquis Alfieri, not unnaturally fell into the error of supposing that she was speaking to an influential member of a constitutional government. But to speak of the government of M. Alfieri, under Charles Albert, with absolutism in full vigour, was to speak a language which even at Turin would not have been intelligible, and denoted a state of delusion which the suggestion with respect to Cavour rendered still more prodigious. The suggestion, however, which reached his ears, was flattering to him, and many years after, he reminded me of it; but, at the time it occurred, Cavour was considered as so *irrevocably* out of the question, that the idea suggested by his old and warm-hearted friend was, as I have said, received with a general smile. As for myself, to whom the meaning of the smile was unintelligible, I remember laughing outright; the idea of Camille de Cavour

being a member of a government was to me so
utterly extravagant; so strange did it seem to me
that anyone should for a single instant have thought
of transforming the man who, in my eyes, was the
type of light accomplishments, and happy, graceful
insouciance, into a serious, businesslike, dignified
minister of State.

Lord Erskine wrote to Mr. Rogers: "I was yes-
"terday at St. Anne's, and I found Fox engaged in
"draining a pond for the amusement of some Eton
"boys;" not that Fox was fond of fishing, but that
he sympathised with young people, and enjoyed
their society. I mention this trait, as it affords one
among many other points of resemblance between
these two men. In Cavour, as in Fox, there
existed not only the same intellectual power, but
the same daring intrepidity, the same vivacity of
temperament, the same natural exuberance of spirits,
and also the same captivating suppleness of mind;
the same quickness of apprehension and sagacity;
the same power of irony, unmixed with a par-
ticle of bitterness — an irony which excites a smile,
but leaves no sting behind. The resemblance
does not, however, hold good on all points. Carried
away by an imagination which his reason was not
always able to restrain within due bounds (an
imagination of which his will was sometimes rather
the servant than the master), ill seconded, too, by
events, Fox left no durable monument behind him,
but his own imperishable name and the glory of
having been that incomparable orator of whom
Grattan said, "that his periods rolled in upon his
"audience like waves of the Atlantic." Cavour, on

the other hand, was the founder of a great work, and if, in order to play his great part in the world's drama, it was necessary that a stage of corresponding greatness should be open to him, let us not forget that, but for him, that stage would have remained unoccupied. With less, perhaps, of philosophical breadth of views than Fox, Cavour excelled him in method, in precision, in firmness, and these qualities enabled him to bring all his forces to bear with concentrated power upon a single object, and to carry that object. Circumstances alone did not make of Fox a leader of opposition and of Cavour a great minister, for it was as true of the latter as it was of Cromwell (of whom Cavour himself once made the remark) that he was one of those men who possess in the highest degree the genius of government.

I am even disposed to think that in England, towards the end of the last century, Cavour would rather have inclined towards Fox's rival — towards Pitt — of whom he says : " He possessed all the " enlightenment of the times in which he lived : he " was not the friend of despotism or the champion of " intolerance. With a powerful and comprehensive " mind, he loved power as a means, not as an end. " He was not one of those men who desire to recon- " struct society from top to bottom by the help of " general ideas and humanitarian theories. Devoid " of prejudice, he was animated solely by the love of " his country and the love of glory."

The basis of Cavour's character was inexhaustible joyousness, evinced by the agreeable turn which he gave to conversation, by his pleasant smile, by his

ready and hearty laugh, by the intonation of his
voice, by a certain original way of putting things,
by the facility with which he accommodated himself
to other people and to every circumstance, by the
quickness of his movements and gestures, by his
manner, now become historical, of rubbing his hands.
" Cavour is rubbing his hands," used to be said at
Turin, " things are going on well."

His respect for little people arose from his possessing in his own happy nature the property of
the philosopher's stone, to transform whatever it
touches. One day, when he had spent three or
four hours in listening to the petitions and tedious
projects of certain memorialists, I ventured to pity
him for being so bored. He replied, " Bored! oh,
" I am never bored!" " How do you contrive
" that?" I asked. " My receipt is a very simple
" one," he answered; " I persuade myself that no
" one is a bore." The truth is that he seemed to
take pleasure in everything, and that he had the
gift, which cannot be acquired, of placing himself
on a level with everyone he met. Thus, he would
talk with country people, and ask them questions
about their business, in a tone of encouragement,
which at once put them at their ease; or, as he
escorted his young cousins to an infant school,
which they were interested in, he would act the
part of an inspector, and would sit down at the end
of the table, and put ingenious and amusing questions
to the little girls, who were frightened out of their
wits at first, but were soon reassured by his manner.
Or again, he would grant an interview to some
obscure village petitioner, and take a captious plea-

sure in entangling him with questions. "Monsieur "le Comte," a countryman said to him, on one occasion, "I want to be made a '*gabelou*.'" *   "Well, "it is an excellent line of life; but have you ever "been a smuggler?" "Oh, Monsieur le Comte!" "Well then, I cannot recommend you for the place "of '*gabelou*.'"   "Well, but Monsieur le Comte!" rejoined the other, scratching his head, upon which Cavour assumed an air of severity. Inclined to pleasantry, he yet knew how to be grave; and it was not the rank of the petitioner, but the object he had in view, which determined his demeanour. On other occasions peasants or humble *bourgeois* would come to him on public business, and although the matter which they laid before him was only of local and trifling interest, he would receive them as courteously and listen to them as patiently as though they had been representatives of a first-class town. And then, after his friendly talk with a farmer, after inspecting an infant school, after considering the ambitious petition of the future "*gabelou*," after closely examining a steeple which had to be restored, or a country road which had to be repaired, he would turn at once to the study of some difficult book, to some political debate, or some disquisition on science or philosophy.

Whether he spoke or wrote, his nervous style had unexpected turns of expression in it; and his thoughts appeared in bold relief. His sentiments, like his language, had nothing forced, or strained, or factitious. He never assumed airs of importance,

---

* A slang term for an inferior *douanier*.

and had no affectation. He never forgot his friends
or connections, although he was kind to children
and little people. His condescension was as little
that of a courtier as of one puffed up with pride,
who takes pleasure in showing that he makes no
distinction between those inferior to himself. If he
possessed the art of never being bored, it was
because from the superabundance of his resources he
was always prepared for every circumstance that
might arise, and that nothing relating to mankind
was foreign to his nature. If certain circumstances
or certain opinions had the power of irritating him,
his anger was always under the control of reason;
and he was always tolerant towards individuals.
" Let us," he says, " brand, with all that energy of
" conviction which the superior knowledge of
" modern times can inspire, those cruel maxims
" and false ideas which governed the moral world
" a century ago; but let us be indulgent to man-
" kind, whose only fault was that they were inca-
" pable of raising themselves above the knowledge
" of their own times, when generally received opin-
" ions, far from opposing their political passions,
" excited and encouraged them."

Cavour's impressions were as accurate as his expression of them. Nevertheless, by some unaccount-
able contradiction, the only modern writer that
he admired was Chateaubriand; and what will appear still more extraordinary, it was above all the
political discourses of the author of René, which
excited his enthusiasm. During a journey which I
made with him, I remember his quoting long passages from these speeches. At that time I thought

his taste, which agreed with my own, very natural. But now it would surprise me, if I did not bear in mind that Napoleon was in the habit of reading Ossian.

But sentimentality is not sensibility; and Cavour, who was inaccessible to those feelings of sadness which are engendered by lassitude of mind, was not insensible to those which arise from the sorrows of the heart. Having had real sorrows he could sympathise with those of others. I have, at this moment, before me a long series of letters, written in former days, at distant intervals, and now collected together and intermixed, like the remains of those who are in the grave, and whose loss had affected him so deeply; and each line of these letters shows the tenderness and affection of his character.

Cavour was unostentatious, but he was always generous; seldom counting the cost, and indulging in acts of liberality which amounted almost to extravagance. After his death, the newspapers recorded acts of benevolence which did honour to his memory (a display which would have given him pain); but the most important of them,—services rendered to his friends, assistance given in cases of private misfortune,—are, and will ever remain, unknown to the public. I may, however, state that if his fortune, which amounted to nearly two millions of francs when he entered public life, had diminished in less than ten years by 300,000 francs; this was owing not to mismanagement, but to his expenses. To indulge largely in active charity may often be reconciled with a spirit of economy; but, in Cavour's case, he had, at all times, an innate disposition for munificence, evincing itself in all the details of every-day life, a disposition which men of business blame as weakness, and monied men often look upon as vice. During my journey with him which I have just alluded to, I remember that he never gave the postilion less than a napoleon; and more than one beggar, sitting by the roadside, picked up from the dust, after we had passed by, a coin which, until then, was probably unknown to him. No tradesman ever heard from him any complaint of his charges. He was one of those who do not bargain but pay. At Paris, the master of an hotel, where Cavour had spent forty-eight hours without once dining there, brought him a bill of 1,200 francs. "Just imagine," he said to me, laughing, " my secretary positively " objected to paying it; and I have had great trouble " in bringing him to reason; he did not understand " that it could be part of my policy to be robbed " without saying a word." It was not that Cavour was indifferent to money; and he had, by his agri-cultural undertakings, been in great measure the maker of his own fortune; but he had not that respect for money which the study of political economy would no doubt have given him, if it had been compatible with a taste for whist at twenty-five louis a point. Cavour was not, however, one of those who played whist for the sake of gain; and he applied himself to a family rubber, at twenty sous a point, with me for his partner, with just as much pleasure as when he was at Paris with M. de Morny sitting opposite to him.

In the autumn of almost every year from 1835

down to 1848, Cavour came to Switzerland. After
that time he became engrossed with politics ; his
visits became less frequent, and the more he was in
want of repose, the less he sought for it. In 1856,
having half announced himself, he was expected with
impatience, but business detained him at Turin, and
he wrote word, " Next year, minister or no minister,
" you will see me arrive at your house ; and, till
" then, I beg you will vouch for my being, at bottom,
" ' *un assez bon diable.*' "

" If Geneva," he says in another letter, " were not
" separated from Turin by the Mont Cenis, I should
" have claimed your hospitality ; for I do not know
" a more intellectually salubrious atmosphere than
" that which is breathed in Switzerland." Living in
Piedmont under the system which I have endeavoured
to describe, condemned to occupations of an exclusively material description, without an audience to
address, Camille de Cavour passed the frontier to
take those "baths of liberty" which one of his most
vehement opponents lately went to seek in London.

The first country beyond the frontier was Switzerland ; and there he stopt. It was easier for him to
go to Geneva than to Paris, and it was no doubt
easier also to leave it. Accordingly it was at Geneva
especially that, during fifteen years, he satisfied his
thirst for discussion, for excitement, and for those ideas
which were fermenting in his mind ; tired as he was
of solitude, restraint, and silence. Paris is now
nearer to Turin than Geneva was then ; soon the
Mont Cenis will no longer separate Italy either from
Switzerland or from France ; and while the physical
barriers which divided nations are everywhere dis-

I

appearing, moral barriers are disappearing with them. Europe reads the same journals, and is worked upon by the same hopes and fears, subject to the influence of the same interests — has one common existence and one common opinion. Travelling now is little more than a change of lodgings; but twenty-five years ago, when Cavour travelled, it was, to use his own language, a change of intellectual atmosphere.

In 1836 he travelled through the north of Italy, followed as he went by the vigilant eye of the Austrian police, who were in possession of precise and prophetic data respecting him. Charles Albert, it is said, one day remarked that Cavour was the most dangerous man in his kingdom. As for Cavour himself, he was not restrained by prudence, which is not common at his age, and formed no part of his character. He had no scruple indeed in proclaiming his opinions; for the public, by his former resignation, had long since been let into his confidence. I have stated with what openness he confided to his friends at Geneva his griefs and his hopes. He said in a letter to Madame de Barol, with whose friendship he was honoured —" In the dreams of my youth, I " already saw myself Prime Minister of the kingdom " of Italy." That the dreamer who was capable of indulging in such dreams, and that the author of the letters from which I have given quotations, should be the object of very special attention at Milan, was natural enough, and did not surprise him. The *surveillance*, however, to which he was subjected in Lombardo-Venetia, did not prevent him from forming intimacies with some distinguished men, who cherished, in the shade, a proscribed creed. He had intended to extend his journey as far as the States of the Church. "But," as he wrote word, "the quar-" antine which his Holiness the Pope has thought fit "to establish between his states and those of the "Emperor, on account of the cholera, which during "the last six months has shown no disposition to "leave the dirtiest districts of Venice, has prevented "me from going to Bologna." He returned accordingly by the shortest road to Piedmont, in order that he might, as he said, "give himself up entirely to "agricultural pursuits."

CHAPTER VI.

CAVOUR GOES TO PARIS AND LONDON — ATTENDS TO MANU-
FACTURING AND AGRICULTURAL SUBJECTS — HIS OPINIONS ON
ENGLISH POLITICS — LETTER ON THAT SUBJECT — HIS VIEWS
ON ENGLAND — HIS LETTERS AND WRITINGS.

DURING several years, as I have already said,
Cavour had been in the habit of resorting to
Geneva to recruit. But this did not make him
forget the more tonic and exciting air which he had
already breathed at Paris. He did not return thither,
however, until 1840. It was then, and there only,
that for the first time he could show to the full
extent his talent for the art of living, which had
been excited and developed by five years of rough
and incessant labour. I am not going to describe
his boisterous career during the six months of his
stay at Paris. The elasticity of his nature was
never put to a severer test than when, turning from
politics to matters of business, from business to
social science, from social science to manufactures,
going into society and frequenting clubs, he led the
life of a man of the world, and lived at a great
rate. He was fond of the turf, but I do not
believe he ever kept race-horses. At all events,
he spoke of the turf as if he had never practically been a member of it. " We shall soon see,"

he wrote in 1847, " if England considers the turf " as the best school for forming statesmen."

In 1843, Camille de Cavour was again at Paris, as full of life, activity, and resources as ever ; but restrained by experience, and having learnt discrimination. It was in society, in the most distinguished drawing-rooms, in forming political connexions and solid friendships, that he passed his leisure moments, after attending to an important and complicated matter of business which had brought him to Paris. He made his way into the very heart of active political society. In the drawing-room of the Duc de Broglie, he met on intimate terms most of the eminent men whose tried liberalism, more sincere perhaps than consistent, had long since inspired him with respect and sympathy. That his sympathy with their doctrines should have extended to themselves personally, cannot be doubted. In the case of the Duc de Broglie, Cavour had already borne high testimony to one of the most noble characters of our times ; and more than once I have heard him with pride claim, for Piedmont, the honour of being the family birthplace of the statesman of whom he said on another occasion, " How I wish I had an opportunity of expressing the " high esteem, I will say the reverence, I entertain " for the most honest statesman that ever existed."

But of all the drawing-rooms of Paris, there was none which offered him greater attractions than that in which Mdme. de Castellane had succeeded in reviving the traditions of French conversation, with all its refinement; and in which M. Molé was a constant visitor.

Another house which he frequented, and which I ought, perhaps, to have mentioned first, was that of Mdme. de Circourt, where he met with political characters from every quarter of the world, and where he could study at leisure, in a society free from form, the different currents of thought adopted by different minds, the knowledge of which is indispensable to those who are desirous of coming to a correct estimate of public opinion. There, too, he met from Mdme. de Circourt with that affectionate sympathy which, in the course of time, ripened into lasting friendship.

Having succeeded in advantageously disposing of his fifty shares in some railway company, Cavour wrote to my father, " When I have made a couple of " millions or so, we will travel together to England, " where we will hold up our heads like peers of the " realm." Although his pecuniary anticipations were not realised, he did not the less make the journey to England with my father, in 1843, without, however, assuming the manners of lords.

In London, he did not penetrate into political society, which in England, being inseparable from an exclusive aristocracy, is less open and accessible than in Paris. But, although unknown at that time, Camille de Cavour would only have had to knock to be admitted; but he was not in a situation to give himself the airs of a great man; and with his tastes for agricultural pursuits, for politico-economical studies, and for industrial schemes, he preferred the less elevated sphere in which science and its accessories were attended to. Industry, in its various branches, attracted his attention. Although fresh from Paris, where he had been absorbed by society, politics, and matters of business, he passed without effort to the thorough investigation of those new agents of human power, the creations of the modern spirit of invention, which would seem to have endowed brute matter with somewhat of human life and intelligence. Railways, manufactories, workshops, were objects of minute investigation by Cavour; and he found, in one of my father's friends, a sympathising and competent guide. M. J. L. Prevost, Swiss consul in London, who, from circumstances rather than inclination, had become a merchant, retained, in the midst of occupations for which he felt no great attraction, a taste for study, habits of investigation, and the free disposal of a cultivated mind. A man of business by profession, and from temperament a man of science, M. Prevost took a lively interest in the development of the industry of the country. Under his guidance Cavour was enabled to satisfy a curiosity which was not easily satisfied. To the desire of seeing with his own eyes he united the determination to understand. He would stop before some new machine, examine its smallest wheels, and enquire into the object of some minute spring, with a perseverance which, it must be admitted, must have tried the patience of those who accompanied him, and to whom these details were of little importance. As for himself, however, these dry facts were stored up in a retentive memory, and were never effaced.

Agriculture, which, as practised in England, may almost be called a branch of manufacturing industry,

would under any circumstances have engaged the
attention of Camille de Cavour. His investigations
on this special subject were greatly facilitated by
the accidental circumstance of his meeting Mr.
Davenport at the house of a common friend. Mr.
Davenport was the grandson of the Davenport who
was Rousseau's friend, and one of the large landed
proprietors of Cheshire ; and Cavour's conversation,
manners, and vivacity so charmed Mr. Davenport,
that he at once conceived a great friendship for
him. Mr. Davenport's houses in London and in the
country were at once placed at Cavour's disposal ;
and Cavour, perceiving the sincerity with which
these offers were made, and that any hesitation on
his part would occasion deep mortification, at once
accepted them.

In London, he could not do Mr. Davenport a
greater favour than by bringing to his house any
foreign friend he chanced to meet ; and in Cheshire
he found Mr. Davenport's country residence open
to receive him, the servants placed at his disposal,
and orders given to make his visit useful and
agreeable to him in every possible way. It was
there, on one of the best managed estates in one
of the richest counties in England, that Cavour,
at full liberty, and at his leisure, studied the ordinary practice of, and the latest improvements in,
British agriculture. Accordingly, he often spoke of
Mr. Davenport ; and never without adding to his
name the epithet of "excellent." Cavour also passed
some time in Norfolk, at Sir John Boileau's, whom
he had known at Geneva ; and he reaped a rich
harvest of instructive facts from his stay in that

county, the agricultural reputation of which stands so
. high.

It was not long after his return to Turin, in
Feb. 1844, that he wrote the following letter to
M. Naville :—

" I send you a few suggestions, to assist your
" nephew in his agricultural tour in England.

" 1st. With respect to natural meadows, I must
" frankly state, although at the risk of passing for a
" man of narrow views and of local prejudices, that
" on this subject there is not much to be learnt in
" England. On all the estates that I have visited, I
" have seen no meadows which were not imperfectly
" levelled, ill taken care of, and comparatively unpro-
" ductive. It is true that I did not go into Leicester-
" shire, or into Scotland, where, in Mid Lothian, as
" I am told, the management of grass lands is brought
" to great perfection. I am not aware, therefore,
" what there may be to be learnt in those two
" places. I doubt, however, whether this culture is
" more advanced there than it is with us; or even
" in some parts of Germany, where they are be-
" ginning to pay that attention to meadow land
" which it deserves.

" Notwithstanding these criticisms, I recommend
" him carefully to investigate the system of under-
" ground draining, by means of a mole-plough, which
" is one of the numerous class of subsoil-ploughs.
" This plough, in my opinion, is calculated to render
" great service to marshy meadows. I observed
" that, in some localities, the meadows were dressed
" with bone-dust. This practice would be worth
" studying.

" 2nd. The raising of grain crops is, of all the
" different branches of agriculture, that which has
" been brought to the greatest perfection in Eng-
" land ; and which is making further progress every
" day.   Your nephew would do well to pass some
" time in Norfolk, where art and science have done
" more to convert bad land into productive soil than
" in any other part of England.

" The question of the advantage to be derived
" from the sowing-machine, which is still under con-
" sideration in France, seems to have been settled
" in England.   I found it in use everywhere, and
" opinions unanimous in its favour.

" But that which a foreigner ought, at the present
" moment, to set to work to study more particularly,
" is the system of subsoil-draining.   On this point, I
" cannot sufficiently impress upon your nephew the
" importance of making his enquiries and investiga-
" tions as numerous as possible.   He should visit in
" succession the different districts where this system
" has been put into practice on the most extensive
" scale ; and he should endeavour to ascertain the
" effects produced by it in different soils of different
" qualities and of different degrees of fertility.   Sub-
" soil-draining is now vigorously adopted by all in-
" telligent cultivators, with the exception of those
" who have to deal with sandy soils, which are
" already too porous.

" With respect to breeds, your nephew ought in
" the first instance to study the small Southdown
" sheep, which thrive marvellously on the poor pas-
" ture-lands of the south of England.   He should
" then go into Leicestershire, where he will see the

"most celebrated breed of sheep which exists ; and
"into Yorkshire, and the eastern districts, where he
"may study the best breed of cattle—the short-
"horns. With respect to sheep, as well as short-
"horns, he ought to apply to Lord Spencer in the
"first instance, and then go, somewhat as chance
"may direct, among those farmers who pay less
"attention to gaining medals and prizes than to
"making profits.

"I venture, with respect to breeds, to give your
"nephew one piece of advice—viz. to distrust posi-
"tive results, and never to lose sight of the relation
"between the selling price and the cost of produc-
"tion. In addition to this, the circumstances of each
"locality must be considered, with reference to the
"produce which answers the best in it. Every
"breed of animals has an absolute value and a re-
"lative value, dependent upon the resources of the
"locality in which it has been reared. This second
"consideration must not be neglected, if we would
"avoid falling into serious mistakes."

But to return to Cavour in London. It must not
be supposed that the political development of Great
Britain did not at that time offer, as it has always
offered, subjects of deep interest, and that Cavour
remained an indifferent spectator of what was going
on. Even had he been an exclusively practical man,
entirely occupied with the management of his estates,
or with the conduct of future undertakings, whether
financial or manufacturing—had he gone to England
for the sole purpose of increasing his knowledge
upon certain special subjects, he would not the less
have marked the great activity of mind which was

observable in other directions, and brought back with him a general impression, vague perhaps, but certainly profound, of what was passing under his eyes.

"I have not read much," he says in a letter from London addressed to M. Naville, "of the French "papers since my departure from Paris, so that I "have lost sight of French politics. I have, however, "seen with great satisfaction that the duties on sugar "are to be equalised. This decision will, I hope, "have a wider bearing than is attributed to it. "Monopolies stand and fall together. The moment "one privileged branch of industry is sacrificed, a "mortal blow is struck at the whole system of pro- "tection. The manufacturers of home-grown sugar "will become the partisans of freedom of commerce, "and the precedent, once established by the Chamber "of Deputies, will be successfully appealed to on "other occasions.

"The great European question, at the present "moment, is the commercial question. Such, at "least, is the opinion of all thinking men in England. "Notwithstanding the reaction in favour of protec- "tion which has shown itself in several countries, I "have no doubt that the cause of free-trade will "make progress with all enlightened people. In "England, it is already successful with respect to all "persons of intelligence. There is not a man of any "intellect who is not, at bottom, in favour of the "abolition of protective duties. In this respect, no "real difference exists between Sir Robert Peel and "Lord John Russell. Both of them wish to put in "practice the principles of free-trade; but the one "endeavours to carry his object by clever manage-

" ment, while the other would accomplish it by more
" direct and perhaps more violent methods. The real
" Tories are furious. They perceive that Peel is
" deceiving them, and yet they cannot shake off his
" yoke; for he has contrived to disorganise the party,
" and to deprive it of its natural leaders. The Duke
" of Wellington having adopted his commercial policy,
" the Tories dare not rebel. They chafe under the
" restraint, and abuse the ministers in private. The
" Duke of Wellington's death would probably bring
" about a rupture in the Tory party. The thorough-
" going would quarrel with Peel, who would pro-
" bably look for assistance from the moderate Whigs,
" from whom he is separated by imperceptible shades
" of difference.

"I have already made several journeys on railroads.
" What I have seen of them makes me more than
" ever wish to see them established on the continent.
" Distance no longer exists in England. The post
" leaves London twice a day in almost every direc-
" tion. The letters are sorted on the road. Several
" carriages are now required to convey the letters for
" which, a few years ago, one was enough."

Cavour had no opportunity of becoming acquainted
with any of the political leaders, with the exception
of the Marquis of Lansdowne, who received him with
that kindness and cordiality upon which foreigners
have, now for half a century, been in the habit of
relying. Accordingly he did not see, or saw only at
a distance, the principal personages on the parliamentary stage, but he observed very closely that complex
individuality, public opinion, which plays the first
part in the political drama.

A certain cosmopolitan turn of mind, flexibility of character, the habit he had acquired of looking to other countries for lessons of liberty, the sincerity of his liberalism, and his knowledge of political economy, gave him that characteristic union of honesty, intelligence, and simplicity, which distinguishes Cobden.

On the other hand, the *civis romanus sum* found sympathetic chords in the Italian patriot dreaming of the Unity, in other words of the power, of his own country. Thus Cavour's predilection was very manifest for statesmen whose career bore the impress of these two opposite tendencies which were struggling within him. Pitt especially was the object of his unreserved admiration. " In attacking France," he said, " Pitt preserved social order in England, and " kept civilisation in the paths of that regular and " gradual progress which she has followed ever since." " What? did he approve of the war against the French Revolution? " This question describes better than any words he ever uttered the real foundation of his convictions ; and it shows that his thoughts were not dependent upon, and were far above, vulgar prejudices. Next to Pitt, of "vast in- " telligence and powerful mind," it is Canning, " with " large and courageous views," and then Peel, " pru- " dent and skilful," whom he admires and applauds.

These judgments passed by Cavour will be found in two articles, the one on the condition of Ireland, and the other on the abolition of the corn-laws, which he published at a year's interval, after his return from England. It is unnecessary for me to dilate upon the value of these writings. It appears from them that Cavour's political heroes were Pitt and Peel. He sympathises with and esteems the Whigs, but Pitt and Peel excite his enthusiasm. And it is characteristic and worthy of remark that a young man, full of ardour, who had been set aside and was *surveillé* in his own country by the authorities whom he had set at defiance — that an Italian liberal should seek his political heroes in the ranks of the Tories. It is impossible to doubt that he inclined, as a political partisan, towards the Whigs, representing in England, as they did, those opinions which he cherished most. But was Cavour a partisan? "Honest men of every party," was a familiar phrase of his; and it is from "the honest men of "every party" that he expects the triumph of his opinions, and the realisation of that progress which he invokes with so much earnestness. Thus, with Cavour, there was but one party, or rather there was none. Intuitively, almost unconsciously perhaps, he considered party no longer to have any place in the political organisation of modern society. He did not attack parties, he ignored them. How, therefore, should he participate in passions and prejudices which derive their origin from a source that he did not recognise? And if he took his heroes from the Tory ranks, it is not that he sought for them there, but that he found them there.

Cavour shows in these articles that he is essentially a government man, in this sense, that what he cares about are practical results. He admires England's prosperity, the security of the country, the development of the activity, intelligence, and energy of its inhabitants, the onward march of an enlightened administration, the deeds of the great servants of the nation—the thousand fruits borne by a tree which has lived for centuries, and which is kept in life by the spirit of liberty. But the *Institutions* of England are not, in his estimation, objects for praise or criticism; and their only value in his eyes is derived from the manner in which they are turned to practical account. No doubt the instrument appeared to him a good one, but it is on account of the use which is made of it. "Every one knows," he observed, "that "in England the House of Commons exerts a pre- "ponderating influence in the legislature of the "country." And on another occasion he speaks of the representative machine, "so complicated and so "slow." In the two articles I have adverted to, and they contain some sixty pages each, these are nearly the only reflections which are suggested to Cavour by the English Parliamentary system. I am aware that the eulogy of this system consists in the simple recital of such facts as the author describes, and in the considerations he dwells upon; it is the eulogy of a system, the merit of which consists in its being carried on by "a government which is not sensitive, "and which allows itself to be as little influenced by "empty threats, as by the fear of apparently giving "way out of weakness;" by a minister "who has an "instinct for the exigencies of the day;" by a nation, "of which the middle and higher classes, whose "energy is very different from that of similar classes "on the continent, constitute its living force;" by a people, lastly, "who are by no means punctilious, "but who, as soon as an absolute necessity is shown, "know how to sacrifice self-love and vanity, and

" when their real power and the principles of their
" existence are at stake, are the most determined
" people that ever existed, and are capable of
" making the most gigantic and persevering efforts."
A government man, or rather a man of his own times,
comprehending and appreciating the conditions of
modern political power, Cavour took pleasure in
closely observing the public opinion of England, in
sounding it, in analysing it, in seeing it interpreted
" in a rational way," by statesmen, " wise, sagacious,
" and prudent," or appealed to by leaders " bold and
" powerful," who call upon it to follow them, to solve
some important question, to give effect to some great
political or economical truth.

It is evident enough that Cavour did not indulge
in all those theories about the British Constitution
which in a certain school of politics have been the
making of the writers of scientific treatises, and the
marring of practical politicians. In this respect, I
mean in respect of his English tendencies, Cavour
has in reality nothing in common with the Doctrinaires; not that he is less English than they are, far
from it; but that, in his opinion, there is no intrinsic
virtue or real value in forms, independent of the
spirit of the age which applies them, and of the
genius of the nation which assumes them. And, in
England, what he admires is, not the balance of
powers, or the sovereign's veto, or the equilibrium of
parties;—it is England herself.

Cavour's admiration for England did not, however,
degenerate into infatuation. He had a love for
England, and did not conceal it; but his predilection
was founded on reason. It did not blind him, and

K

and on occasions he could be severe. "I know " nothing," he says in one of his letters to me, "more " disgusting than the diatribes of the English news- " papers against the Spanish princesses and Louis " Philippe." And, again, "I do not believe that the " language used on the subject of Cracow is as im- " perious as you have been told. England has never " yet embarked in a war of sentiment; and it is not " for the sake of this wretched remnant of Poland, " which she has never once seriously thought of " restoring, that she will quarrel with Austria and " Prussia." Still further on he says, "I am a great " admirer of the English; I have a sincere sympathy " for them, for I consider them as the advanced " guard of civilisation. Nevertheless, I have not " the slightest confidence in their politics. When I " see them holding out one hand to Metternich, and " with the other pushing on the Ultra-Radicals in " Portugal, Spain, and Greece, I confess I am but " little disposed to believe in their political honesty." This certainly is not the language of a fanatical ad- mirer of England.

No; Cavour's homage was an enlightened homage. His taste, his sympathy, his respect for England, are the taste, sympathy, and respect due by a lover of freedom to a land of freedom. But this was all. His affections lay in another direction. But is it necessary to insist on this? Italy well knows, in the present day, what reliance ought to be placed on these vulgar charges, which converted Camille de Cavour into an Englishman one day and into a Frenchman the next At all events the passages which I have extracted from his writings, and which

I might have multiplied, are sufficient to correct the error of attributing to Cavour any inordinate passion for England. The following are the terms in which he himself sums up his feelings with respect to that country :—

"It must be admitted that public opinion on the "continent is not in general favourable to England. "Extreme parties, opposed in everything else, are "agreed in entertaining a violent hatred for that "country. The moderate party like her in theory ; "but in reality they have no natural sympathy for "her. A few individual men, who rise superior to "the passions of the multitude, and to popular in- "stinct, alone feel that esteem and interest for the "English nation which is due to one of the greatest "nations who has done honour to mankind, who has "powerfully contributed to develope the material and "moral resources of the world, and whose civilising "mission is still far from being ended. The masses "are almost everywhere hostile to her.

"Let it not be supposed that this is the feeling of "France alone. In that country it may be expressed "in louder tones, and in a more lively manner; but "substantially it is common to all European nations. "From St. Petersburg to Madrid, in Germany as in "Italy, the enemies of progress, and the partisans of "political subversion, look upon England as their "most formidable adversary. The former charge her "with being the hotbed of every revolution, the "secure refuge, the citadel, as it were, of propa- "gandists and levellers. The latter, on the contrary, "with more reason perhaps, consider the English aris- "tocracy as the corner-stone of the social edifice of

" Europe ; and as the greatest obstacle in the way of
" their democratic views. The hatred which animates
" extreme parties against England ought to make her
" popular with intermediate parties, with the friends
" of moderate reform, and of the gradual and regular
" progress of mankind ; with those, in a word, who
" are, on principle, equally opposed to sweeping
" changes in society, and to its remaining stationary.
" But this is not so.   The motives which might induce
" them to sympathise with England are met by a host
" of prejudices, recollections, passions, the effect of
" which is almost always irresistible.   I do not pretend
" to condemn all the causes of this ill-feeling ; I
" simply record them."

CHAPTER VII.

CAVOUR AS AN AUTHOR — LETTERS FROM HIM — ARTICLES
ON IRELAND, AND ON THE CORN LAWS — EXTRACTS FROM
THEM — ARTICLES ON ITALIAN RAILWAYS : ON MODEL FARMS
— LETTERS FROM HIM IN 1847.

THUS Camille de Cavour had taken up his pen,
and to some purpose. My father had applied
to him, in 1835, to write for the " Bibliothèque Universelle " of Geneva, of which he was at that time
the editor.

" The request you make in your last letter," says
Cavour in reply, " is too flattering for you to doubt
" my readily and gratefully acceding to it. I only
" fear that the favourable opinion you entertain of
" me, as a relation and a friend, should have blinded
" you in making it. For however large a dose of
" self-love and vanity my be in my composition, I
" quite understand that my place is not among the
" illustrious contributors that you have collected to-
" gether—the Rossis, the Navilles, &c. &c. ; and that
" for one who has never hitherto ventured to write
" for the public, there is some rashness in embarking
" in such an undertaking. Nevertheless, as the work
" is of a kind which will be very useful to me, and
" as I am sure, I do not say of favour from the
" public, but, at least, of your indulgence, I promise

" to place my best faculties and my best endeavours
" at your disposal. If I accept your offer with so
" much intrepidity, it is because I can count upon
" the assistance of my brother, who will join me in
" my labours, and will help me to make the work a
" little more presentable than it would be were I left
" entirely to my own resources. Having given you
" this assurance of my devotion, I must nevertheless
" define the limits within which it can be employed.
" It would be useless to ask me for anything beyond
" those limits. I will tell you in all sincerity what I
" think I can do, and what I cannot even attempt.
" In the first place, do not expect from me any article
" which requires the slightest effort of imagination.
" *La folle du logis* is a lazy jade who is not to be
" stirred up by any efforts of mine. 'Knock as you
" please, there 's nobody at home.' Accordingly, I
" can give you no description of my travels; for, in
" order to introduce some of my remarks and ob-
" servations, it would be necessary to frame a ground-
" work of one kind or another, and in that I should
" never succeed. Believe me when I say, that I have
" never succeeded in inventing even the simplest story
" to amuse my nephew, though I have often tried. I
" must, therefore, restrict myself to subjects of pure
" reasoning; and with respect to them, I ought to tell
" you that there are a vast number that I cannot deal
" with, seeing that my literary education has, in cer-
" tain respects, been singularly neglected. Of moral
" sciences there is but one that I have thoroughly
" studied, and that is political economy; and I am
" much afraid that your bookseller's shelves are al-
" ready encumbered with articles on that subject,

" and if you open your pages to those two rival doc-
" trines which have distinguished representatives at
" Geneva, your fifteen monthly sheets will certainly
" not contain the arguments of a never-ending con-
" troversy.   There is, however, one subject to which
" I have paid particular attention, especially during
" my last journey; namely, the great question of
" pauperism, which I carefully studied in England.
" Before leaving Turin last year, I published, at the
" request of the prime minister, an extract from the
" report of the commissioners appointed by the Eng-
" lish government to enquire into the condition of
" paupers, and to suggest a new law on the subject.
" In London I was in communication with all the
" persons who have made it a special object of study,
" and I still correspond with them.   If you thought
" that a series of articles on this subject could find room
" in your review, you have only to let me know, and
" I will set to work at once to collect the materials I
" possess, and begin a task which has been running
" in my head for a long time.   I am only afraid that
" this subject must already have been taken up for
" your review by the learned M. Naville, who, I
" know, is preparing a great work connected with it.
" Tell me frankly what I am to do; for I have no
" *amour propre* in the matter.   I ought also to ap-
" prise you that I have less time at my disposal than
" you might suppose."

I trust I shall be forgiven for having retained
in the above quotation some passages that have
already been cited; and it may, perhaps, happen
that, owing to my own fault, Cavour may again be
found repeating himself.   That Cavour should repeat

himself, will be readily excused. There are other repetitions which have no such title to indulgence, but are inseparable from a task which has insensibly extended far beyond the limits within which I had intended to confine it. As I can neither avoid the fault nor justify it, I can only confess, and blame myself for it.

I do not know whether the article announced in the above letter made much progress, but, at all events, it was never finished ; and some months after, Camille de Cavour, writing to my father, described the fears and scruples which had prevented him from accomplishing his task. "I am very anxious," he says, "to be able to cooperate with you in your "undertaking, but, in truth, I doubt every day, more "and more, my power to do so. How can I venture "to write on great questions of political economy, "where the logician Cherbuliez and the eloquent Sis- "mondi already occupy the ground? Besides, I must "mention that I have been stopt in my article on "pauperism in England, by the article on legal charity "which I read in the February number of your 'Re- "view.' My views on this important subject differ "in many essential points from those contained in "M. Naville's book, and still more from those of his "panegyrist. If I were to finish my article, I should "be obliged to attack some of the doctrines which "your journal has promulgated; and it would, as it "seems to me, be wrong to enter upon a controversy "which might indispose some of your contributors, "infinitely more useful than myself for the success "of your undertaking. As, therefore, I cannot write "on the subject of the poor, which was familiar to

" me, I will rack my brains to find some other sub-
" ject on which I may be able to employ my pen to
" better advantage."

Unfortunately, as it would seem, he racked his
brains in vain; or, perhaps, I ought to say fortunately,
for he ran the risk of reaping his harvest before it
was ripe, by becoming an author, a theorist, a logician, when the part he had to play in the world
was that of a practical man of thought and action.
Be this as it may, at a later period in 1843, soon
after his return from London and Paris, Cavour,
anxious to find some relaxation from the painful
thoughts which oppressed him, sought for it in his
pen. It was to my father, at this period, that he
wrote as follows: —

" As I found I had some spare time on my hands,
" I allowed myself to be carried away by the indigna-
" tion with which I had read all the absurdities which
" every journal of every shade of opinion and of
" every country are daily pouring forth with respect
" to Ireland; and I set to work to write an article
" on this subject, which was intended for you. Un-
" fortunately, I did not calculate beforehand all the
" ramifications of my subject. Instead of an article,
" I find I have written a little volume — and now I
" am almost ashamed of it, and, above all, troubled
" by it; for I must re-cast it, and I do not know
" how to reduce it within such dimensions as may
" answer your purpose. Besides, so much has been
" written on Ireland—on its history, its present state,
" and its future destiny — that the public cannot but
" be thoroughly sick of all that is published relating
" to it. My opinions on Ireland are opposed to

" those current on the continent. I believe they will
" displease everyone, with the exception of some few
" reasonable beings.   I am in favour of the union at
" all hazards — for the sake of Ireland in the first
" place, and of England in the second ; and also for
" the sake of future civilisation, material as well as
" intellectual.   The grounds on which I object to
" O'Connell's projects must be as displeasing to the
" one party, as my opinion with respect to the occa-
" sion which has been given for such projects will be
" to the other.   I am, therefore, a good deal dis-
" satisfied with my article, and ready to lay it aside,
" unless you will consent to receive it, on the con-
" dition of correcting it in such a way as to make
" it as little unpalatable as possible to your readers.
" If you have sufficient devotion to undertake so
" difficult an operation, I will have it fair copied and
" sent to you ; but this cannot be done for nearly
" three weeks.   I shall wait for a categorical answer,
" before I go on with my work.

    " If I leave Ireland alone, I will try an article on
" M. de Châteauvieux's work.   I only regret that it
" should not be entrusted to abler hands ; for there
" is much to be said both upon M. de Châteauvieux
" and upon his book, which, read consecutively, has
" produced a much more favourable impression upon
" me than that which I experienced when I read it
" in proof.   There is a great deal of good in him, and
" he furnishes a text for much more that is good.
" To bring this discussion to a close, and to come to
" the point, I have only to say that I leave it to you
" altogether to decide these two questions.

    " 1st. Do you think that a very long, very pe-

" dantic, and very tedious article on Ireland can find
" a place sooner or later in the ' Bibliothèque Uni-
" verselle ? '

" 2nd. The article on Ireland being accepted, will
" it suit you better that I should begin with that on
" Châteauvieux ? If so, give me an answer at once,
" and I will let O'Connell and Peel sleep in peace
" for a fortnight, while I turn my attention exclu-
" sively to the turnips and beetroot of France, for
" the description of which Châteauvieux has relied
" on his imagination. I await your answer with
" folded arms."

The result of the answer, which was not long
in coming, was an article on M. de Châteauvieux's
book. I shall not stop to inquire into the intrinsic
merit of that article, in which Cavour entered upon
a subject so familiar with him, or into its importance
as being the production of his pen on its first trial ;
since I have already, in considering Cavour's agricultural operations, pointed out the tendency of the
article in question. " I am delighted," says Cavour,
" that the article on Châteauvieux has met with
" your approval and given satisfaction to his family.
" I had almost finished an article on Ireland two
" months ago, and, if you had not given me the one
" on Châteauvieux to do, I should have sent it long
" since. For several reasons, however, I hesitate now.
" The first of these reasons is, that I have been
" frightened by your convincing me how very exact-
" ing intelligent readers are likely to be. As you
" seem to expect from me a complete and accurate
" solution of the very complicated and difficult pro-
" blems of Irish politics, I have been shocked at not

" being able to discover anything very new on the
" subject, or very certain, except in so far as the pre-
" sent state of things is concerned. In the next place,
" I have been reading in the ' Journal des Débats ' a
" series of articles, in which the Irish question is
" treated in the same spirit as that which prompted
" my own article. It is true that I entered more
" fully into the question — my principal object being
" to prove that the repeal of the union would be just
" as little for the advantage of Ireland as for that of
" England, unless it were thought desirable that there
" should be a revolution ; but the conclusions I ar-
" rived at were the same as those of the writer in
" the ' Débats.' Events seem to me to have con-
" firmed my anticipations. The conduct of O'Con-
" nell evidently shows that his audacity is in direct
" proportion to the patience of his adversaries. If—
" as I do not doubt — all his promises and all his
" boastings end in nothing, the part he is playing will
" become in some degree ridiculous.

" In spite of these substantial reasons for not send-
" ing you an article on Ireland, I will see, on my
" return to Turin " (Cavour is writing from Léri),
" if I can manage so to remodel it as to prevent its
" being an irksome repetition of what others have
" already expressed better than myself. . . ."

And three weeks later : " I am still in uncertainty
" about the article on Ireland. I am afraid of re-
" peating what has already been said. Events suc-
" ceed each other rapidly ; and when one is at a
" distance from the theatre on which they occur, it is
" easy to make prophecies which have already been
" contradicted by facts. According to my view,

" O'Connell's fate is sealed. On the first vigorous
" demonstration of his opponents, he has drawn
" back; from that moment he has ceased to be
" dangerous.

"The agitation in favour of the abolition of the
" corn laws is no less interesting than that of the Irish
" Catholics. I consider it as one of the most import-
" ant events of the nineteenth century, as bearing
" upon the future destinies of mankind. Protective
" laws in favour of the agricultural produce of Eng-
" land are the key-stone of the mercantile system.
" On the day on which England freely admits articles
" of primary consumption, as well as those which
" feed its manufacturing industry, the cause of free
" trade throughout the world will have been virtu-
" ally gained. It will then march forward with giant
" steps; and a generation will not have passed away
" before it has triumphed over those obstacles which
" now seem insurmountable. I have collected a
" great many documents on this question, and I
" look forward to making use of them in an article
" which I shall offer to you in the course of the
" winter."

" *Quantum mutatus ab illo.*" What a change
from the time when Cavour had neither leisure
nor power to write. He chooses his subject, sees all
its bearings, knows how he can best treat it, and
never deviates from it. Notwithstanding the flexibility of his nature, his various capabilities, and the
diversity of his views, Cavour was, more than any
other human being in the world, all of one piece;
preserving his complete identity in every part which
he had to fill—the same man in everything that

he said, did, or thought. He was no rounder of
periods, no polisher of style. He was as little of a
fine writer as he was, at a later period, of an accomplished orator. But he takes his pen, which at once
becomes a faithful and docile instrument in his
hands — as it will always be in the hands of a man
of knowledge, memory, and intelligence. As he will
hereafter, when called upon to speak before an assembly, be eloquent at the very outset; so now at
the very outset he is a good writer, if good writing
consists in expressing in lively and correct language,
and with perfect clearness and method, ideas which
show the full extent, precision, and vigour of the
mind.

I will not attempt to give any complete analysis
of these two essays, which may fairly be considered
as Cavour's introduction into public life; in this sense
at least, that by them he showed his exact measure as
a politician. Their general tendency has been sufficiently explained in the letters which referred to
them. Both began with an historical summary. In
the first essay, the struggles, the misfortunes, the
prostration, and the awakening of Ireland are, in a
few pages, vigorously and temperately described. In
the second, the first beginnings of political economy,
the backward march of the great majority of governments, and the struggles of the science against ignorance, prejudice, and self-interest, form the subject
of a lucid and animated narrative. After recapitulating the past, he describes contemporaneous events:
O'Connell calling for the repeal of the union, in the
name of a people fanaticised by oppression, and
roused by his exciting appeals; Cobden, the in-

défatigable leader of a powerful league— powerful from its numbers, wealth, and perseverance —assisted by an agitation which he has created but which he at the same time controls, knocking at the doors of that parliament which remains deaf to his appeals. Such is the state of things. Upon two different stages the game is to be played out. What is to be its solution?

It is the accuracy with which Cavour in both cases predicts the solution, which shows his powers of penetration better than can be done by any process of reasoning. And these predictions, which events subsequently confirmed in minute particulars, are not made by him in the character of a prophet, giving utterance at haphazard to oracles which chance might bring about; but in his character of a politician; whose anticipations are based upon the investigation of public opinion and of the interests concerned, upon the manners, exigencies, and antecedents of the nation in the midst of which the struggle is going on, upon a sagacious view of the character of statesmen, upon a knowledge of the spirit of the age, as well as upon the never-failing laws which actuate mankind. Those are the considerations upon which Cavour relies when he declares that the agitation of O'Connell is destined to bear no fruit, and that that of the League is certain to triumph.

It is well known that, last year, Queen Victoria, on her visit to Ireland, was everywhere greeted with enthusiasm by that very population which twenty years before would not patiently submit to her authority. It is equally well known that the enthusiasm was owing to the resources and prosperity of the country having fortunately been developed by the radical change which had taken place in the laws with respect to the transfer and sale of landed property, and to a series of conciliatory measures adopted by the British Government. Now this is what Cavour wrote in 1843 : —

" If the laws did not throw impediments in the " way of the transfer of property, that change would " take place more rapidly than one is led to sup- " pose. . . . The legal forms which at present " must be gone through in order to effect the sale and " division of landed property ought to be simplified. " These are, no doubt, serious steps for Englishmen " to take, who look upon such measures as revolu- " tionary. . . . Nevertheless, I believe I may " safely affirm that, even with respect to legal reforms, " Ireland has more to hope for from the British " parliament than from an exclusively national " parliament." And further on towards the conclu- sion of the same article, he says : — " What Sir " Robert Peel did for Canada, he will do for Ireland. " After having conquered Canada by force of arms " he was ready to conciliate her with large conces- " sions. In the same way, if he should succeed in " gaining a legal victory over O'Connell, or if he " should be obliged to resort to physical force in " order to repress attempts of still more flagrant " violence, he will not the less endeavour to satisfy " all such demands, on the part of the Irish, as " he believes to be compatible with the interests " of Great Britain."

In his article on the abolition of the duties on corn in England, I select the following passages : —

" We are thoroughly convinced that Sir Robert
" Peel takes the same view of commercial questions
" as Lord John Russell.

" Notwithstanding the momentary success of the
" expedients to which Peel has had recourse, we are
" satisfied that he does not deceive himself as to the
" serious nature of the dangers which threaten Eng-
" lish manufacturing industry, and that he has made
" up his mind to persevere, session after session, in
" the work of reform which he has begun. The pre-
" sent session will afford evidence of our assertion."

This was a singularly bold prediction ; when one
remembers that, a short time after, the great measure by which it was verified astonished England,
and was a thunder-clap to that party who denounced
Peel as a traitor.

" If this be so, we may be permitted to predict
" the reform, within a very short period, of the
" corn laws, and consequently the removal of those
" protective barriers which for so long a time have
" hemmed in the agricultural and manufacturing
" industry of Great Britain. The time is not far off
" when England will afford the first example of a
" powerful nation possessing laws for the regulation
" of foreign commerce in perfect accordance with
" the principles of science. , . . ."

" The commercial revolution which is about to
" be accomplished in England, independently of its
" moral effect, will have a powerful influence upon
" the economical condition of the Continent. In
" opening the richest market in the world to articles
" of food, it will encourage the development of their
" production,— the principal object of agriculture,

L

" which of all pursuits is the most important. The
" necessity of making provision for the regular
" demands of the foreigner will stimulate the exer-
" tions of the agricultural classes, will double their
" resources, and awaken them out of their normal
" state of apathy. When foreign trade once becomes
" an essential element of prosperity to the agri-
" cultural classes, those classes will be naturally dis-
" posed to make common cause with the partisans
" of liberal economical principles. The producers of
" the first articles of consumption will then play the
" same part, with respect to protected manufactures,
" that the manufacturing classes in England are now
" playing with respect to landed proprietors and
" colonial planters.

" The cause of truth, enforced by so mány sup-
" porters, will be established with much less difficulty
" on the Continent and in America, because it will
" nowhere meet with obstacles comparable to those
" which the landed and colonial aristocracy have
" been enabled to interpose in Great Britain."

I will not indulge in further quotations, the only
object of which was to show clearly the perspicacity
of Cavour, and to bring to light the wholly political
character of that perspicacity. That which in truth
characterises a real statesman, is precision and accuracy in his views and judgments ; the faculty of
perceiving all the points involved in the matter
under consideration, and of discovering in them the
germs of certain infallible consequences. To arrive at
general views and pronounce summary judgments,
with justifiable or at least plausible assurance, it is
often quite enough to be intelligent and sensible,

and a man of the world. But that which makes a statesman a distinguished one is, that while his mind is dealing with facts, it also embraces details, and includes the most remote consequences, as well as immediate results.

Cavour did not commit himself beforehand; he had no instinctive distrust of theory on the one hand, nor any preconceived contempt for facts on the other. "I am," he said, "an honest *juste-milieu*;" that is to say, I do not merely keep at a prudent distance from extreme opinions struggling for victory, but I place myself in the centre of them, as it were, in order to extract from them what appears to me to be capable of useful application, and what is not only true, but what can be immediately realised. I avoid making sound principles responsible for the extravagance of some of their consequences. I believe that no progress can be permanent or is really desirable unless it is accompanied with moderation.

Cavour's reasoning was remarkable in this respect, that although always close, it stopped in time. His tendency was to avoid exaggeration, and not to push his conclusions to their extreme limits; and this tendency is very observable in two passages which are to be found in his articles on Ireland and on the League, and which I cannot refrain from quoting.

The first of these passages relates to those members of the Irish Parliament who, having been bought by Pitt, voted for the Union : — "Such treacherous re- " presentatives deserve contempt." " But," continues Cavour, "is it right to pass a similar sentence upon " the ministers who purchased these corrupt men? " I should not hesitate to do so if it were not that, by

" a most deplorable error. public opinion in times
" past, and even in our own, has in some sort sanc-
" tioned in governments the practice of a morality
" different from that which is admired in private
" life : if it had not in all times, treated with exces-
" sive lenity all immoral conduct by which great
" political results have been obtained. If Pitt's cha-
" racter is to be tarnished for having had recourse,
" on a large scale, to parliamentary corruption, the
" greatest monarchs in former times must be treated
" with equal severity — Louis XIV., Joseph II.,
" Frederick the Great, who, in order to attain their
" ends, outraged the incontestable principles of
" morality and humanity in a much more flagrant
" manner than the illustrious statesman who effected
" the consolidation of the kingdom by the union
" of Great Britain and Ireland."

The following is the second of these passages, full
of meaning, when coming from the pen of one who
had studied political economy so thoroughly as he
had done.

" We do not pretend to assert that political economy
" either can, or ought to, aspire to regulate ulti-
" mately the movements of the political world. The
" principles it proclaims, the facts it attests, the truths
" it brings to light, are necessary elements in the con-
" sideration of every problem connected with social
" order, but they are not the only elements nor the
" most important ones. There are others of an in-
" finitely higher order, which in coming to our
" solutions are far more entitled to be considered.
" Political economy, as a science, relates exclusively
" to the production of wealth, and to the means by

" which it is distributed. But wealth is not the only
" object which mankind in its social capacity ought
" to search after ; it is not the sole actuating principle
" of nations, and the acquisition of it does not con-
" stitute the special duty of a government. Society
" has been established by man, not merely for the
" purpose of satisfying his physical wants, and of
" increasing the amount of his enjoyments by the
" accumulation of the products of industry, but also,
" and more especially, for the purpose of developing
" and bringing to perfection his moral and intel-
" lectual faculties. Political economy is not entitled,
" therefore, to assume to itself any absolute dominion
" in this lower world. It ought only to occupy the
" second place, and be, as it were, the younger sister
" of those arts and sciences which determine the
" laws upon which the development, the intelligence,
" and the morality of nations depend."

Having once taken up his pen, Cavour was in no
hurry to lay it down. I do not, however, intend to
dwell upon the several publications of which he was
the author. The chief of these were an article on
" Railways in Italy," published in the " Revue Nou-
velle ; " an essay, in Italian, on the influence of the
commercial reforms of England upon Italy ; and
another article, also in Italian, upon " Model Farms."
It is to be observed that the subjects of these different
writings were always directed to some specific object, and they were at the same time highly political.
This is another proof of the practical character of
Cavour's mind which made him the man of his day.

The article on " Model Farms " is an ingenious and
just satire on such establishments, which are always

expensive, and generally useless. Camille de Cavour was too intelligent and too experienced an agriculturist not to see the radical faults of a system which, while pretending to teach a particular trade, pays no attention to its most essential element, viz. the net return, the real profit.

The article in which Camille de Cavour described the effect which the commercial reforms initiated by the British Parliament were likely to have upon the development of the resources of Italy, was eloquent and conclusive. The article appeared in two numbers of the "Anthologie," which was a liberal review, as much so, at least, as the times would allow, and was conducted by Predari. Its bold views, new to a great number of readers, promulgated with as much lucidity as force, produced a profound sensation, and did not fail to create violent opposition and acrimonious hostility among those whose prejudices were shocked, or whose interests were at stake. Predari mentions that, during the interval between the publication of the first part and of the second, Cavour was made the butt of such virulent attacks that it became necessary for him to withdraw his article, lest, as he said, its unpopularity should do mischief to the doctrines he wished to propagate.

It seemed, however, as if Cavour himself had foreseen the obstacles he would have to encounter, for in a letter to M. Naville, speaking of the lowering of certain duties, he says, "all enlightened persons "are in its favour; but who knows whether they will "soon succeed in triumphing over prejudices, and "personal interests, which are opposed to every "reform the object of which is the general good!"

The article on railroads in Italy is so political, that, to say truth, it is little else. The merits of the projected lines are, no doubt, discussed in it; but, even in these passages, the political considerations over-ride the technical ones; the ultimate consequences of the establishment of the railway system form the basis of the article, and are altogether of a political nature. To regenerate a people " morally " as well as materially;" "to triumph over conservative " tendencies, which retain them in a fatal state of " industrial and political infancy;" to put an end to " divisions and rivalries between different sections " of the great Italian family;" "to bring together " populations hitherto strangers to each other;" "to " extinguish petty municipal passions, the offspring of " ignorance and prejudice, already undermined by the " exertions of all enlightened men in Italy;" "to effect " the union so essential between the different members " of the Italian family, in order that the country may " be placed in a position to take advantage of every " political circumstance favourable to its emancipation " from foreign domination;" to effect the conquest of " Italian independence — that supreme good which " Italy can only attain by the re-union of all her " children," and by the combined effort of every living " force in the country—that is to say, by national " princes, frankly supported by every party." Such are the principal results to the destinies of Italy which Cavour attributes to the introduction of the locomotive.

It was in the same spirit that Cavour expressed himself a year later: " I do not write to you about " politics," he says in one of his letters to me, "although " we are in a state of great agitation here. The papal

" reforms have raised our spirits, and the brutal acts
" of Austria have intensified our hatred against the
" foreigner.   This agitation is, as I think, very fortu-
" nate. It recalls the Italian nation to life, and
" cements the links which unite the national govern-
" ments with the people. Hitherto all goes well. If
" our princes are prudent and clever, firm and con-
" ciliatory, the work of our political regeneration
" will be accomplished without internal convulsion."

These lines are taken from a letter written in
1847. During that period Cavour was either at
Leri, surrounded by his farmers, and carrying on
operations which alone were sufficient to overtax the
energy of any other man but himself ; or he was at
Turin, superintending the manufactory of chemical
products, which was a creation of his own, or an
establishment of mills, or the railroad, of which he
was one of the projectors, or the operations of the
bank ; or he was at the club, discussing, between two
whist tables, the questions which were gathering on
every side of the political horizon ; or, again, he was
in his own study, committing to paper some of the
thoughts which were germinating in his fertile intellect. In addition to all this he was the clever
and popular man of the world, having friends in
London, at Paris, at Florence, at Turin, in Switzerland
— almost everywhere, in short, except at Vienna.
And, lastly, he had his enemies on all sides.

And, all this time, Camille de Cavour is nothing
more than " the obscure citizen of Piedmont ;" but
on his broad forehead is glowing, in letters of fire,
the motto formerly emblazoned on the standard of
the great Condé's regiment : " *Splendiscam, da
materiam !*"

CHAPTER VIII.

THE RISORGIMENTO—EXCITEMENT AT GENOA—CAVOUR'S DE-
MAND FOR A CONSTITUTION—LETTER TO THE KING—INCREAS-
ING AGITATION—THE KING GRANTS A CONSTITUTION—CAVOUR
A DEPUTY—THE WAR—HIS SPEECHES—LOSES HIS SEAT—
GIOBERTI PRIME MINISTER IS SUCCEEDED BY RATAZZI—CAVOUR
RE-ELECTED—ECCLESIASTICAL BILL—SANTA ROSA'S DEATH—
CAVOUR MINISTER.

TOWARDS the end of 1847 Cavour, in conjunction with Balbo, Santa Rosa, and some others,
established a newspaper, called the "Risorgimento."
At that time the restrictions under which the Piedmontese press laboured had, in theory, undergone
no change. The laws which inexorably prohibited
the introduction into the country of even the "Journal
des Débats" still subsisted. The only change was in
the disposition, or rather in the situation of those in
authority ; for under the pressure of circumstances
which it is unnecessary to recapitulate, the most
important of which was the election of Pius IX.
to the Pontifical chair, the Sardinian government
had arrived at one of those periods when the strict
enforcement of the law becomes so manifestly impossible, as to appear almost illegal.

Without abolishing the censorship, Charles Albert
had, in fact, entrusted that office to men who could

but suited to a people whose political education is in its infancy, which pervades all Cavour's
articles. Such, no doubt, is not the tone of articles
which are popular with us. In the "Times" we
greatly prefer the heavy blows of its massive club,
in the "Débats" the airy flight of its winged and
pointed shafts, to any well-reasoned disputation on
principles and doctrines. But Cavour had to provide for readers other than those who, in the
"Débats," seek for intellectual enjoyment, or, in the
"Times," for a solace to their passions; or, rather, he
had not to provide for, but he had to instruct and
enlighten a public hitherto kept in ignorance, but
desirous to learn, anxious to understand, and who
were in earnest. He had to establish as axioms in
their minds the principles which form the basis of
political liberty, to point out how that liberty should
be applied, and what are its most obvious consequences. He performed this ungrateful task conscien-
tiously, and with the capacity of one who seemed to
have specially prepared himself for it by the soundness and variety of his acquirements. Cavour's
articles, read in the present day, would probably,
with some few exceptions, not be considered very
attractive; but they did not the less contribute to
develope the political spirit of Piedmont, and they
thus struck the right chord, at the right moment.

In truth, the development of the political spirit
of Piedmont in the first place, and that of Italy in
the next, constitutes one half of Cavour's work,
and explains the rest. At first, his task, as I
have already said, was difficult and ungrateful. To
repress the revolutionary spirit and to foster true

political wisdom and moderation, and thereby to create a public spirit at once manly and sagacious; to transform a people, so skilful in losing its way in the intricacies of its own cunning devices, and hot-headed even to madness, into a sober, energetic, persevering people, was an arduous undertaking, and was certain to give rise to severe conflicts. That struggle Cavour began, and maintained almost single-handed, against the rest of the world; and before the country would rally round his banner (a banner too red in the estimation of some, too white in that of others), his foresight had twice to be confirmed by events—his fears had to be verified at Novara, and his hopes at Magenta. Then, no doubt, acquitted of the charge of pusillanimity on the one hand, and imprudence on the other, he was destined at once to become the recognised head and sole representative of a nation which he had, in great part, made after his own image. The political career of Cavour was to be marked, not so much by brilliant flashes illuminating his path, as by the character which he impressed upon the manners and sentiments of the nation. Most men who have acquired celebrity in conducting important affairs have been contented to turn to account the instincts and passions of the day, such being the instruments ready at hand. Cavour fashioned instruments for himself, and before changing the course of events he changed the current of ideas, and in their very essence still more than in their direction. Animated by an indefatigable perseverance that nothing could daunt, he had to struggle on, by means of the press, by discussion, by government, and always by political liberty, to train to the severe laws of liberty a population whose temperament was apparently as little compatible with moderation devoid of weakness, as it was with firmness devoid of violence. It was thus that, hereafter, that phrase of Louis Napoleon in the Milan proclamation was to be justified which was one day to find an echo throughout the world, and for which Cavour was then preparing the way— "Citizens of a free country." And as to himself, "the obscure Piedmontese citizen," he was to become less Piedmontese—was to quit his obscurity; but was always to remain citizen. From the Milan proclamation, let us now turn to the editorship of the "Risorgimento." It is high time, perhaps, to do so.

Towards the end of 1847, the agitation in Italy was extreme. The joy with which the reforms of Pius IX. had been hailed gave way to a more belligerent enthusiasm, and one which was singularly exacting. The very popularity the Holy Father enjoyed tended to become incompatible with his dignity, before it became incompatible with his power. One of those critical moments was at hand when the cry of "Long live one person," means "Down with another;" and the cry of "Long live Pius IX.," raised in Genoa, and throughout Italy, was interpreted in the month of December 1847 as meaning "Down with the Jesuits." The population of Genoa is known to be excitable; and the great excitement there was not long in creating popular disturbances, of no great importance indeed, but which ended in a deputation setting off for Turin, with the object of inducing the King to expel the Jesuits, and at the same time to establish an armed National Guard.

·· These events produced a great sensation, which reacted upon the liberal party at Turin ; and at the request of the Genoese, who claimed assistance, a meeting was called to consider what should be done. This meeting, which included representatives of every shade of opinion, took place at the Hotel de l'Europe, under the presidency of the Marquis Roberto d'Azeglio, brother of Massimo d'Azeglio, who was. himself very popular, but a man of benevolent views rather than of any decided political opinions. As soon as the discussion began, it was proposed that the meeting should support, simply and purely, the Genoese petition. This suggestion seemed to meet with general approval, when Camille de Cavour rose to oppose it, and to substitute, in place of the resolution the terms of which were already under discussion, a motion apparently far bolder, but in reality less hazardous. "Of what use," he exclaimed, "are reforms " which have nothing definite, and lead to nothing? " Where is the good of asking for that which, whether " granted or not, equally disturbs the State, and " weakens the moral authority of the government. " Since the government can no longer be maintained " on its former basis, let us ask for a constitution, and " substitute for that basis another more conformable " to the spirit of the times, and to the progress of " civilisation. Let us do this before it is too late, " and before the authority which keeps society to- " gether is dissolved by popular clamour."

This unexpected amendment, expressed in clear language, was at first coldly received. Some thought that it would weaken, others that it would strengthen monarchical principles. Nevertheless, advocated by

Balbo, Santa Rosa, and the Right centre of the meeting, and feebly supported, rather than openly opposed,
by the Left, it was adopted; and General — then
Colonel — Durando drew up a petition to the King,
in accordance with Cavour's views, and an address to
the Genoese, " assuring them of the very strenuous
support of the Sub-Alpine population; reminding
them that, with foreigners at their door, union between the throne and the people was more than ever
necessary; and calling upon them to set energeti-
cally to work, in order to check the effervescence of
the people." The discussion was about to close,
when Valerio, Sineo, and several other citizens, no-
torious for the violence of their democratical opinions,
made their appearance, and declared that they would
give every opposition to the resolution which had
been already voted. Valerio urged that " Cavour's
proposition was ill-timed." He asserted that, " in asking for a constitution, the meeting went far beyond
the wishes of the people; that they ran the risk of
indisposing the King to the demands of the Genoese,
and of bringing about those very troubles they
wished to prevent; that it was very impolitic to
complicate matters; that expelling the Jesuits, and
arming the country, would be sufficient to reassure
men's minds; and that, in addition to this, the meeting had been convened for a special object, which
even a majority of the meeting were not competent
to alter."

Valerio abstained from publicly proclaiming his
real motives for objecting to Cavour's proposal, but
to his friends he said: " What is this constitution to
be, which they want us to ask for? — Some English

constitution, with an electoral body — perhaps with a House of Lords — and all the paraphernalia of an aristocracy. Why, don't you know my Lord Camille? — the greatest reactionist in the kingdom; the greatest enemy of the revolution; an Anglomane of the purest breed. Besides, however liberal the constitution might be, it would not only be useless at the present time, but mischievous; it would impose a limit upon our rights and upon our progress; it would change the centre of action; it would stifle the hopes, and impede the onward march of the revolution."

While Valerio's public language found favour with the more moderate, or rather the more timid members of the Right, who were glad of the opportunity of finding a pretext for abandoning the course into which they had been urged by Cavour, the Left, rebuked by their leaders, rallied around them, and rejected the proposal they had just adopted. Brofferio alone persisted in supporting it; " he would always support," he said, " the proposal which went farthest; and, whatever Valerio might assert, to ask for a constitution was much more than to ask for the expulsion of the Jesuits." Cavour, as a matter of course, replied; but he saw at once that his suggestion, whatever might be its fate at the meeting, had lost its value. The unanimous vote of the liberal party was not more than enough to produce any real effect upon the King; and the moment the vote became that of a fraction only of the party, their demands would be at once discredited, and powerless. Cavour's reply was followed by a violent discussion, in the midst of which the meeting, which

M

threatened to end in uproar, broke up, none of the proposals submitted to it having been adopted.

This meeting gave rise to a thousand contradictory rumours; and the report of the stormy discussions in which it ended reached the King's ears in an exaggerated and distorted form. Cavour, in particular, was described as having indulged in the most seditious language. Being thus charged and calumniated, he drew up, in concert with the editors of the "Anthologie," the "Messager," and the "Opinione," Predari, Brofferio, and Durando, an exact account of the circumstances which had been misrepresented. At Turin, the publication of the statement was stopped by the censorship; and it was then sent to the Roman and Tuscan journals, where it appeared. A copy of it was at the same time forwarded to the King, accompanied by a very dignified and respectful letter, signed by Cavour and his colleagues. This letter, and the document to which the King's attention was called, reached their destination by the post, that being the only medium of communication to which the subscribers, having themselves no access to the palace, could resort. The papers were read by the King, and it is said that he expressed himself well satisfied with them. Thus ended in Cavour's defeat an episode which does him honour, and which deserves to be recorded as the first step, and the key-note, as it were, of his political career. It also shows plainly enough the line adopted by the government, as well as that adopted by the revolutionary party. Up to that time, these two powers had been the bitterest enemies; and Cavour was about to devote his life to the task of endeavouring to calm down this antagonism, to change its nature, and to reconcile the one party to the other. At this first conflict, he at once took up his position, which he maintained to the last. It was the position of one who stands by governments, who does not shrink from taking the initiative, and whose views are decided and well defined.

A month later, Cavour's wishes were carried into effect. Charles Albert, having been warned by events, the urgency of which became every day more apparent, advised by enlightened ministers, and influenced especially by the example of Pius IX., made up his mind to proclaim a liberal constitution throughout his dominions. He did not come to this decision without a long and painful struggle; not that he regretted any diminution in his own power, the weight of which was an embarrassment to a man of so vacillating a mind, and so timid a conscience; but he had bound himself by some mysterious oath to Austria, or to the "Congregation" (though upon the latter point historians, who admit the main fact, are not agreed), and he could not alter the fundamental laws of the kingdom without breaking his word. It is said that it was by the exhortations of the Bishop of Argennes (who, being the head of the Church, was, in Charles Albert's eyes, a guide for a Christian monarch to follow) that the scruples of this unfortunate prince were shaken and at length finally overcome.

On the evening of the 6th of February, after a long interview with two of his ministers, the Marquis Alfieri and Count Revel, who considered that the safety of the monarchy, to which they were both equally devoted, depended upon large and immediate concessions to public opinion, Charles Albert retired to his closet.   Being alone, and a prey to violent agitation, he passed a sleepless night, walking up and down in a state of cruel perplexity.   In the morning he became more calm, and went to his chapel, where he heard mass, and received the Sacraments of Penance and of the Eucharist.   Immediately afterwards he sent for all his ministers to the palace, and for a few other persons of consideration who enjoyed his confidence ; among them the Count Latour, the *Procureur-Général*, and the Counts Pralormo and Gallina.

The King opened this solemn meeting, presided over by himself, with a speech which began by recapitulating the civil, administrative, and economical reforms which, during his reign, he had introduced into the government of the country.   He showed that, in consequence of the progress thus made, it became necessary that the political organisation of the kingdom should be changed, and that this change was called for by the people from one extremity of Italy to the other.   He added, that he could not hesitate to yield to the authority of liberal opinions. consecrated, as they were, by the benedictions of the Holy Father; and that he had accordingly assembled his ministers and advisers, that he might have recourse to their enlightened assistance, and even submit to their directions ; " for," he said, at the conclusion of his speech, " I promise to confirm whatever decision this conference may come to ; whatever measures it may deem fitting ; whatever laws it may suggest; reserving only to myself one right, that of maintaining the Catholic religion as the religion of the State—and one principle, that of preserving the hereditary monarchy, vested in my family." The discussion which ensued was very animated; and, as we are told, everyone present expressed his opinion, and some spoke several times. The majority were strongly in favour of the decision come to by Charles Albert, and did not fail to adduce good reasons in support of it; while the minority, feeling the ground slipping from under them, opposed it with all the violence natural to the advocates of a lost cause. The confidential secretary of the King— M. Castagneto—particularly distinguished himself by the virulence which he displayed to the very end, in opposition to the wise suggestion of his royal master. On the other hand, Count Latour, generally regarded as one of the hottest opponents of liberal principles, cordially approved of it.

At four o'clock the conference, which had been sitting since nine in the morning, broke up; and on the following day, the 8th of February, 1848, a royal notice in the official "Gazette" announced the determination of the sovereign to grant a constitution, the chief principles of which were at the same time indicated. This notice preceded by scarcely one fortnight the final promulgation of the *Statuto*, which is to the present day the charter of Italy.

The important duty of drawing up the electoral law was confided to a special commission, presided over by Balbo, and of which Cavour was called upon to form a part. All that is known of their labours and deliberations is the result; but as the result was in exact conformity with the suggestions of a series of articles on the electoral question which had

appeared in the "Risorgimento," we may be allowed
to attribute it, in great part at least, to Cavour, who
was the author of those articles. Dealing with a
large and complicated subject, with a view to the
immediate introduction of a practical measure, Cavour enters into a multitude of details which bring
to light his great good sense. Taken as a whole, his
views may be summed up under two principal heads
— he is against universal suffrage ; and in favour
of a multiplicity of electoral colleges. It is scarcely
necessary to add, that he considers the publicity of
the sittings of parliament, and the liberty of the
press, as indispensable corollaries of any real system
of representation.

The first practical application of the law, which
was his own work, was not favourable to himself ;
for he failed in his election for Turin, where he had
been put up as a candidate. His defeat was the natural consequence of the tone adopted and maintained
by him in the "Risorgimento" since its commence-
ment — a tone which had laid him open to the
suspicions of the democratical party, without ren-
dering him less odious to the reactionists. His
conflict with Valerio at the Hotel de l'Europe tended
especially to lessen his rising popularity ; and the
moderation of his language on foreign affairs, and
his views on the electoral question, were not calculated to strengthen it. He soon, however, made
up for this defeat. At a second meeting of the
electoral colleges of Turin, convoked in consequence
of a vacancy occasioned by a double election, he
triumphed over the coalition formed against him,
and was elected.

I have said that his tone on foreign affairs was temperate ; but this should be understood as comparative. It is well known that in Italy the foreigner means Austria; and we must bear in mind how violent the popular feeling was against Austria, towards the end of 1847 and at the beginning of 1848. Even if Cavour had not shared that feeling, even if it had not been made apparent, by his writings and his conduct in life, that no one had a greater thirst for the independence of his country than himself, he would not the less have joined in the outcry which burst from every quarter ; for he was too politic not to give due weight to a movement which no human words could have arrested, which could only be increased by opposition, and which might be kept within reasonable bounds. Under the conviction that the internal organisation of the country ought to precede all external action, he considered that the tranquil development of the new institutions was the first object to be attained. It was upon this point that all the energies of the country ought to be made to bear, and, once accomplished, it secured that independence which the regular action of a free people could alone conquer and keep. It was important, therefore, to form such a people, or rather to protect it in its infancy from the perils which surrounded it. The most threatening of these was the intoxication, the chimerical views, and the insane confidence indulged in at the first moment; and it was this danger which Cavour endeavoured to counteract. But he had hardly entered upon his arduous task, when the revolution of February suddenly put an end to it. It was no longer a question whether

he should take part with the insurrections, which
were already blazing throughout the whole of Europe.
On hearing the news of the rising at Milan, thousands
of Piedmontese volunteers hurried off to Lombardy;
and war had already broken out between Sardinia
and Austria when at Turin they were still deli-
berating.   Hesitation was then out of the question
— it was not even possible.   An appeal to arms
appeared in the "Risorgimento."   It was an appeal
without bravado, solemn, and decisive.   "The life or
" death of the Sardinian monarchy," exclaims Cavour,
" is at stake.   The hour has struck which decides
" the fortunes of empires and the destiny of nations."
And in conclusion, he says: " If we had only 5,000
" men, they ought at once to hasten to Milan."

Cavour assumed an independent position in Parliament, as he had done in the press.   Nevertheless,
he supported Balbo's government — urging it on,
rather than attacking it, on those occasions when the
administration seemed to him to go wrong from want
of decision and of courage to take the initiative.
He made allowance for the difficulties with which
they had to contend, and was careful not to increase
them.   From the first, he was listened to ; although
terse language and logical precision are not the qualities which usually find favour with inexperienced
assemblies.   When Ratazzi raised the question respecting the provisional administration of Lombardy,
which led to Balbo's resignation, Cavour spoke and
voted with the minority in favour of the Cabinet.
At that time, other cares apart from politics oppressed him.   The eldest of his nephews, then in
his twentieth year, had fallen at Goito.   " The loss

"we have sustained," he says in a letter to his cousin, Mdme. Revilliod de Sellon, "is immense. It "is a bitter one for me especially, who looked to "Auguste for the revival of my own feelings and "opinions, in a more brilliant and energetic form. "You knew him intimately last year, and could ap-"preciate him. Nothing low or commonplace ever "entered his mind. Death has taken him from us "just at the moment when he was realising all our "expectations, and when he was showing the world "the greatness and nobleness of his character. . . . "Auguste saw his end approaching with the greatest "calmness. The chaplain of the Guards, an admirable "priest, attended him to the last. He died, with a "smile on his lips, as a soldier and a Christian. This "is no doubt the finest and most enviable of deaths; "but it is terrible for those who survive. . . . I "am about to leave for Santena, where the body "is to arrive to-night, that I may be present at the "funeral ceremony, which will be the last before "the grave closes for ever over the remains of our "dear boy."

Influenced by patriotism, and following the dictates of his own heart, Auguste bequeathed to his uncle a tolerably large fortune, which had come to him from his mother and grandmother; but Camille de Cavour refused this last testimony of confidence and affection; and of all that had belonged to his nephew, he retained only his coat riddled with balls. This he hung up in his room in a glass case, and to the last day of his life he never looked at its glorious rents without a feeling of tender emotion.

After the battle of Custozza, Cavour was one of

the first to enrol himself among the volunteers
who offered their services to the King. But their
devotion was rendered unavailing by the armistice
of Milan. . He was not, therefore, called upon to
draw his sword in defence of the territory ; and it
was on an arena other than the field of battle that
he was destined to serve his country. On the conclusion of the war, the chief interest passed from the
camp to the legislature. Hitherto the debates had
very naturally much less occupied men's minds than
military movements, upon which the fate of Italy
depended. The first political result of the truce, or
rather of the events which led to it, was the retire-
ment of the transitory government of Casati, which
had been formed after the victory of the Left over
Balbo, and which had now to make way for a stronger
and more competent ministry, and one that was less
compromised. The leaders of this new ministry,
Alfieri, Revel, and Pinelli, evinced, under circumstances full of danger, a degree of patriotism and
energy for which history will give them due credit.
Without allowing themselves to be disturbed either
by the complaints of a defeated army, which was
inclined to attribute its reverses to the operation of
political liberty, or by the clamours of the masses,
ready to look upon order as tyranny and tyranny
as treason, these ministers stood by the constitution,
and thus became the real founders of the constitutional party. In accomplishing this honourable task,
they found in Camille de Cavour an indefatigable
and incomparable coadjutor. " Cavour," says Gioberti, " laboured with incredible ardour to confer a
character for ability on men who were notoriously

incompetent." It is unnecessary to point out the injustice of this prejudiced judgment, which cannot injure those who, during six months, made every effort to preserve their country from the hands of Gioberti and his friends. But, with respect to Cavour, the words I have quoted have some weight as coming from an opponent, and afford evidence of the influence acquired by one who is thus designated as the protector of statesmen as eminent in character as they were in ability and intelligence.

The state of affairs, as I have said, was full of peril. The Lombards crowded into Turin, imbued for the most part with the violent feelings natural to emigrants. The revolutionary party complained of the distrust with which they were treated; blamed themselves for having dealt too leniently with the authorities, insisted upon more vigour in the conduct of affairs, and found a sympathetic response from the masses, who were irritated by a disaster they had not anticipated. That party itself, at once national and cosmopolitan, strong in Italy, owing to its patriotic ardour, sincere though mistaken, saw its ranks every day recruited with malcontents, with exiles, with men suffering under defeat, with anarchists, who from every corner of Europe hastened to Turin. The King, weighed down by vicissitudes too much for the strength of one whose energy did not equal his ambition—disheartened, isolated, ready to submit to any misfortune after that which had just occurred —left it to his ministers, who by the force of circumstances were devoid of all power and popularity, to re-establish, through the medium of a Parliament without experience or credit, the authority of a government which had been shaken to its foundation. Perhaps no ministry ever encountered, under less favourable auspices, so unavoidable and desperate a struggle with the spirit of revolution.

Cavour, however, did not give way to despair. By his speeches and writings, by his personal influence and active measures, he struggled on step by step—not against the mere spirit of revolution, which eluded his grasp, but as a man of practical sound sense—against the destructive measures and acts of systematic violence of a party who prided themselves in being revolutionists. Besides being strong in popular sympathy, this party was represented in the Chamber by men of undoubted political ability. Brofferio, notwithstanding his violence; Gioberti, notwithstanding his illusions, and the somewhat sibylline pomposity of his language, could not be considered as despicable adversaries; but of all the leaders of the opposition, the most formidable was Ratazzi, who, insinuating in manner, skilful in debate, inexhaustible in resource, was endowed with all the genius of a parliamentary tactician, and in political discussion maintained the character which had insured his success at the bar. The Left applauded Brofferio, adored Gioberti, but obeyed Ratazzi.

The first speech in which Cavour's superiority was felt was on the occasion of a loan proposed by Count Revel. The discussion to which this loan gave rise was of a kind to bring forth some of the best oratorical qualities of a man to whom financial questions were as familiar as they were little understood by the rest of the assembly. The facility with which Cavour dealt with figures, the varied nature of his arguments, the clearness of his language, created a deep sensation, and placed him at once in the foremost rank of political speakers.

This speech, which showed his talent for finance and political economy, was soon followed by speeches —some of them prepared, others uttered on the spur of the moment, some on special subjects, others embracing general views of domestic and foreign policy — which proved that he was a statesman. But he was perfecting his political education in a favourable school ; for during those times of excitement and intoxication, in the midst of the confusion of systems, and of the general disturbance of men's minds, Cavour was compelled to call forth all the firmness of his character while he defended the true principles of political economy, of government, and of social institutions. He had not only to struggle against a party impatient of contradiction, but against the incessant attacks of an unscrupulous press, singling him out to the indignation of the public who were admitted to the sittings of the Chamber, and whose interruptions and insults he had, on many occasions, to endure.

In speaking of a graduated tax, proposed by a member of the opposition — "This law," he said, " is contrary to the principles of the *Statuto*." (Cries of dissent, and hisses in the gallery.) " I shall not " be disturbed by these cries ; for what I believe to " be true I shall say, notwithstanding hisses and tu- " mult." (The cries redoubled.) "Those who interrupt " me do me no insult, but they insult the Chamber ; " the insult which is intended for me is shared by

" all my colleagues." On one occasion, when the
government opposed a declaration of immediate war
against Austria, the vociferations of the gallery interrupted all the speakers in favour of ministers,
while their opponents were as vociferously cheered.
At the height of the storm, Cavour, who had spoken
warmly in favour of the policy of the government,
rose and rebuked the President "for not having the
" courage to enforce that respect which was due to
" the Chamber " (tumult in the gallery), " for," said
he, " liberty is at an end when applause is permitted
" to those only—(interruption and renewed cries)—I
" openly declare, to those who are endeavouring to in-
" timidate us."—(Fresh and long-continued interruption.) In a debate provoked by Brofferio, who had
taken to task and violently attacked the National
Guard of Turin, Cavour, on being interrupted, declared that he would not resume his speech until
the President, in the performance of his duty, had
cleared the galleries.

The following day, November 16, 1848 (the date
is important), he published in the "Risorgimento,"
under the title of "Revolutionary Measures," a speech
remarkable for its good sense and vigour, in which,
after describing the spirit of revolution, and giving
a short summary of the state of Europe, he ends
with a passage which has acquired celebrity :—" One
" moment longer, and we shall see, as a last result of
" these revolutionary proceedings, Louis Napoleon on
" the throne of France." It was only three years
later that Thiers gave utterance to his prophecy.

Cavour never shrank from the fight, as long as he
remained in the Chamber ; but, at the general elec-

tion which took place in January 1849, he was not
re-elected. He was replaced by Pansoya, a man of
action, whose actions, however, have not rendered
him very illustrious. Simultaneously with Cavour's
defeat, the policy, in defence of which he had un-
hesitatingly, and, as it then seemed, irrevocably sacrificed his popularity, fell to the ground. Gioberti's
government came in, a revolutionary Chamber was
returned ; and thus ended the unequal struggle which
a small knot of enlightened and conscientious men
had maintained. It was a struggle in which great
courage had been shown, for it was in opposition
both to popular passion and to the King, who, being
from weakness of character favourable to violent
measures, which he looked to rather as a means of
deliverance from his difficulties than as conducing
to the good of the country, was impatient to bring
matters to a crisis.

Nevertheless, Gioberti was hardly in power before
he saw the necessity of following the path traced out
by his predecessors. He had the courage to take that
course which only a few days before he had treated
with contempt ; but he stood alone, and was abandoned by his adherents, who overwhelmed him with
the bitterest invectives when they perceived that,
instead of declaring war against Austria, he proposed
by a Piedmontese intervention to re-establish order,
and to set up the deposed governments of the Pontifical States and of Tuscany. Not being a member
of the Chamber, it was not in Cavour's power to
defend, in the Chamber, the man who had most
contributed to exclude him from it ; but his pen was
still at his disposal, and he employed it vigorously

and unreservedly in supporting Gioberti, without a word of bitterness, or any allusion to the past. " In " politics," he said to me one day, " there is nothing so " absurd as bearing malice ; " and, perhaps, he never more largely practised self-denial, which he looked upon as a political virtue, than on this occasion. At the same time, it must be admitted that to employ the Piedmontese army in restoring Italian princes who, a few months later, were certain to be restored by the foreigner, was the conception of a great mind. Piedmont would have placed these princes under an obligation, and would have made them faithful allies of a people who would have had the right, and would have been in a position to insist upon the maintenance of liberty. Piedmont would thus have regained its prestige and increased its power, and would at the same time have reconstituted Italy. Vanquished with the ministry of Alfieri and Revel, Cavour was again vanquished with Gioberti, who could not withstand the opposition created by himself. On the evening of his fall, Gioberti went to the office of the " Risorgimento," and, finding Cavour there, said to him, with much emotion, " I was well aware that I could rely on you."

Gioberti was succeeded by Ratazzi, a man moderate in opposition, pliable in his opinions, and singularly able ; who was condemned to take office in the then desperate state of affairs, which were in a great degree attributable to himself.

His punishment was prompt and terrible ; for he had practically to carry into effect the policy by which he had governed his party, to lend his name to a set of demagogues, to witness the termination of a short-sighted government by an untoward expedition ; and to leave behind him no durable trace of his brief career, except the remembrance of a disaster which still weighs upon him, and which brought the Sardinian monarchy to the verge of destruction.

But there were two men destined to raise Piedmont from the cruel extremity to which she had been reduced by the battle of Novara ; they were, the young King and Massimo d'Azeglio. The first act of the young King was to take an oath of fidelity to the Statuto, and honestly to enter upon the path which was to make his reign illustrious. It is difficult to conceive how much courage, firmness, and good faith were required to resist the urgent solicitations of a victorious enemy, and at the same time to refuse to listen to the disinterested, sincere, and plausible representations of trustworthy counsellors and companions in arms, who looked upon this calamitous defeat as the natural consequence and final extinction of a Constitution which they associated with all the evils endured during the past year. One may venture to believe that, in no case, would the King have been found wanting ; and there is nothing to indicate any hesitation on his part. But one cannot forget that there happened to be a man near him worthy to act as his guide, and the only one, perhaps, capable of saving the monarchy. Painter, poet, political author, man of the world, valiant soldier — an artist by taste and profession ; liberal in heart and intellect ; endowed, if not with all the solid qualities of genius, at least with all its fascinating attributes — Massimo d'Azeglio was the champion of Italy. Any other

N

man would have shrunk from the heavy task he was
eager to accept.   To govern a country in a state of
anarchy and general prostration ; to accept the
inheritance of two disastrous wars ; to accede to
the hard conditions of a peace looked upon as
ignominious by exasperated parties ; to redeem a
ruined nation at the price of its own humiliation ; to
expose to certain hatred and calumny a reputation,
the splendour and popularity of which had never
been dimmed by the slightest cloud—this was an
undertaking which would never have been ventured
upon by one who was either timid or ambitious.
Without a moment's hesitation Massimo d'Azeglio
devoted to this task his fame, his faculties, and his
strength — the last of which had been impaired by
a wound received at the siege of Vicenza.

One of his first acts was to dissolve the Chamber,
which, it was well known, was determined, in spite of
what had occurred, to drag the country still further
into revolutionary courses, which could only lead to
anarchy.   But the nation, irritated no less than dis-
mayed at the defeat of Novara, returned members
who were just as exaggerated as their predecessors,
and whose first step was to refuse the ratification of
the treaty of peace with Austria.   It was a most
embarrassing position for Azeglio, whose word and
signature were irrevocably pledged to an arrangement
which had saved Piedmont from immediate invasion ;
and who had, at the same time, to maintain inviolate
the principles of the new constitutional system.

After temporising for a time, he dissolved the new
Chamber, which had rendered all government impossible.   This second appeal to the constituencies

was successful, and a salutary reaction took place in public opinion, as was shown by the return of an assembly, in which the Left were in a minority, and on the benches of which Cavour, at the head of the majority, took his seat as representative for Turin. This place he continued to represent until his death.

Cavour, I have said, sat at the head of the majority. Although excluded from the Chamber during six months, he had greatly risen in public estimation He had gained far more in solid consideration by his exclusion than he had lost in temporary popularity; and the struggle he had been carrying on in the press had kept him before the public eye. The fortunate change that had taken place in public opinion, and the result of the second elections, were, in great part, attributable to the " Risorgimento," which, from the outset, had been the enthusiastic champion of Massimo d'Azeglio. On the other hand, Cavour having, throughout a violent and prolonged crisis, cordially cooperated with all the friends of monarchy, whoever they might be, in defending the first principles of social order, now found himself, by the force of circumstances, enlisted in a very hetero-geneous army, in whose ranks, as soon as the chief enemy was vanquished, divisions were sure to arise.

Almost immediately, a small section of the Right, deriving importance from the peculiar position of affairs rather than from any personal influence of their own, and making little or no concealment of their attachment to the arbitrary *régime* of former days, placed themselves, as far as decency would allow, in direct opposition to the Statuto. Another important group of sincere liberals, deeply hostile to this extreme party in all that related to civil matters, but sympathising with them in all that concerned the Church, wavered between their religious sympathies and fears, on the one hand, and their political convictions on the other ; which latter united them to the Right Centre, with Cavour for their chief. These two parties were not distinguishable during the first period of the military, administrative, and financial reorganisation of the country ; and they supported the government in common. It is true that Cavour's speeches in favour of the government were, in tone, argument, and intention, very different from those of Balbo and Revel ; for he endeavoured to urge the ministers forward, while they were anxious to keep them back. Accordingly, as early as towards the end of 1849, and the beginning of 1850, Cavour, in the Chamber and in the columns of the " Risorgimento," had taken an active part against certain measures of the Right, the object of which was to restrict the licence, while in reality they interfered with the freedom, of the press. In a word, the relations which had at first been so intimate between the two sections of the Right, became every day more difficult and conflicting.

The good understanding, which had been maintained between them with great difficulty, suddenly ceased, never to be restored, when in March 1850, Azeglio, at the instigation of Cavour, laid hands upon certain privileges of the clergy, and proposed the suppression of the ecclesiastical tribunals. This measure, on the refusal of M. Demargharita, who retired from the Cabinet, was brought forward by M. Siccardi, who acquired by it European celebrity.

Without directly attacking the principle of the measure, the Right, under the leadership of Balbo and Revel, insisted, as a preliminary step, that an understanding should be come to with Rome, in order that the objections to its illegal and aggressive character might be removed. The answer to this was that an understanding with Rome, who was determined to understand nothing, was simply impossible. Throughout the discussion Cavour took the lead, and, in a comprehensive and luminous speech, not only thoroughly exhausted the perilous and complicated question of the relation between Church and State, but he also pointed out with great clearness how the Statuto ought to be interpreted and immediately carried into effect, unless it were to remain a dead letter, and that one of the numerous results to which it led was the abolition of the ecclesiastical tribunals. "If," he added, "the Statuto is not made to bear "those fruits of liberty which it ought to produce, "it will fall into discredit, and it will destroy the "credit of the monarchy by losing its own." These words contain the germ of all Cavour's future policy; and they also form the distinction between his policy and that of Balbo, when the latter declared that he was "for the Statuto, neither more nor less." Two different doctrines had thus been announced: the one, that the charter was liberty; the other, that it was the principle of liberty, the truth and value of which was to be found in its numerous applications.

Cavour's speech produced a considerable effect. It was in the best style of an orator; it was complete in itself, shrinking from none of the difficulties, giving their solution with perspicuity, dexterous, with nothing abstract in it or declamatory, and not wounding the feelings of opponents. Assertion was followed by proofs; the principles laid down were not clothed in that dogmatic language which has always an air of arrogance. " The Church cannot, " in a community governed on principles of liberty, " preserve the privileges to which it was entitled in " a state of society in which privilege constituted " law." This is the basis of his argument; privilege is the ancient fact, which, however much it may be regretted, can never be restored; liberty is the modern fact, which everyone is bound to acknow- ledge, and to which the Church itself must bend, and in doing so will acquire greater freedom, more authority and more real power than it can ever gain by fruitless resistance. The principle of a free church in a free state is thus clearly indicated; and under the measured tone of the speech may be discovered the firmness of purpose of its author—the *fortiter in re* under the *suaviter in modo*. The *non possumus* of the State is the inflexible but respectful reply to the *non possumus* of the Church. The reply is prompt, direct, and to the point. To those politicians with whom all measures of reform are inopportune as long as they are not insisted upon by public opinion, Cavour's reply is the true one. " It is to " the season of political tranquillity that the real " statesman looks for the accomplishment of useful " measures of reform."

The effect of his speech was, as I have said, very great; and it was decisive. It was in reality the speech of the ministry, which not only carried the vote, but gained a moral victory. " From that moment," as a writer observes, "Cavour might have asked himself the same question which, on a similar occasion, Lord Eldon asked, Why am I not in the government?" I do not know that he did ask that question, but he could have had no difficulty in answering it, if I may judge from the following, passage, taken from a letter to my father at that period. "The situation of my country is too serious, " and the position in which I am placed too difficult, " to make it possible for me to absent myself from " Piedmont. My career will probably soon come to " an end. In times like ours, a politician is soon " worn out; I am half worn out already; before " long I shall be so altogether."

At the beginning of the month of August, one of the members of the Azeglio Cabinet — not one of the most influential, but one whose character and name made him very popular, a man beloved even by his opponents, moderate and conciliatory — Santa Rosa, fell seriously ill. The report soon spread that his physicians had given up all hope of saving him. This news excited not only a feeling of general sadness, but it was accompanied by another cause for agitation. It was understood that in the house before which anxious crowds were assembled, a great struggle was going on between the conscience of the dying man and the authorities of the Church. It was said that the Archbishop of Turin had given orders that the last sacraments should not be administered to M. Santa Rosa, unless he solemnly retracted and disavowed the part he had taken as minister in the affair of the ecclesiastical tribunals. It was well known that he had resolutely refused to betray his political convictions, but as hour by hour his bodily strength was giving way, would he be able to bear up against the tears of his family, and the repeated exhortations of the Church? Messengers, negotiators between the dying man and the Church, priests were continually making their way through the silent and indignant crowd. Suddenly a whisper passed from mouth to mouth that he was dead and had not retracted. The people heard it in silence; and then passing forward to the episcopal palace, gave utterance to their pent-up feelings in loud cries of indignation, which found an echo throughout the country.

The natural result of the death of Santa Rosa was to force the government into a struggle from which they wished to recede, and which they made every effort to moderate. In the Parliament the supporters of the Right Centre acquired fresh strength and fresh adherents, the more moderate members of the Right losing, for a time at least, all credit and all influence. At length a unanimous expression of public opinion, vehement and irresistible, at the same time that it called upon the Chamber for a policy of greater vigour, demanded from the Cabinet a practical reply to the aggression of the Church, by naming Cavour, who was looked upon as the principal author of the law on ecclesiastical tribunals, as Santa Rosa's successor. Yielding to the general desire, and, indeed, glad to do so, Azeglio offered the vacant office of Minister of Agriculture, of Commerce, and of the Navy to Cavour, who accepted it. It is said that when his nomination was laid before the King in council for his approval and signature, Victor

Emmanuel observed with a smile, "I am quite ready to approve; but mark my words, he will take every one of your offices into his own hands,"—a saying, the letter as well as the spirit of which was afterwards verified; for there was not one government department, with the exception of that of Justice, which Cavour was not destined to fill.

One day at Paris at a meeting of the Political Economy Society, Lord Lansdowne observed in reference to a speech which [?] had just made: "These are very fine principles for such as are knocking at the doors of office; but the doors once open and the threshold passed, they are principles which are thrown out of the window." "Speak for yourself," retorted Cavour, with warmth; "as for me, I give you " my word of honour, that if it should ever be my " fate to be minister, I will make my principles " triumph or I will resign."

The promise was religiously kept; and when Cavour was minister, he established a financial system in strict accordance with the doctrines he had ever maintained. To stimulate production, to facilitate commercial transactions, to throw open the ports, by such means to increase the national wealth, and place the country in a condition to support, without sinking, the heavy charges of a war policy, such were the objects Cavour had in view, and which he in a great measure attained. In furtherance of these objects he abolished or lowered the duties on raw materials, and articles of primary consumption, making the taxes as little burdensome as possible to the producer. At the same time, he endeavoured to improve and develope the means of communication. In addition to direct support and encouragement, he applied to national productions the spur of foreign competition, and concluded treaties of commerce with Sweden, Denmark, Belgium, France, and even Austria, whose markets were thrown open to the products of Piedmontese industry.

In the eyes of the orthodox, treaties of commerce are heresies, and the economical reputation even of Mr. Cobden is considered, by such purists, to have been somewhat tarnished by his treaty with France. But Cavour's faith was as enlightened as it was sincere. In political economy, as in other matters, he

was for *works* rather than *faith*, for practice, in pre-
ference to theory. His system was to bring into
practical operation doctrines imperfectly understood,
and not very palatable either within or without the
walls of the Chambers. Instead of endeavouring
to force them violently and suddenly upon public
opinion, regardless of the opposition to which they
would probably give rise, Cavour represented his
proposals as being in the nature of arrangements of
reciprocal concession; and introducing them one by
one, gradually insinuated them into the commercial
legislation of the country, who were brought round
to free trade, partly by force and partly by inclination, and became professed converts before they
were thoroughly convinced.

In spite, however, of every precaution, Cavour
could not carry on his economical reforms in Piedmont without having to encounter contests which
were among the longest, the most numerous, and
severe of any to which his public life was exposed.
More than one of these treaties of commerce, all of
which bear evidence of indefatigable vigilance, skill,
and patriotic devotion, were attacked by vested
interests, and made use of against him for party
purposes. They became the text-book for endless
charges, and the grossest calumnies. " One day he
is selling the country to France; another day to
England." "The agriculture and industry of the
country are being sacrificed by turns to his personal
ambition; the good-will and moral support of foreign
governments are not the only price he receives in
return; he is making his private fortune out of the
general ruin, and is enriching himself by stipula-

tions which will reduce his country to poverty!"
All these rumours, the vilest of which were circulated
by the press throughout the country, while others,
scarcely less dishonest, found an echo even within
the walls of parliament, produced no effect upon
Cavour, and did not divert him from his course.
He was as inflexible in all that affected the substance of a question, as he was indifferent to outward
observances.

" These fictions," he exclaimed, in the course of
the discussion on the treaty with France, " have
" not shaken my convictions or lessened my courage.
" I know that when a man enters on public life in
" such difficult times as the present, he must be pre-
" pared for the greatest disappointments. I am pre-
" pared for them. Even if I had to renounce all the
" friends of my youth, even though the most inti-
" mate among them were to be turned into bitter
" enemies, I should, nevertheless, not shrink from
" doing my duty. I never will abandon the prin-
" ciples of liberty to which I have devoted my life,
" and to which I have ever been faithful."

" We can only," he wrote to my father in 1851,
" hope to get out of our difficulties by putting an
" end to all abuses. The task I have undertaken
" is arduous and painful; but it is my duty not to
" shrink from difficulties or vexation as long as the
" good of the country is at stake." And in 1854 :
" We have to contend not only with the financial
" consequences of a European war, but with cholera
" and famine, or, to speak more correctly, with the
" high price of corn. This latter subject occupies
" my attention in the highest degree; for it is one

" which may occasion the greatest embarrassment
" to the government. The harvest throughout the
" states has been generally good, especially for wheat
" and chestnuts; but as we do not produce enough
" in Piedmont to feed the 800,000 inhabitants of
" Liguria, we are obliged to have recourse to foreign
" supplies, the high price of which reacts upon
" that of our own produce. The consumers are
" anxious and discontented at seeing the price of
" wheat rise after a good harvest. There is an out-
" cry against speculators, who, however, do not exist
" — for there has been no speculation this year;
" exportation is complained of; and the extreme
" parties, and the clergy above all, endeavour
" to turn these untoward circumstances to account,
" for the purpose of exciting the ignorant masses
" against the government, and particularly against
" myself, who have the honour of being the special
" object of their antipathy.

" I have quite made up my mind not to yield one
" hair's breadth to these clamours, but to maintain
" intact the principles of free trade which I have
" established in parliament. It is very important,
" however, that I should know what are likely to
" be the requirements of Switzerland, in order that
" I may be able to estimate approximatively the
" probable amount of our exportations. You will
" render me a great service in obtaining some infor-
" mation for me—

" 1. As to the result of the crops in the district of
" the Lake of Geneva.

" 2. As to present prices, and their probable
" tendency.

" 3. As to the quantity of foreign wheat which
" the population of the said district will require.

" B——— sends me the 'Mercuriales,' but I have
" not much faith in these official documents."

Closely connected with commercial questions, and
with them directly dependent upon questions of
general policy, finance was a constant subject of
Cavour's attention ; for it was of the greatest importance that the credit of the country, on which
he would have to make frequent demands, should
be extended and firmly established. In considering
Cavour's financial policy as a whole, one at once
perceives in it two different tendencies : the one, that
of increasing the revenue with reference to the ordinary expenditure of the country ; and the other,
that of increasing the expenditure without reference
to the revenue. But it also consists of two distinct
periods : the one going up to the time of the Crimean
war, which was marked by prudence, and aimed at
equalising income and expenditure ; the other, com-
mencing from the day when 20,000 Piedmontese
soldiers embarked for Sebastopol, when it changed
its character, and no longer bore the same marks of
circumspection. The latter was the period of great
public works, of subsidies, of armaments, of loans, of
open preparations for that great work, in support of
which Piedmont had staked her whole fortune.

Whatever may be the opinion entertained of his
general political plans viewed as a whole, it must be
admitted that the design and execution of each
measure, taken separately, show sagacity, perseverance, activity, diligence—in a word, genius. Cavour
was familiar with the money markets of Europe,

with the resources at their disposal, with the rivalries, usages, peculiarities of each; and knew that, at a certain moment, and with a certain object in view, a particular loan would be more favourably received in London, for instance, than at Paris. He makes the first overtures, he enters into direct communication, conducts the matter to its conclusion, does not spare himself the trouble of personal interviews, of correspondence or explanations; not leaving the care of details to subordinate agents, but deciding himself the smallest points, and thus showing how thoroughly he is master of the subject.

Entrusted with the administration of the navy, which was a branch of the first office he held, and knowing at the outset little more about it than what he had formerly learnt, when he was in garrison at Genoa, Cavour applied himself to the subject with his usual quickness and penetration. He was not long in making himself master of that special knowledge, so necessary for one aiming at being something more than a minister who merely signs his name to other men's work; and it was indispensable in preparing and bringing together the elements of Italy's future greatness, since one of the most essential of them could not safely be neglected. Of all the departments administered by Cavour—and he administered all successively—there was none, I believe, which had greater attraction for him than that of the navy. One day he conceived the idea of making La Spezia the military port of the kingdom; and he pointed out how easily this project might be executed, and how great its advantages would be. Some one remarked that La Spezia, situated upon a narrow strip of land, at the extremity of the Piedmontese territory, was too excentric a spot; a smile from Cavour was his only reply.

I have said that Cavour soon governed the cabinet of Azeglio, whose character, without being indolent, inclined towards "insouciance;" whose ambition, devoid of selfishness, required to be stimulated by the prospect of danger; and who, being but imperfectly cured of his wound, and tired of power, saw his successor's influence gaining ground without any feeling of bitterness. Not that the government had changed its policy since Cavour had joined it. It was still engaged in the slow and difficult task of reconciling the provisions of the Statuto with the rights of the Church; and had entered into the interminable path of negotiation with Rome, which, receiving encouragement from Turin, obstinately refused all concessions. A law in favour of civil marriages was introduced, and then withdrawn. Questions of religious liberty, which was one of the principles of the charter, were raised in the courts of law; and more than one of those against whom judgment had been given owed their freedom to the intervention of Cavour. The *coup d'état* also, of December 2, was calculated to hasten a reaction in Piedmont.

Some time after the *coup d'état*, the government took occasion to propose a change in the laws on the press. This change consisted in abolishing trial by jury in cases of offences committed against foreign governments and crowned heads, and transferring the jurisdiction to the ordinary tribunals. It was attacked in the Chamber by the Right, who thought the new

o

law insufficient, and by the Left, who looked upon it as an unworthy concession. Cavour defended it in a very frank and able speech, addressed rather to the sympathies of the Left, than calculated to satisfy the Right, who were surprised at the warmth with which, in relation to all domestic matters, he maintained the unrestricted liberty of the press, and with that liberty every other.

The language of Cavour, and the courteous reply of Ratazzi, showed, singularly enough, that a measure of restriction was to be the means of uniting the Right centre and the Left centre, or, at all events, their leaders. The agitation and distrust of the Right did not diminish when the alliance which they had dreaded was publicly proclaimed. Pinelli, the President of the Chamber, having died, he was succeeded by Ratazzi, whose nomination to the chair, openly proposed and vigorously supported by Cavour, nearly failed in consequence of the still lively recollections of Novara. The agitation in the Chamber was very great. Murmurs, complaints, and threats issued from the Right centre. Even in the cabinet, a minority — of whom, however, Azeglio was not one — loudly blamed Cavour, and charged him with having compromised the government. This led to its dissolution, and Azeglio was entrusted with forming another. Cavour declined joining the new cabinet; and, availing himself of an opportunity which he foresaw would not be of long duration, set off for Paris and London, where his reputation as a statesman, already great, was not diminished by his personal intercourse with the most distinguished men of those cities.

On his way back to Turin, Cavour spent some weeks at Geneva, talking of men and things with that freedom which was natural to him, and which he preserved to the end of his life. He was at that time in high spirits, and full of projects, proud of the reception he had met with everywhere, and full of confidence in the destinies of his country. Once only I observed his countenance grow dark; it was when some one, with reference to the outrage committed in London on Marshal Haynau, justly designated it as odious before Cavour, who, pale, and with a voice trembling with indignation, retorted, "The draymen of London have given a lesson " to Europe." At that time, however, although very desirous to conciliate the good will of France, Cavour evidently inclined, from reason, from principle, and in some sort from affection, more towards England; and, in fact, an alliance with England was about to become the turning point of his foreign policy. This tendency of his mind, which his opponents treated as Anglomania, produced a marked influence upon his conversation, when it became animated and serious.

On arriving at Turin, towards the middle of October, 1852, after three months' absence, Cavour was sent for by the King, upon the advice of Azeglio, who had decided upon retiring; and he was charged with the formation of a new ministry. The negotiations with Rome were exactly at the same point at which they were two years before, and constituted the great difficulty; and it was a difficulty which, in Azeglio's opinion, Cavour alone was capable of surmounting.

Cavour found the King in great perplexity, shrinking from a rupture with the Church, afraid of public opinion, which was believed to be favourable to the clergy, and, in a word, disposed to come to terms with them, and bring matters to a conclusion. Accordingly, Cavour had an interview with Charvaz, the Archbishop of Genoa, a prelate known for his moderation. The result of this interview was that, on the main question, Rome would never come to terms; that nothing was to be expected from a change of government, if that change were not followed by the withdrawal of the laws relating to the Church; finally, the Pope would be glad to see Count Balbo placed at the head of affairs, as affording some indication that Piedmont was returning to a better state of feeling.

After this conversation, Cavour told the King that he must resolve either to break with Rome, or send for Balbo. The King sent for Balbo, who accepted the task of forming a cabinet, upon condition that he obtained the assistance of Count Revel. In a letter to my uncle of October 29, 1852, Cavour says: "I could " not come to an understanding with the King; and " I return to Léri. M. de Balbo is entrusted with " forming the ministry. The *curés* of Savoy will re- " joice. But I doubt their joy being of long duration, " for the irritation against the clergy is greater than " ever. I am convinced of the King's good faith. " Priestly cunning has led him astray. He is mistaken " as to the state of the country. When his eyes have " been opened by facts, he will send the clerical party " to the d—l."

The rejoicing of the *curés* of Savoy was not destined to be of long duration. The efforts of Balbo to form a ministry failed in consequence of the repeated refusal of Count Revel to join it. The Marquis Alfieri also declined to take office. The King, tired of these abortive negotiations, and anxious to terminate a ministerial crisis the prolongation of which agitated the country and disturbed public confidence, came back to Cavour, and gave him full power to break with Rome, and form an administration. This was immediately accomplished. Paleocapa became Minister of Public Works, Dabormida of Foreign Affairs, San Martino of the Interior, Buoncompagni of Justice, Lamarmora of War, and Cavour was Minister of Finance, and President of the Council. From this time, with the exception of the short period after the peace of Villafranca, Cavour continued to fill the post of first minister till the moment of his death.

CHAPTER X.

COMPOSITION OF THE CAVOUR CABINET — RATAZZI BECOMES A
MEMBER OF IT — NEW ELECTIONS — MAJORITY FOR CAVOUR —
DISTURBANCES AT TURIN — ECCLESIASTICAL LAW — CAVOUR
VIOLENTLY ATTACKED — EXTRACTS FROM LETTERS — CAVOUR'S
HABITS IN PRIVATE AND PUBLIC LIFE — HIS ZEAL IN FAVOUR
OF RELIGIOUS LIBERTY.

ALL the members of the new administration, with
the exception of two, had formed part of the
preceding cabinet. Their experience, therefore, was a
guarantee for good government; while their intrinsic
merit as politicians reassured those whom Cavour's
boldness would have alarmed, if they had not known
that it would be kept in check. Cavour's choice had
been determined by the confidence he felt, publicly
and privately, in his former colleagues; and also by a
sincere desire to form a ministry capable of giving
him real support, and of which he was to be the
chief rather than the master. Some of the persons
he had applied to, Lamarmora especially, and others
in a lesser degree, were, from personal influence
and consideration, in a position to give to the policy
for which they were making themselves responsible an amount of assistance the more efficient from
its being independent. Cavour had also, perhaps
unconsciously, been guided by that instinct which
led him to be afraid of sweeping measures and

needless collisions; which induced him to mitigate
the effect of any sudden change, and, to use his own
expression, " *ne jamais rompre la chaine.*" Cavour's
cabinet had evidently the advantage of being so
constituted as not to be likely to break the chain;
but it had as evidently the disadvantage of not including any of the members of the Left, whose support was, however, indispensable to it. This incon-
venience was less, however, than it appeared, because
Cavour was far more necessary to the Left, than the
Left was necessary to him; and in forming his
ministry independently of the Left, he avoided treating with them on equal terms, and thus afforded
evidence of the strength of his own position, which
increased accordingly. When, a few months later,
Buoncompagni, wishing to retire, was replaced by
Ratazzi, the vitality of the cabinet was secured; and
Ratazzi's entrance into a government, which had not
been constituted under any influence of his, took place
under conditions very different from those which he
might have dictated if, as leader of the Left centre,
he had been a party to its original construction. I am
pointing out consequences; as for the cause which
kept Ratazzi, though only for a very short time,
out of office, we must not suppose that it is to be
found in any deliberate intention of Cavour. He
simply did not feel, at the outset, sure enough of his
ground to force upon the Chamber a minister who was
the object of inveterate mistrust. But as soon as his
position was secured, he adopted that step, and thereby,
thanks to the course which events took, strengthened
his policy, without weakening his position.

The first years of Cavour's administration were

devoted almost exclusively to internal reforms, to
the material, moral, and political development of the
country, to the revision of the laws, and to the reorganisation of the monarchy in accordance with the
principles of the Statuto; in a word, to the numerous
practical applications of the principles of liberty.   I
have, however, already alluded, not only to the vigour of Cavour's administration, but to its tendency.
Contrary to what usually takes place between gover-
nors and governed, he endeavoured to spur on the
people, to rouse them, to urge them to make use of
their powers, and to give practical effect to their
rights. The impulse once given produced its results.
Piedmont soon made rapid progress, and, notwithstanding the accidental failure of two of its principal
productions, wine and silk, its wealth increased, and
its resources multiplied. At the same time, legislative
changes, discussions in the Chambers, the publications
of the press, the frequent appeals to electors, infused
into the nation the spirit of the new institutions by
which it was governed. Great vigour was observable in every branch of the administration. General
Lamarmora undertook the reform of the army; the
fortifications of Casale were restored, Alexandria
gradually put into a state of defence. A line of packets
was established between Genoa and America, railroads were extended, the tunnel through Mont Cenis
was projected, the treaties of commerce, which have
already been mentioned, were brought to a conclusion.   Independently of treaties of commerce,
intimate relations were formed with England, and
amicable relations with France.   In the case of
Austria, the policy was one of expectation; of truce,

rather than of peace :—to watch for an opportunity, and never to allow any cause of offence to pass unnoticed. As an instance of this, I may refer to the protest addressed by the Sardinian Government to the Cabinets of Europe, on the sequestration by Austria of property belonging to Sardinians established in Lombardy.

The unequal, often violent, but always liberal measures of Cavour's domestic policy were owing to the fact which governed it, viz., the hostility of Rome. Many of these measures, up to the period terminated by the Crimean war, may appear insignificant in the present day, and they have no other importance than that of being feeble links of one and the same chain. Others, from their character and consequences, and above all from the opposition they met with, deserve special notice, and are among the most important of the measures adopted by the Cavour ministry. I say, advisedly, the ministry, and not Cavour; for in preparing these measures, and in the violent debates to which they gave rise, Cavour found in Ratazzi a laborious, active, and powerful auxiliary. Among the papers of his predecessor in office, Ratazzi discovered the draft of a bill on "civil marriages" (an old acquaintance of the Chamber), which he reproduced and passed, in spite of the efforts of the Right. But it was carried by only a small majority of the deputies, and was rejected by the Senate ; who, a few days after, showed fresh symptoms of opposition by throwing out a financial measure which, like the former, had been proposed by the government and passed by the deputies. At the same time it was known that the Senate was not disposed to receive with favour a

... ...
... ...

... ... the State of
... ... the Senate was
... ... affairs, use...
... ... himself beaten,
... ... same ... on the other hand,
... ... of a system of veri-
... ... without endan-
... ... but imperfectly
... ... the authority of the Senate,
whose privileges he had on several occasions ener-
getically defended, whose competency to deal with
the budget, for example, which had been recently
contested, he had maintained. After a few useless
interviews, and vain attempts to come to an arrangement, the government proposed to the King to
dissolve the Chamber, in order to give the public
an opportunity of expressing its opinion, and returning a verdict which might overcome the opposition
of the Senate. The verdict was pronounced, and
the Senate gave way. The elections which took
place in the month of December, 1853, were significant. The extreme Left was almost extinguished,
and the extreme Right lost greatly in numbers.
This twofold result proved the good sense of a
policy which had had the effect of scattering the
enemies of legal order, and of weakening the enemies

of liberal principles. And with respect to that float-
ing section of the Chamber which by its vacillations
and uncertainties had been so troublesome to Cavour,
the greater part, under the pressure of the electoral
body, returned to the Chamber, frank adherents of
government, while the remainder, with the exception of a few who had definitively joined the Right,
disappeared altogether. Thus, in the new Chamber,
not only were the relative proportions of parties
changed in favour of the government, but, above
all, Cavour could now dispose of a compact majority,
firmly united to him, and directed by their con-
stituents to support him, and was no longer obliged
to keep his government constantly balanced (to use
his own phrase) " on the point of a needle."

This majority, so necessary as a counterpoise to
the dogged resistance of the Senate, was no less
necessary to enable Cavour to make head against
the storms which threatened him on every side.
The times were full of difficulty. The prosperous
condition of the country had met with a sudden
check. Private ruin and discontent was the consequence. A vague anxiety, the forerunner of conflicts as yet undefined, took possession of the public
mind, more frightened at the prospect of war than
they were eventually by war itself. The cholera,
advancing with fatal strides, was filling the hospitals
even faster than it emptied them. At the time that
the cholera, that human scourge, made its appearance, the failure of two of the most important crops
of Piedmont, attacked by fatal diseases, produced
dismay in the rural districts and famine in the great
towns. In a country agitated from such causes,

[...illegible faded text...]

"We have to
" [...] and
" [...]
" We shall [...] without [...] embarrassed.
" Nevertheless [...] The government can
" count [...] all of the immense
" majority of the old Provinces who are
" strongly true to the constitution. With these
" elements of strength we shall struggle through, or
" we shall fall with no disgrace. The Chamber is
" sufficiently ministerial ; and I trust that the re-elec-
" tions which are about to take place will strengthen
" the moderate liberal party."

What this letter does not say, I may be permitted
to add—viz., that his house, which had been during
several hours exposed to popular indignation, was an
office open to all sufferers so long as the famine lasted ;

and that when the cholera broke out at Turin, Cavour was a regular visitor at the hospitals.

But of all the struggles which Cavour had to encounter, that in which the bitterness of the attack was greatest still remains to be mentioned. His attention had for a long time been directed to the position of the inferior clergy. The annual stipend of a large number of *curés* did not amount to 500 francs, while the dignitaries of the Church enjoyed enormous revenues, and the religious bodies possessed property which was constantly increasing by fresh acquisitions and bequests. There were many persons in Piedmont who considered that the property ought to be restored to the State, and who were very impatient that such resources should be placed at its command. But Cavour had openly and unreservedly opposed every project tending in any way to dispossess the clergy. Upon this point his opinion was distinct, and had never varied; and may be summed up in the expression he used, of "a free church in a free state." He showed he could be faithful to his principles, without being a slave to their logic. "Really," he wrote, in allusion to the affair of the convents of Argovie, "it is not worth "while to quarrel about a few monks." And yet it was about a few monks that he fought one of his fiercest parliamentary battles.

A law relative to ecclesiastical property, drawn up by Ratazzi, was presented to the Chambers in 1855. Its principal object was gradually to suppress certain religious communities, and to apply their property to improving the incomes of the inferior secular clergy. Other stipulations of less importance were

When the war was at an end, Cavour had to heal the deep and painful wounds it had inflicted. Bitter smiles might be seen on faces until then full of good-will; old friendships came to an end. "After a "furious struggle," he wrote to my father from Léri, "in parliament, in social circles, at court, as well as in "the streets, rendered still more arduous by many "painful events, I found myself thoroughly exhausted "in mind and body, and I have been obliged to en-"deavour to recruit by a few days' rest. Thanks to "the elasticity of my constitution, I shall soon be in a "condition to return to business; and before the end "of the week I trust I shall be at my post, where "difficulties are awaiting my return — difficulties "arising out of a political state of affairs which are "every day more and more intricate."

It was not long, however, before the prospect brightened under the successes which attended the Piedmontese army, and which served to confirm the soundness of Cavour's policy, and raise it in the eyes of the public. This brings us to the Crimean war. But before entering upon the second and most brilliant period of a career, the last years of which were marked by such great events, it may not be inopportune shortly to indicate some of those peculiarities which Cavour's exercise of power brought to light, and which are at once characteristic of him and of his policy, of the man and of the minister.

In the first place, Cavour carried into his public life the active habits of his private life. He was up at four o'clock in the morning, or at five at latest. The first part of the day was devoted to official or

personal correspondence, to private affairs, to the
study of questions in which he took an interest, and
he was always ready to receive those who asked for
interviews.   He worked with great facility, and was
singularly ready in passing from one subject to
another; in applying his mind, without any preparation, to the topic of the moment, in returning to the
task on which he had previously been engaged, and
in resuming its thread at the very point at which it
had been broken off.   He was often interrupted, but
was never disturbed. With the exception of important
despatches, circulars and documents intended for
publication, which were, in general, written from
dictation, all was in his own handwriting.   He did
not write rapidly, but he wrote correctly, without
the least hesitation or pretension.   His style was
simple, adapted to the idea to be expressed, never
going one step beyond what was necessary for his
purpose, or omitting anything essential.   On the
receipt of a letter, it was at once answered : the
answer was full and precise ; the information required was furnished ; the question asked solved ;
the request made rejected or acceded to ; the
subject matter, in short, thoroughly disposed of.
"Business," he says, in a letter to M. Naville, in
1844, "advances at a desperately slow pace with us,
" especially since the administrations of the interior
" and of finance have been united in the hands of
" the same individual.   There is a frightful arrear
" of work, which will never be got rid of until
" those two departments which have been amalga-
" mated are again separated."   Ten years later, the
most effectual way of disposing of arrears was not

to separate the departments, but to unite them, and to place them under Cavour.

Thus when Cavour, after breakfasting at nine or ten o'clock on a couple of eggs and a cup of tea, went to his office, he had already got through a large amount of work, without the intervention of any indolent or incompetent subordinate. Those who have had to thread their way through the interminable forms of a government office, and who have been some twenty times at the mercy of an *employé*, will appreciate the benefit rendered to the public by Cavour's activity, by the readiness of his reception, by the quickness and accuracy of his answers, as well as by the authority with which they were conveyed. The advantage to himself was not less than to the public. Relieved from his administrative cares, having accomplished his task at an hour when most people are beginning theirs, he was enabled without scruple, and with his mind free, to bestow upon other objects — no less important to a great minister — upon conferences with foreign ministers, upon cabinet councils, upon parliamentary discussions, upon his own thoughts, upon the preparation of his speeches, upon interviews with colleagues, and even upon familiar conversations with friends, with adversaries, with the first comer, the leisure hours which his morning's labour had placed at his disposal. The time, however, arrived when the habit he had acquired of doing his own work in all its details made it impossible for him to get through it except by carrying far into the night the labours of the morning. But during the first years of office, his occupations were less numerous and less oppressive.

P

mality of manner, freer in his conversation, more
ready, as it seemed, to commit himself.

Transacting business well and rapidly was not
the only or the most important result of Cavour's
laborious activity; for to his personal management
of the most trifling interests of the country (a direct
consequence of that activity) it was chiefly owing
that the principles of liberty took deep and firm
hold of Piedmont. His ambition was to train the
people he was called upon to govern to the practice
of liberty. "The liberty of the press," I have often.
heard him say, "may be unlimited, may give birth
" to fifty or to a hundred newspapers; their in-
" fluence diminishes with their number; but will
" never be a danger or even an embarrassment to
" ministers." With respect to restrictions: "These,"
he asserted, "always end in popular explosions."
With reference to a system of political police: "It
" encourages conspiracies, and prevents their dis-
" covery, because the conspirators, if the police,
" whom they fear and avoid, did not exist, would
" carry on their plots in *cafés* and in public places."

Religious liberty was one of those principles derived from the Statuto, which owed its establishment more immediately to Cavour's active zeal;
because it was that principle which most frequently ran counter to the customs and even the
laws of the country. Cavour says, in a letter to
my father: "We must deal gently with the suscep-
" tibilities, and even with the prejudices of the
" people. In whatever place four Protestants are to
" be found, we allow them public worship. But

" we cannot allow fanatical missionaries to bring
" disturbance and discord into the midst of a popu-
" lation which is entirely and exclusively Catholic."
Some people on reading this passage may shake
their heads and say, " This man cares nothing for
liberty of conscience, and if the four Protestants
are wise, they will take care not to trouble him
with their petitions." Such critics are mistaken ;
if the four Protestants had been hindered in the
exercise of their worship — nay, if one Protestant,
obscure, imprudent, unsupported, had found himself
standing alone against his neighbours, his *curé*, his
commune, the authorities, the magistracy, the law
itself, and if he had written to Cavour, to whom
all the world could write, and who read every
letter, he would have learnt that Cavour, notwithstanding his pressing occupations, his anxieties, and
his projects, would find time to counsel, protect,
and save any unhappy applicant in whose person
liberty of conscience had been violated.

In proof of this assertion, the following instance
may be given : —

In the case of a poor creature sent to prison for
religious propagandism, Cavour says in a letter :
" The conduct of X—— is an indication of the spirit
" which animates a portion of the Savoyard clergy.
" Fortunately, the clergy of Piedmont are far less
" fanatical, otherwise the struggle would be a des-
" perate one." Indeed, in Piedmont, the most violent opposition which the Protestants had to overcome, originated in a desire to adorn the place of
worship they were building at Turin with a steeple.
A timely joke of Cavour's put an end to the contro-

versy. But in Savoy, the spirit of intolerance was far more obstinate. This was natural. In the first place, in a mountainous country, with a population of poor inhabitants, leading a rude life, prejudices form part of the manners to which they cling, as bark forms part of the tree which it preserves; and also the antagonism of Geneva tended to nationalise, perpetuate, and strengthen these prejudices, and to make the Savoyards more obstinate in resisting the introduction of modern notions. To maintain, therefore, or rather to introduce religious liberty into Savoy, required Cavour's firm will, and great independence of character. That he had both need not be repeated.

In the spring of 1851, meetings for Protestant worship which had been instituted at Mornex, a village of Savoy, near Geneva, became an object of attack on the part of the ecclesiastical authorities. Cavour was at once informed and consulted. "It is true," "he replied, in a letter to M. Munier,* that no "religious meetings can take place without their "being duly authorised, but such authority is "never refused when it is applied for by respectable "persons. Besides, when these meetings are of a pri-"vate character, the authorities are not entitled to "interfere. I advise you to write to the Intendant "General of Annecy, who will receive instructions to "that effect." "I have," he adds, "informed my "colleague, the Minister of the Interior, of what has "occurred, and he greatly blames the illiberal pre-"tensions which have been set up." It is scarcely

* A Protestant clergyman of Geneva of high character and great ability.—TRANS.

necessary to say that the Protestants of Mornex were enabled, in accordance with the orders of the government, to carry on their religious worship without further impediment.

In the town of Annecy, it was also owing to Cavour's persevering efforts that local resistance had been overcome, and Protestants permitted to constitute themselves into an independent community, with a complete organisation of church, clergymen, and schools. At Aix, also, and at St. Gervais, Cavour's energetic interference enabled Protestants to assemble publicly.

One more fact may be mentioned. Two inhabitants of a commune on the borders of Switzerland were betrothed, and were desirous of being married. Although Catholics by birth, they had become Protestants ; and their marriage encountered obstacles which seemed insurmountable. In despair, they addressed a petition to the King. Their petition remained unanswered ; several months elapsed, when Cavour, having been written to, immediately replied that he had searched in vain in the proper office for the petition, and that the head of the office who took charge of such matters asserted that he had never heard of it, and that no trace of it could be found in the registers, which were very carefully kept. "It is probable," he added, "that the papers have miscarried." And he ends with pointing out the course the petitioners should adopt. Cavour's advice was followed ; and the reader will not be surprised to learn that it was successful.

On several occasions, individuals condemned to punishment more or less severe for heretical language, or the transmission of Bibles, were extricated from their troubles by Cavour, who was extremely zealous on their behalf, took up their case, and argued it, with magistrates, and Intendants, and with the interpreters and representatives of the law. It should be observed, that the Penal Code practically proscribed freedom of worship, which the Statuto in principle established. Hence these conflicts. But, thanks to Cavour, the result was not long doubtful.

had imbibed just such a superstitious feeling in
favour of Russia as the lazzaroni of Naples feel
for St. Januarius in times of cholera, changed their
saint and sided with the Turk. Not, however, but
that good reasons might have been adduced for
siding with the Turk. But I must not attempt
to define the several parties into which opinion
was then divided, and which were so intermixed
as to defy all classification. In Italy alone, the
year 1848 had brought about events very different from those which elsewhere had created the
greatest discouragement. Those events were connected with recollections ready, on the first disturbance, to be converted into hopes; and Italy rejoiced
in the war—in a war which, by the force of circumstances, might become general; and then the hostile
camps were marked by opposite and well-defined sympathies. On the one side were to be found those
who felt little gratitude to Russia for the assistance
she had formerly afforded to Austria; and on the
other side were all the rest. Nevertheless, mere
sympathy is very different from active measures,
and it was only a statesman of Cavour's calibre
who could entertain any serious intention of passing
from one to the other.

As early as 1854, towards the end of the spring of
the year, just before the Russian war began, Cavour
being with Count Lisio at the house of Madame
Alfieri, his niece said to him, "Why don't you send
10,000 men to the Crimea?" "Well said!" observed
Count Lisio. Cavour was startled; a smile suddenly
lighted up his countenance, and then, with a sigh, he
answered, "Ah! if every one had only your courage,

" what you suggest would have been done already."
Some months later, in November, when he again
met Count Lisio in the same drawing-room, and was
standing silent and thoughtful before the fireplace,
his niece said to him, " Well, uncle, when do we
start for the Crimea ? "   " Who can tell ?" answered
Cavour ; " England urges me to conclude a treaty
" with her, which would enable our troops to wipe
" out the disgrace of Novara.   But what would you
" have me do ? The whole of my Cabinet is against
" it.   Ratazzi himself, and even my excellent friend
" Lamarmora, talk of resigning.   However, the King
" is with me, and we two shall carry the day."

It is well known that the King and Cavour did
carry the day.   Of all the members of the Cabinet,
Dabormida alone persisted in his opposition, and
sent in his resignation.   The office he abandoned
was at once filled by Cavour, who, in the double
capacity of President of the Council and Minister
for Foreign Affairs, concluded and signed, about
the middle of December, a treaty of alliance, of-
fensive and defensive, between Piedmont on the one
side, and England and France on the other.   This
treaty, the principal clause of which was that a
Piedmontese army should be immediately sent to
the Crimea, is the first act which gives the full
measure of Cavour's political genius.   Until then,
his administration of public affairs, under difficult
circumstances, had brought to light his brilliant
qualities and sound principles as the minister of a
free government.   But that, in a time of profound
peace, and without any popular excitement to urge
him on, in the absence, indeed, of any pressure from

without, he should calmly, and in the secrecy of his private meditations, make up his mind to plunge his country into a war, the consequences of which could not be foreseen, and in which the interests of the country were so indirectly concerned that they seemed not even to furnish a pretext for engaging in it; and then, his own decision once taken, that he should force it upon restive colleagues, upon a frightened parliament, and upon a public opinion, agitated, opposed to the war, and slow of apprehension, this was one of those master-strokes of courage, that those only venture upon who are conscious that their bark is freighted with Cæsar and his fortunes.

The opposition to the treaty from both sides of the Chamber was very decided. Cavour brought forward the measure and defended it, first taking upon himself the whole responsibility, and then treating it as a settled matter, which could not be reversed without giving offence to the allied powers, at whose instance the Cabinet had considered it right to yield. The ratification of the treaty had no doubt been reserved, but it could not be supposed that, in refusing to ratify it, the Chambers would not incur the risk of converting into open enemies, or at least of indisposing, the tried and natural friends of the Sardinian Government. He pointed out that the overtures of England and France ought to be favourably entertained by the representatives of a country so much interested as Piedmont was, both commercially and politically, in preventing Russia from having the entire command of the ports of the Levant and of the

Mediterranean; and, lastly, he suggested that Italy could lose nothing by the Sardinian flag appearing on the field of battle.

In answer to Cavour, the Right did not fail to bring forward very strong, and, in some respects, obvious arguments. The state of the finances, in which there was already a deficit, and which an expensive and protracted military expedition would end by ruining. The want of foresight in calling upon a nation, just on the point of recovering its vitality, to make sacrifices which were not only not indispensable, but useless. The madness of sending fellow-citizens to be slaughtered in distant battle-fields for a cause in which they were not interested, when the ground was still reeking with Piedmontese blood within a few leagues of Turin. As for the allied powers, of what consequence to them were two or three regiments more or less? They would easily understand that Piedmont, so small when compared with them, impoverished, over-burdened, so recently and so severely tried, could not be in a situation to give them that assistance which, under any circumstances, would not be very effective, and which was out of all proportion to the resources which they could themselves command. That England, considering the numerical superiority of the French army, should find it convenient to repair, without cost to herself, the losses she had sustained before the walls of Sebastopol, was natural enough; but if so high a price was to be given for her goodwill, already paid for by such heavy concessions, it was far better to diminish a friendship which was every day becoming more exacting.

Besides, who could say what the chapter of accidents might not bring forth : the war might terminate in a compromise ; in which case Piedmont would be a difficulty in the way, and most assuredly her interests would be little attended to.

Though actuated by different motives, and employing other arguments, the extreme Left were as tenacious in their opposition, and more virulent than the Right. "We shall gain," said Farina, "neither glory, nor political consideration, nor moral influence, nor even the respect of other powers, by engaging in this war." "The alliance which is forced upon us," declared the Venetian Tecchio, "makes us accomplices in the oppression of peoples, and will place us powerless, unarmed, and ruined, at the mercy of the foreigner [Austria.]" "If the Chamber ratifies this treaty," exclaimed Brofferio, "there is an end of Piedmont and of Italy !" In most of the speeches it was asked, not what engagement the powers had entered into, but if they had bound themselves by any engagement ; had given even any assurance in return for the effective support they were to receive from Piedmont. In all of them strong objections were raised to an alliance which was considered not only inopportune and full of peril, but antinational and odious, and which, by means of France and England, would unite Italy to Austria, who had for some days been definitively bound to the policy into which Sardinia was now to be hurried.

Cavour was obliged to conceal the fact that the treaty binding Austria to the Western Powers was precisely the motive which made him anxious to bring to a rapid conclusion the treaty just presented to the Sardinian Chambers. Cavour could not venture to proclaim that it was very perilous for Italy that ·a league, which was being established without her, should be concluded against her; still less could he indicate the nature of the danger, since the country that was threatened existed as yet, in the eyes of the governments of Europe, only as a geographical expression. He could not admit that he was throwing Piedmont into the alliance as an apple of discord, and that he followed the footsteps of Austria in order that he might outstrip, and thus conquer her. One aggressive word, one expression of hope, would have indisposed France and England, to whom the concurrence of Austria was more necessary than the assistance of Piedmont; and neither France nor England would have been in any humour to encourage the objects which Cavour had in view, considering him as nothing more than the minister of a country which could call out 20,000 good soldiers. I believe that at the Tuileries they were more clear-sighted, and that it was understood that the adhesion of Piedmont was a political measure, a bold self-assertion of " Italy." Accordingly, at Paris there was greater reserve and coolness than in London, where the hatred and fear of Russia were so strong that it seemed quite natural to the English that similar feelings should be entertained by Piedmont. Elsewhere, Cavour was accused by the great mass of the European public of ambition, of *low* ambition, and vanity. He was looked upon as possessed with the folly of wishing to play a part, to acquire greatness at the expense of his country, and, by complacent servility, to insinuate himself into the favour of the powerful in order to increase his own personal importance. Allusions were made to the fable of the frog and the ox. And all this time, Cavour, acting as a minister of Italy, but compelled to speak exclusively as a minister of Piedmont, was obliged to have recourse to endless shifts and contrivances, to defend himself by arguments which almost exposed him to derision, and to strain to the utmost his personal influence, in order to extort from the country its consent to a policy, the distant results of which his genius alone could discern, and which nothing but success could justify.

This treaty, which was described by an Austrian minister, on hearing the news, as "a pistol-shot fired point blank at the head of Austria," was ratified by the Chamber by ninety-five votes against sixty-four. The majority voted with indifference, under compulsion, ready, on the first untoward incident, to accuse the minister of having compelled them to support him. The King himself was not so eager for the expedition when he found that he could not take the command of it in person. But General Lamarmora, on the other hand, to whom the command was entrusted, was full of energy, and hastened on the preparations with his usual activity and zeal. Cavour, on his part, as Minister of Finance, took steps for providing for the expenses of the war. There was some vague question of an English subsidy. In Piedmont, the idea of a subsidy would not have been displeasing to the public, who were indeed disposed to find fault with the government for not having made it one of the conditions of the treaty.

But if the proposal was ever seriously made, which seems to me doubtful, Cavour rejected it altogether. His object was that Piedmont should take part in the struggle, not as a paid auxiliary, but as an ally standing on a footing of perfect equality with the powers with whom she was associated, in order that her independence, so far from being relinquished, should be more firmly established by the Treaty. A loan was accordingly negotiated, and guaranteed by the English Government, Cavour, according to his custom, guarding himself against any exaggeration of a feeling just in itself, and stopping at the point when too high a sense of dignity would have degenerated into susceptibility.

The Piedmontese army embarked in the spring, nearly one year after the conversation which I have described between Cavour and Mdme. Alfieri. The expedition was not fortunate at the outset. The army, instead of meeting the enemy in the field, encountered the cholera, which carried off some of its best soldiers and most accomplished officers. The siege was prolonged, many families were placed in mourning, without any compensating glory, and the town was filled with sorrow which was only the more bitterly felt in the absence of any military success. It was at that time that the Ratazzi law raised a tempest against the ministry, the violence of which I need not revert to. And while Cavour was making head against the storm, the nation was anxious, alive to every rumour which came from the Crimea, ready to fire up and call him to account for so many useless sacrifices. Suddenly Genoa was decked with flags, Turin illuminated, and the whole country in a state of rejoicing. Cavour was a great man. The Piedmontese army had been in battle, and had come off victorious!

The state of tension was at an end. " The session " is going on tolerably well," wrote Cavour, in one of his letters towards the close of the year; " the oppo- " sition is greatly reduced in numbers, and much " milder in tone. X—— is almost the only one " who every now and then gives utterance to cer- " tain stupid commonplaces that nobody attends to. " Our only formidable adversaries are the clergy; " but they have no real influence in the country, " and their intrigues at court are beginning to be " unmasked. Upon the whole, we are getting on " tolerably well."

On the termination of the war came the Congress. After having attracted attention by the brilliancy of the military campaign, Cavour had now to make the voice of Italy heard. Austria, who had resolved not to listen to this voice, wished that it should be condemned to silence, that it should not acquire the authority which would necessarily ensue from its being heard from an official European tribune. It was undignified, she said, that the great powers should allow a mischievous little state of only four millions of souls to take part in their deliberations. That Piedmont, at the eleventh hour, should with great difficulty have sent a few wretched battalions into the Crimea, was no reason why she should be allowed to treat on terms of equality with empires whose armies amounted to hundreds of thousands. The pretensions of the fly on the coach wheel were ridiculous, and it was contrary to all diplomatic

usage to listen to them.   As for Italy, she had no
concern in the matter, besides which she was very
sufficiently represented by the Cabinet of Vienna.
But England, France still more, and especially
Russia, whose least wish was to please Austria,
stood firm, and Cavour set off for Paris.

He set off somewhat discouraged, quite aware
that the Allied Powers had for a moment been much
shaken by the declarations of Austria, and concluding
that they would consider themselves as acquitted
towards Piedmont by having insisted upon her
admission into the Congress; fearing, moreover, the
reception he might meet with, mistrusting Diplomacy
which he knew was in general just as hostile to
himself as to his policy, not being too sure that he
might not have to play the part of sycophant, and,
as the representative of a third-rate power, to pay
by acts of complaisance for the condescension with
which. he had been treated.   " What is the use," he
said to one of his friends, " of my going there, to
" be treated like a child ? "   The sudden termination
of the war had taken him by surprise — had, I will
not say disturbed, but cut short his plans, and
overturned the scaffolding on which his hopes were
built.   The ostensible and immediate object which
Cavour had in view had, no doubt, been attained.
The prestige of the Piedmontese arms had been restored, and the Italian flag had gloriously floated by
the side and in front of the first flags of the world.
But, in addition to the ostensible and immediate
object in view, Cavour had half expected and relied
upon some contingency arising out of the war that
might be turned to account.   He had reckoned

upon the chapter of accidents; and now peace seemed to have put an end to his hopes.

During the first sittings of the Congress, as long as the general conditions of peace were under discussion, Cavour kept very modestly in the background, showing as much good taste as good policy. He left it to the great powers to regulate the stipulations which, at the cost of such great sacrifices, they had acquired the right to claim on the one side, or to object to on the other. Called upon, however, in accordance with usage, to express his opinion, he gave it in few words, without laying stress upon it; he spoke with moderation and precision, and with so great a knowledge of the subject, as at once to excite the astonishment of men who by profession were bound to be astonished at nothing. It was soon evident that Cavour was a man with whom they would have to reckon. He, on his side, was observing, in the conflict of opinions and interests, the hidden springs that he might one day bring into play. He took his position in the ranks of those who were at the head of European affairs, and penetrated into the intimacy of him who stood foremost in those ranks. And he then admitted that peace no less than war has its unlooked-for complications, and its propitious chances.

It is known, that in the Congress two tendencies soon became apparent; Russia was in some degree supported by France against the unmeasured hostility of England, and England was backed by Austria. This tendency of England to unite with Austria, was a terrible blow to Cavour, whose policy, from the day of his arrival in Paris, rested upon an alliance

approved of in London. Intimately acquainted
with the numberless treaties relating to these unfortunate Principalities, familiar with all their details,
conversant with contemporaneous events, and with
the daily incidents of their history, he took up the
side of the union, and became, in some sort, its official
advocate at the Congress; where, in consequence,
he found himself, during the long debate which
ensued, playing the principal part, and attracting
the most attention. From that time he continued to
join in the discussions; and the extent and soundness of his knowledge, the strength of his intellect,
the clearness of his statements, his political perspicacity, his facility in unravelling difficulties, secured to him, in the course of the deliberations, a
degree of authority which every day was less
contested. His great merits and the personal credit
he acquired were reflected upon his country, raised
Piedmont in public opinion to the height of a second-
class power, and gave her that consideration and influence, to which, represented by any other man,
she never could have aspired. At Paris, as at Turin,
Cavour's easy manners, and his absence of all affectation or pretension—in a word, the captivating turn
of his genius—dispelled first prejudices, smoothed
down first difficulties, and cleared the way for an
ascendency which no one thought of resisting, and
which was gradually and imperceptibly confirmed.

All this time Italy was waiting. Without having
much to hope from an assembly in whose decisions
Austria (whom all were anxious to treat with consideration) had so great a weight, she inquired with
anxiety whether the Congress would separate without

even pronouncing her name. Her name openly pronounced—nothing more, for as peace was now the
order of the day, that would satisfy her. To ask
this was, indeed, to exact more than might at present
seem. To pronounce the name of Italy was, in a
word, and by a word, to recognise a position at that
time denied by diplomacy; it was to propose a question which was absolutely interdicted in official circles,
and to propose the question was deciding it against
Austria. Cavour also waited, knowing that to speak of
Italy was to speak for her; anxious, but restraining
his impatience, aware that the magic word would not
have its prophetic meaning, its value, and its authority, unless uttered by one who was not an Italian.
He did not wait in vain.

The conferences were drawing to a close. All the
essential stipulations were settled; when, in one of
the last sittings, Count Walewski, the president of the
Congress, and in this character particularly charged
with the duty of suggesting subjects for deliberation,
suddenly directed the attention of the plenipoten-
tiaries to the state of Italy; a state, as he said, threatening to Europe, which was in constant danger of seeing
that peace, which she was taking so much pains to
establish upon a durable foundation, compromised and
constantly disturbed by attempts at revolution, the
inevitable result of unpopular and oppressive systems
of government. M. Walewski, in conclusion, urged
Congress to address a note to the Sovereigns of
Italy, pressing upon them the importance of not dis-
regarding, as they had hitherto done, and thus
wounding national feeling, the provisions of the
treaty of Vienna, and counselling them to adopt a

more liberal policy in their respective states. The proposal took the majority of those present by surprise; the debate, however, to which it gave rise was not long. Count Buol formally protested against entering upon a subject which, in his opinion, the Congress was in no way competent to deal with, which was out of place, and the discussion of which could lead to nothing, and would at once oblige Austria to withdraw, and thus nullify the whole proceedings of the Congress. Cavour was well aware that Austria's veto, which was fully anticipated, had put a stop to all serious discussion; and that the matter would end there. He did not the less endeavour to answer the arguments of his adversary. Seizing the opportunity as it flew past him, he stated his own views rapidly in a few words, described the grievances of Italy, and pointed out the remedies; and when, on Count Buol persisting in his remonstrances, the discussion, or rather the conversation, closed, the name of Italy was, in spite of Austria, inscribed at full length on the public records of Europe.

Cavour did not confine himself to the few sentences that he had uttered within the closed doors of the Congress. The debate which had been set aside was resumed, and in endeavouring to stop it, all that Austria gained was, first, that it became public instead of remaining secret; next, that one only of the two parties made his voice heard; and, lastly, that, having taken place under the sanction of France and England, it produced a great sensation, and acquired undeniable authority. The memorandum which Cavour addressed to the Cabinets of London and Paris described the encroachments of Austria,

the difficult position in which Piedmont was placed
by these encroachments, the deplorable condition
to which they had reduced the rest of Italy.   It
pointed out some of the palliatives which might be
applied to so intolerable a state of things; but suggested that Piedmont might be (however unwil-
lingly) forced into the adoption of extreme measures,
and that, menaced by Austria, and undermined by
revolution, she might one day have to seek for safety
in the inspirations of despair.   This memorandum,
which was a skilful piece of advocacy and a bold
manifesto, became a political document of the highest
importance, in consequence of its being supposed by
Italians, and indeed by others, that it had received
the concurrence of the powers to whom with their
permission it was dedicated.

When the Congress had terminated, Cavour accompanied the King to London.   There and then
only he was able to ascertain the extent of the
breach between the two countries.   He saw that he
would not soon be forgiven for having treated Russia
tenderly, for having defended the independence of
the Principalities, for having, in fact, been lukewarm
in his support of the requirements of England.   He
discovered that it was the policy of the day to find
a pretext for blaming him.   In a word, he perceived that the feelings of the British Cabinet were
altogether changed; that it had become cool towards
Piedmont, and was ice itself towards Italy.   Cavour
was painfully surprised.   He had not expected so
unfriendly a reception.   Lord Clarendon had ill
prepared him for Lord Palmerston.   And here, I
must insert a letter written by Cavour during the

Congress, dated April 12, and addressed to Ratazzi. This letter, which has recently been published, has made too great a sensation in the world, and is in itself too important a document, to be omitted ; nor can I pass over in silence the comments to which it has given rise. The following is the letter as it appeared in M. Berti's pamphlet :—

"My dear Colleague " (Ratazzi was then Home Minister), " I send a courier to Chambéry that I " may write to you without reserve. . . . . . I now " come to the second subject of my letter and the " most important. Convinced that the impotence of " diplomacy and of the Congress would produce fatal " effects in Italy, and would place Piedmont in a " difficult and dangerous position, I thought that it " was right to consider if it would not be possible to " arrive at a complete solution by *heroical* means— " an appeal to arms. With this view I had the " following conversation with Lord Clarendon yester- " day morning :—'My Lord, what has passed in " Congress proves two things : 1st. That Austria is " resolved to persevere in her system of oppression " and violence towards Italy. 2nd. That no efforts " of diplomacy will induce her to change her system. " The consequences resulting to Piedmont are ex- " ceedingly mischievous. Considering the irritation " of parties on the one side, and the arrogance of " Austria on the other, there are only two courses " open ; either to be reconciled with Austria and " the Pope, or to be prepared before very long to " declare war against Austria. If the first course is " to be preferred, I ought on my return to Turin to " advise the King to call into power the friends of

" Austria and of the Pope. If, on the contrary, the
" second course is the best, my friends and I shall
" not shrink from preparing for a terrible war, *for a*
" *war to the knife!*' Here I stopped. Lord Claren-
" don, without showing either astonishment or disap-
" probation, then said : 'I believe that you are
" right ; your position is becoming very difficult. I
" can understand that an explosion may become in-
" evitable, but the moment is not yet arrived to
" speak openly on the subject.' I replied : 'I have
" given you proofs of my moderation and prudence ;
" I believe that in politics one ought to be exceed-
" ingly reserved in one's words, and exceedingly
" decided in one's actions. There are situations in
" which there is less danger in a daring course, than
" in an excess of prudence. With Lamarmora I am
" convinced that we are in a condition to begin war,
" and even should it last only a short time, you will
" be forced into helping us.' Lord Clarendon re-
" plied with great vivacity, 'Oh, certainly, if you
" are in difficulties, you may rely upon us, and you
" will see with what energy we shall come to your
" assistance.'

" After this, I pressed no further, and confined
" myself to a few expressions of friendship and sym-
" pathy for Lord Clarendon, and for England. You
" can yourself judge of the importance of words
" uttered by a minister who has the reputation of
" being prudent and reserved. England, which is
" vexed at the peace, would, I am certain, see with
" pleasure an opportunity arise for a new war, and a
" war as popular as that for the emancipation of Italy.
" Why, then, should we not avail ourselves of the

" disposition she is in, and make an attempt to carry
" out the destinies of the House of Savoy, and of our
" country? As this, however, is a question of life
" and death, we must proceed with great caution;
" and therefore I think it is advisable that I should
" go to London, to confer with Lord Palmerston,
" and with the other leaders of the government.
" If they take the same view of the matter as Lord
" Clarendon, we must make secret preparations, raise
" a loan of thirty millions, on the return of Lamar-
" mora send an ultimatum to Austria that she cannot
" accept, and begin war.

" It is impossible that the Emperor should oppose
" the war; in secret he wishes for it. He undoubt-
" edly will assist us if he sees England inclined to
" enter the lists. Moreover, I intend before my de-
" parture to address the Emperor, in language similar
" to that which I have used to Lord Clarendon. The
" last conversations I had with the Emperor, and with
" his ministers, were of a kind to prepare the way for
" a declaration of war. The only obstacle to guard
" against is the Pope. What is to be done with him
" in the event of an Italian war?

" I hope that after reading this letter you will
" not believe that I have been attacked by brain
" fever, or fallen into a state of mental excitement.
" On the contrary, my intellectual health is excellent;
" I never felt calmer. I have earned a character
" for moderation. Clarendon has often told me
" so; Prince Napoleon accuses me of being soft,
" and even Walewski congratulates me on my de-
" meanour. But, in truth, I am persuaded that we
" may, with great chance of success, try a bold game.

" You may be satisfied that I shall enter into no en-
" gagement, present or future.   I shall collect facts,
" and, on my return, the King and my colleagues
" will decide what is to be done.

" Again, to-day, there is no conference.   The mi-
" nute of the proceedings of the stormy sitting of
" Tuesday has not been drawn up.   Lord Clarendon
" is much inclined to renew the contest with Buol, but
" the latter, perhaps, will try to avoid it by not mak-
" ing any observations on the Protocol.   Clarendon,
" however, has sent Lord Cowley to Hübner, to tell
" him that all England will be indignant at the words
" uttered by the Austrian minister, as soon as she has
" knowledge of them.   To-day there is a *monster*
" dinner at the Emperor's.   It will be difficult for
" me to talk to him ; I shall ask him to grant me a
" personal interview."

Such is the letter, full of vehemence, written off
hand, under the influence of one idea ; and against
which, in opposition to the allegations it contains,
Lord Clarendon, as far as he is concerned, has protested in the House of Lords.   Hence a debate which
is to be regretted.

One word as to the immediate cause of this debate.
The publication of a few familiar letters, among which
the one I have quoted is to be found, has generally
been considered as ill-timed, or, to say nothing worse,
premature.   In point of fact, their confidential character, their having been written in haste, with entire
openness, and in full security, under the lively impression of the moment, the communications they contained
evidently of a nature intended to be kept private, the
rapid judgments hazarded upon events and upon men,

and the impetuosity they evince — these considerations ought to have preserved them under the triple seal of secresy, so long as there was any probability of their serving the purposes of petty spite, of wounding the feelings of others, of putting upon their defence the persons whom they compromised. Above all, the familiar correspondence of Cavour ought not to have been converted into a party weapon, when he was no longer here to reply to the statements of others, or make any corrections of his own. The proof of this assertion was not long in coming. Lord Clarendon — and he was entitled to do so — has denied having uttered the words, or acted the part attributed to him. His denial was couched in language of great moderation, and expressed with singular courtesy, hampered as he was by the fact of there being no power of contradiction, restrained by the fear of disturbing the ashes of the dead. But he has given a denial, and the grave has remained silent.

In truth, however contradictory they may seem, I believe that it is not very difficult to reconcile the former assertions of Cavour, and the recent statement of Lord Clarendon. Lord Clarendon is not bound to remember the details of a conversation, to all appearance free and unconstrained, which took place in 1856; his precise expressions, the tone of his voice, his manner, can scarcely be present to his memory, however accurate that memory may be. With respect to two main points, his recollections may be, and are necessarily precise. In the first place, he is certain that he never meant to urge Piedmont to resort to war; and then he could not have forgotten that his avowed sympathies, official and unofficial, were completely on the side of Italy and of her plenipotentiary; for at the Congress Cavour represented Italy. Now, admitting it to be evident that Cavour had strangely deceived himself as to the support that would be afforded by Great Britain in the event of a struggle with Austria; admitting that this delusion, soon dispelled in London, had induced him when at Paris to mistake kind assurances for positive promises, which is probable enough; yet one cannot doubt that these kind assurances were given. If not, Lord Clarendon would, in some sort, have contradicted the whole tenor of his conduct before and after, would have changed his manner towards Cavour, if he had given him a dry answer and a cold reception when he came to speak to him about Italy. And how is it to be explained that Cavour, after an interview which he must have quitted in despair as to the ultimate support of England, should have returned home to draw up, in concurrence with England herself, the memorandum containing the following passage: " Disturbed by internal revolutions, excited " by a violent system of repression, and by foreign " occupation; menaced by the extension of the power " of Austria, Piedmont, at any given moment, may be "*forced to adopt extreme measures, the consequences* "*of which it is impossible to foresee.*"

This passage seems to me conclusive. Led into error by a variety of circumstances, by the tone of the English press, by the fact that the Whigs were in office, by his private conversations with the English he met, by his intimacy with the English minister at Turin, by his relations with Lord Clarendon, deceived also, it must be said, by his own optimism, which

naturally gave a colour to the opinions expressed by
others, dazzled by the prospect which suddenly opened
before him, carried away by his own impulse, Cavour
had fancied that, although separated from the English
Cabinet, he was not the less certain of being supported
by England in any enterprise which had for its object
the independence of Italy.   Once more it must be
said that Lord Clarendon had ill prepared him for
Lord Palmerston.   But is it not possible that Lord
Palmerston had ill prepared Lord Clarendon?   Is it
not possible that the official sympathies of that representative of Great Britain in favour of Italy, were the
result of an error similar to that of which that representative was the victim, when, in the Congress, he
began by showing himself to be one of the warmest
advocates for the union of the Principalities?

Finally abandoned by England, Cavour found that
he and his country were in that position which he
had no taste for, viz., " sur la pointe d'une aiguille ;"
and that he could not remain long in such a position
— that it was necessary to escape from it as soon as
possible, and above all in the best way.   This way
Cavour endeavoured to find on his return to Turin.
One great step had been made.   Italy was intoxicated
with joy and enthusiasm.   She had soldiers and she
had statesmen.   What had been begun in the Crimea,
had been carried on in the Congress, and would one
day be accomplished by some one.   This *some one*
was designated by the public voice, and public sub-
scriptions were opened everywhere to offer to Cavour
testimonials of a nation's gratitude.

Italy was no longer a geographical expression.
She was a living thing.   Cavour had registered her

birth in the face of Europe; and when he remembered the day-dreams of his youth, in which he had seen himself the minister of an Italian kingdom—when, too, he called to mind the initiative of Walewski, the words of the Emperor Napoleon to Victor Emmanuel, *"What can we do for Italy?"* and possibly other incidents of his own brilliant diplomatic career at Paris—he may have asked himself whether, now that the child had been acknowledged, he had not also found a sponsor to watch over and protect her.

CHAPTER XII.

DURING the Congress, Cavour, as is shown by his letter to Ratazzi, had been under the influence of extravagant hopes, and of a great delusion: he had believed in immediate war. After this came the reality. On his return to Turin, he thus expresses himself:—"I am very anxious about the "state of politics. . . . . . Abandoned as we are by "England; face to face with Austria which is over- "flowing with ill-will and hostility; having to struggle "against Rome and the other Italian princes; you "will understand the great difficulties of our posi- "tion. Nevertheless, I am not discouraged, for I "believe that the country is with us; the general "elections will prove it. The struggle will be a "severe one, for the clerical party will employ "every means against us. But I believe it will be "beaten; for the moderate men of the Right

R

" positively refuse to join it, and seem disposed to
" support the government. If the elections should
" not be altogether favourable to the ministry, our
" position would become almost untenable. . . ."

The elections were far from being entirely favourable to the Ministry. Reaction, the natural
result of any considerable shock, set in with more
than usual force in Italy, where a powerful party
was strongly interested in the consolidation of
peace. There were, moreover, plenty of people in
Piedmont ready to make the remark that the only
positive result of the war was that it cost ten thousand
men, and a hundred millions of francs; and that this
was a very high price for the country to pay for
the personal reputation acquired by Count Cavour
at Paris. To this Cavour gave an answer similar
to that which he gave in 1852, when he passed
for a Conservative. I had just expressed my regret that Piedmont had not raised the old and
glorious standard of Savoy. "We have spent," he
replied, " hundreds of millions, lost thousands of
" brave soldiers, suffered disasters, and in return we
" have gained only one thing—the right to consider
" the tri-coloured flag as our own. Well, I think
" that this right has not been too dearly purchased."
A great number of the electors, however, were of a
different opinion. The following are the terms in
which Cavour expressed himself with reference to
the elections which had just taken place :

" The result of the elections is, in certain respects,
" very unfortunate, though it has its good side. The
" friends of liberal institutions may congratulate them-
" selves that the whole of the aristocratical class,

" which had hitherto stood aloof, has openly made
" its appearance on the political arena, and has given
" its adhesion, in the most explicit manner, to the
" principles of the Statuto. The leaders of the party
" are perhaps playing a part, but the mass are in
" earnest. The country is true, and an oath is still
" held in great respect. Accordingly, I am not at all
" disturbed by seeing a dozen marquises, and two dozen
" counts, figuring on the benches of the Right; to say
" nothing of a large number of barons and chevaliers.
" Most of those who enter the Chamber as belonging to
" the Clerical party will leave it as mere Conservatives.
" This transformation will, in a given time, make a
" ministry of the Right possible; and perhaps it will
" be an advantage for the country; while it will pro-
" cure for me the immense advantage of being able
" to go and spend some time with you.

" The unfavourable side of the question is to be found
" in the part which religion has been made to play in
" this affair. Prelates, urged on by Rome and Paris,
" have organised a real conspiracy—'*more*' Mazzini.
" Secret committees and numerous associations have
" been organised, with the assistance of the bishops
" and *curés* throughout the kingdom. The *mot*
" *d'ordre*, issued from · the Central Committee,
" spreads with the rapidity of lightning throughout
" every *commune*, after passing through the Episcopal
" Palace and the Presbytery.

" The Committee has decided upon employing
" every available spiritual weapon for the purpose of
" influencing the electors. The confessional has
" been converted into a professor's chair for the
" purpose of indoctrinating the faithful. Priests

R 2

" have been authorised to draw largely upon Para-
" dise and Hell. Rome has, for this purpose, opened
" them an unlimited credit on the next world. The
" result is that the Liberals are in a state of extreme
" irritation against the clergy, and that there will be
" as much difficulty in restraining them as in com-
" bating their adversaries.

"I do not despair of success, but I do not shut my
" eyes to the dangers to which the government is
" exposed; the slightest false step, right or left, may
" upset our boat."

As the boat did not upset, we may conclude that
the Ministry did not make any false step; if by
chance it had made one, I conclude, from the tone
of the letter, that it would not have been from
leaning too much to the Right. At all events,
Cavour consoled the Liberal party as well as he
could; while they, disappointed at the result of the
elections, gave vent to their feelings by excluding
from the Chamber a certain number of canons,
who had been elected under the provisions of an
obscure law. Whether the law was so obscure as to be
in need of a fresh mode of interpretation, I am not
prepared to affirm; the less so, as the interpretation
which the majority adopted was to repeal the law
and enact another in its place. It might perhaps be
a question whether this measure, to which its opponents took care to attribute an *ex post facto* operation, did not savour a little of the arbitrary. But on
this point Cavour one day enlightened me, in a way
to dispel all my doubts. "After all," he observed,
" we could not have a Chamber entirely composed
" of canons:"

While the Right, although suffering from the loss of a certain number of canons, still formed a respectable opposition, the Republican party, the remnants of which had been electrified by the war in the East, showed symptoms of a return to life by one of those sudden *escapades* for which it is so distinguished. "Mazzini," writes Cavour, "has "just been indulging in one of his mad enterprises at "Genoa. It was suppressed even before it was begun "to be put into execution. Although it had no real "chance of success, it was not ill combined. The "universal indignation which it has excited will justify "us in taking severe measures with the Mazzinians, "who, although they are not to be feared, are very "troublesome."

The most important result of the attempt at Genoa was the resignation of Ratazzi, who was accused of want of foresight and want of energy; even the Liberal party was quite prepared to find fault with the Home Minister, who, in the recent elections, had not succeeded in counteracting the intrigues of the Right. The services rendered by a man who, during more than four years of office, had always shown great administrative qualities, and unusual activity, were forgotten ; while Novara was remembered. At Paris, the events of 1848 were adverted to ; and it was whispered that he had been an accomplice. Sacrificed to the exigencies of a position of affairs which seemed too much for him, Ratazzi left a blank in the Cabinet which it would have been difficult to fill up, had not the time been fast approaching when it was essential that all the powers of the State should be centred in one person, and all measures guided by one mind. Cavour, President of the Council, Minister of Foreign Affairs, and Minister of Finance, now took upon himself the duties of the Home Office.

After the resignation of Ratazzi, towards the end of 1857, a marked change took place in Cavour's policy. Without ceasing to be liberal and constitutional, and to be supported by the majority, his policy became more exclusively Italian; it emanated more especially from himself, and it was more imperiously imposed upon parliament, who obeyed him as a master rather than followed him as a leader. The majority increased in numbers every day; and faith in Cavour spread far and wide. Such faith on the part of a nation which looks to a single man for the accomplishment of its destinies, so thoroughly changes the nature of the parties which it sways, as apparently to put an end to them. Accordingly, in Italy, at that time, there was but one policy—I had almost said one religion—namely, the will of Cavour. To refute the most eloquent harangue, one word, one gesture, one smile from him upon whom all eyes were turned, was sufficient. The Constitution was reduced to a mere machine; the spirit by which it moved was a thing apart. Little by little, Cavour arrived at the point of standing alone, at such an elevation above the Chambers, that they seemed to serve no other purpose than that of recognising a power, henceforth, beyond the reach either of their support or attack.

I have said that Cavour announced war more, perhaps, than he believed in it. As early as 1856, he had convinced himself that the feelings of the

Emperor Napoleon towards Italy were full of good-will; and that these feelings were encouraged by Prince Napoleon. He knew that, being certain of the support of France, a general conflagration might be turned to account by Piedmont; and that, at all events, she ran no risk of being abandoned, in the event of a conflict with Austria arising out of some sudden and unexpected incident. He considered, therefore, that he was entitled to look upon the chapter of accidents as favourable to him.

In order to reconstitute Italy war was a necessity, and he believed in it. He was not satisfied with announcing its approach, he led the country to wish for, and to fit itself for war; governing, quieting, and disciplining the nation by the prospect of coming battles, and of a sure deliverance. It was this prospect which established his dictatorship as it had inspired his policy—a policy which, as I have already stated, was exclusively Italian; having one object only, to which everything at home and abroad was made subservient; one governing principle only, in the presence of which all former opinions and principles vanished. To isolate Austria, this is the beginning and the end of the policy of the Foreign Minister. He makes every effort to bring back England to his side, he endeavours to conciliate Prussia, he succeeds in gaining over Russia; and, without any concealment, he befriends the Moldavians, the Wallachians, and the Hungarians—all who were enemies of his enemy. The Minister of the Interior holds in his hands the several wires of the administration, all ready to be pulled on the slightest notice; at the other extremities of the wires are Tuscans, Lombards,

Romans, who occupy posts, fill missions, people the
University and the Chamber. Although Turin is
not yet the capital of Italy, it is the capital of the
Italians. At the same moment when Cavour is
giving Piedmont to the Italians as their country of
to-day, he is pointing out Italy to Piedmont as its
country of to-morrow. He smoothes down his relations with the clergy, he conciliates the Right, looks
to their ranks for councillors and ambassadors, pub-
lishes letters of Joseph de Maistre breathing hatred
against Austria, and full of ardour for the independence of Italy. Thus he flatters the *amour
propre* of a violent and hostile party, and if he does
not ensure its concurrence, he disarms its opposition.
He makes an appeal at one and the same time to
revolution and tradition; to feelings of liberalism,
to feelings of nationality, to feelings of monarchy,
all intermixed for the purpose of defending a cause
equally dear to all. Again, the Minister of Finance
is lavish of public money. The army, the navy,
great public works, are increased to an extent quite
disproportioned to the resources, to the real wants of
Piedmont. Million after million is voted for the
construction of vessels, for the increase of the
artillery, for additions to the army, for fortifications,
for the tunnel through the Mont Cenis. At this rate
war became necessary, absolutely and speedily.
Everyone came at length to wish for it; those who
were wanting in enthusiasm wished for it out of
weariness. The King, with his hand upon his
sword, was eager for the fight, and asked whether
he was to wait much longer. The nobility followed
the King. Cavour's star never shone with so brilliant

a light, in so clear and radiant an atmosphere. There was only one cloud on the horizon. The cloud was still light, but it was getting darker, and looked threatening. England was becoming more reserved, more bitter, more hostile. There was but one man in London upon whose sympathies and support Cavour relied; and that friend of Italy, Lord John Russell*, was then unfortunately, for the first time during the last twenty-five years, a stranger to the ministerial arrangements of his own party. When, therefore, at the beginning of 1858, the Tories, from whom Piedmont could expect nothing, replaced the Whigs, Cavour had long ceased to expect anything from the latter, who, when in opposition, so far from modifying their policy with respect to Italy, made use of it as a lever to damage their adversaries, who were in reality more favourable to Cavour, more impartial, and less vehement. " Have you remarked," he wrote, " the atrocious trick which Lord Pal-" merston has tried to play us? He has endea-" voured to gain popularity at our expense, and to " turn the affair of the port of Villafranca to account, " in the same way as his friends, last winter, endea-" voured to take advantage of Lord Ellenborough's

---

* The following is the opinion that Cavour entertained of Lord John Russell in 1848 : "I openly declare, although at the "risk of being still farther accused of *Anglomanie*, that Lord John "Russell is the most liberal minister of Europe. For thirty years "and more, whether on the benches of the opposition or in office, "he has always shown himself faithful to the cause of liberty and "progress. He has never ceased being the champion of the most "generous principles." (Speech pronounced in the Chamber of Deputies on October 20, 1848.)

" famous despatch." The attitude adopted by England was a just cause of anxiety to Cavour, who was less alarmed at any possible direct consequences it might produce, than he was at the moral effect it might have upon Europe, and especially upon the decisions of the Emperor Napoleon. The fears, therefore, that he entertained were serious, though far from being so great as those of the people, who were convinced that, on the first shot being fired, England would take part with Austria. In March, 1859, I happened to be at Genoa with a friend, and we were looking upon the port crowded with vessels bearing the Sardinian flag. "They have not much to do," observed a boatman who was rowing us about the harbour. "Why not," I replied, "what do you say to the war? If France is with you, are you going to be afraid of Austria at sea?" "Austria? Certainly not; but England." "And do you suppose that England is going to war with you?" "I can't say," retorted the sailor, "but I know this, that you will not persuade a single owner of a vessel to freight his ship for Liverpool; he might send it to Marseilles, perhaps. Look there," continued he, pointing to a British frigate which was dancing up and down at the mouth of the harbour, "there is one waiting now."

The winter of 1857–8 was a severe trial to Cavour. The agitation occasioned by Orsini's attempt, the discussion on the law which in Piedmont was consequent upon that attempt, and was somewhat similar to the bill which occasioned the downfall of Lord Palmerston in England; the great increase in the number and importance of the communications

with Paris, his labours and his anxieties, made
some rest absolutely necessary. In the following
summer he wrote to my father : " If I can con-
" trive to get free for a fortnight, I shall take ad-
" vantage of it to pay a visit to Geneva, and to make
" a little tour in Switzerland. If I am able to
" accomplish this plan, which I have long coveted, it
" will be about July 10. . . . . I am very tired, but I
" believe that a few days' rest will set me up."

He arrived accordingly, at the beginning of July, at
Geneva, and was there the object of a popular ovation
which seemed to gratify him, and to which he replied
by a speech warmly appealing to the sympathies of
Switzerland in favour of Italy. He did not long
enjoy the rest he came in search of. He had hardly
been a few days at Geneva before he had to set off
for Plombières. There, however, he found what was
better than rest, compensation for all his fatigues,
and fresh energy, in the positive assurance that all
his hopes would soon be converted into certainties,
into joy and triumph.

I was absent from home at that period. On my
return to Presinges, I looked in vain for a book
which had recently been published in England, and
which had been lent to me by a friend. Had
the book been my own I should not, perhaps,
have taken so much trouble about it. It was a thick
volume—" The Introduction to the History of Civilisation in England," by Buckle. Some days later, my
father meeting Cavour at Zurich, on his return from
Plombières, ascertained that the volume which had
given me so much anxiety was in his possession.
Cavour had carried it off to read on the journey, and

was not inclined to return it until he had been able to finish it. It was not till six weeks later that the book found its way back with this note : " I have just sent " off Buckle's book through the Intendant of Annecy, " with a request that he would forward it to you ; " and I hope you will obtain Mr. Haldimand's forgive- " ness for having kept it so long. Pray tell him, as " my excuse, that I wished to read it from beginning " to end ; which is no such easy matter with the work " of two departments on one's hands.

" Notwithstanding its absence of method, great " length, and want of clearness, it is a book that " deserves to be read ; for it marks, in my opinion, a " change of direction in the English mind, which " cannot but have very remarkable results. If I " were not minister, I should endeavour to write an " article upon it."

That Cavour, in the month of September 1858, should read the six hundred pages of Buckle's book, and consider how it might form the subject of an article, seems to me worthy of notice.

Cavour had gone to Plombières, in strict *incognito*, provided with a passport in which his name did not appear. On his return he everywhere announced that there would be war. The object and result of his conference with the Emperor, which at first it would appear was to have been kept secret, was no longer a mystery. As to the particulars of the interview, there were but two persons who could have raised the veil, and of these only one survives. Of the provisions of the treaty that was concluded, the following may be considered as matters of history : the creation of a northern kingdom of Italy, extend-

ing to the Adriatic, and including the Duchies of
Parma and Modena ; the limits of Tuscany increased
by that portion of the Pontifical States situated on
the north side of the Appenines ; lastly, in return for
this, the annexation of Nice and Savoy to France.
It has been reported that there was a question of offer-
ing the northern part of Savoy to Switzerland, in exchange for the canton of Ticino, but such a project
would have greatly lessened the sympathies of Switzerland for the cause of Italy, sympathies which were
so little appreciated.   What seems certain is, that
Cavour wished to induce Switzerland to enter into an
alliance with Piedmont, but that he was dissuaded
from it by the Emperor.   " I know the Swiss," the
Emperor said, " better than you do ; there is nothing
to be done in that direction."   Cavour did not
persist, but he still held to his opinion.   In 1859
he asked me more than once what I thought Switzerland would do in the event of Garibaldi being
compelled to seek refuge in the territory of the confederation and being pursued thither by the Austrians.
" Switzerland," I told him, " would oppose the entry of
the Austrians." " That, then, would be a case of war ?"
said he.   " War, no doubt ; but a case of war, what
do you mean by that ? " I asked.   " That Switzerland
should march upon Milan," was the reply.   Upon
which I observed, that it seemed to me that it would
be difficult for Switzerland to consider it such a case
of war as he had described ; that such a violation of
territory, provoked and pre-arranged, would be a
still greater snare for Switzerland than for Austria
herself.

At Plombières, then, war was resolved on, and

the object of the war precisely determined. It is probable, however, that one article of the convention—and that the first—will always remain unknown, having been obliterated by subsequent events. I mean the article that fixed the nature, place, and time of the first explosion. The Emperor's speech to M. Hübner, on January 1, 1859, surprised Cavour just as much as it spread consternation on the *Bourse*, and the Emperor himself was not prepared for the effect produced by the utterance of a few words, which, as he declared, had no reference to the affairs of Italy. However, that may be, these few words, looked upon as the prelude to approaching hostilities, put Austria upon her guard, took Piedmont by surprise, found France unprepared, and must have disturbed all previous arrangements. What were those arrangements ? Upon this point all conjectures are permissible. But, apart from political stipulations, the following anecdote has the merit of being authentic ; besides having its unknown element. The Emperor said one day to Cavour, at Plombières, " Are you aware " that there are only three men in Europe ; we two, " and a third whom I will not name."

Eight months of violent crisis for Piedmont and Cavour intervened between the reception on New Year's day at the Tuileries, and the peace of Villafranca. It was a period of incessant and prodigious labour, of protracted and poignant emotion, of supreme efforts. Before the war broke out, down to the very hour so anxiously expected, and which now had at last arrived, all the preparations seemed insufficient, the measures incomplete, the resources and

the armaments insignificant, when compared with
the greatness of the danger so often invoked. It
was that anxious moment which marks the transition
from conception to execution; when, on its very
threshold as it were, the most far-sighted perceive
how much has been forgotten, and the boldest turn
cold at the uncertainty of the prospect before them.
Having reached this moment — which, however, no
one wished to avoid—Cavour was everywhere, working day and night, superintending the enrolment of
the various corps of volunteers, attending to the pro-
visioning of the army, organising every branch of
the public service for every contingency, inspecting
Casale and Alexandria — giving precise orders to
the agents of the Home Office, and written instructions to those of the Foreign Department, and
sending off numerous and long despatches, all in his
own handwriting; at the same time watching with
anxiety every change in the politics of Europe, every
turn and oscillation in public opinion, attentive to the
slightest rumours and to the smallest incidents, reading the English newspapers, treasuring up some
expressions emanating from Berlin; informing himself of what was passing at Florence, at Bologna,
at Parma; uneasy as to the attitude of parties
in France; his faith, on one occasion, but on one
only, shaken in the Emperor himself. To all this,
a thousand minor details have to be added: conferences with the English Minister, who advises
and protests; with the French Minister, who advises and dissuades; with some traveller fresh
from Paris; interviews with great and small, with
envoys on the eve of departure, with intendants,

with volunteer leaders, with Tuscans, with Lombards who entreat to be allowed to serve in the ranks; in a word, with all the world. At all hours of the night, couriers and telegraphic messages. Hardly in bed, when he has to get up again, to unravel long documents in cipher, and to reply to them. What enormous fatigue, how many causes for weariness of mind, for discouragement and irresolution. But amidst so many trials one great agony was spared him. He might entertain doubts of Europe, of France, of the war, of success; but that cruel doubt of self which sometimes takes possession of the strongest minds was unknown to him. One day, at Turin, when there was a talk of a Congress, on going to Cavour's house, I saw his valet in the ante-room, reading the papers. "So," I observed, "we are to have peace." "Peace!" he replied; "nothing of the kind; the newspapers don't know what they are talking about; Monsieur le Comte is in too good spirits for that!"

Of all the anxieties which pressed upon Cavour at this period, the greatest and the most natural was occasioned by the opposition which the Emperor's designs appeared to meet with, from a nation with whom the war ought to have been doubly popular. If there was a cause capable of awakening the warlike instincts of France, where was it to be found if not in that Italian cause, the theme, for the last thirty years, of the declamations of flatterers of public opinion? Were these instincts so completely dormant, that no cry of liberty could rouse them, no battle-cry awaken them from their lethargy? "We "have been led on by degrees," said Cavour, in a

letter to me of March 20, 1859, " to undertake a
" just and glorious task, but an exceedingly perilous
" one. We had not sufficiently taken into account
" the selfishness developed in modern society by ma-
" terial interests. In spite of this obstacle, I trust
" we shall succeed. Italy is ripe. The experience
" acquired in 1848 has borne its fruits. There are
" no Guelfs or Ghibellines now. With some trifling
" exceptions, from the Alps to the Adriatic there is
" but one banner — that of Victor Emmanuel."

It was about the same period that the valet whom
I have just mentioned went one morning into the
room where Cavour was at work, to say that there
was a man below who asked to see the Count. " What
is his name ? " " He would not give it. He has a large
stick, and a broad-brimmed hat ; but he will have it
that Monsieur le Comte expects him." " Ah ! " replied Cavour, rising from his chair, " let him come
" in. . . . ." That man was Garibaldi, just arrived
from Caprera. Cavour had always entertained a good
opinion of Garibaldi. I remember formerly, with
reference to the affairs of Montevideo, Cavour describing to me, in terms of sympathy and praise, the
chequered life of one who at that time passed for a
gallant adventurer. The events of 1848 had brought
Garibaldi back to Italy, where he increased his reputation for personal bravery ; and where he displayed
a degree of military capacity for a long time questioned by professional men, to whom the fame acquired by a general whose name was not to be
found in the army list gave umbrage. At the siege
of Rome, he deserved to become the hero of Italy.
In 1859, Cavour had two reasons for strongly desir-

S

ing the cooperation of Garibaldi — the one purely
political, arising out of his position as head of a
party which his defence of Rome had given him;
the other arising out of a just appreciation of
the services to be expected from an able soldier,
and one brave even to rashness. Garibaldi would
be certain to carry with him the majority of the
Republicans of Italy ; and this was a great object
to attain, anxious as Cavour was that all the living
forces of the country should be made to contribute
to the national work. Hence the enrolment of the
volunteers. But it required all Cavour's firmness,
and especially all his power, to overcome the impediments he met with, not only from the War Minister,
who considered that this corps would prove an element of military disorder, but also from civilians and
the diplomatic corps, who looked upon it as an
element of political disorder. I remember having
heard Cavour complain, on several occasions in 1859,
that he could not obtain the uniforms, ammunition,
and arms, which he had been promised for the volunteers. Moreover, he laid great store upon these
irregular bodies, trusting to their striking the first
blow, and thus opening the campaign by some
achievement that would redound to the glory of
Italy. "We must," he repeated, "be the first in
"the field; we must fire our first shot before the ar-
"rival of the French. . . . ." And he studied the
map in search of the route which Garibaldi was not
long in tracing for himself.

I said that on one occasion, and on one only,
Cavour had feared that there might be some hesitation on the part of the Emperor. That single occa-

sion was about the 20th of April, 1859, when a
telegraphic message, laconic and imperative, arrived
from Paris. It was in these words, " Accept immediately the preliminary conditions of Congress, and
answer by telegraph." These conditions were, the
disbanding of the volunteers, the cessation of all warlike preparations; in other words, a general retrograde
movement, the financial consequences of which Piedmont was as little able to bear, as Cavour was to
brave its political effects. Cavour's omnipotence
was owing to the confidence he inspired, a confidence which almost amounted to religious faith;
which admitted of no discussion, gave rise to no
contest; which was such that when " *he* answered
for everything," it made men inaccessible to the
slightest feeling of alarm. This blind confidence,
this faith which he had called forth, and which
he obtained from a nation at variance on so many
points, but unanimous in their belief in him, and
submitting to the discipline which the Dictator of
their choice imposed upon them, made success not .
only an imperative political necessity, but a sacred
obligation. To stop suddenly in that course, into
which he had precipitated his country four months
since, to retrace his steps, was to have been tricked,
to have been deceived, to be ruined. On receiving
the injunction to accede to the conditions of the Congress, Cavour staggered at first under the blow;
for an instant he felt undecided, rebellious; then
he silenced his suspicions and submitted, and his
answer, written in his own hand, which had perhaps
signed the destruction of his glory and power, flew
back on the telegraphic wire. Forty-eight hours

later, two officers in white uniforms traversed the
streets of Turin.   They brought with them the ultimatum of Austria.

War was to Cavour both triumph and repose; it
was the crowning point of his policy, and set his
mind at rest.   No doubt it entailed upon him other
labours, and other cares; but however heavy these
might be, they seemed light to one whose mind
was emancipated from the feverish excitement of
expectation and the agony of doubt.   The work,
however, was severe.   On setting off to take command of the army, General Lamarmora had left
his department in the hands of Cavour, who thus
became Minister of War, in addition to the other
offices which he already filled.   The opening of the
campaign had no doubt greatly simplified matters in
the Foreign department.   It put an end to all reserve,
to all finessing, to all shades of opinion, and it reduced
the communications with the powers of Europe to
a few circulars.   In fact, the Gordian knot once
cut, there was nothing left for diplomacy to do.
On the other hand, in time of war and on the theatre
of the struggle, the civil administration of the country
was so often in close connection with the administration of the army, if not in subordination to it, that
it was a real advantage to have the Home and War
offices placed in the same hands.   Far from being in
each other's way, the two departments, guided by the
same head, were an assistance to each other.   But
yet the task was complicated, and was rendered
both more laborious and more delicate by the presence of the French army, the commissariat of which
naturally required assistance from the Sardinian Go-

vernment. Cavour performed his new duties with the ease and vigour, the care and success, which always attended his own direct and personal superintendence. He was at length able to arm, pay, and feed the volunteers as he liked, and that without prejudice to the army, whose wants of all kinds were supplied with the greatest regularity. While Cavour was taking care that there was no deficiency in the supplies, that the arsenals were amply provided, that the railroads were at the disposal of the Government and in an efficient state, that blanks in the army were filled up by new levies, and hospitals in readiness, he had also to attend to the organisation of the provinces annexed to Piedmont by the victories of the allies, to bring them at once under the institutions of the old territory, to set them in the right way, to carry on their administration, to constitute and unite them. On the same man, whose vigorous frame had to bear these accumulated burdens, the political direction of Italy also rested—not the general conduct of affairs only, but what was still more complicated and difficult, the conduct of men's minds. But I must stop: I will not pretend to enumerate all that was accomplished by Cavour during those few rapid weeks when he reaped the harvest so laboriously sown. Such labours were enough to overwhelm any other man, but his active spirit seemed to find relief in them, as a farmer finds relief when he surveys and gathers in his numerous and heavy crops.

CHAPTER XIII.

CAVOUR'S VISIT TO GENEVA AFTER THE PEACE OF VILLAFRANCA
— RECOVERS FROM HIS DEJECTION AND FORMS NEW PLANS —
HIS RETURN TO POWER — HIS LETTERS — ANNEXATION OF NICE
AND SAVOY — GARIBALDI'S EXPEDITION TO SICILY — OATH OF
ALLEGIANCE OF ITALY TO VICTOR EMMANUEL — SPEECHES OF
CAVOUR ON ROME AND VENICE — MADME. ALFIERI.

ON one of the first days of August 1859, the steam-boat which plies along the Savoy side of the lake of Geneva landed one of its passengers at the port of Hermance. He walked with a quick step towards a small country-house where I was in the habit of spending part of the summer; but finding it shut up, he sent his servant to enquire in the village for some conveyance to Presinges, which was about two leagues distant. After the lapse of half an hour, the servant returned with a country cart, drawn by a farmer's horse, the only conveyance of the place, and driven by its owner, who apologised for being unable to do better. "Why apologise? it will do very well," said the traveller, as he leapt into the cart, and placed himself with the two others on a seat, behind which his modest luggage was stowed away. They started; the vehicle was rough, and the road in many places stony; but the horse, filled with oats, trotted well, and the driver made free use of his whip. As they went along at a devil's pace, as the traveller afterwards called it, he looked about him, made observations on the appearance of the country and on the state of the harvest, and questioned his neighbour as to the nature of the soil and the various crops, the value of land and the return it gave, and showed all the knowledge of an experienced practical man. On reaching Presinges he got down, shook off his stiffness, thanked the owner of the cart, who steadily refused all payment, and entered the hall, where he learnt that all the family were at Geneva. Not the least discouraged, he set off again on foot for the house of my uncle, which was not quite a mile from that of my father. The distance was not great, but the road was up hill, and the heat oppressive. The traveller took off his coat, and after ten minutes' walk, turning round to the front of the house, he went straight to the drawing-room door, opened it, and on meeting my uncle, who hurried towards him, embraced him warmly. He then threw himself into an arm-chair, and asked for a glass of iced water. This visitor in shirt-sleeves has no doubt been recognised as the vanquished of Villafranca.

Cavour was not taken entirely by surprise at Villafranca. He had already been anxious for several days. Without, however, being apprehensive that peace would be concluded so soon and so suddenly, he was nevertheless alarmed at certain symptoms of weariness and hesitation in the prosecution of the war. On receiving the first intelligence of the armistice, he set off for the camp, where being at once introduced into the presence of the Emperor, he did not disguise his feelings of pain and resentment; and when he arrived in Switzerland, these feelings were still at their height. Staggering under the blow which had just overturned the scaffolding of his policy, which had destroyed his half-realised hopes and his half-accomplished designs, looking out in the midst of the ruins for some fresh path which he was unable to discover, disappointed, wounded to the quick, he gave vent, according to his custom, with perfect openness, to his feelings. Yet, notwithstanding his irritation, which he made no effort to conceal, I never heard him attribute the sudden veering round of the Emperor to any secret arrangements, or to any interested views. "He yielded," Cavour said, " to " the pressure of certain persons around him, who " were impatient to return to Paris, to the fear which " the heat of the climate made him entertain for the " health of his army, and to the repulsion he felt at " the sight of battle-fields—these were the motives " which decided him. He gave me excellent reasons " for not making war, but not one good one for " making peace."

But during the first days after Cavour's arrival in Switzerland he was in too great a state of agitation to care about being impartial. The fever of his mind showed itself in his appearance. He was not in a state of dejection, but of revolt; absent, pre-occupied, moody, apparently turning over in his mind his ruined projects, recurring to his previous combinations which were at an end. He returned, however, rapidly to his natural state; and with it came oblivion of the past, which it was now useless to contemplate, with it fresh hopes, other plans, a new policy, a new plan of campaign. His temperament was too elastic to remain long depressed, and in less than a week after his arrival his habitual calmness of judgement returned. " We must not look " back," he would say to us, " but forwards. We " have been following a path which has been cut " short ; well, we have only to follow another. It " will take twenty years to do what might have been " accomplished in a few months. We cannot help it. " Besides, England has as yet done nothing for Italy. " It is her turn now. I shall look after Naples. I " shall be accused of being a revolutionist ; but, above " all, we must march forward, and we shall march " forward ! "

Thus Cavour was not long before he came to appreciate thoroughly the situation in which Italy was placed by the conditions of a peace, the last words of which were so far from having been uttered ; and he perceived how that situation, so full of contradictions and consequently of resources, might be turned to account. He came to the conclusion, that France could not so far contradict herself as to allow a diplomatic settlement to be forced upon Italy, which would practically nullify all the moral consequences of her victory. In order to make the war bear real fruits ; in order to found a kingdom, not the one which had been intended, but one which by its extent should be a real step towards an united Italy ; in order to create an Italian kingdom out of Solferino and Magenta, in spite of Villafranca, it was enough that Italy should will it. Henceforth, Cavour was clear as to the path he had to follow ; it was a tortuous path, beset with difficul-

ties and obstacles which must be surmounted or
avoided, leading through dark defiles which must be
encountered silently, as if in the dead of night, but
it was the only path which led to the independence
and unity of Italy ; and Italy, left by the too sudden
termination of the war, as much exposed as ever to
the menaces of Austria, could, henceforth, become
free only on condition of being united. The policy he
had to inaugurate was very different from that which
he had hitherto adopted. It was a policy full of
complications ; sometimes slow to the extent of being
stationary ; at others rash to the extent of defying all
Europe ! At one time pushing forward events without appearing on the scene, at another throwing off
the mask without scruple—a policy which it is impossible to define, but of which Cavour described the
spirit when he said, a few days before his return to
Turin, during a conversation on the events that had
occurred, " Well, they will force me to pass the re-
" mainder of my life in conspiring."

If the part that Cavour had to play was changed,
his personal position was no less so. The treaty of
Villafranca, by dividing public opinion, had weakened
the instrument upon which Cavour relied ; and it
had also lowered the prestige, and with it the power
of the minister in whose despite it had been concluded. Faith in Cavour was shaken by his inability
to prevent the peace. Henceforth his character
would be discussed, his measures attacked ; parties
anxious to recover their liberty would hasten to
throw off the yoke under which they had been compelled to bend, and to escape from the dominion of
a man who had held them by the power of his will.

A valiant and popular soldier was already surrounded by impatient and ardent spirits, by partisans, by organisers of plots, by all those elements of opposition so formidable to any policy which required tact and was founded upon moderation. Then there were the sincere and active partisans of a confederation, some actuated by love for the deposed princes, others by national feeling. Even at Turin, in the Chambers, and around the King, Cavour had enemies who were raising their heads, accusing him of being inordinately ambitious, and of having encouraged revolution, and thus indisposed the Emperor towards Italy. The foreign relations of Italy were also greatly changed. Those European powers who had looked upon the war with displeasure, which fear of France had alone kept in check, would certainly not be in a humour to tolerate its renewal by that State which they hated the most and dreaded the least. They would not allow Sardinia to infringe, in the slightest degree, stipulations which they considered only too favourable to her. It was also evident that the French Government itself, out of a natural feeling of generosity towards a vanquished enemy, and in consequence of the reaction which always follows any violent course of proceeding, would for a time, at least, incline towards Austria, would turn a deaf ear to the claims of Italy, and be strongly opposed to any enterprise in which she saw a condemnation of her own conduct, and a proof of ingratitude. England alone, where, by a sudden change of feeling, public opinion during the war had declared itself in favour of Italy, with a vehemence which was only increased by the peace of Villafranca—and where, in consequence, as it seemed, of the successes of the French and Piedmontese armies in Lombardy, a Whig ministry, with Lord John Russell as Foreign minister, had been brought into power—England alone might offer to Piedmont a warm and unreserved support. But that support would be one of moral influence alone, calculated to have some weight in the decisions of France; but insufficient to counteract them, and more likely, perhaps, to hurry them on, than to arrest their course. Thus, on every side, abroad and at home, there were difficulties and dangers of an opposite kind, none of which could be escaped from without encountering a host of others. But, as Cavour had said, " they must march for- " ward." The stipulations of Villafranca, admirable if they had preceded the war, were inefficacious at its close. A stroke of the pen will arrest the march of armies, but it cannot arrest the march of peoples. Submission, whether from sheer exhaustion and want of confidence in herself, or from a vain reliance on hopes which had no foundation; in either case submission was a course full of danger for Italy. To conspire therefore, and to induce the whole country to join in the conspiracy, was, as Cavour thought, a matter of necessity. That it should be a necessity, was enough for him. He undertook to set the conspiracy on foot, and to conduct it. Towards the end of the year, he replaced Ratazzi.

During the last six months of 1859, affairs had taken a more definite shape, and, in some respects, a more promising one. Baron Ricasoli, by his boldness in assuming the lead, and by that resolute firmness which made him at a later period the worthy

and chosen successor of Cavour—had kept Tuscany
intact and united. In the Duchies, M. Farini, by his
energy and skill, had justified the high opinion ever
entertained of him by Cavour. The mere prolongation of these provisional governments conferred upon
them a sort of prescriptive right, which was favourable to them, but it soon became necessary to give
them a distinct character of permanence which
might put a stop to agitation, allay anxiety, restore
confidence, and discourage intrigues and hostility.
To attain the object in view, the acquiescence of
France was necessary; but this object was a direct
violation of the Treaty of Zurich, which had just
solemnly confirmed the stipulations of Villafranca.
It was difficult for the Emperor's government to
grant its acquiescence, but it was still more difficult
to refuse it. England was giving vigorous support
to Piedmont, and urgent with France in her favour.
"I found on my arrival," writes Cavour, "that
"matters were upon the whole improving. What-
"ever X—— may say, no one now dreams of
"restoring the Grand Duke of Tuscany. The French
"minister himself, who is Walewski all over, has
"singularly changed his tone. He passes sentence
"upon the House of Lorraine, and confines himself to
"resisting the union of Tuscany and Piedmont." This
was written in October. In December he says: "The
"Emperor's feelings are becoming decidedly more
"favourable to Italy;" and, a few days later, when
the reassembling of a Congress appeared to have
been resolved upon, and even the date fixed: "If
"you make a trip to Paris this winter, you will find
"me at the 'Hotel Bristol.' I have engaged the apart-

"ments occupied by Count Buol in 1856, with the
"object, as ever, of invading Austrian territory."
His confidence had returned, and with it his playful-
ness.   In the same letter from which the above lines
are extracted, Cavour, in answer to a question which
I had been requested to put to him by the lessees
of a railway from Geneva to Annecy, says: "You wish,
"I conclude, to know my opinion of the Annecy rail-
"way in a financial point of view; in other words,
"whether the shares of the company will be placed,
"in Baron Rothschild's catechism, among the good
"or bad.   I will not give you a diplomatic answer,
"but will say at once—that the shares of the railway
"from Geneva to Annecy will be classed amongst
"the most objectionable, if the tunnel through the
"Mont Cenis does not succeed; and among those
"which are dearest to good souls, if it does.   Now,
"will the tunnel succeed?   To that I reply that
"I have unbounded faith in the success of the
"undertaking; but that, like all believers, my faith
"is blind — that is to say, it is not the result of
"solid reasoning.   I thank you for having made
"me acquainted with M——'s opinion on Central
"Italy.   It gives me more courage to encounter
"X——, who, in his capacity of *neo-devotee*, can
"hardly be favourable to my mission at the Con-
"gress."

The literary event by which the expectations of
diplomacy throughout Europe were frustrated is
well known.   The Pope and the Congress appearing
to be incompatible, the Congress did not take place.
France, set at liberty by the refusal of the other
powers to cooperate with her in the settlement of the

affairs of Italy, recovered her power of action, and thenceforth held the balance in her own hands; and the side to which it inclined was decided by Cavour throwing into one of the scales Nice and Savoy.

The annexation of Savoy to France excited too strong and too just a feeling in my own country to make it possible for me to review coldly the act by which Cavour, in contempt of the rights of Switzerland, alienated a portion of the states entrusted to his care. That the cession of two territories of small extent was but a slight compensation for the sacrifices France had made for Italy, I admit; that the final establishment of a considerable kingdom south of the Alps gave to that power by whose means this kingdom had been brought into existence the right to insist on substantial guarantees, I do not deny; that, for Savoy itself, it was better to become a French department than an Italian department is at least plausible*: but that precise reservations should not have been made for the express purpose of upholding engagements, which were all the more sacred from the circumstance that the country to which they bound Piedmont was comparatively

---

* In 1847, Cavour says in one of his letters, with reference to a certain agricultural undertaking : " You must not think of Savoy. " It would be far better to remain in Switzerland or go to France. " In Savoy's present state it would not answer. If she changes, it " will be to become French, and in that case, it is just as well to " go at once to France."

In 1858, he says: " I don't talk to you of Savoy ; I confess that " her ingratitude towards the Government has deeply grieved me. " Her answer to our conciliatory policy, and our efforts to deve- " lope her resources as rapidly as possible, has been the choice of " men as hostile to us as she could possibly find."

feeble and disarmed, can alone be excused by political necessity; and that is precisely what, in my opinion, condemns it.

I pass on; and, without dwelling on the successive incorporations, the internal organisation, the fusion of the Italian provinces into one State, I come to the last of the great events which were either instigated by Cavour, or the direction of which was subject to his influence. Towards the middle of April 1859, Garibaldi left Turin for Nice, in order to encourage the resistance of the people of that town to the proposed annexation, on which they would soon be called upon to vote. To go from Turin to Nice, one must pass by Genoa. On getting out of the carriage at Genoa, Garibaldi made an appointment for the same evening with a friend, with whom he intended to continue the journey. The evening came, but not Garibaldi, who merely sent word to his travelling companion that he was detained at Genoa. About a fortnight later the "thousand men" were sailing for Sicily.

It is evident that Cavour was neither ignorant of, nor prevented Garibaldi's expedition. Was he unable or unwilling to do so? If he was unwilling, I am inclined to think it was because he felt that he would be powerless to prevent it; and that he was averse to an open rupture with Garibaldi, who was backed by national feeling, while at the same time he was quite disposed to admit into his political combinations the eventual fall of the Neapolitan monarchy. The impediments which Government was supposed to have placed in the way of the enrolment of the volunteers, of their equipment, and of their embarkation, are all mere illusions. I said that Cavour was averse to oppose the stream of popular favour which bore Garibaldi along. Perhaps he was apprehensive of being overwhelmed by it, and of losing the popularity which he had slowly acquired, and had so long enjoyed. But it was from reason, rather than from moral weakness, that he was anxious to retain his popularity; and that he avoided resisting a movement with which he naturally sympathised, and any opposition to which might prove fatal to the nation as well as to the Government. Cavour carefully preserves his popularity for the day when, in the presence of a real and pressing danger, the time is come to put it to the test, and with it to stem the current of revolution. On that day, he will not hesitate to risk it. He who gave way before a partizan leader, embarking in a dark night, with a small band of faithful followers, on an enterprise, apparently desperate; he will then impose his will, dictate his conditions to the conqueror of a kingdom, to one whose footsteps are followed by an army, and whose feet are kissed by the multitude. In vain will Garibaldi then attempt to bend that iron arm which reaches even to him; in vain will he write to the King, urging him to dismiss his minister; notwithstanding the power of his glory, of his patriotism, of the idolatry of the crowds who follow him; notwithstanding the interests and passions of which he is the representative; in vain will he then come before parliament to protest, to demand, to accuse. He will be vanquished by Cavour, vanquished almost without a struggle; and the nation, notwithstanding their love for him, will welcome his defeat with vehement applause.

T

At one moment, Cavour's power seemed to be tottering, but he had strengthened it by an act of great boldness—the invasion of the Marches. This had re-established his credit, diverted attention from Garibaldi to himself, and caused his fading popularity to shine with renewed lustre. It was an act which nothing but the daring genius which conceived it, and the state of permanent warfare of that troubled time which rendered its execution possible, was sufficient to explain. It was one of those bold strokes which could only have been ventured upon by the minister who had sent a Piedmontese army to the Crimea. Never, perhaps, were political combinations more imperious, or their requirements more inexorable than during this short campaign, entered upon without pretext, and prosecuted without scruple. It was a fearful game, but one which, with a view to an Italian king-dom, it was as necessary, as it seemed impossible, to play. Cavour surveyed his cards, played this great game, and won.

Eighteen months after Villafranca, and about one year after Cavour's return to office, delegates from the whole of Italy, with the exception of Rome and Venice, were assembled at Turin, and took the oath of allegiance to Victor Emmanuel, as their legitimate King. It was no doubt a glorious day for Cavour, when, taking his seat in that parliament which was the reflected image and sovereign leader of his newly-created country, and the interpreter of its wishes, he could at length contemplate the work he had accomplished. The increased size of the chamber, the overflowing benches, the sound of so many new accents, the sight of so many strange faces, no doubt carried him back to the day when, obscure and unpopular, he for the first time, on the eve of Novara, raised his voice in a Piedmontese assembly; and as the thought of what had been accomplished in the last twelve years passed through his mind, he must have been full of confidence as to the future.

All leisure was, however, denied him. Even if his ardent temperament had not rejected the idea of rest, his genius was still required to consolidate the monarchy, and to mould the nation to the use of freedom. " My task," he wrote to me at that time, " is heavier " and more arduous now than ever. To reconstitute " Italy, to amalgamate the different elements of which " she is composed, to bring into harmony the North " and the South, presents as many difficulties as a " war with Austria, or the struggle with Rome."

In these few words, Cavour, while he states the direction and the objects of his internal policy, indicates, by what he seems to exclude, the nature of his external policy. It is evident that neither a war with Austria, nor a struggle with Rome, formed part of his plans. Very few days after writing the lines which I have quoted, he laid before parliament his plans, his hopes and expectations, in a speech since become celebrated, and which was destined to be the most eloquent, as well as the last of the manifestoes by which he made' known to Europe the aspirations of Italy. " The star of Italy," he said, " is Rome; that " is our polar star. The Eternal City, around which " twenty-five centuries have accumulated all the " glories of the world, must be the capital of Italy. " The union of Italy, the peace of Europe, depend " upon it. . . . But, it is said, we shall never succeed

" in obtaining the consent of the Catholic body, or
" of those Powers who consider themselves its re-
" presentatives or its protectors. This difficulty can-
" not be cut short by the power of the sword; it
" must be solved by moral power, by the daily in-
" creasing conviction of modern society, by the con-
" viction of the great body of Catholics itself, that
" religion has nothing to fear from liberty. Holy
" Father, we shall be able to say to the sovereign
" pontiff, temporal power is no longer a guarantee
" of your independence. Renounce it, and we will
" give you in return that liberty which for three
" centuries you have in vain demanded from all the
" great Catholic Powers ; that liberty of which,
" by your concordats, you have with difficulty ob-
" tained some few shreds, conceded to you in return
" for the loss of your dearest privileges, and the
" diminution of your spiritual authority. Well, that
" liberty which you have never obtained from those
" Powers who boast of being your protectors, we,
" your devoted sons, offer you in all its plenitude.
" We are ready to proclaim throughout Italy the
" great principle of a free church in a free state."

A free church in a free state was a bold proposition,
to which the Church replied by a cry of reprobation,
looking upon it as a clumsy snare, a derisive offer,
or, perhaps, a rhetorical artifice. That the Church
should consider the temporal power of the Holy
Father, affirmed and exercised, but contested as it is
in the present day, as a guarantee of his liberty and
a necessary condition of his authority, that is quite
natural. But, at all events, this must be said, that
the words uttered by Cavour, and which raised

so violent a storm, far from concealing his thoughts or being a mere form used for the occasion—an ingenious but futile suggestion of the moment—went straight to a perfectly well-defined object, and were the sincere expression of a serious conviction.

This speech was made at the end of the month of March. In another speech on Venice, at a later sitting of the Chamber, Cavour called upon Italy to be patient, to treat with consideration the public opinion of Europe, which would not fail to pronounce itself so forcibly as to compel Austria to give way, or to allow Italy to have recourse to arms. Then followed the struggle with Garibaldi, the manly reply of Baron Ricasoli, the triumph of Cavour, who was nevertheless deeply pained. But we are drawing to the end — and I now give up my pen to one whose hand pressed the dying hand of Cavour. His niece, Countess Alfieri, has put down in writing her recollections of the days and nights of agonising anxiety which she passed at the bedside of him whom she admired with all the enthusiasm of an Italian woman, and whom she cherished with all the tenderness of a daughter. The following pages are written by her.

" in obtaining the

" of those Power

" presentatives or

" not be cut sho

" must be solv

" creasing con

" viction of t

" religion h

" Father, w

" pontiff, t

" of your

" give y

" centu

" great

" by

" tai

" fo

" ?

"

so violent a storm
or being a mere
genious but fr
straight to ·
the sincer
This ·
Marcl
sittir
pr

d on going to bed, and sent away
o was reluctant to leave him. To-
it, the servant, whose room was just
: my uncle, hearing unusual sounds,
recognised the hurried footsteps of his
did not venture to go upstairs; for
al months my uncle had been in the
of writing a great part of the night, or
. up and down his room, talking aloud.
ent pull of the bell soon put an end
rvant's perplexity, and running up, he
master out of bed, with his countenance
and suffering from violent internal pain.
one of my usual indispositions," said the
' and I am afraid of an apoplectic attack;
d fetch a doctor."

Rossi, pupil of M. Tarella, who for more than
years had been the friend and physician of
Javour family, was sent for in all haste.
tossi, who since the death of Dr. Tarella had
ded my uncle in all his illnesses, at first en-
roured to arrest the vomiting, but soon seeing
futility of the attempt, he ordered a first
eding, which relieved the patient. At eight in
e morning he was bled again, and at five in the
rening a third time. I did not see my uncle until
fter this third bleeding; and I found him in so
suffering a state from high fever, and so exhausted,
so unwell, and so agitated, that I remained with
him for only a few minutes. The night which succeeded this melancholy day was tolerably quiet,
and on Friday, the 31st, the fever had disappeared.
Notwithstanding the injunctions of the physician,

my uncle received the ministers, held a council
which lasted nearly two hours, and worked during
the remainder of the morning with Messrs. Nigra
and Artom.   As they were leaving I went in,
intending only to shake my uncle by the hand, but
he made me sit down by his bedside ; told me that
he felt perfectly cured, that if he had not been bled
three times the day before, he would have been ill
for a fortnight, and that he could not afford to spend
his time in this way.   " Parliament," he added, " and
" Italy are in want of me."   This idea was constantly
recurring to him, and expressed in every variety of
form during the following days when he was in
a state of delirium ; and even when deprived of all
his powers, he was animated only by the love of
his country, which he spoke of to his latest breath.
He kept me long by his side, and we conversed
on a variety of subjects.   When I had left, my
brother, wishing to compel my uncle to take some
rest, stood sentinel at his door, and allowed no one
to enter.   Towards eleven at night, seeing that
his patient was quiet, he withdrew ; but scarcely
half an hour had elapsed before he was called by a
servant, who came in all haste to tell him that the
Count had been seized with violent shiverings.   My
brother hurried back, and found his uncle in high
fever, accompanied with delirium.   He did not leave
him again.   At five o'clock the doctor arrived ; pronounced it to be an intermittent fever, and ordered
quinine ; but disorder in the bowels interfered with
the effect of the remedy.   Recourse was then had
to the ordinary mode of relief, and he was again
bled twice in the course of Saturday, June 1.   These

two bleedings were followed by a more tranquil
night than the preceding one ; but my uncle complained of intense cold. When on Sunday morning I reached his house, I found the servants in
great alarm and in tears. " The Count is lost,"
they exclaimed, " the Count will never recover ; the
remedies have ceased to act. Dr. Rossi says that
the fever has left him, but we who know him can
see how it is." Trembling, I entered my uncle's
room, and found him pale, exhausted, and absorbed.
He begged me to leave him alone, and to take part in
the fête of the Statuto, which was being celebrated
for the first time throughout Italy. I refused ; he
insisted ; but before leaving him, I asked him to let
me feel his pulse. That of the right arm was quiet
and regular. I afterwards placed my hand on his
left hand and arm, and to my utter terror I found
them cold as marble. They never recovered their
warmth. After I had left, my uncle dismissed my
father and brother, asked for the last volume of
Thiers' " History of the Consulate and the Empire,"
and attempted to read, but soon gave the book back to
his servant, saying : " This is extraordinary, I am
" not able to read—I cannot read a line." Then he
gave directions for making his bed. On his servant
remonstrating, the Count suddenly got out of bed
and said with a laugh, " You cannot avoid obeying
" me now." The violence of the movement re-
opened the wound ; my uncle tried in vain to stop
the blood, which rushed out violently. The servant's
efforts were not more successful. At length the
surgeon arrived, and succeeded in stopping the
hemorrhage. A few hours later the Count was

seized with violent fever, his breath became short, his skin was burning, and his mind began to wander; yet he continued to describe with wonderful accuracy what he had done for Italy, what remained for him to do, his plans for the future, and the bold measures he intended to adopt; exclusively engrossed by his country's interest, expressing his fear lest the news of his illness should endanger the success of the loan of 500 millions, which the State was on the point of contracting. He passed so bad a night that, on Monday morning, Dr. Rossi asked for a consultation. Whilst my brother ran to fetch Dr. Maffoni, the state of the patient became worse, his agitation increased, his breath became shorter and shorter, and his thirst so intense, that every minute he was putting pieces of ice into his mouth, or swallowing iced Seltzer water. All at once, turning to Dr. Rossi, he said, " My head is becoming con- " fused, and I want all my faculties for the important " matters I have to consider; let me be bled again, " another bleeding can alone save me." The doctor consented, and sent for the surgeon, who made another opening in the vein, but the blood failed to flow; by dint of pressure, they succeeded in obtaining two or three ounces of black and coagulated blood. The surgeon turned to me and said, " I am extremely uneasy at the state of the Count; nature is already powerless. Have you not observed that the punctures of the first day's bleeding are not yet healed?" At this moment Dr. Maffoni was announced, and his countenance fell on hearing what had just occurred. It was necessary to prepare my uncle for the consultation; he would not hear of it, declaring that he had

perfect faith in Dr. Rossi, but he ended by giving
way to the solicitations of my father and brother,
and said to me: " Call in the doctors, since you also
" wish me to see them." " Gentlemen," he added on
their appearing, " cure me promptly. I have Italy
" on my hands, and time is precious; on Sunday I
" must be at Bardonnêche, to inspect with M. Bixio,
" and other friends from Paris, the works of the
" Mont Cenis.—I cannot in the least understand my
" illness. It will not yield to the usual treatment.
" I have suffered much these last days—now I am
" free from pain, but I can neither work, nor put
" two ideas together; it is my poor head, I believe,
" which is the seat of all the mischief." The doctors
replied that his illness was intermittent fever, with
threatenings of brain fever; that the latter danger
had been overcome by means of bleeding, that
now a return of fever must at all risks be prevented, and with this view they prescribed a strong
dose of liquid sulphate of quinine, to be taken at
three intervals before eleven o'clock at night. This
prescription displeased my uncle, who wished for
pills. The doctors insisted. The liquid quinine was
brought; my uncle pushed it aside. I then took the
glass and offered it to him, entreating him to drink
it off for my sake. " I have," he replied, " an in-
" vincible dislike to that medicine, which is like so
" much poison to me; but I can refuse you nothing."
He took the glass from my hand, swallowed the contents at one draught, and asked me if I was satisfied?
But it was not long before vomiting justified the
instinctive repugnance he had felt, recurring every
time he attempted to take the medicine. At nine

in the evening, the Prince de Carignan was announced : my brother and I, dreading the excitement of such a visit, went to meet the Prince ; but my uncle having recognised the voice of his visitor, insisted on seeing him, and talked with him for about a quarter of an hour.   The Prince said to us on leaving, " Don 't be disheartened, the Count is not so ill as you imagine ; he is strong, and vigorous, and will get the better of his illness.   He has worked too much of late, and wants rest and quiet."

'During the remainder of the evening, my uncle was tolerably tranquil, but at one in the morning the fit of fever returned with more violence than the night before, delirium again supervening, accompanied with terrible agitation.   The doctors, on their arrival early in the morning, ordered mustard poultices for the legs, and constant applications of ice to the head.   The poultices had not even power to redden the skin, and the patient was incessantly pushing away the ice which was held on his burning forehead, saying: " Do not torment me, leave me in " peace."   Being alone for a moment with his servant, he said to him : " Martin, we must part.   When the " time comes, you must send for Father Giacomo, the " curé of the Madonna degli Angioli, who has promised " to assist me at my last moments.   Now send for M. " Castelli and M. Farini : I wish to speak to them."

' In vain he attempted again and again to confide his last thoughts to M. Castelli.   A little more fortunate with M. Farini, he succeeded in saying : " You " nursed me and cured me of a similar illness some " years ago ; I put myself in your hands.   Con- " sult the physicians ; come to an understanding with " them, and decide what is to be done."

'M. Farini insisted on the ice applications being continued; my uncle submitted. Then M. Farini ordered stronger mustard poultices to be prepared, under his own eye, and applied them to the legs, but with no better result than before. On this day my uncle constantly talked of the recognition of the kingdom of Italy by France; of a letter which M. Vimercati was to bring from Paris; and eagerly asked to see M. Artom, with whom he had business to transact. Then, his thoughts turning to the navy, he said: " We shall require twenty years to create a "fleet capable of protecting and defending our shores, "but we shall succeed. I have made every effort for "that object; and the union between our old navy "and the Neapolitan navy is complete. Why was not "the same thing done for the land forces?—it might "have discontented our army. After all, if certain "contingencies should arise, Garibaldi and his volun-"teers will be of incontestible use. Yet I must give "up the office of Minister of the Navy. I am too "much fatigued; too much overdone with work. "Will General Menabrea consent to take my place? I "believe him quite capable of creating and organising "an Italian navy. That is a happy thought of mine; "—no, no; he will not refuse me his assistance."

'On Tuesday evening, the news of the serious nature of my uncle's illness having spread through the town, the Hôtel Cavour was almost besieged by the population of Turin, and it was necessary to leave it open all night. The apartments, the great staircase, the vestibule, the court-yard, were never clear for a moment; and when I retired, about two in the morning, I had some difficulty in making my way through the

gloomy, silent, and disconsolate crowd.   After passing a bad night, the state of the patient was so much
worse, that on Wednesday morning the physicians,
in answer to the questions of the Marquis de Rora
and my brother, who had sat up with my uncle,
said that if the Count had any dispositions to make
there was no time to be lost.   I was entrusted with
the painful task of informing my uncle of his state.
Trembling and heart-broken, the only words I could
utter were: "Uncle, Father Giacomo is come to
" inquire after you ; will you see him for a moment?"
He looked steadily at me, understood me, pressed my
hand, and replied, " Let him come in ;" and he requested to be left alone.   The interview lasted about
half an hour ; and when Father Giacomo retired, my
uncle sent for M. Farini, to whom he addressed these
words : " Mia nipote m' ha fatto venire il Padre Gia-
" como ; debbo prepararmi all gran passo dell'eternità.
" Mi son confessato ed ho ricevuto l' assoluzione ; più
" tardi mi communicherà. Voglio che si sappia, voglio
" il buono popolo di Torino sappia ch'io muoio da buon
" Cristiano. Sono tranquillo, non ho mai fatto male a
"nessuno."* I went in after M. Farini, and entreated
my uncle to allow me to call in either M. Riberi, or
M. Buffalini, or M. Tommasi, of Naples, whom the
public urged us to consult. " It is too late now," he
said ; " perhaps, if called in earlier, they might have

---

* " My niece has brought Father Giacomo to me ; I must prepare for the great passage to eternity. I have confessed, and
received absolution ; later, he will give me the communion. I
wish it to be known, I wish the good people of Turin to know,
that I die a good Christian. My mind is at ease. I have never
done harm to anyone."

"saved me. Still, if you wish it, send for M. Riberi."
It was eight o'clock in the morning when I sent for
M. Riberi : he came at five in the evening. The
physicians already in attendance had ordered cupping
on the neck, and blisters on the legs. The blisters
had no effect, and my uncle did not even feel the
painful operation of cupping. The moment the public
learnt that the Sacrament was about to be administered to the Count, they went in a body to the
Madonna degli Angioli, to accompany the procession.
Towards five o'clock the procession was on its way,
and, shortly after, my uncle was receiving the ' Via-
ticum,' in the midst of a family and a population
drowned in tears. After the ceremony was over,
my uncle thanked the priest with great feeling, and
said to him : "I knew that *you* would assist me at
" my last hour ;" then, exhausted with having sat up
so long, he sank back, never to raise himself again.
It was at this time that M. Riberi arrived. My uncle
knew him at once, and said with a smile : " I have
" sent for you rather late, but I had not yet become
" a patient worthy of you." Riberi had a long consultation with Drs. Rossi and Maffoni, but ordered
only unimportant remedies. On leaving, he advised
us to induce the Count to take some little nourish-
ment, for his pulse was very low. He promised to
return at about eleven o'clock, but did not give us
the slightest hope.

' Towards nine o'clock the King was announced.
In order to avoid the crowd which encumbered the
court-yard, the great staircase, and almost all the
house, he came up by a back staircase and private
door, and arrived before we had given the patient

notice of the visit he was about to receive.   My uncle
recognised the King perfectly, and said to him at
once : " Oh ! Sire, I have many things to communi-
" cate to you, many papers to lay before you; but I
" am too ill. It will be impossible for me to go to you,
" but I will send you Farini to-morrow; he will give
" you all the details.   Has not your Majesty received
" from Paris the letter which you expected ? The
" Emperor is very kind to us now; yes, very kind.
" And our poor Neapolitans, so full of intelligence;
" some of them are full of talent, but some are very
" corrupt.   These last must be washed clean, Sire,
" yes, yes; *si lavi, si lavi.*"   The King pressed the
hand of his dying minister, and left the room to speak
to the physicians.   He entreated M. Riberi to attempt
bleeding on the jugular vein, or to put leeches behind
the ear, to relieve the brain.   M. Riberi replied that
the state of the pulse would not allow of it, but that
if the patient survived the night, the last efforts of
medical skill might be tried in the morning.   When
the King had left, the Count resumed his remarks.
" Northern Italy is safe," he said; " there are now
" no longer either Lombards, or Piedmontese, or
" Tuscans, or Romagnols; we are all Italians; but there
" are Neapolitans still.   Oh ! there is much corrup-
" tion in that country. It is not their fault, poor people,
" they have been so ill-governed. It is that rogue
" Ferdinand.   No, no, so corrupting a government
" cannot be restored; Providence will not allow it.
" The country must be made moral, children and
" youth must be educated, asylums and military col-
" leges must be created; but it is not by abusing the
" Neapolitans that they can be changed.   They ask

" me for places, orders, promotion; they must work.
" Let them be honest, and I will give them crosses,
" promotion, orders; but, above all, no abuse must
" be passed over. A public servant must not even be
" suspected. We will have no state of siege, none of
" the measures of absolute governments. Anyone can
" govern a country in a state of siege. I will govern
" them with liberty, and I will show what ten years
" of liberty can do for that beautiful country. Twenty
" years hence, they will be the richest provinces of
" Italy. No, no state of siege, I entreat you."

' " Garibaldi," he continued, " is an honest man; I
" wish him no evil. His desire is to go to Rome and
" to Venice, and so is mine; no one is in a greater
" hurry than we are. As for Istria and the Tyrol,
" that is another thing. That must be for another
" generation. We have done quite enough for our
" generation, we have made Italy—*sì, l' Italia e la cosa
" va.* That Germanic confederation is an anomaly;
" it will be dissolved, and a Germanic union will be
" established, but the house of Hapsburg will never
" change. What will the Prussians do? They are
" so slow in making up their minds. It will take
" them fifty years to do what we have done in three.
" Whilst this craving after unity is taking possession
" of Europe, there is America thinking of separation!
" Can any of you in the least understand those intes-
" tine quarrels in the United States? As for myself,
" in my youth I was a passionate admirer of the
" Americans, but I am cured of my illusions; and I
" confess that what is going on on the other side of
" the Atlantic is to me a perfect enigma."

' Then my uncle asked me where the different

U

divisions of our army were stationed? where several
of his military friends happened to be? In my agitation, I made mistakes in answering his questions.
He looked at me tenderly and sorrowfully, and said :
" Dear child, you do not know what you are saying ;
" a minute ago you told me that General P. was in
" command at Parma, how then can he now be at
" Bologna? " Choking with grief, I left the room to
cry.

'He continued to talk with my brother ; spoke
of the celebrated speech of M. Ricasoli in answer to
Garibaldi, of M. Farini, and said that Messrs. Ricasoli
and Farini were the only two men capable of taking
his place. Whatever the newspapers may afterwards have said on the subject, those two statesmen
are the only ones he pointed out as his successors.
The voice of my poor uncle, until then very strong,
was beginning to fail ; the frightened servants said to
us, " The Count's voice is getting weaker ; when he
ceases to speak he will cease to live."

'Dr. Maffoni, who was sitting up with him, advised
him to take a cupful of crumbled bread in broth, with
a glass of claret. He drank both with pleasure ; and
when I asked him if he had found the soup good,
he replied : " Too good ; Riberi will scold us both
" to-morrow. Tell the cook that his broth was too
" rich for one so ill as I am." It was the first time
he would consent to take any food since his illness.
But, suddenly, his legs became like ice, a cold per-
spiration covered his forehead, and he complained of
pain in his left arm — the same arm which since
Sunday had remained cold as marble.

'Dr. Maffoni attempted to restore warmth to his

frozen limbs by means of poultices, frictions, and hot cloths. These efforts were fruitless. He then desired me to give my uncle a cup of broth. He swallowed it with pleasure, and asked me for a little more claret. But almost at the same moment his speech became thick, and he could no longer articulate without difficulty. Yet he asked me to take off the poultice which was on his left arm, helped me with his right hand to remove it, took my cheek, drew my head close to his mouth, kissed me twice, and said: "Thank you, and farewell, dear child." Then, after having taken a tender leave of my brother, he seemed to rest for a few moments. But his pulse was getting weaker. We sent for Father Giacomo, who came at half-past five o'clock with the holy oil. The Count recognised him, pressed his hand, and said: " *Frate,* "*frate, libera chiesa in libero stato.*" These were his last words.

'Extreme unction was administered in the midst of the sobs of his family, friends, and servants. My uncle several times made me signs to give him some pounded ice, but perceiving that he swallowed it with difficulty, I dipped my handkerchief in iced water and wetted his lips with it. He still had strength enough to take the handkerchief from my hand and put it to his mouth, to quench the intense thirst which consumed him. A few minutes later, on Thursday the 6th June, at a quarter before seven in the morning, after a slight hiccough twice checked, we became aware that, without suffering, without a struggle, he had given up his soul to God.'

There are some men that it seems impossible death should not respect. The fatal news burst like a thunder-bolt upon Turin, where, although the event had been foreseen, no one would believe it ; and from the midst of that panic-stricken people a cry of anguish arose which rang through Italy. Men, women, children, clothed in mourning, cities hung with black, a funeral in royal state, the mournful booming of cannon, all testified to the despair of a nation from whom the object of its love and faith had just been torn.

Et tout a dit au monde ; un roi vient de mourir !

He had not finished his work. " My task," he had said, " is more arduous than ever." To the accomplishment of that task he devoted his days and thoughts, his nights' rest, his anxious cares, the springs of life itself, until, utterly broken, he fell, as heroes fall, to rise no more. Where was·he to find repose but in the grave? for is the work of genius ever completed? The *faciebam* which Raphael inscribed on his immortal canvas, has it not been the last sigh and supreme regret of every great man? And yet, more than any other man, Cavour had, at the close of his life, accomplished his task, and he died without fear for the future destiny of that work which he was not permitted to complete. He left it indeed under the safeguard of the men who had worked by his side, of the nation which he had imbued with his own spirit, of the allies who were henceforth bound to support the cause to which he had won them over.

Victor Emmanuel and Garibaldi were two powerful coadjutors in the work which nevertheless is the work of Cavour. If, in the present day, Italy takes rank among the nations of Europe, she owes it to the man who succeeded in inspiring Europe with sufficient confidence and respect to enable him to obtain for his country liberty and independence, and to maintain unimpaired the dignity of the weaker power, in opposition to the stronger. He who believed in liberty after the events of 1848, who believed in independence after Novara, who believed in war after the peace of Paris, in Italian unity after Villafranca; he who had the boldness to proclaim his designs, the art to force them upon others, the courage to carry them into effect; he who governed for the nation by the nation, who crushed revolutions without violence, and checked reaction without weakening the prestige of monarchy; he who laboured on unceasingly, who never knew a moment's rest, and died at the helm; he it is who is truly the founder of Italy. To replace Cavour was impossible, but he found successors; and that is the most striking homage his country could pay to his genius.

It was in 1859, on a September morning, that my brother and myself proposed a fishing excursion to Cavour, who was then passing a few days with us at Hermance. While the boat was being got ready, we seated ourselves on the parapet of a wall which served as a protection to the banks of the lake. At a few steps from us, before the door of a public-house, a small group of peasants was assembled, and among these two soldiers, belonging to the custom-house. One of these soldiers, a tall man, with a striking countenance, a long light-coloured moustache, and a bright and searching eye, leaving the rest of the party, came up to us with a firm step, and stopping in front of Cavour, stood motionless, without apparently noticing our astonishment. All at once he said abruptly, "Sind sie Cavour?"—"What does he want?" asked Cavour. "He wants to know if you are Cavour." Upon an affirmative nod, the soldier took Cavour's hand and squeezed it hard, while two large tears rolled down his sun-burnt cheeks; then turning suddenly round, he walked away and disappeared. "That German," said Cavour, with a somewhat broken voice, "seems to me to be "an honest fellow." Then he remained silent, abstractedly pulling up bits of grass which sprouted up in the fissures of the wall. No doubt he was thinking that men might understand each other without speaking the same language.

INDEX.

INDEX.

LONDON
PRINTED BY SPOTTISWOODE AND CO.
NEW-STREET SQUARE

Lightning Source UK Ltd.
Milton Keynes UK
UKOW041202301111

182955UK00007B/110/P